미국법강의

장 영 진 · 하 혜 경

세창출판사

국립중앙도서관 출판시도서목록(CIP)

미국법강의 / 저자: 장영진, 하혜경. -- 서울 : 세창출판사, 2008
p. ; cm. -- (American law series ; 1)

색인 수록
ISBN 978-89-8411-260-5 93360 : ₩35000

미국법[美國法]

369.42-KDC4
349.73-DDC21 CIP2008003495

《머 리 말》

올해부터 한국에서는 형사재판에서 배심제도가 도입되고 로스쿨의 도입이라는 법학교육과 고시제도의 획기적인 변화를 맞이하고 있다. 이와 같은 변화의 바탕에는 미국법이 자리잡고 있음은 주지의 사실이라고 할 것이다. 그런데 이러한 엄청난 변화가 일어나고 있는 현 시점의 한국에서 과연 미국법에 대한 본질적인 이해가 이루어지고 있는지에 대하여는 의문이 들지 아니할 수 없다.

이러한 상황하에 저자들은 다음과 같은 쟁점을 중심으로 이 책을 집필하고자 하였다.

1. 미국헌법이 200년이 넘도록 권력구조에 대한 본질적 변동 없이 오늘날까지 유지되어 올 수 있었던 이유는 무엇인지
1. 미국의 연방정부와 주정부는 한국의 중앙정부와 지방자치단체와 어떻게 다른지
1. 영미법계인 미국법에서의 판례와 대륙법계인 한국법에서의 판례는 어떻게 다른지
1. 영미법에서 말하는 코먼로(common law)는 어떤 의미이고 이를 한국법에서는 어떻게 표현하여야 하는지
1. 영미법에서의 코먼로(common law)와 제정법의 관계는 어떠하며, 제정법에 대한 해석과 코먼로(common law)는 어떤 관계에 있는지
1. 대륙법계 국가에 있는 헌법재판소가 영미법계와 같이 일반법원인 대법원에 포함될 수 있는지 여부 및 포함될 경우 대법원 구성이 미국 연방대법원과 같을 수 있는지
1. 미국법의 사법제도의 핵심인 당사자주의가 판사중심주의(직권주의)와 어떻게 다른지
1. 미국법의 형사소송절차에서 인정되지 아니하는 검사에 의한 피고인신문제도가 한국법에서 인정되는 것이 타당한 것인지 여부 및 그 인정근거는 무엇인지
1. 배심재판에서 법관과 배심원의 역할은 어떻게 구분되는 것인지

1. 한국에서도 로스쿨이 2009년부터 실질적으로 운영되는바, 로스쿨의 효시인 미국의 로스쿨의 역사와 그 커리큘럼 및 강의방법은 어떠한지
1. 한국에서 로스쿨이 도입됨에 있어 가장 큰 논란이 되고 있는 적정 변호사 숫자는 어느 정도인지 및 이 경우 변호사의 개념을 미국에서의 변호사와 같이 볼 수 있는지
1. 한국에서는 법관의 선출이 모두 임명직인데 이에 대한 미국에서의 법관의 선출은 어떠한지
1. 연방법원과 주법원이 어떠한 관계인지
1. 미국법에서 재판권과 관할의 관계는 어떠한지
1. 연방법원과 주법원에 적용되는 법이 같은지 아니면 다른지 여부와 연방법원과 주법원에 같은 소송이 동시에 계류 중인 경우 어떻게 해결되는지 등

위와 같은 쟁점을 중심으로 본서를 집필함에 있어 가장 중시한 부분은 미국법에서의 각 개념들이 우리말로 표현됨에 있어 그 본질적인 의미가 변화되거나 왜곡되지 아니하고 그대로 전달될 수 있도록 하였다. 다만 이러한 저자들이 노력이 이 책에서 어느 정도 구현되었는지는 전적으로 독자 여러분의 판단에 달려 있다고 생각한다.

그리고 문장 하나하나를 서술함에 있어 관련 자료와 판례를 일일이 찾아 확인한 후 기술하여 정확성을 최대한 높이고자 하였으며, 또한 미국법을 설명함에 있어 관련되는 한국제도를 비교·서술하여 한국 법제도나 절차를 이해하는 데도 도움을 주고자 하였다.

이 책을 집필함에 있어 도움을 주신 분들이 너무 많아 일일이 언급할 수 없으나 특히 저자들이 유학한 University of Minnesota Law School의 교수이신 David McGowan, E. Thomas Sullivan, Brad Clary, John Matheson, 저자들의 멘토(mentor)이자 미국변호사인 Jonathan Eoloff 등에게 이 자리를 빌려 감사의 마음을 전하고 싶다.

아울러 이 책을 나올 수 있도록 항상 기도로써 격려해 주신 어머님과 저

자들의 보배인 장준서 君에게도 감사와 사랑의 마음을 표하고자 한다.

끝으로 본서를 출판할 수 있도록 기회를 주신 세창출판사 이방원 사장님과 임길남 상무님을 비롯한 세창출판사 관계자 여러분들에게 정중히 감사드린다.

2008. 11.

공 저 자

『내가 항상 주와 함께 하니 주께서 내 오른손을 붙드셨나이다』(시편 73:23).

《총 목 차》

제1편 | 美國憲法과 統治構造

제2편 | 法　　源

제3편 | 當事者主義制度와 陪審裁判(The Adversary System and Jury Trials)

제4편 | 法曹人制度(The Legal Profession)

제5편 | 美國의 法院組織과 裁判權

제6편 | 맺 음 말

차 례

제1편 | 美國憲法과 統治構造

제2편 | 法 源

제3편 | 當事者主義制度와 陪審裁判 (The Adversary System and Jury Trials)

제4편 | 法曹人制度(The Legal Profession)

제5편 | 美國의 法院組織과 裁判權

《참고문헌》

권영성, 헌법학원론, 법문사, 2005.

김철수, 헌법학개론, 박영사, 2006.

백형구, 형사소송법강의, 박영사, 1999.

법무부, 미국의 사법제도, 법무부, 2001.

서희원, 영미법강의, 박영사, 1994.

송상현, 민사소송법, 박영사, 1999.

안경환·한인섭, 배심제와 시민의 사법참여, 집문당, 2005.

이상윤, 영미법, 박영사, 2006.

이재상, 형법각론, 박영사, 2006.

이재상, 형법총론, 박영사, 2006.

이재상, 형사소송법, 박영사, 2006.

정성근·박광민, 형법각론, 삼지원, 2006.

정성근·박광민, 형법총론, 삼지원, 2006.

지원림, 민법학강의, 홍문사, 2006.

최대권, 영미법, 박영사, 1991.

Abraham, Henry J., The Judiciary: The Supreme Court in the Governmental Process (10th ed.), New York University Press, 1996.

Alstyne, William W., A Critical Guide to Marbury v. Madison, Duke Law Rev. 1 (1969).

Anstaplo, George, The Constitution of 1789: A Commentary, Johns Hopkins University Press, 1989.

Black's Law Dictionary, 6th Edition, West Publishing Company, 2004.

Blackstone, William, Commentaries on the Law of England, William S. Hein & Co., 1992.

Blackstone, W., Commentaries on the Laws of England 436 (1768).

Burnham, William, Introduction to the Law and Legal System of the United States (St. Paul, Minn., West Publishing Co., 2002).

Calibresi, Guido, A Common law for the Age of Statutes (Yale U. Press 1985).

Chemerinsky, Erwin, Federal Jurisdiction (Little, Brown & Co., 2d Ed. 1994).

Ely, John, Democracy and Distrust (Harvard Univ. Press, 1980).

Engdahl, David, Constitutional Power: Federal and State (West Publ., Nutshell Series, 1974).

Farber, Daniel A., Revival of the Canons, TRIAL (1982. 6.).

Fisher, Louis, Constitutional Structure: Separated Powers and Federalism, Mcgraw-Hill, Inc., 1995.

Gilmore, Grant, The Ages of American Law (Yale U. Press 1977).

Gunther, Gerald & Kathleen Sullivan, Constitutional Law(Foundation Press, 13th Ed. 1997).

Hamilton, Alexander, Roy P. Fairfield, *et al.,* ed., The Federalist Paper, The Johns Hopkins University Press, 1981.

Holmes, Oilver W., Jr., The Common Law, 1881.

Jones, Harry, Our Uncommon Law, Tenn.L.Rev., No.42, 1975.

Kalman, Laura, Legal Realism at Yale, Chapel Hill, U. North Carolina Press, 1986.

Lockhart, Kamisar, Choper, Shiffrin & Fallon, Constitutional Law — Cases, Comments, Questions(West Publ., 8th Ed. 1996).

Newman, Jon O., Between Legal Realism and Neutral Principles: The Legitimacy of Institutional Values, Cal. L. No.7, 1984.

Nowak & Rotunda, Constitutional Law (West Publ., 5th Ed. 1995).

Pound, Roscoe, The Scope and Purpose of Sociological Jurisprudence, Harv. L. Rev. No.25, 1912.

Stone, Seidman, Sunstein & Tushnet, Constitutional Law (Little, Brown, 3d Ed. 1996).

Tocqueville, Alexis de, Democracy in America, Singet Book, 2001.

Tribe, Lawrence, American Constitutional Law (Foundation Press, 2nd Ed. 1988).

U.S. Law Week, Supreme Court sections (BNA).

Zweigert, Konrad and Hein Kotz, An Introduction to Comparative Law (2d ed.) (Clarendon Press, 1992).

제 1 편 美國憲法과 統治構造

제 1 장 聯合規約과 聯邦憲法의 경과
제 2 장 美國憲法上의 統治構造
제 3 장 聯邦政府 내에서의 權力分立과 균형 문제
제 4 장 州政府와 聯邦主義
제 5 장 政府形態와 司法制度의 관계
— 사법제도에 대한 정부형태의 영향

미국의 사법제도는 통치구조 또는 정부형태에 대한 이해 없이는 파악하기 어렵다. 미국의 정부형태는 1789년 헌법에 의해 만들어졌으며, 이러한 정부형태는 '권력분립원리'와 '연방주의'라는 두 가지 특징을 지니고 있다.

우선, 권력분립의 원리란 연방정부의 3권 중 어떤 권력이라도 다른 권력에 속하는 권력을 침해할 수 없고 헌법상 주어진 권력의 범위 이상을 사용해서는 아니 되는 것을 말한다.[1][2]

다음으로, 연방주의란 연방과 주라는 두 개의 정부가 있는 것을 말하는데, 그 결과 미국에는 50개의 주와 1개의 연방정부로 구성된 51개의 정부가 있다고 말할 수 있다. 이러한 정부들은 그 각각 고유한 사법제도를 가지고 있다.[3]

본 편에서는 우선 헌법제정 당시의 상황과 헌법입안자가 만든 정부형태를 선택한 이유 등에 대하여 살펴본 다음, 연방정부의 권력분립의 원리와 연방주의, 그리고 사법제도에 끼친 정부형태의 영향에 대하여 살펴보고자 한다.[4]

---

1) Madison은 권력분립과 관련하여 "통치기구 중 한 부가 다른 부의 도전에 대하여 당연히 저항할 것이고 또한 자기의 권한을 보호하기 위하여 필요한 안전장치가 필요하다"고 인식하면서 견제와 균형이 권력분립의 핵심임을 언급한 바 있다(James Madison, Federalist No.51, in Clinton Rossiter, ed., The Federalist Paper, 321면 내지 322면).

2) 한국헌법(본서에서 우리나라라고 하지 않고 한국이라고 한 이유는, 본서의 주요내용이 미국법인 관계로 미국법적 관점에서 우리나라의 법을 바라보았기에 3인칭인 한국법 내지 한국으로 표현하였다는 점을 미리 밝혀둔다)에 있어서도 일반적으로 권력분립원칙을 "국가작용을 입법, 행정, 사법의 3개의 다른 작용으로 나누어 각 작용을 각기 다른 구성을 가진 독립기관이 담당하게 하여 기관상호간의 견제, 균형을 유지하도록 함으로써 국가권력의 집중과 남용을 방지하고 국민의 자유를 보호하기 위한 자유주의적 정치조직원리"로 보고 있다[김철수, 헌법학개론(2006), 1029면].

3) 그런데, 한국에서는 연방주의 또는 연방국가와 관련하여, 각 주 또는 지분국이 주권을 가지는가에 대하여 다수설은 주권을 가지지 아니한다고 보고 있고 일부의 견해만이 주권을 가지는 것으로 보고 있다[김철수, 헌법학개론(2006), 121면 내지 122면]. 이러한 이유로 인해 미국의 사법제도에 대한 설명에 있어 재판권과 관할의 관계가 제대로 설명되지 아니하는 결과가 발생된다고 생각된다.

4) William Burnham, Introduction to the Law and Legal System of the United States(St. Paul, Minn. West Publishing Co., 2002), 1면 내지 36면; 김성수 · 강승식, 미국입헌주의에 관한 연구, 미국헌법연구(16권 2호); 정연철, 미국의 입헌주의에 관한 고찰, 공법학연구(3권 2호), 179면 내지 194면.

1 聯合規約과 聯邦憲法의 경과

미국 역사는 영국의 13개 식민지로서 출발하였는데, 1760년부터 1775년까지 영국식민정부들 사이에 많은 분쟁과 충돌이 있었으며 여러 세금제도 등에 의해 미국대륙의 식민지 주민들은 많은 불만을 가지게 되었다.

이러한 상황하에서 독립주의자들은 그들의 식민지와 강한 일체감을 가지면서 영국 정부에 저항을 하고 있던 중, 1774년에 이르러 필라델피아에서 열린 '1차 대륙 의회(first continental congress)'를 통하여 각 주가 연합하여 행동을 하려고 하였다. 1775년 위 의회에서 채택된 조치에 의하여 조지 3세는 미국대륙에 군대를 파견하였고 그 결과 미국독립전쟁(American War of the Independence)이 시작되었다.

1776년 7월경 '2차 대륙회의(second continental congress)'에서 만장일치로 준비된 미국독립선언(Declaration of Independence)이 같은 해 7월 4일 선언되었다.[1] 한편, 1776년 6월 연합규약(articles of confederation)을 작성할 위원회가 선정되었다. 이 후 상당한 논의 끝에 각 주는 연합규약에 동의를 하였고 1781년에 이르러 모든 주에 의하여 승인되었다.

1. 연합규약(Articles of Confederation)

연합규약은 나라를 통치할 실행가능한 설계도로서 시작되었다. 물론 실제

1) 이와 관련하여서는, 김희강, 미국독립선언문의 사상적 기원과 제퍼슨 공화주의, 국제정치논총(46집 2호), 121면 내지 141면을 참조하면 자세히 알 수 있다.

연방 정부는 규정되지 아니하였고 단지 주정부를 대표하는 의회만 규정되었다. 의회가 회기 중이 아닌 경우에는 집행권은 의회에 의해 정해진 위원회가 행사하였다. 게다가 규약이 의회에 약간의 권한을 부여하였으나 의회는 13개주 중 9개주의 동의를 얻는 경우에만 중요한 일을 할 수 있도록 하였다. 나아가 규약을 개정하는 데 있어 만장일치제가 요구되었다. 또한 각 주들은 의회의 결정에 따르도록 규약상 동의하였으나 의회는 그러한 결정을 강제할 권한은 가지고 있지 못하였으며 단지 주들이 따르도록 요구할 수 있을 뿐이었다. 연합규약은 식민권자인 영국의회의 통상규제권이나 조세권의 남용에 의한 경험 때문에, 상업 또는 거래에 대한 통제나 조세권을 의회에 부여하지 아니하였다.

전체적으로 보면, 위 규약에서 정해진 정부형태는 독립된 주들의 연합(confederation of separate states)이라고 볼 수 있을 것이다. 즉, 각 주들은 규약에 의해 United States로 그 권한을 위임하지 아니하는 한, 주권, 자유, 독립 그리고 모든 권한을 보유하도록 한 것이다.[2]

이와 같이 합의되고 규정된 연합규약하에서 발생된 여러 가지 難題의 근본이유는 영토분쟁뿐만 아니라 철학과 사회적 경제적 구조[3]에 대한 각 주의 시민들의 생활상의 차이에서 비롯되었다 할 수 있다.

이러한 차이와 여러 영토분쟁은 미국혁명 전부터 존재하였으나 독립전쟁 중에는 잠시 수면 아래로 가라앉아 크게 문제되지 아니하였으나, 독립전쟁 후 다시 상황이 악화되었다.

대외적으로, 독립전쟁이 끝나자 연합의회는 영국정부와 협상을 하고 조약을 체결하였으나 많은 주들은 조약을 무시하였고 이러한 현상에 대하여 의회는 조약을 강제하지 못하였다. 이러한 여러 주의 조약이행의 방해 또는 무시는 영국정부가 조약에 따른 많은 의무를 이행하는 것을 거절하는 정당성을 부여하는 빌미가 되었다. 더 중요한 것은 우방국가들이 무능한 연합정부와 조약을 체결하는 것을 거절하는 결과를 초래하였다는 것이다.

---

2) 즉, 이 당시의 미국의 연합규약상의 정부형태는 연방국가가 아닌 국가연합의 형태에 가까웠다 할 수 있다.

3) 남부의 주들은 대부분 경제적 사회적 삶이 노예에 의해 운영되는 농장과 관련된 농업 위주이고, 뉴잉글랜드로 불리는 북부의 주들은 제조업·제분업·수산업·선박제조업·국제무역 위주의 도시중심 사회였고, 중부주들은 뉴잉글랜드주와 같은 활동 및 농업활동도 하였으나 노예노동 없는 소규모 자영농 중심이었다.

또한 국내적으로는 주간 통상에 대한 분쟁의 규제자가 없어 주간 무역전쟁이 촉발하였으며, 각 주들에 의해 만들어진 고율의 관세장벽이 무역량을 급격히 저하시켰다. 또한 각 주들은 연합정부를 운영할 기금을 제공하는 것을 거절하였다. 그 결과 급료가 지급되지 아니하여 군대가 폭동을 일으킬 기미를 보이자 연합의회는 규약을 개정하여 외국의 수입품에 대하여 5%의 관세를 부여하고자 했으나 한 개의 주가 반대하여 개정안은 부결되기도 하였다.

이와 같은 여러 문제들에 대하여 몇 개의 주가 회의에서 주 간의 분쟁을 중재하려고 하였고 이러한 회의로부터 정부형태에 대한 새로운 아이디어가 제시되기도 하였다. 이러한 회의에서 버지니아 대표자인 제임스 메디슨이 여러 가지 문제점을 논의하기 위하여 1787년에 필라델피아 회의를 요청하였고, 로드 아일랜드를 제외한 모든 주가 대표자를 보내게 되었다.

2. 헌법회의(constitutional convention)

회의에 참가한 대표자들은 강한 정부가 필요하다고 인식하였으나 얼마나 강해야 하는지에 대하여는 의견이 대립하였다. 각주의 대표자들은 연합규약의 경험으로부터 무능력한 정부의 해악을 알게 되었으나 영국정부와의 투쟁으로부터 너무 강한 정부의 해악 역시 잘 알고 있었다. 대표자 가운데 한 그룹은 주정부 이상의 강한 정부를 선호하였고 다른 그룹은 연합규약하에서 제기된 문제들을 해결할 정도로만 최소한의 필요한 정도 이상의 강한 정부를 반대하였다.

그리하여 전자와 같이 주장한 국가주의자들(nationalists)은 연방주의자(federalists)로 불리게 되었고 후자와 같이 주들의 권리를 주장한 자들(states' rights delegates)은 반 연방주의자(anti-federalists)로 불리게 되었다.

이와 같은 견해의 대립에 있어 대체로 연방주의자들[4]의 입장이 1787년 회의에서 주류를 이루게 되었다. 그러나 주 권리 옹호론자들의 입장을 수용하기 위하여 타협이 이루어져야만 했다. 이러한 대표자들간의 논쟁은 각 주의 승인회의(ratification convention)에서 계속되었다. 이러한 여러 논의에도 불구하고 이후

4) 연방주의자들은 Hamilton, Madison, Jay 등인데 이들은 Publius라는 가명으로 논설을 발표했고, 이에 반해 반연방주의자들은 Brutus라는 필명으로 논설을 발표하였다.

헌법이 승인되었고 그에 따라 새로운 정부가 1789년 3월 4일 탄생되었다.

반 연방주의자들이 헌법에 반대한 주된 이유는 새로운 강한 중앙 정부에 대항할 수 있는 시민 개인의 인권조항이 포함되어 있지 아니하였기 때문이었다. 이와 같은 인권조항은 당시 대부분의 주 헌법의 특징이었음에도 연방주의자들의 가장 중요한 목적은 가능한 한 빨리 국가를 통치할 기본구조를 만드는 것이었기 때문에 인권조항 주제에 대한 토론을 거부하였다. 대신 연방주의자들은 인권조항의 제안자들에게 헌법이 승인되고 난 후, 보충의 방법으로 인권조항이 추가될 것을 제안하였고, 이후 연방주의자 중의 한 명인 제임스 메디슨이 인권조항을 작성하였으며, 이는 1791년 승인되어 헌법에 있어 첫 번째 10개 수정헌법조항이 되었다.

2 美國憲法上의 統治構造

1789년에 제정된 연방헌법은 6개의 장(Article[1])으로 구성되어 있다. 정부형태에 관한 장은 제1장, 제2장, 제3장이다. 제4장은 주와 관련되거나 주 간의 관계에 대하여 여러 조항으로 되어 있고 제5장은 헌법을 개정하기 위한 복잡한 여러 절차에 대하여 규정하고 있고 제6장은 주법에 대한 연방법의 우위성에 대하여 규정하고 있다.

아래에서는 연방헌법상의 통치기구인 입법부, 행정부, 사법부의 각 조직과 그 권한에 대하여 제정경위를 통하여 구체적으로 살펴보겠다.[2]

Ⅰ. 입법부의 조직과 권한

1. 서　설

앞서 본 바와 같이 연합규약상 연방정부에게 조세권, 통상규제권 등을 부여하지 아니하였고 그 결과 많은 문제가 야기되었기에, 당시의 헌법입안자들은 이러한 문제를 해결하고자 입법부에 매우 광범위한 권한을 부여하였다.

---

1) 이를 "조"로 표현하기도 하지만 본서는 "장"으로 표현한다.

2) 즉, 연방정부의 각 부의 일반적인 권한을 살펴보기보다는 각 부의 권한을 정함에 있어 연방주의자와 반연방주의자간의 견해대립이 있었던 부분을 중심으로 살펴보았다. 이를 통해 미국헌법의 각 조문이 어떠한 논쟁과 타협을 통해 규정되었는지를 알 수 있을 것이다.

입법부는 다음에서 보는 바와 같이 다른 부에 비하여 포괄적이고 광범위한 권한을 헌법에 의하여 부여받았음을 알 수 있다.

2. 연방의회의 구성

현재의 미국의회는 상원과 하원으로 구성되어 있고, 상원의원은 각 주에서 2명씩 선출되고 임기는 6년이며 2년마다 1/3씩 다시 선출되며, 하원의원은 임기는 2년이고 각주의 의원숫자는 각 주의 인구수에 비례해서 선출된다.

이러한 방법으로 규정됨에 있어서는 다음과 같은 과정을 거쳤다.

즉, 헌법입안자 사이에서 주요한 불일치점은 의회의 구성방식과 의원선발방법이었는데, 연방주의자들[3]은 각 주의 동등한 대표방법(on equal state representation)보다는 인구수에 비례하여(on population) 의회가 구성되기를 원했던 반면, 인구수가 적은 주들은 위와 같은 연방주의자의 주장에 대하여 강한 반대를 표시하였다.

그 결과 이에 대한 타협으로서 헌법입안자들은 양원제하의 이중 대표방법을 선택하면서, 하원은 인구수[4]에 비례하여 선출되도록 하고 상원은 각 주를 동등한 수에 의해 대표하도록 하였다.

이러한 시스템에 의하여 오늘날 미국에는 100명의 상원의원과 435명의 하

3) 이것은 연합규약하에서 발생된 문제점이었던 인구가 적은 주가 연방의회의 입법권을 방해하는 것을 막기 위한 목적에서 제시된 것이었다.

4) 한편, 연방헌법은 각 주의 인구수를 산정함에 있어 흑인노예(연방헌법에서는 노예를 slavery라는 용어를 사용하지 아니하고 other person이라고 표현하였다)에 대하여는 다음과 같은 과정을 거쳤으며, 현재는 아무런 의미를 가지지 못한다. 즉, 남부의 주에서는 노예제에 기초를 둔 농업경제가 발달하였고 이러한 노예제 문제는 여러 차례 문제가 되었다. 당시의 노예제는 헌법에 의하여 폐지되지 아니하였고 의회에 이를 폐지할 권한이 주어지지도 아니하였다. 그런데, 남부의 주 대표자들은 노예를 인간이 아닌 재산으로서 취급하면서도 의회의 대표자의 수를 결정하기 위한 계산에서는 시민으로서 간주되어야 한다고 주장하였고 이에 대해 북부의 주들은 이를 반대하였는바, 이에 대하여 노예 1명이 3/5명의 시민으로 평가되는 것으로 타협이 이루어졌다. 또한 남부의 주 대표자들은 다른 주로 도망간 노예의 반환을 요구할 수 있는 규정을 두도록 요구하기도 하였다. 그러나 많은 헌법입안자들은 노예제가 종국적으로는 폐지되어지기를 희망하였고 이에 대한 타협점으로 1808년 이후 연방의회가 노예의 수입을 불법적으로 만들 수 있는 권한을 부여받게 되었다.

원의원으로 연방의회가 구성되어 있다. 그 중 435명의 하원의원은 미국 전체 인구수(2000년 기준으로 2억 8142만 1906명)에 기초하여 그 수가 정해지며, 모든 주에는 최소한 1명의 하원의원석이 인정된다.[5)]

한편, 하원의원의 선거구획정은 원칙적으로 주의회의 권한에 속한다. 그런데 주의회의 선거구획정은 평등선거의 원칙이라는 헌법상 원칙에 기속된다. 따라서 주의회는 투표의 성과가치를 평등하게 반영하도록 할 헌법상 의무를 부담하고 있다 할 것이다. 이에 대하여 연방대법원은 최대선거구와 최소선거구 사이의 인구편차가 불과 1% 미만인 경우에도 위헌이라고 판결한 바 있다.[6)]

또한 연방헌법은 상원의원과 하원의원의 연령, 국적, 거주지에 관한 요건을 자세하게 규정하고 있다. 이러한 연방의회의 의원의 자격을 연방의회가 확대[7)]시키거나 주 의회가 추가[8)]하는 것이 가능한지가 문제된 적이 있는데, 이에 대하여 연방대법원은 모두 위헌으로 결정하였다.

3. 연방의회의 권한

(1) 입 법 권

연방헌법 제1장은 "이 장에서의 모든 입법권"을 의회에 부여하면서 그 권한을 제8조에서 열거하여 규정하고 있다. 이러한 권한의 열거주의는 헌법제정 당시의 타협의 산물이라 할 수 있다.

즉, 버지니아 대표자는 각 주들의 무능력이나 각주의 입법권 행사로 인해 주와 연방과의 조화가 방해받는 모든 경우에 연방의회가 입법권을 행사할 수 있어야 한다고 주장하였던 반면, 다른 대표자들(뉴저지주 안)은 버지니아 대표자의 주장은 연방의회에 지나치게 많은 권한을 부여하는 것이라면서 반대하였다. 그리하여 결국 각 주의 입법권이 연방의 조화를 분열할 수 있는 것으로 예상되는 특정한 경우를 열거하는 것으로 대표자들은 최종적인 타협을 하게 되었

---

5) 2000년 인구조사에 의한 연방하원의원 의석수를 보면, 가장 인구수가 많은 주는 캘리포니아 주(인구수: 3393만 798명)로서 53명의 하원의원석을, 미시간 주(인구수: 995만 5829명)는 15석을, 와이오밍 주(인구수: 49만 3782명)는 단 1석만을 가지고 있음을 알 수 있다.

6) Karcher v. Daggett, 462 U.S. 725 (1983).

7) Powell v. McCormack, 395 U.S. 486 (1969).

8) U.S. Term Limits, Inc. v. Thornton, 514 U.S. 779 (1995).

다. 이러한 권한들이 헌법에 개별적으로 열거되어 있기 때문에 연방의회의 열거된 권한(congress's enumerated powers)으로 불리게 되었다.

이러한 배경으로 헌법 제1장 제8조에서는 조세권,[9] 지출권, 전쟁선포권, 통상규제권 등을 연방의회의 권한으로 부여하고 있다.

한편, 이러한 연방의회의 입법권과 관련하여 가장 문제가 되는 것이 제1장 제8조 제18항의 '필요적절한 입법조항'(necessary and proper clause)인데, 이 조항은 연방의회가 연방헌법 제1장에 열거된 연방의회의 권한과 그 외의 연방정부의 권한의 행사에 필요한 필요적절한 법률을 만들 수 있도록 하고 있다. 즉, 이 조항은 명시적 입법권이 아닌 묵시적 입법권과 관련된 것으로서 헌법입안자들이 이 조항을 헌법에 규정한 것은 연방주의자들의 견해와 반 연방주의자들간의 타협에 의한 것으로 보인다. 즉, 연방정부의 권한과 주정부의 권한의 충돌의 타협점으로 볼 수 있는 것이다. 그 결과 Jefferson은 위 조항이 연방의회의 입법권을 확대하는 것이 아니라고 주장하였던 반면, 연방주의자인 당시 연방대법원장인 Marshall은 McCuloch 판결에서 연방헌법에는 명시되어 있지 아니하지만 연방의회가 연방은행설립권을 가진다고 판시하였다. 이후 이 조항에 의하여 연방의회의 입법권이 광범위하게 인정되었다.

그리고 연방의회의 권한 중 가장 중요한 권한이 주간 통상규제권이라고 할 것이다. 이에 의하여 주정부는 주간통상에 관하여 연방정부의 정책에 따라야 할 의무를 부담한다. 이러한 통상조항에 의하여 연방정부의 정책을 주정부에 강제할 수 있다는 점에서 연방주의의 한 표현임[10]을 알 수 있다. 나아가 연방대법원은 명시적 입법뿐만 아니라 묵시적 입법(Dormant Commerce Clause)으로도 주간통상조항이 효력을 발휘한다는 점을 인정하면서 그 기준으로 통상성질론[11] 또는 이익형량론[12]에 근거하여 판단하였는데 현재까지 이익형량론에 의하여 결정하고 있다.

한편, 입법권에 대한 논의에 있어 불일치된 또 다른 문제점은 연방법과 주법의 충돌시에 이를 어떻게 해결할 것인가 하는 것이었다. 이는 앞서 언급한

---

9) 헌법입안자들은 연방하원이 국민들을 직접적으로 대표하며, 대통령의 월권 등에 대한 민주적 통제로서의 기능을 한다고 보았다.

10) 즉, 이는 연방법 우선의 원칙과 관련 있음을 알 수 있다.

11) Gibbons v. Ogden, 22 U.S. 1 (1824).

12) Cooley v. Board of Wardens, 53 U.S. 299 (1851).

바와 같이 연합규약하에서 각 주들이 연방법과 조약을 무시하여 심각한 문제가 발생하였기 때문이다.

이에 대해 메디슨 안은 연방의회가 개별의 주법을 무효 내지 폐기하는 의결을 할 수 있는 거부권 또는 금지권을 행사하도록 하였으나, 다른 입안자들이 지나친 연방 우월주의의 방법은 주의 권한을 지나치게 침해하는 것이라고 주장하였다. 결국 헌법입안자들은 제1장이 아닌 제6장에 "연방법 우위조항(supremacy clause)"을 언급하는 것으로 이 문제를 정리하였다.

이와 같은 연방의회의 입법권에 있어 그 한계가 있음은 당연하다. 특히 20세기에 접어들어 행정부의 역할이 증대됨에 따라 연방의회는 행정부에 상당한 입법권을 위임(delegation)하게 되었다.

이러한 입법권의 위임이 합헌인지에 대하여 연방대법원은 법률의 기본적 사항은 의회에 유보하여야 한다고 보면서 합헌이라고 판시하였다.[13]

한편, 이와 같은 의회의 입법권의 위임에 있어 그 통제도 이루어지고 있는데 이것이 의회거부(legislative veto)이다. 이는 일단 대통령이나 행정기관에게 입법권을 다소 광범위하게 위임을 한 후 사후에 그 행사에 대해 거부권을 가지는 것을 말한다. 즉, 조건부 입법권위임이라고도 할 수 있다.

그런데 이러한 의회거부가 INS v. Chadha, 462 U.S. 919 (1983) 사건에서 연방대법원에 의하여 위헌으로 결정되었다. 연방대법원은 의회거부는 연방헌법 제1장 제1조 제3항의 이송조항과 제7조의 양원제조항에 위배된다는 이유로 위헌결정을 하였다. 이러한 위헌으로 인해 이후 연방의회는 합동결의(joint resolution)를 통해 위헌시비를 비켜가려는 노력을 하고 있다.

(2) 입법권 이외의 권한

우선, 의원은 면책특권을 가지고 있는데 이 역시 행정부의 부당한 압력과 간섭으로부터 의회의 자유로운 입법활동을 보장하기 위한 권한이라는 점에서 중요한 의의를 가지고 있다 할 것이다.

그리고 연방헌법에 명시된 것은 아니지만 연방대법원[14]에 의하여 인정된 의회조사권이 있다.

---

13) The Brig Aurora v. U.S. 11 U.S. 382 (1813); Wayman v. Southard, 23 U.S. 1 (1825).

14) Watkins v. U.S. 354 U.S. 178 (1957).

끝으로, 행정부과 사법부에 대한 견제수단으로 탄핵소추 및 심판권과 해임권을 가지고 있다.[15)]

Ⅱ. 행정부의 조직과 권한

1. 서 설

연합규약에서는 행정권에 대하여 아무런 규정을 두지 아니하였고, 연방헌법 역시 제2장 역시 행정부의 권한과 구조나 형태를 정하는 데 있어 별 도움이 되지 아니함을 알 수 있다. 즉, 연방헌법 제2장의 대부분은 대통령직의 자격과 선거방법에 대해서만 규정하고 있다.

왜 이러한 결과가 발생했을까. 이하에서는 이에 대하여 우선 살펴본 다음 행정부를 대표하는 대통령의 권한을 구체적으로 기술하고자 한다.

2. 미국의 대통령제의 탄생배경

연방헌법의 정부형태로서의 대통령제는 왕권신수설에서 인민주권론으로 변화되는 상황하에서 만들어졌다. 이는 영국과의 독립전쟁과 영국의 군주제로 인한 반군주제적 성향과 연합규약에서 나타난 문제점을 극복하고자 하는 당시 상황이 결합되어 대통령제가 탄생하게 되었는데, 너무 강력한 대통령제는 자유를 위협할 것이고 너무 약한 대통령제는 효율적인 정부를 만드는 데 위험할 수 있었기 때문에 이 양자가 균형적으로 이루어지는 것을 전제로 하여 구체적으로 어떤 형태의 대통령제여야 하는지[16)]에 대하여 많은 논의를 거쳐 다음과 같이 결정하게 되었다.

---

15) 양건, 미국헌법상 대통령과 의회의 권한관계, 공법연구(31집 1호), 275면 내지 294면 참조.

16) 당시 헌법입안자들은 이러한 대통령제를 만들면서 다음과 같은 요소를 고려하였다. ⅰ) 왕이나 국가의 자의적인 권한행사에 대한 저항과 개인적 자유의 보호를 위한 제한된 정부, ⅱ) 법의 지배의 원칙, ⅲ) 권력분립주의, ⅳ) 견제와 균형 등의 구조 속에서 대통령의 권한을 정하고자 하였던 것이다.

우선, 대통령의 숫자에 대하여 헌법입안자들은 여러 가지 논의를 하였으나 결국은 단일의 행정부로 결정하였는데 이는 정책집행에 대한 책임추궁의 용이함이 그 이유가 되었던 것으로 보인다. 다음으로, 대통령을 어떻게 선출할 것인지가 문제되었는데, 일부는 직접선거를 제안하였지만 다른 한편에서 이는 로마시대의 호민관이 재연될 수 있다는 문제제기로 인해 채택되지 아니하였고, 다른 일부에서는 연방의회에 의한 대통령의 선출을 주장하였는데 이는 권력분립을 깨뜨릴 수 있고 대통령이 의회에 종속될 수 있다는 우려에 의하여 배척되었다. 결국 대통령선거인단에 의한 대통령선출방법을 채택하게 되었다. 세 번째로 대통령의 재임기간이 문제되었는데 이에 대하여도 여러 논의가 있긴 하였으나 재선가능한 4년 임기로 결정하였다. 마지막으로 가장 어려운 문제인 대통령에게 권한을 어느 정도 부여할 것인지가 논의되었는데, 헌법입안자들은 이 문제에 대한 합의점에 도달하지 못하였고 그 결과 연방헌법에 표현된 바와 같이 애매모호하고 불명확하게 남겨두었다.[17] 이와 같이 구체적인 권한을 정하지 아니한 배경은 각 주들의 조지 워싱턴에 대한 믿음이 바탕이 되었고 또한 무엇보다 대통령의 권한은 당해 대통령의 현실적인 직무수행에 의하여 판단되고 정해질 문제로 보았기 때문이다. 결국, 미국의 대통령제는 이론의 산물이 아니라 실무의 결과임을 알 수 있다.[18]

결론적으로, 대통령의 권한에 대하여는 위와 같은 대통령직이라는 직무의 특성상 연방헌법에서 그 권한을 정의하거나 기술하는 것이 적절하지 아니함을 알 수 있다. 즉, 이 점이 미국대통령의 권한 문제가 가지는 특징이라 할 것이다.

3. 대통령의 권한

(1) 개 요

대통령의 권한에 대하여는 여러 가지 분류방법이 있을 수 있으나, Genovese

17) 이에 헌법입안자들은 연방헌법에서 대통령과 행정부의 권한을 명확하게 표현하지 아니하였다.

18) 이러한 이유로 인해 대통령제를 채택한 각 국가별로 그 대통령의 권한이 상이하며 어떤 국가에서는 독재화로 변모하기도 하고(대부분 아시아국가나 남미대륙의 대통령제 국가에서 볼 수 있다) 또 다른 국가에서는 입법과 행정의 엄격한 분리로 인해 국정의 통일적 수행이 방해되어 정쟁이 恒常化되어 정국불안의 원인이 되기도 한다.

는 공식적 권한과 비공식적 권한으로 분류하고 있다.[19)]

공식적 권한이란 헌법상 규정된 권한을 말하는데, 여기에는 명시적 권한들과 명시적 규정으로부터 유추되는 권한들 그리고 대법원에 의하여 인정되는 권한들을 의미한다. 이에 반해 비공식적인 권한은 정치를 통하여 획득한 권한을 말하는데, 이는 대통령 개인의 정치적 영역에 참여하는 능력에 의하여 결정되며 그 결과 대통령 개인의 능력에 따라 그 권한은 매우 다양하다 할 수 있다.

이에 이하에서는 위 권한 중 공식적 권한을 중심으로 살펴보고자 한다.

(2) 국가원수로서의 지위

우선, 미국의 대통령은 국가 원수로서의 지위를 가진다. 이에 대외적으로 국가를 대표하며 외국사절을 접수하고 영전을 수여한다.

다음으로, 대외관계에서의 권한으로 표현되는 경우이다. 여기에는 조약체결권을 가진다. 다만 이 경우 상원의 2/3 동의가 필요하다. 또한 행정협정을 체결할 권한을 가지고 있다. 이는 조약과 달리 상원의 동의를 받을 필요가 없다는 특징을 가진다. 그리고 의회승인행정협정이 있는데 이는 상원의 2/3 동의가 아닌 양원의 단순 다수결의 동의만을 받고자 하는 경우인데 최근의 NAFTA 협정과 같은 무역협정에서 이 방법이 사용되었다.[20)]

(3) 행정부수반으로서의 지위

연방헌법 제2장은 "행정권은 연방의 대통령에게 부여된다"라고 규정하고 있을 뿐이다. 이에 대하여 연방대법원은 행정권은 입법권과 달리 헌법조문에 의하여 금지되어 있지 아니하는 한 열거되어 있지 않은 근거로부터의 권한을 행사할 수 있다고 판시하였다.[21)] 그러나 열거되지 아니한 모든 권한을 행사할 수 있는 것은 아니라 할 것이다. 왜냐하면 앞에서 본 바와 같이 대통령제는 법의 지배원칙과 권력분립적 한계를 지니고 있기 때문이다.

---

19) Michael A. Genovese, The Power of the American Presidency 1789-2000, New York, Oxford Univ. Press, 2001, 10면 내지 12면.

20) 다만, 이에 대하여는 상원의 2/3 동의라는 조약의 요건에 어긋나는 것이 아닌가 하는 논란이 되고 있다.

21) Mississippi v. Johnson, 71 U.S. 475 (1867).

우선, 여기에는 연방공무원 임명권 및 해임권, 사면권, 법집행권, 예산에 관한 권한[22] 등이 해당된다.

다음으로, 입법에 관한 권한으로서, 법률안 거부권을 행사할 수 있는데, 여기에는 환부거부, 보류거부(the pocket veto), 그리고 항목거부(the line item veto)가 있다. 첫 번째 거부는 서명 없이 거부서를 첨부하여 발의된 의회에 환부하여 거부권을 행사하는 것을 말한다. 두 번째 거부는 대통령에게 제출된 법률안에 대하여 대통령이 거부하는 것을 10일 내에 서명하지 아니하면 법률로 확정되나, 10일 이내에 의회가 휴회를 하여 환부할 수 없게 된 경우로, 연방대법원이 이를 거부권 행사로 인정하고 있다.[23] 마지막 거부는 일부거부라고 하기도 하는데 연방세출승인법안 전체법안을 거부하지 아니하고 특정항목에 대하여 거부권을 행사하는 것을 말하는데, 연방대법원은 Clinton v. City of New York, 524 U.S. 417 (1998) 판결에서 헌법의 제출조항을 위반하였다는 이유로 위헌결정을 하였다.

끝으로, 대통령은 군의 총사령관(Commander in Chief)이다. 즉, 군통수권자라고 할 수 있다.[24] 그러나 선전포고권은 대통령이 아닌 의회가 갖고 있다. 그럼에도 현재까지 대통령이 의회의 사전승인 없이 외국에 대하여 군사력을 사용한 경우가 종종 발생하여 왔다.[25]

---

22) 연방헌법상 예산에 관한 권한은 원칙적으로 의회의 권한이다(다만, 1921년 이후부터 대통령과 행정부는 연방정부의 세출을 계획하고 입안하는 과정에서 사실상 개입을 하고 있다). 즉, 헌법상으로는 대통령이 예산안을 제출할 권한을 가지고 있지 아니하며(단지 예산 총액을 권고할 수 있을 뿐이고), 의회의 예산법안에 대하여 거부권만을 행사할 수 있을 뿐이다. 이에 반해 한국의 경우 헌법에 의하여 행정부가 예산안을 편성하여 국회에 제출할 수 있는 권한을 가지고 있음(한국헌법 제54조 제2항)에 반해 국회는 행정부의 예산안에 대하여 삭제나 감액은 할 수 있으나 행정부의 동의 없이 증액수정하거나 새로운 비목을 설치할 수 없다는 점(한국헌법 제57조)에서 예산에 관한 권한을 의회가 아닌 행정부가 가지고 있다는 점에서 미국과 본질적으로 차이가 있음을 알 수 있다.

23) Pocket Veto Case, 279 U.S. 655 (1929).

24) 이와 관련하여, 한국법의 경우 대통령이 국군에 대한 실질적인 지휘를 하고 있고 또한 선전포고권이 대통령에게 있으나, 미국의 경우 헌법에 의하면 군에 대한 통제권을 의회와 대통령이 모두 가지며(이와 관련하여 200년 동안 대통령이 과연 어느 정도의 군 지휘통제권을 가지는지에 대한 논의가 지금까지 이어지고 있다) 선전포고권 역시 의회에 있다는 점에서, 양국의 군에 대한 지휘통제권한의 차이를 알 수 있다.

25) 1798년부터 2000년까지 200건 이상이 의회의 승인 없이 대통령에 의한 군사력 사용이 있었다.

역사적으로 대통령은 i) 자위권(self defense),[26] ii) 중립정책(neutrality),[27] iii) 집단안전보장(collective security)이라는 세 가지 논거에 근거하여 의회의 승인 없이 군 사용권을 행사하여 왔다.[28] 여기서 특히 두 번째 이론은 외국에 있는 미국의 시민과 재산을 보호하기 위하여 군대를 사용하는 것으로서 이러한 목적 이외의 외국의 갈등에 대하여는 중립적이어야 한다는 것이고 세 번째 이론은 N.A.T.O., O.A.S.와 같은 집단안보조약에 따른 군대 사용권을 정당화하는 이론이다.

한편, 연방의회에서는 대통령의 군대 사용권과 관련하여, 1973년 11월 7일 다음과 같은 결의를 한 바 있다. 즉, 대통령이 전쟁지역으로 군대를 사용할 경우 의회와 상의하여야 하고, 파견 후 48시간 이내에 의회를 통보하여야 하며, 이러한 통보 후 60일 이내에 의회가 전쟁을 선포하거나 군대사용권을 대통령에게 부여하거나 법률로써 60일을 연장하거나 의회의 소집이 불가능한 경우가 아니면 대통령의 군대사용이 중단되어야 한다는 것이다. 그런데 이러한 의회의 결의가 기속적인지 여부와 대통령이 이를 위반한 경우 그에 대한 사법심사가 되는지가 문제되는데, 이 문제에 대하여는 대부분의 법률가들이 political questions에 해당하여 사법심사의 대상이 될 수 없다고 보고 있다는 점에서 결국은 의회의 승인 없는 대통령의 군 사용권은 정치적으로 해결될 수밖에 없다 할 것이다.

(4) 대통령의 특권과 면책

연방헌법에 구체적인 규정이 없음에도 불구하고 대통령의 직무상 행위인지를 불문하고 형사상 면책특권이 인정되어 오고 있고, 민사소송에서는 직무상의 행위에 대하여는 절대적으로 면책되지만[29] 직무와 무관하거나 취임 이전의 행위[30]에 대하여는 면책이 인정되지 아니한다. 한편, 행정부 특권(executive

---

26) 이와 관련된 판례를 일반적으로 prize cases라고 부르고 있는바, 이는 Brig Amy Warwick, 67 U.S. 635(1862) 판결을 말하며 여기에서 법원은 "If a war be made by invasion of a foreign nation, the president is bound, without legislative authority, to resist the force by force."로 판시하였다.

27) 한국전쟁의 경우 트루만 대통령은 이 이론에 근거하여 미군을 파견하였다.

28) John E Nowak & Ronald D. Rotunda, CONSTITUTIONAL LAW, at 252 - 255 (West Pub. Co., 6th ed. 2000).

29) Nixon v. Fitzgerald, 457 U.S. 731 (1982).

privilege)과 관련하여 확립된 것은 아니지만 기본적으로 군사, 외교, 국가안보 등과 관련된 형사사건에서는 행정부특권이 인정되지만 그렇지 않은 분야에서는 특권이 제한된다고 할 수 있을 것이다.[31)]

(5) 소 결

이처럼 미국헌법에서 의회와 대통령의 권한은 철저한 권력분립과 상호협력이 요구되는 관계임을 알 수 있으며 이러한 이유로 인해 대통령의 정치력이 상당히 요구되며 이를 어느 정도로 잘 하느냐에 따라 역대 대통령들의 영향력이 결정되어 왔음을 알 수 있다.

Ⅲ. 사 법 부[32)]

1. 연방대법원과 연방하급법원

헌법 제3장 제1조는 "미국의 사법권은 1개의 연방대법원과 의회에 의하여 필요에 의해 제정되고 설립된 연방하급법원이 가진다[33)]"고 규정하고 있다. 이와 관련된 구체적 내용에 대하여는 다른 편에서 자세히 살펴보겠다.

다만, 헌법입안자들이 위와 같이 표현한 배경에 대하여 살펴보면 다음과 같다.

즉, 위 표현에 대하여 헌법입안자들간에 많은 논의가 있었다. 메디슨과 같은 대표자들은 연방의회와 연방집행부, 그리고 각 주의 월권을 억제하기 위하여 연방헌법에서 연방대법원과 마찬가지로 연방하급법원을 직접적으로 표현하여 제정해야 한다고 주장하였던 반면, 다른 대표자들은 이에 대해 이의를 제기하면서 각 주의 주법원이 연방법을 집행하는 데 충분하다고 반박하였는데, 이

30) Clinton v. Jones, 117 S.Ct. 1636 (1997).

31) 이는 U.S. v. Nixon, 418 U.S. 683(1974) 판결과 U.S. v. Reynolds, 345 U.S. 1(1953) 판결로부터 도출된다.

32) 임지봉, 미국헌법상 사법권 관련규정의 구조와 내용, 미국헌법연구(16권 2호), 297면 내지 336면 참조.

33) "The judicial Power of the United States shall be vested in one supreme Court, and in such inferior Courts as the Congress may from time to time ordain and establish."

러한 주장배경은 헌법에 의한 연방하급법원의 설립은 주의 권한을 더 많이 간섭할 수 있다고 느꼈기 때문이었다.

이러한 주장대립에 대한 타협으로서, 헌법입안자들은 연방하급법원은 헌법 자체에 의하여 설립하지 아니하고 대신 의회가 필요에 따라 설립할 수 있도록 하였으며, 그 결과 연방헌법에 위와 같은 표현으로 규정된 것이다.

2. 연방법원의 제한된 대물적 재판권

위와 같이 연방법원에 대한 헌법입안자들의 불신으로 인해, 헌법입안자들은 연방법원이 처리할 수 있는 사건의 형태와 종류를 제한하게 되었다. 즉, 연방법원은 두 가의 사건에 대한 재판권을 가질 뿐이다. 그것은 다른 주법원에 의해 발생할 수 있는 편견을 피하기 위한 '다른 주 시민들간의 소송'(diversity jurisdiction)과 '연방법과 관련하여 발생된 사건'(federal question jurisdiction)인데, 이들에 대하여는 뒤에서 자세히 설명하겠다.

한편, 권력분립의 원칙(separation of powers principles)에 의하여, 연방대법원이 가지는 상소심으로서의 재판권(appellate jurisdiction) 역시 의회에 의하여 제한될 수 있도록 하였다. 즉, 연방헌법 제3장 제2조는 연방대법원이 단심적 재판권(original jurisdiction) 이외의 사건에 대한 상소심으로서의 재판권은 연방의회가 예외를 두는 등 법률로 정하는 바에 따라 법률문제와 사실문제에 대하여 행사할 수 있도록 하였다.[34]

그런데, 위 법문의 의미에 대하여 다음과 같은 논의가 있었다.

우선, 위의 '규제와 예외조항'이 연방의회가 연방법원의 판결의 내용에 대한 절대적 통제권을 가진 것으로 보는 견해가 있다. 이 견해에 따르면 만일 의회가 특정 사건에 대한 연방대법원이나 연방하급법원의 결정에 대하여 마음에 들지 않으면, 의회가 그런 종류의 사건에 대한 연방법원의 재판권을 박탈하는 입법을 할 수 있다는 것이다. 이를 '재판권박탈입법'(jurisdiction-stripping legislation)이라고 한다. 이러한 관점하에서 실제로 1950년대부터 1980년에 이르기까지 많은 입법이 제안된 바 있으나 통과되지는 아니하였다.[35] 이러한 이론

34) "In all the other Cases before mentioned, the supreme Court shall have appellate Jurisdiction, both as to Law and Fact, with such Exceptions, and under such Regulations as the Congress shall make."

에 대하여 학자들 중 일부는 재판권에 대한 이러한 통제는 적절하며 권력분립에 따른 '견제와 균형'의 하나라고 보기도 한다.[36]

다음으로, 위의 '규제와 예외 조항'은 단지 법원의 효율성을 증가시키거나 행정적인 문제를 언급하는 절차법적 내용을 의미하는 것으로 보는 견해가 있다. 이 견해는 위 예외조항이 연방대법원의 필수적인 역할을 해쳐서는 아니 된다고 주장한다는 점에서, 이를 '필수기능이론(essential function theory)'이라고 부르기도 한다. 즉, 이 견해에 따르면 위의 예외와 통제조항의 목적이 연방대법원 판결의 실질적인 내용에 대한 통제가 아니라고 본다.

이와 같이 위 법문에 대한 해석이 다양하게 전개되고 있는 것은 사법부의 재판권 역시 절대적이지 아니하고, 이 역시 견제와 균형의 대상이라는 권력분립의 원칙에서 비롯되었기 때문이라고 할 수 있다.

3. 사법권 독립문제

헌법입안자들 사이에서 사법권 중 가장 첨예하게 논의된 부분이 바로 사법권의 독립문제였다. 사법권 독립은 정치권의 압력으로부터의 면제를 보장하기 위해 필수적인 것으로 생각되어졌다. 많은 논의의 대상이 된 것은 연방판사의 선발(selection)의 방법과 임기(tenure)의 문제였는데, 대부분의 대표자들은 연방판사를 연방의회가 선발하기를 원했으나, 다른 대표자들은 이러한 방식은 판사들이 의회에 종속될 수 있음을 우려하였다. 이에 대한 결론으로 연방판사의 선발을 대통령과 의회의 권한으로 하였다. 즉, 대통령은 상원의 의견과 동의를 받아 평생임기(lifetime tenure)의 연방판사를 지명하고, 의회는 탄핵으로 연방판사를 파면할 수 있도록 한 것이다.

한편, 임기를 평생임기로 보장한 것은 사법권 독립과 관련된 것인데, 이는 뒤에서 자세히 살펴보겠다.

---

35) 1950년대의 반전복법을 무력화한 판결들, 1960년대의 형사절차의 적법절차권의 확장판결들, 1970년대와 1980년대의 낙태권의 인정판결들과 공립학교에서의 종교활동 관련판결들에 대한 재판권박탈법안이 제출된 바 있다.

36) Gerald Gunther, Congressional Power to Curtail Federal Jurisdiction: An Opinionated Guide to the On-Going Debate, 36 STAN. L. REV. 201 (1984).

3 聯邦政府 내에서의 權力分立과 균형문제

지금까지 본 연방정부의 각 부와 그 권한 및 그들의 관계는 연방헌법이 제정된 이래 현재까지 계속하여 변화되어 왔으며, 대체로 연방법원의 위헌법률심사권, 대통령 권한의 강화, 행정위원회의 증가, 의회의 조사권의 실질적 행사 등을 그 변화원인으로 볼 수 있을 것이다.

이하에서는 위 변화요인을 중심으로 1789년 이후 현재까지 계속해서 변화되고 있는 연방정부의 구조 및 각 부의 관계를 살펴보고자 한다.

Ⅰ. 사법심사권[1] 또는 위헌법률심사권의 확립과 적극적 행사

연방헌법상의 행정부와 입법부의 사법권에 대한 견제와 균형은 판사의 선발과 연방법원의 재판권의 통제를 통하여 이루어진다. 그러나, 연방헌법은 사법부가 입법부와 행정부에 대하여 어떤 견제를 할 수 있는지에 대하여는 명시하고 있지 않다.

오늘날 우리가 아는 사법심사란 연방대법원이 입법부와 행정부의 법률과 행정조치가 합헌적인지의 여부를 판단할 수 있는 권한을 의미한다.

그런데, 이러한 권한이 연방헌법에 명시적으로 언급된 바가 없으며, 입법권과 행정권에 대한 사법심사권은 연방대법원에 의하여 1803년의 Marbury v.

1) 여기서의 사법심사권(power of judicial review)은 일반사건에 대한 법의 적용을 의미하는 것이 아니라 입법부의 법률이나 행정부의 행정행위에 대하여 합헌성을 판단하는 연방헌법 제3장의 법원의 권한을 말한다.

Madison판결에서 헌법에 내재(to be implicit)된 것으로 인정된 것이다.2)

Marbury판결에서 연방대법원은 사법심사권이 연방헌법 제6장의 우월조항(supremacy clause)과 연방헌법 제3장의 사법권의 조항(Article Ⅲ's grant of judicial power)으로부터 헌법에 내재된 것으로 판단하였다. 당시 대법원장인 존 마셜은 다음과 같은 이유를 들었다. 첫째, 연방헌법은 법(law)이므로 반드시 따라야만 한다. 특히, 우월조항(supremacy clause)은 연방헌법을 미국 내에서 최고법으로 만든다. 둘째, 연방헌법 제3장에 의해 부여된 사법권을 가진 사법부의 판사는 각 사건에 있어 무엇이 법인지를 선고할 수 있는 권한을 가진다. 따라서 판사가 헌법과 법률 모두가 적용될 수 있는 사건을 판단할 때에는 우월조항에서 언급된 법의 서열을 따라야 하며, 종국적으로는 헌법을 적용하여 위헌인 법률에 대하여 무효선언을 하여야 한다고 판시하였다.

이와 같은 Marbury 판결은 연방법과 관련된 것이지만 Marbury의 법리는 이후 Fletcher v. Peck (1810) 판결에서 주 법을 무효화시키는 데에도 적용되었다.

그런데, 미국 역사가 시작된 후 한 세기 동안 사법심사는 거의 이루어지지 아니하였으나, 오늘날에는 사법심사는 개인과 정부간의 관계나 권력분립, 연방주의의 균형에 심대한 영향을 주는 법과 행정행위에 대하여 중요한 영향을 끼치고 있다.

이러한 연방대법원의 사법심사를 구체적으로 살펴보면 다음과 같다.

1789년부터 1864년까지 75년간 연방대법원은 의회의 법률 중 두 건에 대하여만 위헌판결을 하였고, 1789년부터 1953년까지의 164년간 총 76건의 위헌판결을 하였다. 그런데 1953년부터 1998년까지의 경우 46년 동안 연방대법원은 무려 76건의 위헌판결을 하였던 것이다. 재미있는 것은 비록 사법심사의 적극적인 행사는 자유주의 성향의 Warren Court(1953-1969)에서 시작되었으나 보수주의 성향의 Burger Court(1969～1986) 역시 그에 못지않게 사법심사에 적극적이었다. 더구나 Rehnquist Court(1986～2000 현재)에서도 17건의 위헌판결이 이루어졌다.

이러한 사법심사를 분석해 보면, 사법심사를 함에 있어 연방대법원은 연방법률보다는 주 법률에 대하여 더 많은 위헌판결을 하였는데, 이는 연방법률에

---

2) 이처럼 Marbury 판결은 미국의 통치구조 내지 정부형태의 기초인 권력분립원리의 중요한 축을 이루게 되었는바, 이에 본서는 위 판결서 전문을 부록에 첨부하게 되었다.

대한 사법심사의 기준이 주 법률에도 마찬가지로 적용되었기 때문에 각 주의 특성이 고려되어 제정된 州法이 심사를 받게 되어 발생된 결과로 보인다. 그리하여 첫 100년간 79건의 주 법률이 위헌판결을 받았고 다음의 100년간 794건의 주 법률이 위헌판결을 받았다.

사법심사 내지 위헌법률심사가 일반적으로 좋은 평가를 받고 있으나 항상 좋은 결과를 가져다주는 것은 아니라 할 것이다. 미국 역사상 다음과 같은 몇 가지 예가 적극적인 사법심사의 위험성을 입증해 주고 있기 때문이다. 그 중 첫 번째 예로는, 연방대법원이 Dred Scott v. Sandford(1857년) 사건에서 의회는 노예제도를 폐지할 권한을 가지고 있지 아니하다고 판결한 것이다. 이 판결은 Marbury 사건 이후 처음으로 행하여졌던 연방법률에 대한 위헌심사권의 행사였다.

다음으로는, 1900년부터 1937년까지의 기간에 연방대법원은 연방의회와 각 주들이 기업을 규제하는 진보적인 법을 제정할 권한을 (ⅰ) 수정헌법 5조와 14조의 적법절차조항, (ⅱ) 주간 통상을 규제할 의회의 제한된 권한, (ⅲ) 입법권 위임의 불인정 원칙 등에 터잡아 부정하였다.

즉, 연방대법원은 週當 제빵업자의 노동시간을 제한하는 뉴욕주법, 어린이 노동금지를 내용으로 하는 연방법률, 세금을 통한 산업규제를 내용으로 하는 연방법률, 1930년대의 대공황의 결과로서 제정한 경제규제를 내용으로 하는 연방법률, 여성의 최저임금을 정한 뉴욕주법 등에 대하여 위헌판결을 하였던 것이다.

국가의 심각한 사회적·경제적 필요에 따라 이루어진 입법에 대한 장애물로서의 위와 같은 연방대법원의 판결에 대하여, 1937년경 프랭클린 루스벨트 대통령과 연방의회는 연방대법원이 자신들에게 유리한 방향으로 판결을 할 수 있도록 하는 새로운 입법을 제정하려고 하였다. 즉, 대통령이 힘의 균형을 변화시키기 위해 추가로 대법관을 임명할 수 있는 권한을 가지도록 하는 것과 더불어 단순히 대법원 판결을 무시하는 방법 등이 바로 그것이었다. 그런데, 이러한 법원 교체계획(Court-Packing)이나 대법원 판결의 불복종이 불필요하게 되었다. 이는 1937년에 들어서자 한 명의 연방대법관이 경제와 복지 계획을 지지하는 성향으로 바뀌었기 때문이다. 또한 그 다음 4년에 걸쳐 연방대법관의 사망 내지 은퇴로 인해 루스벨트 대통령은 연방의회의 권한을 적극적으로 해석하는 견해를 가진 새로운 7명의 대법관을 지명하였다.

이와 같이 1900~1937년의 기간 동안 이루어진 연방대법원의 적법절차중시경향[3)]은 사법심사(위헌심사)의 위기를 잘 보여주며, 이 판결들은 오늘날의 사법심사에서도 계속적으로 문제되는 것으로 인식되고 있다.

연방대법원은 오늘날에도 자신의 역할을 위해 중요한 교훈을 제시할 때 1937년 이전의 시대를 자주 언급한다. 연방대법원의 역할의 의미와 이러한 역사에 대한 논의를 하는 데 있어 가장 문제가 되었던 최근의 판결은 시민들의 엄청난 반대에도 불구하고 1973년의 낙태판결을 고수한 1993년 판결이라 할 수 있다. 그러나, 週當 제빵업자의 노동시간을 제한하는 뉴욕주법이 위헌이라는 연방대법원의 Lochner 판결은 비록 연방대법원이 강력한 다수의 힘을 가진 정치세력(political forces)에 대한 견제를 하는 경우라 하더라도 미국에서의 주류의 생각 내지 견해로부터 지나치게 벗어나는 판결은 할 수 없다는 교훈을 제시하고 있다.[4)]

결국, 연방대법원의 힘과 영향력은 '복종'이 아닌 판결에 대한 사회의 자발적인 '존중'의 정도에 달려 있다 할 것이다.

오늘날, 위 Lochner 판결의 좋지 않은 경험에도 불구하고 연방대법원은 1937년 이전에 잃어버린 권위와 도덕성을 회복했다고 볼 수 있으며, 나아가 연방대법원의 사법심사의 적극적 행사가 당연히 수용되고 있는 것이 현재의 미국헌법의 통치구조 내지 정부형태의 한 특징으로 볼 수 있다.[5)]

Ⅱ. 대통령 권한의 증대

앞에서 살펴본 바와 같이, 많은 헌법입안자들은 입법부가 너무 강력해지는

3) 연방대법원은 적법절차원리(due process clause)에 계약의 자유가 포함되는 것으로 해석하여, 수정헌법 제14조에서 적법절차조항의 자유(liberty)라는 개념을 정의하면서 19세기 말경부터 발전하였던 것이다. 특히 Lochner v. New York, 198 U.S. 45(1905) 판결에서 연방대법원은 주당 60시간 일을 할 수 있는 제빵제조사의 노동시간을 제한하는 뉴욕주법은 고용인과 노동자 사이의 계약체결의 자유에 부당한 부담을 주게 되어 적법절차조항에 위배된다고 판시하였다.

4) 오관석, 미연방대법원: 사회적 역할, 입법부, 행정부와의 관계 및 인적교류, 재판자료(80집), 법원도서관.

5) 석인선, 미국의 의회 입법권과 위헌법률심사제의 상호관계, 헌법학연구(10권 3호).

것에 대해 우려를 하였다. 그런데 현대에는 그들의 우려가 기우임이 증명되었다. 19세기에는 의회의 의지를 수행하는 기능을 하는 데 불과했던 대통령이 20세기에는 최고의 지위에서 그의 권한을 행사하게 되었기 때문이다. "제왕적 대통령(Imperial Presidency)"으로 불리는 대통령의 출현에 대한 상당한 책임은 의회에 있다 할 수 있다. 즉, 강력한 대통령들에 의한 권력획득(power grabs)의 노력뿐만 아니라 연방의회 역시 그러한 대통령에게 더 많은 권한을 위임하였기 때문이다.

강력한 권한을 가진 대통령을 만든 주요 요소는 20세기에 백악관을 차지했던 강력한 인물의 영속성에 있다 할 것이다. 이는 1901년 Theodore Roosevelt에서 시작되어 1930년대와 1940년대의 Franklin Roosevelt까지 계속되었으며 2차 대전 이후에도 여러 명의 대통령에 의해 강력한 권한의 승계가 이어졌던 것이다.

우선, 대외적 이유에서 대통령의 권한이 강화되는 현상이 발생되었다. 즉, 비록 외교정책에 대한 책임을 대통령과 의회가 공동으로 부담한다 하더라도 두 기관의 성격과 조직의 차이 때문에 행정부가 의회보다 현대적 위기에 더 잘 대처할 수 있었기 때문이다. 두 번에 걸친 세계대전의 참전으로 인하여 미국은 세계에서 가장 강력한 권한을 가진 나라로 급부상하였으며 그 이후의 수많은 여러 국제분쟁들은 미국 행정부의 빠른 결정과 조치의 필요성을 야기시켰다. 이러한 사정뿐만 아니라 국제분쟁에서 발생한 위기들에 관한 정보를 통제하여 대통령이 외교정책을 처리하는 데 있어 주도권을 잡게 되었고 그로 인하여 연방의회는 그에 따를 수밖에 없게 되곤 하였다.

다음으로, 대내적으로 대통령의 지위가 상승된 것은 1930년대의 대공황으로부터 비롯되었다. 이러한 위기는 강력한 국가 지도자의 결정적 행동을 요구하였던 것이다. 그리하여, F. 루스벨트 대통령은 의회가 입법할 포괄적인 입법 계획을 제시했다.

또한, 앞서 본 대외적 측면인 전쟁과 외교에 있어서 우월권을 가진 대통령에게는 이웃효과(spillover effect)[6]가 있었다. 이러한 이유로 인해 오늘날 미국의 유권자들은 대통령에게 외교정책만큼이나 국내의 입법적 의제에 대하여도 기대를 하고 있다 할 수 있다. 미국의 역사를 보면, 적극적인 대통령이 백악관

---

6) 이는 externality 또는 neighborhood effect와 같은 뜻이다.

을 차지하고 있는 때에는 의회가 가지는 입법적 역할의 많은 부분이 대통령이 제안한 입법적 제안에 응해 왔다.[7][8] 즉, 비록 대통령이 그 자신의 입법계획을 이행할 수 없다 하더라도 그는 의회의 이행에 영향을 미칠 수 있었던 것이다.

연방헌법은 대통령이 성실하게 법률을 집행하도록 주의를 기울이도록 정하고 있고, 또한 연방의회의 계획(congressional programs)을 이행할 것을 요구하고 있다.[9] 그러나, 대통령이 열정적으로 법률이나 의회의 계획을 이행하도록 요구하지는 않고 있다. 대부분의 입법에 대하여는 해석의 판단여지가 많다. 해석의 判斷餘地는 입법 형태가 행정부의 장관이나 예하 행정기관의 장에게 권한을 위임한 경우에 직접적으로 알 수 있다.

그러나, 이와 같은 대통령 권한의 증대에도 불구하고 대통령의 권한이 다른 기관의 헌법상 권한과 충돌하는 경우에는 법률가들은 대통령의 권한은 양보되어야 한다고 보고 있다.

다음의 두 사건은 이것을 설명한다고 할 수 있다.

첫 번째 사례는 Steel Seizure Case or Youngstown Sheet & Tube v. Sawyer 판결(1952년)이다. 이 사건은 한국전쟁(the Korean War) 동안 제철소의 노동자들이 한국에 있는 미군에게 필요한 철강생산을 방해하기 위하여 파업을 하여 많은 문제를 야기시킨 사건에 관한 것이다. 이에 트루먼 대통령은 상무장관(Secretary of Commerce)에게 사유재산인(privately-owned) 제철소를 압수하고 정부통제하에 운영하도록 하는 내용의 행정명령(executive order)을 지시하였다. 이 사건에 대하여 연방대법원은 대통령의 행정명령이 다음과 같은 이유로 위헌이라고 판결했다. 왜냐하면, 이 사건 이전에 연방의회는 일반노동관리법을 통과시켰고 그 입법절차에서 파업에 의한 긴급상황의 경우에도 공장을 압수할 수 있는 권한을 인정하지 아니하기로 하였기 때문이다. 따라서 이 사건의 대통령의 행정명령은 의회가 이미 분명히 한 정책과 충돌하기 때문에 무효라고 판단한 것이다.

---

7) 단지 의회의 의원만이 입법안 제안을 할 수 있으나 대통령은 그가 제안하고자 하는 입법안에 자신의 소속당의 의원들이 명의를 허락하는 데 있어 의원들을 납득시키는 데 아무런 어려움이 없다.

8) Legislation은 입법안, 입법과정, (만들어진) 법률, 제정된 법률 전체 등을 의미하며 여기에서는 입법안의 의미로 쓰인다.

9) 따라서 대통령은 의회가 집행하도록 결정한 예산을 집행하지 않을 수 없다(Train v. City of New York).

두 번째 사례는 Unites States v. Nixon 판결이다. 1972년 대통령 선거 운동기간 중 공화당 소속의 몇 사람이 워터게이트로 불리는 빌딩에 위치한 민주당 본부에 침입하다가 잡혔다. 이 사건 후 재선된 닉슨 대통령은 행정특권(executive privilege)을 근거로 하여 이 사건을 맡은 특별검사에게 사건과 관련된 여러 녹음테이프와 서류를 제출하지 아니하려고 하였다. 이에 대해 연방대법원은 행정특권의 존재를 인정하면서도 만장일치로 대통령은 일반 시민과 마찬가지로 증거를 제출토록 한 하급법원의 명령에 따라야 한다고 판시하면서 이 사건 테이프를 제출하도록 명령한 지방법원의 결정을 확정하였다.

Ⅲ. 행정위원회(administrative agency)의 증가와 출현

행정위원회는 연방헌법에 규정되어 있지 않다. 그러나, 오늘날 행정위원회는 정부 구조에서 중요한 위치를 차지하고 있다. 가장 강력한 행정위원회인 주간통상위원회(Interstate Commerce Commission)는 1887년 초에 만들어졌다. 그런데 행정위원회가 가장 많이 생겨난 때는 1930년대이다. F. 루스벨트 대통령의 요청에 따라 연방의회는 즉시 대공황의 피해자에 대한 구호제공 및 경제규제에 필요한 신속한 조치와 함께 이에 대한 전문가의 판단을 제공하도록 하기 위해 행정위원회에 상당한 권한의 위임을 하였다. 이것은 국가를 '행정국가'로 변형시키는 시작에 불과했다. 그 후 이러한 변화의 움직임은 연방정부뿐만 아니라 각 주에서도 마찬가지로 일어나게 되었다. 오늘날 연방과 주의 행정위원회는 금융에서부터 사회보장에 이르기까지 다양한 분야에서 운영되고 있다.

위원회는 의회로부터 위임된 입법권을 통하여 규칙 형태의 실체법을 제정하는 권한을 행사하게 되었다.[10)] 그 결과 연방법률(federal statutes)보다 연방규칙(federal regulations)[11)]이 10배 이상에 달하고 있다. 그런데 위원회는 규칙만을 제정하는 것이 아니다. 즉, 위원회는 법률집행의 결과 발생되는 분쟁을 재결할 위원회 소속의 행정심판위원을 구성하고 있으며 규칙위배에 대한 기소와 함께 이에 수반되는 조사를 할 수 있는 기구도 가지고 있다. 분쟁해결에 있어 대부

10) 일반적으로 위임(delegation)은 의회가 위원회에 의한 규칙제정(rule-making)에 대한 충분한 기준을 규정하는 한 적법하다 볼 수 있다.

11) 이는 administrative rules와 interpretive guidelines로 되어 있다.

분의 법은 당사자가 주장할 수 있는 방법으로 사법심사청구가 아닌 행정심판 신청을 규정하고 있을 뿐이고 비록 사법심사청구가 이루어진다 하더라도 심사 범위가 이 범위 내로 제한된다.12)

이 같은 행정위원회에는 두 가지 형태 ― 집행위원회(executive agency)와 독립 위원회(independent agency)가 있다.

우선, 집행위원회는 행정부의 일반 관료의 감독과 통제하에 있다. 그런즉 집행적 행정위원회의 권한의 증대는 일부 한계가 있긴 하지만 대통령의 권한의 증가의 한 부분으로 고려될 수 있다.

이와 달리, 독립적 성격의 행정위원회는 행정부의 관료의 감독하에 있지 않다. 이러한 독립위원회는 합의제로 진행된다. 독립위원회의 위원은 상원의 의견과 동의를 얻은 후 대통령이 임명하며 이러한 위원에 대한 임명은 대통령과 의원선거가 겹치는 기간을 재임기간으로 하여 이루어진다. 그리고 독립위원회 위원들은 법적으로 충분한 사유(good cause)가 없이는 해임되지 아니한다. 이러한 독립위원회는 정책의 연속성과 정치적 영향으로부터의 단절이 필요한 분야를 규제한다. 그런데 의회는 어떤 분야가 독립위원회의 관할이 되어야 하는지를 판단함에 있어 일관성을 보여주지 못했다. 그래서 실제로 많은 분야 중 일부는 독립위원회에, 또 다른 일부는 집행위원회의 관할로 되어 있다.

이와 같은 독립위원회에는 연방 주식거래 및 발행 규제위원회 또는 연방 주식거래관련 규제위원회,13) 연방통신위원회, 연방통화정책결정위원회 또는 연방준비위원회,14) 연방통상위원회, 국가노동관계규제위원회, 연방 해상무역(해운) 규제위원회,15) 소비자보호위원회, 핵 규제 위원회, 선물거래감독 위원회 등이 있다.

다만, 일부 학자는 독립위원회를 “제4부”(fourth branch of government)로 칭하

---

12) 행정위원회의 입법, 집행, 사법권의 혼합에 대한 반대원칙인 ‘권력분립의 원리’는 연방대법원에 의해 대부분 부인되거나 무시되었다.

13) Securities and Exchange Commission.

14) Federal Reserve Board.

15) Federal Maritime Commission을 말하는바, 일반적으로 Maritime은 ‘해상 무역의’ 또는 ‘해운의’ 라는 뜻을 가졌고 Maritime law는 해상무역관련법 또는 해사법이라고 하는데 여기에는 일반적으로 해상무역에서 발생된 계약법·불법행위법·근로자피해보상법 등이 포함되며 이는 admiralty law라고도 불린다. 이에 대하여는 admiralty jurisdiction과 admiralty court 또는 maritime court가 헌법 제3장 제2조에 의해 별도로 규정되어 있다.

면서, 국민에 의하여 선출되지 아니한 행정관료가 시민들에게 상당히 독립된 권한을 행사한다는 점에서 독립위원회의 성장은 정부의 민주주의적 가치를 손상시키는 신호로 보아 비판하기도 한다.

Ⅳ. 의회의 조사 감독 역할

현대에 들어와 입법이 더 복잡해짐에 따라 위원회에 의해 행해져야 할 전문적 조언과 입법 작업의 필요성이 더욱 커졌다 할 수 있다. 입법제안, 예산, 대통령의 임명행위에 대한 승인, 다른 입법관련사항 등은 일반적으로 의회에서 투표가 이루어지기 전에 위원회 심사에서 통과되어야 한다. 의회에서의 관련위원회의 권고는 많은 입법을 해야 하는 의회의 의원들이 그들의 관심 또는 전문분야 이외에서는 상당한 부담감을 느끼도록 만든다. 현재 298개의 상임위원회(standing committee), 특별위원회(select committee), 소위원회(subcommittee)가 있다. 상임위원회가 다루는 가장 중요한 문제에는 농업, 예산, 군대, 금융, 교육, 에너지, 외교, 정부운영, 사법, 노동, 중소기업, 과학기술 등이 있다. 또한 각 위원회에는 특정 분야를 다루는 상임 소위원회 내지 분과위원회가 있다.

상임위원회와 의회에 소속된 공무원의 존재에 대한 근본 목적은 현대에 들어 증가된 복잡하고 전문화된 성격을 가진 입법을 다루는 데 있었다. 그런데 입법의 성격의 변화와 다양한 행정위원회의 증가에 따라 의회의 위원회는 정부의 행정행위를 감시하는 기능을 더 필요로 하게 되었다.

한편, 위원회의 청문회(committee investigative hearings)는 헌법에 명시적으로 규정되어 있지 아니하나 의회의 입법권이 입법의 필요성 여부를 결정하는 조사기능과 연관되어 있다는 사실에 기초하여 연방대법원은 의회의 조사권을 인정하였고, 또한 이러한 조사권에는 소환장 발부권과 함께 소환거부시에는 의회모독죄로서 처벌할 수 있는 권한이 포함된다.[16]

또한 감시기능을 이행함에 있어, 입법부는 정보를 제공하는 행정부에 전적으로 의존할 수만은 없기에 의회의 조사기능의 확대는 의회 소속 공무원(congressional staff)과 전문적 조언가(professional assistance)를 증가시키는 요인이 되

16) Mcgrain v. Daugherty 273 U.S. 135, 177 (1927).

었다.

의회의 감시기능에 필요한 정보와 법적, 회계적 조언을 제공하는 것이 의회 소속의 회계위원회[General Accounting Office(GAO)]인데, 이러한 4000명 이상의 전문가 직원을 두고 있는 GAO는 예산지출에 대한 정기 회계감사와 행정부의 부정행위 낭비나 부주의 등을 발견하는 업무를 한다. 또한 의회의 위원회가 요구하는 특정 연구를 수행하기도 한다.

한편, 지금까지의 위원회 중 가장 적극적으로 이루어진 위원회의 활약은 워터게이트 사건에 대한 상원의 조사청문회이며 이 청문회를 통하여 혐의를 입증하는 증거가 공개되자 닉슨 대통령이 사임하게 된 바 있다.

요컨대, 의회의 조사권은 지금까지 살펴본 바와 같이 확고하게 성립되었으며 행정부를 견제하는 강력한 힘이 되고 있다 할 수 있다.

4 州政府와 聯邦主義

연방주의는 두 가지 특성인 수직적 관계와 수평적 관계를 가지고 있다. 수직적 연방주의(Vertical Federalism)는 연방 정부와 각 주들의 관계를 설명하고 있다. 수평적 혹은 주간 연방주의(Horizontal or Interstate Federalism)는 각 주간의 관계를 묘사한다. 양자의 관계는 1789년 이후 상당히 변화되어 왔는데, 수직적 연방주의의 역사는 대체로 주의 권한에 대한 연방의 권한의 확장이라 할 수 있는 반면, 수평적 연방주의는 점차적으로 감소되는 특징을 가진다 할 수 있을 것이다.

이하에서는 이러한 연방주의를 헌법적 관점에서만 살피기에 앞서 연방정부와 주정부의 관계를 일반적으로 살펴본 후 이를 고찰하고자 한다.

Ⅰ. 연방주의의 형태: 연방정부와 주정부의 관계[1)]

연방주의는 여러 가지 형태가 있을 수 있다. 이러한 연방주의에 관한 형태는 연방주의가 무엇이며 어떻게 운영되어야 하는지에 대한 해석에서 비롯되어 연방체계의 주체들이 가지는 관계와 그들의 상호작용의 성격을 바탕으로 다음과 같이 세 가지로 분류될 수 있다. 첫 번째 형태는 상호경쟁형태인데 이는 연방정부와 주정부 간의 경쟁관계에 초점을 맞추고 있고, 두 번째 형태는 상호의존형태인데 책임의 공유를 강조하는 형태라고 할 수 있고, 마지막으로는

1) 임채호, 미국의 지방정부와 주 및 연방정부의 관계, 지방행정(2003년 3월호) 참조.

기능형태가 있다.

1. 상호경쟁형태

이는 연방주의에 관한 초기의 형태로서 연방체제의 주요 행위자를 연방정부와 주정부로 보고 이들 정부가 정해진 권한을 서로 많이 갖기 위해 경쟁하는 형태라고 할 수 있다.

이는 다시 연방정부 중심형태와 주정부 중심형태 그리고 쌍방형태로 다시 구분된다.

(1) 연방정부 중심형태

이는 연방체제에서 연방정부가 주도적 역할을 담당하고 있으며 또 역할을 해야 한다고 주장한다. 그 이유는 연방정부가 각종 정책 쟁점들에 관하여 폭넓은 시각을 가지고 있는 반면 주정부는 어려운 문제를 해결할 수 있는 능력이 부족하다는 것이다. 이 형태에 의하면 연방정부가 광범위한 영역에 걸쳐 주도적인 역할을 해야 하므로 연방정부의 권한을 넓게 해석한다.

(2) 주정부 중심형태

이는 주정부가 연방체제를 주도하고 또 그러해야 한다고 주장한다. 이 형태에 따르면 주정부가 주도적인 역할을 하기 때문에 연방정부에 권한이 과도하게 집중되는 것을 막을 수 있다고 한다. 이 견해는 주정부는 주 시민에게 보다 가까이 다가갈 수 있고 또한 주마다 다른 행정수요와 정책적 선호에 적절하게 대응할 수 있다고 본다.

(3) 쌍방형태

이는 레이어 케이크(layer-cake) 연방주의로도 불리는데, 각각 다른 종류의 케이크 층이 포개져 있는 케이크처럼 연방정부와 주정부 간에 기능 및 역할이 완전히 분리되어 있으며 연방정부와 주정부는 각각의 역할에서 최고의 권위를 가진다고 본다. 어떤 정부도 다른 정부에 대하여 지배적인 역할을 하지 아니하며 서로 운영에 간섭해서도 아니 된다는 것이다.

2. 상호의존형태

상호의존형태는 상호경쟁형태와 달리 연방정부와 주정부가 공동의 목적을 달성하기 위하여 서로 노력하면서 권한과 책임을 공유하는 것을 강조한다.

여기에는 협력적 연방주의, 창조적 연방주의, 신연방주의, 로우보트 연방주의로 구분된다.

(1) 협력적 연방주의

이는 marble cake 연방주의라고도 불리는데 케이크의 층간에 대리석 문양이 걸쳐 있는 마블케이크처럼 연방정부와 주정부가 기능 및 역할을 공유하고 있다고 본다.

이 견해는 연방정부나 주정부가 모든 문제에 대한 해결책을 제시할 수 없으며 이들이 책임을 공유할 때 최선의 방안을 도출할 수 있다고 본다.

(2) 창조적 연방주의

이는 1950년대와 1960년대에 걸쳐서 대두되었으며 협력적 연방주의와 기본적으로 비슷하지만, 전통적인 공공정책이 실패로 돌아간 점에 대하여 새로운 아이디어와 정책대안이 필요하며 이를 위해 새로운 정부기구 또는 준 정부기구를 창설해야 한다고 주장한다.

이는 존슨 대통령이 제시한 위대한 사회건설을 위해 내세운 정책문제의 해결에 이 형태가 적용된 것으로 본다.

(3) 신연방주의

이는 다시 닉슨 대통령과 포드 대통령 시기와 레이건 대통령시기로 나뉜다.

닉슨·포드 대통령시기의 신연방주의는 연방정부와 주정부간의 책임의 공유를 선호하면서 연방정부의 역할 축소와 주정부의 재량확대를 추구하였다. 이에 따라 연방보조금을 줄이는 대신 그 사용에 있어 주정부의 재량을 확대하고 이를 통해 범죄나 지역사회 개발 등의 정책문제에 융통성 있게 대처해야 한다고 주장하였다.

레이건 대통령 시기의 신연방주의는 닉슨·포드 대통령 시기와 비슷하면서도 연방정부와 주정부의 기능의 구분을 크게 강조한 점에서 차이가 있다.

즉, 연방보조금을 축소하고 연방정부와 주정부의 접촉을 크게 줄일 것을 강조한 것이다. 그 결과 국내문제에 대한 결정에 있어 연방정부의 관여를 축소하는 결과를 가져왔기에 상호경쟁형태의 주정부 중심 형태의 연방주의와 비슷한 면이 많다 할 수 있다.

(4) 로우보트 연방주의(rowboat federalism)

이는 연방체계를 한 배에서 세 사람이 노를 젓는 것에 비유하여 설명한다. 즉, 연방정부와 주정부가 협력을 한다면 빠르게 발전할 수 있지만 만일 최선을 다하지 않는다면 발전이 느리고 침몰할 수도 있다는 것이다.

3. 기능형태

이는 연방체제를 수평적으로 구분하지 아니하고 교육, 환경보호, 법집행 등과 같이 수직적으로 영역에 따른 구분이 더 의미 있다고 보는 견해이다. 이는 기존의 연방주의에 대한 견해들이 연방정부와 주정부와의 관계를 중심으로 고찰하는 것과 달리 정책결정에 있어 관료조직 전문가들의 역할을 적절하게 부각시키는 것이 특징이라고 할 수 있다.

여기에는 피켓 펜스(picket fence) 연방주의와 대나무 펜스(bamboo fence) 연방주의로 구분한다.

(1) 피켓 펜스 연방주의

이는 연방체제의 중요한 구성요소를 연방정부와 주정부가 아닌 다양한 분야의 기능적인 관료조직으로 보는 견해이다.

예컨대, 주정부의 보건담당자는 주정부의 다른 분야 종사자보다 연방정부의 같은 분야 담당자와 연대의식이 더 크다는 것이다.

(2) 대나무 펜스 연방주의

이는 연방체제에서 수평적 관계와 수직적 관계를 모두 강조하는 입장이다.

4. 연방주의에 대한 연방대법원의 태도

지금까지 연방주의의 형태에 대하여 살펴보았다. 이러한 연방주의의 형태에 대하여 연방대법원은 연방주의의 형태를 기본적으로는 상호경쟁형태 중 쌍방형태를 따른다고 할 수 있고 경우에 따라서는 연방정부 중심 형태 또는 주정부 중심 형태의 판결을 하고 있음을 알 수 있다.

즉, 연합규약 당시의 미국의 연방주의는 주정부 중심 연방주의라고 볼 수 있으나,[2] 이후의 연방주의 성격은 1789년의 헌법이 만들어지는 과정에서 제시된 버지니아 안과 뉴저지 안을 살펴보면 이를 이해하는 데 도움이 될 것이다. 즉, 위 버지니아 안은 연방정부가 매우 광범위한 권한을 갖고 연방법률에 저촉되는 주법을 거부할 권한을 보유한다고 주장하였는데 이는 연방정부 중심의 연방주의라고 보면 될 것이고, 뉴저지 안은 연합규약의 결점을 보완하되 기본적 성격은 유지되어야 한다고 주장한 것으로서 주정부 중심의 연방주의에 가까운 안이라고 볼 수 있다.

이러한 두 가지의 안에 대한 토론과 검토를 거쳐 양자가 절충된 1789년 헌법이 탄생하였다. 즉, 앞에서 이미 살펴본 바와 같이, 연방정부는 입법부, 행정부, 사법부로 구성되며 이들은 상호 독립되고, 연방법은 국가의 최고법으로서 모든 주정부를 구속하는 반면, 주정부는 연방의회의 상원에서 평등하게 대표되며 대통령을 선출하는 과정에 적극적으로 관여할 수 있고 헌법개정시에 최종적 결정을 하며, 무엇보다 연방헌법에서 연방정부에 부여하지 아니한 모든 권한을 기본적으로 행사할 수 있도록 하였다. 즉, 1798년 헌법에 따른 연방주의 형태는 앞서 살펴본 연방주의의 형태 중 쌍방형태라고 할 수 있을 것이다. 이러한 성격을 극명하게 보여주는 조항이 1791년에 제정된 수정헌법 제10조인데 이는 "이 헌법에 의하여 연방에 위임되지 아니하였거나 각 주에게 금지되지 아니한 권한은 각 주나 시민이 보유한다"라고 규정하고 있다. 다만, 경우에 따라 연방대법원은 연방정부 중심 연방주의 형태를 보여주는 판결을 하곤 하였다.[3]

결국 연방대법원의 연방주의에 대한 입장은 사회경제적 상황에 따라 일정

---

2) 앞에서 살펴본 바와 같이 연합규약 당시에는 사실상 연방국가라기보다는 연합국가에 가까웠다고 볼 수 있을 것이다.

3) McCuloch v. Maryland. 17 U.S. 316 (1819).

한 변화를 거쳐 왔다. 즉, 연방헌법 성립초기에는 연방주의자들로 인해 연방정부 중심적 태도를 보이다가 1850년대부터 1930년대까지는 주정부 중심의 연방주의 형태의 입장[이는 주로 이원적 주권론(dual sovereignty)의 형태로 표현된다]을 보였다. 그러나 뉴딜시대를 거치면서 다시 연방정부 중심의 연방주의 형태의 입장을 나타냈으나, 1990년대 이후에는 연방주의에 대하여 주정부 중심의 연방주의 형태의 입장을 보이고 있음을 알 수 있다.[4] 즉, 연방대법원은 1990년 이후 들어 연방주의에 대한 견해에서 신연방주의의 입장을 보이고 있다 할 것이다.[5]

Ⅱ. 주정부의 구조와 권한

주는 비록 연방헌법에 표현은 되어 있으나 연방헌법에 의하여 창설된 것이 아니다. 즉, 1787년에는 이미 각 주들이 존재하고 있었으므로 연방헌법에 의하여 창설할 필요성이 없었던 것이다.

사실 1776년 말경에 각 주들은 이미 그들의 헌법을 만들고 승인했다. 이러한 각 주들의 생래적 존재(aboriginal existence)에 의하여 각 주들의 권한의 성격이 연방정부의 권한과는 다르게 만들어졌다. 미국의 13개의 식민지는 독립전쟁을 통해서 독립된 주권 국가(separate sovereign nation-states)로서 만들어졌는데, 그와 같은 각 주들의 지위는 1789년의 연방헌법상의 일부 권리를 양보하는 범위 내에서만 제한되어졌던 것이다. 그러므로 각 주들은 법을 제정하거나 행정행위를 하기 위한 권한을 인정받기 위해 연방헌법에 규정을 둘 필요가 없었다. 즉, 각 주들은 분리되고 독립적인 주권 국가의 권한과 고유한 능력을 가지고 있기에 연방헌법이나 각 주들의 헌법에 의한 제한을 제외하고는 각 주들이 선택한 어떤 주제에 대하여도 입법안을 통과시킬 수 있다. 수정헌법 제10조는

4) New York v. U.S. 488 U.S. 1041 (1992); Printz v. U.S. 521 U.S. 898 (1997).

5) 또한 연방대법원은 주의 주권면책이 인정될 수 있는지와 관련하여, 종래에는 헌법 제1장의 통상조항과 수정헌법 제13조, 제14조, 제15조를 근거로 한 연방법률에 의하여 주의 주권면책이 제한될 수 있다는 견해를 보여 왔으나, Seminole Tribe of Florida v. Florida, 517 U.S. 44(1996) 판결과 Alden v. Maine, 527 U.S. 706(1999) 판결을 통해 수정헌법 제11조 및 연방헌법의 구조와 역사에 의하여 주의 주권면책은 제한될 수 없다고 판시함으로써 신연방주의의 입장을 역시 보여주고 있음을 알 수 있다.

이러한 원칙을 다음과 같이 기술하고 있다: "연방헌법에 의해 연방정부에 위임되지 아니하고 또한 각 주에 대하여 금지되지 아니한 권한은 각 주에 속한다.[6)]"

많은 주의 경우 주정부형태와 권한은 전체적으로는 연방정부의 그것과 동일하다. 이는 연방헌법의 많은 부분들이 주 헌법으로부터 계수된 후 1789년 연방헌법으로 입안되어졌기 때문이다.

연방정부의 형태와 마찬가지로 주 헌법도 세 개의 부를 규정하고 있다. 주 입법부[7)]는 네브래스카[8)]를 제외하고는 양원제(bicameral)이다. 행정부를 보면 최고 행정책임자(chief executive officer of the state)를 주지사(Governor)라고 부르고 다음으로 부주지사(Lieutenant Governor)가 있다. 그리고 대개 주 국무장관(Secretary of State)과 주 법무장관(Attorney General) 그리고 재무장관(Auditor General)이 있고 기타 연방정부와 같은 각 부의 책임자가 있다. 그리고 최종심인 법원은 통상 주 대법원(state supreme court)으로 불린다.

각 주의 헌법들은 최고의 정부는 최소한의 통치를 하는 정부라는 주 시민들의 감정을 반영하였다. 많은 주에서 주지사의 임기를 단임제[9)]로 제한되거나 연임[10)]을 금지하고 있다.

한편, 많은 주에서 행정권은 연방정부의 행정권보다 집중되지 못한 측면이 강하다 할 수 있다. 연방행정부의 경우 대통령이 각 부와 고위직 관료에 대하여 상원의 의견과 동의를 받아 임명하지만 대부분의 주에서는 법무장관, 주 국무장관, 재무장관 등의 주요 장관들이 시민에 의해 직접 선출되기도 한다. 그 결과 법무장관 등은 주지사에 대하여 책임을 지지 아니하며 주지사가 그들을 해임할 수 없게 된다. 그 결과 대부분의 주에서 이러한 장관들은 주지사와 다른 정당에 속하는 경우가 많을뿐더러 몇몇 주에서는 부주지사가 주지사와 다른 정당에 속하는 경우도 있다. 이렇게 독립적으로 선출된 장관 등은 종종 주지사와 다른 의견을 견지하거나 독립적 행위를 하기도 한다.

---

6) 여기에 대하여 마셜 대법원장은 "각 주가 보유하고 있는 권한을 규정짓거나 명확히 한다는 것은 필요하지도 않고 적절하지도 않다"라고 표현한 바 있다.

7) 입법부는 통상 "state legislature" 또는 "general assembly"라고 불린다.

8) 여기는 단원제(unicameral)이다.

9) short terms of office.

10) consecutive terms of office.

주 법원의 판사 역시 임명보다는 선출되는 경향이 강하다. 연방헌법이 제정될 무렵 몇몇 주에 있었던 선거제도는 이후 19세기 초반에 널리 퍼졌다. 따라서 대부분의 주는 선거제도[11]에 의하여 판사를 선발하고 있다. 그럼에도 불구하고 아직도 몇몇 주에는 임명제도[12]가 존재하며 어떤 주에서는 선거제도와 임명제도가 결합된 제도를 가지고 있다.

주정부 형태가 연방정부 형태와 유사하므로 헌법이 주정부에 대하여 일정한 형태의 정부형태를 갖출 것을 요구하고 있는지가 의문시될 수 있다. 그에 대한 답은 "yes or no"이다.

헌법 제4장 제4조는 "미국은 모든 주에 대하여 공화국 형태를 보장하여야 한다."라고 규정하고 있다. 그러나, 공화국 형태인 정부의 특징을 정할 수 있다 하더라도 연방대법원은 위 조문이 정치문제(political question)이므로 다른 규정과 같이 법원에 의하여 강제될 수 있는 것이 아니라고 판단하였다.[13] 그러나 이와 반대로 연방대법원은 주의 선거구역(boundaries of state election districts)이 주의 시민들의 선거권을 희석시키지 아니하도록 결정되어져야 한다고 판단하였다.[14] 이와 같은 선거구 재획정 판결(redistricting case)과 정부의 공화국형태 판결(republican form of government case)의 근본적 차이점은 선거구 재획정 문제는 주정부의 기본적 구조에 영향을 미치지 아니한다는 점이라 할 수 있다.[15]

주정부(state governmental structure)와 주정부 예하정부의 구조(local governmental structure)에 대하여 보면 다음과 같다. 주 예하는 카운티(county), 시(cities), 마을(villages)로 세분화되어 있다. 이러한 단계는 지방정부(local government) 또는 시당국(municipal government)이라는 개념하에 포함된다. 이러한 지방정부는 주정부에 의하여 만들어진 것으로 간주되고 일반적으로 주의 통제하에 있다. 그런데 대부분의 주에서 대도시는 주정부로부터 독립되어 있다. 이러한 현상은 정치적 실체의 결과이거나 대도시의 독립성을 인정하고 "home rule[16]"권리를 인

11) 이를 주로 Electoral Systems for Judicial Selection이라 부르며 여기에는 크게 일반시민에 의해 선출되는 경우와 입법부에 의해 선출되는 경우가 있다.

12) 이를 Executive Appointment Systems라고 하며 주로 주지사가 판사를 임명한다.

13) Luther v. Borden, 48 U.S. 1 (1849).

14) "one man, one vote"제도는 수정헌법 제14조에 의하여 평등권에 의하여 요구된다[Baker v. Carr, 369 U.S. 186 (1962); Reynolds v. Sims, 377 U.S .53 3(1967)].

15) 즉, 이는 당해 주의 시민들에 의하여 선택된 선거제도가 차별하여서는 아니 된다는 것을 확인하는 의미에 불과하다 할 것이다.

정하는 주 헌법의 결과물이라 할 수 있다.

시 수준에서 최고행정관(chief executive officer)은 일반적으로 시장(mayor)이라고 불리며, 입법부는 시 위원회(city council)라고 불린다. 일반적으로 시 수준에서는 행정기관이 입법기관보다 상대적으로 약하다 할 수 있다. 시에서 통과된 법은 법률(statutes)이 아닌 조례(ordinances)라고 불리며, 조례는 시 내에서만 효력을 가진다. 그리고 시 단계에서는 사법부가 없다.

지방정부는 공동체에서 필요로 하는 서비스의 대부분을 공급한다. 지방정부의 가장 중요하고 전통적인 기능은 법 강제력(law enforcement)이라 할 것이다. 법 강제력은 원래 지방정부 단계의 경찰력(local police forces)에 의하여 이루어졌으나, 20세기에 들어 주정부도 법강제력을 위해 주 경찰력(state police forces)을 만들었다. 지방정부의 또 다른 중요한 기능은 도시계획(zoning)을 통한 토지이용의 제한(control of land use)이라 할 수 있다. 또한 지방정부는 오물 및 쓰레기 처리, 상수도 공급 등의 서비스를 제공하며, 초등학교와 중등학교수준의 공교육(public education)에 대한 지원을 한다. 이러한 학교는 주 교육부의 요건을 충족해야 하는 반면, 보통 지방학교위원회(local school boards)에 의하여 운영된다. 지방정부는 위와 같은 기능을 하기 위해 조세권을 가진다.

Ⅲ. 수직적 연방주의의 변화: 연방 권한의 증대

제임스 메디슨은, 일반적으로 열거된 연방의회의 권한과 수정헌법 제10조로부터 이해되고 있는 연방과 주의 권한의 관계에 대하여, 다음과 같이 묘사한 바 있다: “연방정부의 권한은 극히 일부이고 제한적인 반면(few and defined), 주정부가 보유하고 있는 권한은 방대하며 또한 무제한적이다(numerous and indefinite). 즉, 연방정부의 권한은 전쟁, 협상, 외국과의 교역과 같이 외부적인 것과 조세권에 국한된 반면, 주는 시민의 생명, 자유, 재산 등에 관한 모든 권한을 가진다.”

그런데 이러한 관점은 이후 변화되고 있다.

16) 이는 지방정부에 자치권을 배분하는 주 입법규정이나 행정조치를 말한다.

1. 초기의 연방권한의 확대

미국 역사 초기에 연방 권한의 성격에 대한 논란이 별로 없었던 주요 이유는 헌법에 있어서의 연방권한의 확대견해를 가지고 있었던 존 마셜[17]이 연방대법원장으로 있었기 때문이다.

그는 McCulloch v. Maryland, 17 U.S. 316 (1819) 판결에서 묵시적 또는 내재적 권한(implied powers)의 관념을 발전시켰다. McCulloch사건에서의 쟁점은 헌법상 연방의회가 미국은행을 설립할 수 있는지 여부였다. 이 사건에서 마셜은 연방정부는 제한된 권한의 정부이고 헌법 제1장에 은행을 만들 수 있다는 명시적 조항이 없다는 점을 인정하면서도 헌법상의 명시적 권한의 인정은 연방의회의 권한을 실행하기 위한 적절한 권한을 내포하고 있다고 하였다.[18] 즉, 연방의회는 조세권, 국채발행, 상업규제권 등을 가지고 있으며 은행은 이러한 권한을 뒷받침하기 위하여 명확히 필요하기 때문에 은행설립의 권한 또한 연방헌법에 내재되어 있다고 판단하였다.

또한, 주에 대한 연방사법권의 적용여부에 대하여도 초기에 결정되었다. Fletcher v. Peck(1810)사건에서 연방대법원은 주정부의 행위에 대하여도 사법심사권의 행사를 확장시켰다. 이후 1816년에는 Martin v. Hunter's Lessee, 14 U.S. 304(1816) 판결[19]에서 연방법을 해석함에 있어 주 법원에 대한 상소심으로서의 재판권(appellate jurisdiction)이 연방대법원에 있음을 명확히 하였다.

그 밖에 연방대법원은 연방법을 위반한 형사사건의 경우도 주 법원의 판결에 대한 상고심으로서의 재판권이 있음을 명확히 하였다.[20]

---

17) 존 마셜(1755~1835)은 강력한 중앙정부를 옹호하는 연방주의자였고 34년간 대법원에 재직하였다.

18) 존 마셜이 이러한 결론에 이르는 데 있어 헌법 제1장 8조의 "necessary and proper"조항을 근거로 들었다.

19) 이 사건에서 버지니아 주 대법원은 연방법을 따르도록 하고 있는 헌법상의 우월조항에 의하여 주 대법원이 연방대법원에 기속된다는 점을 인정하면서도 연방대법원이 주 대법원에 의한 연방법에 대한 해석을 심리할 수 있다는 점에 대하여는 부정하였는데, 이에 대하여 연방대법원은 연방하급법원이든 주 법원에서 이루어진 연방법에 대한 쟁점에 관한 모든 사건에 대하여 상고심으로서의 재판권을 가진다고 판결하였다.

20) Cohens v. Virginia 사건(1821).

2. 연방권한의 확대에 대한 주의 반대, 시민전쟁[21)]과 그에 따른 수정헌법

1800년부터 1860년까지 이루어진 연방정부의 권한의 확대에 대하여 남부의 많은 주들은 연방정부가 그들의 권한을 침해한다고 믿었으며, 또한 이러한 남부주들은 연방정부가 인구수가 많고 노예제도에 대하여 반대 입장인 북부의 여러 주에 의하여 상당히 좌우된다고 우려하였다.

특히, 주의 권한을 대신하는 연방정부의 조치에 관하여 남부의 여러 주들을 가장 실망시킨 것은 연방정부의 권한의 한계가 각 주의 실질적인 참여 없이 연방정부의 각 부처에 의하여 결정된다는 점이었다.

그 결과, 1830년대부터 연방정부의 권위에 대한 저항이 증가하였다. 이와 관련한 특징적 사건으로서 남부의 지주들의 이익을 해치는 연방관세법을 무효화시키려는 남부 캐롤라이나 주의 움직임이 있었다. 존 칼훈(전 부통령)이 남부 캐롤라이나 주권리보호당(South Carolina States' Rights party)의 당수가 된 후 주의회(convention)에서 연방의회가 통과시킨 관세법은 무효이고 이 주에는 적용되지 아니한다는 내용의 무효조례(ordinance of nullification)를 채택할 것을 요청했다. 이에 대해 연방정부는 무력을 행사하였고 그 결과 남부 캐롤라이나 주는 무효조례를 취소해야만 했다.

또한 남부의 많은 주들은 연방대법원이 주 법원에 대한 상급심으로서의 재판권[22)]을 행사하는 것에 대하여 불쾌하게 여기고 있었다.[23)] 연방대법원과 연방의회에 대한 깊은 적개심이 위에서 본 1830년의 사건에 의해 설명될 수 있

---

21) 이는 "civil war"인데, 이를 대부분 남북전쟁으로 표현하고 있으나 이는 그 성격을 표한하기보다는 숫자나 지역 등으로 표현하는 한국적 정서(즉, 사건의 성격을 배제하는)에서 비롯된 표현이 아닌가 생각된다(특히 한국에서는 대부분 전쟁이나 주요 사건을 3. 1.; 6. 25.; 4. 19.; 5. 16.; 6. 29. 등과 같이 당해 사건을 날짜로서 표현하고 있음을 알 수 있다). 이와 달리 본서에서 civil war를 '남북전쟁'이 아닌 '시민전쟁'이라고 표현한 이유는 이 전쟁이 노예제도의 인정 여부 또는 노예들을 시민으로 인정할 것인지 여부에 대한 각 주간의 의견대립으로 말미암아 발생된 전쟁이라는 점을 고려하여 영문 표현 그대로 표현하는 것이 더 적절하다고 판단되었기 때문이다.

22) appellate jurisdiction 또는 appellate power를 말하는바, 이는 연방대법원이 주 법원의 판결에 대하여 심리를 할 수 있다는 점에서 주에 대한 연방대법원의 우월적 지위를 인정하는 결과를 가져오게 된다는 것을 알 수 있다.

23) 7개주가 그들의 주 법원에 대하여 연방대법원의 상소심으로서의 지위를 인정하지 아니하는 입법을 하였다.

을 것이다. 또한 다음의 사건에서도 이러한 현상을 알 수 있다. 즉, 조지아 주는 타셀이라 불리는 인디언에 대하여 유죄를 결정하고서 사형선고를 하였다. 그런데 이것은 주의 일정구역에 거주하는 인디언에 대하여 주의 재판권 행사를 금지한 연방법을 위반한 것이었다. 타셀은 연방대법원에 상소를 하였고 연방대법원은 연방법을 적용하여 당해 주의 유죄판결을 파기하였다. 그러나 이 상소는 분쟁가능성이 없어 공소기각 결정을 하여야만 하였다. 왜냐하면 연방대법원의 재판권 행사에 대한 저항의 표현으로 조지아 주는 타셀을 처형하였기 때문이다.

이와 같은 연방정부에 대한 주의 저항은 노예 노동력에 바탕을 둔 남부주에서 시작하여 점차 다른 새로운 남부 주들로 번져나갔으며, 남부의 연방 정부에 대한 분개는 미국의 서부 확장 정책에 의하여 점차 확대되었다. 즉, 주요 확장은 북서 지역에 있는 주들 — 인디애나, 일리노이, 위스콘신, 오하이오, 미시간 등이 포함되었는데, 연방의회는 이러한 주에 노예제를 금지하였고, 이러한 새로운 주의 시민들은 노예제 폐지를 선호하였다. 게다가 이러한 북부주들과 다른 북부주들은 노예들이 자유주나 캐나다로 탈출할 수 있도록 도와주는 "underground railroad"의 첨병이 되었다. 따라서 노예제도는 연방의 새로운 주의 인정과 관련하여 19세기 전반기 동안 의회에서의 주요 쟁점이 되었다. 그 결과 새롭게 탄생하는 州가 노예제를 인정하는 주인지 인정하지 아니하는 자유주인지를 결정하는 문제가 중요하게 대두되었다. 그러나 이러한 문제를 해결하기 어렵게 되자, 연방의회는 자유주(free state)와 노예주(slave state)의 수를 맞추려는 내용의 타협을 하게 되었다.

이러한 타협 중 하나가 1820년의 미주리 협정이며 이 협정에 의하여 미주리(노예주)와 메인(자유주)이 인정되었다. 그런데 법률은 루이지애나 북부 전체를 자유주로 선포하였다. 이에 분노한 남부의 많은 주들의 연방탈퇴위협과 회유책에 의하여 연방대법원은 불명예스러운 Dred Scott v. Sandford, 60 U.S. 393 (1857) 판결을 하게 되었다. 즉 이 사건에서 노예인 스캇이 자유주에서 여러 해 동안 거주하게 된 이유로 자신의 노예해방을 주장하는 소송을 제기하였는데 연방대법원은 이를 기각하였던 것이다. 그 결과 연방의회는 노예제도를 비합법화하는 권한을 가지고 있지 아니하거나 흑인을 미국의 시민으로 인정하는 권한을 가지지 아니한다는 주장을 연방대법원이 지지하는 것으로 받아들이게 되었던 것이다.

그럼에도 이후 남부의 11개주[24]는 연방(Union)으로부터 탈퇴하고, 미국동맹(Confederate States of America)을 결성하였다. 이에 1861년 시민전쟁이 발발하게 되었고 1865년에 남부의 항복으로 위 전쟁이 종료되었다.

이와 같은 과정을 거치면서 발생한 시민전쟁에서 남부의 주가 패하였다는 사실로 인하여 모든 주가 좋든 싫든 연방에 속한다는 점과 연방의 이익이 주의 이익과 충돌되는 경우 연방의 이익이 우선한다는 점이 정립되었던 것이다.

시민전쟁(남북전쟁) 이후 전쟁의 영향으로 주의 권리에 대하여 3개의 새로운 수정헌법이 만들어졌다. 수정헌법 제13조(1865)에서는 노예제도를 폐지하였고, 제15조(1870)에서는 자유인이 된 노예에게 투표권을 부여하였다. 그리고 제14조(1868)는 시민전쟁 이전의 노예는 미국의 시민임을 명확히 하면서 연방대법원의 Dred Scott v. Sandford 판결을 무효화시켰다. 나아가 제14조는 주가 미국시민으로서의 권리를 박탈하지 못한다는 점과 주는 적법절차가 아니면 시민의 생명, 자유, 재산을 빼앗지 못한다는 점, 그리고 주는 평등권을 부정할 수 없다는 점을 명확히 하였다. 그리고 위 3개의 수정헌법조항은 연방의회에게 입법을 통해 위 수정헌법이 효력이 발생할 수 있도록 하는 광범위한 권한을 부여하였다.

3. 20세기 중반 이후의 연방정부의 권한

연방대법원은 1953년 이후 각 주의 법률과 지방정부의 조례 등을 무효화시키는 등 더욱 적극적으로 판결하였다. 수정헌법 제14조의 적법절차와 평등권 조항은 기존의 주의 권한 내지 영역으로 인정되어온 분야를 헌법화(constitutionalization)시키는 역할을 하였다. 그 중에서도 가장 중요한 두 가지는 형사소송적 적법절차(criminal due process)와 인종과 성별에 대한 차별금지부분이라 할 수 있다.

주의 권한을 대체하는 의회의 입법권한 중 가장 큰 확장은 연방헌법 제1장에 규정된 州間 通商條項(interstate commerce clause)에 의하여 이루어졌다. 연방대법원의 州間 通商條項에 대한 계속되는 소극적 적용의 판결이 1938년 이후

---

24) 여기에는 앨라배마, 아칸소, 플로리다, 조지아, 루이지애나, 미시시피, 노스캐놀라이나, 사우스캐롤라이나, 테네시, 텍사스, 버지니아 등이 속한다.

부터 변화되기 시작했다. 연방의회의 통상조항은 1990년대 중반에 이르러 최고조에 달했다. 연방대법원은 제한되는 행위가 주간 통상에 영향을 미친다는 합리적 근거(rational basis)만 있으면 의회의 입법을 통상조항에 의하여 합헌적으로 인정하였던 것이다. 이러한 기준하에 연방대법원은 단지 주간의 통상에 간접적인 영향을 미치는 많은 지역 활동에 대한 의회의 규제입법을 합헌이라고 판단하였다.[25] 더구나 공공숙박시설 등(호텔, 레스토랑 등)에서의 인종차별을 금지하는 법에 대하여도 주간 통상조항의 적용대상이라고 판단하였다.[26]

그런데, 수정헌법 제10조[27]는 연방의회의 통상조항권한을 제한하는 것으로 주장될 수 있다. 그러나 연방대법원은 어떠한 논의도 없이 모든 권한이 양보되지 아니하는 한 조문 그대로 그 권한은 주에 남아 있다고 언급하면서 수정헌법 제10조를 해석하였다.

이러한 수정헌법 제10조에 대한 문언적 관점은 여전히 널리 받아들여지고 있으나, 최근에는 주가 보유한 권한과 헌법에 의해 주가 양보한 권한이라는 관점에 대한 변화가 일어나고 있다. 1937년 이후 58년 동안 연방대법원은 연방의회가 주간 통상조항에 근거하여 만든 연방법률에 대하여 위헌으로 판결한 적이 없다. 그런데 1995년에 이러한 흐름에 변화가 U.S. v. Lopez, 514 U.S. 549 (1995)에서 발생한 것이다. 연방대법원은 Lopez 판결에서 학교 내이거나 근처에서 권총을 소지한 경우 처벌하는 것을 내용으로 하는 연방형법을 州間 通商條項의 권한 이상을 규정하고 있다는 이유로 무효화시켰던 것이다. 즉, 연방대법원은 권총은 폭력범죄에 사용되며, 경제적 영향을 미치고 개인이 범죄율이 높은 지역을 여행하지 못하도록 한다는 내용의 합헌주장을 모두 배척하면서, 이러한 법률은 주의 전통적 권한을 침해하는 것이라고 판단하였던 것이다.[28]

또한 연방대법원은 의회의 법률이 주에 대하여 직접적으로 영향이 미치는 경우(대부분 지시하는 경우)에도 위헌으로 판단하였다.[29]

---

25) 나아가 연방대법원은 "cumulative effect"라고 하여 농부가 자신의 땅에서 밀을 생산하여 일부는 자신이 소비하고 일부는 동네시장에 판매를 하는 경우 역시 위 이론인 누적효과 이론을 적용하여 州間 通商條項의 적용대상이라고 판단하였다.

26) 이는 호텔 등에서의 차별로 인해 흑인들이 사업차 출장을 가는 것을 어렵게 만든다는 이유를 근거로 금지법을 합헌이라 보았다.

27) 연방정부에 위임되지 아니한 모든 권한은 주에 속한다.

28) 이에 대한 또 다른 판결로는, U. S. v. Morrison, 529 U.S. 598 (2000)이 있다.

29) New York v. U.S. 505U.S.144 (1992); Printz v. U.S. 521 U.S. 898 (1997).

4. 조건부 예산지원(conditional spending)

주에 대한 연방정부의 권한에 대한 평가는 조건부 예산지원을 고려하여야 한다. 앞서 본 바와 같이, 연방의회는 주 의회에 대하여 직접적으로 명령을 할 수 없고 각 주의 의회가 법률을 제정해 줄 것을 요청할 수 있을 뿐이다. 그러나, 연방의회는 조건부 예산지원의 방법을 이용하여 효과적으로 각 주의 의회에 대하여 입법을 지시할 수 있다. 이러한 조건부 예산지원권의 법적 근거는 통상조항이 아닌 일반복지를 위한 조세권과 예산권(power to tax and spend to provide for General Welfare)이다. 즉, 이를 연방의회의 "spending power"라고 한다.

요컨대, 이러한 연방의회의 권한은 주가 연방의 조건에 따르는 내용의 자발적 합의를 통하여 각 주로 하여금 많은 법률을 제정하게 하거나 연방의 지시를 이행하도록 하고 있는 것이다. 다만, 이러한 연방자금을 지원함에 있어서는 각 주에 대한 지원조건이 명확해야 하고 또한 지원조건과 연방지원금의 사용 사이에 합리적 관련성을 가져야 한다.[30]

Ⅳ. 수평적 연방주의(Horizontal Federalism)의 변화: 주 경계선의 약화

여기에서는 주간 거주이전의 자유, 묵시적 통상통제권, 확장된 주 법원의 권한, 다른 주의 법률・공적기록・재판 등의 존중, 범죄인 인도 등이 문제된다.

우선, 거주이전의 자유(right to travel)는 연합규약에는 명시적으로 규정되어 있었으나, 1789년 헌법에는 명시적으로 규정되지 아니하였다. 그럼에도 연방대법원은 헌법상의 여러 조항을 근거로 이러한 자유를 인정하여 왔다.[31] 또한 연방대법원은 거주이전의 자유를 근본적 권리라고 판시하였다.[32] 나아가 연방

30) 이에 대한 예로는, 연방정부의 고속도로 건설자금지원과 주에서 정하는 최저 음주연령 사이에는 합리적 관련성이 있다고 판결한 연방대법원의 판결이 있다[South Dakota v. Dole, 483 U.S. 203 (1987)].

31) Crandall v. Nevada, 73 U.S. 35 (1867).

32) Shapiro v. Tompson, 394 U.S. 618 (1969).

대법원은 거주이전의 자유를 실체적 적법절차와 제4장의 州內 居住民 평등대우조항[33][34]을 인정근거로 판시한 바 있다.[35]

다음으로, 헌법상의 원리인 묵시적 통상통제권(Dormant Commerce Clause)은 헌법에 의해 연방의회에게 주어진 연방헌법 제1장 제8조의 통상통제권(Active Commerce Clause)과 마찬가지로 주간 무역과 이전의 장벽을 조정하는 데 결정적인 역할을 해 왔다.

세 번째로, 주의 영역은 주 법원의 피고에 대한 재판권의 범위를 나타낸다. 따라서, 원칙적으로 피고가 현재하거나 소송제기 당시 그 주에 재산을 소유하고 있지 아니하는 한, 주 법원은 다른 주의 피고에 의해 제기된 소송을 진행할 권한이 없다. 피고에 대한 주 법원 판결의 기속력을 '인적 재판권(personal jurisdiction)'[36]이라 하고, 다른 주 피고에 대한 판결의 기속력을 '확장된 인적 재판권'[37]이라 한다. 특히, International Shoe 판결에서 연방대법원은 피고가 제소당한 주와 충분한 '최소한 접촉(minimum contacts)'이 있고 그러한 인적 재판권이 피고에게 불공정(unfair)하지 아니하는 한, 다른 주 또는 다른 나라의 피고(out-of-state defendant)에 대하여 인적 재판권을 가진다고 판결하였다.[38]

네 번째로, 다른 주의 판결 등 존중의무[39]에 관하여 살펴보면, 연방헌법 제4장은 각 주는 다른 주의 재판, 공적기록 등에 대하여 존중하여야 한다고 규정하고 있다. 이것은 한 주에서의 판결, 출생증명이나 결혼증명이 다른 주에서도 유효한 것으로 간주되는 것을 의미한다. 이러한 다른 주 판결 등 존중의무의 주요 적용분야는 다른 주에서 선고된 판결의 유효성과 그 인정범위에 관한 것이라 할 수 있다. 이에 대하여 연방대법원은 각 주는 자신의 州의 판결

---

33) the privilege and immunities clause, Art. Ⅳ §2.

34) 한편, the privilege and immunities clause은 연방헌법 제4장 이외에 수정헌법 제14조에도 있는데, 이는 제4장의 "주내 거주민 평등대우조항"(한 주내에 거주하는 타주 시민에 대한 차별금지조항)과 달리 "다른 주 시민에 대한 차별금지조항(수정헌법 제14조)"이라는 점에서 같은 주내에서의 차별이 아니라 거주하지 아니하는 다른 주의 시민에 대한 차별금지조항(비거주 타주 시민에 대한 차별금지조항)이라 할 수 있다.

35) Saenz v. Roe, 526 U.S. 489 (1999).

36) 일반적으로 재판권은 jurisdiction이라 하며, 이에 반해 관할은 venue라 한다.

37) long-arm jurisdiction 또는 long-arm statute라고 한다.

38) International Shoe v. Washington, 326 U.S. 310 (1945).

39) Full Faith and Credit requirement.

과 같은 효과를 다른 주의 판결에 대해서도 인정하여야 한다고 판결하였다. 다만, 다른 주의 법원이 인적 재판권을 가지고 있지 아니한 경우에는 그 판결의 효력이 부인될 수 있다.[40] 한편, A주의 판결이 그 자체로 명백한 오류가 있거나 또는 B주의 법률이나 공공정책을 위반하는 법에 기초하고 있다 하더라도 아무런 문제가 되지 아니한다. 이러한 경우에도 B주는 A주의 판결을 존중하여야 한다. 확장된 재판권과 다른 주 판결 등 존중의무조항 때문에, 민사사건에 있어 당사자가 법적 책임을 회피하기 위하여 재판권이 다른 주 경계를 이용하여도 소용없게 만든다 할 수 있다.

또한, 헌법 제4장 2조의 범죄인인도조항(extradition clause)은 한 주의 형사판결이 다른 주에서도 유효하도록 하는 효과를 가지고 있다.

40) Durfee v. Duke, 375 U.S. 106 (1963).

5 政府形態와 司法制度의 관계
–사법제도에 대한 정부형태의 영향

Ⅰ. 수직적 연방주의의 결과

1. 중첩되는 연방법률과 주법률

연방정부의 권력은 제한적이고 연방정부와 주정부의 권한이 서로 배타적 영역을 가진다는 메디슨의 제안은 연방대법원에 의하여 받아들여지지 아니하였다. 그 대신, 연방대법원은 연방정부의 권한이 통상권한을 근거로 하여 경제적 영향을 미칠 수 있는 어떠한 영역에 대하여도 규율을 할 수 있도록 하는 정도까지는 확대될 수 있도록 인정하였다. 동시에 주는 주내의 시민과 계약 등에 관한 입법을 할 수 있는 전통적 주권(sovereign power)을 보유한다. 그 결과 두 개의 다른 주권인 연방정부의 주권과 주정부의 주권이 같은 지역에서 발생되는 계약이나 사건 등을 규율하는 입법권이 병렬적으로 또는 부분적으로 겹치게 되는 결과가 발생됨을 알 수 있다.

연방의회가 입법을 하는 경우, 이에 상충하는 주 법률은 우선조항에 의하여 양보된다. 연방법의 어떤 분야는 주법과 상충하는 경우가 없으나, 다른 많은 부분에서 주법과 상충하기도 한다. 그러나 지난 70년간 연방의회의 입법활동이 비약적으로 증가하였다 하더라도 의회는 오랫동안 견지되어온 입법정책인 보충적 연방입법원칙[1)]을 따라오고 있고 대부분의 분야에서 주법의 적용을

1) 이는 연방법률은 국가정책의 성공을 위한 필요한 범위 내에서만 적용된다는 원칙을 말한

방해하지 아니하고 있다.

연방의회의 자제 때문에, 많은 부분이 여전히 주 법률의 영역으로 남아 있다. 예컨대, 연방의회는 통상조항에 의하여만 회사를 규율하는 법을 제정할 수 있을 뿐이고, 대부분의 회사에 대하여는 주법의 영역이다. 또한 계약법, 불법행위법, 물권법, 가족법, 상법은 사실상 주법이라 할 수 있다. 변호사 자격규정이나 의사자격규정 역시 주법의 영역이라 할 수 있다. 그리고 살인, 강도, 강간 등의 일반적 범죄에 대하여도 주법이 적용된다.

연방의회가 전통적으로 주법에 의하여 규율을 받아온 영역에 대하여 입법하는 경우에는 같은 분야에 대하여 연방법과 주법이 혼재하게 되는 현상이 일어나게 된다. 이러한 혼재현상은 전통적으로 주의 문제가 국가적인 것으로 확대되어 이를 위하여 연방의회가 연방정부의 예산을 사용하도록 결정하는 경우에 발생한다. 또 다른 경우로는 주가 그동안 규율해 온 거래 등에 대하여 全국가적으로 통일적인 규칙을 정할 필요가 있을 때 발생한다.

주법과 연방법이 공존하는 경우 연방대법원에 의하여 연방법의 주법에 대한 우선의 원리(doctrine of preemption)가 적용된다. 연방의회는 종종 명시적으로 연방법률에서 주법에 대한 우선권을 규정하곤 한다. 그러나 우선의 원리가 항상 명확한 것은 아니다. 따라서 주법과 연방법이 직접적으로 충돌하는 경우 또는 의회가 당해 법률 전부에 대하여 규율코자 하는 경우에 한하여 주법이 대체된다. 연방법과 주법의 갈등은 둘 다 이를 적용할 수 없는 경우에는 상대적으로 명확하나, 의회가 연방의 기준을 유일한 기준이거나 최소한의 기준으로 하는 것인지의 여부는 항상 명확한 것은 아니다. 이러한 경우에는 연방대법원은 주법이 연방법의 목적 달성을 방해하는 장애물인지 아닌지 여부를 가지고 판단한다.[2] 이 경우 쟁점이 명확하지 아니하면 연방법 우선의 원칙이 적용되지 아니하는 것으로 추정된다.

2. 중첩되는 주법원의 재판권과 연방법원의 재판권

연방법원은 모든 연방법률 관련소송과 연방형사범죄에 대하여 재판권을

다.

2) Crosby v. National Foreign Trade Council, 530 U.S. 363 (2000).

가지며, 주 법원은 모든 주 법률관련 소송과 일반범죄에 대하여 재판권을 가진다. 그러나, 동시에 주법원은 연방법 우위조항에 의하여 대부분의 연방법률 관련 주장을 사법심사해야 하며, 연방법원은 '다른 주 시민간 소송에 대한 재판권'[3]에 의하여 다른 주의 시민들간의 주 법률관련 소송을 재판한다. 그 결과 연방법률 관련소송을 하고자 하거나 다른 주 시민에 대한 주 법률관련 소송을 하고자 하는 원고는 주 법원이나 연방법원에 대한 소제기 선택권을 가진다. 피고 역시 만약 원고가 연방법률문제나 다른 주 시민간 소송을 주 법원에 소제기한 경우 원한다면 연방법원으로 이송을 요구할 수 있다.

연방법원이 주 법률 관련 소송을 처리하는 경우 절차법은 연방절차법을 따른다 하더라도 실체법은 주법을 적용해야 한다. 역시 마찬가지로 주 법원이 연방법률 관련 소송을 처리하는 경우에는 위와 반대로 적용된다 할 수 있다.

Ⅱ. 수평적인 연방주의의 결과

한 주는 그 주의 시민(all its residents)과 비시민인 주 내의 현재하는 거주자(other persons present within its borders)에 대하여 인적 재판권을 가진다. 한 주의 시민이 아닌 자에 대한 주의 재판권은 재판장소인 주(forum state)에 재산을 가진 사람에 대한 사건에 제한된다. 그런데 지난 50년간 많은 변화가 있었다. 즉, 주와 최소한의 접촉(minimum contacts)을 가진 자는 그 주의 재판권에 종속될 수 있다는 것이다.[4] 예컨대, 회사의 경우에는 여러 주와 최소한의 접촉을 가지므로 여러 주의 재판권에 종속된다 할 수 있다.

여러 주 관련 소송(interstate litigation)에 있어서는, 어떤 주 법을 사건에 적용해야 하는지의 문제인 적용법의 선택(choice of law)문제가 발생된다. 이와 관련하여 적용법 선택에 대한 통일된 연방법은 존재하지 아니한다. 다만 최근에는 많은 주가 그들의 주법을 적용하는 경향이 강하다 할 것이다.

---

3) diversity of citizenship jurisdiction을 말하는데 이에 해당하기 위한 인적 요건은 서로 다른 주의 시민이어야 하고 물적 조건으로 일정액수($75,000) 이상의 분쟁이어야 한다.

4) International Shoe v. Washington case.

Ⅲ. 연방법원에 대한 권력분립과 연방주의의 결과

연방대법원은 권력분립주의와 연방주의를 근거로 하여 연방법원의 재판권 행사에 대한 제한을 1960년대와 1970년대에 비하여 오늘날 더욱 강화하고 있다.

연방대법원에 의한 연방법원의 재판권 행사에 대한 제한에 대하여 동의를 하는지와 상관없이 헌법입안자의 우려인 주 법원과 같은 심급의 연방하급법원은 불필요하거나 주에 대한 간섭의 가능성을 내포하고 있다는 점에 대하여는 대부분 같은 의견을 가지고 있다.

그 결과 이와 같은 우려에 의하여 다음과 같은 제한이 연방법원에 가해졌다 할 수 있다. 즉 다음의 소송요건은 연방법원에 대하여만 적용되는 것이지 주 법원에도 항상 적용된다고 할 수 없다 할 것이다.

이러한 제한으로 소송에 대한 사법심사가능성(justiciability of suit)이 있다. 즉, 사법심사가능성이란 분쟁이 연방법원에 의하여 재판되어야 하는 형태인지의 여부를 말한다. 연방헌법 제3장은 연방법원의 재판권이 사건과 분쟁가능성(cases and controversies)이 있는 경우에 행사되어져야 한다고 규정하고 있다. 이와 같은 헌법조문상 연방하급법원은 오로지 전통적인 소송(traditional lawsuits)[5]에 대하여만 재판권을 행사할 수 있는 것으로 연방대법원에 의하여 해석되어 왔다. 그 결과 연방법원은 법적 조언(advisory opinions)이나 구체적 사건이 아닌 경우에 법이 무엇인지에 대하여 의견을 제시할 수 없게 된다 할 것이다. 나아가 연방법원은 모든 사건에 있어 원고가 원고적격(standing to raise an issue)을 가졌는지 여부와 당해 사건이 정치적인지 여부(political question)를 구체적으로 검토하여야 한다.

사법심사가능성은 연방헌법 제3장에 의하여 연방법원의 사건에 대하여만 소송요건으로서 필요하고, 주 법원에 대하여는 필요요건이 아니다. 몇몇 주 헌법은 연방헌법과 같이 주 법원의 재판권을 제한하는 규정을 가지고 있으나, 대

5) 이는 법률적 주장을 가진 반대당사자가 존재하여야 하고 분쟁에 있어 구체적인 이해관계를 가지는 경우의 소송형태를 말한다.

부분의 다른 주들은 이러한 재판권에 대한 제한을 가지고 있지 아니하다. 예를 들어, 주 대법원이 법적 조언(advisory opinion)을 제시할 권한을 가지는 것이 드문 것은 아니라고 할 수 있다.

주 법원과 마찬가지로 연방법원도 판례법인 일반법[6](common law)을 만들 권한을 가지고 있다. 법원이 판례법을 만드는 행위는 입법기능을 행사하는 것과 마찬가지라 할 수 있다. 왜냐하면 법원이 일반인의 행위를 규율할 실체법을 만드는 것이기 때문이다. 법원이 이러한 입법기능을 행사하는 사실은 일반적으로 영미법 제도(common law system)의 문제는 아니다. 그런데, 연방법원의 판례법 형성권은 주 법원과 다르다고 할 수 있다. 이는 연방법원의 판례법 형성권은 권력분립원리와 연방의회의 입법권에 의하여 영향을 받기 때문이다. 이와 관련된 연방대법원의 판결을 보면, 연방법원은 일반적인 연방판례법(federal common law)을 형성할 권한을 가지고 있지 아니하다고 결정하면서 의회의 입법이 없는 경우에 연방정부의 권리와 의무와 관한 사항, 주간 분쟁 등에 한하여만 존재할 수 있다고 판시하였다.[7]

연방법원은 판례법상의 형사범죄(common law crime)를 처벌할 권한을 가지고 있지 않다. 또한 민사사건에 있어 판례법을 만들 수 있는 권한이 주 법원보다 더 제한적이다. 그 결과 연방 일반 판례법(federal general common law)은 존재하지 아니한다.

이러한 연방법원의 판례법 형성에 대한 제한은 또한 연방주의의 토대가 된다. 이와 관련하여, 연방대법원은 연방법원이 주 법 소송을 처리함에 있어 주 판례법을 따라야 하며, 연방법원이 무엇이 州法인지를 결정할 권한을 가지고 있지 아니하다고 판시하였다.[8]

어떤 법률이 권리를 인정하면서 보상규정을 규정하지 아니하는 경우, 판례법 법원(common law court)은 일반적으로 보상을 위한 소송의 형태를 인정할 것이다. 이렇게 할 수 있는 권한은 "ubi jus ibi remedium"라는 법언[9]과 같이 본

6) 여기에서의 common law는 순수한 판례법(judicial decision or caselaw)을 의미하며, 이는 실정법(statutory law)이나 실정법 해석 판례법(caselaw interpreting statutes)과 반대되는 법을 의미한다.

7) Texas Industries, Inc. v. Radcliff Materials, Inc., 451 U.S. 630, 647 (1981).

8) Erie, Lackawanna R.R. v. Tompkins, 304 U.S. 64(1938).

9) "ubi jus ibi remedium"이며 이는 "for every right, there is a remedy."의 의미이다.

래적이라고 할 수 있다. 의회는 법률에 의하여 많은 연방 권리를 만들어 왔으나, 종종 이러한 권리를 강제할 개인의 권리에 대하여 규정하지 않는 경우가 있다. 만약 그렇다면, 연방법원은 의회가 명시적으로 법원에 권한을 부여하지 아니하는 한 보상규정(remedy)을 인정할 수 없다. 이는 헌법이 의회에 부여한 입법권한을 사법부가 침해하는 것이기 때문이라고 연방대법원이 판단하였기 때문이다.[10)]

이에 반하여 주 법원이 판례법을 만드는 데 어려움이 있다면 이는 연방헌법 제3장 내지 권력분립의 원리 때문이 아니라 주 헌법이나 법률에 의한 제한에 따른 것이라고 할 것이다.

다음으로, 연방법원의 불개입원리가 있다. 원래 연방법 우위원리에 의하여, 연방법원은 주법원의 행위를 금지할 수 있다. 그러나, 연방의회는 1789년 연방법원이 주 법원의 소송을 중단시키는 명령을 금지하는 불개입법률(Anti-Injunction Act)을 제정하였다. 다만 몇몇 예외가 있긴 하지만, 일반적인 금지는 오늘날에도 존재한다. 이에 더하여 20세기에 들어 연방대법원은 불개입 원칙의 법리를 발전시켜 왔다. 이러한 원리는 주 법원에 계속 중인 소송이나 주의 사법권, 입법권, 행정권의 행사를 직접적으로 침해하는 것을 피하기 위하여 연방법원이 재판권을 행사하는 것을 금지하는 것을 말한다.

또한, 주의 주권면제원리(state sovereign immunity)가 있다. 연방헌법 제3장은 원래 주를 피고로 하는 몇 가지 소송에 대한 연방법원의 재판권을 규정하였다. 이와 관련하여, 헌법제정 당시 헌법 제3장이 주를 피고로 하는 소송을 연방법원에 제기되면 주의 주권면제를 인정하지 아니하는 것인지 여부에 대한 논쟁이 있었는데, 이에 대해 연방대법원은 Chisholm v. Georgia, 2 U.S. 419 (1793) 판결에서 헌법 제3장이 주의 주권면제 원리를 인정하지 아니한 것이라고 결정하였다. 그러나, 이후 연방의회는 수정헌법 제11조를 통하여 위 판결을 부정하는 헌법개정을 하였다. 그러나, 오늘날 州로 하여금 연방법률을 이행하도록 강제하는 소송을 연방법원에 제기할 수 있는 법리가 많이 개발되고 있으며, 다만 이 경우에도 관련 주가 동의하지 아니하는 경우 금전적 손해배상의 경우에는 금지되고 있다.

---

10) Touche Ross & Co v. Redington, 442 U.S. 560 (1979); Cannon v. University of Chicago, 441 U.S. 677 (1979).

제2편 法 源

1 大陸法體系와 英美法體系의 비교

일부에서는 영미법과 대륙법 또는 civil law와 common law의 구분은 오늘날 그 의미가 거의 상실되고 있으며 현대사회의 세계화와 보편화 속에서 양 법체계는 서로 혼합되어가는 현상을 볼 수 있다고 주장하기도 한다.[1] 과연 영미법체계와 대륙법체계의 구분은 그 의미를 거의 상실하였다고 할 수 있을까.

이 장에서는 우선 전 세계에 존재하는 법체계가 어떠한 것인지를 간단히 살펴본 후, 영미법과 대륙법의 관계를 법원 및 선례구속의 원칙, 법전화 과정, 재판권의 분화, 판사의 역할, 특별입법 등을 중심으로 비교[2]하면서 영미법체계와 대륙법체계의 구분에 대한 의미를 고찰하고자 한다.[3]

---

1) 정만희, 미국의 배심제도, 공법연구 제35집(2006. 10.) 468면.

2) John Henry Merryman의 The Civil Law Tradition: An Introduction to the legal systems of western Europe and Latin America(1985); 윤대규 교수 역, 시민법전통, 경남대학교 출판부; James G. Apple and Robert P. Deyling, A Primer on Civil Law System; Judge Peter J. Messitte, common law & civil law systems; 김동훈, 독일법과 미국법의 교류, 법과 사회(14호), 법과사회이론연구회, 229면 내지 246면.

3) 이러한 비교고찰은 영미법체계인 미국법의 본질을 이해하는 데 상당한 도움을 줄 수 있을 뿐만 아니라 대륙법체계인 한국법의 위치 및 미국법과의 본질적인 차이점을 알 수 있을 것으로 생각된다. 한편, 이러한 영미법계와 대륙법계의 차이는 종국적으로 법원의 차이점으로 귀결된다고 보면 양 법체계를 이해하기가 쉬울 것이다. 법전화, 판사의 역할, 선례구속의 원칙 등과 같은 문제들은 결국 法源(sources of laws)문제로 이어지기 때문이다. 이러한 이유에서 영미법계와 대륙법계의 관계를 法源편에서 기술하였다.

Ⅰ. 세계의 법체계

현재 세계에는 대륙법체계(이는 일반적으로 civil law system이라고 하며, 시민법이라고도 부른다), 영미법체계(common law system이라고 하며, 일반법 또는 보통법으로도 불린다), 사회주의법체계(socialist law system) 등이 존재한다.

우선, 대륙법체계에 대하여 보면, 이는 세계에서 가장 널리 퍼져 있는 법제도라고 할 수 있고, 이를 일반적으로 Civil Law System 또는 European Continental Law라고 표현하고 있다. 이러한 대륙법체계는 로마의 12표법이 출간된 기원전 450년경을 그 기원으로 보고 있고,[4] 현재 유럽, 중남미, 아시아, 아프리카 등의 국가의 법이 이에 해당한다.[5]

한편, 대륙법체계에는 로마시민법(Roman civil law),[6] 교회법(canon law),[7] 상

4) 이에 대해 529년 로마의 유스티니아누스 대제에 의해 발간된 "Corpus Juris Civilis"을 그 기원으로 보기도 한다.

5) 이를 크게 프랑스 법계, 독일법계, 스칸디나비아 법계로 나누어서 보는 견해도 있는데, 프랑스법계에는 프랑스, 베네룩스 3국, 이탈리아, 스페인 등이, 독일법계에는 독일, 오스트리아, 크로아티아, 스위스, 그리스, 포르투갈, 터키, 일본, 한국 등이, 스칸디나비아법계에는 덴마크, 노르웨이, 스웨덴, 핀란드, 아이슬랜드 등이 이에 각 해당한다고 본다.

6) 이는 6세기경 유스티니아누스 대제시대에 편찬되고 법전화된 로마법에서 그 기원을 찾을 수 있으며, 이는 인법, 친족법, 상속법, 재산법, 불법행위법, 부당행위법, 계약법, 구제법 등을 포함하고 있었고 흔히 로마법대전으로 불린다. 이러한 로마법 대전은 로마의 몰락에 의하여 더 이상 사용되지 않게 되었는데, 11세기에 들어 이탈리아 볼로냐 대학에서 재생되었다. 볼로냐 대학 등은 로마법대전을 연구대상으로 하였고 주요 학파로 주석학파와 후기주석학파가 존재한다. 이러한 학파의 연구결과물이 유럽의 기본법 역할을 하게 되었고 이후 19세기에 들어 프랑스의 나폴레옹법전이 로마법의 내용을 거의 수용한 최초의 법이 되었으며, 그 결과 로마시민법이 대륙법의 기본적인 부분으로 자리 잡게 된 것이다. 다만, 프랑스는 각 지방 관습법을 이러한 로마시민법에 포함시켜 법제화하였고, 독일의 경우 로마시민법주의자와 게르만법주의자간의 대립이 있었고 결과적으로는 게르만법주의가 상당히 고려된 범위에서 입법화되었다.

7) 이는 교회 자체의 통치와 성직자의 권리의무를 규율하기 위하여 교회에 의하여 발전되었으며 로마시민법과 독립적인 지위를 가졌고, 이를 위하여 교회법원(ecclesiastical courts)이 있었으나 경우에 따라서는 양자간 재판권 충돌이 있었다. 이는 특정한 종류의 범죄, 친족상속상의 문제 등에 대한 재판권을 행사하였다. 일반적으로 시민법이라 함은 로마시민법과 교회법으로 이루어졌다고 보고 있다.

업법(commercial law)[8)]이 혼합하여 만들어진 것으로 평가받고 있으며, 이러한 바탕 위에 오늘날 대륙법제도의 개념과 제도, 대부분의 사법상의 절차와 절차법, 많은 형사법이 형성되었다.

영미법체계는 다음 장에서 자세히 알 수 있는 바와 같이 1066년 노르만족의 영국정복시점이 그 기원으로 알려져 있으며, Common Law를 형성시키는 데 가장 기본적인 문서 중 하나가 바로 Magna Carta라고 알려져 있다.

영미법체계에는 영국(스코틀랜드는 제외), 미국(루이지애나 주는 제외), 캐나다(퀘벡 주는 제외), 호주, 뉴질랜드, 인도, 남아프리카, 말레이시아, 싱가포르, 홍콩 등의 법계가 이에 해당한다 할 수 있다.[9)] 사회주의법체계는 일반적으로 러시아의 10월 혁명을 그 기원으로 보고 있고, 이는 대륙법계의 법 특징에 사회주의 이념을 혼합한 것이 주요 특징이라 할 수 있다.

Ⅱ. 法　　源

1. 대륙법체계

(1) 개　요

시민혁명이 엄격한 권력분립을 강조하게 됨에 따라 특정한 국가기관만이 입법을 할 수 있게 되었다. 그에 따라 입법부는 법을 만드는 유일한 기관이 되었고, 이들은 국민에 의하여 선출된 기관으로서 국민의 뜻을 반영하는 것으로 인식되어졌다. 그 결과 대륙법체계에서 선례구속의 원칙은 권력분립의 원칙에 배치되는 것으로 인식되었다. 즉, 법원의 판결은 법이 아닌 것이다. 따라서, 대륙법계에서는 입법부에 의하여 제정된 법만이 법으로 인정된다.

한편, 행정부는 입법부의 위임에 의하여 규칙을 제정할 수 있는 것으로 인정되고, 이는 입법부의 위임에 의하여 그 위임된 권한의 범위 내에서만 효력

---

8) 이는 주로 이론적이며 학자들에 의해 지배되는 로마시민법과 달리 상업에 종사하고 있는 상인들에 의하여 창조되었으며, 중세의 동업조합인 길드와 해안도시의 활동을 규율하는 규칙에서 발달하였다. 이후 18,19세기 대륙법 제도하의 각국의 상법에 편입되었다.

9) 이와 관련하여, 영국법과 미국법의 관계에 대하여는, 안경환, 영국법과 미국법의 비교연구, 서울대학교 법학(32권, 1호・2호・3호・4호, 33권 2호)을 참조하면 될 것이다.

이 인정되는 것이었다.

그런데, 대륙법계에서도 관습법을 인정한다. 이는 법률에 의하여 모든 것을 규율할 수 없었던 결과에서 비롯된 것이라 할 수 있을 것이며, 특히 독일의 경우 관습법의 중요성이 상당히 강조되었다. 그럼에도 불구하고, 이러한 관습법은 입법부의 법률제정권과 권력분립주의에 의하여 보충적인 의미만을 가질 뿐이었다.

요컨대, 대륙법계에서는 법률, 규칙, 관습법만이 法源으로 인정한다. 그에 따라 판사는 위와 같은 法源의 법을 오로지 적용할 수 있을 뿐이며, 법을 찾기 위하여 법학자의 저서나 논문 또는 과거의 판례에 의존할 수 없다.

다만, 2차대전 이후 입헌주의의 영향으로 법률의 헌법위반 여부에 대한 사법심사가 인정되고 국민발의와 국민투표에 의하여 입법권이 일부 국민에게 이전되는 등 엄격한 권력분립주의가 상당히 완화되는 현상이 발생하고 있다.

(2) 公私法의 형성과정

대륙법계는 로마시민법, 교회법, 상업법을 바탕으로 하여 민법, 상법, 민사소송법, 형법, 형사소송법으로 구체화되었다. 이에 반해 헌법과 행정법과 같은 공법은 전통적인 대륙법에 포함되지 아니하였는데, 이는 공법이 대부분 1776년 이후 시민혁명의 산물로 발전하였기 때문이다.

이와 같이 대륙법계에서의 공법의 발달원인으로는, 우선 자연법사상을 들 수 있다. 이는 인간은 모두 평등하며, 자유·재산·생명에 관한 권리를 당연히 향유하기 때문에, 정부가 이러한 권리를 보호하여야 한다고 보았던 것이다.

그 결과 이러한 사상과 상충하는 토지소유권에 기초하여 주어졌던 기존의 사회적 신분이나 공직은 붕괴되게 되었다. 예컨대, 프랑스의 경우 혁명 전에는 판사신분이 하나의 재산으로 인정되었고 매매나 상속이 가능한 것으로서, 판사들은 토지귀족인 지방영주의 권익을 보호하는 입장에 서서 국가의 개혁을 반대하였다. 그에 따라 프랑스혁명이 일어나게 되자 귀족제도의 몰락과 더불어 판사신분의 귀족도 몰락하게 된 것이다.

두 번째 動因은 국가의 권력분립이었다. 즉, 몽테스키외나 루소가 입법부와 행정부가 사법부와 구별되어 분리되어야 한다고 주장하였는데, 이들이 이렇게 주장한 이유는 입법부나 행정부가 사법부의 권한을 침해하지 못하게 하기 위한 것이 아니라 오히려 사법부가 입법부나 행정부의 권한을 침해하지 못하게 하기 위해서였던 것이다.[10] 이는 미국에서의 사법부 독립과는 그 배경을 전혀 달리하고 있음을 알 수 있다.

이러한 이유는 다음과 같다. 프랑스의 경우 판사신분을 가진 자는 귀족으로서 토지귀족과 마찬가지로 국왕이 개혁을 위해 제정한 법률을 적용하지 아니하려고 하거나 법의 목적에 반하는 해석을 하였다. 이에 판사 귀족은 프랑스 혁명의 대상이 되었으며, 몽테스키외는 이러한 사법부 권한의 남용을 방지하는 가장 확실한 방법이 입법권과 행정권을 사법권과 분리한 다음, 사법부는 입법부가 만든 법률을 단순히 적용토록만 하고 새로운 해석이나 법을 창조하지 못하도록 하는 이론을 발전시켰던 것이다. 이에 반해 영국과 미국의 경우 판사는 국가권력의 남용에 대하여 시민을 보호하는 역할을 하였고 권가권력의 중앙집권화와 봉건주의 해체에 중요한 기능을 담당하였다. 그 결과 법원이 행정공무원에 대하여 직무집행명령권(mandamus)과 권한개시명령권(quo warranto)을 가져도 아무런 문제가 되지 아니하였다.[11]

이러한 역사적, 사상적 배경 아래에서, 대륙법계에서는 우선 권력분립의 이념에 의하여 일반 법원과 구별되고 이념이 다른 행정재판소라는 별개의 조직을 만들게 되었으며,[12] 또한 법률에 대한 사법부의 사법심사를 부정하였던 것이다.[13] 이는 결과적으로 판사의 역할이 단순히 법률의 적용에 한정되도록 하는 결과를 가져오게 하였다.

---

10) 현재 국내헌법학자들의 교과서를 보면 권력분립의 배경에 대하여 이와 다르게 설명하고 있음을 발견할 수 있다. 즉, 몽테스키외의 권력분립론과 로크의 권력분립론은 분립의 본질적 의미가 상이함에도 단순히 로크의 이론이 성립되었고 이후 이를 발전시킨 것이 몽테스키외의 이론이라고 기술되어 있음을 알 수 있다. 그 결과 영미법에서의 사법부의 기능 내지 태도와 대륙법체계에서의 사법부의 기능 내지 역할범위의 차이에 대해서도 본서와 다르게 설명하고 있음을 알 수 있다(권영성, 헌법학원론, 728면 내지 736면, 1052면 내지 1053면; 김철수, 헌법학개론, 1028면 내지 1030면, 1352면 내지 1353면).

11) 그 결과 행정법에서 문제되는 이행소송의 認否가 이러한 역사적 배경에서 대륙법과 영미법의 차이에서 비롯된 것임을 알 수 있다. 즉, 대륙법체계에서는 원칙적으로 이러한 소송이 인정되지 아니함에 반해 영미법체계에서는 인정되고 있는 것이다.

12) 대륙법국가에서는 대부분 행정법원이 별도로 존재한다.

13) 영미법국가에서는 사법부에서 법률이 위헌인지 여부를 판단할 수 있도록 하는 것은 판사에 대한 역사적 배경에서 비롯되었음을 알 수 있고, 이에 반해 대륙법국가에서는 역사적 배경인 사법부 불신으로 인해 법률에 대한 사법부의 심사는 권력분립에 반하는 것으로 평가되었고 이에 현대에 들어 사법부가 아닌 별도의 조직인 헌법재판소를 만들어 운영하고 있는 국가가 존재함을 알 수 있다(예컨대, 독일, 오스트리아, 한국 등).

요컨대, 이러한 배경하에 대륙법계에서는 프랑스 혁명 이후 자연법사상으로 인해 개인의 재산권과 계약을 강조하게 되고 공법과 사법의 엄격한 분리가 이루어지게 되었다.[14)]

(3) 법률의 해석

대륙법계하에서는 권력분립주의에 의하여 입법부에 의한 권위 있는 해석만이 허용되기 때문에, 판사는 어떠한 해석도 할 수 없으며 법률의 해석에 문제가 생기는 경우 입법부가 해결해야 한다는 결론에 도달하게 된다. 이렇게 하여 법률이 갖는 문제점을 해결하면 법원에 의한 횡포의 위협으로부터 안전해질 수 있게 된다는 것이다. 그러나 이와 같은 권력분립의 원칙에 의하여 완벽한 법전을 만든다 하더라도 실제로 발생되는 모든 사건을 법전이 해결해주거나 입법부가 해결할 수는 없다는 문제가 생긴다.

프랑스의 경우, 권력분립의 원칙과 법률의 해석 및 적용에 대한 실질적 문제해결을 위하여 입법부의 외관을 유지하면서 법률을 해석하는 기관을 창설하였는바, 이것이 파기원 또는 파기재판소(Tribunal of Cassation)이다. 즉, 파기재판소는 사법기관이 아닌 준입법기관이면서 법원의 기능을 하는 것으로서, 권력분립의 요구를 충족하면서 법률해석을 판사나 입법부에서 직접적으로 하지 아니하고도 법률해석을 할 수 있도록 한 것이다.

일반적으로 파기하는 단계를 보면, 첫 단계는 하급심이 잘못 내린 판결을 파기하는 것이고, 두 번째 단계는 법률문제에 대한 정확한 해석을 제시하는 것이고, 세 번째 단계는 새로운 판결을 하는 것이라고 할 수 있다. 프랑스의 파기재판소는 처음에는 첫 단계의 파기만 허용되었으나 시간이 지나면서 두 번째 단계의 파기도 하게 되었다. 그러면서 파기재판소는 파기법원(court of

14) 현재 한국법에서는 형사소송법에서 양자가 혼합되어 있는 것을 발견할 수 있다. 즉, 범죄로 인하여 손해배상청구권이 발생한 경우에 형사절차에서 손해배상까지 판단하게 함으로써 피해자가 민사소송이 아닌 형사소송에서 손해배상을 받을 수 있도록 하고 있다. 다만, 이 경우에도 청구대상이 제한되어 있고, 배상명령의 범위 역시 직접적인 물적 피해와 치료비의 배상에 제한하여 간접손해와 위자료의 청구는 제외되어 불완전한 청구권이라고 할 수 있다. 한편, 이와 달리 국가에 대한 손해배상청구가 민사소송인지(사권인지 여부) 행정소송인지(공권인지 여부)가 문제되고 있으며 지금까지의 대법원의 입장은 민사소송의 성격을 가진다고 판단하고 있는바, 이 역시 공사법 분리에서 나오는 문제라고 볼 수 있을 것이다.

cassation)으로 불리게 되고 이후 사법부의 조직으로 편입되면서 현재는 최고의 사법기관으로 변하게 된 것이다. 즉, 프랑스의 파기법원은 원래 입법부 재판소였으나 이후 사법부 최고법원으로 변하였음을 알 수 있다.[15)]

이에 반해 독일의 경우는 프랑스와 다르다. 독일은 하급심이 잘못 내린 판결을 파기하고, 법률문제에 대한 정확한 해석을 제시하며, 새로운 판결을 하는 권한을 갖는 최고법원을 창설하였다. 즉, 환송 대신 직접 수정하는 재판을 할 수 있도록 하였는데, 이는 같은 대륙법계이면서도 프랑스와는 차이가 있음을 알 수 있다.

이와 같이 프랑스의 최고법원의 유래 및 변천사를 살펴보면, 권력분립의 원칙과 입법부의 법률제정권에 의하여 법률해석이 오직 입법부에 의하여만 가능한데, 이러한 업무를 입법부 자체에 부담시킬 경우 문제가 생길 수 있기에 입법부 산하에 입법부 재판소를 설치하여 이곳에서 법률을 해석토록 하였다가 시간이 지남에 따라 이러한 입법부 재판소가 사법부의 최고법원으로 변천하였고 그 결과 법원에서도 일정한 해석권한을 가지는 결과가 발생하였던 것이다. 다만, 독일은 이와 약간 다른 면을 가지고 있다.

2. 영미법체계[16)]의 法源

영미법계에서는 법률, 규칙, 판례 등이 모두 법원으로 인정된다. 구체적인 것은 다른 장에서 기술하고자 한다.

---

15) 그럼에도 파기원은 일반법원 중 최고법원이기는 하지만 3심법원은 아니라고 할 수 있다(이에 대하여는 법원행정처, 재판자료 제59집, 351면 내지 411면 참조).

16) Common Law는 세 가지의 의미로 사용된다. 첫 번째로는 제정법(statutory law and regulatory law)과 대응되는 개념으로 사용된다. 이 경우는 다시 순수한 판례법과 제정법에 대한 해석 판례법으로 나뉜다. 두 번째로는 대륙법체계(civil law systems)와 대응되는 의미로 사용된다. 세 번째로는 형평법(equity)에 대응되는 의미로 사용되며, 1873년 이전까지 영국에서는 common law courts와 equity courts가 병렬적으로 존재하였고, 이후 양 법원은 통일되었으나, 미국의 경우 20세기까지 존속하다가 1937년 연방민사소송규칙에 의하여 통합되었는데(다만, 델라웨어 주나 뉴저지 주에서는 양 법원이 분리되어 존속하고 있다), 그럼에도 양자는 배심재판여부, 손해구제방법 등에서 여전히 차이를 보이고 있다.
이러한 개념 중 여기서는 두 번째 개념으로 사용되었으며 나머지 부분은 다른 장에서 고찰하고 있다.

3. 법적 안정성과 구체적 타당성의 추구방법

(1) 대륙법체계

대륙법계에서는 법적 안정성을 매우 중요하게 생각한다. 그런데 이러한 법적 안정성이 중요시된 이유는 판사에 대한 불신에서 비롯되었다. 그 결과 판사에게는 법적 안정성을 위하여 법을 만드는 것이 금지되었고 그 대신 법률에 의하여 법적 안정성을 추구하였으며, 이러한 법률은 법적 안정성을 위하여 분명하고 완전하며 일관되어야 한다고 보았다. 또한 법의 해석과 적용과정도 법적 안정성을 위하여 가능한 한 기계적이어야 한다고 보고 있다.

(2) 영미법체계

영미법계에서도 법적 안정성이 바람직한 것으로 인정되고 있으나 그 한계를 인정한다.

대륙법체계와 달리 영미법체계에서는 이러한 법적 안정성을 제정법이 아닌 판례에 대하여 법적 효력을 부여하는 선례구속의 원칙을 통해 구현하고 있다. 즉, 선례구속의 원칙을 통해 구체적 타당성과 법적 안정성을 동시에 추구하고 있음을 알 수 있다. 이는 역사적인 이유와 판사에 대한 믿음에서 비롯되었다고 볼 수 있다. 나아가 경우에 따라서는 법률의 규정이 부적절하거나 가혹한 경우에는 판사가 형평의 원리에 따라 판결을 하도록 재량권을 부여하기도 한다.

(3) 대륙법계와 영미법계의 비교

우선, 법원의 재량권의 측면에서 양 법계는 차이가 있다. 영미법계에서는 판사가 형평법상의 권한을 가지고 있으나, 대륙법계에서는 판사에게 형평법상의 권한이 인정되지 아니하며, 그 대신 입법부가 형평법상의 권한을 행사하고 있다.

이러한 입법부에 의한 형평법상의 권한행사는, 범위를 정하여 구체적으로 그 권한을 판사에게 위임하는 방법과 입법부 스스로가 다른 법을 만드는 것처럼 판사가 적용할 형평의 원리를 실현할 수 있는 법을 제정하는 방법이 있다. 전자는 한국민법 제398조 제2항의 "손해배상의 예정액이 부당히 과다한 경우에는 법원은 적당히 감액할 수 있다"는 법문이 그 예가 될 수 있고, 후자는 한국민법 제2조 제1항의 "권리의 행사와 의무의 이행은 신의에 좇아 성실히 하여야 한다"는 법문이 그 예가 될 수 있다. 이와 같이, 특히 후자의 신의칙은 대륙법계의 판사에게도 상당한 범위의 형평법상의 권한을 부여하고 있다고 볼 수 있을 것이다.

다음으로, 민사상 법정모욕죄가 인정되는지에 대하여 차이가 있다. 영미법계에서는 법원이 특정의 행위를 이행하거나 금지하는 내용의 명령에 위반하는 자를 처벌할 수 있도록 하기 위하여 위 제도를 인정하고 있으나, 대륙법계는 위 제도를 인정하지 아니한다. 대륙법계에서 법원의 명령을 따르지 아니하였다고 하여 벌금이나 징역을 선고하는 경우 이는 민사상의 처벌이라기보다는 형사상의 처벌이라고 보기 때문에, 이러한 처벌은 형법에 규정되어 있지 아니하여, 즉 죄형법정주의에 위배되어 인정될 수 없다고 보는 것이다.

Ⅲ. 법전과 법전화

1. 서 설

대륙법계에서는 중세시대의 로마시민법과 교회법 중심에서 근대민족국가의 출현과 국가주권주의시대로의 변천으로 인하여 각국별로 특성에 맞는 법이 요구되어짐에 따라 법전화의 필요성이 있었다.

이에 반해, 영미법계의 경우에는 민족주의, 국가주권주의에 의하여 common law가 변경되지 아니하였던 관계로 인해 법전화의 필요성이 적었다 할 수 있다.

그러나 이러한 역사적 이유에서 발생된 법전화의 필요성에 대한 양 법체계의 차이는 다음에서 보는 바와 같이 시간이 지나면서 그 간극이 줄어들고 있음을 알 수 있다. 다만, 그 본질적인 측면에서는 양 법체계가 법전에 대한 접근방법이 다름을 알 수 있다.

2. 법 전 화

대륙법계는 법전화된 성문법 체계라고 할 수 있으나, 이에 반해 영미법계

는 법전화되지 않고 판례에 기초한 법체계라는 말이 타당한 것일까.[17]

우선, 법전의 존재여부를 기준으로 하면 위 말은 잘못된 표현이라고 할 수 있다. 예컨대, 미국의 경우 법전의 수나 종류가 대륙법계에 못지않게 많기 때문이다.

그런데, 법전화의 의미를 형식이 아니라 그 배경이나 사상을 기초로 해서 보면 위 표현은 타당하다 할 수 있다.

우선, 프랑스의 경우 민법전은 시민혁명의 결과로서 이는 과거와의 단절을 의미하며 합리주의 이념을 표상하고 있다 할 수 있다. 즉, 이는 완전한 권력분립주의의 강조로 인해 법률은 입법부에서만 만들어야 하며 판사는 법률적용권한만 가지는 것으로 인식되었기 때문에, 위 법률은 완전성·일관성·명료성을 지닌 법률로 만들고자 한 노력의 결과물이었던 것이다.

이에 반해 독일의 경우는 다소 다르다. 즉, 사비니에 의하여 독일민법은 합리주의적이라기보다는 역사주의적 경향을 가졌고 그 결과 과거의 독일의 역사를 반영하는 법전으로 만들어졌는데, 이는 민법을 프랑스와 달리 일반인을 위한 법전이 아닌 전문가에 의하여 사용되는 도구라고 생각하였기 때문이다. 그럼에도 권력분립의 원칙에 의하여 법률은 입법자의 권한이고 판사는 법을 만들 수 없다고 보았다.

한편, 영미법계를 보면, 미국의 경우 많은 법전을 가지고 있으나, 이는 대륙법계의 법전과 법전화의 역사와 상당한 차이가 있다. 우선, 미국의 판사는 주어진 사건을 해결하기 위하여 그 해결책을 법전에서 찾도록 강요받지 아니한다. 특히 법률 등이 common law의 오랜 원칙과 모순되는 것으로 보이는 경우 이러한 모순을 피하는 방향으로 당해 조문을 해석하고 적용한다. 다음으로, 미국에서의 법전화는 과거에 대한 거부를 위해 이루어진 것이 아니라, 이를 종합하고 보완하는 의미에서 이루어진 것이었다.

결국 법전화에 있어서의 양 법제도의 차이는 단순히 법전화가 되었는지 여부라기보다는 제정법과 법전에 대한 접근방법에서의 차이라고 볼 수 있고 이는 결국 법원이 무엇인지와 연관되어 있음을 알 수 있다.

---

17) 대륙법계인 스칸디나비아 국가들의 경우 법전화가 되어 있지 아니한 반면, 영미법계인 미국의 경우 법전화가 상당히 되어 있기 때문이다.

Ⅳ. 판　　사

1. 대륙법체계

대륙법계에서는, 판사는 공무원이며 관료라고 할 수 있다. 그 결과 판사는 수평적 이동이 아닌 수직적 이동을 하며, 대부분의 판사직은 사법부의 위계질서에 따라 채워진다. 그 결과 행정부의 공직과 그 성격이 비슷하다고 볼 수 있다.

시민혁명 이전의 대륙법계의 판사는 영국의 판사와 거의 유사한 권한을 행사하였었다. 즉, 판사들은 독자적으로 법을 해석하여 행정부의 법과 상충되는 판례법을 만들었고 선례구속의 원칙도 발전시켰던 것이다.

그러나, 시민혁명과 더불어 나타난 엄격한 권력분립주의에 의하여 법원의 권한은 강력히 제한되었다. 즉, 법은 국민의 대표기관인 입법부에 의하여만 만들어질 수 있고, 선례구속의 원칙은 인정되지 않게 되었다. 그 결과 판사들의 기능은 단지 적절한 법률조항을 찾아 사실관계를 포섭하여 자동적인 결과를 도출하는 해결책을 찾는 것뿐이었다. 달리 말하자면, 삼단논법에 의하여 판결을 하였던 것인데,[18] 이는 판사의 기능이 기계적인 것을 의미하는 것이었다.

이와 같이 전통적인 대륙법계 판사는 법을 만들 수 없으며 또한 법률을 위헌으로 판단할 권한을 가지고 있지 아니한 것이다. 이러한 법률에 대한 위헌으로 인한 무효화의 권한은 입법권의 일종이기 때문에 법원에서는 할 수 없었다.[19]

---

18) 대전제는 법률 속에 있으며, 사실관계는 소전제가 되고 그 결과 결론이 당연히 도출되는 것이었다.

19) 이에 우리나라도 헌법에서 사법부와 달리 헌법재판소를 별도의 장에서 규정하고 있는 것이고, 이는 대륙법계의 전통으로 볼 수 있다. 한편 이와 관련하여 일부에서는 대법원의 기능에 헌법재판기능을 포함시키자는 견해가 있으나 이는 우리나라 법제도의 기본적 성격이 대륙법계라는 점을 경시하는 것으로 적절하지 아니하다 할 것이다(1962년 헌법하의 대법원은 위헌법률심사권을 가지고 있었으나 법률체계면에서 적정하였는지 생각해 볼 필요가 있다). 나아가 헌법재판소의 결정에 대하여 대법원이 기속되는지가 문제되는데, 이는

다만, 현대에 들어 이러한 판사의 기능이 일부 변화되고 있다. 즉, 일부국가에서는 헌법재판소를 설치하여 법률에 대한 위헌심사를 할 수 있도록 한 것이 그 예라 할 수 있다. 그러나 이러한 헌법재판소는 통상의 사법부의 일부가 아니며 일반법원의 판사에 의하여 충원되는 것이 아니다. 이는 판사는 전통적으로 이와 같은 권한을 가질 수 없다는 대륙법계의 전통적인 判事觀과 달리하기 때문인 것이다.

2. 영미법계

영미법계의 판사들은 선례구속의 원칙에 의하여 그 뒤의 판사들을 구속하는 법체계를 만들었으며, 그 결과 입법기능을 하고 있다. 또한, 판사들이 행정행위에 대한 사법심사를 하거나 위헌인 법률을 무효화하는 것을 당연하게 받아들인다.

Ⅴ. 재판권의 분화

1. 영미법계

영미법계에서는 유일한 최고법원을 정점으로 하는 피라미드 모양의 단일한 법원조직을 가지고 있다. 즉, 민사사건이나 형사사건이나 행정사건을 불문하고 최종적으로는 동일한 최고법원에 그 심판권이 있다.

헌법재판소가 입법권을 일부 대신한다는 점을 고려한다면 대법원이 헌법재판소의 결정에 기속되는 것이 당연하다 할 것이다. 한편, 일본의 경우 최고재판소는 14명의 재판관과 최고재판소장으로 구성되며 재판관은 변호사 자격이 없는 외교관, 행정관, 학자 출신도 임명될 수 있다. 즉, 2차대전의 패배로 인해 미국에 의하여 행정재판소가 폐지되고 사법부가 일원적 법원조직으로 구성되었으나 미국과 달리 법조인이 아닌 자도 최고재판소의 판사로 임명된다는 점이 다름을 알 수 있다(야마모토 유지, 일본최고재판소 이야기, 김용찬 번역, 571면 내지 662면).

2. 대륙법계

대부분 두 개 또는 그 이상의 별개의 법원조직이 있으며, 각각은 독자적인 재판권과 계층구조, 재판관, 절차를 가지고 있다.

즉, 통상의 법원조직과 행정재판소가 존재한다. 일반법원은 사법부의 판사로 구성되고 민·형사사건에 대한 재판권을 가진다. 이에 반해 행정재판소는 권력분립의 원칙과 시민혁명 당시의 판사에 대한 불신으로 인하여 행정행위의 적법성을 결정하거나 행정관리의 행위를 통제하는 권한을 판사로부터 박탈하기 위하여 만들어진 제도라 할 수 있는데, 프랑스의 경우 사법부가 아닌 국무원이 이러한 행정재판소의 역할을 하였던 것이다.[20)]

이러한 양 제도의 재판권의 경합 내지 충돌의 경우 프랑스에서는 권한쟁의재판소(le tribunal des conflits)에 의하여, 이탈리아에서는 최고파기법원에서, 독일에서는 소송이 제기되어 있는 법원이 재판권의 유무를 결정하도록 하였다.

---

20) 프랑스 사법조직의 특징을 요약하면 다음과 같다(최병덕, 프랑스 파기원의 조직과 운영, 구성, 역할, 관할, 재판자료 제59집, 제351면 내지 제411면 참조).

1. 1958년 제정된 현행 프랑스헌법은 3권분립제를 채택하지 아니하고 Duguit, Hauriou 등의 주장을 의하여 2권분립인 입법권과 행정권의 분립제도를 채택하고 있기에, 일반법원은 파기법원을 정점으로 하여 행정부의 한 조직인 법무부에 소속되어 사법기능을 수행하고 있다.
2. 행정사건은 행정법원이, 그 외 일반사건은 일반법원이 관할하며, 각 최고법원을 보면 행정법원은 국사원(le conseil d'etat)이 일반법원은 파기법원(la cour de cassation)이 설치되어 있다.
3. 법률 공포하기 전에 합헌성을 심사하도록 헌법평의회(le conseil constitutionnel)를 설치하고 있어 파기법원은 위헌심사권이 없다.
4. 파기법원은 일반법원 중 최고법원이지만 3심법원은 아니다.
5. 파기법원의 수석재판장이 법관에 대한 인사권과 사법행정권을 가지고 있지 아니하다.
6. 검찰이 파기법원 등의 일반법원에 부치되어 있고(예컨대, 파기법원에는 파기법원부 대검찰부가 설치되어 있다), 파기법원 등의 일반법원이 법무부에 소속되어 있기에 법무부장관은 파기법원의 수석재판장, 각부의 재판장, 파기법원 판사 및 항소법원 수석재판장 등(이들에 대하여는 최고사법관회의에서 대통령에게 제청하고 대통령이 임명한다)을 제외한 법관의 임명을 제청하고 승진에 관여하며 각급 법원을 통할하고 법원직원에 대한 사법행정권을 행사할 수 있으나, 재판에는 관여할 수는 없다.
7. 프랑스의 경우 한국과 달리 검찰이 각급 법원의 내부에 附置되어 있다(그런데 크게 보면 법원조직 역시 행병부인 법무부에 소속되어 있으므로 기관 내 견제와 균형의 원리가 이루어지는 것으로도 볼 수 있을 것이다).

이와는 별도로 2차대전 후 독일이나 이탈리아에서는 위헌심사를 할 수 있도록 하기 위하여 방안을 모색하였는데, 앞서 살펴본 바와 같이 권력분립의 원칙을 고려하여 사법부가 아닌 별도의 조직인 헌법재판소를 창설하였던 것이다.

Ⅵ. 특별입법의 문제

최근 우리나라에서는 입목에관한법률, 실화책임에관한법률 등과 관련하여 이는 민법에 포함되어야 하며, 특별법 등의 양산으로 기본법이 사문화되고 법적용의 혼란마저 발생한다는 취지로 특별입법에 대하여 비판적인 견해[21]가 적지 아니하다.

그런데, 이는 앞서 본 바와 같이 대륙법계의 특징을 일부 고려하지 아니한 결과에서 비롯된 의견이지 않나 싶다. 즉, 민법전은 단순한 미시적인 법률이 아니라 사상에 관한 일관성 있는 표현이기 때문에, 법전 외부에 있는 미시적 체계인 특별입법은 종종 법전의 태도나 가치와 충돌하는 그들 나름의 태도와 가치를 표현하고 있어 특별입법을 법전 속에 편입하는 것은 쉬운 일이 아닌 것이다. 예컨대 민법과 노동법의 관계를 보면 쉽게 이해된다. 민법의 원칙 중 계약자유의 원칙과 노동법의 노동자 보호의 정신은 서로 상충되며 그 결과 노동법이 민법전에 편입되기 어려움을 알 수 있다.[22]

---

21) 법률신문, 2007. 8. 19.자 목요일언에서 일부 발췌하였다.

22) 이와 관련하여, 다음과 같은 견해도 있다. 소비자보호관련법과 민법의 관계와 관련하여 소비자보호관련법이 민법으로 통합 내지 흡수되어야 한다고 보기 위하여는 민법의 내부적 체계와 조화를 이루어야 하는바, 민법의 일반원칙인 사적 자치의 원리(법률적, 형식적 사적 자치)와 소비자보호관련법의 보호이익(실질적, 사실적 사적 자치)이 상충될 수 있다는 점에서 원칙적으로 소비자보호관련법을 민법으로 통합하는 것이 어려울 수 있으나, 소비자에 대하여는 일정한 예외적인 보호를 인정하는 것(이를 '상황관련적 소비자 모델'이라고 부르고 있다)이라고 보면 소비자보호법 역시 민법에 낯선 현상이 아니므로 민법에 통합될 수 있다고 보면서도 일부 핵심적인 제도만을 우선 민법에 편입하자고 주장하고 있다(이병준, 민법에서의 소비자의 지위와 소비자특별법의 민법전에의 통합, 민사법학 제39호, 205면 내지 244면). 필자의 생각으로는 이러한 견해 역시 민법의 일반원리 내지 이상과 특별법의 보호이익의 상충관계로 인해 특별법이 민법과 조화될 수 있는 범위 내에서만 통합될 수 있다는 견해라는 점에서 '특별법의 민법으로의 통합'이라기보다는 '민법 자체의 일부개정'으로 보는 것이 더 본질에 부합하는 것으로 보인다.

특히 민법전은 법적 안정성을 제공하는 중요한 기능을 함에 반해 특별입법은 당시의 상황을 극복하기 위하여 만들어지는 것이 그 목적이라는 점에서 민법전의 기본정신에도 부합하지 아니함을 알 수 있다. 예컨대 임대차보호법이 민법전에 포함되는 것이 맞느냐는 민법의 계약자유의 원칙과 임대차보호법의 임차인보호의 원칙이 서로 상충하며 또한 임차인에 대한 보호가 불필요하거나 아니면 더 필요한 사정이 생기는 즉시 곧바로 민법전을 개정할 것인지의 문제로까지 발전하게 된다는 점에서 편입되기 어려운 점을 발견할 수 있다.

요컨대, 무엇보다 새로운 사회현상에 대하여 판결의 필요성이나 규율의 필요성이 존재하는 경우 영미법계에서는 판사가 판결로써 이를 어느 정도 보충할 수 있고 또한 법률에 의하여 이를 규율하면 되나[다음 장에서 보는 바와 같이, 판례법이 물이라면 제정법은 돌이나 바위에 비유되는바, 이는 판례법이 일반법이라면 제정법은 특별법적 성격을 가진다고도 볼 수 있는 것이고, 이를 대륙법계의 관점에서 보면 민법전이 일반법이고 특별입법(임대차보호법 등)이 특별법에 해당함을 알 수 있다], 대륙법계에서는 법률이 아닌 판사가 법을 만들 수는 없기 때문에 입법부에서 법률에 의하여 이러한 현상에 대한 대처를 하는 것이며 이는 신속성의 관점, 필요성의 관점으로 기존의 법전과 그 사상이나 가치가 다르다 하더라도 입법을 하게 되는 것이며, 그 결과 나타나는 것이 특별입법이라고 할 수 있다.

이러한 점에서, 특별입법 역시 영미법계와 대륙법계의 차이를 보여주는 주요한 요소라고 할 수 있다.

2 法源의 種類 및 그 관계[1)]

Ⅰ. 제 정 법(Enacted Law)

여기에는 우선 연방헌법이 있다. 이에 대하여는 헌법은 제1편에서 자세히 살펴보았으므로 생략하고자 한다.

다음으로, 법률(statutes)이 있다. 일반적으로 법률안을 "bills"이라고 하며, 이 법률안이 법률로 인정되면 비로소 "statutes"가 된다. 그리고 연방법률의 모음집을 연방법규(U.S. Code)라고 하며 주 법률의 모음집은 "compiled laws 또는 compiled statues"라고 한다.

그리고, 조약(Treaties)이 있다. 모든 조약은 연방법(federal law)이기에, 각 주는 연방헌법에 의하여 외국과 조약을 체결하는 것이 금지되어 있다. 한편 미국에서는 조약이 연방법률과 같은 지위를 가진다. 그 결과 연방의회는 조약과 반대되는 내용의 법률을 제정할 수 있으므로 조약을 변경할 수 있는 것이다. 나아가 어떤 조약은 자기집행적이지(self-executing) 아니하여 의회가 집행법률(implementing legislations)을 입법하지 아니하는 한 효력이 없는 경우도 있다.

또한 제정법에는 법원규칙 또는 절차법(Court Rules)이 있다. 이는 법원에서 따라야 할 절차법을 말한다. 여기에는 연방민사소송규칙, 연방형사소송규칙, 연방항소절차규칙, 연방증거규칙 등이 있다.

---

1) William Burnham, Introduction to the Law and Legal System of the United States(St. Paul, Minn., West Publishing Co., 2002), 37면 내지 41면.

연방법원규칙은 미국 사법 회의(Judicial Conference of U.S.)에서 만들어진다. 이 회의는 판사, 교수, 변호사 등을 자문위원(Advisory Committee)으로 임명한다. 이후 여기서 만들어진 규칙은 연방대법원에 의하여 심사를 받으며, 연방의회가 간섭하지 아니하는 한, 규칙(rules)은 법(law)으로 된다. 이러한 연방법원규칙(federal court rules)은 연방법률(federal statutes)과 같은 효력을 가진다.

마지막으로, 제정법에는 행정규칙(Administrative Agency Rules)과 행정결정(Administrative decisions)이 있다. 행정기관은 주로 고시한 규칙을 통해 법(law)을 만든다. 또한 행정심판(administrative hearing decisions) 내지 재결은 법원의 판례법(caselaw)과 같은 방법으로 법제정(lawmaking) 효과를 가지고 있다.

Ⅱ. 판 례 법(Caselaw)

Common law system에 있어, 개별 사건에 대한 법원의 판결은 법원(source of law)이 되며 이는 판례법(caselaw)으로 일컬어진다. 따라서 법원의 판결은 과거의 분쟁을 해결할 뿐만 아니라 장래에 법적 효과를 가지는 선례(precedent)가 되는 것이다. 이러한 효과는 선례구속(stare decisis)의 원칙으로부터 도출된다. 판례법(caselaw)은 때때로 불문법(unwritten law)으로 불리곤 하는데, 이는 법원의 판결에 의하여 만들어지는 법리가 판결 속에 암시적으로 존재하기 때문이다.

이러한 판례법에는 common law caselaw와 caselaw interpreting enacted law 라는 두 종류가 있다.

1. Common Law Caselaw(순수한 판례법 또는 원래 의미의 판례법)

우선 여기에서 사용되는 "common law"는 11세기 영국에서부터 만들어진 법원 판결만을 의미한다. 이에 common law는 caeslaw interpreting statutes와는 달리 제정법으로부터 독립되고 구별되는 법원이라 할 것이다.

Common law는 법원 중 가장 낮은 단계의 법이라 할 수 있다. 다만 한때에는 실정법(statutory law)보다 우위에 서는 경우도 있었다. 그러나 입법부 우위의 원리에 의하여, 입법부는 common law를 변경하거나 폐지하는 권한을 가졌다.

다음으로, 주와 연방 common law에 대하여 보면 다음과 같다. 주는 어떤 분야에 대하여도 입법할 권한을 가지고 있고 단지 연방헌법에 의하여 부과된 제한규정에 의해서만 일부 제한된다. 이에 반해 연방정부는 제한된 입법권을 가지고 있다. 이러한 주와 연방 입법권의 관계는 권력분립의 원리와 연방주의의 요소에 의하여 법원의 판결에도 마찬가지로 적용된다. 따라서 주 common law는 당해 주의 많은 분야(예컨대, 불법행위법, 계약법, 재산법 등)를 규율할 수 있으나, 연방 common law 분야는 이보다 훨씬 좁다 할 것이다. 연방법원이 판례를 만들기 위하여는(federal judicial lawmaking), 다음의 두 가지 요건을 충족하여야 한다. 즉, 의회가 열거된 권한의 적절한 행사에 따라 이를 적용하도록 법문에서 표현하고 있고,[2] 보호될 필요성이 있는 연방의 이익이 명백하고 중요한 경우[3]여야 한다.

2. Caselaw Interpreting Enacted Law(해석 판례법)

caselaw interpreting enacted law 역시 선례구속의 원리를 따른다. 그 결과 해석 판례법은 법원(source of law)이 되며 나중에 유사한 사실관계에서 비롯된 사건을 구속한다.

해석 판례법(caselaw construing enacted law)은 실정법 해석(enacted law it interprets)과 구별되지만 이는 사실상 정도의 차이에 불과하다 할 수 있다.

왜냐하면, 해석 판례법은 법 해석(law it interprets)에서 파생된 것이기 때문이다. 한편, 이러한 해석 판례법 중 헌법 해석 판례법은 이에 반대되는 법률보다 우위에 있고, 일반법률에 대한 해석 판례법은 순수한 판례법(common law)보다 우위의 법단계라 할 것이다. 이러한 법률에 대한 해석 판례법은 의회의 입법에 의하여 효력을 상실하게 되며, 헌법 해석 판례법은 헌법 개정에 의하여 위와 같이 효력을 상실하게 된다.

---

2) 예컨대, 연방증거규칙 501조에는 "… shall be governed by the principles of common law as they may be interpreted by the courts of U.S. …." 등이 그것이다.

3) 여기에는 해사법, 국제관계, 주 간 분쟁 등이 그것이다.

Ⅲ. 법원의 순서 내지 법 단계

미국법에서 법원의 순서는 다음과 같다.

(1) 연방헌법

(2) 연방법률, 조약, 법원규칙

(3) 연방행정규칙

(4) 연방 순수 판례법

(5) 주 헌법

(6) 주 법률, 법원규칙

(7) 주 행정규칙

(8) 주 순수 판례법

한편, 위 제정법에는 해석 판례법이 포함된다.

3 一 般 法(Common law)[1)2)]

1) 초기 common law는 local law에 반대되는 개념이었으나, 시간이 지나면서 이는 equity에 반대되는 개념으로도 사용되었는데, 이에 대하여는 앞에서 살핀 바와 같이 common law의 세 가지 개념을 참조하면 이해가 쉬울 것이다.

2) common law와 비교되는 equity는 다음에서 보는 바와 같이 common law와 상당한 차이가 있다.

우선, law에서는 손해를 본 원고가 단순히 금전적인 보상만을 받게 되면 원래 그가 손해 본 특정물에 대하여 변형된 보상을 받게 됨에 반하여, 형평법에서의 형평은 손해를 본 원고가 자신이 손해 본 바로 그 특정물을 피고로부터 되찾게 된다는 의미에서 law와 equity의 차이는 손해배상의 방법이라 할 수 있다. 즉, law는 금전적 손해배상의 방법임에 반해 equity는 특정적 손해배상의 방법이라 할 것이다.

다음으로, equity는 배심원이 아니라 판사에 의하여 재판이 이루어진다.

마지막으로, law에서는 판결이 법원칙이나 법률에 의하여 만들어지지만, equity에서는 공정성과 유연성의 강조에 따라 형평성이라는 원리에 의하여 판결이 이루어진다. 그 결과 equity에 대한 비판은 equity 법원 판사의 양심에 따라 판단이 이루어짐으로써 고정된 법칙이 없다는 점에서 발생한다. 그러나 시간이 지나감에 따라 equity는 유연성을 잃게 되었고 17세기에 들어서는 common law의 사촌처럼 선례구속의 원칙이 equity에서도 강화되게 되었다. 한편, equity의 역사를 보면 다음과 같다. 13세기에 들어 common law 법원은 점차 정형화되어 갔기 때문에 법적 소송이 한정되게 되었고, 이에 법적 절차가 지나치게 기술적으로 변했고 또한 배심원이 종종 뇌물을 받아, 정당한 원고의 청구가 상당히 기각되었다.

그러나 법적 구제는 국왕에 대한 청원에 의해서도 가능하였기 때문에, 국왕은 정기적으로 국왕위원회(이는 나중에 영국의 의회가 된다)의 의장(chancellor)이 재판을 하도록 하였고, 나중에 이는 형평법 법원(court of chancery)이 되었다.

위원회의 의장은 처음에는 법률가가 아닌 성직자 등이 맡았으나(그 결과 이들은 정규 법률교육을 받은 바 없었기 때문에 재판의 결과가 다양하였다), 16세기부터는(토마스 모어가 의장이 된 이후부터) 법률가만이 의장이 되었다.

나아가 equity court와 common law court의 우위성에 대하여 살펴보면, common law의 항소법원인 king's bench의 법원장인 에드워드 코크는 형평법 법원의 구금에 대하여 영장

Ⅰ. 개　　요[3)]

1066년 노르만의 영국 침략 이후, 영국 초기의 국립법원(Royal Courts)[4)]은 국왕 위원회(the King's Council)에서부터 발전하였다. 초기의 국립법원 판사는 국왕의 최측근 보좌관들로서 주로 분쟁을 해결하고 지방행정을 감독하기 위하여 전국을 순회하였으며, 나중에 이들은 주로 사법적인 일을 하게 되었다.[5)] 그러한 과정에서 이들은 국왕 위원회로부터 분리되었고 국립법원으로서 고유한 재판권한을 가지기 시작하였다. 이러한 국립법원 판사들은 재판을 웨스트민스트와 순회하는 장소에서 열었다. 그러나, 지방 귀족에 의하여 통제되는 지방법원(local courts)이 대부분의 분쟁을 해결하였으며, 매우 중요한 사건에 대해서만 국립법원이 재판권을 행사하였다.

국립법원 판사들은 전국 순회를 통해 각 지방 관습법(local customary law)에 대한 깊은 지식을 얻게 되었다. 하지만 이들은 국가적인 이익과 관련된 사건은 전국에 공통되는 법에 따라 결정되어져야 한다고 믿었다. 이에 웨스트민스트 모임에서 이들은 각 지방 관습법으로부터 결합하거나 변형하는 방법으로 도출된 공통적인 법을 발전시키기 시작했다. 이러한 법이 "common law"인 것이다. 이 법이 "common" law라고 사용하게 된 것은 "local" law에 반대되는 개념이기 때문이다.[6)]

이 요구된다고 판결하여, 이후부터 양 법원은 긴장관계를 계속해서 유지하게 되었다. 그러던 중 1615년 Earl of Oxford 사건에서 제임스 1세의 법무장관(Attorney-General)인 프란시스 베이컨에 의하여 형평법 법원이 우위를 차지하게 되었다.

이후 1870년대에 이르러 형평법 법원의 우위성은 사장되었고 형평법 법원과 일반법 법원이 통일된 법원제도하에 포함되게 되었다(그러나 이는 행정에서의 통합만을 의미하며, 여전히 양자가 충돌할 경우 형평법이 우선한다).

3) William Burnham, Introduction to the Law and Legal System of the United States(St. Paul, Minn., West Publishing Co., 2002), 41면 내지 53면.

4) 이를 왕실법원 또는 국왕판사로 표현하는 경우도 있으나, 본서는 지방법원에 대응하는 국립법원으로 표현하는 것이 본질에 더 부합한다고 판단하여, 아래에서는 국립법원으로 표현하였다.

5) 영국에서 common law를 실질적으로 체계화하기 시작한 때는 1154년경 HenryⅡ부터이다.

6) 여기서의 "common law"의 개념은 지방법(local law)에 대응하는 일반법이라고 표현하는

초창기 국립법원 판사들(royal judges 내지 common law judges)은 그들의 판결이 가능한 한 모순되지 아니하고 일관되도록(consistent) 하려고 노력하였다. 이러한 원칙을 "stare decisis"라고 하며, 이는 1170년부터 발전되기 시작했다. 선례구속의 제도는 이전의 판결문들이 별로 없었기에 가끔씩 어려움에 봉착하기도 하였으나, 이 시기의 국립법원 판사들과 웨스트민스트 홀에 있는 중앙지역법원[7]에 의하여 어느 정도의 일관성을 유지할 수 있게 되었다. 또한 일반법법원에 출석한 법률가들이 이전의 사건에 대하여 판사들에게 설명함으로써 도움을 주었다.

그런데, 다른 유럽국가에서 포기된 판례법(judge-made law)이 어떻게 영국에서는 지속될 수 있었는지에 의문을 가질 수 있다. 이와 관련하여, 다음과 같은 두 가지 주요 위협으로부터 영국의 common law는 살아남았기 때문에 가능한 것이다.

첫 번째 위협은 common law제도가 로마－캐논법 제도와의 경쟁에 직면한 16세기와 17세기 동안 찾아왔다. 그런데 이러한 문제는 의회와 국왕간의 우위성에 대한 문제[8]이기도 했는데, 결국 의회가 승리하였다. 위와 같은 위협

것이 적절할 것으로 보이며, 다만 이는 common law의 첫 번째 개념에 대응하는 제정법 내지 실정법과의 관계로 인해 단순히 일반법이라고 하면 오해가 발생할 수 있기에, 순수한 판례법 또는 본래 의미의 판례법 등으로 표현하기로 한다.

7) 이곳에는 세 개의 법원이 있었는데, court of Exchequer(조세법원: 현재는 Court of King' Bench에 흡수되었다), court of Common Pleas(민사법원: 처음에는 당사자간 채권채무, 계약, 불법점유를 비롯한 토지소송 등 일반 민사소송 관할법원이었으나, 나중에 Court of King' Bench에 흡수되었다), Court of King' Bench(처음에는 형사범에 대한 관할법원이었으나 시간이 지나면서 고등법원의 역할을 하게 되었다)가 그것이다.

8) 왜냐하면, 국왕은 중앙집권적 성향을 나타내며 이를 위하여는 권력의 집중과 이러한 권력의 행사를 위하여 중앙에서 법을 일률적으로 정해 이를 지방정부나 사법부가 따르는 것을 선호함에 반해, 의회는 각 지역을 대표하는 관계로 지방정부의 입장을 대변하고 있고 그 결과 권한이 국왕에게 지나치게 집중되는 것을 반대한다는 점과 비록 의회가 국왕의 입장대로 법을 만든다 하더라도 사법부가 별도로 법인지의 여부를 판단하는 것에 그치는 것이 아니라 법을 만드는 기능을 갖게 함으로써 지방정부의 입장을 어느 정도 반영할 수 있다는 점에서, 의회는 당시 중앙의 입장보다는 지방의 입장을 대변하는 경향을 가졌다 봄이 상당하며, 그렇다면, 결국 영국의 common law제도는 단순한 법률제도적 측면뿐만 아니라 정치제도, 즉 중앙집권이냐 지방분권이냐의 문제와 직접적으로 연관되어 있는 것으로 볼 수 있다는 점에서 common law제도는 이러한 정치적 측면이 고려될 필요가 있다 할 것이다.

의 원인이었던 국왕중심주의자들이 로마 – 캐논법[9])을 중시한 이유는 이들 법이 간단하고 절차와 내용이 국왕에 의하여 쉽게 좌우될 수 있기 때문이었다. 이에 반해 의회가 선호한 common law는 다루기 힘들고 형식주의적인 절차와 강한 권한을 가진 판사에 대하여 국왕이 조정하기가 어려웠기 때문에 자유의 보장을 상징하였다.

두 번째 위협은 프랑스 혁명이었다. 프랑스 혁명에서는 입법부만이 법률을 제정하는 유일한 기관이 되어야 한다는 것이 민주주의 이론에 의하여 지지되었다. 이러한 판례법(Judge-made law)에 반대하는 강한 기류는 프랑스 혁명 이전의 귀족인 강력한 권한과 독립성을 가진 판사가 혁명을 막기 위하여 개혁을 하고자 노력한 프랑스 국왕에 의한 입법적 개혁을 방해하였던 사실로부터 형성되었다. 그 결과 프랑스에서는 판사는 오로지 입법부에 의하여 제정된 법률을 엄격하게 적용하도록 하는 권한만을 가졌다. 이러한 사상은 프랑스 혁명 理想의 영향의 결과로서 다른 유럽대륙에도 퍼졌다.

영국 common law는 북미 식민지가 정착될 시기에 매우 발달되었다. 독립선언문이 낭독될 시점 이후에는 새로운 독립 주에 의하여 정식으로 수용되었다. 이후 약 200년 동안 미국에서의 common law는 독자적으로 발전하게 되었다. 비록 미국과 영국의 common law 자체는 상당히 비슷하지만, 미국과 영국의 실질적인 common law 법리는 상당한 차이를 띠게 되었고, 오늘날 미국의 법원에서 영국의 판결을 원용하는 경우는 거의 없다.

Ⅱ. Common law 재판에서의 판례형성의 본질[10])

Common Law 판결은 선례를 바탕으로 한다. 그러나 모든 사건은 이전 사건과 다소 다르다. 그 결과 사건을 판결하는 판사는 심리를 해야 하고 선례와 다소 다른 결정을 내리는 경우도 있다. 게다가 관련법 분야의 새로운 판결을

9) 로마법은 여러 명의 판사로 이루어진 재판부와 직권주의적 절차가 특징이며, 이에 반해 common law 제도는 배심원들, 한 명의 판사, 당사자주의적 절차가 그 특징이라 할 수 있는데, 교회법은 위 로마법을 수용하였다.

10) 안경환, 김종철, 영국법과 미국법의 비교연구(Ⅴ), 서울대학교 법학, 제40권 제2호, 187면 내지 169면.

해야 하는 경우 판사들이 참조할 선례는 존재하지 아니한다. 이것은 다음과 같은 문제점을 던진다. 즉, 무엇이 common law의 법원이고 판례형성의 본질인가? 이에 대한 해답은 시대마다 달리하여 왔다.

이는 Formalism[11]과 Legal realism[12]의 관계로부터 알 수 있을 것이다.

Formalism은 판사는 법을 적용하는 것일 뿐이고 법을 만들어서는 아니 된다는 이론을 의미하며, 이에 반해 Legal realism은 많은 사건의 경우 판사가 법을 적용함에 있어 비법률적 요소[13](즉, 판사의 정의에 대한 관념, 일반인의 생각 등)를 고려하게 되는데 이는 결국 판사가 법을 만든다는 의미를 지니게 된다는 것을 말한다. 그렇다면, Formalism과 Legal realism은 서로 상반되는 개념이라 할 수 있다.

1. 과거의 이론: Formalism

오늘날 일반적으로 영미법계의 판사들이 common law를 만드는 것으로 알고 있으나, 18세기와 19세기에는 이렇게 보지 않았다. 즉, 이 시대에는 common law가 인간의 행위와는 독립적으로 존재한다고 생각하였다. Blackstone 경에 의하면, "판사는 오로지 법을 표현할 뿐이다"라고 하였다.[14] 다시 말해서, 판사는 법을 만드는 것이 아니라는 것이다. 이는 법이란 이미 만들어져 있는 것이고 판사는 법을 찾은 후 이를 선언할 뿐이라는 것이다. 결국 판사는 진정한 common law를 선언하는 것을 의미하였던 것이다. 이러한 태도는 곧 civil

11) 이는 법은 사회적·정치적 요소와 분리되어야 한다는 것을 의미하며, 이는 곧 한국에서 판사들이 법을 적용하는 방법과 같다 할 수 있고 대부분 한국법률가들이 "법률이 이러하다"고 하면서 당해 사안에는 당해 법이 적용되지 아니한다고 말한다. 한편 이는 유추적용이냐 확대해석이냐의 관계에 있어 확대해석은 가능한데 유추해석은 불가능하다고 주장하는 것과 마찬가지의 문제라고도 볼 수 있다(사실 확대해석과 유추해석의 차이는 당해 판사의 생각에 의해서 결정됨에도 불구하고 마치 일반적 이론인 것처럼 판단하고 주장하는 경향이 있다). 결국 formalism은 '형식적 법적용주의'라고 표현함이 본질에 부합한다고 생각되며(이를 법형식주의라고 표현하기도 한다), 이러한 formalism은 민주주의 국가에서 법제정은 판사가 아니라 입법부에서 이루어져야 한다는 것을 전제하고 있음을 알 수 있다.

12) 이는 '실질적 법적용주의'라고 표현함이 상당한 것으로 보인다.

13) 이를 "external sources"라고 한다.

14) William Blackstone, Commentaries on the Law of England 69(William S. Hein & Co. 1992).

law국가의 사법부 입장과 거의 비슷하다고도 할 수 있다.

그런데. 이와 같은 common law 판사의 판결의 의미는 1930년대의 법적용주의자들(Legal Realists)에 의하여 공격을 받게 되었다.

이러한 실질적 법적용주의는 홈즈에 의해 만들어진 이론을 바탕으로 발전되었다. 즉, 판결에 있어서의 법은 발견되는 것이 아니라 만들어지는 것이라는 점과 판결의 내용은 판사가 의식하든 의식하지 않든지 간에 사회적, 정치적, 경제적, 역사적 경향 등에 의하여 영향을 받게 된다는 것이다.

2. 현재의 이론: Legal realism

위와 같은 과정을 거치면서 판사의 역할과 common law 형성의 관계가 변화되었다.

그 결과 오늘날 우리는 common law의 창조적인 요소는 판사로부터 당연히 나온다고 알고 있다. 오늘날 미국의 판사들은 무엇이 적절한 공공정책(public policy)인지의 관념을 사건에 적용함으로써 common law를 만든다. 만약 이전의 판례법이 있다면 이를 적용하면 된다. 그러나 선례를 적용하든 새로운 판결을 만들든지 간에 판사들은 공공정책의 관념을 적용시켜야 한다.

따라서 오늘날 미국의 판사들이 common law를 발전시킬 때, common law를 만들거나("creating") 입법활동("lawmaking" activities)을 하는 것으로 묘사되는 것이다.

판사에 의한 이와 같은 형태[15]의 고려는 일반적으로 "입법사실"(legislative facts)로 간주되는 것으로서, 사건을 해결하고 법이 무엇인지를 확정하는 "사법사실"(adjudicatory facts)과 대응된다 할 수 있다.

3. '실질적 법적용주의(Legal realism)'의 실질적 영향

Common law의 해석적 접근(discovery theory of common law)과 '형식적 법적용주의'의 소멸은 현대 판사들에게 다음과 같은 영향을 미쳤다.

첫째, 판사들은 그들의 입법적 기능에 관하여 더 조심스러워하면서 다른

15) 각종 데이터와 공공정책의 고려는 입법부의 입법행위와 같은 종류라 할 수 있다.

기관을 의식하게 되었다. 이러한 소극성과 다른 기관에 대한 의식은 부분적으로는 민주주의 국가에서 입법기능은 국민을 대표하는 입법부에 의해서 이루어져야 한다는 인식과 실제로도 입법을 위한 활동능력 등이 입법부가 상대적으로 더 나을 수 있다는 인식으로부터 비롯된다.

입법기능에 있어서의 이러한 사법소극주의(judicial reticence)는 현대의 많은 common law 판결에서 두드러지게 나타난다. 판결에 의한 입법은 종종 법원이 common law를 변경하는 것이 적절한지 여부 또는 당해 판결이 입법부의 영역이 아닌지 여부에 대한 논쟁을 불러일으킨다.

둘째, 이러한 실질적 법적용주의의 영향은 법원이 새로운 법리를 발전시킬 때 더욱 잘 나타난다. 새로운 판결을 하는 경우 판사는 당해 사건에 대하여 역사, 사회, 경제, 철학 등을 고려한 판결을 하기 때문에, 실질적 법적용주의가 잘 표출되는 것이다.

Ⅲ. 소급효(Retroactivity) 문제

판례법을 인정하는 제도는 소급효의 법제정의 문제에 대하여 고려하여야 한다. 이러한 소급효의 법제정은 블랙스톤과 common law의 발견이론(discovery theory of common law) 주장자에게는 아무런 문제가 되지 아니하였다. 왜냐하면, 새로운 법의 선언이 법을 변경하는 것이 아니라 이는 단지 진정한 common law가 처음부터 그와 같이 존재한다고 선언되는 것에 불과하기 때문이라고 보기 때문이다. 그러나 이와 달리 판례법이 실제로 법을 변경한다고 보는 견해에 있어서는 소급효의 적용의 공정성 문제가 발생한다고 본다.

다시 말하면, 법은 실재하는 것이고 법원은 단지 이를 발견하거나 선언하는 것에 불과하다고 보는 견해에서는 모든 판결에 있어 소급적으로 법이 적용될 수 있다고 보는 반면에, 실질적 법적용주의(Legal Realism)의 발전에 따라 법원은 법의 발견이 아닌 법의 제정을 하게 된다고 보게 되면 소급효는 법적 안정성이나 공정성을 명백히 해하는 결과를 야기시킨다고 할 수 있다.

이와 관련하여, 연방대법원은 Griffith v. Kentucky, 479 U.S. 314 (1987) 판결에서 완전한 소급효는 인정되지 아니한다고 판결하였다. 또한, 소급효에 있어 가장 큰 문제는 당해 법리를 당해 사건의 당사자가 아닌 다른 사람들에게 적용하는 경우라고 할 것이다. 그 결과 오늘날의 미국의 법원은 종종 단지 추급효(prospective effect) 또는 부분적 소급효(partial retroactivity)만을 인정하는 판결을 하고 있다.[16)17)]

16) Great Northern Ry. Co. v. Sunburst Oil & Refining Co., 287 U.S. 358 (1932).

17) 한국에서 법원의 판결의 변경에 대하여는 미국의 형식적 법적용주의의 이론을 고려하면 될 것으로 생각된다. 즉, 대법원 1999.7.15. 선고 95도2870 판결은 "형사처벌의 근거가 되는 것은 법률이지 판례가 아니고, 구 건축법 제57조에 관한 판례의 변경은 그 법률조항의 내용을 확인하는 것에 지나지 아니하여 이로써 위 법률조항 자체가 변경된 것이라고 볼 수는 없으므로, 행위 당시의 판례에 의하면 처벌대상이 되지 아니하는 것으로 해석되었던 행위를 판례의 변경에 따라 확인된 내용의 위 법률조항에 근거하여 처벌한다고 하여 그것이 형벌불소급의 원칙에 반한다고 할 수는 없다"고 판시한 바 있고, 대법원 1999.9.17. 선고 97도3349판결 역시 "형사처벌의 근거가 되는 것은 법률이지 판례가 아니고, 형법 조항에 관한 판례의 변경은 그 법률조항의 내용을 확인하는 것에 지나지 아니하여 이로써 그 법률조항 자체가 변경된 것이라고 볼 수는 없으므로, 행위 당시의 판례에 의하면 처벌대상이 되지 아니하는 것으로 해석되었던 행위를 판례의 변경에 따라 확인된 내용의 형법 조항에 근거하여 처벌한다고 하여 그것이 헌법상 평등의 원칙과 형벌불소급의 원칙에 반한다고 할 수는 없다"고 판시하였는데, 이에 의하면 대륙법계인 한국에서는 판례의 변경에 형벌소급효금지의 원칙이 적용되지 아니하고 있음을 알 수 있다.

4 Common law 法體系에서의 制定法(Statutory law)

Ⅰ. 제정법(Statutory law)의 증가

미국을 common law국가라고 부르는 것은, 앞에서 살펴본 바와 같이, 주요 법형태를 common law라고 생각하게 한다는 점에서는 잘못된 것이라고도 할 수 있다. 즉, 이는 오늘날 더 이상 사실이 아니라고 볼 수도 있을 것이다.[1] 이러한 현상은 주에도 마찬가지라 할 수 있다. 그 결과 유럽의 civil law국가만큼이나 미국의 각 주는 제정법을 많이 가지고 있다.

즉, 일부 법률은 common law를 대체하였으나, 나머지 많은 법률은 새로운 분야에 대하여 제정되었다. 연방영역에 있는 연방조세법, 사회보장법, 환경법, 유가증권법, 은행법 등이 미국연방법률(U.S. Code)을 구성한다. 주법 영역으로는 기업관련법, 소비자권리법, 일반거래법, 가족법 등이 있다. 그럼에도 common law는 기본적인 영역에서는 소멸되지 아니하였다. 특히, 주법의 영역 중 계약법, 불법행위법, 재산법 등은 주로 common law에 의하여 규율되고 있다.

요컨대, 제정법과 common law의 관계를 보면, 법률(statutes)이 많은 영역에서 주요 규범으로 등장하고 있으나 기본적인 영역에 있어서는 여전히 common

1) 그러나, 대륙법과 영미법의 비교에서 본 바와 같이 대륙법계에서는 민법이 단순한 법률이 아닌 이념을 포함하는 일반적이고 포괄적인 법이라는 점에서 영미법의 제정법이 아닌 common law와 같으며 이와 달리 20세기 이후 발달한 제정법은 대륙법계의 특별입법과 같은 성격의 법이라는 점에서 그 입법대상이 다르다는 점에서 양자의 제정법에 대한 태도는 본질적인 차이점을 가지고 있다.

law가 기본법이라고 할 수 있을 것이다.

Ⅱ. 법률에 대한 Common law의 태도

미국에서 제정법이 많은 영역을 규율하게 되었다고 하여 미국과 유럽대륙에서의 법률이 같은 방법으로 적용된다거나 같은 영역을 규율하는 것을 의미하지는 않는다. 얼핏보면, 연방법률과 주 법률의 양이 일반 civil law법률보다 더 많은 것으로 보일 수도 있으나, 그 입법대상이 다름을 발견할 수 있다.

1. 제정법에 대한 대륙법적 접근

프랑스 혁명 후, 유럽대륙에서는 법률(legislation)이 유일한 법적 근거라는 입법부 우위의 이념이 발달하게 되었다. 즉, 사법부에 의한 법률형성(judicial lawmaking)은 공식적으로 부정되었다. 따라서, 법률과 현실의 간극이 발생하게 되면, 판사는 법률 해석을 통하여 당해 법률의 의미에 따라 해결책을 찾았던 것이다.

2. 제정법에 대한 Common law적 접근

Common law 판사들은 적용할 수 있는 특정 법리를 담고 있는 의미로서 제정법을 본다. 그 결과, 법률에 규정하고 있지 아니한 문제 또는 법률의 용어 내지 의미 밖에 있는 대상에 대하여는 common law에 의한 규율을 받는다. 따라서, 미국의 common law와 civil law의 제정법에 대한 태도는 다음과 같은 차이점을 가지고 있음을 알 수 있다.

우선, civil law제도하의 法源은 법률을 특정 법리가 일반화될 수 있는 원칙을 담고 있는 것으로서 다룬다. 예컨대 프랑스 불법행위법은 민법 규정 중 단지 몇 가지 규정으로 되어 있으나 이들 규정이 모든 불법행위를 규율하고 있는 것이다. 이에 반해 미국에서의 法源은 법률에서 일반원칙을 찾지 아니하고, 이들은 common law 판사들에 의하여 common law로서 발견된다.

다음으로, civil law 국가의 法源은 법률로부터 유추하여 법리를 만들고 사안에 이를 적용한다. 이에 반해 미국의 法源은 법률의 의미대로 법률을 해석할 뿐이고, 다른 법리에 대하여 유추의 방법으로 법률을 적용하지는 아니한다.

Ⅲ. 제정법(또는 법률)에 대한 Common law적 접근법의 배경

1. 법률에 대한 확장적 해석의 불필요

미국에서는, Judge-made common law의 제도가 제정법을 통한 규율보다 적어도 100년 이상 상대적으로 빨리 발달되었다. 이러한 common law가 법률에 있는 포괄적인 원칙의 寶庫로 이해되었기 때문에, 법률에 일반원칙을 언급할 필요가 없었다. 대신 법률은 특정 문제를 해결하기 위한 common law에서 충분히 다루고 있지 아니한 문제에 국한하여 제정되어졌다.

따라서 미국의 common law 판사들은 법률에서 기본원칙을 찾으려 하지 않았고, 입법자들 역시 법률에 그러한 원칙을 둘 필요성을 느끼지 아니하였다.

2. 법률(statutes)과 Common law의 관계

미국의 경우 common law가 먼저 발달하고 법률은 상대적으로 좁은 분야에 대하여 제정되어졌다. 그 결과, 대부분 common law에 의하여 규율되고 새로운 현상이나 특정의 사항에 대하여만 법률의 제정이 이루어졌다. 그에 따라 사건의 해결에 있어 법률의 영역을 확장하여 입법적 간극(gap)을 메울 필요가 없었으며, 설사 어떠한 간극이 발생한다 하더라도 포괄적이고 일반적인 법인 common law에 의하여 메워져왔다. 이러한 common law제도하에서 법률을 제정하는 것은 “양동이에 돌 하나 놓는 것과 같다”고 할 수 있다.[2)]

요컨대, 법률에 의해 적용되지 아니한 사건에 대한 판결을 함에 있어 판사들은 common law에 의하여 해결한다. 그 결과 common law 판사들은 법률에 대하여 유연한 관점을 가지거나 법률의 규정으로부터 법리를 발전시킬 필요가

---

2) 이러한 점에서 대륙법계인 한국의 경우 민법이나 형법은 영미법계의 common law와 같은 성격을 가진 반면 입목에관한법률이나 주택임대차보호법 또는 폭력행위등처벌에관한법률 등은 영미법계의 제정법인 법률과 같은 성격을 가진 것으로 볼 수 있을 것이다.

없게 되는 것이다.

3. 사법부의 의회에 대한 비호의적 태도

Common law는 수세기 동안 중요한 입법적 침범을 받지 않고서 발전되고 사회를 지배해 왔다. 이러한 common law 판사들은 상당한 권한을 행사해 왔고, 그들의 영역에 대해 의회가 입법적 침범을 하는 것에 대하여 불쾌하게 여겼다.

Common law 판사들의 일반적 견해에 의하면, common law가 어떠한 법률적 쟁점에 대하여도 해답을 줄 수 있기 때문에, 법률은 불필요하다고 본다. 이에 판사들은 종종 영국의회의 법제정의 오류 내지 미숙함을 발견하고서 제한된 해석을 하였다. 그 결과 common law를 훼손하는 법률은 엄격하게 해석되어져야 한다는 격언은 이러한 태도에서 기인한다고 할 수 있다. 이러한 역사적 배경에 의하여 확장적 해석이 적합하지 아니하거나 복잡하고 구체적인 상황이나 현상에 대하여 제정법인 법률이 만들어졌다.

4. 미국에서의 Common law와 법률의 관계

미국에서는, common law와 법률과의 관계가 처음부터 대립적이지 아니하였다. 이는 미국의 각 주는 헌법이나 법률에 의하여 영국 common law를 수용하면서도 영국의 common law를 자유롭게 수정하였기 때문이다.

그 결과, 미국에서 법(law)이란 몇몇 법률(statutes)이 보태어진 common law를 의미한다는 기본적인 관념이 현재까지 계속되고 있다.

5 法律解釋方法[1)]

Ⅰ. 明白한 語義 原則(The Plain Meaning Rule)

이 원칙에 의하면, 法院은 결과가 불합리하지 않은 한, 법률을 원래의 의미대로(ordinary meaning) 해석하여야 한다. 그 결과 문언 의미 이상의 보충물이나 입법 배경을 근거로 하는 것은 적절한 것이 아니라고 본다.

이와 같이 명백한 어의 원칙의 주장자들은 다음과 같은 두 가지 점을 그 이유로 주장한다.[2)] 첫째, 입법부가 통과시키고 집행부가 서명한 것은 법률의 문언이지, 위원회 보고서나 법률 제안자의 주장이 아니라는 것이다. 둘째, 일반인들과 대다수의 법률가들은 법률 문언에 의존하고 입법 역사 자료에 접근하지 아니한다.

이에 대해, 명백한 어의의 원칙에 대한 반대론자들은 언어는 소통을 위한 상징에 불과하다고 지적하면서 명백한 語義의 원칙 주장자들이 언어는 하나의 고정된 의미를 가진다는 잘못된 가정에 바탕을 두고 있다고 비판하고 있다.[3)]

요컨대, 연방대법원은 명백한 어의 원칙은 법률의 語義가 문맥상 충분히

---

1) William Burnham, Introduction to the Law and Legal System of the United States(St. Paul, Minn., West Publishing Co., 2002), 53면 내지 63면.

2) Note, A Re-evaluation of the use of legislative history in the Federal Courts, 52 COLUM.L.REV. 125, 134 (1954).

3) 이와 관련하여 홈즈 대법관은 "언어는 명백하고 변하지 아니하는 유리가 아니고, 이는 살아있는 생각의 표피와 같으며 상황과 시기에 따라 내용과 색깔이 변할 수 있다"고 언급하였다.

명백한 경우에 적용된다고 보고 있다.[4)]

Ⅱ. 明白한 語義 原則과 立法 經緯와의 관계(Plain meaning and Legislative history)

연방 대법원은 법률의 명백한 어의 원칙은 당해 문제에 대해 해당 법문이 애매하지 않게 적용될 때 적용된다고 판시한 바 있다.[5)] 또한 연방대법원은 입법 경위는 법률 어의가 명백한 경우에는 당해 법문을 해석함에 있어 고려될 필요가 없다고 보고 있다. 결국 입법경위는 명백한 어의의 원칙이 적용되지 아니하는 경우에 고려될 수 있다 할 수 있다. 이러한 입법경위를 파악하는 데는 의회의 위원회 보고서(committee reports)가 가장 중요한 자료가 된다.[6)]

한편, 입법경위와 입법의도(legislative intent)와의 관계를 살펴보면, 연방대법원은 입법경위가 불명한 경우 입법의도를 고려할 수 있다고 판시하였다.[7)]

Ⅲ. 사회적 목적 고려의 원칙(The social purpose rule)

이 원칙에 의하면, 법률은 달성하고자 한 사회적 목적을 완수하도록 해석되어져야 한다는 것이다. 이와 관련된 판례로는, Holy Trinity Church v. United States[8)] 판결이 있다. 이 사건과 관련하여, 연방법률은 미국내에서의 노동이나 서비스업을 수행하기 위한 계약에 따른 외국인의 이민을 돕는 것을 불법으로 하였다. 그런데 Holy Trinity Church가 미국에서 목사가 되기 위해 온 영국인을 고용하였다는 이유로 기소되었다. 이에 대해 연방대법원은 위 법률의 문언과 상관없이 교회가 법률을 위반한 것은 아니라고 판결하였다. 즉, 연방대법원은

---

4) Caminetti v. U.S. 242 U.S. 470 (1917); Ernst & Ernst v. Hochfelder, 425 U.S. 185, 197 (1976).

5) American Tobacco Co. v. Patterson, 456 U.S. 63, 68 (1982).

6) Lewis v. U.S. 445 U.S. 55, 63 (1980).

7) S&E C ontractors v. U.S. 406 U.S. 1 (1972).

8) 143 U.S. 457 (1892).

위 법률은 그 문언의 의미가 낮은 임금을 받고 일할 것을 계약한 노예계급적 외국노동자의 이민을 금지하는 것이라고 판단하였던 것이다.

이러한 사회적 목적 고려의 원칙은 앞서 본 명백한 어의의 원칙과 충돌될 수도 있다. 이는 사회적 목적 고려의 원칙이 명백한 어의의 원칙에 대한 제한 역할을 하게 되기 때문이다. 이러한 양 원칙의 상충과 관련하여, 연방대법원은 사회적 목적 고려의 원칙은 오로지 예외적 상황에서만 적용되어야 한다고 판시하였다.[9)]

Ⅳ. 법문의 문맥 고려의 원칙(The context of statutory language)

법문의 의미를 식별함에 있어 사용되는 원칙으로 다음과 같은 두 가지가 있다. 그 중 첫 번째 원칙으로, ejusdem generis[10)] 원칙이 있다. 이 원칙은 일반적인 단어가 특정 조항에 사용되는 경우 일반적인 단어는 다른 조항에 구체적으로 적용된 것과 같이 해석되어야 하는 것을 말한다.

예컨대, airplane이 motor vehicle에 해당되는지와 관련하여 연방대법원은 법문의 단어대로만 보면 해당된다고 할 수 있으나 당해 법률에서의 motor vehicle은 땅위를 달리는 vehicle만을 의미한다고 해석한 바 있다.[11)]

두 번째로는, noscitur a sociis[12)] 원칙이 있다. 이는 불명확한 법문의 의미는 바로 옆에 있는 단어의 의미를 고려하여 판단되어야 한다는 것을 말한다.[13)]

9) Howe v. Smith, 452 U.S. 473, 483 (1981); Green v. Bock Laundry 490 U.S. 504 (1989).
10) 이는 라틴어로서 "of the same kind or class"의 의미이다.
11) Mcboyle v. U.S. 283 U.S. 25 (1931); Circuit City Stores, Inc. v. Adams, 532 U.S. 105 (2001).
12) 이는 "it is known by its associates"의 의미이다.
13) Jarecki v. G.D. Searle & Co., 367 U.S 303 (1961).

V. 용어 사용에 관한 해석의 원칙

1. 소극적 해석의 원칙

제정법에 대한 common law 해석의 중요한 법언 중에 "expressio unius est exclusio alterius"라는 표현이 있는데 이는 어떤 하나의 표현은 다른 것의 배제를 추정한다는 의미이다.

이 법언의 예는 Tennessee Valley Authority v. Hill 사건[14)]이라 할 수 있다. 이 사건에서 연방대법원은 댐 완성을 중지하도록 결정하면서, 이 사건도 멸종위기방지법(Endangered Species Act)상의 몇 가지 면제사유에 해당하여 면제되는 경우(hardship exemption)라고 볼 수 있다는 정부측 의견을 인정하지 아니하였다. 이러한 연방대법원의 결정은 면제사유는 한정적 또는 소극적으로 추정된다고 판단한 것이다.

이러한 소극적 해석의 원칙은 주로 제재나 면제사유 등과 관련하여 인정되고 있다.[15)]

2. 구체적 용어 또는 특별법 우선의 원칙

법률해석의 원칙 중에는 "특별법이 일반법에 우선한다"는 것이 있다.[16)] 이러한 원칙은 예컨대 형법의 폭행죄와 폭력행위등처벌등에관한법률의 폭행죄는 2인 이상인 경우와 상습적인 경우 그 적용에 있어 후자가 우선하는바, 이러한 예가 이 해석의 원칙에 해당한다 할 것이다.

---

14) 437 U.S. 153, 184 (1978).

15) Chan v. Korean Airline, Ltd., 490 U.S. 122, 133 (1989).

16) People v. Ruster, 548 P. 2d 353 (Cal. 1976).

Ⅵ. 기타의 해석원칙

1. 불명확한 경우 형사피고인 유리의 원칙

이를 “rule of Lenity”의 원칙이라고도 하는데, 이는 형법은 금지되는 행위가 무엇인지를 명확하게 표현하고 있어야 하며 만일 불명확하거나 애매한 경우에는 피고인에게 유리하게 해석하여야 한다는 해석원칙이다. 이는 United States v. Wiltberger 사건[17]에서 적용되었다.

2. 행정기관 해석 존중의 원칙

이는 행정을 책임지는 당해 공무원에 의한 법률해석은 법원에 의하여 존중되어져야 한다는 원칙을 말한다. 즉, 법률이나 입법의도가 명확하고 행정공무원의 해석과 배치된다면 행정공무원의 해석은 인정되지 아니하나 특정의 해석문제와 관련하여 법률이나 입법경위가 불명확하거나 아무런 언급이 없는 경우에는 법원은 당해 법률에 대하여 법원의 관점에서 해석을 하지 아니하고, 대신 당해 법률에 대한 행정공무원의 해석이 가능한 경우라면 행정공무원의 견해를 존중하여야 한다는 것이다.[18]

요컨대, 연방대법원은 행정공무원의 법적 해석 내지 의견은 존중되나, 이러한 존중은 설득가능한 범위 내에서 인정된다고 보고 있다.[19]

3. 합헌적 해석의 원칙

이는 법원은 법률을 해석함에 있어 헌법에 위배되지 아니하도록 하여야 한다는 원칙이다.[20]

---

17) 18 U.S. 76, 95 (1820).

18) Chevron, U.S.A., Inc. v. Natural Resources Defense Council, Inc., 467 U.S. 837(1984).

19) Christiansen v. Harris County, 529 U.S. 576, 587 (2000).

20) Webster v. Doe, 486 U.S. 592, 603 (1988).

예컨대 연방대법원은 Kent v. Dulles 사건[21]에서 국무부가 공산주의 경력자에 대하여는 여권의 발부를 금지하는 권한을 가지고 있지 아니한 것으로 여권법을 해석하였는데 이러한 해석은 거주이전의 자유(right ot travel)라는 연방헌법의 인권조항에 근거를 두고 있다는 점에서 위 해석 원칙이 적용된 예라고 할 수 있을 것이다.

Ⅶ. 유추해석의 문제[22]

1. Common law가 고려된 유추해석방법

common law에 의하여 제정법에 대한 흠결("gap")을 보충하는 것은 새로운 것은 아니다. 이는 common law가 반영되어 제정된 법률의 개념과 전적으로 일치한다 할 수 있다. 그러나, 이러한 흠결을 보충하는 common law 법리는 경우에 따라서는 법률 규정의 일반적인 목적에 반대될 수도 있다. 그럼에도 새로운 common law 법리가 발전되어져야만 하는 경우에는 제정법과 불일치되는 것은 아니라고 할 수 있다. 따라서, 법원은 제정법의 법리와 유사한 보충적 common law 법리를 선택하여 적용하기도 한다.[23]

이와 달리 경우에 따라서는 common law가 고려되는 법률에 대한 해석이 위와 같은 흠결보충을 넘어 직접적인 유추해석이 되기도 한다. 이에 의하면 흠결보충의 범위가 상당히 넓고 입법정책이 기존의 common law를 대체하는 데 사용된다고 할 수 있다.[24]

21) 357 U.S. 116 (1958).

22) 이는 지금까지 본 법률에 대한 common law적 해석방법이 아닌 법률에 대한 대륙법적 해석방법이라는 점에서 앞서 본 해석방법과 본질적인 차이를 가진다 할 수 있다.

23) 연방대법원은 University of Tennessee v. Elliott, 478 U.S. 788 (1986) 판결에서, 주법원의 판결이 다른 주와 연방법원에 의하여 존중되어질 것을 연방법률이 요구한다고 판시하면서, 이 연방법률은 행정기관의 결정에 대하여는 직접적으로 적용된다고 규정하고 있지 않으나 연방대법원은 행정기관의 결정을 규율하는 법률에 언급된 법조문을 유추하여 보충적 common law 법리를 만들었다.

24) Moragne v. States Marine Lines, Inc., 398 U.S. 375 (1970).

2. 제정법으로부터의 직접적인 유추해석

이와 같이 보충적 common law 법리에 의한 흠결보충에서 한 걸음 더 나아가 제정법으로부터의 직접적인 유추해석을 하기도 한다. 즉, 제정법에 대하여 직접적으로 유추해석을 하는 것을 말한다.

뉴저지주 대법원은 Cintrone v. Hertz Trucking Leasing and Rental Service 사건[25)]과 Newmark v. Gimbel's, Inc., 사건[26)]에서 UCC(동산매매법률)에서 규정하고 있는 묵시적 담보책임이 트럭리스와 미용실에서 제공되는 서비스에도 적용된다고 판시하였는제, 이는 위의 직접적인 유추해석방법의 예로 제시될 수 있다.

그러나, 제정법으로부터의 유추해석에 대하여 연방대법원이 Agency Holding Corp. v. Malley-Duff & Associates, 483 U.S. 143(1987) 판결에서 인정 한 바 있으나, 이 판결에서 Scalia 대법관은 이러한 유추해석은 전통적인 common law의 태도에 어긋나는 것으로서 불법이라고 주장하였다. 그러므로, 위 판결이 제정법으로부터의 직접적인 유추해석방법을 연방대법원이 인정한 leading case로 보기는 어렵다 할 것이다.

현재까지는 이러한 제정법으로부터의 유추해석은 받아들여지기보다는 거부되는 경향이 더 많은 형태의 해석방법이라 할 수 있다.

---

25) 212 A. 2d 769 (N.J. 1965).

26) 258 A. 2d 697 (N.J. 1969).

6 判例法(case law)의 一般的 性質 및 形態[1)]

Ⅰ. 판결의 견해와 그 구조

1. 견해의 형태

가장 중요한 사법부의 견해는 상소심의 견해(appellate court opinions)라 할 수 있다. 상소심 법원에는 여러 명의 판사가 있으며[2)] 당해 사건은 다수결에 의하여 결정된다. 다수견해의 판사들이 결정을 하는 경우 주문(the decision)과 판결이유(detailed reasons)로 된 하나의 법원의 의견(opinion of the court)이 작성된다. 만약 판결이 만장일치가 아니면 다수견해(majority opinion)[3)]의 주문과 판결이유에 동의하지 않는 판사가 반대의견(dissenting opinions)을 판결문에 기술하거나 의견 없이 단지 반대의 사실만을 표시할 수도 있다. 또한 판결주문에는 동의하나 판결이유에는 동의하지 아니하는 별개의견(concurring opinions)을 기술할 수도 있다.

다수견해를 기술하는 일은 주로 대법원장(chief justice)이나 재판장(chief judge)이 한다. 다수의견, 반대의견, 부동의 의견의 초안작성은 법원의 판사들 사이에

---

1) 한편 common law와 case law(판례법)의 관계에 대하여, 판례법은 존재하는 헌법이나 법률에 대한 법원의 해석이지만 common law는 실정법이 없는 경우에 발달된 법이라고 보는 견해도 있다(법무부, 미국의 사법제도, 제26면).

2) 보통 3, 5, 7, 9명의 판사들이다.

3) 이는 판사의 과반수 이상의 찬성이 있는 의견을 말하고, 이에 반해 plurality opinion은 과반수에는 도달하지 못하였으나 제시된 견해 중 가장 많은 동의를 얻은 견해를 말한다(예컨대 7명의 판사 중 3명, 2명, 2명의 의견이 있는 경우 3명의 의견이 이에 해당한다).

순환적으로 이루어진다.

2. 견해의 구조와 내용

다수견해를 표현하는 구조가 정해진 것은 아니지만, 보통 사건의 요약, 절차 형태, 사실관계와 제시된 쟁점, 결론을 지지하는 이유, 인용된 결과 등이 기술된다. 결론에 이르는 논거 또는 이유의 논의는 종종 백과사전적이라 할 수 있는데, 이는 관련되는 모든 선례의 논의와 법률잡지, 논문 등과 같은 많은 이차적 근거까지 거론되기 때문이다.

Ⅱ. 법원 판결의 선례로서의 효과: 선례구속의 원칙(stare decisis)

법원의 판결이 나중의 사건에 대한 *法源*이 되는 제도적 핵심이 바로 선례구속의 원칙이다. 이러한 선례구속의 원칙에 대한 이론적 근거는 여러 가지로 제시되어 오고 있다. 아마도 가장 많은 지지를 받는 견해는 '많은 사람들은 같은 상황에서 같이 취급된다'는 것으로서, Karl Llewellyn이 주장하였다.[4] 이러한 평등취급의 원리는 편견과 자의성을 제한하는 역할을 하며, 당사자들에게 확실성을 부여하게 된다. 또한 법률도 여러 가지로 해석할 수 있는데, 이 경우에도 선례구속의 원칙이 법률해석을 하는 데 적용된다 할 것이다.

법원의 판결은 다음과 같은 두 가지 형태의 선례구속의 효과를 가진다.

(1) 기속적(binding) 선례구속의 효과

이는 법원이 이전의 사건에 있어 확립된 원칙을 따라야 한다는 것을 말한다. 상급법원의 판결은 같은 법원체계 내의 모든 하급심 법원에 대한 기속적 효력을 가진다. 이러한 형태의 '기속적 선례구속의 효과'를 '수직적 선례구속의 원칙'이라고도 한다. 이에 반해 한 법원의 이전의 판결은 나중의 사건을 기속하기도 한다. 이러한 형태는 '수평적 선례구속의 원칙'이라고 한다. 그런데 수

---

4) Edgar Bodenheimer, Jurisprudence: The Philosophy and Method of the Law, 423면 내지 430면(Harvard U. Press 1974).

평적 선례구속의 원칙은 수직적 선례구속의 원칙보다 훨씬 더 유연하다. 즉, 법원이 이전의 선례를 기각하는 경우가 자주 발견되기도 한다.

(2) 재량적(persuasive) 선례구속의 효과

이는 법원이 선례를 따를 수도 있고 기각할 수도 있으나 선례는 존중되어야 한다는 것을 의미한다. 즉, A주의 법원의 법적 쟁점에 대한 결론은 B주의 법원에 대하여는 단지 설득력 있는 효과로 작용할 뿐이다.

예컨대, 뉴욕주 법원은 미네소타주 법원의 판결이 설득력 있는 경우에만 따르게 되는 경우가 이에 해당한다. 또한 연방법원은 여러 주의 시민들간의 소송에 있어 州법을 따라야만 하는데, 이 경우 연방법원의 주법에 대한 해석은 그 주의 주법원에 대하여는 단지 설득적 효과만 있을 뿐이다. 왜냐하면 주법에 대한 권위 있는 해석은 오로지 당해 주의 법원에 의하여 만들어질 뿐이기 때문이다.

(3) 법률해석에 대한 선례구속의 효과

일부의 법률가들은 법률해석에 대한 판례법에 대하여도 선례구속의 원칙이 적용된다고 주장한다. 이러한 주장은 입법부의 경우 입법의도에 대한 오해를 알고 시정할 수 있기 때문에 지지를 받기도 한다. 그러나 이러한 주장은 연방대법원의 입장은 아니라고 할 수 있다.[5)]

(4) 헌법결정에 대한 선례구속의 효과

입법부는 본래의 판례법(common law caselaw)과 법률해석에 대한 판례법(caselaw interpreting statutes) 모두 변경할 수 있다. 그러나 헌법적 판례법(constitutional caselaw)에 대한 입법적 수정은 오로지 헌법의 개정을 통해서만 할 수 있으며 이는 쉽지 않은 일이라 할 것이다.

이러한 이유로 인해 연방대법원은 종종 이전의 판결에 반대되는 결정을 하여 왔다. 그 결과 헌법결정에 대한 선례구속의 효과는 그다지 크다고는 볼 수 없다 할 수 있다.[6)]

---

5) Monell v. New York Department of Social Services, 436 U.S. 658 (1978).

6) Bernet v. Colorado Oil & Gas Co., 285 U.S. 393 (1932).

7 判例法에서의 法理 形成方法 (legal reasoning process)

판례법에는 두 가지 형태로 법리가 만들어진다.[1] 여기에는 연역적 법리(deductive reasoning)와 유추적 법리(analogical reasoning)가 있다. 전자는 판례법을 법리(rules)로 간주하면서 법률과 같이 적용한다. 이에 반해 유추적 법리는 선례의 사실관계를 판결할 사건의 사실관계와 직접적으로 비교하여 적용하는 방법이다.

Ⅰ. 판례법으로부터 도출된 연역적 법리(deductive reasoning)

판례법에 사용된 연역적 법리의 적용은 법률의 적용과 같이 나타난다. 그런데, 판례법은 한 단계가 더 필요하다. 왜냐하면 우선 어떤 법리(rule)[2]가 이전의 판례법에 의하여 만들어졌는지를 결정하여야 하기 때문이다.

1. 법리(Holding or Rule of a case)의 결정

법리(rule 또는 holding)란 나중의 다른 사건에 사용될 수 있는 일반적이고

---

1) William Burnham, Introduction to the Law and Legal System of the United States(St. Paul, Minn., West Publishing Co., 2002), 63면 내지 73면.

2) 일반적으로 하나의 사건에 대한 결정 또는 하나의 사건에서 도출된 원리를 "Holding"이라 하고, 여러 사건에 의하여 일반적으로 확립된 원리를 "rule"이라고 한다. 여기에서는 이를 모두 "법리"라고 통칭하여 사용한다.

추상적인 한 개 또는 두 개의 문장을 말한다. 이러한 법리는 법리가 도출된 사건을 읽지 아니한 사람도 이해할 수 있도록 기술되어야 한다.

그런데, 이와 같이 법리라고 부르기 위하여는 우선 무엇이 법리가 되는지를 살펴볼 필요가 있다.

법리가 무엇인지와 관련하여 다음과 같은 구체적인 예를 통하여 살펴보자(이하에서는 '사례 1'이라고 한다).

갑이 자전거를 소유하고 있다. 그런데 을이 그 자전거를 훔쳤다. 그 후 을이 병에게 그 자전거를 매도하였다. 을과 병의 매매계약 및 인도시점에 병은 을에게 시장가격을 지불하였고 당해 자전거가 盜品이란 사실을 전혀 몰랐다. 나중에 갑은 병이 그 자전거를 가지고 있는 사실을 알았고 병을 상대로 소유물반환소송을 제기하였다.

이 소송에서 판사는 "비록 병이 자신은 을로부터 시장가격으로 자전거를 구입하였고 그 자전거가 盜品이란 사실을 몰랐다고 주장하나, 을이 불법적인 방법으로 자전거를 취득하여 어떠한 소유권이나 권리를 취득할 수 없기 때문에 병에게 양도할 권리가 있지 아니하다."는 이유로 소유자인 갑에게 승소판결을 하였다고 하자.

이 사건에 대한 법리는 다음과 같다. 즉, "재산이 절취되고 그러한 도품이 제3자에게 매매된 경우, 원래의 소유자는 善意의[3] 제3자에 대하여 반환을 요구할 수 있다." 이러한 법리(rule)는 이후 법률(statute)처럼 적용되는 것이다.

그런데 이러한 법리가 불법적으로 취득된 모든 재산(unlawfully-obtained property)에 적용될지는 또 다른 법리가 요구된다고 할 수 있다. 즉, 위 사례에서 을이 갑에 대하여 부도수표를 교부한 후 제3자인 병에게 자전거를 시장가격으로 매도한 경우 선의의 제3자인 병이 위 자전거를 적법하게 소유하는지에 대하여는 위 사례의 법리가 적용된다고 쉽게 단언할 수 없기 때문이다(이를 '사례 2'라고 한다). 다시 말하면, 절도의 방법과 사기의 방법이 모두 같은 평가를 받을지는 법원에서 판단할 필요가 있기 때문이다. 대부분의 법원은 이 경우 선의의 제3자인 병의 손을 들어 줄 것이다.

이러한 이유에서, 같은 평가를 받는 사실관계를 전제로 한 법리가 평가를

3) 이는 시장가격으로 당해 물건을 매수하고 그 물건이 도품이란 사실을 모른 경우를 말한다.

달리하는 사실관계에 적용하기 쉽지 아니하며, 이러한 경우에는 이전 법리를 그대로 적용할 수는 없고 다시금 당해 사건에서 결론을 만들어야 할 것이고, 이러한 결론이 이후 법리가 될 수 있는 것이다.

2. 부수적인 판사의 견해(dictum)

판사들은 판결을 위해 논거를 제공하여야 하는데, 이러한 과정에서 당해 사건을 판결할 뿐만 아니라 법을 만든다(making law)는 사실을 의식하게 된다. 그 결과, 종종 판사들은 미래의 사건을 위해 당해 판결의 영향을 설명하려고 한다.

그러나, 당해 사건의 판사들이 제시하는 모든 법적 원칙에 대한 견해가 법리로 구성되지는 아니한다. 당해 사건을 결정하는 데 있어 반드시 필요하지 아니한 견해는 나중의 사건에 대한 기속력을 가지지 아니하며, 당해 법리를 정할 때에도 무시된다. 이러한 판사들의 의견 내지 견해를 "dictum" 또는 "obiter dictum"이라고 한다.[4)]

예컨대, 위 사례 1, 2에서 "자신의 물건을 잃어버린 자는 나중에 그 물건을 주운 자에게 반환청구를 할 수 없다"는 의견이 제시된 경우, 이는 위 사례를 해결하는 데 아무런 역할을 하지 못하므로 이를 'dictum'이라고 한다. 따라서, 엄격하게 말하자면, 부수적 견해는 장래의 사건에 대한 선례로서의 가치가 없다 할 수 있다. 그러나, 대부분의 법률가들은 dictum을 무시하지 아니한다. 왜냐하면 다른 사건에 대한 법원의 견해를 미리 어느 정도 추측할 수 있기 때문이다.

3. 묵시적 법리(Implied holding)

경우에 따라서는 법원의 판결이 명시적으로 법리(holding)를 언급하지 아니하는 경우가 있으나, 이 경우에도 결과와 사실관계에 대한 법원의 판단으로부터 알 수 있는바, 이를 묵시적 법리라고 한다.

---

4) Cohens v. Virginia, 19 U.S. 264, 399 (1821).

4. 여러 사건을 종합하여 도출된 통합적 법리

특정 사건의 법리와 마찬가지로 여러 사건의 통합적 법리(synthesized rule)가 있다. 즉, 여러 사건의 판결을 종합함으로써 법률가들은 각 사건마다 공통된 법리에 이를 수 있는 것이다.

이러한 법리의 예를 들어보면 다음과 같다. 사례 1과 사례2가 존재하고, 다음의 판결을 사례 3이라고 하자. 즉, 사례 2와 같이 사기의 방법으로 을이 갑으로부터 자전거를 매수한 다음, 병에게 그 자전거를 매도하였다. 이 경우 병은 을이 갑으로부터 사기의 방법으로 매수를 하였다는 소문을 들었고 또한 시장가격보다 낮은 가격으로 그 자전거를 매수한 상황에서, 갑이 병을 상대로 소송을 제기하면, 법원은 갑에게 승소판결을 할 것이다. 이는 병이 을이 갑으로부터 불법적으로 자전거를 취득하였다는 소문을 들었고 시장가격보다 낮은 가격을 지불하였기 때문에 병은 선의가 아닌 악의(on notice)의 당사자로 보았기 때문이라고 할 수 있다.[5)]

이와 같이 사례 1, 2, 3을 종합하여 보면 다음과 같다. "소유자는 도품(stolen personal property)을 매수한 선의의 제3자로부터 소유물을 반환받을 수 있으나, 사기적 방법으로 취득한 물건(fraudulently-obtained property)에 대하여는 취득자인 제3자가 악의인 경우가 아니고서는 소유물을 반환받을 수 없다."고 종합될 수 있다. 이러한 법리를 '통합적 법리'라고 한다.

---

5) 우리 민법 제249조의 선의취득 법문은 "평온, 공연하게 동산을 양수한 자가 선의이며 과실 없이 그 동산을 점유한 경우에는 양도인이 정당한 소유자가 아닌 때에도 즉시 그 동산의 소유권을 취득한다."로 되어 있고, 제250조는 "전조의 경우에 그 동산이 盜品이나 유실물인 때에는 피해자 또는 유실자는 도난 또는 유실한 날로부터 2년 내에 그 물건의 반환을 청구할 수 있다. 그러나 도품이나 유실물이 금전인 때에는 그러하지 아니하다."로 되어 있는바, 이는 위에서 살펴본 미국의 판례법의 입장과 비슷한 내용으로 되어 있으나, 盜品과 유실물을 같이 취급하고 있는 점, 盜品과 유실물이 금전인 경우에는 예외로 하는 점 등이 다름을 알 수 있다. 이러한 우리 민법의 태도에 대하여, 선의취득제도는 거래의 안전의 보호를 진정한 권리자의 보호보다 우선시하는 정책에서 비롯되었다고 보고 盜品의 경우에는 진정한 권리자의 보호를 우선시한 결과이며 이 경우의 반환청구권의 성질은 일반 소유권이 선의취득자에게 귀속되며 이 법에 의하여 부활되는 것이라고 일반적으로 설명되고 있다(지원림, 민법강의, 제450면). 이러한 한국과 미국의 선의취득제도를 살펴보면 소유권의 주체에 대하여 그 기본적 차이를 알 수 있으며, 이러한 사항을 전제로 하여 이 책의 사례를 보면 이해하는 데 도움이 될 것으로 생각된다.

Ⅱ. 선례로부터 직접적으로 도출된 유추적 법리(analogical reasoning)

앞에서 살펴본 법률과 같은 효력을 가지는 연역적 법리는 그 사용에 있어 한계가 많다. 왜냐하면 새로운 사건에 대한 사실관계가 선례의 사실관계와 일치하지 아니하는 경우에는 연역적 법리를 적용하기가 어렵기 때문이다.

예컨대, 앞에서 본 사례 1의 법리는 사례 2의 해결에 직접적인 도움이 되지 아니한다는 데서 그 한계를 알 수 있다. 이 경우 사례 2의 판사는 유사하거나 비슷한 선례가 필요하며, 이러한 경우 유추적 법리가 요구된다.

1. 유추적 법리의 형성과정(Analogical Reasoning Process)

유추적 법리의 형성은 두 단계를 거친다. 그 첫 번째 단계는 사실관계의 점에 있어 선례와 판결대상인 당해 사건과의 유사점 및 차이점을 명확히 하는 것이며, 두 번째 단계는 관련된 중요한 법적 쟁점에 있어 당해 사건이 선례와 유사한지 아니면 다른 사건인지를 결정하는 것이다. 만약 선례가 판결대상인 당해 사건과 중요한 점에서 비슷하다면 선례가 적용될 것이고, 중요한 점에서 차이가 있으면 적용되지 아니할 것이다.

그런데, 이러한 유추적 법리에서 가장 중요한 것은 유사성(similarities)과 차이점(differences)의 중요성을 평가하는 것이라 할 것이다. 이러한 중요성은 당해 사건의 사실관계와 법적 쟁점에 의하여 결정된다.

2. 본래의 판례법(common law caselaw)에 있어 사실관계의 변경에 대한 평가의 문제

판례법에 있어서의 중요한 쟁점은 거의 대부분 유사한 사건들과 원칙들을 검토하면 알 수 있다. 이를 위하여 앞의 사례인 1, 2, 3을 통하여 살펴보고자 한다.

법원은 사례 1에 대하여 판결을 하였다. 법원은 사례 1에서 진정한 소유자를 보호하고 있는데 이는 소유권의 보호는 사회의 안정을 위해서도 유익하며 더 강한 보호가 소유자로 하여금 그들의 재산을 투자하고 유지하도록 고무시키는 점을 고려한 것으로 보인다. 한편, 거래안전의 보호(free commerce in goods)도 사회에서 중요한 요소이며, 무엇보다 선의의 제3자가 불의타를 받게 되는 것은 불합리할 수도 있다. 그럼에도 법원은 사례 1에서 소유권의 보호와 절도범에게 불리하도록 하고자 하는 명분에 의하여 제3자에게 이러한 위험을 부담시켰음을 알 수 있다.

사례 2는 사례 1과 다르다. 이는 소유자가 자신을 절도의 경우보다 사기의 경우에 더 보호할 수 있기 때문이다. 소유자는 매수자의 대금 제시에 대하여 확인을 요구함으로써 사기를 방지할 수 있으나, 절도는 예상치 못한 시간과 방법으로 일어난다. 동시에 제3자는 절도보다 사기의 경우에 더 보호받기가 힘들다 할 것이다. 이는 사기에 의하여 취득한 매수인이 제3자에게 매도를 하는 경우 제3자는 소유권을 확인하기가 더 어렵기 때문이다. 즉, 이러한 거래의 경우 소유자가 작성한 영수증이나 서명된 계약서에 의한 적법한 거래(bona fide)라는 外觀(outward appearance)을 가지고 있기 때문이다.

이러한 관점에서, 법원은 사례 2에서 제3자의 손을 들어주었다. 이는 절도에 의해서는 어떤 소유권이나 권리도 양도되지 아니하지만 사기에 의한 거래에서는 정상적인 거래의 요소가 모두 포함되어 있으므로, 사기행위를 한 매수인(defrauding party)은 취소가능한 소유권(voidable title)을 취득한 것으로 볼 수 있기 때문이다. 따라서 소유자는 사기행위를 한 매수인을 상대로 하여 소유권에 기한 소유물반환소송을 제기할 수 있으나, 만약 매수인의 소유권이 무효로 확정되기 전에 당해 목적물이 선의의 제3자에게 다시 매매되면 당해 목적물의 소유권이 선의의 제3자에게 이전되어 소유자는 제3자로부터 반환청구를 할 수 없게 된다.

사례 3을 보면, 제3자가 선의가 아닌 악의라는 점 외에는 사례 2와 유사하다. 그 결과 사례 2에서의 사실관계의 관점에서는 이러한 점이 중요한 차이점이라 할 수 있다.

이와 같이 사실관계의 변화에 따라 법리도 달리 하는 것을 알 수 있다. 이러한 법리에서 다음의 법리가 유추된다. 즉, 사례 1에서는 법원은 절도범에게 더 불리하여야 한다는 정책에 따라 소유자를 보호한다는 점을, 사례 2에서도 소유자는 사기행위를 한 매수인 내지 취득자에 대하여 소유물반환청구를 할 수 있으며, 사례 3에서는 제3자도 선의가 아닌 경우에는 사례 2의 사기행위를 한 매수인과 같은 지위에 있으므로 당해 거래에서 이익을 취하지 못한다는 점이다.

3. 연역적 법리와 유추적 법리의 선택

연역적 법리와 유추적 법리의 선택은 판사의 견해를 포함하여 여러 가지 요소에 달려 있다.

일반적으로 법률과 같은 연역적 법리는 쉬운 사건을 판결하는 데 유용하다. 즉, 이는 문제가 간단하거나 명확하기 때문에 선례의 사실관계의 분석이 필요하지 아니하기 때문이다.

그러나, 어려운 사건의 경우 먼저 연역적 법리부터 검토하지만 결국은 불일치점이 발견되거나 당해 법리의 적용가부에 대한 문제가 발생한다. 이렇게 문제가 발생되면 대개 유추적 법리의 방법이 필요하게 된다.

Ⅲ. 해석 판례법(Caselaw interpreting statutes)에서의 법리

1. 해석 판례법에 있어서의 연역적 법리와 유추적 법리

법원이 법률을 적용하여야 하는 경우, 법원은 법률의 문언과 해석에 도움이 되는 보조근거를 검토한다. 또한 이 경우 법원은 선례가 되는 해석 판례법을 고려한다. 이러한 법리는 해석해야 하는 법률의 '구체적 법리'(sub-rules)[6]의 역할을 하게 되며, 쉬운 사건에 있어서는 연역적 법리로서 사용될 수 있다.

예컨대, 한국법 중 폭력행위등처벌에관한법률 제3조 제1항은 "위험한 물건"을 휴대하여 폭행 내지 상해죄를 범한 경우를 형법의 폭행죄 내지 상해죄보다 가중하여 처벌하고 있는데, 만약 자동차 운전을 하고 있는 피고인이 교통

6) 이는 법률이 존재하고 그 법률의 법문 중 해석이 필요하여 법원에 의하여 해석이 이루어지고 이것이 판례로서 기능을 하는 경우를 "sub-rules"라고 하는데, 이는 본래의 판례법이 아닌 해석 판례법의 법리를 적용하는 경우에 사용되는 용어라고 할 수 있고, 본서에서는 "하부 법리" 또는 "구체적 법리"가 모두 가능하며 그 중 세부적 내용을 의미하는 구체적 법리라고 호칭하는 것이 적절한 것으로 판단되어 이렇게 표현하였다.

경찰에 의하여 교통위반을 이유로 정차하고 있던 중 자신의 차로 경찰을 치기 위하여 시도한 경우가 있다고 전제해 보자.

만약 이미 자동차는 위험한 물건에 해당하지 아니한다는 법리가 존재하는 경우에는 이러한 법리는 법률에서 정의하고 있는 개념과 같은 효력을 지닌다 할 것이다.

법원은 해석 판례법을 본래의 판례법과 같은 방법(즉, 연역적 법리와 유추적 법리)으로 사용한다. 만약 위 사례와 관련하여 위험한 물건이 사람을 살해하기 위해 사용되는 경우로 한정되는 의미의 판례법이라면 위 사례의 사건은 쉽게 해결될 수 있고 이 경우에는 유추적 법리에 대한 검토 필요 없이 연역적 법리로서 위 법리가 적용될 수 있을 것이다. 그러나, 위 사례에서의 쟁점에 대한 적합한 선례인 구체적 법리가 존재하지 아니하는 경우에는 법원은 유추적 법리를 적용하게 된다. 즉, 원래의 용도가 위험한 물건이 아니지만 그러한 용도로 사용될 수 있는 도구 내지 수단을 이용하여 범한 폭행죄 내지 상해죄가 성립된 판례가 다수 있을 수 있는데, 이러한 판례와 위 사례 중 사실관계의 관점과 법적 쟁점을 비교하여 검토하는 유추적 법리가 사용될 수 있다.

2. 해석 판례법에 있어서의 사실관계의 차이

본래의 판례법(common law caselaw)에서의 유추적 법리와 해석 판례법(statutory caselaw)에서의 유추적 법리 사이의 중요한 차이점은 이전의 판례와 당해 사건 간의 사실관계의 차이점과 유사점의 중요성 여부를 평가하여야 할 때 나타난다.

본래의 판례법에서는 중요성 검토가 이전의 사건이나 common law에서 제시된 원칙(principles)에 의하여 이루어진다. 이에 반해, 해석 판례법에 있어서의 중요성 검토는 입법부에 의해 정해진 기준(criteria)에 의하여 제한되며, 이러한 입법적 기준은 보통 법문의 언어, 입법목적, 입법역사 등 입법정책을 검토함으로써 알 수 있다.

한편, 법률해석에 있어 유추적 법리를 적용함에 있어서는 실제의 선례가 아닌 의제된 또는 가상의 판례(Ghost Precedents)를 사용하기도 한다. 이러한 가상의 선례는 해석판례법의 유추적 법리에서도 유용한데, 이는 법안의 제안자들이 입법의 목적을 설명하기 위한 예로서 가상의 선례를 만들기 때문이다.

8 1차적 法源과 2차적 法源[1)]

1) 이와 관련하여 미국의 Blue Book에서는 다음과 같이 기술하고 있다.

1. 헌법(constitution)
   (1) 연방(Federal)
   (2) 주(State)
2. 법률(statute)
   (1) 연방
      1) U.S.C., U.S.C.A., U.S.C.S.에 있는 법률
         a) 공식적인 연방법전: U.S.C.(United States Code)
            Ex) 26 U.S.C. §61(1994)으로 표현하고 있다.
            이에 대한 예외로는 IRC이며, 이는 IRC §61(1994)으로 표현된다.
         b) 비공식적인 연방법전: U.S.C.A.(United States Code Annotated), U.S.C.S.(United States Code Service)
      2) U.S.C., U.S.C.A., U.S.C.S.에 수록되어 있지 않으나 효력이 있는 법률
      3) 증거나 절차에 관한 규칙(rule)
         Fed. R. Civ. p.11
         Fed. R. Crim. p.42
         Fed. R. Evid. 410
      4) 폐지된 법률(repealed statute)
   (2) 주
      1) 법전화(codification)되어 있는 법률
      2) 법전화되어 있지는 않으나 효력이 있는 법률
      3) 증거나 절차에 관한 규칙
      4) 폐지된 법률
3. 조약(treaties and other international agreement)
4. 판례(cases)

(1) 연방

1) 대법원(supreme court)

2) 고등법원(courts of appeals)

3) 지방법원(district courts)

4) 재판권조정위원회(judicial panel on multidistrict litigation), 철도재편법원(railroad reorganization court)

5) 특별법원: Court of Federal Claims, Court of Appeals for the armed forces, Tax Court

6) 행정위원회(administrative agency)

(2) 주

1) 심급별 각 주법원

2) 행정위원회

5. 입법자료(legislative materials)

(1) 법률안(Bills and Resolutions)

1) Unenacted Federal Bills and Resolutions

Ex) S. 516, 105th Cong. §2 (1997)

H.R. 422, 106th Cong. (1999)

2) 법률이 된 법률안(Enacted Federal Bills and Resolutions)

Ex) S. Res. 106th, Cong. (1997) (enacted)

H.R. Cong. Res. 196, 106th Cong. (1999) (enacted)

(2) committee hearings

(3) reports, documents,

(4) floor debates

6. 행정자료(administrative and executive materials)

행정자료에는 연방규칙(federal rule)과 명령(regulations)이 포함되는데 이에 대한 예외가 있다(treasury department, adjudication and arbitrations, advisory opinions, federal taxation materials, sec materials, presidential paper and executive orders, court administrative orders, patents)

(1) 연방

1) 행정명령(executive orders)

연방규칙과 명령은 treasury materials인 경우를 제외하고는 CFR(Code of Federal Regulations: 이는 연방공보에 수록된 연방행정규칙모음집을 말한다)에 수록된다[Ex) FCC Broadcast Radio Service, 47 CFR §73.609(1999)]. 한편, CFR에 수록되기 전에는 Fed. Reg.(Federal Register: 이는 연방행정기관의 규칙이 공포되는 일일 간행물(daily publication), 즉 연방공보를 말한다)에 수록된다[Ex) Importation of Fruits and Vegetables, 60 Fed. Reg. 50,379,50, 381(sept. 29.1995) (to be codified at 7 CFR pt 300)].

2) 재무부 규칙(treasury regulation)

Ex) Treas. Reg. §1.72-16(a)(1963)

1. 1차적 법원2)

(2) 주

7. 국제기구의 결의(resolution), 결정(decision), 규칙(regulation)
8. 소송기록(records), 준비서면(brief), 신청서(petitions)
9. 2차적 자료(secondary materials)

(1) Model Code, Restatement

이는 Model Bus. Corp. Act §57(1979) 또는 Restatement(third) of Unfair Competition §3(1995)으로 표현된다.

(2) books, pamphlets

(3) works in journals

(4) book review not written by student

(5) student-written law review

(6) annotations

(7) magazine, newspaper articles

2) law, statute, act, bill의 관계

(1) law: 이는 ① 법률, 판례법, 행정규칙 등을 말하거나(즉, 제정법과 판례법을 모두 포함한다) ② 법률(statute)만을 말한다. 한편, 대륙법계에서는 사법부가 law를 형성할 수 없으므로 판례법이 인정되지 아니하며(즉, law가 아닌 것이다), 행정부의 내부규칙 역시 원칙적으로 law에 해당하지 않는다.

(2) statute: 이는 의회에서 제정한 법률을 말한다(그런데, 이는 개별법률 명칭으로는 사용되지 않는다).

(3) act: 이는 statute의 효력을 가지며, 일반적으로 영미법에서 법률명으로 사용된다(다만, 경우에 따라서는 act를 붙이지 아니한 법률명도 있다(예컨대, Title 20 U.S.C. 등). 한편 대륙법계에서는 법률명을 act가 아닌 law의 표현을 사용한다. 예컨대, 제정법과 관련하여, 미국에서는 patriot act로, 한국에서는 civil procedure law로 표현한다. 그런데 미국에서도 common law의 경우에는 contract law, property law 등으로 표현되고 있다.

요컨대, 미국법에서는 제정법의 경우에는 대부분 각 법률명 끝에 act를, common law의 경우에는 끝에 law를 법률명으로 붙이고 있다.

(4) bill: 법률이 되기 전의 법률안을 말한다.

(5) code: 이는 ① 현재의 statute의 모음집(즉, 법전)뿐만 아니라 ②불문법(unwritten law)의 모음집을 말한다.

(6) rule: 이는 ① 의회가 아닌 사법부에서 소송절차에 대하여 입안하고 의회의 승인을 얻은 규칙 또는 ② 위원회의 내부절차를 규율하는 규칙을 말하는데, 이는 법률과 동일한 효력을 가지고 있다(예컨대, federal rule of civil procedure, FTC credit practices rule 등).

(7) regulation: 이는 연방정부 또는 주정부에서 제정하는 규칙을 말하고 이 역시 법률과 동일한 효력을 가지며(treasury regulation 등), 이 중에서 연방 regulation 모음집은 code of federal regulation(C.F.R.)로 불린다. 이러한 regulation은 rule과 함께 '규칙'으로 표현

여기에는 caselaw와 enacted law가 이에 해당된다.

우선, caselaw에 대하여 보면, 연방대법원의 견해는 (ⅰ) 공식적인 공보인 U.S. Reports(U.S.), (ⅱ) West Publishing에서 발간하는 Supreme Court Reporter (S.Ct.), (ⅲ) Lawyer Cooperative Publishing Company에 의해 발간되는 Lawyer's Edition(L. Ed.)의 세 가지 방법으로 발간된다. 그리고 연방고등법원의 판례의 경우에는 연방법원 공보로 발간되는데 연방고등법원 판례 2집은 Federal Reporter, Second Series(F. 2d)로 표현된다.

다음으로, enacted law[3]에 대하여 보면, 여기에는 연방헌법, 법률, 규칙과 주 헌법, 법률, 규칙 등이 해당된다. 연방법률은 일반적으로 U.S. Code(U.S.C.)에 포함된다.

2. 2차적 법원[4]

이는 1차적 법원을 보충하는 데 사용되어지며, 단지 설득적 근거(persuasive authority)만을 가지므로 법원이 이를 사용하는 경우 그 범위 안에서 법원에 대하여 영향력을 미칠 뿐이라 할 것이다.

여기에는 논문, 교과서(hornbooks), 주 법무장관의견(OAG), common law 편집서(restatement of the law[5]), 법률잡지(law review), 법률백과사전(legal encyclopedias) 등이 있다.

될 수 있다.

3) 이와 관련하여 조문형식을 보면 다음과 같다. 우선, 한국법에서는 거의 대부분 "제1편, 제1장, 제1절, 제1조, 제1항, 제1호, 제1목"으로 표현이 이루어지고 있다. 이에 반해 미국법에서는, 다음에서 보는 바와 같이 법률마다 그 표현을 달리하고 있음을 알 수 있다. 즉, 미국헌법의 경우, article 1, section 1으로만 표현하고 있고, 미국법원조직 및 사법절차법은 part 1, chapter 1, section 1, (a), (1), (A), (ⅰ)로 표현하고 있으며, 미국연방민사소송규칙에서는 Ⅰ, Rule 1, (a), (1), (A)로 표현하고 있다. 이처럼 미국법에서는 법률마다 조문의 표현방법을 달리하고 있기 때문에 이를 우리말로 표현하는 경우에는 우리법의 조문형식에 따라 적절하게 표현하면 될 것으로 생각된다. 따라서 "article"을 반드시 "제○조"로 표현하는 것이 타당하다고는 할 수 없다고 할 것이다.

4) 정확히 표현하자면 이는 法源은 아니라고 할 것이나, 일차적 법원을 보조한다는 의미에서 이렇게 표현하였다.

5) 여기에는 torts, contracts, property, conflicts of law 등이 있다.

제3편 當事者主義制度와 陪審裁判

(The Adversary System* and Jury Trials)

* 이는 "adversary system"을 표현한 것으로 영미법국가에서 사용되는 제도인데, 이와 반대되는 제도가 "inquisitorial system"이며 이는 "판사중심 재판제도" 내지 "직권주의"라고 표현할 수 있으며 대륙법계 국가에서 주로 사용된다.

사실상 미국의 사법제도는 adversary system과 jury trial이 가장 큰 특징이라고 할 수 있는데, 이는 판사중심의 사법제도인 inquisitorial system과 달리 소송당사자들이 소송의 중심이 되며 이를 판정하는 역할 역시 당사자들이 선정한 배심원이라는 점이 대륙법계의 특징인 판사중심의 재판진행과 본질적으로 대비된다 할 수 있다.[1)]

Adversary system은 특히 형사소송에서[2)] 당사자가 동등한 조건에서 유무죄가 결정되어야 한다는 것이므로 이러한 동등한 조건의 한 표현인 미국 수정헌법 제5조의 right against self-incrimination규정과 함께 공판에서 검찰에 의한 피고인신문제도를 인정하지 아니한다.[3)] 즉, 반대당사자인 검찰에 의하여 피고인에 대한 신문이 인정된다는 것은 곧 소송의 한 당사자인 피고인과 반대당사자인 검사 사이에 대등한 입장에서 피고인의 유무죄 여부를 다툴 수 없게 된다는 점에서 당사자중심주의제도와 이를 구현하는 헌법규정인 right against self-incrimination에 의하여 인정되지 아니하는 것이다.[4)]

그렇다면 형사소송에서 당사자주의가 인정되고 한국헌법 제12조 제2항에 自己負罪禁止의 原則이 인정되고 있는 한국에서는 어떠한지를 살펴보자.

현재 한국에서는 형사소송에서 당사자주의가 인정되며, 헌법 제12조 제2항의 자기부죄금지의 원칙에 의하여 진술거부권이 인정된다고 하면서 이러한 진술거부권은 피고인의 인권을 보장하고 당사자주의의 전제인 무기대등의 원칙을 실질적으로 실현하기 위하여 인정되는 것[5)]이라고 보면서 형사재판에서

1) 현재 한국에서는 형사소송구조를 설명함에 있어 규문주의 소송구조와 탄핵주의 소송구조로 대별한 후 탄핵주의 소송구조는 다시 당사자주의와 직권주의로 구분하고 있다[이재상, 형사소송법(2006), 제38면 내지 46면]. 이 경우 직권주의란 법원에 소송의 주도권을 인정하여 법원의 직권에 의해서 주로 심리를 행하는 주의를 말하며, 이에 반해 당사자주의란 소송당사자에게 소송의 주도권을 인정하여 당사자의 공격방어를 중심으로 심리가 진행되고 법원은 제3자적 입장에서 양당사자의 주장과 입증을 판단하는 주의를 말한다고 보면서, 소송의 주도권이 당사자에게 있느냐 법원에 있느냐를 기준으로 당사자주의와 직권주의가 구분하며, 당사자대등주의는 당사자주의에 대한 전제적 기초적 원리에 해당한다고 본다[백형구, 형사소송법강의(1997), 22면 내지 23면].

2) 민사소송의 경우 영미법계인 미국이나 대륙법계인 한국 모두 당사자주의의 태도를 취하고 있다.

3) Bram v. U.S., 168 U.S. 532 (1897).

4) William Burnham, Introduction to the Law and Legal System of the United States(St. Paul, Minn., West Publishing Co., 2002), 84면 내지 85면.

반대당사자인 검사는 피고인에 대하여 당연히 신문을 할 수 있고(형사소송법 제287조), 다만 자신에게 각개의 신문에 대하여 진술을 거부할 수 있는 것(형사소송법 제289조)[6]으로 위 헌법규정을 해석하고 있다.

그러나, 한국의 법학자의 해석과 형사소송법의 위 규정은 한국 헌법 제12조 제2항을 너무 좁게 해석한 결과가 아닌가 생각된다. 왜냐하면, 한국에서도 한국헌법 제12조 제2항에 규정되어 있는 自己負罪禁止의 原則과 형사소송의 기본구조에서 당사자주의가 원칙이라고 본다면 被告人에 대한 訊問制度 자체가 인정되지 아니하는 것이 논리적이라 할 수 있기 때문이다.[7]

---

5) 권영성, 헌법학원론(2006), 438면.

6) 이에 대하여 한국의 형사소송에서의 피고인신문제도를 직권주의적 요소라고 보는 견해가 있다[이재상, 형사소송법(2005), 40면 내지 46면]. 그러나 직권주의는 원칙적으로 판사에 의한 피고인신문이 인정되는 것을 의미한다는 점에서 위와 같은 견해가 적절한지는 의문이 든다. 왜냐하면 검사에게 피고인에 대한 신문을 인정하는 것은 검사를 단순한 당사자의 지위를 넘어 판단자의 지위까지 부여하는 것이라는 점에서 판사중심의 소송제도인 직권주의라는 표현이 적합하지 아니하기 때문이다. 무엇보다 검사에 의한 피고인에 대한 신문을 인정한다는 것은 원칙적으로 당사자주의, 특히 무기대등의 원칙에 본질적으로 반한다는 것을 의미하기 때문에 자백중심의 재판을 배제하기 위해서라도 검사에 의한 피고인신문제도는 인정되어서는 아니 될 것이다. 개정 형사소송법에서도 많은 제도를 새로이 도입하거나 변경하였으나 검사에 의한 피고인신문제도를 여전히 인정하고 있다는 점에서 당사자주의 및 무기대등원칙, 증거재판주의를 역행하고 있다는 비판이 제기될 수 있다. 한편, 일부에서는 피고인신문제도에서 검사에게 피고인신문권을 인정하는 한편 피고인에게 진술거부권을 인정하고 있다는 점에서 무기대등의 원칙 또는 당사자대등주의가 실현된 것이라고 보는 견해[백형구, 형사소송법강의(1997), 28면]가 있는바, 이 견해 역시 반대당사자에 불과한 검사에게 피고인에 대한 신문권을 인정하는 것 자체가 이미 당사자주의 및 자기부죄금지의 원칙에 반한다는 점을 간과한 것이 아닌가 생각된다.

7) 이에 대하여 한국에서는 공판심리의 핵심적 절차인 피고인신문, 증인신문에 관하여 당사자에게 주도적 신문권을 인정하고 법원에 보충신문권을 인정하고 있다는 점 등에 기초하여 한국의 형사소송구조는 기본적으로 당사자주의의 입장에 있다고 보면서 피고인에 대하여 검사와 변호인이 먼저 신문하고 법원이 그 후에 보충신문을 하는 당사자주의적 방식을 취하고 있다고 보는 견해가 있다[백형구, 형사소송법강의(1997), 25면 내지 26면]. 그러나 앞에서도 이미 본 바와 같이 피고인이 당사자이지 변호인이 당사자가 아니라는 점, 피고인이 당사자라면 반대당사자인 검사가 피고인에게 신문을 할 권한을 가지는 것은 피고인 역시 검사에 대한 신문권을 가지지 아니하는 한, 당사자대립주의와 양립되지 아니하는 점 등을 고려하여 보면, 위 견해는 쉽게 납득되지 아니한다. 결국, 피고인을 소송의 주체로서 그리고 당사자로서 인정하고 자기부죄금지의 원칙의 본질적 의미를 고려한다면, 형사소송법에 규정되어 있는 검사에 의한 피고인신문제도를 폐지하는 것이 상당하다 할 것이다. 이러한 제도변경은 결국 한국의 형사소송절차가 실질적인 증거재판주의로 나아가

즉, 위 미국수정헌법 제5조는 “누구든지 형사사건에 있어서 자기의 증인(a witness against himself)이 되는 것을 강요받지 아니한다.”고 규정하고 있는데. 이는 수사단계뿐만 아니라 공판단계에서 피고인이 반대당사자인 검사에 의하여 신문을 받지 아니한다는 의미이다. 이를 달리 말하면, 피고인이 반대당사자인 검사의 심문대상이 된다는 것은 소송의 당사자가 아니라는 결과가 발생하므로[8] 당사자주의제도와 이를 실현하는 위 자기부죄금지의 원칙에 의하여 피고인신문제도가 인정되지 아니하는 것이다.[9]

요컨대, 미국에서는 미국수정헌법 제5조의 당사자주의제도와 자기부죄금지의 원칙[10]에 의하여 형사재판에서 피고인신문이 인정되지 아니하는 것이고 또한 대립당사자라는 점에서 검사와 동등한 조건으로 법정의 좌석이 배치되어

는 중요한 시금석이 될 것이라 생각된다.

8) 즉, 당사자주의제도에서 반대당사자인 검사에 의한 피고인신문이 인정된다면 마찬가지로 피고인에 의한 검사에 대한 신문이 인정되어야 대등한 당사자라 할 수 있다는 점에서, 당사자인 검사가 반대당사자인 피고인을 신문할 수 있다는 것은 위 제도의 기본전제에 반한다는 사실을 알 수 있다.

9) 한편 한국에서는 피고인이 증인적격이 있는지와 관련하여, 피고인이 당사자의 지위에 있는 점과 피고인을 증인으로 하여 증언의무를 과하는 것은 피고인에게 보장된 진술거부권을 무의미하게 한다는 점에 비추어 피고인은 증인이 될 수 없다[이재상, 형사소송법(2006), 420면]고 보고 있으나, 이러한 견해는 우선 당사자 지위의 개념을 오해한 결과에서 나타나는 해석이라는 점(즉, 피고인이 소송의 당사자라면 본 편에서 살펴본 바와 같이 반대당사자인 검사에게 신문을 받아야 하는 의무를 가지지 아니하여야 할 것이며, 오히려 피고인이 당사자의 지위를 가진다는 점에서 제3자의 지위인 증인이 되어 당해 사실관계를 진술하는 것은 증거재판주의의 원칙에도 어긋나지 아니한다 할 것이다) 및 피고인에게 증인이 되어야 할 의무가 있는 것이 아니며 자신의 자유의사로서 당사자의 지위를 그 순간 포기하고 증인이 되어 증언의무를 부담하게 된 것은 스스로 진술거부권을 포기한 것에 불과하며, 나아가 한국헌법 제12조 제2항에 의하여 진술거부권 역시 증인에게도 인정된다는 점 등에서 비추어 보면 위 주장의 타당성이 인정되기 어렵지 않나 사료된다. 그 결과, 한국에서 피고인의 증인적격문제는 사실상 의미 없는 논쟁이라 할 수 있을 것이다. 왜냐하면 피고인은 검사와 변호인의 신문대상이 되기 때문에 또 다시 법정에서 진술을 하기 위하여 증인이 될 필요성이 없기 때문이다. 이와 반대로 미국에서는 피고인이 당사자의 지위에 있어 검사나 변호인의 신문의 대상이 되지 아니하므로 자신의 자유로운 선택에 의하여 법정에서 진술을 하고자 하는 경우에는 당사자가 아닌 제3자인 증인이 되어 사실관계를 진술할 수 있다는 점에서 한국과 상당한 차이가 있음을 발견할 수 있을 것이다.

10) 한편 이러한 자기부죄금지의 원칙과 무죄추정의 원칙에 의하여 형사재판에서의 입증책임이 피고인의 반대당사자인 검사에게 있는 것이다.

있다.[11)]

이러한 점에서 adversary system과 다음에서 보는 jury trial은 단순히 형사소송에서만 문제되는 것이 아닌 미국의 사법제도의 주요 특징이기에, 이 편에서는 이에 대하여 자세히 살펴보기로 한다.

11) 한국의 경우 현재의 형사재판에서의 법정은 피고인이 당사자라기보다는 신문의 대상이로서 검사와 변호인 사이에 판사와 마주보게 되어 있으며, 2008. 1. 1.부터 시행되는 개정 형사소송법에서도 피고인의 좌석을 변호인 옆으로 하고 있으면서도 필요시에는 검사의 신문을 위하여 증인석인 판사와 마주보는 좌석에 앉을 것이 요구하고 있는바, 이러한 좌석의 배치를 기준으로 살펴보면, 한국에서의 형사피고인은 여전히 대립당사자가 아닌 종속적 지위에 불과하며 언제든지 증인과 동등한 조건으로 반대당사자인 검사의 신문을 당연히 받도록 하고 있다는 점에서 여전히 한국의 형사재판에서는 소송구조를 당사자중심주의제도가 기본이 된다고 보기 어렵다 할 것이고 나아가 헌법 제12조 제2항의 자기부죄금지의 원칙에도 어긋난 소송형태를 가지고 있음을 알 수 있다. 이와 관련하여, 2007. 12. 13.자 법률신문의 한 기고문을 보면, "공판정에서 피고인을 신문하는 것은 피고인신문이지 증인신문이 아니라는 점, 피고인을 변호인 옆에 앉아 있는 상태에서 신문한다고 해서 피고인의 지위가 소송의 주체에서 소송의 객체로 떨어지지 아니한다는 점, 피고인이 여러 명인 경우에는 번잡해진다는 점 등을 고려해 보면 공판정에서 피고인을 신문하는 경우 피고인을 증인석으로 옮겨 앉을 필요가 없다고 본다."는 취지로 주장하는 견해가 있는데, 이는 어쩌면 개정 형사소송법이 본질적 접근 없이 형식적인 변화만을 꾀하는 측면을 날카롭게 지적한 점에서는 본서와 의견을 같이 하지만, 앞에서 기술한 바와 같이 피고인이 반대당사자인 검사의 신문에 반드시 응해야 한다는 점이 과연 당사자로서의 지위 내지 소송의 주체로서의 지위가 인정되는 피고인에게 허용될 수 있는 것인가에 대한 본질적인 고려가 이루어지지 아니하였다는 점에서 본서와 견해를 달리 한다 할 것이다.

1 當事者主義制度[1)]

Ⅰ. 당사자주의제도의 이론적 근거와 특징

당사자주의의 주요 특징은 (ⅰ) 판단자가 중립적이고 소극적이어야 하며, (ⅱ) 당사자들이 판결의 기초가 되는 주장과 증거를 제시하고 밝혀야 하며, (ⅲ) 절차가 집중되어야 하고 당사자들에 의하여 현출된 반대되는 증거와 주장의 대립이 강조되며, (ⅳ) 당사자들은 판단자에게 사건을 주장하고 증거를 제시할 동등한 기회를 가져야 한다는 것 등이다.

이러한 내용을 다음에서 구체적으로 살펴보자.

1. 소극적인 판단자의 필요성

당사자주의의 가장 기본적인 원칙은 증거를 수집하고 조사하는 적극적인 기능과 증거를 판단하고 사건을 결정하는 소극적 기능의 엄격한 분리에 있다. 이러한 분리 원칙의 필요성의 배경이론은 전자의 기능이 후자를 필연적으로 오염시킬 것이라는 우려에서 비롯되었다. 즉, 증거를 수집하는 판단자는 사건에 있어 적극적인 조사를 하게 되면 공평성을 잃게 될 수 있기 때문이다.

이와 같은 입장의 배경은 사건에 대해 완전히 파악하지 못하였음에도 친

---

1) William Burnham, Introduction to the Law and Legal System of the United States(St. Paul, Minn., West Publishing Co., 2002), 80면 내지 85면.

숙함에 의하여 너무 쉽게 판단을 하는 일반적인 인간의 성향 때문이라고 할 수 있을 것이다.

한편, 소극적인 판단자라 하더라도 증거의 수집과 조사가 완전히 끝나기 전에 증거에 대한 판단을 모두 마칠 수 있다. 그 결과, 소극적 기능을 하는 판단자도 이러한 경향을 가질 수 있다는 점에서 적극적인 기능을 하는 판단자의 경우에는 이러한 문제를 거의 피하기 어렵다 할 것이다.

따라서 당사자주의는 판단자의 기능이 소극적일 것을 요구하는 제도라고 할 수 있다.

2. 당사자에 의한 주장과 증거의 현출

Adversary system의 요소인 증거수집자와 판단자의 분리원칙에 따라 증거의 수집책임은 당사자에게 있다.

이러한 당사자의 증거제출책임은 다음과 같은 이점이 있다.

첫째, 당사자 증거제출주의는 판단자에게 유용한 많은 정보를 제공한다는 장점이 있다. 왜냐하면, 사건에서 이기기 위하여는 당사자가 아는 많은 증거를 현출하여야 필요가 있기 때문이다. 또한 당사자는 자기 사건의 유일한 조사자이므로 자신의 사건을 위해 최선을 다하기 때문이다.

둘째, 당사자 증거제출주의는 공정성을 촉진한다. 즉, 만약 판단자가 증거를 수집하고 제출하게 되면, 판단자가 이미 예단을 갖고 있다는 외관을 형성시킬 수 있다.

이러한 이유로 Adversary system은 증거의 조사와 현출책임을 당사자에게 부여하고 있다.

3. 반대당사자 주장의 대립을 유도하고 유지하는 소송구조

당사자의 반대견해의 제시는 앞서 살펴본 바와 같이 일반인이 가지는 예단을 사전에 방지하는 중요한 기능을 한다. 이러한 기능을 '중지기능(suspending effect)'이라 하며, 이는 예단을 차단하는 효과를 가져온다 할 수 있다.

이러한 기능의 제도적 표현으로서, 증인에 대한 교호신문제도를 들 수 있다.

또한 증거의 충돌 역시 주요특징이라 할 수 있다. 이는 주로 간접적인 (mediate) 서면에 의한 주장보다는 직접적인(immediate) 구두에 의한 주장에 의하여 이루어지기 쉽다.

미국의 증거법은 일반적으로 서면증거와 전문증거를 배제하고 있기 때문에, 원진술자가 법원에 와서 증언할 것을 요구한다. 그 결과 전문증거는 원본진술증거[2)]만큼 신용성이 없기 때문에 대부분 배제되며, 또한 당사자 사이의 직접적인 대립을 위하여도 필요하다 할 것이다. 나아가 전문증거는 전문증거를 진술하는 자가 반대신문에 의하여 직접적인 대면이 이루어진 것이 아니므로 배제된다. 즉, 반대신문권의 보장이 이루어지지 아니한 진술이라는 점이 그 배제의 근거가 된다 할 것이다.

또한 당사자주의의 직접성은 증인의 진술 내용뿐만 아니라 증인의 진술태도에서도 강조된다. 즉, 증인의 증인석에서의 태도 역시 신빙성의 자료로 고려되는 것이다.

한편, 반대의견의 대립은 계속적이고 집중된 재판에 의하여 명확해진다. 모든 증거가 준비되고 관련자들(판사, 양 당사자, 배심원, 변호사, 증인)이 모두 한 장소에 모여야 하는 것이다. 이러한 재판이 일정기간 내에 계속적으로 이루어지지 아니하면 당사자간의 대립은 크게 줄어들게 되는 것이다.[3)]

4. 당사자에게 동등한 기회를 부여하는 소송구조

무기대등의 원칙(equality of forensic arms)은 당사자주의의 핵심요소라 할 수 있다. 이는 영미법계에 있어 민사소송과 형사소송 모두 적용된다. 형사소송에 있어 검찰은 피고인측과 같은 종류의 같은 높이의 책상을 사용하며, 피고인의 변호인과 같이 일반적인 양복을 입는다.[4)] 즉, 검사가 법정 외에서는 어떤 특권

---

2) 이는 "first-hand oral evidence"를 표현한 것인데, 일반적으로 진술증거에는 원본증거와 전문증거로 나뉜다는 점(이재상, 형사소송법, 449면)을 고려하여 이와 같이 표현하였다.

3) 이처럼 당사자주의는 당사자간의 대립을 통하여 실체진실발견에 접근하는 방법이라 할 수 있기에, 전문증거의 배제, 증인신문의 교호신문제도, 구두진술주의, 공판중심주의, 집중심리주의 등에 의하여 구현된다 할 수 있다.

4) 현재 한국의 형사재판을 보면 검사는 판사와 같이 법복을 입고 있고 변호인은 일반 정장을 입고 있는 점에서 당사자주의의 모습과 거리가 멀다고 볼 수 있으며 또한 앞서 본 바와 같이 피고인의 좌석이 검사와 대등하지 아니함을 알 수 있다.

을 향유한다 하더라도[5] 일단 형사재판의 법정에서는 그러한 특권은 모두 인정되지 아니한다.

또한 당사자주의에서는 증거제출에 대한 판사의 재량권을 축소시킨 것이 특징이라 할 수 있다. 이러한 판사의 재량권 제한의 이유는 증거의 제출과 관련하여 예단을 가질 가능성을 줄이고 증거수집의 방향을 왜곡하는 것을 방지하기 위해서이다. 즉, 판단자는 적극적 행위를 해서는 아니 되는 이유가 여기에 있음을 알 수 있다.

그 결과, 미국에서의 최고의 판사는 사건의 사실관계를 완전히 파악하고 있는 자가 아닌, 증거법과 절차법을 잘 알고 있고 이러한 법과 절차를 재판진행에 잘 적용하는 자를 말한다.

Ⅱ. 당사자주의제도에 대한 비판

그런데, 위와 같은 특징을 가지고 기능을 하고 있는 당사자주의제도는 지금까지 그 논쟁의 대상이 되어오고 있다. 다음에서는 당사자주의제도에 대한 이러한 논쟁을 비판론자의 입장과 옹호론자의 입장을 중심으로 살펴보고자 한다.[6]

1. 당사자주의의 비효율성

(1) 복잡성, 신속성, 효율성 이상의 가치

당사자주의에 대한 주요 비판은 신속하지 못한 점이라고 할 수 있다. 즉

5) 즉, 검사는 처분권이 인정되는 경찰의 조사결과물을 가지고 있는 반면 피고인은 그러하지 못한 것이 이에 해당한다.

6) 한국에서는, 당사자주의가 심리의 능률과 신속을 저해할 염려가 있는 점, 당사자의 이기적 입증활동이 재판의 결과를 좌우함으로써 실체적 진실의 발견이 왜곡될 염려가 있는 점, 당사자간의 소송실력상의 차이로 인해서 변호인이 없는 피고인에게는 오히려 불이익한 결과를 가져올 염려가 있는 점, 당사자주의가 미국의 기소인부제도와 같이 당사자처분주의의 경향으로 흐르게 되면 국가형벌권의 행사가 당사자의 타협을 위한 거래에 의하여 좌우됨으로써 국가형벌권의 적정한 행사를 저해할 염려가 있는 점 등을 당사자주의제도의 단점으로 언급하고 있다[백형구, 형사소송법강의(1997), 23면].

재판에 있어서는 증거에 대한 현출 및 복잡한 증거법에 기초한 이의제기, 이에 대한 판단 등과 같이 많은 시간이 걸린다. 또한 정식재판 이전의 단계에서조차 양측 당사자의 변호사들이 증거를 공개하고 분석하고 이를 어떤 방법으로 제시할 것인지에 대한 계획을 하기 위한 시간이 필요하다.

이렇게 시간이 걸린다는 점에 대하여는 부인할 수 없다. 그러나, 이러한 절차는 판단자에게 유용한 정보의 양을 증가시키는 역할을 한다. 나아가 소송의 가치에 있어 효율성이 전부는 아니라 할 것이다.

이와 관련하여, 연방대법원은 효율성보다도 헌법상의 적법절차의 보장이 시민의 인권을 보장하는 데 있어 필요한 더 중요한 가치라고 보고 있다.[7)]

(2) 당사자주의절차의 효율성

당사자주의제도에서는 당사자처분권이 소송을 활발하게 할 수 있는 권리를 부여하기도 하지만, 당사자가 소송을 하지 아니할 권리도 부여하고 있다.

많은 대륙법계 국가에 있어서는 형사소송에 있어 당사자인 피고인이 원하는지 여부와 상관없이 정식재판이 열릴 것을 요구하고 있다. 이에 반해 당사자주의제도의 국가에서는 피고인이 유죄를 인정하면 재판에 회부되지 아니한다. 미국의 경우 형사사건의 92% 정도가 유죄인정(guilty plea)으로 사건이 마무리되고 있고, 민사소송의 대부분인 불법행위소송의 75% 정도가 합의 등에 의하여 처리되고 있으며,[8)] 나아가 많은 분쟁대체제도(alternatives to judicial resolution of disputes)[9)]의 이용이 활성화되고 있다.

당사자처분권은 사건 전체에 대한 처분권(형사사건에서는 유죄인정제도, 민사사건에서는 화해 등)을 의미함과 동시에 정식재판의 주요 부분를 면제시킬 수 있음을 의미한다. 즉, 당사자들이나 양측 변호사들은 통상적으로 특정 사실에 대하여 합의를 하거나 특정 증거 또는 절차적 요건에 대한 이의권한을 포기하는 합의를 한다. 민사사건에 있어 양측 변호사들은 거의 모든 서류 또는 증거물에 대하여 증거능력을 인정하는 합의를 일반적으로 한다. 그 결과 실제 재판에서는 증거능력에 대한 근거제시의 필요성이 거의 없다.

---

7) Stanley v. Illinois, 405 U.S. 645 (1972).

8) Bureau of Justice Statistics, U.S. Dept. of Justice.

9) 여기에는, arbitration(기속적 중재), mediation(비기속적 중재) and settlement 등이 있다.

(3) 최근의 개혁동향

최근에는 효율성을 증대하기 위하여 몇 가지 변화가 일어나고 있다. 연방법원과 일부 주 법원의 민사소송규정 중 자신의 주장이나 항변을 지지하는 증거를 상대방에게 자동적으로 공개하도록 요구하기도 하고 또한 증거개시제도의 범위에 제한을 부여하기도 한다. 한편, 연방민사소송규칙은 정식재판전 절차(pre-trial proceedings)에서 판사에게 보다 더 적극적인 권한을 부여하고 있다. 또한 변호사들에게 소송에 있어 근거 없는 주장을 하는 것에 대하여 제재를 부여할 수 있도록 하고 있다.

2. 당사자 처분권의 남용

(1) 증인의 준비와 남용

비판론자들은 당사자들이 사건을 조사하고 증거를 제출할 때 권한의 남용이 발생한다고 주장한다. 그 첫 번째로 증언할 증인을 준비하는 것을 들고 있다. 이 경우 변호사는 증인이 진실을 증언하지 아니하도록 유발할 가능성이 있다는 것이다. 또한 반대측 변호사에 의한 반대신문 역시 잘 준비된 증인의 경우에는 별 소용이 없다고 주장한다. 그 결과 반대측에서는 증인의 신뢰성을 무차별적으로 공격하기 때문에 증인석은 명예에 대한 도살장으로 변하게 된다고 비판한다.

이에 대해 옹호론자들은 다음과 같이 반박하고 있다. 변호사들은 변호사윤리규정과 위증 내지 법원에 대한 거짓을 금지하는 형법 등에 의하여 통제되고 있다고 보고 있다. 또한 비판론자들이 주장하는 반대신문제도의 문제점은 주신문의 범위, 반대신문의 역할, 증거개시제도의 도움 등을 무시한 결과라고 반박한다. 나아가 반대신문의 남용은 판사에 의하여 어느 정도 통제가 이루어진다고 주장한다. 그리고 무엇보다 배심원이 남용적인 증인신문에 대하여 호감을 가지지 않기 때문에 남용의 가능성이 거의 없다고 반박한다.

(2) 당사자주의의 이익

옹호론자들은 당사자주의가 일부 위험을 가지고 있기는 하나 무엇보다 중요한 이익을 가지고 있다고 주장한다. 당사자가 절차에 있어 직접적이고 광범위하게 관여하였기 때문에 결과가 비록 좋지 아니하다 하더라도 그들의 입장이 반영되었다고 생각한다는 것이다. 그 결과 당사자중심주의는 두 가지의 장점을 지녔다고 본다.

그 중 하나는 당사자주의가 사법결정의 적법성(legitimacy of judicial decisions)을 촉진한다는 점이다. 두 번째로는 당사자에게 직접적인 참여권과 소송처분권을 부여하는 제도는 인간의 존엄과 가치(human dignity and value)를 확인시킨다는 점이다. 나아가 정부권한의 확대에 의한 개인의 인격성에 대한 위협과 현대사회에 있어서의 효율성의 지나친 강조가 이루어진다는 점에서도 당사자주도권은 어느 때보다도 더 필요하다고 옹호론자들은 주장하고 있다.

(3) 소송관계자로서의 정부

정부가 소송의 당사자로서 참여하게 되면, 당사자주의제도에는 일부 어려움이 발생하게 된다. 즉, 많은 국가에 있어, 특히 대륙법계 국가에서는 검사는 준사법기관(a quasi-judicial official)의 지위를 가지고 있어, 이들 국가에서는 검사가 한쪽 당사자로서 소송에 참여를 하게 되면 당사자주의가 위협을 받게 된다.[10] 미국의 경우 검사는 정의를 추구할 의무를 가진다는 점에 있어서는 대륙법계와 마찬가지로 반대당사자성을 초월하는 의미로 받아들여지고 있다. 그러나, 일단 소송단계에 접어들어서는 검사가 의뢰인인 국가를 대신하는 한쪽 당사자의 역할을 하는 것에 불과하다는 점에서, 검사가 한쪽 당사자가 된다고 하더라도 정식재판에서 당사자주의가 유지될 수 있는 것이다.[11]

3. 진실에 대한 불충분한 집중

비판론자들은 당사자들이 완전히 정보를 공개하지는 아니하기 때문에, 법원은 사건에 관한 진실이 아닌 다른 사실에 기초를 두고 결정을 하게 될 가능성이 높다고 주장한다.

---

10) The difficulties of building an Adversarial Trial System on a Civil Law Foundation, 17 Yale J. Int'l. L.1,31 (1992).

11) 이처럼 검사가 단순한 당사자성을 넘어 준사법기관이라는 점은 당사자주의제도에 방해가 될 수 있다고 할 수 있는데, 이러한 위험을 방지하기 위하여 미국에서는 소송절차에서 철저히 당사자의 지위만을 검사에게 부여하고 있는 반면, 한국의 경우 소송에서도 검사가 준사법기관적 역할을 한다는 점(예컨대, 공판단계에서 검사는 피고인에 대한 신문권을 가지고 있는 점 등)에서 사실상 당사자주의가 실질적으로 이루어지지 아니함을 알 수 있다.

(1) 진실을 위한 오인된 탐색

비판론자들은 당사자주의제도에 의하든 아니든 객관적 진실이 발견된다고 주장한다. 이는 사건이 비디오테이프에 담겨져 있지 아니하는 한, 우리가 의지하는 것은 사건을 인식하고 기억하는 사람들의 인식의 범위에 있기 때문이라고 한다. 그 결과 진실의 추구는 그렇게 순진하지도 아니할뿐더러 사실상 불가능하다고 비판한다.

이에 대해 옹호론자들은 진실을 소명하는 데 있어 일반적으로 당사자주의제도가 더 나은 역할을 한다고 반박한다. 이는 판사중심주의인 직권주의와 달리 모든 사건에 있어 진실에 대하여 적어도 두 가지 이상의 관점이 제시되기 때문이라는 것이다.

(2) 진실을 나타낼 권한의 분배

진실에 대한 관점의 제시에 있어 당사자간에 평등하게 조사권한과 주장권한이 주어져야 하는 것이 중요하다 할 것이다. 만약 한쪽 당사자의 권한이 독점적이거나 일방적이게 되면 당사자주의는 심각한 위험에 처하게 된다. 그 결과 당사자주의제도의 옹호론자들은 헌법의 권력분립의 원칙과 마찬가지로 국가, 당사자, 배심원들간에 권한에 대한 권력분립이 이루어져야 당사자중심주의제도가 진실의 소명에 더 큰 역할을 할 수 있게 된다고 보고 있다.

4. 소송비용과 변호사선임의 불평등

(1) 당사자주의제도의 일부 문제점

당사자주의제도에서는 당사자가 증거를 수집하고 현출하여야 하는데, 이에 전문가인 변호사가 필요함을 알 수 있다. 따라서 변호사를 선임할 수 없는 당사자에게는 실질적인 당사자간 무기대등의 원칙에서 벗어나는 불평등한 결과가 야기될 수 있다. 나아가, "American Rule(변호사비용청구금지의 원칙)[12)]"에 의하여 승소를 할 수 있는 자도 쉽게 변호사를 선임할 수 없어 불평등을 가속화시키는 결과를 발생시킬 수 있다.

12) 이 원칙에 의하면 승소한 당사자가 패소한 측에 변호사비용을 청구할 수 없다.

(2) 경감요소들

위와 같은 변호사선임의 문제에 대하여 다음과 같은 방법으로 문제점들을 경감시키고 있다. 형사사건에 있어서는 수정헌법 제6조의 구금가능성이 있는 사건에 대하여는 국선변호사를 국가에서 임명하도록 하고 있으며, 민사사건에 있어서는 이러한 헌법규정은 없으나, 1964년 이후 서민에 대한 법률서비스를 위한 연방기금을 제공하고 있으며 그 외 법률보험제도 등의 제도가 있다. 또한 일부 법률에서는 "American Rule"을 변경하여 일부 사건들에서 패소한 측에 대하여 소송비용과 변호사비용을 청구할 수 있도록 하고 있다.

(3) 근본적인 보장방법

특히 미국의 배심제도는 재판을 평등하게 하는 근본적인 요소라고 할 수 있다. 이는 배심원이 부유한 사람이나 기업 또는 정부보다는 서민인 당사자에 대하여 동정을 더 하는 경향이 있기 때문이다.[13)]

그러나, 이러한 불평등요소에 대한 대책 등이 마련되어 있다고 하더라도 여전히 부에 기초한 불평등이 재판에 현존하다는 사실은 부정되기 어렵다고 할 것이다.

---

13) 이에 서민측 변호사는 통상적으로 동정표에 의하여 "underdog(약자)"의 이익을 얻는다.

2 民事訴訟節次와 刑事訴訟節次 概要

당사자주의가 실제 민사소송절차와 형사소송절차에서 구체적으로 어떻게 발현되는지에 대하여 고찰하기 전에 우선 개략적으로나마 민사소송절차와 형사소송절차 일반에 대하여 살펴보면 다음과 같다.

Ⅰ. 民事訴訟節次 一般[1)]

1. 재판권 존부 확인(jurisdiction)

우선, 소송을 제기하기 위한 전제요건으로 당해 제소법원이 재판권을 가지고 있는지를 확인하여야 한다.[2)]

(1) 대물적 재판권(suject-matter jurisdiction) 존부

당해 법원이 제소된 사건에 대한(over the subject matter) 재판권을 가지는지

---

1) Charles Alan Wright, Law of Federal Courts, 5th; Jack H. Friedenthal 외 2인, Civil Procedure; 김영태, 미국 민사소송에서의 집중심리제도, 재판재료(65집), 351면 내지 426면; 양현주, 미국 버지니아 주 Albemarle County Circuit Court의 운영현황, 재판자료(80집) 5면 내지 151면.

2) 소송이 연방법원에 제소된 경우에 재판권과 함께 문제되는 것이 적용되는 법이 연방법인지 아니면 당해 주법인지의 여부인데, 특히 diversity 사건에 대하여 Swift 판결에서 Erie 판결로 바뀌면서 그 적용법이 달라졌는데, 이에 대하여는 다음에서 자세히 설명하고 있으므로 이를 참조하면 될 것이다.

를 확인해야 한다. 즉, 연방법원이 재판권을 가지는 사건은 한정되어 있다. 이에 대하여는 뒤에서 기술한 내용을 참조하면 될 것이다.

(2) 지역적 재판권(territorial jurisdiction) 또는 대인적 재판권(personal jurisdiction)의 존부

당해 법원이 당사자에 대하여(over the parties) 재판권을 행사할 수 있는지에 대한 판단을 해야 한다.

(3) 적절한 송달(adequate notice)의 존재

그리고, 송달이 적절하게 되었는지를 확인해야 한다. 이는 대인적 재판권과 관련되어 있는 문제이다.

2. 裁判籍 내지 管轄(venue)의 적정성 여부[3)]

제소된 법원이 당해사건에 대하여 재판권을 가지는 경우, 다음으로 적절한 재판장소인지 여부인지가 문제된다. 만일 이러한 재판적 내지 관할에 문제가 있으면 이송 내지 기각이 될 수 있다.

3. Pleadings(소송개시절차)

Pleadings은 반대당사자에게 소송고지(notice)를 하는 역할을 한다.

(1) 소장(complaint)의 제출 및 송달

소송은 원고가 법원에 소장을 제출하면 법원서기가 사건번호를 배당하여 사건부를 작성한 후 소환장(summons)을 발행하고, 집달관(U.S. Marshal)이 소환장에 소장을 첨부하여 피고에게 송달함으로써 개시된다. 이러한 소장에는 (i) 재판권에 대한 기재, (ii) 원고가 권리구제를 받을 권리가 있다는 것을 증명하는 주장, (iii) 권리구제 판결의 요구 등이 포함되어야 한다.

소장의 송달방법에 대하여는 뒤에서 자세히 설명하겠다.

---

3) 이 문제 역시 다음에서 자세히 살펴보고 있으므로, 여기서는 자세한 설명을 생략한다.

(2) 피고의 대응[4)]

법원으로부터 소환장과 소장의 송달을 받은 피고는 답변서제출 전 신청(pre-answer motions), 추가적 소답(additional pleadings) 또는 답변서(answer)를 제출하여야 한다. 만약 피고가 이와 같은 조치 중 아무 것도 취하지 않으면 결석재판으로 간주되어 원고의 청구가 그대로 인용된다.

1) 답변서제출 전 신청(motion)

신청(motion)[5)]은 답변서제출기일 내에 하여야 하며, 여기에서는 각하신청(motion to dismiss),[6)] 삭제신청(motion to strike)[7)], 명확한 기재를 요구하는 신청(motion for more definite statement)[8)] 등을 할 수 있다.

2) 추가적 소답(additional pleadings)

피고는 반소(counterclaim), 피고 상호간 청구 또는 소제기(cross-claim), 제3자에 대한 청구 또는 소제기(impleader or third-party claim) 등을 할 수 있다.

3) 답변서(answer) 제출

피고는 답변기일의 연장이 인정되지 않는 한, 소환장 및 소장의 송달 후 20일 이내에 답변서를 제출하여야 한다. 답변서에는 부인(denial) 또는 항변(affirmative defense)을 할 수 있다.

법원은 일반사건의 경우 소송개시 후 120일 이내에 신청을 심리하여 소송

---

4) 이에 대하여 원고는 reply를 할 수 있는데, 이는 피고가 반소(counterclaim)를 제기한 경우와 법원에서 reply를 제출하도록 명령받은 경우이다.

5) 신청(motion)이란 법원에 대하여 결정(ruling), 즉 명령을 출원하는 것이다. 명령이란 소송사건 전체를 처리하는 종국판결(final judgement)에 이르기 전에 재판상의 결정을 내리는 전형적인 방법이다.

6) 여기에서는, 대물적 재판권(subject-matter jurisdiction)의 결여, 대인적 재판권(personal jurisdiction)의 결여, 부적절한 재판적, 불충분한 송달, 원고의 주장이 인정된다 하더라도 권리구제가 인정되기 어려운 경우, 재판에 필요한 당사자가 참가하지 아니한 경우에 피고가 신청할 수 있으며, 이러한 신청이 인정되면 법원은 원고로 하여금 보정하도록 할 수 있다.

7) 불충분한 항변이나 중복되거나 적절하지 않은 주장에 대한 삭제를 신청할 수 있다.

8) 원고는 10일 이내에 법원의 명확화를 요구하는 명령에 대한 답변을 해야 하며, 만일 이를 이행하지 아니하면 법원은 소장을 각하할 수 있다.

개시절차(pleadings)를 종료하여야 하고, 증거개시절차(discovery)를 완료할 기간을 제한하는 계획명령(Scheduling Order)을 하여야 한다.

4. 정식재판 전 절차(pretrial proceedings)

정식재판 전 절차(pretrial proceedings)로는 증거개시절차, 심리전 협의[9] 및 심리전 소송종료절차 등이 있는데 이 중 가장 중요한 것이 증거개시절차라고 할 것이다.

(1) 증거개시절차(discovery)[10]

1) Discovery[11]의 개념 및 목적

증거개시(discovery)란 소송당사자 또는 소송당사자로 될 자가 소송에 관한 자료를 수집 및 보전하는 방법을 말한다. 즉 민사소송상 당사자는 원칙적으로 소답절차(pleading) 이후 심리절차 이전에, 스스로 자신이 보유한 증거를 공개함과 아울러 상대방 당사자나 제3자(증인 등)에게 증거의 개시를 요구할 수 있다. 그리고 그 방법으로는 증언조서(depositions), 질문서(interrogatories), 자백요구서(requests for admission), 문서와 물건의 제출요구(requests for documents and property), 신체 및 정신감정(physical and mental examination) 등이 있다.

증거개시제도의 목적으로 다음의 세 가지를 들 수 있다.

첫째, 심리절차에서는 이용할 수 없는 관련자료를 보전하는 것이다. 예컨대 증인이 노쇠, 질병 또는 해외이주 등으로 심리절차가 개시될 때는 증언할 수 없음이 예견될 때에는 증언을 청취 및 보전하여 심리절차에서 이용할 수 있다.

둘째, 당사자 사이에 실제로 다툼이 있는 쟁점을 확인하고 정리하는 것이

---

9) 이에 대하여는 백현기, pretrial conference, 재판자료(58집), 법원도서관을 참조하면 될 것이다.

10) 이에 대하여 더 자세히 알고자 하면, 미국연방민사소송규칙(FRCP) 제26조 내지 37조; 유병현, 미국민사소송법상의 증거개시제도의 현황과 그 도입방안, 한국민사소송법학회지(1998); 서동희, 미국법상 discovery제도의 도입 필요성, 법학연구(18집), 775면 내지 812면 등을 참조하면 될 것이다.

11) 이를 '증거공개절차' 또는 '증거개시절차'라고 부르고 있는데, 본서는 공개와 개시의 개념적 차이를 고려하여 이를 '증거개시절차'로 부르고자 한다.

다. 당사자는 소답절차만에 의하여서는 어떤 쟁점이 실제로 다툼이 있는 것인지 알 수 없다. 따라서 당사자는 증거개시절차를 통하여 상대방 당사자에게 소답절차에서 형식적으로 제시한 사실 중 어떤 것을 실제로 다투는지를 물어서, 쟁점이 무엇인지를 확인하고, 그 쟁점에 대한 증거수집에만 정력을 집중할 수 있다.

셋째, 쟁점에 대한 증거자료의 수집 및 보전이다. 이는 discovery의 가장 중요한 목적이라고 할 수 있다. 예컨대 심리가 개시되기 전에 당사자가 사건현장을 목격한 증인의 증언내용을 알고 싶은데, 증인이 당사자에게 이를 말하기를 꺼린다면, 당사자는 증인에게 증언조서(deposition)를 제출할 것을 요구하고, 이에 대하여 증인은 선서하고 사실에 관하여 아는 바를 진술함으로써, 당사자가 증언의 내용을 미리 알 수 있게 된다.

2) 공개사항

이는 당연공개사항(initial disclosures),[12] 감정인의 신상공개(disclosure of expert testimony), 재판 전 공개사항(pretrial disclosures[13]))으로 나눌 수 있다.

3) Discovery의 수단

Discovery의 수단으로는 다음과 같은 것이 있다.

a. 증언녹취(Deposition)

Deposition에는 oral deposition과 written deposition의 두 가지가 있는데, 일반적으로 oral deposition을 한다. Oral deposition은 당사자 및 증인의 증언을 녹취하기 위하여 법정 외, 예컨대 변호사 사무실 등에서 하며, 일반적으로 판사는 입회하지 아니하고 공증인(notary public)이 참여한다. 이것은 외국에서도 할 수 있는데, 이 경우에는 외국주재 미국영사관이나 외국법원에 촉탁하여 이를 한다. 비용은 신청자가 부담한다.

b. 질문서(interrogatories)

소송당사자에 대하여 서면의 질문에 대한 서면의 답변을 말한다. 보통 질문은 수십 개의 항목에 이르고, 관계가 없는 질문에 대하여는 답할 필요가 없다.

---

12) 공개하는 당사자가 주장이나 항변을 뒷받침할 정보를 가진 개인의 이름, 주소 전화번호, 공개 당사자의 소유에 있는 서류, 손해액, 보험합의서 사본 등을 開示하여야 한다.

13) 증인의 명단, 증거서류의 목록 등이 대상이 된다.

c. 문서・증거물제출요구(request for production of documents and things)

소송에 관련된 일체의 관련서류를 상대방에게 제출하여야 하는데, 그 범위가 매우 넓다. 때로는 해외본사에 있는 문서의 제출도 요구하는데, 이때에는 미국법의 역외적용문제와 그에 대한 법률의 적용문제가 발생한다.

d. 신체검사・정신감정(physical and/or mental examination)

당사자 또는 당사자의 법률상 피보호자의 신체상태나 정신상태가 소송의 쟁점인 경우에 법원의 감정명령을 얻어 상대방 당사자가 의사에 의한 신체 또는 정신감정을 실시하는 개시방법이다. 일반적으로 신체 또는 정신상태가 쟁점이 되는 경우에는 당사자의 합의로 의사의 감정을 실시하는 것이 보통이지만, 합의가 없으면 법원에 신청하여 그 명령으로만 감정을 할 수 있다. 감정명령신청에는 그에 관한 합리적인 이유가 있어야 한다. 법관은 재량으로 감정명령을 감독할 수 있다. 따라서 감정명령시 감정기일, 장소, 범위, 감정조건, 감정인 등을 지정하여야만 한다. 피감정당사자는 감정기록을 취득할 권리가 있다. 그러나 감정기록의 취득권을 행사한 당사자는 동일한 조건하에 실시된 자기의 과거의 모든 감정기록도 상대방에게 제출하여야 한다. 진료기록을 요구함으로써 의사와 환자 사이의 비밀유지특권을 포기한 것으로 간주되는 것이다.

e. 자백의 요구(request for admission)

자백요구란 당사자 일방이 상대방 당사자에게 당해 사건의 사실관계에 대한 認否 또는 문서의 진정성립 여부 등에 관하여 자백 또는 부인할 것을 서면으로 요청하는 것이다. 자백요구서는 법원의 허가를 요하지 않고 언제든지 송달할 수 있다. 자백요구를 받은 당사자는 선서 후 답변하여야 하는데, 이의를 제기할 수도 있다. 당사자의 자백은 구속력을 갖는다. 따라서 철회를 위하여는 충분한 이유를 밝혀 신청에 의한 법원의 명령이 필요하다. 자백요구는 증거를 개시하기 위한 방법이라기보다는 쟁점을 정리하고 심리절차상 증명의 편의를 꾀하기 위한 제도이다.

4) Discovery의 면제범위

증거개시절차에는 몇 가지의 제한이 있다. 그 중 중요한 것은 다음의 세 가지라고 할 수 있다.

a. 관련성이 없는 사항(irrelevant matter)

이 관련성의 판단은 매우 완화되고 있는 실정이다.

b. 특권적 면제사항(privileged matter)

증거개시를 요구하는 사항이 변호사와 그 의뢰인, 의사와 그 환자, 목사와 그 신도와의 사이에 존재하는 신뢰관계에서 발생하는 때에는 이를 거절할 수 있는 특권이 인정된다.

c. 소송관계서류 면책(work product)

Work product(소송준비를 위하여 작성하는 서류)에는 ordinary work product와 option work product가 있는데, 후자가 전자보다 엄격하게 보호되고 있다.

5) Discovery 남용의 억제: 보호명령(protective orders)

우선, 연방민사소송규칙 제26조 (c)는 discovery에 법원을 관여시킴으로써 discovery의 남용을 억제한다. 즉, 법원은 당사자의 신청에 따라 조사대상이 된 자의 privacy를 침해한다고 판단하면, 법원은 보호명령을 통하여 discovery를 규제하거나 제한할 수 있다.[14] 다만 보호명령을 받기 위하여는 보호명령신청당사자는 법원에 정당한 사유를 제시(a show of good cause)하여야 한다.

다음으로, 연방민사소송규칙 제35조에 의하여 신체 및 정신감정에 대한 일정한 한계, 즉 신체 또는 정신상태가 분쟁의 대상이 되고(in controversy) 이러한 신청을 한 자가 선의(good cause)임을 보여주어야 한다 규정을 두고 있으며 이 역시 privacy의 보호를 목적으로 한다.[15]

6) 제　재[16]

상대방이 discovery를 거부할 경우, 신청당사자는 상대방에게 discovery를 강제하는 명령을 발하도록 법원에 신청할 수 있다. 여기에는 불완전하거나 애매한 공개 또는 답변을 포함한다.

이러한 신청이 인정되는 경우 법원은 상대방에게 변호사비용을 포함한 적절한 비용을 인정한다. 만일 이러한 신청이 기각될 경우에는 법원은 규칙 제26조(c)에 따라 보호명령을 발할 수 있고 신청당사자에 대하여 변호사비용을 포함한 적절한 비용을 상대방에게 지급하도록 한다.

법원은 증인 등이 선서나 답변을 거절하는 경우 법정모독죄로 간주할 수

---

14) Stalnaker v. Kmart Corp. 71 Fair Empl. Prac. Cas.(BNA) 705(D.Kan. 1996).

15) Schlagenhauf v. Holder, 379 U.S. 104 (1964).

16) 이에 대하여는 연방민사소송규칙 제26조(g)와 제37조에서 규정하고 있다.

있고, 계속중인 사건에서(where action is pending) 상대방이 증거개시명령을 따르지 아니하는 경우에는 법원명령과 관련된 사실이 입증된 것으로 인정하는 명령, 상대방의 주장이나 항변을 거부하는 명령, 청구기각(dismissal) 또는 결석판결(default judgment),[17] 신체 또는 정신감정명령을 제외한 법정모욕죄의 적용,[18] 신체 또는 정신감정을 명하는 법원의 결정을 따르지 아니하는 경우에는 법정모욕 이외의 위와 같은 명령 등을 발할 수 있으며, 또한 위와 같은 명령을 대신하거나 추가하여 상대방이 불이행을 정당하게 입증하지 아니하는 한 변호사비용을 포함한 적절한 비용을 인정할 수 있다. 또한 정당한 이유 없이 discovery를 거부한 상대방은 공개를 거부한 증인이나 증거를 재판에서 사용할 수 없다.

7) E-discovery의 도입

E-discovery와 관련하여, 연방민사소송규칙이 2006. 12. 1.자로 개정・발효되었다. 그 중 가장 중요한 부분이 연방민사소송규칙 제26조라고 할 수 있는데, 여기에서는 discovery의 적용대상을 디지털저장정보(electronically stored information, 이하에서는 이를 줄여서 'ESI'라고 한다)에 대하여도 명확하게 적용토록 하였다. 이러한 디지털저장정보(ESI)에는 e-mail을 포함하여 디지털 방식으로 저장될 수

---

17) 이는 결석한 당사자에 대하여 패소판결을 하는 것을 말하며, 한국민사소송법에서는 이 제도를 채택하고 있지 아니하며 대석판결주의를 취하고 있다.

18) (2) Sanctions in the District Where the Action Is Pending.

(A) For Not Obeying a Discovery Order

If a party or a party's officer, director, or managing agent — or a witness designated under Rule 30(b)(6) or 31(a)(4) — fails to obey an order to provide or permit discovery, including an order under Rule 26(f), 35, or 37(a), the court where the action is pending may issue further just orders. They may include the following:

(i) directing that the matters embraced in the order or other designated facts be taken as established for purposes of the action, as the prevailing party claims;

(ii) prohibiting the disobedient party from supporting or opposing designated claims or defenses, or from introducing designated matters in evidence;

(iii) striking pleadings in whole or in part;

(iv) staying further proceedings until the order is obeyed;

(v) dismissing the action or proceeding in whole or in part;

(vi) rendering a default judgment against the disobedient party; or

(vii) treating as contempt of court the failure to obey any order except an order to submit to a physical or mental examination.

있는 모든 정보가 포함된다.

특히 디지털저장정보(ESI)는 discovery단계에서 신청을 받은 회사가 이를 제출하도록 하는 것이 주로 문제된다 할 수 있다. 이를 좀더 자세히 살펴보면, discovery 신청을 받은 회사는 디지털저장정보(ESI)가 어디에 어떻게 저장되어 있는지를 미리 준비해야 하고, 디지털저장정보(ESI)를 보존해야 하며, 이후 이를 기한을 준수하여 제출하여야 하는 것이다.

한편, 연방민사소송규칙 제26조[19] 이외에 제16조, 제33조, 제34조, 제37조, 제45조도 디지털저장정보(ESI)와 관련된 개정조항이다.

위 법문에서는 당사자들이 discovery에서 초기단계에서 디지털저장정보(ESI)를 당연공개사항(initial disclosures)으로 언급하여 줄 것을 요구하고 있다. 이는 디지털저장정보(ESI)의 범위와 비용을 정하는 중요한 기준을 정함과 동시에 discovery 분쟁을 미연에 방지하기 위함이 그 목적이라고 할 수 있다. 구체적으로 보면, 이러한 근거가 되는 조항이 연방민사소송규칙 제26조(a)(1)(B)이라 할 수 있는데 여기서는 당사자의 당연공개대상(initial disclosures)에 디지털저장정보(ESI)를 포함시키고 있다. 그리고 연방민사소송규칙 제16조(b)(5)는 법원의 계획명령(court's scheduling order)의 대상에 디지털저장정보(ESI)를 포함시키고 있다. 또한 위 규칙 제26조(f)에서는 discovery계획에 디지털저장정보(ESI)을 포함하여 진행하도록 요구하고 있다.

연방민사소송규칙 제34조(b)는 디지털저장정보(ESI)의 제출방법을 정하고 있다.

그리고 연방민사소송규칙 제26조(b)(2)는 디지털저장정보(ESI)의 제출여부에 대하여 두 가지로 나누어 접근하고 있는데, 여기에는 합리적으로 쉽게 접근할 수 있는 정보와 쉽게 접근할 수 없는 정보로 구분하고 있다. 즉, 합리적으로 쉽게 접근할 수 없는 정보에 대하여는 부당한 부담 또는 비용(undue burden or cost)으로 인하여 제출이 강제되지 아니하는 것이다. 만일 신청인이 이러한 정보에 대하여 discovery의 강제를 요구하는 경우에는 상대방은 이러한 정보는 부당한 부담이나 비용으로 인하여 합리적으로 접근이 불가능함을 보여주어야 한다. 그럼에도 불구하고 이 경우 법원은 신청인 정당한 사유(good clause)를 제시

19) 그 중 제26조(b)(5)에는 부주의하게 상대방에게 제출된 면책특권자료(privileged materials)와 재판준비자료(work product)를 반환받는 것을 정하고 있는 환수조항(clawback)을 두고 있다.

하는 경우에는 discovery를 명할 수 있다. 다만 연방민사소송규칙 제26조(b)(2)(ⅰ)(ⅱ)(ⅲ)[20]의 제한을 받는다.

정보공개에 대한 이러한 이원적 체제(two-tier system)는 여러 장소에 위치하고 있는 디지털저장정보(ESI)에 대한 문제를 해결하기 위한 균형적이고 동등한 접근(a balanced, equitable approach)이 이루어지도록 하는 역할을 하고 있다. 이와 관련하여, computer forensic 또는 digital forensic[21]이라는 기법이 새롭게 등장하여 위와 같은 이원적 체제의 경계를 확대키고 있는 실정이다.

끝으로, 이러한 e-discovery에 대한 보호조항(safe harbor)이 위 개정시에 마련되었다. 즉, 연방민사소송규칙 제37조(f)에서 safe harbor 조항을 도입하고 있다. 그 내용을 보면, 법원은 특별한 사정이 없는 한 디지털정보장치의 일상적이고 선의(routine, good-faith)의 작동에 의한 디지털저장정보(ESI)의 손실로 인한 부제출에 대하여는 제재를 가할 수 없도록 하고 있는 것이다.

다시 말하면, 연방민사소송규칙 제37조(f)는 정보장치의 일상적인 작동으로 인한 정보 손실과 이러한 작동이 선의로 이루어진 경우에 한하여 적용되는 것이다. 이러한 정보손상 내지 손실문제는 위에서 언급한 computer forensic에 의하여 어느 정도 복구될 수 있다는 점에서 크게 문제되지 아니한다는 견해도 있다.

요컨대, 연방민사소송규칙 제26조 등에서는 e-discovery에 대하여 기존의 discovery에서 불명확하였던 "data"의 개념을 디지털저장정보(ESI)로 명확히 하고 이에 대한 보존 또는 제출이나 대상 등에 대하여 자세히 정하고 있다. 이와 관련하여 computer forensic분야가 중요한 테마로 등장하고 있다.[22]

---

20) (i) the discovery sought is unreasonably cumulative or duplicative, or can be obtained from some other source that is more convenient, less burdensome, or less expensive;

(ii) the party seeking discovery has had ample opportunity to obtain the information by discovery in the action; or

(iii) the burden or expense of the proposed discovery outweighs its likely benefit, considering the needs of the case, the amount in controversy, the parties' resources, the importance of the issues at stake in the action, and the importance of the discovery in resolving the issues.

21) 이는 컴퓨터를 매개로 하여 이루어지는 행위에 대한 법적 증거 자료 확보를 위하여 컴퓨터 저장매체 등의 컴퓨터 시스템과 네트워크로부터 정보를 수집, 분석 및 보존하여 법적 증거물로 제출할 수 있도록 하는 일련의 행위를 말한다. 한국에서는 민사소송이 아닌 형사사건에서 기업범죄와 관련하여 주로 이용되고 있는 실정이다.

22) 한국에서도 민사소송과 관련하여 computer forensic이 조만간 중요하게 부각될 것으로 생각된다.

(2) 정식재판 전 협의(pretrial conferences)[23]

재판 전 협의는 discovery의 종료 후 정식재판(trial)에 앞서 판사의 입회하에 원고와 피고 쌍방의 변호사가 협의를 한다. Pretrial conference는 간단한 소송에서는 하지 않는 경우도 있으나, 복잡한 소송에서는 수회에 걸쳐서 하는 경우도 있다.

Pretrial conference의 목적은 심리(trial)를 원활하게 진행시켜 사건의 쟁점을 걸러내는 것이지만, 구체적으로는 소답을 수정하고, 쟁점을 좁혀 단순화하며, 입증을 효율적으로 할 수 있도록 사전에 당사자간에 미리 합의를 보는 것이다.

Pretrial conference에서는 심리할 사항(agenda for conference)이 결정되는데, 이를 위하여 쌍방의 변호사는 사실문제 및 법률문제 요약서, 증인리스트, 증거서류 및 증거물 일람표 등을 제출하여야 한다.

쌍방의 변호사가 합의를 본 경우 판사는 그 합의를 근거로 pretrial order(심리전협의에 의한 명령)을 발하여 pretrial conference를 종료시킨다.

(3) 재판 전 소송종료(termination of the action before trial)

정식재판절차를 거치지 않고 소송을 종료시키는 절차는 다음과 같다.

1) 소답에 기한 기각신청(motion for judgement on the pleadings)

양 당사자는 소답에 기한 기각신청을 법원에 할 수 있다. 소답에 대한 신청은 연방민사소송규칙 제12조(c)에 따라 정식재판 전이면 언제든지 할 수 있다. 소답에 대한 신청은 사실심사가 아니라, pleading이 서면상 법적으로 충분한 근거가 있는지의 여부를 심사해줄 것을 법원에 요구하는 신청이다. 이 신청은 약식판결(summary judgment)과 같은 내용인데 다만 이 신청에서는 pleading의 자료를 대상으로 하는 반면 약식판결은 pleading 이외의 자료나 문제를 대상으로 한다는 점에서 차이가 있다.

2) 소 취하(voluntary dismissal)

원고는 피고가 답변서 또는 약식판결신청을 원고에게 송부할 때까지는 소송을 취하를 할 수 있으며, 그 이후에는 피고 또는 법원의 동의를 얻어 소를

---

23) 연방민사소송규칙 제16조.

취하할 수 있다.

소의 취하가 있더라도 그 통지서 또는 소송상의 합의서(general release)에 별도의 기재가 있는 경우를 제외하고 재소가 금지되지는 않는다. 다만 two-dismissal rule에 따라 동일한 청구에 터잡은 또는 동일한 청구를 포함하는 소송에서 이미 한번 취하한 때에는 두 번째의 취하는 본안(merits)에 대하여 재판상 효력을 갖는다.

3) 소 각하(법원에 의한 소송의 종료: involuntary dismissal)

피고는 원고가 법원의 명령 또는 규칙에 따르지 않는 때에는 법원에 소 각하를 신청할 수 있다. 법원이 소의 각하를 명령한 때에는 별도로 지정한 바가 없는 한, 그 소의 각하는 본안에 관하여 재판으로서의 효력을 갖는다. 물론 법원이 스스로 소를 각하할 수도 있다.

4) 약식판결(summary judgement)

재판 전 절차가 모두 끝난 뒤 "중요한 사실관계에 대한 다툼"이 없고[24)]법률적인 판단만 남아 있을 경우 법원은 정식재판 절차를 거치지 않고 곧바로 판결을 내릴 수 있다. 이를 약식판결이라고 한다.

이러한 신청이 있으면 법원은 주로 사실상의 쟁점이 실제로 존재하고 있는지 여부에 대하여 심사한다. 이 경우 "중요한 사실관계에 대한 다툼"이 없다는 입증책임(burden of proof)은 신청자가 부담한다. 약식판결도 판결이기 때문에 그에 대하여 상소할 수 있지만, 약식판결신청의 각하명령은 명령일 뿐 판결은 아니기 때문에 상소할 수 없다.

이러한 summary judgement는 사건의 전부에 대하여 내릴 수도 있고 일부에 대하여 내릴 수도 있다.

5. 정식재판(trial)

재판의 순서 및 배심에 의한 심리는 다음과 같다.

---

24) "there is no genuine issue of material fact."

(1) 재판의 순서

정식재판의 절차는, ① 원고의 모두진술(opening statement), ② 피고의 모두진술, ③ 원고에 의한 직접신문(direct examination), 피고에 의한 반대신문(cross examination) 등, ④ 피고에 의한 직접신문, 원고에 의한 반대신문 등, ⑤ 원고의 배심원에 대한 변론(argument), ⑥ 피고의 배심원에 대한 변론, ⑦ 원고의 배심원에 대한 최종변론(closing argument), ⑧ 판사의 설명(instruction), ⑨ 배심원의 평결(verdict)의 순서로 진행된다.

(2) 배심에 의한 심리(jury trial)[25]

1) 배심재판을 받을 권리

미국의 재판제도의 특색은 배심제도이다. 미국의 법원에서는 민사사건이든 형사사건이든 판사에 의한 재판(bench trial)과 배심원에 의한 재판(jury trial)이 있다. 이러한 배심재판은 미국 헌법이 보장하는 제도이다.

개인 또는 법인은 다음의 경우에 사실관계의 다툼에 대하여 배심에 의한 재판을 받을 권리가 있고, 피고는 이를 거부할 수 없다. 그 법적 근거는, ① 수정헌법 제7조: 본조는 common law상의 소송에서 소가가 $20을 넘는 때에는 당해사건에 대하여 배심에 의한 재판을 받을 권리를 보장한다. ② 연방법: 연방법에 기한 소송은 jury trial을 받을 권리를 보장한다. ③ 양 당사자의 동의: 양 당사자가 명시적 또는 묵시적으로 동의한 때에는 연방법원은 연방민사소송규칙 제39조(c)에 따라 그 재량으로 사건을 배심에 회부할 수 있다. ④ 법원은 일정기간 내에 당사자로부터 요구가 없는 때에도 그 재량으로 배심에 의한 심리를 인정할 수 있다(위 규칙 제39조 (b)).

한편 bench trial(판사에 의한 재판)의 경우에도 판사는 당사자의 신청 또는 재량으로 연방민사소송규칙 제39조(c)가 정한 자문적 배심(advisory jury)의 도움을 받아 사실상의 쟁점에 대한 심리를 할 수 있다.

2) 배심의 구성과 평결

배심원(jurors)은 일반 시민 중에서 추첨으로 배심원후보자를 선발하여, 그 중 6명에서 12명으로 구성하도록 되어 있는데(즉, 적어도 6명 이상이어야 한다),

---

25) 이에 대하여는 다음 장에서 자세히 기술하였으므로 여기서는 대강만을 기술하였다.

보통 12명으로 구성된다.[26] 배심원들은 재판이 시작하여 끝날 때까지 법정의 배심석에서 증거를 확인하고 증인의 진술과 변호사의 변론을 청취한 다음 배심원 평의실(jury room)에서 비공개 협의를 하여 사실관계에 관계되는 문제에 대하여 평결(verdict)을 한다. 평결은 만장일치가 원칙이다. 이와 같이 사실인정은 배심원들이 하고, 판사는 그에 따라 판결을 선고한다.

한편, 판사는 평결이 명백히 잘못되거나 부당한 평결에 대하여는 당사자의 신청이 있는 경우에 한해 평결내용과 다른 판결을 선고할 수 있다[judgement not withstanding the verdict(J.N.O.V.)]. 그런데 이러한 평결번복판결(J.N.O.V.)을 받기 위하여는 당사자가 반드시 지시평결(Directed Verdict)을 신청했어야 한다.

또한, 당사자는 평결과 판결이 내려진 뒤에 일정한 사정이 있는 경우[27] 일정한 기간 내에 New Trial을 요구할 수 있다.

6. 판　결(judgement)

(1) 판결에 따른 구제

1) Common law상의 구제에서는, 결석판결의 경우 원고의 청구금액과 내용에 기속되지만, 그 외의 판결의 경우 법원은 원고의 청구금액에 구애받지 아니하고 판결을 선고할 수 있다.[28] 또한 구제내용도 제한받지 아니한다.

2) Equity상의 구제에는 가처분(injunction) 및 특정이행명령(specific performance)이 있다.

(2) 판결의 등록(entry of judgement)

정식재판(trial)을 거치든 거치지 않든 분쟁의 결론은 판결이라는 형태로 나

---

26) 형사배심에는 대배심(grand jury)과 소배심(petty jury)이 있는데, 대배심은 피의자를 기소(기소장, indictment; true bill. 이에 대하여 불기소장은 ignoramus; no bill이라 한다)할 것인가 아닌가를 결정하는 이른바 기소배심인데, 12명 이상 23명 이하의 인원으로 구성된다. 대배심 스스로 고발(presentment)할 수도 있다. 소배심은 피고인의 유죄(guilty)·무죄(not guilty), 원고·피고의 승패를 가려주는 심리배심으로서 그 인원은 12명이다.

27) 여기에는, 판사가 배심원에게 법률문제 등에 관한 설명을 잘못해 그 결과 잘못된 평결이 내려진 경우, 소송당사자나 배심원이 비윤리적인 행위를 한 경우, 새로운 증거가 발견된 경우, 배심원의 평결이 현출된 증거와 명백히 모순되는 경우 등이 해당된다.

28) 연방민사소송규칙 제54조(c) 참조.

타난다. 연방민사소송규칙 제58조는 연방법원에서의 판결은 서면으로 하도록 하고 있다. 판결은 법원서기가 사건부에 등록한다. 사건부에 등록됨으로써 각종 신청기간이 개시된다.

(3) 판결의 집행

연방법원판결의 집행에 관하여는 common law상의 판결의 구제방법, equity상의 판결의 구제방법 및 다른 재판권 간의 판결의 집행 등이 각각 다르다. 주 법원 판결의 집행은 카운티공무원(county official)인 집달관(sheriff)이 이를 하며, 연방법원은 연방집달관(United States marshal)이 한다.

주는 다른 주의 법원이 내린 판결이 적법하게 재판권을 취득하여 내린 판결인 경우에는 그 효력을 승인하여야 한다. 이는 수정헌법 제4조 제1항의 이른바 "full faith and credit clause," 즉 "충분한 신뢰 조항"의 요구에 의한 것이다. 그러나 다른 주의 판결을 강제집행하기 위하여는 집행판결(judgement on judgement)을 받아야 하고, 집행판결에 있어서는 재판권이 있었는지의 여부 등 형식적 심사만을 하여야 하고, 실질적 심사는 할 수 없다.

(4) 판결의 효력

판결에는 기판력과 쟁점효가 있다. 기판력(res judicata; claim preclusion)은 일단 재판이 확정된 경우[29] 나중에 다른 소송에서 같은 청구원인(same cause of action)을 주장하는 것을 금지하는 효력을 말한다.

원고가 승소한 경우에는 소송의 원인이 판결에 포함되어지는(merger) 것이고, 이에 반해 원고가 패소한 경우에는 나중에 이전의 판결과 다른 소송을 하는 것을 금지하는 것이다. 결국 기판력에 의하여 원고는 같은 원인에 기한 소송을 다시 할 수 없게 된다.

이러한 기판력이 인정되기 위하여는 우선, 첫 번째 판결이 유효하고 본안에 대한 최종판결이어야 하며, 두 번째로 같은 원고에 의하여 같은 피고를 대상으로 소송이 제기되어져야 하며, 마지막으로 같은 소송의 원인 내지 청구가 두 번째 소송에 관련되어야 한다.

이에 반해 첫 번째 소송에서 실제로 다투어진 판결에 필요한 쟁점에 관하

29) "a final judgment on the merits has been rendered on a particular cause of action."

여 원고와 피고 간에 다른 소송의 원인에 기한 나중의 소송에 있어서 원고나 피고가 기속되는 첫 번째 판결의 효력을 쟁점효(collateral estoppel; issue preclusion)라고 한다. 즉, 쟁점효는 청구원인 전체에 미치는 기판력과 달리, 첫 번째 사건에서 다투어지고 결정된 쟁점에 대해서만 효력이 발생하는 경우이다.

이러한 쟁점효가 발생되기 위하여는, (ⅰ) 첫 번째 사건이 본안에 대하여 최종적이고 유효하게 종결되어야 하고, (ⅱ) 당해 쟁점이 실제로 다투어지고 결정되어져야 하며(그 결과 결석재판이거나 자백판결의 경우에는 해당되지 아니한다), (iii) 쟁점이 판결에 필요한 요소이어야 하고, (iv) 첫 번째 판결의 당사자에 대하여만 효력이 발생되고 원칙적으로 첫 번째 사건의 당사자만이 주장할 수 있다.

7. 상 소

(1) 상소법원

상소법원에는 고등법원(court of appeals) 및 대법원(supreme court)이 있다.

(2) 상소절차[30)]

상소는 상소법원에 상소통지(notice of appeals)를 제출(filing)함으로써 개시된다. 상소통지는 원칙적으로 판결 후 30일 이내에 제출하여야 한다.

(3) 상소법원의 권한

상소법원은 하급법원의 판결을 확인(affirm), 파기(reverse), 파기환송(remand) 또는 수정(modify)할 수 있다. 상소법원은 사실문제는 심사하지 않고, 새로운 증거(new evidence)도 받지 않는다.

8. Class action(집단소송)[31)]

(1) 의 의

만일 소송이 필요성(necessity)이나 편리성(convenience)의 관점에서 정당화되는

---

30) 항소심절차에 대하여는, 이재철, 미국의 민사항소심절차, 재판자료(80집), 법원도서관을 참조하면 자세히 알 수 있다.

31) 이는 집단소송으로 표현할 수 있으나 이하에서는 class action으로 부르고자 한다.

경우, 유사한 상황에 있는 집단(class) 중 한 명 또는 그 이상의 사람들이 집단의 이익을 위하여 소를 제기하거나 제소당할 수 있다. 이를 class action이라고 한다.

Class action은 처음에는 오로지 equity에만 인정이 되었고 나중에는 공동소송이 불가능하고 몇 명의 당사자가 집단 전부를 공정하게 대표할 수 있음을 보여주는 경우까지 확대되었다. 그 후 code pleading에 의하여, class action은 다수인간에 공통되는 쟁점이 있거나 당사자의 수가 너무 많아 그들 전부가 참가하기 불가능한 경우에도 인정되었다.

(2) Class action의 전제요건[32)]

Class action의 전제요건이 필요한 이유는 class action은 판결의 효력이 전통적인 소송형태에서와 같이 재판에 참여한 당사자들에게만 미치는 것이 아니라 소송에 참여하지 아니한 사람들에 대하여도 미치므로, 소송비용, 적은 소가 등 개별적인 소의 제기가 사실상 불가능한 당사자들로 하여금 class action을 통하여 권리를 실현할 수 있는 수단을 제공함과 아울러 중복소송을 방지하여 소송경제를 도모한다는 class action의 현실적인 필요성과 당사자의 재판에 참여할 권리 보호라는 헌법적 요청과 남소방지라는 충돌하는 양자의 이익을 조정하여 class action의 범위를 class action의 존재목적 범위 내로 제한하고자 한 데 있다. 이 때문에 다음에서 살펴보는 전제요건과 근거 또는 유지요건을 해석함에 있어 class action의 필요성(약자보호, 소송경제, 모순판결 방지)과 실제 재판에 참여하지 못하였으면서도 판결을 받는 시민들의 헌법적 권리보호, 남소방지라는 각 요구들을 비교형량하는 것이 매우 중요하다 할 수 있다.

이러한 점을 고려하여, 연방민사소송규칙 제23조(a)는 다음의 요건을 전제요건으로서 모두 구비되도록 요구하고 있다.

1) 다수 당사자 요건(numerous parties requirement)

이는 class action 대표자가 개개인이 공동소송을 하기에는 그 수가 너무 많다는 점을 보여주면 인정된다. 법원은 종종 몇 명의 class에도 인정하는 경우

---

32) Communities for equity v. Michigan High School Athletic Assn. 1999 U.S. Dist. (W.D. Mich. 1999).

가 있으나 일반적으로는 수백 명의 당사자가 있는 경우에 인정하고 있다. 이러한 다수당사자 요건의 충족여부는 당사자 숫자뿐만 아니라 다수의 중복소송의 회피에서 올 수 있는 소송경제적 측면, 당사자들의 지리적 분포, 당사자의 재정형편, 개개인별 소제기 가능성 등 사건과 관련된 모든 사정이 참작되어 판단된다 할 수 있다.[33]

2) 공통의 쟁점요건(common question)[34]

위 요건은 class에 법률적 또는 사실적 쟁점이 공통되어야 하는 것을 말하며 이러한 공통성의 요건은 class 대표자와 구성원들 사이에서뿐만 아니라 구성원들 상호간에도 존재하여야 하며 구성원이 아닌 자들 사이에서도 존재하여야 한다. 예컨대, 동일한 불법행위에 대한 금지청구 및 그 불법행위에 기한 손해배상청구, 동일한 의무이행을 구하는 청구, 동일한 거래 또는 동일한 계약조항에 기초하여 거래한 당사자가 입은 손해배상청구 등이 그 예가 될 수 있다.

3) 전형적 주장요건(typical claim requirement)

이는 class 대표자가 class의 구성원의 이익을 보호하기 위한 방법을 사용하여야 한다는 것을 말한다. 즉, 소송에서 class 대표자의 공격방어방법이 class의 전형적인 공격방어방법일 것을 요구하는 것이다. 이러한 전형적 주장요건은 class 대표자에게 요구되는 요건이라고 할 수 있다. 요컨대 전형성 요건에서는 class 대표자의 청구가 class 멤버인 구성원의 청구 사이에 중요한 부분에서 상충되는 것이 있는지 여부가 문제된다.

4) 적절한 대표성요건(adequate representation)[35]

이는 위에서 본 전형적 주장요건과 마찬가지로, class 대표자와 class 구성원(참가하거나 참가하지 아니한 경우 모두 포함하여) 사이의 현실적 또는 잠재적 이익충돌이 있는지 여부가 쟁점으로 된다. 이 요건이 충족되기 위하여는, class

---

33) Robidoux v. Celani 987 F.2d 931 (2d Cir. 1993); Marcera v. Chinlund, 91 F.R.D. 579, 583 (W.D.N.Y. 1981) 등.

34) Mosley v. General Motors Corp. 497 F.2d 1330(8th Cir. 1974).

35) Hansberry v. Lee, 311 U.S. 32(1940).

대표자와 참가한 구성원 및 참가하지 아니한 구성원(the absent class members) 사이에 상충되는 청구를 가지고 있어서는 아니 되고, 구성원들의 이익을 옹호할 만큼 결과에 대한 충분한 이해관계를 가지고 있어야 하며, class 대표자의 변호사가 유능하고 경험 있으며 자질이 있을 것을 요구한다.

(3) Class action의 근거(grounds) 또는 유지요건(class actions maintainable)

위의 네 가지 전제요건이 모두 충족되면, class action은 다음의 세 가지 중 하나에 해당하는 근거를 가지는 경우에 인정될 수 있다.

1) 분리소송에 의한 모순방지(prejudice from separate actions)

Class action은 분리소송의 수행으로 인하여 불일치하는 판결에 의하여 피고의 행위에 대한 양립할 수 없는 기준을 만들 위험을 가지는 경우 또는 다른 class 구성원의 이익을 실질적으로 침해할 위험이 있는 경우에 인정된다. 즉 필요적 공동소송(joinder of necessary parties)이 요구되는 경우를 의미한다 할 수 있다. 따라서 구성원은 탈퇴할 수 없다.

2) 형평법적 구제(equitable relief)

Class action은 상대방의 행위의 근거가 class에 적용되고 형평법적 구제가 class 전체적으로 이익이 되는 경우에 인정된다.

즉, 이는 원고가 injunctive 또는 declaratory relief를 구하는 경우에 인정되는 것이다. 여기서도 구성원은 탈퇴할 수 없다. 이러한 소송은 주로 civil rights 사건에 관하여 적용된다.

3) 공통의 쟁점(common question)

Class action의 가장 일반적인 근거는 법률적 또는 사실적으로 공통되는 쟁점이 중요하고 또한 class action이 다른 구제수단보다 우월한 경우에 인정된다. 이는 주로 집단불법행위소송(mass torts)에서 나타난다. 예컨대, 비행기추락사고, 호텔화재사고 등이 그 예가 될 수 있다. 또한 유가증권법위반사안(securities fraud cases)이나 독점금지법관련사안(antitrust cases)에서도 적용된다.

(4) 재판권 요건 충족문제(jurisdictional requirements)[36)]

1) diversity 사건의 경우

Class 대표자의 주적만이 고려된다. 또한 이 경우 관할요건(venue)도 충족하여야 한다.

2) 소송금액

Class 구성원 각자의 청구액이 $75,000 이상의 금액이 요구된다. 그 결과 연방법원에 class action이 제기되는 경우가 상당히 희박한 실정이다. 그러나 주 법원에는 이러한 요건이 충족되지 아니하여도 소제기가 가능하다. 다만 보충적 재판권(supplemental jurisdiction)에 해당하는 경우 참가하지 아니한 구성원에 대하여는 위 요건이 요구되지 아니한다.

3) 대인적 재판권문제(personal jurisdiction)

주 법원은 참가하지 아니한 class 구성원들이 탈퇴의 기회를 가졌으나 그러하지 아니한 경우에는 personal jurisdiction을 주장할 수 있다. 그러나 이러한 탈퇴의 기회가 참가하지 아니한 class 구성원들에게 주어졌다는 점을 근거로 주 법원이 모든 사건에 있어서 personal jurisdiction을 주장할 수 있는 근거가 된다고는 볼 수 없다.[37)]

(5) Class action의 절차

1) 소송요건적격심리(certification hearing)

소송이 제기되면, 당해 class action이 적법한지 심리를 하게 된다. 이러한 소송요건심사가 인정되면 당해 class action은 적법한 것으로 승인(certification)된다. 이 시점에서는 법원은 본안(merits)에 대하여는 고려하지 아니한다. 만일 부적법하다고 하여 각하하는 경우에는 즉시항고(immediate interlocutory appeal)가 가능하다.

2) 소멸시효(statute of limitations)

Class action이 제기되면 소멸시효의 진행이 중단된다. 이러한 시효중단은

36) Phillips Petroleum v. Shutts, 472 U.S. 797(1985).

37) Adams v. Robertson, 520 U.S. 83 (1997).

각하되거나 탈퇴한 구성원에 대하여는 다시 진행된다.

3) 송 달(notice)[38]

Class action의 근거가 모순방지를 위한 경우[연방소송규칙 제23조(b)(1)]와 형평법적 구제의 경우[연방소송규칙 제23조(b)(2)]에는 법원의 판단에 의하여 개인별 송달이 이루어지면 된다. 이에 반해 공통의 쟁점이 근거가 되는 경우[연방소송규칙 제23조(b)(3)]에는 개인별 송달(individual notice)이 필요적으로 이루어져야 한다. 이는 대부분 손해배상사건에서 필요한 경우이다. 또한 소취하(dismissal)나 화해(settlement)를 하는 경우에는 이를 하기 전에 반드시 송달이 이루어져야 한다.

4) class 구성원에서의 탈퇴(opt out)

연방소송규칙 제23조(b)(3)에 의하여 참가하지 아니한 class 구성원은 탈퇴할 수 있고 그에 따라 class action의 재판결과로부터 영향을 받지 아니하게 된다. 이에 반하여 연방소송규칙 제23조(b)(1) 또는 (2)에 대하여는 이러한 탈퇴규정이 없으나 원칙적으로 탈퇴할 수 없다 할 수 있으나 일부 사건에서 법원이 탈퇴를 인정한 경우가 있다. 이러한 탈퇴한 class 구성원은 나중에 승소한 class action의 쟁점효(collateral estoppel)를 주장할 수 없다.

5) 소 취하(dismissal)와 화해(compromise)

Class action 대표자가 소취하 또는 화해를 하기 위하여는, 구성원 전원에게 이러한 사실을 송달하여야 하고 이러한 송달(notice)이 이루어지고 나면 법원의 승인(court approval)을 받아야 한다.

6) 변호사 비용(fee)

연방법원과 주 법원은 일반적으로 class 배상금(class recovery)에서 변호사비

38) 송달이란 당사자나 그 밖의 소송관계인에게 소송상의 서류의 내용을 알 수 있는 기회를 주기 위해 법정의 방식에 좇아 하는 통지행위임에 반하여 소송고지라 함은 소송계속 중에 당사자가 소송참가를 할 이해관계가 있는 제3자에 대하여 일정한 방식으로 소송계속의 사실을 통지하는 것을 말한다. 따라서 notice를 우리말로 표현함에 있어 소송고지보다는 송달이 적절함을 알 수 있다.

용을 지급할 수 있도록 하고 있는데, 이는 "common fund doctrine[39]"에 따른 법원의 고유한 equity 권한에 기초를 두고 있다. 그러나 이러한 변호사비용은 class의 이익을 위해 신중하게 결정되어야 한다. 한편, 연방법률에 의하여 제기된 class action의 경우에는 연방법률이 변호사비용을 지급하도록 정하고 있는 경우에 한하여 변호사비용이 지급되도록 하고 있다.

(6) 판결의 효과

Class action의 주요 쟁점은 판결의 효력이 재판에 참여하지 아니한 class 구성원에게도 미치는지 여부라고 할 수 있다.

이에 대하여는 일부 주의 경우에는 소송의 성격(nature)에 따라 class 구성원 모두가 재판의 효력에 기속되는지가 결정된다고 할 수 있는 반면, 연방법원에서는 class action의 유효한 판결은 탈퇴를 요구하지 아니한 모든 class 구성원에게도 미친다.

9. 보전절차(provisional remedies)

이는 소송계속 중에 원고의 재산을 보전하기 위한 조치를 말한다.[40] 여기에는 연방민사소송규칙에 의하면, Seizing a Person or Property(arrest, attachment, garnishment, replevin, sequestration, other corresponding or equivalent remedies), preliminary injunction, temporary restraining order, Receivers 등이 인정되고 있다.[41]

(1) 재산압류(seizing a person or property)

여기에는 arrest, attachment, garnishment, replevin, sequestration 등이 있는데, attachment는 원고의 신청에 의하여 법원이 공무원(대부분 sheriff임)으로 하

---

39) 이는 다른 사람들이 청구한 금원(fund)을 원고가 보존하거나 증가시킨 경우 원고는 변호사비용과 소송비용을 그 금원(fund)에서 보상받을 수 있다는 원칙이다.

40) 이 역시 Judgment의 일환이라는 점에서 연방민사소송규칙 제54조(c)에 의하여 신청인이 청구한 내용과 달리 판결이 내려질 수 있다.

41) 뉴욕주 민사소송법에서는 이외에 notice of pendency를 인정하고 있는데, 이는 예고등기라고 할 수 있다.

여금 피고의 재산(특히, 부동산)에 대하여 압류(seize)하도록 하는 절차를 말하는데 이는 피고에 대한 재판권을 미치게 하기 위하여 사용되거나 또는 원고가 판결에 의하여 만족되어질 재산을 피고가 처분하는 것을 막거나 손상하는 것을 막기 위한 목적으로 사용되며, garnishment는 채권자가 제3채무자에 대하여 채무자의 채권(예컨대 임금, 은행계좌)을 넘겨 달라고 법원에 요구하는 절차를 말하며, sequestration은 2명 이상의 당사자가 재산에 대하여 서로 소유권을 주장하는 경우 점유자로부터 제출받는 절차이며, replevin은 피고에 의하여 불법적으로 점유된 동산을 회수하는 절차이다.

한편 arrest는 civil arrest(민사구금)를 말하는데 피고가 재판권을 회피하기 위하여 재판권 밖으로 도주하는 것을 방지하기 위한 경우 또는 채무자가 채권자를 사해할 의도로 재산을 은닉하거나 처분 또는 이전하는 경우에 신청하는 절차이며 이는 주로 불법행위 관련사건에서 제한된 범위 내에서 인정되지만 대부분의 주에서 금지하고 있다.[42)]

(2) 가처분(Injunction)

여기에는 preliminary injunction, temporary restraining order이 있다. 우선, preliminary injunction(가처분명령)은 temporary injunction이라고도 하며 이는 가처분의 성격을 가지는 것으로서 판결이 나기 전에 회복불가능한 피해를 방지하기 위하여 내려지는 결정을 말하는데 이러한 처분이 이루어지기 위하여는 상대방에게 고지되어야 한다. 다음으로, temporary restraining order는 사전가처분명령 또는 임시제한명령이라고 할 수 있는데, 이는 가처분신청절차가 심리되지 전까지 이전의 지위를 그대로 유지하도록 하는 법원의 명령을 말하며 상대방에 대한 고지가 요구되지 아니하는 것이 그 특징이라 할 수 있다.

(3) Receivers(관리인제도)

이는 소송계속 중 금원이나 재산을 관리하기 위하여 법원에 의하여 지명되는 제도를 말한다. 즉, 법원은 최종판결이 내려질 때까지 분쟁의 대상이 된 재산이 그 판결결과대로 이행될 수 있도록 보전할 목적으로 재산을 관리하고 보전할 관리인을 지명하는 것이다.

---

42) 뉴욕주에서는 1979년에 폐지하였다.

Ⅱ. 刑事訴訟節次 一般[43)]

1. 체포(arrest)와 압수수색(search and seizure)[44)]

(1) 체포・구금(arrest)[45)][46)]

경찰이 용의자(혐의자)[47)]에 대하여 범죄를 저질렀다고 믿을 만한 상당한 이유(probable cause)를 가지는 경우, 경찰관은 용의자를 체포할 수 있다.[48)][49)] 이 경우 체포를 위한 상당한 이유(probable cause)[50)]는 체포시[51)] 당해 경찰관이 용의

---

43) Wayne R. LaFave 등 3인, Criminal Procedure, 3th, 7면 내지 25면; Paul Bergman 등 2인, The Criminal Law Handbook(4th), Nolo; Howard Abadinsky, Law and Justice: An Introduction to the American Legal System(6th), 229면 내지 307면.

44) 한국과 달리, 미국에서는 경찰이 체포 전이나 체포 후 조사를 검사의 지휘 없이 할 수 있으며(다만 극히 예외적으로 중요한 사건에 대하여는 검사가 직접 지휘하기도 한다), 압수수색영장의 발부도 검사의 관여 없이 직접 법원의 판사로부터 발부받을 수 있다.

45) 여기서의 arrest는 체포와 구금(taking a person into custody)을 포두 포함한다.

46) 대부분의 주에서는 경찰이 교통범죄나 경범죄에 대하여 체포에 의하지 아니하고 소환장(citation)을 발부할 수도 있다.

47) 이하에서는 '용의자'로 지칭한다.

48) 영장 없는 체포(구금)는 용의자가 범죄를 저질렀다는 probable cause가 있으면(이는 수정헌법 제4조에 의하여 요구된다) 일반적으로 허용되며, 다만 ⅰ) 현행범인이 아닌 경죄(misdemeanor)의 용의자를 체포하는 경우, ⅱ) 긴급상황(exigent circumstances)이 아닌 경우로서 용의자의 집(dwellings)에서의 체포하는 경우(Payton v. New York, U.S. Sup. Ct. 1980), iii) 용의자가 다른 주(another jurisdiction)에 거주하고 있는 경우 등에는 체포영장이 필요하다.

49) Amendment IV

The right of the people to be secure in their persons, houses, papers, and effects, against unreasonable searches and seizures, shall not be violated, and no Warrants shall issue, but upon probable cause, supported by Oath or affirmation, and particularly describing the place to be searched, and the persons or things to be seized.

50) probable cause는 ⅰ) 판사로부터 체포(구속)영장을 발부받기 위해서나, ⅱ) 미리 체포를 한 후 당해 체포, 구금을 정당화하는 데 필요하다.

51) probable cause는 체포시 존재하여야 한다. 따라서 체포시 probable cause가 존재하면 나중에 무혐의 또는 무죄가 되더라도 체포는 유효하다 할 수 있다. 이처럼 probable cause는 나중에 무혐의 내지 무죄가 되더라도 불법체포를 근거로 한 민사소송(a civil suit for false arrest)으로부터 경찰을 보호하는 역할을 한다.

자가 범죄를 저지르고 있거나 저질렀다고 믿을 만한 충분한 합리적으로 신뢰가 가는 사실과 정황을 인식하고 있는 경우에 존재한다고 볼 수 있다.[52]

그렇다면, 체포시 영장[53]이 필요한지 문제된다.[54]

압수수색과 달리, 체포의 경우에는 경찰은 일반적으로 영장을 발부받을 시간을 가졌다 하더라도 영장을 발부받을 필요가 없다.[55] 그러나 이 경우에도 위에서 본 바와 같이 체포를 함에 있어 상당한 이유가 있어야 한다. 다만, 용의자의 집에서 체포를 하는 경우로서 긴급한 사정이 아닌 경우와 현행범인이 아닌 경죄 용의자를 체포하는 경우에 한하여 영장을 필요로 한다.

한편 불법체포(invalid arrest)의 경우에는 어떻게 될까?

연방대법원은 경찰이 영장이 필요함에도 영장 없이 체포한 경우와 같이 부적절한 체포를 한 경우에도 체포하는 것이 상당한 이유를 가진 경우라면 용의자를 계속해서 구금(detain)할 수 있으며,[56] 그러한 불법체포가 범죄에 대한 항변사유도 되지 못한다[57]고 판시하였다.

---

52) 즉, 단순한 혐의(mere suspicion) 이상을 요구하지만 합리적인 의심 없을 정도로 유죄를 입증할 정도의 정보를 요구하는 것은 아니다. 이와 같이 probable cause는 추상적이라는 점에서 확정적 개념정의는 불가능하며 판사가 case by case로 판단할 수밖에 없다고 할 것이다.

53) 체포, 구금영장을 발부받기 위하여는, 판사에게 서면(affidavit)을 제출하여야 하며, 여기에는 범죄가 발생하였고 영장에 기재된 자가 범죄를 저질렀을 것이라는 probable cause를 나타내는 충분한 사실관계(factual information)를 기재하여야 한다.

54) Wayne R. LaFave 등 3인, Criminal Procedure, 3th, 12면; Paul Bergman 등 2인, The Criminal Law Handbook(4th), Nolo, 3/5 내지 3/10; Howard Abadinsky, Law and Justice: An Introduction to the American Legal System(6th), 244면.

55) 이와 관련하여 한국의 일부 학자들은 수정헌법 제4조에 의하여 체포시에 체포영장을 반드시 발부받아야 한다고 주장하고 있으나, 수정헌법 제4조가 사람의 체포에도 적용된다 하더라도 그 발부요건에 관하여 규정하고 있을 뿐이고 영장발부를 의무화하고 있지는 아니하고 있다는 점, 실제로도 수사기관의 체포는 대부분 영장 없이 이루어지고 있는 점을 간과하고 있는 점, 전통적인 commom law에서 이를 요구하지 아니한 점, 그리고 특히 판례[U.S. v. Watson, 423 U.S. 411(1976)] 등의 관점에서 보면 위 견해는 적절한 견해라고 할 수 없다.

56) New York v. Harris, 495 U.S. 14 (1990).

57) Frisbie v. Collins, 342 U.S. 519 (1952).

(2) 압수와 수색

압수와 수색은 수정헌법 제4조[58]에 의하여 합리적인 경우 유효하게 되는데, 연방대법원 판례에 의하면 압수수색을 위하여는 원칙적으로 영장[59]이 필요하다 할 것이다.[60]

이러한 압수와 수색이 적법한지의 여부는 다음과 같은 단계를 통해서 판단하면 된다.

i) 피고인이 수정헌법 제4조의 권리를 가지고 있는가?

이를 판단함에 있어서는, 압수와 수색이 경찰에 의한 것인지 여부 및 피고인이 자신의 합리적인 프라이버시의 기대권(his own reasonable expectation of privacy)[61]을 가지고 있는지 여부[62]를 확인해야 한다.

ii) 다음으로, 경찰이 유효한 영장[63]을 가지고 있는가?

iii) 만일 경찰이 유효한 영장을 가지고 있지 아니한 경우, 영장이 필요하

---

58) Amendment IV

The right of the people to be secure in their persons, houses, papers, and effects, against unreasonable searches and seizures, shall not be violated, and no Warrants shall issue, but upon probable cause, supported by Oath or affirmation, and particularly describing the place to be searched, and the persons or things to be seized.(신체, 집, 서류 및 재산의 안전을 보장받는 시민의 권리는 부당한 압수 및 수색에 의하여 침해되어서는 아니 된다. 그리고 선서에 의해 지지되는 상당한 이유 없는 영장은 발부될 수 없으며, 특히 수색대상인 장소와 압수대상인 물건이나 사람이 기재되어져야 한다).

59) 이러한 압수수색영장의 발부를 위하여는, 체포영장과 마찬가지로 probable cause가 있어야 한다.

60) 만일 불법적인 압수수색에 따른 증거를 사용하여 다른 증거를 발견한 경우 그러한 증거 역시 적법한 증거로 사용될 수 없으며, 이를 毒樹毒果의 原則(the fruit of the poisonous tree doctrine)이라 한다.

61) Rakas v. Illinois, 439 U.S. 128 (1978); U.S. v. Padilla, 508 U.S. 77 (1993).

62) 이는 대부분 피고인 소유의 장소에 대한 압수수색의 경우 피고인이 이러한 권리를 가지고 있는 것으로 인정되며, 이 경우 공범인 피고인의 경우 자기 자신의 합리적 프라이버시 기대권을 가지고 있어야만 이러한 권리를 가지고 있는 것으로 인정될 수 있다. 한편, 공공에 표출된 경우(objects held out to the public)에는 프라이버시권이 인정되지 아니하는데, 연방대법원은 은행의 계좌(account records held by the bank), 판매목적의 잡지, 가방의 냄새, 헬리곱터 등을 이용하여 공중에서 집안을 들여다보는 경우에도 육안으로 관찰이 가능한 경우 등이 여기에 해당한다고 판시한 바 있다.

63) 이러한 압수수색영장은 압수될 수 있는 증거가 수색되는 장소나 사람에게서 발견될 것이라는 믿음에 상당한 이유가 있는 경우에 한하여 발부될 수 있다.

지 아니한 경우[64]에 해당하는가?

2. 수감절차(booking)[65]

체포된 용의자에 대하여 수감절차가 이루어진다.[66] 이 절차에서는, 용의자의 이름, 혐의, 기타 정보 등이 사건기록부에 기재된다. 또한 사진촬영을 하며, 개인물품도 유치장에 제출해야 한다. 그리고 나서 지문채취를 하게 된다. 이후 전체 몸수색과 건강검진이 이루어진다.

3. 범죄혐의의 결정(decision to charge) 및 범죄인지서 제출(filing complaint)[67]

이 단계에 들어와 검사가 당해 사건에 관여하게 된다. 검사는 혐의사실을 검토하고 증거에 비추어 혐의사실이 인정될 수 있는지를 결정하게 된다. 이러한 검토 결과, 검사가 혐의를 인정하는 경우에는 범죄인지서(complaint)를 법원에 제출한다.[68][69]

---

64) 여기에는 여섯 가지의 예외가 존재하는데, 적법한 체포에 부수하는 수색, 자동차 수색, 명백한 일견의 원칙(plain view), 동의에 의한 수색, 정지 후 검색(stop and frisk), 긴급추적(hot pursuit) 등이 해당된다.

65) 제1판에서는 이를 입건이라고 표현하였으나, 입건이라 함은 수사기관이 사건을 수리하여 수사를 개시하는 것을 말하고 입건 이후에 혐의자가 피의자로 불린다고 보거나[사법연수원, 수사절차론(2000), 제33면] 고소고발 이외의 수사단서가 있는 경우 내사단계를 거쳐 수사기관에 의한 범죄인지를 말한다고 보는 견해[정웅석, 형사소송법(2003), 97면] 그리고 검찰사건사무규칙 제2조 내지 제6조와 그에 따른 범죄인지서 양식 등을 종합하여 판단해 보면, 이 단계를 입건이라 부르는 것은 적절하지 아니한 것으로 보이고 오히려 이 단계 이후 진행되는 범죄인지를 한 시점(경우에 따라서는 booking 이전에 범죄인지가 이루어지는 경우도 있다)을 입건이라 보는 것이 더 적절한 것으로 판단되어 표현을 수정하기로 한다.

66) 이는 단순히 행정절차의 성격을 가진다.

67) 이를 고발장으로 부르는 경우도 있으나[사법연수원, 수사절차론(2000), 제201면 내지 제203면], 이는 범죄인지서로 보는 것이 더 적절하다 할 것이다(다만, 고소장이나 고발장의 의미를 가지는 경우에는 booking 이전 단계의 complaint의 경우 이러한 의미를 가질 수 있다).

68) 이러한 complaint는 영장 없는 체포에 있어서는 상당한 이유의 유무를 판단하는 근거로서 법원에 제출되지만 영장에 의한 체포에 있어서는 영장을 발부받기 위하여 법원에 제출되는 범죄인지서의 기능을 하게 된다. 따라서 complaint의 법원제출단계는 arrest 이후와

이렇게 제출된 범죄인지서에 대하여 판사나 치안판사는 당해사건의 혐의사실이 인정되는 상당한 이유가 있는지를 심리하게 된다.[70] 이러한 범죄인지서의 제출은 체포 후 48시간 내에 이루어져야 한다.[71] 혐의사실을 인정하는 자료가 충분하지 아니한 경우에는 판사는 검사에게 자료를 더 제출하도록 지시하거나 피의자를 석방하도록 명한다.

이와 같은 범죄인지서는 경범죄의 경우에는 형사절차 계속기간 동안 기소장으로서 기능을 하며, 중범죄의 경우에는 이후 검사기소장이나 대배심기소장으로 대체된다.[72]

4. 법원소환(initial appearance)[73]

범죄인지서가 제출되면 피의자[74]는 판사(magistrate) 앞에 소환된다. 이처럼 피의자가 판사 앞에 소환되는 첫 번째 절차를 '법원소환'라고 한다. 이러한 법원소환은 구속피의자가 아닌 소환되는 피의자의 경우와 경범죄에 있어 경찰서에서 보석(stationhouse bail)이 피의자에 대하여는 체포 후 며칠 내에 이루어지지만, 구금되어 있는 피의자의 경우에는 대부분의 주에서는 판사 앞에 체포 후

---

arrest 이전으로 구별됨을 알 수 있다.

69) 한편 이 단계에서 피의자가 피고인으로 지위가 바뀐다고 보는 견해[서철원, 미국형사소송법(2007), 3면]가 있으나, 피고인이 되는 시점은 기소시점이 기준이 된다는 점에서 적절하지 아니한 견해로 생각된다.

70) 이를 "Gerstein review"라고 하는데, 여기서는 영장 없이 구금되어 있는 피의자가 범죄혐의서와 같은 혐의가 있는지에 대하여 상당한 이유가 있는지 여부를 일방적 심리하는 것을 말하며, 이와 달리 체포영장에 의한 구속의 경우에는 이 단계에서 심리를 하지 아니한다.

71) County of Riverside v. McLaughlin, 500 U.S. 44(1991).

72) 현재 미국에서는 18개주, D.C., 연방재판에서만 모든 중죄사건에 대한 기소를 대배심기소로 하도록 하기 때문에 이러한 재판권 지역을 "indictment jurisdiction"이라고 하며, 나머지 4개의 주에서는 심각한 중죄에 대하여만 대배심기소를 요구하기 때문에 "limited indictment jurisdiction"이라고 하며, 그 외 주에서는 검사기소나 대배심기소 중 어느 것이나 가능하나 대부분 검사기소가 이루어지기 때문에 "information jurisdiction"이라고 한다.

73) 이를 "preliminary appearance", "initial presentment", "preliminary arraignment", "arraignment on the complaint"라고 한다.

74) 미국법에서는 일반적으로 '피의자'나 '피고인' 모두 "defendant" 또는 "the accused"로 표현한다.

적어도 24시간[75] 이내[76]에 이루어져야 한다. 이 절차에서 판사(magistrate)는 증거의 충분함을 심리하지 아니하며, 그 대신 (ⅰ) 범죄인지서에 기재된 자가 소환된 피의자가 맞는지 여부 및 피의자에게 범죄혐의의 고지, (ⅱ) 변호인 선임권이 있다는 사실의 고지, (ⅲ) 보석결정[77] 등을 한다.

이러한 법원소환의 절차에서 중죄의 경우에는 판사는 예비심문을 특정일에 한다고 고지를 하며, 경죄의 경우에는 예비심문이 불필요하기 때문에 곧바로 재판에 회부한다.

5. 예비심문(preliminary hearing)[78][79]

이는 보통 중죄(felony)의 경우[80]에 거치는 절차로서 피의자가 체포된 날로부터 30일 이내에 진행된다.[81] 그런데, 중죄라고 하여 이 절차를 모두 거치는 것은 아니다. 거의 모든 주에서는 검사가 예정된 예비심문이 있기 전에 대배심 기소를 하게 되면[82] 예비심문은 열리지 않는다.[83] 또한 피의자가 예비심문을 포기하고 바로 1심법원으로 진행되는 것을 원하는 경우에 예비심문이 열리지 않는다.[84]

중범죄 사건의 경우 법원소환절차가 끝나고 나서 몇 주 내에 판사(magistrate)에 의한 예비심문절차를 밟게 된다. 예비심문의 목적은 당해 범죄혐

75) 몇몇 주에서는 48시간까지 허락하기도 한다.

76) 여기에는 휴일이나 주말은 계산되지 아니한다.

77) 이는 대부분 중죄나 중대한 경죄의 경우에 이루어진다.

78) 이 절차의 핵심은 probable cause의 존부를 결정하는 것이라는 점에서, 혐의내용·용의자 확인·보석결정 등을 하는 initial appearance와 구별된다.

79) 이 절차는 대개 최초의 법원소환시 피의자가 무죄주장을 하는 경우에 진행된다.

80) 이와 달리 일부 주에서는 모든 사건에 대하여 인정되기도 하고, 다른 일부 주에서는 피의자측에서 요구하는 경우에만 인정되기도 한다.

81) 18 U.S.C. §3161.

82) 대부분 검사는 예심보다는 대배심을 선호하는데, 그 이유는 대배심이 검찰에 더 호의적이라는 점과 대배심에서는 피의자가 반대심문을 할 수 없기 때문이다.

83) 중범죄의 경우, 검사는 사건을 대배심(grand jury)으로 보내거나 예비심문(preliminary hearing)에 증거를 현출하여 기소(information)를 한다.

84) 이는 피의자가 유죄인정을 하고자 하는 경우 취하는 소송기술이며 그 포기비율이 50%에 이른다고 한다.

의에 대하여 피의자를 재판에 회부하는 것이 상당한 이유(probable cause)가 있는지를 판사가 결정하기 위함에 있다. 그러나 이 절차는 판사가 유죄인지 아닌지를 결정한 것은 아니며 범죄가 발생하였고 당해 피의자가 그 범죄를 저질렀음을 검찰이 정당화할 충분한 증거를 제시할 수 있는지 여부를 결정하는 것을 의미한다. 여기에서는 범죄혐의서가 판사에게 제출된 후 판사에 의한 일방적 심리(ex parte screening)가 아닌 당사자주의적 심리(adversary proceeding)[85]에 의하여 probable cause가 있는지 여부를 판단한다.

이 절차에서 판사가 검찰이 충분한 증거를 가진 것으로 결정하는 경우에는 당해 피의자는 회부되어 재판의 대상이 된다.[86][87] 그러나, 판사가 검찰이 제출한 증거의 상당한 이유가 단지 중죄가 아닌 경죄를 입증할 정도라고 판단한다면 중죄 혐의를 기각하고 검사에게 경죄로 혐의를 변경할 것을 허락하며, 만약 판사가 당해 사건에 대하여 검사가 제출한 증거가 불충분하다고 판단하는 경우 피의자의 석방을 명할 수 있다.

6. 기 소(filing of the indictment or information)

만일 대배심[88]에 의하여 기소장(indictment)이 발부되면,[89] 이는 1심법원으

---

85) 이 절차와 1심재판(trial)과는 다음과 같은 차이가 있다. ⅰ) 예심은 공판보다 시간이 짧은데 보통 30분에서 2시간 정도 걸린다. ⅱ) 예심은 배심원이 아닌 오로지 판사 앞에서만 이루어진다. ⅲ) 공판은 합리적인 의심이 없을 정도로 입증될 것을 요구하나 예심은 상당한 이유만 있으면 된다. ⅳ) 예심에서는 전문증거도 인정될 수 있다. ⅴ) 공판은 피고인이 범죄를 저질렀는지에 대하여 증거를 바탕으로 심리하는 것을 목적으로 하는 반면 예심은 증거가 불충분한 사건을 제거하여 근거 없는 기소로부터 피의자를 보호하는 것을 목적으로 한다.

86) 이는 일반적으로 “the defendant is bound over”로 표현되며, 법원이 당해 사건의 공판시까지 피의자에 대하여 재판권을 가지는 것을 말한다.

87) 여기에 근거하여 검사는 기소장(information)으로 불리는 별도의 서류를 청구한다.

88) 이는 12명 내지 23명의 시민으로 이루어지며, 과반수 이상의 찬성으로 결정되는데 주에 따라서는 절대다수를 요구하는 경우도 있다. 이러한 대배심은 기소하기에 충분한 증거가 존재하는지 여부와 검사가 단독으로 할 수 없는 증인소환 내지 증거수집이 가능하도록 하여 기소여부를 결정하는 절차라고 할 수 있다.

89) 대배심기소의 주요 기능은 검사에 의하여 청구된 혐의가 충분한 증거를 가지고 있는지 여부를 판단하는 것인데, 이는 예비심문과 상당히 다르다. 즉, 예비심문과 달리 피의자는 증거를 제출하거나 출석할 권리를 가지지 못하며 단지 검사가 제출한 증거를 심리한다.

로 신청되고 범죄인지서(complaint)를 대체한다.

대배심제도가 없거나[90] 대배심청구권을 포기한 경우에는 검사기소장(information)이 법원에 신청되며 역시 범죄인지서를 대체하게 되는데, 검사기소제도를 채택하는 대부분의 주에서는 검사기소장에 기재된 혐의는 앞에서 살펴본 바와 같이 예비심문절차에서 그 혐의가 인정되어야 한다.

7. 기소인부절차(arraignment)[91]

기소가 된 이후, 피고인은 기소된 혐의에 의하여 공식적으로 법원에 소환된다. 이러한 기소인부절차에서, 피고인은 범죄혐의를 고지받으며, 유죄인지 무죄인지 여부를 밝힐 것을 요구받는다.

(1) 유죄협상제도(plea bargaining)[92]

Plea bargain은 범죄혐의나 형량을 줄여주는 조건으로 유죄를 인정하기로 하는 피고인과 검사의 합의(agreement)를 말한다.[93] 이러한 합의에는 범죄혐의합

또한 만일 예비심문이 열렸다고 하더라도 대배심은 여기에 전혀 기속되지 아니한다. 다시 말하면 예비심문에서 판사가 혐의를 기각하였다 하더라도 대배심은 기소할 수 있고 판사가 예비심문에서 혐의를 인정하였다 하더라도 대배심은 기소를 기각할 수 있다. 만일 대배심원들이 검사가 제출한 증거가 충분하다고 판단하면 대배심은 검사에 의해 요청된 기소장을 발부하며, 이는 true bill로 불리며, 요청된 기소장의 승인을 거부하면 피의자에 대한 혐의는 기각된다.

90) 한국의 경우 대배심제도가 없다는 점에서, 한국의 검찰에 의한 기소는 indictment가 아닌 information으로 표현하는 것이 적절하다 할 것이다.

91) 이에 대하여는 앞에서 본 first appearance와 같은 의미로 사용되기도 한다. 즉, 이를 용의자가 법원에 소환되는 첫 번째 절차라고 보는 것인데 이러한 경우에는 preliminary hearing보다 앞에 있는 절차가 되며, 특히 경죄사건의 경우에는 이 절차와 first appearance가 결합되기도 한다.

92) 피고인의 관점에서 볼 때, 재판에 의해 선고가 이루어지는 것에 비하여 이 제도가 가지는 장점은 다음과 같다. ⅰ) 재판에 의한 형량보다 낮다. ⅱ) 변호사 비용이 적게 든다. ⅲ) 사건이 빨리 종료된다. ⅳ) 유명인들의 경우 공개되는 것을 최대한 피할 수 있다. 등등.

93) 여기에는 guilty plea와 no contest plea가 있는데, 전자와 후자의 차이는 형사적으로는 모두 유죄를 인정하는 효과를 가지고 있으나, 민사적으로는 전자는 형사책임을 인정하는 것임에 반해 후자는 종종 형사책임을 인정하는 것으로 사용될 수 없다는 점에서 양자간에는 차이가 있다.

의(charge bargaining)[94]와 양형합의(sentence bargaining),[95] 그리고 양자 모두를 포함하는 합의로 나뉜다. 이러한 유죄협상제도는 일반적으로 기소인부절차 이전에도 이루어지나,[96] 연방형사절차에서는 대개 기소(indictment) 이후에 이루어진다. 한편, 이러한 유죄협상제도는 피고인과 검사에 대하여 효력을 가지지만 판사에 대하여는 효력을 가지지 못하므로 판사가 반드시 유죄합의를 받아들여야 하는 것은 아니다.[97]

8. 정식재판 전 신청(pretrial motions)

피고인의 변호인은 여러 가지 재판 전 신청을 할 수 있는데, 그 중에서도 검사소유의 증거에 대한 증거개시신청과 검사의 증거가 불법적으로 수집된 것이므로 그 증거를 현출되지 못하도록 하는 신청이 주로 이루어진다.

(1) discovery(증거개시제도)[98]

94) 이는 혐의사실 중 일부를 줄여주는 협상을 말한다.

95) 이는 형량을 줄여주는 협상을 말한다.

96) 많은 주에서 언제든지 협상이 가능한 것으로 인정되는데, 체포된 다음부터 재판에서 선고되기 직전까지 가능하다.

97) 박용철, 미국의 유죄협상제에 대한 제고, 비교형사법연구(7권 1호), 439면 내지 467면.

98) 한국의 경우에도 개정 형사소송법에서 discovery제도를 도입하였으며 기본적으로는 미국법과 상당히 비슷하나 제한대상에서 변호인이나 검찰의 재판준비서류(work product) 등이 포함되지 아니한 점, 불이행에 대한 조치부분 등에서 차이가 있음을 알 수 있다.

형사소송법 제266조의3 (공소제기 후 검사가 보관하고 있는 서류 등의 열람·등사)

① 피고인 또는 변호인은 검사에게 공소제기된 사건에 관한 서류 또는 물건(이하 "서류등"이라 한다)의 목록과 공소사실의 인정 또는 양형에 영향을 미칠 수 있는 다음 서류등의 열람·등사 또는 서면의 교부를 신청할 수 있다. 다만, 피고인에게 변호인이 있는 경우에는 피고인은 열람만을 신청할 수 있다.

1. 검사가 증거로 신청할 서류 등
2. 검사가 증인으로 신청할 사람의 성명·사건과의 관계 등을 기재한 서면 또는 그 사람이 공판기일 전에 행한 진술을 기재한 서류 등
3. 제1호 또는 제2호의 서면 또는 서류 등의 증명력과 관련된 서류 등
4. 피고인 또는 변호인이 행한 법률상·사실상 주장과 관련된 서류 등(관련 형사재판확정기록, 불기소처분기록 등을 포함한다)

② 검사는 국가안보, 증인보호의 필요성, 증거인멸의 염려, 관련 사건의 수사에 장애를 가져올 것으로 예상되는 구체적인 사유 등 열람·등사 또는 서면의 교부를 허용하지 아

니할 상당한 이유가 있다고 인정하는 때에는 열람·등사 또는 서면의 교부를 거부하거나 그 범위를 제한할 수 있다.

③ 검사는 열람·등사 또는 서면의 교부를 거부하거나 그 범위를 제한하는 때에는 지체 없이 그 이유를 서면으로 통지하여야 한다.

④ 피고인 또는 변호인은 검사가 제1항의 신청을 받은 때부터 48시간 이내에 제3항의 통지를 하지 아니하는 때에는 제266조의4 제1항의 신청을 할 수 있다.

⑤ 검사는 제2항에도 불구하고 서류등의 목록에 대하여는 열람 또는 등사를 거부할 수 없다.

⑥ 제1항의 서류 등은 도면·사진·녹음테이프·비디오테이프·컴퓨터용 디스크, 그 밖에 정보를 담기 위하여 만들어진 물건으로서 문서가 아닌 특수매체를 포함한다. 이 경우 특수매체에 대한 등사는 필요 최소한의 범위에 한한다.

제266조의11 (피고인 또는 변호인이 보관하고 있는 서류 등의 열람·등사)

① 검사는 피고인 또는 변호인이 공판기일 또는 공판준비절차에서 현장부재·심신상실 또는 심신미약 등 법률상·사실상의 주장을 한 때에는 피고인 또는 변호인에게 다음 서류 등의 열람·등사 또는 서면의 교부를 요구할 수 있다.

1. 피고인 또는 변호인이 증거로 신청할 서류 등
2. 피고인 또는 변호인이 증인으로 신청할 사람의 성명, 사건과의 관계 등을 기재한 서면
3. 제1호의 서류 등 또는 제2호의 서면의 증명력과 관련된 서류 등
4. 피고인 또는 변호인이 행한 법률상·사실상의 주장과 관련된 서류 등

② 피고인 또는 변호인은 검사가 제266조의3 제1항에 따른 서류 등의 열람·등사 또는 서면의 교부를 거부한 때에는 제1항에 따른 서류 등의 열람·등사 또는 서면의 교부를 거부할 수 있다. 다만, 법원이 제266조의4 제1항에 따른 신청을 기각하는 결정을 한 때에는 그러하지 아니하다.

③ 검사는 피고인 또는 변호인이 제1항에 따른 요구를 거부한 때에는 법원에 그 서류 등의 열람·등사 또는 서면의 교부를 허용하도록 할 것을 신청할 수 있다.

제266조의4 (법원의 열람·등사에 관한 결정)

① 피고인 또는 변호인은 검사가 서류 등의 열람·등사 또는 서면의 교부를 거부하거나 그 범위를 제한한 때에는 법원에 그 서류 등의 열람·등사 또는 서면의 교부를 허용하도록 할 것을 신청할 수 있다.

② 법원은 제1항의 신청이 있는 때에는 열람·등사 또는 서면의 교부를 허용하는 경우에 생길 폐해의 유형·정도, 피고인의 방어 또는 재판의 신속한 진행을 위한 필요성 및 해당 서류 등의 중요성 등을 고려하여 검사에게 열람·등사 또는 서면의 교부를 허용할 것을 명할 수 있다. 이 경우 열람 또는 등사의 시기·방법을 지정하거나 조건·의무를 부과할 수 있다.

③ 법원은 제2항의 결정을 하는 때에는 검사에게 의견을 제시할 수 있는 기회를 부여하여야 한다.

④ 법원은 필요하다고 인정하는 때에는 검사에게 해당 서류 등의 제시를 요구할 수 있고, 피고인이나 그 밖의 이해관계인을 심문할 수 있다.

Discovery는 피고인의 방어권을 보장하고 불의타(surprise evidence)를 방지하기 위한 것이라고 할 수 있다. 이러한 discovery는 피고인이 검찰이 소유하고 있는 기록 등을 열람하거나 복사를 할 수 있는 절차라고 할 수 있다. 예컨대, 체포한 경찰관의 보고서나 검찰측 증인의 진술 등에 대한 복사, 검찰이 재판에 사용할 증거의 살펴보는 것 등이 이에 해당한다.

이처럼 전통적으로는 검찰은 피고인이 소유한 정보를 볼 권리가 없다. 그러나 근래에 들어 discovery는 피고인뿐만 아니라 검찰에게도 인정되고 있는 실정이다.

이하에서는 검찰측의 의무와 피고인측의 의무 그리고 이를 이행하지 아니한 경우의 불이익에 대하여 차례로 살펴보고자 한다.

우선, 피고인 측에 유리한 정보 등을 제공해야 할 검찰측의 의무에 대하여 살펴본다.

검찰은 피고인이 유죄가 아님을 증명할 수 있는 정보를 피고인에게 제공하여야 하는데 이러한 정보를 "exculpatory information(변명정보)"이라고 한다. 만일 검찰이 변명정보를 제출하지 아니하고 피고인이 유죄선고를 받는 경우 피고인이 상소하고 검찰이 제출하지 아니한 정보가 중요하다면 유죄가 파기될 수 있다. 그런데, 이러한 변명정보는 피고인이 무죄라는 것을 증명할 정도일 필요는 없다. 이러한 정보의 범위에는 피고인의 유죄가 의심스러울 수 있을 정도이면 모두 포함되고, 이러한 정보는 피고인측에 제공되어야 한다. 예컨대, 검찰이 증인의 증언을 조건으로 증인에게 형을 완화해 줄 것을 약속하는 경우, 피고인이 증인의 신뢰성을 공격할 수 있는 검찰측 증인의 전과 등이 이에 해당할 수 있다. 그렇다고 하여 검찰이 피고인에게 유리한 정보를 수집해야 할 필요는 없다.

다음으로, 검찰이 피고인을 공격하기 위하여 사용할 정보제공의무에 대하여 살펴본다.

검찰측 증거의 discovery는 재판에 있어 피고인에 매우 중요하며 이러한 검찰측 증거를 알게 되면 검찰측이 제시한 plea bargaining을 받아들일 가능성이 높게 된다. 그렇다면 어떤 증거에 대하여 discovery를 할 수 있는가. 피고인

---

⑤ 검사는 제2항의 열람·등사 또는 서면의 교부에 관한 법원의 결정을 지체 없이 이행하지 아니하는 때에는 해당 증인 및 서류등에 대한 증거신청을 할 수 없다.

의 구술진술, 피고인의 서면진술, 피고인의 전과(rap sheet), 검찰측이 보관하고 있고 피고인이 소유하거나 피고인으로부터 비롯되고 방어에 중요하다고 인정되는 서류나 데이터, 장소 등, 신체 또는 정신감정결과, 증인이나 감정인에 관한 사항 등에 대하여 discovery를 할 수 있다.[99] 그러나 사건의 조사 또는 기소와 관련된 검찰측에 의해 만들어진 내부서류[다만, 경찰보고서(police report)는 대부분 arraignment단계에서 공개된다]는 또는 일부 grand jury의 기록에 대하여는 공개대상이 되지 아니한다.[100]

마지막으로, 피고인의 공개의무(reciprocal discovery)에 대하여 본다.

검찰이 피고인에 대하여 증거를 공개할 것을 요구하는 경우 피고인은 수정헌법 제5조의 진술거부권과 자기부죄금지의 원칙을 근거로 거부할 수 있다고 주장할 수 있으나 현대에 들어 일정한 경우에는 이를 인정하지 아니하고 있다.

그렇다면 여기에는 어떤 것이 있는지를 살펴보면, 검찰측이 보관하고 있고 피고인이 소유하거나 피고인으로부터 비롯되고 방어에 중요하다고 인정되는 서류나 데이터, 장소 등에 대한 피고인측의 discovery에 대하여 검찰측이 가지고 있지 아니한 서류나 물증, 피고인측의 신체 또는 정신감정결과에 대한 discovery요청에 대하여 검찰이 이를 가지고 있지 아니한 경우, 피고인측의 증인에 관한 사항 등이 이에 해당한다. 특히 피고인이 alibi 항변을 하고자 하는 경우에는 alibi 증인이나 장소 등에 대하여 검찰측의 요구시 공개를 하여야 하며 또한 심신장애항변도 이와 마찬가지이며 이러한 피고인이 공개요청을 거부하는 경우에는 위 항변사유를 사용할 수 없게 된다.[101] 그러나 피고인의 변호인이나 피고인 준비한 서류 등은 공개대상에서 제외된다.

끝으로, 이상의 discovery의무를 다하지 아니하는 당사자에 대하여는 법원은 당사자에게 discovery에 응하도록 명령을 하거나 연기 결정을 하거나 공개거부를 한 증거의 현출을 못하게 하거나 다른 명령을 할 수 있다.[102]

---

99) 연방형사소송규칙 제16조 (a)(1).

100) 연방형사소송규칙 제16조 (a)(2)(3).

101) 연방형사소송규칙 제12조의1. 제12조의2.

102) 연방형사소송규칙 제16조 (d)(2).

9. 정식재판(the trial)

피고인에 대한 혐의가 중죄이거나 6개월 이상의 구금형인 경범죄의 경우, 모든 주는 피고인에게 배심원에 의한 재판을 받을 권리를 부여하고 있다.[103) 또한 대부분의 주는 더 경한 경범죄의 경우에도 피고인에게 배심원[104)]의 재판을 받을 권리를 부여하기도 한다.

만일 피고인은 판사재판을 원하는 데 반해 검찰이 배심재판을 원할 경우 어떻게 되는가. 이 경우 양쪽 중 한쪽이 원하면 배심재판이 이루어진다.

한편, 민사절차와 달리 형사절차는 다음과 같은 특징을 가지고 있다. i) 피고인에 대한 무죄추정의 원칙, ii) 합리적인 의심 이상의 증거요구의 원칙, iii) 피고인에 대한 증언의무부과 금지원칙 등이 그것이다.

10. 선　고(sentencing)

만일 피고인이 유죄를 인정하거나 재판에 의하여 유죄가 인정된다면,[105)] 피고인은 유죄선고를 받게 되는데 이는 대개 판사에 의하여 이루어진다. 그러나 사형선고의 경우 일반적으로 배심원에 의하여 이루어진다.

---

103) 성선재, 미국의 형사배심제도, 미국헌법연구(14권), 233면 내지 262면.

104) 이를 소배심 내지 심리배심이라고 하며 원칙적으로 12인으로 구성되며 만장일치의 합의가 요구되나 일부 주에서는 6인 또는 9인으로 구성된 배심도 있다.

105) 이에 대한 불복방법으로는 다음과 같이 크게 세 가지가 있다.

첫째, 피고인은 상급법원에 상소(appeal)할 수 있다.

둘째, 피고인은 배심원의 유죄평결을 취소하고 무죄의 선고를 판사에게 신청할 수 있는데, 판사는 유죄판결이 불합리하다고 판단하는 경우 무죄로 선고를 변경할 수 있다. 이러한 결과는 피고가 사실적 또는 법률적 무죄를 증명하는 유력한 증거를 제시한 경우에만 발생될 수 있다.

셋째, 피고인은 새로운 재판(new trial)을 신청할 수 있다. 이러한 새로운 재판을 신청하기 위하여는 i) 피고인이 재판당시에는 발견할 수 없었던 새로운 중요한 증거를 발견한 때, ii) 배심원이 재판 중 비행을 저지른 경우, iii) 판사 또는 검사가 중요한 법률적 실수를 한 때, iv) 판사가 배심원에게 부적절한 설명을 한 때 등의 사유가 인정되어야 한다. 판사가 새로운 재판을 인정하는 경우에는 검사는 판사의 결정에 대하여 상소와 이의제기를 할 수 있다. 이 경우 상소심 판사는 서면심리를 하기 때문에 1심판사의 결정이 명백히 잘못된 경우에만 취소한다.

11. 상 소(appeals)

유죄판결을 받은 모든 피고인은 상소권을 가진다.[106] 대부분의 상소는 정식재판에서 구금형을 선고받은 피고인에 의하여 이루어지고 있다. 일반적으로 주장되는 상소이유는 원심에서 피고인에 대하여 인정된 증거가 위헌적 압수·수색의 결과라는 주장이며, 이는 가장 인정되기 쉬운 상소이유이다.

상소절차는, 주의 경우 주 고등법원에 항소를, 주 대법원에 상고를 할 수 있고, 이후 연방대법원에도 상고를 제기할 수 있으며, 연방의 경우 연방고등법원에 항소를, 연방대법원에 상고를 할 수 있다.

상소심 법원의 판결에는 원판결유지(affirm), 원판결변경(modify), 원판결파기(reverse), 원판결파기·환송(reverse and remand), 환송(remand) 등이 있다.

12. 유죄확정 후의 구제제도(post-conviction remedies)

피고인은 직접적인 모든 상소제도를 거친 후에는 유죄 후의 구제제도를 이용할 수도 있다. 주와 연방의 피고인 내지 수형자들은 인신보호절차(writ of habeas corpus)를 통해 그들의 유죄판결에 대한 이의를 제기할 수 있다.[107]

---

106) 한편 무죄판결에 대한 검찰의 상소는 "이중의 위험"의 금지에 저촉되어 허용되지 않는다. 검찰의 상소가 허용되는 것은 일반적으로 피고인이 처벌의 위험이 발생되기 전 단계에서 이루어진 재판(예컨대 공소기각의 결정, 증거배제 결정), 유죄평결 후의 재판(예컨대, 再공판허가의 결정)의 경우이다.

107) 예컨대, A가 살인죄의 유죄판결을 받았는데, 그는 변호인이 재판 중에 항상 술에 취한 상태에서 변론을 하였기에 제대로 된 변론을 하지 아니하여 유죄판결을 받았다고 주장하는 경우(그러나 공판조서에는 변호인의 주취에 대하여 기록이 되어 있지 않은 경우), 상소법원에 인신보호절차를 신청할 수 있다. 이 경우 상소법원이 피고인의 주장을 받아들인다면, 공판조서와 상관없이 예컨대, 재판 중 변호인에게서 술 냄새를 맡았다는 배심원의 증언을 새로운 증거로 고려할 수 있다.

3 陪審制度[1)]

배심원 없는 당사자주의제도가 아닌 제도(즉, 직권주의)에서도 배심원을 가지는 것도 가능하다.[2)] 그러나 배심원제도는 당사자주의제도에 가장 잘 부합한

1) 한국에서 배심제도를 도입할 수 있을까? 이에 대하여 헌법학자들의 대부분은 법관에 의한 재판을 받을 권리를 침해하는 것이 아니기 때문에 합헌이라고 보고 있으나(김철수, 헌법학개론, 2006, 915면; 권영성, 헌법학원론, 2005, 597면 참조), 일부 학자들은 위헌일 수 있다는 견해를 제시하고 있다(권영설, 배심제참심제 도입논의와 그 헌법적합성 문제, 법과 사회 제26호, 98면 참조). 이에 대해 헌법재판소는 한국헌법상 배심제도입은 위헌일 수 있다는 견해를 가지고 있는 것으로 보인다(헌재 1992.6.26.선고 90헌바25; 헌재 1995.9.28. 선고 92헌가11). 생각건대, 사실관계의 확정문제와 법률관계의 확정문제는 모두 재판의 대상이 된다는 점에서 한국헌법 제27조 제1항에 의하여 사실관계의 확정을 법관이 아닌 배심원에게 맡기는 것은 위헌이라 보는 것이 상당하다 할 것이다. 즉, 판사는 법률관계의 적용만 하는 것이 아니라 먼저 사실관계를 확정하고서 이를 전제로 법률사항을 적용하기 때문에 헌법의 개정 없이 사실관계의 확정을 법관이 아닌 배심원에게 맡기기 어렵다 할 것이다. 특히 민사소송에서의 항소심이 사실심의 기능을 한다는 점과 형사소송에서도 항소심이 사실심의 기능을 가지고 있다는 점을 고려해 보면 법관의 판단대상에는 법률사항뿐만 아니라 사실관계의 확정도 포함된다는 점에서도 현행 헌법하에서의 배심제도의 도입은 위헌의 소지가 있다 할 것이다. 다만, 사실관계에 대하여 단순한 의견제시적 기능만 하는, 즉 확정기능이 아닌 단순한 권고적 기능만을 가진 배심제도는 가능한 것으로 판단된다. 한편, 2008.1.1.부터 시행되는 '국민의 형사재판 참여에 관한 법률' 제46조 제5항 및 제49조에 의하면, 배심원의 평결과 의견은 법원을 기속하지 아니한다고 규정하고 있는바, 이는 위에서 언급한 위헌소지를 빗겨가기 위한 것으로서 적절한 것으로 사료되며, 향후 헌법개정을 통해 배심제도의 적극적인 도입이 이루어질 필요가 있다.

2) 즉, 대륙법계에서도 법률전문가가 아닌 일반시민이 재판에 참여하기도 하는데, 이러한 대륙법계의 재판참여는 사실관계 및 법률관계 모두의 판단과정에 참여함에 반하여 영미법계인 미국에서는 '사실관계는 배심원이, 법률문제는 법률전문가인 법관만이 판단한다'는

다. 왜냐하면 배심원이 가장 전형적인 소극적인 판단자이기 때문이다. 결국 당사자주의의 제도적 발현은 배심제도에 의하여 나타난다 할 수 있을 것이다.3)

Ⅰ. 배심제도의 연혁

배심제도의 역사적 기원은 불명확하며 어떤 측면에서는 현대의 배심제도를 이해하는 데 불필요할 수도 있다. 많은 이들은 배심원의 기원이 프랑스로 보고 있는데, 그 이유는 배심재판의 형태의 증거가 829년경부터 일부 존재하였기 때문이다. 이러한 배심제도는 1066년 노르만의 침입 이후 영국에 도입이 되었고 12세기경 영국에서 확고한 자리를 잡게 되었다. 1400년경에 이르러 배심원제도의 현대적 특징인 소극적이고 균형자적 판단자로서의 기능이 확립되었다. 이후 1670년경 배심원제도는 국왕과 판사로부터 독립된 기관으로서의 지위를 가지게 되었다. 이와 같은 역사적 과정을 거친 배심원제도의 마지막 현대적 특징인 법정에 현출된 증거에 기초한 판정의 필요성은 1700년경 그 토대가 마련되었다.

위와 같은 영국의 배심원제도는 영국의 식민주의자들에 의하여 미국으로 전파되었고 이후 미국의 기본적인 재판제도의 일부가 되었다. 배심재판을 받을 권리가 민사사건에 대하여는 수정헌법 제7조에 의하여, 형사사건에 대하여는 연방헌법 제3장(사법부 편)과 수정헌법 제6조에 의하여 보장되었다.4)

이러한 미국과 영국과 달리 대륙법계에서는 배심원제도가 프랑스 혁명 이후 러시아와 스페인을 제외하고는 모두 폐지되었다. 다만 프랑스에도 유사한 배심재판제도가 있으며 독일의 경우 참심제도가 도입되었다. 그러나 이러한 대륙법계의 제도는 미국의 배심제도와는 당해 제도의 성격이나 지위를 고려하여

점에서 차이가 있고 또한 대륙법계의 시민참여는 형사재판에만 있으나 미국에서는 형사재판뿐만 아니라 민사재판에도 배심제도가 인정된다는 점에서도 양자는 다르다. 무엇보다 미국에서의 배심제도는 사법과정에의 직접적 민주주의의 구현이라는 점에서 그 의의가 있음을 발견할 수 있다.

3) William Burnham, Introduction to the Law and Legal System of the United States(St. Paul, Minn., West Publishing Co., 2002), 85면 내지 91면.

4) 연방대법원은 1960년대에 이르러 연방헌법상의 배심조항이 각 주에도 적용된다고 판시하였다[Duncan v. Louisiana, 391 U.S. 145 (1968)].

보면 근본적으로 다르다는 것을 알 수 있다.

Ⅱ. 배심제도의 본질적 기능[5)]

1. 사실발견자로서의 배심

다음에서 보는 바와 같이 배심원과 판사의 역할은 구분되어 있고 배심원은 당해 사건의 사실관계를 확정하는 일을 하고 판사는 확정된 사실관계를 전제로 한 법률문제에 대한 판단을 하는 역할을 한다.[6)]

특히, 배심제도의 기능 중 이 기능이 가장 중요하다는 점에서 이에 대하여는 다음에서 자세하게 살펴보겠다.

2. 자유의 수호자로서의 배심

배심제도는 시민의 자유의 수호자로서의 기능을 한다는 특성을 가진다. 이는 배심제의 연혁과 관련된 것으로서 영국에서 17세기 중반부터 확립되기 시작한 시민의 자유의 수호자로서의 배심제의 정신이 미국헌법에 수용된 것이라는 점에서 알 수 있다.[7)]

3. 민주주의의 발현

배심제도는 시민의 배심재판을 받을 권리라는 점 이외에 사법절차에 있어서의 민주주의의 발현이라고도 할 수 있다.[8)]

이러한 기능에 의하여 사법절차에 대한 시민의 신뢰가 크게 증진되고 사법의 민주화가 이루어지는 결과를 가져온다 할 것이다.

---

5) 정만희, 미국의 배심제도, 공법연구 제35집(2006.10.), 471면 내지 476면.

6) Baltimore&Carolina Line, Inc. v. Redman, 295 U.S. 654 (1936).

7) 안경환/한인섭, 배심제와 시민의 사법참여, 집문당, 2005, 259면 내지 261면.

8) Alexis de Tocqueville, Democracy in America, Edited by J.P. Mayer, (1969), 270면 내지 276면.

4. 재판부 구성에 있어서의 견제와 균형의 원리

배심제도는 재판부 구성에 있어 판사와 배심원에 의한 상호 견제와 균형의 원리를 구현하고 있다고 할 수 있다.

앞에서 살펴본 바와 같이, 헌법입안자들이 입법부와 행정부의 견제와 균형, 입법부 내에서의 하원과 상원의 견제와 균형과 마찬가지로 사법권을 판사와 배심원이 공유함으로써 견제와 균형이 이루어지도록 한 것으로 볼 수 있을 것이다. 즉, 배심제도는 재판부를 판사와 배심원으로 구성하여 민주적 정당성이 강한 배심원으로 하여금 상대적으로 민주적 정당성이 약한 판사를 견제하도록 한다 할 수 있다.[9)]

5. 교육적 기능을 가진 배심

배심제도는 교육적 역할을 한다고 할 수 있다.[10)] 즉, 배심제도는 배심에 참여하는 배심원에게 민주주의와 법치주의를 교육하는 기능을 한다. 이는 배심원이 재판에 참여하여 배심원의 의무를 이행하면서 절차적 민주주의와 법의 지배에 대하여 배우는 기회를 부여하는 역할을 하기 때문이다.

Ⅲ. 법관과 배심원의 역할

1. 사실관계와 법률문제의 구분

배심원의 독립적 지위를 고려한다 하더라도 배심원이 당해사건의 모든 쟁점을 결정할 권한을 가지고 있는 것은 아니다. 일반적으로 판사는 법적 쟁점을 결정하며, 배심원은 사실관계의 쟁점을 결정할 권한을 가진다 할 것이다. 그런데 사실관계의 쟁점에 대해서도 배심원은 그들 마음대로 결정할 수 있는 것은 아니다. 형사사건에서의 무죄선고를 제외하고는 판사는 실질적인 증거가 없는

9) Alexander Hamilton, Federalist Paper No.83; 김동영 역, '페더랄리스트 페이퍼', 한울아카데미, 1995, 491면 내지 492면.

10) Nancy S. Marder, *op.cit.*, 14면.

경우 배심원의 선고를 무효화할 수 있다. 이러한 판사의 권한은 판사는 오로지 법적 쟁점에 대하여만 결정권이 있다는 일반적인 원칙의 예외에 해당하지 아니한다. 왜냐하면 배심원이 확정한 사실관계에 대한 실질적인 증거가 있는지 여부는 법적 쟁점에 해당하기 때문이다. 달리 말하면, 배심원이 확정한 사실관계에 대한 증거의 존부문제는 판사가 법적으로 판단할 문제에 해당한다.

그런데, 사실 무엇이 사실관계의 쟁점이고 무엇이 법적 쟁점인지를 명확하게 구분하는 것은 쉬운 것이 아니다. 이러한 문제는 이른바 '혼합된 사실관계와 법적 쟁점[11]'의 경우 발생된다. 배심재판에서 대부분 이러한 혼합된 쟁점은 '법 적용'의 경우에 일어난다. 이러한 경우의 법 적용문제에 대한 판단은 대부분 배심원의 권한으로 보고 있다.[12]

예컨대, 피고가 당해 교통사고사건에서 얼마나 과속을 하였는지 여부는 순수한 사실관계의 문제라고 할 수 있다. 그런데 만약 피고가 당해 사고의 도로와 날씨 조건 하에 과속을 하였는지 여부는 과실의 존부가 문제되고 그에 따라 원고가 손해배상을 받을 수 있는지가 문제되는바, 이러한 쟁점을 혼합된 쟁점이라고 할 수 있다.

이와 같이, 혼합된 쟁점에 있어 배심원은 대개 법 적용문제에 대한 판단권한을 가지며 특히 과실여부에 대한 결정권을 가지고 있다.

2. 배심원의 형평법상의 무죄선고권한[13]

현대의 배심원은 당해 사건에 있어 사실관계가 무엇인지를 결정하고 판사에 의하여 결정된 법을 수용한 후 법을 사실관계에 적용하여야 하는 것으로 평가받고 있다. 일반적으로 배심원이 법과 다른 선고를 하는 경우 판사는 이를 무효화할 수 있다. 그러나, 형사사건에 있어 배심원의 무죄선고는 상소의 대상이 아니다. 이러한 권한을 "Nullification"이라고 한다. 즉, 유죄의 명백한 증거

11) mixed fact-law.

12) Nunez v. Superior Oil Co., 572F. 2d 1119(5th Cir. 1978); City of Monterey v. Del Monte Dunes at Monterey, Ltd., 526 U.S. 687 (1999).

13) 이는 "Jury Nullification"을 말하는데, 이는 형사사건에 있어 배심원이 정의, 도덕성, 공정성의 관점에서 당해사건에 대한 법을 적용하기를 거부하거나 증거를 배척하여 무죄를 선고하는 행위를 말하는바, 이에 본서는 이를 배심원의 형평법상의 무죄선고권한이라고 표현하였다.

가 존재함에도 불구하고 형사피고인에 대하여 무죄를 선고할 수 있는 권한을 말한다.

이러한 배심원의 무죄선고권한은 법률상의 권한(legal right)이 아닌 사실상의 권한(de facto power)으로 인식되고 있다. 이러한 형법법상의 무죄선고는 지금까지 단지 몇몇 사건에 있었다.

한편, 민사사건에 있어, 배심원은 판사에 의하여 기속되는 경향이 더 강하다 할 수 있으며, 종종 선고에 대한 근거를 설명하여야 한다.

Ⅳ. 현대 배심제도의 특징

1. 배심원풀제[14]와 배심원지정으로부터의 면제

전통적인 배심원풀제는 선거인등록부라 할 수 있다. 그런데, 미국의 선거인수는 전체의 50% 이하인 관계로 대부분의 주는 선거인명부와 운전면허등록증을 합하여 사용하고 있다. 그 결과 차량등록이 많이 된 주의 경우에는 성인중 95%까지 포함되기도 한다.

전통적으로, 의사와 같이 전문직을 가진 자에 대하여는 배심원 의무를 부여하고 있지 아니한다. 연방법은 공무원, 소방관, 경찰에 대하여 배심의무를 부여하지 아니하고 있다.[15] 또한 변호사 역시 배심원 의무를 부과하지 아니하였다.

그러나, 최근 이러한 전통적인 배심 의무가 부과되지 아니하는 자들에 대하여 그 면제가 폐지되는 추세에 있다. 현재 27개 주는 의무면제조항을 두고 있지 아니하다. 예컨대, 실제로 미시간 주의 판사가 형사사건에서 배심원으로 의무를 이행한 바가 있다.

2. 배심원 의무의 회피

배심의무는 부담해야 할 필수적 사항이라 할 수 있으나, 대부분 일반인에

14) "Jury pools" 또는 "jury venire"를 말하는데, 이는 장차 배심원으로 지정될 그룹을 말한다.
15) 28 U.S.C. §1863(B)(5).

게는 거의 부과되는 일이 없다. 아마도 대부분의 주에서는 십년에 한 번 정도 시민들이 배심원의 의무를 부담하고 있고 어떤 주에서는 평생 한 번도 배심원이 될 일이 없기도 하다.

그럼에도 어떤 이들은 이런 저런 이유로 배심원이 되기를 원하지 않는 경우도 있다. 배심원 소환장에 응하지 아니하는 경우 이는 법정모독죄에 해당되어 벌금이나 구금의 형이 가해질 수 있다. 예비배심원으로서 不偏不黨하지 아니할 수 있다는 내용의 진술서는 구체적인 이유가 기재되어 있지 아니하면 판사에 의하여 면밀한 조사를 받게 될 것이다. 그러나 배심원이 명백한 불협조를 하는 경우에는 한쪽 또는 다른 쪽 변호인이나 검사가 "무이유 또는 무조건 회피제도"[16]를 통해 당해 예비 배심원을 배제할 수 있다.

3. 배심원의 교육수준

영어를 읽고 쓸 수 있는 능력 이외에는 배심원이 되는 데 아무런 장애가 없다.

이에 대해 일부에서는 어려운 사건의 경우 대학 졸업자 이상이어야 한다는 주장도 있으나 이는 헌법적 논쟁의 대상이 될 수 있으며, 또한 대학졸업자와 고졸자와의 판단의 차이점이 실제 사건에서 문제되지 아니한다는 것이 일반적인 견해이다.

4. 배심원의 급여

배심원은 그들의 의무이행에 대하여 급여를 지급받고 있다. 연방법원의 경우에는 하루에 $40 정도 지급하고 있으나 어떤 주에서는 $5 이하를 지급하기도 한다.

5. 예단의 방지

배심원 재판의 경우, 배심원은 대개 재판에 참석하는 외에는 일반인으로부

16) 'Peremptory challenge'를 말하는데, 이는 특정의 배심원에 대하여 이유를 제시하지 아니하고서도 배척할 수 있는 제도를 말한다.

터 격리되지 아니한다. 즉 배심원들은 사건에 관하여 다른 사람들과 논의하지 못하도록 하는 권고를 받고서 집으로 귀가하는 것이 가능하다. 그러나, 판사는 배심원들을 일반인들로부터 차단시키기 위한 필요한 절차를 명령할 수 있다. 특히 어려운 사건의 경우, 배심원들은 재판절차가 진행되는 동안 호텔에서 격리생활을 해야 한다.

6. 배심원의 규모와 평결방법

주 법원 및 연방법원에서는 비용절감을 위하여 배심원단 인원수를 종전 12명에서 최소 6명으로 감축하고 만장일치가 아닌 제한적 다수결제에 의하여 평결을 할 수 있도록 하는 제도개선이 이루어졌다. 38개 주법원은 민사배심원단의 구성원을 6명, 7명, 8명 또는 10명으로 감축하였고, 7개 주법원은 중죄사건에 관한 형사배심원단의 인원수를, 33개 주법원에서는 경죄사건에 관한 형사배심원단의 인원수를 각각 감축시킬 수 있는 규정을 마련하고 있다. 이러한 개혁의 취지는 배심평결의 유효성과 타당성에 별다른 영향을 미치지 않는 범위 내에서 배심제도로 인한 비용을 절감하자는 데 있었다. 그러나 민사재판의 경우 6명으로 구성된 배심원은 그로 인하여 배심평의 과정에서의 예측가능성이 떨어지고 평결액수의 가변성이 높아지는 문제가 있다는 지적도 있다.

연방대법원도 배심원단의 만장일치가 아닌 평결도 합헌이라고 선언하였으나, 중죄사건에 해당하는 형사사건의 경우에는 오리건 주와 루이지애나 주를 제외한 나머지 주들은 여전히 만장일치제를 고수하고 있다. 21개 주법원, 콜럼비아 특별구 법원, 연방법원은 여전히 모든 민사사건에 있어서 만장일치제를 채택하고 있다.

7. 배심재판 사건수, 배심참여 인원수

1999년 미국에서는 약 88,000건의 배심재판이 이루어진 것으로 추산된다. 평균적으로 민사배심에서는 10명의 배심원들로, 형사배심에서는 12명의 배심원들로 배심원단이 구성되고 있는 점을 감안하여, 1999년의 경우 대략 312,000명이 민사배심원으로, 619,000명이 형사배심원으로 종사한 것으로 보인다.

Ⅴ. 미국에서의 배심재판의 통계적 현황[17)]

1. 개 요

미국 배심재판의 현황에 관한 설명은 다음 두 종류의 기본자료, 즉 연방법원의 경우 미국 연방법원행정처(Administrative Office of United States Courts)에서 간행된 Judicial Business: 2001을, 주법원의 경우 미국 주 법원 사법정책연구소(National Center for States Courts, NCSC)에서 간행된 Examining the Work of State Courts, 2001과 1999-2000을 기초로 이루어졌다.

2. 연방법원

연방법원에서 2001년 9월 30일까지 1년간 처리된 총 민사사건과 총 형사사건 중 정식재판(trial)으로 종결된 사건 및 그 중 배심재판으로 종결된 사건의 수는 민사사건의 경우는 1.47%, 형사사건의 경우는 3.59%에 불과하였다.

3. 주 법원

(1) 민사 배심재판 현황

실제로는 다수의 일반 민사분쟁(불법행위, 계약법 및 부동산 분쟁)이 trial 이외의 방법으로 처리되고 있음에도, trial은 여전히 일반 대중의 관심의 대상으로 남아 있음은 분명하다. 이러한 관심은 주로 배심원의 평결내용은 물론이고 그 금전배상액이 미국과 전세계의 기업운영에 미치는 영향에 기인하고 있다고 볼 수 있다. 비판론자들은 배심재판에 의하여 이루어지고 있는 과다한 손해배상액에 대한 불만으로 그 배심평결에 대한 상한액의 제한을 두어야 한다고 주장하고 있고 실제로도 몇몇 주에서는 그러한 제한을 둔 입법적 조치를 취하기

---

17) 김상준, 미국배심재판제도의 현황과 개혁동향 및 그 시사점에 관한 연구, 사법개혁과 세계의 사법제도(2004).

도 하였다. 미국에서의 일반 민사정식재판의 현황을 사건 통계적 시각에서 조명해 보는 것도 배심평결액, 징벌적 손해배상, 불법행위개혁 등 민사재판의 실제 운영국면을 둘러싼 비판적 논의에 기초적 참고가 될 것이다.

1996년 NCSC와 Bureau of Justice Statistics는 일반 민사재판에 관한 현황을 파악할 목적으로 미국 75개 주요 county 법원에서 이루어진 15,638건의 판사재판(bench trial) 및 배심재판에 관한 정보를 수집하였다. CSP의 추정에 의하면 전체 불법행위 사건 중 3.7%, 전체 계약법 사건 중 2.8%가 정식재판에 의하여 처리되었다. 이들 사건 중 판사재판으로 처리된 사건은 4,226건, 배심재판으로 처리된 사건은 10,877건이다.

사건유형 분석의 대상이 된 15,638건의 사건 중 불법행위 사건이 65.7%(10,278건), 계약법 사건이 31%(4,850건), 부동산 사건이 3.3%(510건)를 차지하고 있다.

불법행위 사건 중 가장 다수를 차지하는 것은 자동차손해배상 사건으로서 전체 조사대상 사건의 31.9%(4,994건)에 달하고 있다. 언론과 대중의 관심이 집중되는 사건인 의료과오 사건은 전체의 7.7%(1,201건), 제조물책임 사건은 전체의 1.5%(238건)에 불과하여 그 비중이 그리 높지 아니한 점이 특기할 만하다.

원고의 승소비율을 보면, 전체 사건 중 52.7%가 원고 승소사건이다. 사건유형별로 보면, 불법행위 사건의 원고 승소비율은 48.2%인 반면, 계약법 사건의 원고 승소비율은 62%이다. 다시 불법행위 사건에서 구체적인 사건유형별 원고 승소비율을 보면 자동차손해배상사건이 57.5%, 고의에 의한 불법행위사건이 57%로 비교적 승소비율이 높은 반면, 의료과오사건의 승소비율은 23.4%에 불과하다.

(2) 형사 배심재판 현황

형사배심재판에서 얻을 수 있는 상당수의 자료는 Bureau of Justice Statistics의 National Judicial Reporting Program(NJRP)를 통하여 수집되어, 그 내용은 BJS Bulletin인 1998년 주법원의 중죄양형 현황(Felony Sentences in State Courts, 1998)에 발간된 것이다. 이 자료는 미국 전역의 약 3,100개 county 중 344개에서 표본을 추출한 것이다.

1) 형사배심재판의 비중

주법원에서의 형사배심재판은 상당한 사법자원의 소모를 초래하고 있지만 그 사건수로만 보면 판사재판과 마찬가지로 처리건수가 매우 적음을 알 수 있다.

즉, 유죄판결이 이루어진 사건 중 약 3%가 배심재판으로, 또 약 3%가 판사재판으로 처리되었으며, 나머지 94%의 사건은 이른바 guilty plea 제도에 의하여 종국처리되었다.

예상대로, 재판비율은 강간, 강도 등과 같이 죄질이 나쁜 중죄일수록 더 높았는데, 살인죄의 경우 배심재판의 비율은 거의 40%에 육박하고 있다.

2) 형사재판의 처리일수

체포에서부터 최종 형선고시까지 걸린 사건처리기간은 법원에서의 사건적체 정도, 기일의 연기 관행, 재판서류의 준비 등 여러 요인들에 의하여 영향을 받을 뿐만 아니라, 특히 형사사건의 경우 피고인이 자백을 하였는가 여부도 사건처리시간에 영향을 미치는 매우 중요한 요소 중의 하나이다.

통계를 보면, 강력범죄가 가장 처리일수가 길게 나타났는데, 배심재판의 경우는 333일이, guilty plea의 경우는 184일로 나타나고 있다.

3) 중형선고 사건(capital cases)

주법에서 정한 중형 또는 최고형(사형 또는 무기징역형)을 선택하는 권한을 배심원에게 줄 것인가의 여부에 관하여는 주법원별로 처리 방식이 조금씩 다르다. 대체로 다수의 주가 배심원에게 사형선고의 최종적인 권한을 주고 있다. 그러나 다른 형태로는 배심원은 유무죄만을 판단하고 사형선고 권한을 오직 판사에게만 국한하여 일임하고 있는 방식(애리조나, 아이다호, 몬태나, 네브래스카, 오하이오, 콜로라도 주는 합의부 판사에게 일임), 배심원 또는 판사에게 선택적으로 권한을 부여하는 방식(미주리, 뉴멕시코 주), 배심원의 권고에 따라 판사가 최종결정을 하는 방식(앨라배마, 델라웨어, 플로리다, 조지아, 인디애나, 켄터키 주) 등을 들 수 있다. 배심평결의 방식은 만장일치에 의할 것을 요구하고 있음은 모든 주에 있어서 공통적이다. 사형을 허용하고 있는 주의 경우에는 판사가 직접 형을 정하거나 또는 배심원이 정한 사형을 경한 형으로 변경하는 권한을 부여하고 있는 곳도 있다(앨라배마, 아칸소, 캘리포니아, 델라웨어, 플로리다, 조지아, 인디애나, 캔자스, 켄터키, 오클라호마, 사우스캐롤리나, 버지니아 주).

4) 유죄선고 비율

Court Statistics Project(CSP)는 NACM(전국 주법원 행정협회)의 후원 아래 1993년부터 중죄 형사사건의 업무부담을 대도시지역의 주법원간에 상호비교하기 위한 자료수집작업을 해 오고 있고 여기에 참여하는 법원은 25개에 이르고 있다. 그 결과 1999년 현재 12개 참여 법원간에 배심재판에서의 유죄선고 비율을 비교할 수 있었다. 예컨대, 유죄선고비율은 컬럼비아 특별구 주법원의 56%에서부터 휴스턴 법원의 87%에 이르기까지 비교적 편차가 크게 분포되어 있다.

4 陪審裁判[1)]과 辯護士의 役割

이 장에서는 주로 형사재판에서의 배심재판을 기준으로 서술하였는데,[2)] 형사재판과 민사재판에서의 배심제도는 큰 차이가 없기에 이는 민사재판에도 동일하게 적용된다 할 수 있다. 다만, 원고가 사인이 아닌 국가를 대표하는 검찰이라는 점과 형사사건의 증명의 정도가 더 엄격하다는 점, 형사피고인에게는 증언의무가 없다는 점 및 배심원에 의한 무죄선고시 상소가 불가능하다는 점 등이 민사재판과 다른 형사재판의 특징이라 할 수 있다.

Ⅰ. 배심원 선정

1. 배심원 선정[3)] 절차

배심원 선정의 목적은 배심원후보자의 자격을 정하고 당해 사건의 재판을 할 공정한 배심원을 선정하기 위함이다. 배심원 선정을 위한 형태는 주마다 연방법원인지에 따라 다르다 할 것이다.

일반적으로 연방법원의 경우에는 당해 사건의 판사가 중심이 된 배심원 선정권을 가지며 이에 반해 주 법원은 양측변호인이 중심이 된 배심원이 선정

1) 이에 대비되는 제도가 '판사재판'을 의미하는 "bench trial" 또는 "court trial"이 있다.

2) William Burnham, Introduction to the Law and Legal System of the United States(St. Paul, Minn., West Publishing Co., 2002), 91면 내지 108면.

3) 이는 "jury selection"을 의미하며 "voir dire"라고도 한다.

되는 경향이 강하다.

한편, 배심원이 기피되는 방법으로는 조건부 기피[4]와 무조건 기피제도[5]가 있다.[6] 무조건 기피제도의 대상이 되는 배심원의 수는 주마다 다르나 연방법원의 경우에는 일정하다. 예컨대, 중죄사건의 경우 12명의 배심원에 대하여 검찰은 6명을, 피고인측은 10명의 무조건 기피권을 가진다.

2. 배심원 선정에서의 변호사의 기술

당사자를 위한 변호인의 주된 목적은 자신들에게 가능한 한 동정심을 가질 수 있는 배심원을 선정하는 일이라 할 수 있다. 그러나, 실제에 있어서는 변호사가 배심원의 구성에 영향을 미칠 수 있는 능력은 극히 제한적이라 할 수 있다.

일반적으로 민사재판의 원고 변호사와 형사재판의 피고인의 변호인은 젊고, 서민층인 다양한 인종의 배심원을 선호하는 반면, 민사재판의 피고 변호인과 형사재판의 검찰은 위와 반대되는 성향의 배심원을 선호하는 경향이 강하다. 한편 배심원에 대한 더 세밀한 분석은 주로 배심원선정전문가[7]에 의하여 이루어지기도 한다.

위와 같은 배심원 선정이 끝나면, 배심원은 공정한 재판을 하겠다는 선서를 하고 몇 가지 예비지시를 받게 된다. 배심원들은 그들의 의무와 재판의 형태에 대하여 듣게 된다. 특히 무엇보다도, 배심원들은 열린 마음을 유지하고, 또한 누구와도 사건이 종료될 때까지는 사건을 논의하지 못하도록 권고받는다.

Ⅱ. 모두 진술(opening statements)

배심원이 선정되고 선서가 이루어진 다음, 각 당사자의 변호사는 배심원에

4) "challenge for cause."

5) "peremptory challenges."

6) 영국의 경우 '무조건 기피제도'는 검찰의 경우 1305년에, 피고인의 경우 1988년에 폐지되었다.

7) professional jury selection consultant.

대하여 모두진술을 할 수 있게 된다. 모두진술의 목적은 사건의 사실관계의 대강을 설명하고 배심원에게 원고의 청구 내지 피고의 항변을 제시하는 데 있다. 그 결과 모두진술은 배심원이 사건의 전체 줄거리를 파악하도록 한다. 또한 각 당사자는 배심원이 당사자의 주장을 명확하게 이해할 수 있도록 하기 위하여 증거에 관한 쟁점을 제시하는 것도 가능하다.

배심원들은 모두진술이 "증거"가 아니라 오로지 "증거에 이르는 방향"에 불과하다고 안내받는다.[8] 그러나, 이러한 모두진술이 실제사건에 있어 강력한 설득의 도구가 된다.

한편, 일반적으로 최고의 모두진술은 역사적 순서에 의한 사실관계의 제시라고 알려져 있다.

Ⅲ. 증거의 현출

모두진술이 이루어지고 나면, 재판에서 가장 중요한 각 당사자의 변호인들의 증거의 현출이 있게 된다. 먼저, 원고나 검찰이 그들의 증거를 제시한다. 다음으로 피고인의 변호인이 그들의 증거를 제시한다. 이러한 현출이 이루어진 다음, 원고나 검찰은 반대증거[9]를 현출할 기회를 가진다.

한편, 각 당사자의 변호인은 그들이 필요로 하는 증인을 참석시키고 필요・적절한 서면을 수집할 책임이 있다. 이러한 증인을 출석시키는 행위는 일반적으로 변호사가 법원서기[10]에게 증인출석요구서(subpoena)의 발부를 요청하여 이루어진다.[11]

민사소송에서는, 각 당사자측은 사건에 대하여 알고 있는 자에 대하여 변

---

8) 그 결과 전통적으로 변호사들은 증거의 설명을 증거내용을 말하는 대신 "그 증거는 … 보여줄 것이다" 또는 "검찰은 …을 증명하고자 할 것이다"는 문장으로 시작한다.

9) "Rebuttal case"을 의미하는데, 이는 "반박증거"로도 표현되고 있다.

10) 이는 "court clerk"을 표현한 것인데, 일반적으로 "law clerk"은 "판사보"의 의미이나, "court of clerk"은 법원서기를 의미한다. 미국의 법원서기는 소송기록의 보관, 법원의 소환장의 발송 등의 업무를 담당한다.

11) 일반적으로 법원서기는 변호사에게 증인출석요구서를 공백인 상태로 준다. 최근에는 연방법원은 민사소송에서 변호사에게 법원서기를 통하지 아니하고서 증인출석요구서를 직접 발부할 수 있도록 하고 있다[FRCP 45(a)(3) 참조].

호사의 사무실에서 법정 외 증인신문(deposition)[12]을 요구할 수 있고, 또는 관련된 서류나 정보에 대하여 공개할 것을 요구할 수 있다. 또한 반대당사자와 반대당사자의 증인은 재판 전에 자신들이 알고 있는 사항을 의무적으로 공개하도록 할 수 있다. 위와 같은 증거는 discovery[13]의 한 내용에 포함된다.

형사사건에 있어서는, 증거개시제도가 더 제한적이다.[14] 自己負罪禁止의 原則 때문에, 피고인은 일반적으로 재판 전에 증거를 제시하여야 하거나 또는 증언을 할 것이 요구되지 아니한다.[15] 한편 헌법은 검찰로 하여금 무죄를 증명하는 증거를 공개하도록 하고 있으나 피고인이 검찰의 모든 조사기록에 접근할 수 있는 것은 아니다. 그러나, 검찰이 증언을 위해 준비한 증인이 작성한 서면에 대하여는 피고인이 검토를 위하여 검찰에게 제출을 요구할 수 있다.[16]

---

12) 이는 나중에 법원에서의 사용을 위하거나 discovery의 목적으로 서면으로 옮겨지는 법정 외 증인의 증언을 의미한다. 따라서 이는 우리나라의 형사소송의 '법정 외 증인신문' 또는 민사소송의 '법원 밖에서의 증거조사'와 유사하지만 우리나라는 판사가 참여하지만 미국의 위 제도는 판사가 참여하지 아니하고 양측 당사자와 변호인과 증인 그리고 법원서기가 참여하거나 비디오카메라 등이 설치된 상태에서 실시되는 것이 특징이라 할 수 있다. 여기서도 대륙법계와 영미법계의 차이를 알 수 있는바, 미국의 증거개시제도에는 판사가 참여하는 것이 요건이 아니라 할 것이나, 대륙법계인 한국의 경우에는 판사가 참여하여야 됨을 알 수 있다.

13) 이는 정식재판 전의 절차이며, 그 의미는 '이전에 알려지지 아니한 사항을 알리거나 발견하는 절차 내지 행위' 또는 '당사자의 요청에 의한 강제적 공개제도'라 할 수 있다. 즉, discovery는 "재판 전 증거탐지 및 공개제도"라고 할 수 있고 이를 줄여서 "재판 전 증거개시제도" 정도로 표현함이 적절한 것으로 보인다. 한편 이는 '증거공개절차' 내지 '재판 전 증거탐지제도'로 표현하기도 한다. 이러한 증거개시제도는 민사소송에서 deposition(법정 외 증인신문), interrogatories(반대당사자에 대한 서면질문서), production of documents and things(서면증거와 물적 증거에 대한 제출요구), physical and mental examination(신체감정), demands for admission(자백의 요구) 등의 5가지 유형의 절차에 의하여 증거를 수집하게 된다.

14) 즉, 형사피고인의 증거개시신청권은 그의 방어에 중요한 증거, 면책증거, 그리고 정부가 재판에서 이용하려고 하는 증거 등에 국한되는 반면, 민사사건에서는 계속 중인 사건의 쟁점에 관련된 어떤 증거라도 그것이 일정한 특권에 의해 보호되지 않는 한 증거공개의 대상이 된다. 이처럼 형사절차상의 증거공개 범위가 민사절차상의 그것보다 제한적이라고 할 수 있다.

15) 다만, 지문이나 혈액측정 등은 제공하여야 하며, 또한 알리바이나 심신상실 등의 항변을 하기 위하여는 특별한 검찰조사를 요구하며 이러한 경우 미리 공개되어야 한다. 즉 이러한 경우는 자기부죄금지의 원칙에 해당하지 아니함을 알 수 있다.

16) 연방증거규칙 제612조, 연방민사소송규칙 제26조(2).

변호인이 재판에서 증거의 현출을 하는 방법으로는 다음과 같은 세 가지가 있다.

1. 증인신문[17)][18)]

증인은 오로지 자신의 인식(personal knowledge)에 기초하여 증언하여야 하며, 전문증거를 증언하여서는 아니 된다. 법원의 속기사는 모든 증언과 재판에서의 진술을 축어적으로 기재한다.

증인은 증언에 앞서 선서를 하여야 한다. 주로 성격책에 오른손을 올려 놓고 '진실만을 말할 것'을 맹세하는 형식으로 이루어지나 특별하게 정해진 형식은 없다.

증인신문에 대하여 보면, 증인을 요청한 측이 먼저 주신문(direct examination)을 하고, 반대측이 반대신문(cross examination)의 기회를 가진다. 이후 증인을 요청한 측이 재주신문(redirect examination)의 기회를 가진다. 이후 재반대신문과 재재주신문이 가능한데 이는 모두 판사의 재량사항이다.

증인의 진술내용에 대하여 보면, 증인은 주신문과 반대신문에서 이야기형식으로(narrative form) 증언을 할 수는 없다. 즉 증인은 단지 질문에 대한 답변을 할 수 있을 뿐이다. 특히 이러한 질문-답변 방식으로 인해 반대당사자의 변

---

17) 신문과 심문의 차이에 대하여 살펴보면, 신문은 검사, 변호인, 판사가 사실관계를 알기 위하여 조사를 하는 것이고, 심문은 당사자의 생각을 확인하거나 변명의 기회를 부여하는 것을 의미하는 것으로 보는 것이 적절한 것으로 보인다(이수형, 미국법 오해와 이해, 227면 참조). 즉, 신문은 원칙적으로 검사나 변호인이 피의자, 피고인, 증인 등에게 물어보는 것이고, 이에 반해 심문은 판사가 피의자에게 물어보는 경우에 사용된다고 보는 것이라 할 수 있다. 예컨대, 수사절차에서의 피고인신문, 재판절차에서의 증인신문 등과 같이 검사나 변호인에 의한 질문이 원칙적이며 판사에 의한 질문은 보충적이라는 것을 알 수 있고, 체포 또는 구속적부심에서의 법원의 피의자 심문은 원칙적으로 판사가 피의자에게 질문을 하는 것이고 검사나 변호인의 질문은 보충적이라 할 수 있다는 점에서 심문의 예가 될 수 있는 것으로 보인다. 또한 법제처 발간의 법률용어사례집에서도 위와 같은 의미로 풀이하고 있으며 순우리말로는 둘 다 '캐물음'이라고 기술하고 있다. 이러한 전제하에서 미국법으로 돌아가 살펴보면, 신문의 예로는 증인신문이 있으며, 심문의 예로는 예비심문이 그 예가 될 수 있다. 그러나, 일부에서는 증인에 대한 질문-답변에 대하여 "증인심문"으로 사용하고 있는 예가 있으나(이상윤, 영미법, 475면), 이는 위에서 보는 바와 같이 적절하지 아니한 것으로 생각된다.

18) 이창훈, 미국의 증인신문제도, 재판자료 제80집, 215면 내지 261면.

호인은 당해 질문이 증거능력 없는 증언을 요구하는지 여부를 판단할 수 있는 시간적 여유를 가지며, 그 결과 배심원이 답변을 듣기 전에 반대당사자의 변호인은 이의(objection)를 제기할 수 있다.

(1) 주 신 문[19][20]

주신문은 대개 (ⅰ) 증인의 배경(증인의 인적 사항, 증인의 직업 등), (ⅱ) 사고가 발생한 장소의 설명, (iii) 사고 자체의 설명 등으로 구성된다.

증인신문방식에 대하여 살펴보면 다음과 같다.

1) 증인이 변호사의 도움 없이도 증언을 할 수 있을 만한 능력이 있고 상황과 사건을 보다 자연스럽게 묘사하도록 함으로써 그 증언내용의 신빙성을 높일 수 있다고 판단될 경우에는 서술식 신문방식을 사용한다. 이러한 신문방식이 사용되면 상대방은 질문에 대한 증인의 증언이 있기 전에는 그 증언내용을 예상할 수 없고 따라서 부적법한 증언에 대한 이의를 제기할 기회를 상실하게 되므로, 상대방은 신문자가 증인에게 서술식 대답을 하도록 요구한다는 이유를 들어 이의를 제기하기도 한다. 증언 전부를 이러한 방식으로 하도록 허용하는 법정은 거의 없다.

그러므로, 예를 들어 어느 사건의 상황에 관하여는 증인으로 하여금 이를 서술하도록 하다가도 구체적인 사실을 강조해야 할 부분에 이르게 되면 문답

---

19) 이를 '직접신문'이라고 표현하기도 한다.

20) 한국의 형사소송규칙 제74조는 증인신문의 방법에 대하여 다음과 같이 규정하고 있다.

① 재판장은 증인신문을 행함에 있어서 증명할 사항에 관하여 가능한 한 증인으로 하여금 개별적이고 구체적인 내용을 진술하게 하여야 한다.

② 다음 각호의 1에 규정한 신문을 하여서는 아니 된다. 다만, 제2호 내지 제4호의 신문에 관하여 정당한 이유가 있는 경우에는 그러하지 아니하다.

1. 위협적이거나 모욕적인 신문
2. 전의 신문과 중복되는 신문
3. 의견을 묻거나 의논에 해당하는 신문
4. 증인이 직접 경험하지 아니한 사항에 해당하는 신문

한편, 위 제2항에서의 "정당한 이유가 있는 경우"란, 특히 강조할 필요가 있어 중복신문하는 경우, 실험사실에 대한 의견을 물을 필요가 있는 경우, 진술의 증명력을 다투기 위하여 직접 경험하지 아니한 사실을 물을 필요가 있는 경우 등을 말한다(법원실무제요 형사편 제571면).

식 신문방식을 사용하는 등 그 신문방식을 적절하게 조화시키는 것이 일반적이다.

2) 주신문에서 사용하는 가장 일반적인 방식은 문답식 신문방식이다. 주제와 관련된 일관성이 있는 집중된 신문이 가능하다는 장점이 있으나, 질문의 내용에 따라 유도신문이 될 위험성이 있다. 신문자가 증언의 범위와 방향을 통제하는 적극적인 역할을 하게 되므로 증언내용에 관한 충분한 이해와 사전준비가 필요하다.

3) 유도신문방식

주신문에서의 유도신문은 원칙적으로 금지된다.[21][22] 이를 허용하지 않는

---

21) 한국의 형사소송규칙 제75조는 주신문에 대하여 다음과 같이 규정하고 있다.

① 법 제161조의2제1항 전단의 규정에 의한 신문(이하 "주신문"이라 한다)은 증명할 사항과 이에 관련된 사항에 관하여 한다.

② 주신문에 있어서는 유도신문을 하여서는 아니 된다. 다만, 다음 각 호의 1의 경우에는 그러하지 아니하다.

1. 증인과 피고인과의 관계, 증인의 경력, 교우관계 등 실질적인 신문에 앞서 미리 밝혀둘 필요가 있는 준비적인 사항에 관한 신문의 경우
2. 검사, 피고인 및 변호인 사이에 다툼이 없는 명백한 사항에 관한 신문의 경우
3. 증인이 주신문을 하는 자에 대하여 적의 또는 반감을 보일 경우
4. 증인이 종전의 진술과 상반되는 진술을 하는 때에 그 종전 진술에 관한 신문의 경우
5. 기타 유도신문을 필요로 하는 특별한 사정이 있는 경우

③ 재판장은 제2항 단서의 각호에 해당하지 아니하는 경우의 유도신문은 이를 제지하여야 하고, 유도신문의 방법이 상당하지 아니하다고 인정할 때에는 이를 제한할 수 있다.

22) 현재 한국에서 가장 문제되는 것이 바로 주신문에서의 유도신문이라 할 수 있으며, 이는 피고인신문과 증인신문 모두에 공통적으로 나타나는 현상이라 할 수 있다. 예컨대, 살인사건에 대한 재판에서 피고인에 대한 주신문이 "피해자는 피고인에게 내가 죽었으면 좋겠냐는 질문을 하였지요" "여기에 대하여 피고인은 '니 마음대로 해라'라고 답변을 하였다는 것이지요"라고 되어 있는데(이는 실제 사건의 항목을 그대로 옮긴 것이다), 이는 "피해자가 당시 피고인에게 무슨 말을 하였는가요" "이에 대하여 피고인은 어떻게 답변하였는가요"라고 질문하여야 유도신문이 아닌 것이다. 즉, 유도신문은 질문에 답변 내용이 모두 포함되어 있어 답변자가 '예, 아니오'라고만 답변하는 경우가 대표적으로 이에 해당한다 할 것이다. 또한 교통사고 사건에서, "피고인이 운전한 차량이 피해자의 차량을 들이받은 사실을 목격한 적이 있지요" "당시 피고인의 차는 파란색이었지요"라는 질문은 모두 유도신문에 해당한다 할 것이다.

것은 증인에게 그릇된 기억을 제공하는 것을 방지한다는 점과 증인은 신청한 당사자측에 협조적일 뿐 아니라 신청 당사자는 사전에 증인과 함께 유리한 내용의 증인신문을 준비하여 그 증언내용을 미리 알고 있으므로 법정에서 또다시 유도신문을 할 필요가 없다는 점에 근거한 것이다. 유도신문이라는 상대방의 이의가 있을 경우 그 질문을 허용할 것인지의 여부는 판사의 재량에 달려있다. 이에 관한 결정은 명백한 남용의 위법이 없는 한 항소심에서 번복되지 않는다. 한편 판사는 진실의 발견을 위하여 재량에 의해 증인에게 유도신문을 할 수 있다.

단순한 긍정 또는 부정의 대답만을 요구하는 질문, 희망하는 증언내용을 암시하는 질문, 다툼이 있는 사실을 증명된 것으로 가정하고 이를 전제로 하는 질문 등은 유도신문으로 인정될 수 있다. 그러나 실질적인 관계가 없는 단순한 예비적 사항에 관한 경우, 한 주제에서 다른 주제로 넘어가기 위한 경우, 증인이 명백하게 기억하지 못하는 사항에 관하여 변호사가 그의 기억을 환기시키려는 모든 노력을 한 경우, 적대적 증인의 경우, 증인이 어린이나 정상적인 지능수준을 갖추지 못한 자 또는 의사소통에 장애가 있는 자인 경우, 성범죄의 피해자가 그 피해상황을 증언하는 경우, 이미 상대방으로부터 증거로 제출되어 있는 사항에 관한 경우에는 유도신문이 허용된다. 주신문에서 유도신문은 실제로 크게 문제되지는 않는 것 같다. 그 이유는 상대방에 의하여 즉시 이의가 제기될 뿐 아니라 신빙성이라는 측면에서 보더라도 유도신문방식의 남용은 효과적이지도 않기 때문이다. 또한 이미 사전에 준비된 증인이므로 유도신문의 필요성이 크지도 않을 것이다.

다시 말해, 증인의 주의를 특정한 주제에 집중시키거나 어떤 주제에서 다른 주제로 신문내용을 바꾸거나 또는 증인의 기억을 환기시키거나 적대적인 증인을 신문하는 경우에 유도신문방식은 효과적이다. 또한 증인이 어린이라거나 정상적인 지능수준을 갖추지 못한 자 또는 의사소통에 장애가 있는 경우에는 판사의 허가를 얻어 유도신문의 방식으로 신문을 진행하는 것이 일반적이다. 그러나 이 경우 유도신문이 허용된다고 하더라도 증인이 스스로 진술할 수 있는 것까지 유도해 내지는 않는다. 증인의 신빙성에 손상을 가할 수 있고 증인이 단순히 변호사의 신문만을 그대로 답습하고 있음이 명백한 경우에는 증언이 제한될 수도 있기 때문이다. 그 밖에 증인이 법정에서 증언내용을 기억해 내지 못하거나 잘못된 답변을 하였을 경우 유도신문방식을 사용하여 증인의 기억을 환기시키기도 한다.

4) 증인신문기술

증인을 신문하는 과정에서 단조로움을 피하고 그로 인하여 배심원들이 지루해 하지 않고 증언내용에 지속적인 주의를 기울이도록 하기 위하여 실무상 다음과 같은 방법이 사용된다.

즉, 위의 3가지 신문방식을 적절히 섞어 변화를 주고, 주제를 바꿀 경우에는 이를 알리는 질문을 선행함으로써 배심원들의 혼동을 방지하며, 사건을 묘사하는 경우 가급적이면 보다 강한 인상을 줄 수 있는 표현을 사용하여 선명한 이미지가 지속될 수 있도록 배려하고, 전문용어보다는 일상적인 용어를 사용한다. 또한 답변을 반복시키고자 하는 부분은 이어지는 질문내용에 이를 포함시켜 물음으로써 강조하고, 생동감을 줄 수 있는 적절한 수단, 예컨대, 증인과 일정한 거리를 유지함으로써 자연스럽게 목소리를 크게 하도록 유도하거나 신문사항을 읽어 나가는 대신 증인을 똑바로 보면서 신문함으로써 답변을 적극 장려하고 중요한 답변부분은 곧바로 배심원들을 향하여 증언하도록 하며 증인의 증언에 깊은 관심을 보이는 태도를 취하거나 배심의 주의를 끌기 위해 다소 위치를 바꿔가며 신문하는 등의 방법도 사용된다. 사전에 준비를 하였음에도 증인이 증언도중 증언내용을 기억해 내지 못하는 경우에 이를 적절하게 환기시켜 주는 기술적인 방법으로는 앞서 본 범위 내에서 유도신문을 적절히 활용하거나 기억을 되살리는 데 도움이 될 만한 메모 따위를 사용하는 것이 가장 일반적이다. 그러나 증인이 이전에 그 목격사실을 기록해 둔 자료를 가지고 있는 경우에는 그 자료의 작성 상황에 관하여 신문한 다음 증인으로 하여금 그 내용을 배심을 향해 읽도록 하여 증인의 기억을 보충하는 방법을 사용하기도 한다.

최근에는 최면술이나 약물을 이용하여 증인의 기억을 되살린 다음 증언을 하는 것이 허용되는지의 여부가 논란이 되고 있다. 최면요법에 관하여는 실무상, 그러한 증언은 믿을 수 없다고 하여 허용하지 않는 입장, 반대신문을 통해 그 신빙성을 검증할 수 있는 이상 허용할 수 있다는 입장, 그 증언의 신빙성에 관한 절차적 보장을 전제로 이를 허용하는 입장 등이 대립되어 있으나, 약물요법에 대하여는 전혀 허용하지 않고 있다.

무엇보다도 증인신문방식은 정점을 향하여 진행하는 연극적 배려가 요구된다. 사건의 전후 맥락을 배심에게 충분히 제시해 나가면서 궁극적으로 사건의 핵심부분에 이를 즈음에는 배심원들이 사건의 전모를 완전히 느낄 수 있도록 하는 것은 증거가치의 측면에서 매우 중요하기 때문이다.

5) 증인의 의견의 진술

증인은 사실만을 증언해야 하고 의견이나 추론을 진술하는 것은 원칙적으로 허용되지 않는다. 하지만 의견이나 추론이 증인의 합리적인 인식에 기초하고 있는 경우 또는 증언을 명확히 이해하는 데 도움이 되거나 쟁점이 되는 사실을 결정함에 있어 도움이 되는 경우는 예외다. 실제로 사실과 의견을 구별하는 일은 단순한 문제가 아니다. 그렇기 때문에 실무상 이 원칙의 적용에는 보다 탄력성 있는 태도를 보이는 경향이 있다.

흔히 문제가 되는 것은 증인이 함축적인 표현을 쓰는 경우이다. 예컨대, 피고와 대화를 가졌던 증인이 당시 피고의 태도에 관하여 "매우 초조해 보였다."라는 표현을 사용하는 경우 이는 증인의 의견 또는 인상이라고 할 수 있으나 그 표현이 증인의 개인적인 관찰에 근거한 것으로서 세부적인 사실관계를 요약한 것이라고 볼 수 있다면 허용된다. 이러한 경우에는 그러한 관찰이 이루어진 상황에 관한 신문을 통하여 그 의견이 증인의 합리적인 인식에 기초한 것임을 밝혀야 한다. 최종적인 쟁점에 관한 증언은 종래 배심의 권한을 침해하는 것이라는 이유로 허용되지 않았으나 최근에는 이를 허용하고 있다. 그렇다고 하더라도 단순히 배심에게 어떤 결론에 도달해야 하는지를 말하는 따위의 증언은 허용되지 않는다.

6) 진술녹취서 등의 사용

진술녹취서는 흔히 discovery의 단계에서 정보와 자료를 수집하는 도구로 사용되지만 증인이 법정에서 증언을 할 수 없는 경우에 대비할 목적에서 이루어지기도 한다. 이러한 진술녹취서와, 그 증인이 이전에 행한 증언을 기록한 조서(prior recorded testimony)는 상대방 당사자측에 반대신문의 기회가 주어졌다면 증인이 법정에서 증언할 수 없는 경우에도 전문법칙의 예외로서 증거능력이 인정된다. 이 경우 증거로 되는 것은 그 문서 자체이지만 법정에서 그 문서의 내용을 배심에게 읽어 주어야 한다. 변호사 혼자서 문답내용을 읽기도 하나 때로는 마치 증인신문을 하는 효과를 내기 위하여 답변을 읽을 사람을 선정하기도 한다.

7) 자기측 증인의 신빙성 탄핵

자기측 증인이 중요한 사항에 관하여 예상과 달리 자기측에 불리한 내용의 증언을 하는 경우가 있다. 증인신문을 부적절하게 준비하거나 증인과 협의가 이루어지지 않은 채 증인을 신청하는 경우 또는 중요한 증인이 자기측에 유리한 증언을 해 줄 것인지의 여부가 불확실한 경우에 이러한 문제가 생기곤 한다.

이러한 경우 자기측 증인의 신빙성을 탄핵할 수 있는지가 문제된다. 종래에는 이러한 탄핵은 허용되지 않았다. 이는 당사자로서는 자기의 주장사실을 증명하기 위해서 어느 증인을 신청한 이상 그 증인이 신뢰할 만한 가치가 있음을 표명한 것이라 볼 수 있다는 점 또는 만일 이를 허용한다면 증인을 부당하게 위협하는 결과가 되어 진실한 내용의 증언을 하는 것이 사실상 불가능해진다는 점 등을 그 근거로 삼았다. 그러나 현재 연방증거규칙은 이를 허용하고 있고 대부분의 주에서도 이와 유사한 규정을 두고 있다. 이는 증인의 선정에 있어 당사자에게 실질적으로 선택의 여지가 있는 것이 아니고 따라서 그 증인에게 신뢰를 표명한 것이라 보기 어렵다는 이유를 든다. 하지만 증인이 이전에 자기측에 유리한, 법정에서의 증언과는 모순되는 진술(prior inconsistent statement)을 한 바 있음을 들어 자기측 증인의 신빙성을 공격하는 것은 대체로 이를 허용하지 않는다. 주에 따라서는, 추가적인 증거에 의해 증인의 증언내용의 모순을 증명하는 것은 허용하지 않으나 당해 증인에 대한 질문에 의해서는 이를 허용하기도 하고, 기억을 자극하여 증언을 정정하도록 할 목적의 범위에서만 그 증인에 대해 — 또는 그 증인이 적대적인 태도를 보이는 경우에는 다른 증거에 의해서도 — 이전의 진술에 관하여 질문하는 것을 허용하기도 하며, 이전에 한 모순된 진술이 문서에 의해 이루어졌거나 소송 기타 재판상의 절차에서 이루어졌거나 또는 신문절차에 기해 증언, 진술녹취서 등의 형식으로 이루어진 경우에는 이를 이용하여 자기측 증인의 신빙성을 공격할 수 있다고 하기도 한다.

당사자가 자기측의 증인의 신빙성을 공격할 수 없는 경우라고 해도 그 증언에 구속된다는 것을 의미하는 것은 아니다. 당사자로서는 그 증인이 불리한 증언을 한 후에 다시 다른 증인을 신청해서 그 증언과 모순되는, 즉 자기에게 유리한 증언을 얻어낼 수도 있다. 결국 증인의 신빙성을 결정하는 것은 배심이나 판사가 할 일이므로 배심이나 판사는 증언의 일부분을 진실한 것이라 인정하면서도 다른 부분을 배척할 수도 있는 것이다.

(2) 반대신문[23)]

1) 반대신문은 중요한 사항에 관한 대답을 요구하는 것이 아니라 의문을 제기할 의도에서 행해지는 것이다. 즉, 그 주된 목적은 상대방 증인의 신빙성을 탄핵하는 것에 있다(destructive cross examination). 증인의 신빙성은 다른 증인이나 증거방법에 의해 공격할 수도 있으나 증인의 개인적 행위나 그의 지식의 근거에 관한 사항 등에 관하여는 직접 그 증인을 신문하는 반대신문이 최선의 수단이 되기 때문이다. 뿐만 아니라 다른 증인이나 증거방법에 의해 증인의 신빙성을 탄핵할 수 있다고 하더라도 시간적으로 주신문에 이어 곧바로 행해지는 반대신문은 배심이나 판사에게 더욱 명료한 인식을 주고 또한 시간적 간격으로 인한 은폐시도를 막을 수도 있다는 점에서 효과적이다. 무엇보다도, 다른 증인의 개입 없이 반대신문을 받는 증인의 입을 통해 그의 신빙성을 의심케 하는 증언을 이끌어 낸다면 그 극적인 대조는 탄핵의 효과를 배가시킬 수가 있다.

반대신문의 다른 목적은 상대방의 증인으로부터 자기측에게 유리한 사실을 증명하거나 또는 상대방에게 불리한 사실을 증명하는 데 있다. 증인을 신청한 당사자는 보통 그 당사자에게 유리한 것 이외에는 어떤 것도 묻지 않기 때문에 증인은 주신문에서 필요한 사실의 일부분만을 증언할 뿐이고 그 증언에 관계된 다른 사정은 은폐된 채로 남게 된다. 따라서 누군가가 그 은폐되어 있는 나머지 부분을 찾아내지 않으면 안 되는데, 그 최적임자는 결정적인 이해관

---

23) 한국의 형사소송규칙 제76조는 반대신문에 대하여 다음과 같이 규정하고 있다.

① 법 제161조의2 제1항 후단의 규정에 의한 신문(이하 "반대신문"이라 한다)은 주신문에 나타난 사항과 이에 관련된 사항에 관하여 한다.

② 반대신문에 있어서 필요할 때에는 유도신문을 할 수 있다.

③ 재판장은 유도신문의 방법이 상당하지 아니하다고 인정할 때에는 이를 제한할 수 있다.

④ 반대신문의 기회에 주신문에 나타나지 아니한 새로운 사항에 관하여 신문하고자 할 때에는 재판장의 허가를 받아야 한다.

⑤ 제4항의 신문은 그 사항에 관하여는 주신문으로 본다.

계인인 상대방 당사자일 수밖에 없다. 그러므로 상대방에 의한 신문의 속행, 즉 반대신문은 그 은폐된 사실을 드러내는 가장 유효한 수단이 된다.

상대방에게 반대신문의 기회를 제공한다는 것은 증언의 절대적 요건이므로 이를 흠결한 것은 증언으로서 허용될 수 없다. 그러나 반드시 현실적으로 반대신문이 이루어지는 것을 요구하는 것은 아니다. 상대방으로서는 반대신문의 기회를 포기할 수도 있기 때문이다. 사망이나 계속적인 병 때문에 증인에 대한 반대신문을 할 수 없고 그러한 상황이 증인 자신이나 그 증인을 신청한 당사자의 귀책사유로 인한 것이라면 그 주신문은 각하된다. 상대방 당사자의 동의나 과실에 기한 경우에는 반대신문의 흠결로 이의를 제기할 수 없음은 물론이다. 또한 증인이 주신문 직후에 반대신문을 받을 것을 거부한 경우에는 주신문의 증언은 각하된다.

신빙성 탄핵의 방법은 증인의 유형에 따라 달라진다. 증인의 증언이 과오에 기한 것이라면 그의 관찰능력이나 기억능력, 표현방법 등에 공격이 집중되고, 증인이 위증을 하고 있다면 그가 당해 사건에서 위증을 할 만한 동기나 편견 또는 이해관계를 갖고 있다거나 그가 일반적으로 거짓말을 하는 성향이 있음을 밝히는 방법으로 공격이 이루어진다. 증인의 진실성과 관련하여, 증인이 이전에 사형 또는 1년 이상의 징역형에 처할 중죄(felony)나 사기, 위조, 위증죄 등의 범죄로 인하여 유죄판결을 받은 사실을 들어 증인의 신빙성을 공격할 수 있다. 그러나 유죄판결을 받지는 않았으나 증인의 신빙성과 관계가 있는 증인의 부도덕한 행위, 파렴치한 행위 또는 범죄적 행위를 들어 증인의 신빙성을 공격할 수 있는지의 여부는 판사의 재량에 달려 있다. 이러한 공격이 허용된다고 하더라도 증인의 진실성과 직접적이고 구체적인 관련 있는 범위 내로 제한되고, 추상적이고 일반적으로 증인의 인격을 공격할 수는 없다. 반대신문에서 증인이 그의 신빙성에 관한 질문에 관하여 부인을 하는 경우 그 모순을 밝히기 위하여 추가적 증거(extrinsic evidence)를 제출하는 것은 원칙적으로 허용되지 않는다. 이는 쟁점과 관계없는 부수적 쟁점(collateral issues)에 관한 다툼이 끊임없이 쟁점으로 되는 악순환을 막기 위해서이다.

그러나 다음과 같은 예외가 인정된다. (ⅰ) 증인의 편견이나 이해관계를 증명하기 위해서는 다른 증인을 추가적으로 신문할 수도 있다. 이러한 사실은 배심이 사건을 적절하게 판단하는 데 밀접한 관련이 있기 때문이다. 그러나 대부분 반대신문에서 증인과 당사자와의 관계를 밝힘으로써 이를 입증할 수 있으므로 증인이 그러한 관계를 부인하는 경우에 비로소 추가적 증인을 허용한다. (ii) 증인의 진실성에 관한 공격은 반대신문에 의해야 하고 다른 증인이나 증거를 제출하는 것은 허용되지 않으나 유죄판결의 기록에 의하여 또는 유죄판결사실을 입증할 추가적 증인에 의하여 이를 증명하는 것은 허용된다. (iii) 증인의 정신질환이나 비정상적 정신상태에 관한 사실은 추가적인 증거에 의해 증명할 수 있다. 일반적으로 이에 관한 전문가의 증언이나 병력자료 등을 사용하여 증인의 관찰능력이나 기억능력 등을 공격한다. (iv) 감정인(expert)에게 필요한 특별한 경험능력이 결여되어 있다는 사실을 다른 증인에 의해 증명하는 것은 일반적으로 허용되지 않으나 감정인이 진술한 의견의 기초가 되는 자료에 관하여는 반대신문을 통해서뿐만 아니라 다른 감정인을 통해 그 의견의 근거가 정확한 것인지의 여부를 공격할 수도 있다.

증인의 신빙성을 탄핵하는 가장 강력하고 유용한 방법은 그 증인이 이전에 지금의 증언과 모순되는 진술을 한 바 있음을 제시하는 것이다. 증인의 관찰 또는 기억능력에 관한 공격과 결합되면 증인의 증언이 오류라는 결론을 이끌어낼 수 있고, 증인의 편견이나 이해관계에 관한 공격과 결합되면 증인이 위증을 하고 있다는 결론에 이를 수 있다. 모순되는 진술이라 함은 전체적으로 보아 실질적인 부분에 불일치 또는 모순점이 있는 진술을 의미한다. 그리고 모순 여부의 결정은 법원의 재량에 속한다. 증인이 법정에서 증언한 사실이 실제로 있었다면 이전의 진술에서도 당연히 이에 관해 언급이 있었을 것이므로 그러한 언급이 없다는 사실만으로도 증언의 불일치 또는 모순이라고 공격할 수 있다. 종래에는, 증인의 모순되는 진술을 들어 신빙성을 공격하면서 아울러 그 진술내용을 구성하는 사실을 입증하기 위한 증거로 이를 사용하는 것은 허용되지 않았다. 그러나 현재 많은 주에서는 이를 허용하고 있으며, 연방증거규칙은 재판절차에서 선서를 하고 이루어진 진술이나 진술녹취서에 한해서 이를 허용하고 있다. 이러한 경우 변호사는 그 진술이 신빙성을 보장할 만한 상황에서 이루어졌다는 사실을 입증함과 동시에 법정증언과 그 진술을 대비하면서 법정증언의 모순점을 강조하게 된다. 증인이 이전에 지금의 증언과 모순되는 진술을 한 바 있음을 인정한다면 그것으로 신빙성의 공격은 완료된다. 그러나 증인이 이를 부인한다면 추가적인 증거를 들어 이를 입증하여야 한다. 추가적인 증거를 제출하기 위해서는 증인에게 먼저 그 이전의 진술에 대한 부인 또는 설명의 기회가 주어져야 한다. 이러한 기회는 반드시 반대신문과정에서 주어질 필요는 없다. 반대신문을 마친 이후에야 이러한 진술의 존재를 알게 되었더라도 그 증인을 다시 신청하여 그러한 기회를 줄 수 있는 이상 추가적인 증거를 제출할 수 있다. 종래 반대신문자는 증인이 이전에 한 모순되는 진술에 관하여 묻기에 앞서 증인에게 그 진술이 이루어진 시간과 장소, 상황, 그 내용에 관하여 주의를 환기시키고 진술이 문서로 이루어진 경우에는 그 문서를 증인에게 제시해야 했다.[24] 증인에 대한 불의의 공격을 차단한다는 목적에서 나온 것이지만 신빙성 공격의 효과를 사전에 봉쇄한다는 비판에 따라 그러한 제한은 현재 없어졌다. 다만, 증인이 이전에 모순되는 진술을 한 바 없음에도 마치 그러한 진술이 있었던 것처럼 증인에게 묻는 경우에 대비하여 상대방에게 이의를 제기할 수 있도록 하고 있다. 이때 반대신문자가 이전 진술의 내용이나 그 진술이 이루어진 상황에 관하여 설명을 하지 못하면 법원에 의하여 그러한 신문은 저지된다. 증인에 따라서는 반대신문을 통해 자기측에 유리한 사실을 이끌어 내는 한편 주신문의 답변사항을 공격해야 하는 경우도 있다. 이러한 이중의 목적을 달성하기 위해서 흔히 사용되는 방법은 전반적인 증인의 신빙성을 탄핵하지 않고 다만 주신문의 답변사항에 국한하여 그에 관한 증인의 관찰이나 기억이 과오에 기한 것임을 밝히는 것이다.

2) 자기측 입증사항의 증명 여부

19세기 초까지만 해도 비록 주신문사항과 관련이 없다 하더라도 사건과 관련이 있는 한 모든 사항에 관하여 반대신문을 할 수 있었으므로 반대당사자는 자기측의 입증사항을 증명할 목적으로 반대신문을 할 수도 있었다. 그러나 이를 허용하지 않는 연방대법원의 판례가 1840년경 나온 이후 이는 원칙적으로 허용되지 않는다. 이 원칙은 각 당사자가 자기의 입증사항에 속하는 사실을 제출하기 위한 소송절차의 단계를 각각 나눠 놓고 그 사실에 관한 증거는 본래 그 단계에서만 제출해야 한다는 전제에 놓여 있다. 따라서 뒤의 단계에서 제출해야 하는 반대당사자의 입증사항에 속하는 사실은 반대신문을 통해 증명할 수 없다는 것이다. 그렇다면 주신문에서 드러난 사실의 효과를 수정하거나 이를 반박하는 모든 사실은 그것이 반대당사자의 입증사항의 일부는 아니므로 비록 주신문에서 신문되지 않은 사항이라 하더라도 반대신문의 범위에 포함된

24) The Rule in Queen Caroline's Case.

다고 볼 수 있다. 금지되는 것은 원칙적으로 그 자신의 적극적인 입증사항에 한정되는 것이다. 따라서 현재의 이론은 '주신문의 주제와 관련되는 사항'을 해석함에 있어 완화된 태도를 보이고 있고 소송실무상으로도 반대신문의 범위와 관련하여 상대방이 이의를 하기 전에는 판사가 먼저 그 범위에 관하여 문제삼거나 이를 제지하는 경우는 많지 않다고 한다.

이에 관하여 연방증거규칙은 반대신문을 '주신문의 주제와 관련되는 사항'으로 제한하면서도 법원의 재량에 따라서는 증거제출의 질서를 해치지 않는 범위 내에서 마치 주신문에서와 같이 반대신문을 통해 주신문의 범위를 벗어나는 새로운 사실도 신문할 수 있도록 규정하고 있다.

3) 반대신문의 방식

반대신문에서 유도신문은 폭넓게 허용된다.[25] 증인은 상대방 당사자에게는 적대적인 것이 일반적이고, 반대신문의 주된 목적은 증인의 신빙성을 탄핵하는 데 있으므로 증인이 신문자의 암시에 따라 답변할 위험성은 없기 때문이다. 그러므로 어느 증인이 오히려 상대방 당사자에게 호의를 갖고 있음이 명백한 경우, 예컨대 상대방 당사자측이 반대신문에서 증인의 신빙성을 공격하지 않고 오히려 그 증인으로부터 유리한 증언을 구하는 경우에는 그 반대신문은 주신문과 동일한 기능을 하는 것으로 간주되므로 유도신문이 허용되지 않는다. 유도신문이 허용된다고 하더라도, 증명이 안 된 사실을 증명된 것으로 가정하는 질문, 사실에 반해 어떤 특정한 진술이 이루어졌다고 가정하는 질문 등은 한계를 벗어난 것이어서 허용되지 않는다. 질문의 방식이나 내용이 증인을 부당하게 강박 또는 위협하는 반대신문은 반대신문권의 현저한 남용으로서 허용되지 않는다. 판사는 이러한 남용을 예방하고 제지하여야 할 적극적인 의무가 있다. 주신문에서는 이미 답변된 질문을 반복하여 묻는 것은 부적법하지만, 반대신문에서는 이를 통해 증인의 기억능력을 시험하고 따라서 그가 쉽게 모순에 빠질 수 있는지의 여부를 확인하며 그 증언의 허구성을 드러내 보일 수도 있다는 점에서, 그 적법 여부의 한계를 정하는 것은 법원의 재량에 속한다. 증인이 위증을 하거나 진술을 거부하는 경우 반대신문을 하면서 진실을 말하게 하기 위

25) 앞의 관련법령에서 본 바와 같이 한국에서도 반대신문의 경우 유도신문이 인정되고 있음을 알 수 있다.

해 같은 질문을 거듭하여 묻는 것은 강박적인 신문이 될 뿐 아니라 시간의 낭비가 되기 쉬우나, 경우에 따라서는 진실을 끄집어내고 허위를 폭로하는 가장 예리하고 유효한 수단이 될 수도 있다.

반대신문의 목적이 자기측에 유리한 사실을 끌어내기 위한 경우라면 그를 자기측 증인으로 다시 신청하여 주신문하는 것과 비교하여 어느 쪽이 더 유리할지를 결정해야 한다. 반대신문을 통해 자기측에 유리하도록 도출된 사실이 주신문에서 증언된 사실과 밀접한 관련이 있는 경우에는 반대신문을 통해 이를 신문하는 것이 바람직하다. 이를 통해 적절한 문맥 안에서 주신문을 대체할 수 있고 또한 배심으로 하여금 사건에 있어서 증언의 의미를 충분히 이해하게 할 수 있기 때문이다. 또한 증인이 적대적인 태도를 보이는 경우에는 유도신문을 적극적으로 활용할 수 있으므로 나중에 자기측 증인으로 신청하는 것보다 반대신문의 방법이 유리하다. 주신문을 통해 드러난 증인의 태도와 증인이 갖고 있는 배경으로 인해 배심이 증인에게서 좋은 인상을 받았다면 이는 신청당사자측에 유리한 요소로 작용하게 되므로 이러한 경우에는 반대신문을 통해 그 증인으로부터 자기측에게도 유리한 사실을 이끌어 냄으로써 그 증인을 중립적인 위치로 자리매기도록 하는 것이 필요하다. 한편 피고의 경우 원고의 입증이 끝날 때까지는 자기측 입증을 할 수 없으므로 원고의 입증과정에서 배심이 얻게 되는 인상이나 심증을 뒤흔들기 위해서 반대신문을 통해 자기측에 유리한 사실을 되새겨 둘 필요도 있다.

반대신문을 통해 증인의 신빙성을 탄핵함에 있어서는 무엇보다도 증인에 대한 통제를 확보하고 이를 유지하는 것이 중요하다. 이를 위해 가장 많이 사용하는 방법은 '예, 아니오'의 답변만이 가능한 질문을 하는 것이다. 증인이 답변을 회피하거나 제멋대로 진술을 하는 경우 신문자는 질문에 따른 답변만을 할 것을 요구하고 그럼에도 증인이 이를 무시하는 경우에는 판사에게 도움을 요청하게 된다. 증인이 답변을 회피하는 경우에 때로는 기술적으로 질문을 더욱 세분하여 '예, 아니오'의 답변을 끌어내거나 '예, 아니오'의 답변이 나올 때까지 질문을 약간씩 변형시키기도 하고 증인으로부터 적극적으로 '예, 아니오'의 답변을 받아내는 대신 증인이 질문내용을 부인하지는 않으면서도 단지 이를 인정하고 싶어 하지 않고 있음을 강조하는 우회적인 질문을 하기도 한다. 그 밖에도, 증인이 답변내용을 되새길 기회를 주지 않고 일련의 계속적인 질문을 하거나 증인이 진술을 번복하지 못하도록 이전의 진술을 제시하면서 신문을 하기도 하고, 신문을 함에 있어 증인과 사이에 일정한 거리를 유지하거나 증인의 시선을 잡아 두는 등의 방법으로 증인에 대한 통제를 시도하기도 한다. 반대신문의 가장 강력한 도구는 역시 숙련된 유도신문의 기술이다. 이를 통해 증인의 주의를 원하는 주제로 이끌거나 올바른 답변을 제시하기도 하며 질문을 회피할 수 없게 만들고 더 나아가서는 증인이 밝히기를 꺼리는 사실을 인정하게 만들기도 하며, 또한 어떤 사실을 보다 정확하고 생생하게 드러내기도 한다. 비록 반대신문에서 유도신문이 폭넓게 허용된다고 하더라도 반대신문에 특히 적대적인 태도를 보이지 않는 증인에 대하여는 유도신문을 자제하는 것이 필요하다. 그럼으로써 자기측에 유리한 사실에 관한 신빙성을 높일 수 있기 때문이다. 대부분 반대신문은 논란의 대상이 되지 않는 부수적 사실들을 질문하는 것으로부터 시작한다. 이러한 질문들은 증인으로 하여금 반대신문의 첫 단계에서 계속적으로 단순한 긍정의 답변만을 하게 함으로써 반대신문에 순응하게 만들고 그 결과 쟁점사실에 관한 유도신문에 이르러서도 답변을 회피하거나 우회하는 것을 심리적으로 억제하는 효과를 노리는 것이다. 각 질문은 하나의 사실만을 확인하는 내용으로 단순하고 명백하게 구성되어야 한다. 이렇게 해야 반대신문의 페이스를 조절할 수 있고 신속하게 주제를 바꿀 수 있으며 중요한 세부사실이나 극적인 부분을 강조할 수도 있게 된다. 반대신문의 포인트는 서너 개가 적당하고 증언내용의 사소한 부분에 지나치게 집착해서는 안된다. 또한 결론을 포함하는 추상적이고 일반화된 질문은 피해야 하고, 적대적인 증인이라 하더라도 논쟁적이거나 공격적인 질문은 자제해야 한다. 반대신문에서 '왜' 또는 '어떻게'를 묻는 질문은 답변의 범위에 관한 통제를 포기한다는 의미에서 부적절하다. 반대신문은 증인의 증언이 거짓이거나 잘못된 것일지도 모른다는 의구심을 불러일으키는 정도에서 마쳐야 한다. 끝내 증인의 입을 통해 위증을 확인하려는 무모한 노력은 오히려 역효과를 낼 뿐이다. 반대신문을 함에 있어 신문사항에만 의존하는 태도는 예상 밖의 답변에 즉각적으로 대응할 수 있는 능력을 감소시킨다. 신문사항은 구체적인 것이 아니라 요점에 의한 대략적인 윤곽을 잡는 정도에서 그쳐야 한다.

(3) 재신문 및 그 이후의 신문절차[26)]

1) 재주신문

반대신문이 끝난 후 증인을 신청한 당사자는 주신문에서의 증언과 반대신문에서의 증언 사이에 존재하는 불일치점을 설명할 목적에서 또는 반대신문에 의해 제기된 의혹을 제거하거나 감소시킬 목적에서 또는 반대신문에서 단편적으로밖에 취급하지 않은 사항에 관하여 증인에게 전부를 증언케 하기 위하여 재주신문을 하게 된다.

재주신문은 반대신문의 범위를 넘어설 수 없으나, 그 한계를 정하기란 쉬운 일이 아니다. 결국 판사의 재량사항이 된다. 주신문사항의 단순한 반복은 부적절한 것으로서 대부분 허용되지 않는다. 주신문에서 빠뜨린 사항의 신문은 대체로 허용되고 이 경우 상대방에게 추가적인 반대신문의 기회가 주어짐은 물론이다.

주신문과 마찬가지로 유도신문은 원칙적으로 허용되지 않는다. 그러나 판사에 따라서는 신속하게 신문을 마치고 다음 증인을 신문할 목적에서 재량으로 유도신문을 허용하기도 한다.

반대신문과정에서 증인에게 '예, 아니오'의 답변만을 요구할 뿐 필요한 부연설명을 못하게 한 경우에는 설명이 필요한 그 부분을, 증인이 이전에 한 진술의 전체적인 맥락을 무시하고 그 중 일부만을 떼어내어 그 의미를 왜곡시킨 경우에는 진술의 전체적인 맥락을, 비록 사실이기는 하나 그 부정적인 측면만이 강조된 경우에는 그 긍정적인 측면을 각각 드러내야 한다. 증인이 반대신문과정에서 실수를 저질렀거나 기억을 못한 경우에는 그러한 실수를 정정하거나 기억을 되살릴 수 있는 기회를 주어야 하고, 또한 증인의 관찰 또는 기억능력

---

26) 한국의 형사소송규칙은 다음과 같이 재주신문과 그 이후의 절차에 대하여 규정하고 있다.

제78조 (재주신문)

① 주신문을 한 검사, 피고인 또는 변호인은 반대신문이 끝난 후 반대신문에 나타난 사항과 이와 관련된 사항에 관하여 다시 신문(이하 "재주신문"이라 한다)을 할 수 있다.

② 재주신문은 주신문의 예에 의한다.

③ 제76조 제4항, 제5항의 규정은 재주신문의 경우에 이를 준용한다.

제79조 (재판장의 허가에 의한 재신문)

검사, 피고인 또는 변호인은 주신문, 반대신문 및 재주신문이 끝난 후에도 재판장의 허가를 얻어 다시 신문을 할 수 있다.

이 공격받았다면 증인이 목격한 사건의 내용과 상황에 관한 세부적인 묘사를 이끌어 내어 증인의 관찰 또는 기억능력의 정확성을 보여 주어야 한다. 편견이나 이해관계의 공격에 대하여는 그러한 편견이나 이해관계가 증언의 신빙성을 좌우하는 부적절한 동기로 작용하지 않는다는 사실을 드러내야 하나, 이는 실제로는 어려운 과제이다. 증인이 이전에 주신문에서와 같은 내용의 진술을 한 바 있음을 들어 재주신문에서 증인의 신빙성을 보강하는 것은 일반적으로 허용된다. 이는 반대신문에서 증인의 증언이 거짓이라거나 이해관계 또는 신청당사자측에 의하여 부적절하게 영향을 받아 이루어진 것이라고 공격을 받은 경우에 특히 효과적이다.

2) 재반대신문 및 그 이후의 신문절차

재주신문 이전에는 그 필요도 기회도 없었던 새로운 증거가 재주신문의 단계에서 비로소 관련성을 갖게 되는 경우에는 재반대신문이 필요하다. 재반대신문의 허용 여부는 법원의 재량에 달려 있다. 그 범위는 재주신문에서 제기된 사실에 한정되어야 한다. 불필요한 반복에 불과한 요령부득의 재반대신문은 대부분 엄격하게 제한된다. 재반대신문 이후의 신문절차는 법원의 결정에 의해 진행된다.

(4) 직권신문

1) 판사에 의한 신문[27]

판사는 직권으로 증인을 소환해서 그를 신문할 수도 있고, 또한 당사자가 신청한 증인을 직권으로 신문할 수도 있다. 이러한 판사의 권한은 common law상 널리 인정되어 온 것으로, 모든 주에서 인정되고 있다.

일반적으로, 신문사항이 불명료하거나 답변내용이 배심에게 혼란을 줄 우려가 있을 때 판사는 상대방측의 이의제기를 기다리지 않고 즉각적으로 증인신문에 개입한다.

때로는 적극적으로 쟁점사항에 관하여 광범위하게 직권신문을 하기도 하나, 증인의 신빙성이나 사안에 관한 자신의 견해를 드러내지 않는 범위에서 신

27) 영미법계의 당사자주의에서도 판사에 의한 증인신문이 인정될 수 있다는 점을 주의할 필요가 있을 것이다.

중하게 행동해야 한다는 제약을 받는다.

판사는 직권신문을 한 후에는 보통 신문을 방해받거나 보충받은 당사자측에게 추가적인 질문이 있는지의 여부를 물어 신문의 기회를 준다.

그러나 판사의 신문에 관하여도 이의를 제기할 수 있다. 이 경우 변호사는 자리에서 일어나 판사석으로 다가가도 되는지를 정중하게 물은 다음 판사석으로 다가가서 이의를 제기하는 것이 일반적이다.

2) 배심에 의한 신문

배심원이 증인을 신문하는 것은 일반적으로 인정되지 않는다. 오랜 법적 관행이라거나 배심에 대한 근본적인 불신, 이를 인정할 경우 야기될 소송과정에 대한 통제의 상실 등을 근거로 삼는다. 그러나 최근 들어 일부 주에서는 사실의 발견자로서 배심이 담당하는 역할의 중요성을 강조하면서 이를 인정하고 있다.

이 경우 배심원은 쌍방에 의한 신문이 끝난 후 서면으로 질문을 제출할 수 있다. 쌍방 대리인이 질문내용을 검토한 결과 이의가 없다면 판사가 이를 증인에게 묻는다. 이와 관련하여 쌍방은 추가적인 질문을 할 수 있다. 질문에 관하여 이의가 있고 그 이의가 이유 있다고 인정되면 질문은 허용되지 않고 그 허용되지 않는 이유에 관하여 판사가 배심원에게 설명을 해 준다.

배심에 의한 신문을 인정하면 사실의 발견자로서 배심이 갖는 중립적 지위가 흔들리게 되고 예기치 않은 배심의 질문으로 인해 변호사의 소송전략이 방해받을 수 있는 점에서, 그 허용여부에 있어 소극적일 필요가 있다 할 것이다.[28)]

---

28) 국민의 형사재판 참여에 관한 법률 제41조 제1항은 다음과 같이 규정하고 있다.

제41조 ① 배심원과 예비배심원은 다음 각 호의 행위를 할 수 있다.

1. 피고인·증인에 대하여 필요한 사항을 신문하여 줄 것을 재판장에게 요청하는 행위
2. 필요하다고 인정되는 경우 재판장의 허가를 받아 각자 필기를 하여 이를 평의에 사용하는 행위

위 법률에 따르면 한국의 형사재판에서의 배심재판의 경우, 배심원이 증인에 대하여 재판장의 허가를 받아 신문할 수 있다고 규정하고 있는데, i) 배심원은 원칙적으로 소극적 판단자라는 점, ii) 한국에서의 배심재판은 현재 합헌성 여부가 문제되고 있다는 점에서 배심원이 증인신문을 할 수 있도록 함으로써 사실관계의 확정에 관여할 수 있도록 하는 것이 적법한지 의문이라는 점에서, 위 조항은 고려될 필요가 있다 할 것이다.

2. 이 의(objections)[29]

배심원은 선고를 하는 데 있어 논거를 설명할 필요가 없다. 그 결과, 배심원이 사건을 판결함에 있어 부적절한 증거를 신뢰하지 않도록 하는 최선의 방법은 배심원이 당해 증거를 전혀 듣지 못하도록 하는 것이다. 재판에 있어 이를 위한 최고의 방법이 바로 제시된 증거가 부적절한 증거라는 이의를 변호사가 제기하는 것이라고 할 수 있다. 이에 이하애서는 이의의 형태, 이의의 효과 등에 대하여 자세히 살펴보고자 한다.[30]

이의는 대체로, 증거능력(competence of evidence)이 없는 부적법한 증거를 배제하거나, 비록 기각되는 한이 있더라도 항소에 대비하여 기록으로 남겨둘 목적에서, 또는 상대방의 반대신문으로부터 자기측 증인을 보호하기 위하여, 때로는 상대방측 신문을 방해하기 위한 의도에서 이루어진다.

부적법한 증거 또는 부적절한 질문에 대한 이의는 그 증거의 제출 또는 답변 이전에 제기되어야 함은 물론이다. 그러나 이미 증거가 제출되었거나 답변이 이루어진 경우 또는 질문 자체에는 문제가 없었으나 답변이 전문진술 따위의 부적법한 내용을 포함하는 경우에는 이의 및 삭제신청(motion to strike)을 하여 그 증거나 답변을 배제시켜야 한다. 이 경우 판사는 배심원들에게 이를 증거로서 고려하지 않도록 설시하게 된다.

증인신문이 부적법한 내용을 포함할 것으로 예견되는 경우 일방 당사자는 사전에 그 내용에 관하여 이의를 신청할 수 있다. 이를 'motion in limine[31]'라고 한다. 통상적으로는 본안절차의 개시 전에 서면으로 신청하나 흔히 본안절

29) 한국의 형사소송관련법령에서는 미국법에서와 같은 의미의 "이의"제도가 인정되지 아니한다. 이는 배심제도를 바탕으로 한 미국법의 당사자중심주의제도를 특징으로 하는 미국법과 달리 대륙법계의 판사중심주의제도를 기본으로 하고 있는 한국에서는 재판장인 판사가 이를 조절하는 것으로 보고 있기 때문인 것으로 사료된다. 나아가 미국의 형사소송절차나 민사소송절차에서는 증인신문사항을 서면으로 제출하지 아니함에 반해, 대륙법계인 한국의 경우 판사는 언제든지 서면의 증인신문사항을 제출하도록 명할 수 있으며 만일 이를 이행하지 아니하면 증거결정을 취소할 수 있도록 하고 있는바, 이 역시 미국법과 큰 차이를 보이는 점이라 할 수 있다.

30) William Burnham, Introduction to the Law and Legal System of the United States(St. Paul, Minn., West Publishing Co., 2002), 99면 내지 100면.

31) 이는 "사전 비공개신청"이라고 표현될 수 있다.

차의 개시 직전에 판사실에서 구두로 이루어지기도 하며 때로는 본안절차 도중에 증인신문에 앞서 제기하기도 한다. 신청이 받아들여지면 해당 신문은 허용되지 않는다.

증인신문과정에서 이의는 주로 주신문에서 유도신문이 이루어지거나 입증되지 않은 사실을 입증된 것처럼 전제하여 신문하는 경우에 제기된다. 실무상으로는 유도신문의 내용이 중요하거나 논란이 되는 사항을 포함하고 있는 경우 또는 신문자가 습관적으로 유도신문을 하는 경우가 아니라면 유도신문을 이유로 한 이의는 대체로 기각된다.

반대신문에서 또는 적대적 증인에 대한 주신문에서의 이의는 종종 신문자가 증인으로부터 증언을 이끌어 내기보다는 배심을 겨냥해서 증인의 신빙성에 의문을 제기하는 내용의 논쟁적인 질문을 하는 경우에 제기된다.

앞서 본 바와 같이 증인으로 하여금 증언내용의 전부를 서술하게 하는 신문방식은 부적법한 내용의 증언이 제시될 위험이 있다는 이유로 이의의 대상이 되곤 한다. 배심재판에서는 증인이 적절한 사항만을 증언할 능력이 있음이 명백하지 않은 한 그러한 신문은 대체로 제지된다.

2개 이상의 신문사항을 묶어서 하나의 질문으로 묻는 것은 일반적으로 이의의 대상이 된다. 이는 증인에게 혼란을 주고 답변내용이 모호해지기 때문이다.

이미 답변된 질문을 반복하여 묻는다는 이유로 이의가 제기되기도 한다. 그러나 앞서 본 바와 같이 반대신문에서는 반복적인 질문이라 하더라도 허용되는 경우가 적지 않다. 동일한 쟁점사실을 입증하기 위하여 여러 증인을 신문하는 것에 대하여는 중복적(cumulative)이라는 이유로 이의를 제기할 수는 있어도 반복질문이라는 이유로 이의를 제기할 수는 없다.

주로 증거의 관련성(relevancy)을 다투는 이의가 제기된다. 관련성은 증거가치(probative value)의 유무 및 그 정도와 요건사실이나 항변사실(material facts)과의 관련성 여부(materiality)를 기준으로 결정되나, 때로는 증거가치가 별로 없더라도 그 증거의 존재가 배심원들에게 도움이 된다면 관련성을 인정한다.

형식적 증인능력에 관하여는 아무런 제한이 없으나, 증인이 사건에 관하여 개인적 경험을 통해 아는 바가 없다거나(lack of personal knowledge) 알고 있는 사실을 법정에서 진술할 만큼 충분히 기억하지 못한다면 그는 증인으로서 적격이 없으므로 이를 이유로 이의를 제기할 수 있다. 증인이 사건에 관하여 알고 있는지의 여부가 불분명하다면 판사는 이의를 제기한 변호사로 하여금 예비신문을 하도록 할 수 있다.

전문증거(hearsay evidence)는 원칙적으로 허용되지 않으나 많은 예외가 인정되고 있으므로 이의를 제기하기에 앞서 증언이 전문진술에 해당하는지, 그 전문진술로 무엇을 입증하려고 하는지, 그것이 전문법칙의 예외에 속하는지의 여부를 판단하여야 한다.

그 밖에, 증언거부권(privilege)이 있는 증인을 신청하는 경우, 증인의 의견진술이 연방증거규칙 제701조의 요건에 어긋나는 경우, 제출되지 않은 증거에 관하여 증인에게 묻는 경우, 문서의 내용을 입증하기 위하여 그 문서를 제출함이 없이 이를 증인에게 묻는 경우도 이의의 대상이 된다.

이의를 제기함에 있어서는 질문과 답변으로부터 이의의 이유가 명백한 경우가 아니라면 반드시 그 이유를 정확하게 밝혀야 한다. 형식에 관한 이의는 대부분 추가적인 이유의 설명을 요하지 않으나 내용에 관한 이의는 그 의미를 배심에게 알려 준다는 의미에서 다소 구체적으로 이유를 밝힐 필요가 있다. 그렇다고 해서 배심을 겨냥한 장황한 변론조의 이의는 허용되지 않는다.

일련의 신문사항 전체에 관하여 이의를 제기해야 할 필요가 있는 경우에는 각각의 신문사항에 관하여 개별적인 이의를 제기함이 없이 신문사항 전체에 관하여 '계속적인 이의'를 제기한다.

이의는 앉아 있는 상태에서가 아니라 일어나면서 제기하는 것이 법정의 권위에 대한 존경을 표시한다는 의미에서뿐 아니라 그 이의를 강력하고 위엄이 있도록 보이게 할 수도 있다는 의미에서 적극 권장된다.

한편, 부적절한 이의의 제기는 배심에게 좋지 않은 인상을 주고 때로는 이의의 대상이 된 증언의 중요성을 강조하는 역효과를 낼 수도 있다. 그러나 경우에 따라서는 비록 이의가 기각된다 하더라도 배심으로 하여금 이의의 대상이 된 증언에 관하여 의심을 품게 하는 효과를 가져 올 수도 있으므로 적절하게 이의를 제기하는 기술은 매우 중요하다 할 수 있다.

형식에 관한 이의에 대하여는 대부분 즉각적으로 결정이 이루어지지만 내용에 관한 이의를 둘러싸고는 흔히 상대방과 공방이 벌어지곤 한다. 대부분의 경우 양측 변호사가 판사석으로 다가가서 공방을 주고받지만 때로는 휴정을 선언하고 배심원들을 퇴정시킨 후 법정이나 판사실에서 또는 변론을 잠시 중단하고 배심을 법정에 남겨둔 채 판사실에서 이루어지기도 한다. 논란이 되는 증거의 허용 여부에 관한 다툼이 배심원들에게 노출되는 것을 막기 위해서다.

이러한 공방과정에서 이의의 상대방측, 즉 신문자측은 이의의 대상이 된 그 답변이 어떠한 내용으로 이루어질 것인지를 판사에 설명하여 그 증언내용의 성격과 목적을 명확하게 밝혀야 한다. 판사가 그 답변내용에 관하여 이러한 설명의 기회를 주지 않고 곧바로 상대방의 이의를 인용한 경우에도 신문자는 판사에게 이러한 설명의 기회를 요청하곤 한다. 항소를 위하여 기록으로 남겨야 될 뿐 아니라 경우에 따라서는 판사가 자신의 결정을 번복할 수도 있기 때문이다.

판사에 따라서는 이의에 관하여 결정을 내리지 않거나 결정을 내리더라도 기각되었는지 인용되었는지의 여부를 판가름하기 어려울 정도로 애매하게 결정을 내리는 경우가 있다. 이러한 경우에는 이의를 제기한 측에서 판사에게 결정을 촉구하거나 그 결론을 되물어 확인하는 조치를 취해야 한다.

이의가 기각되었다고 공공연하게 판사에 대한 불쾌감을 표시하거나 판사에게 항의를 계속하는 경우 일반적으로는 판사석 앞에서 경고를 받는 것으로 그치지만 심한 경우에는 법정모욕의 제재를 받기도 한다.

많은 경우 이의는 형식에 관한 것이므로 이의가 인용된다고 하더라도 신문의 형식을 적절하게 수정하기만 하면 궁극적으로 그 신문은 허용된다. 그러므로 신문자는 언제나 이의에 대비하여 대체방법을 고려하여야 한다.

증인이 사건에 관하여 개인적 경험을 통해 아는 바 없다거나 알고 있는 사실을 법정에서 진술할 만큼 충분히 기억하지 못한다는 이유로 이의가 제기되었으나 이에 관한 판단의 자료가 충분하지 않은 경우 결정을 위한 자료의 수집을 위하여 일반적으로 사용되는 방법은 이의를 제기한 측에 의한 예비신문이다. 예비신문 결과 증인의 적격이 있다고 판명되는 경우에는 주신문이 속행된다. 예비신문은 증인의 적격 여부에 관한 주신문과정에서의 사전 반대신문에 지나지 않으므로 이 범위를 넘어서는 신문이 허용되지 않음은 물론이다.

증거가 어떤 목적을 위해서는 허용되나 또 다른 어떤 목적을 위해서는 허용되지 않는 경우 허용되는 목적을 위해 제출된 증거에 대하여 허용되지 않는 목적을 들어 제기하는 상대방측의 이의는 기각된다. 그러나 이러한 경우 상대방측은 판사로 하여금 배심원들에게 그 증거의 허용목적이 제한되어 있다는 점에 관하여 설명하여 줄 것을 요구하게 된다.

3. 물적 증거 등의 현출

(1) 현출(exhibits)의 중요성

현출의 대상은 물적 증거(items of tangible evidence)이며, 이는 재판 중 증거로 인정받은 진정한 문서나 물건이어야 한다. 현출이 중요한 이유는 배심원이 증언보다 더 큰 비중을 두는 경향이 있기 때문이다. 즉, 물적 증거는 증인이 과장하거나 기억나지 않는다고 할 수 없기 때문이다. 나아가 배심원들은 물적 증거를 배심원 평의실에서 반복해서 읽고 검토할 수 있는 반면 증언은 오로지 배심원의 기억에만 남아있을 뿐이다.

(2) 현출되는 증거의 종류[32)]

---

32) 미국법의 경우 민사소송이나 형사소송의 증거법은 원칙적으로 공통된다 할 수 있다. 이에 반해 한국의 경우에는 양자는 원칙적으로 분리되어 있다. 한국의 형사소송의 경우 증거의 종류로 인증, 물증, 서증으로 구분하고 있고, 물증은 통상의 증거물과 증거물인 서면으로 구분하며, 서증이란 서류의 기재내용이 증거로 되는 경우로서 그 작성자 또는 작성단계를 불문한다고 보면서 서증을 증거서류와 증거물인 서면으로 구분하고 있고, 나아가 양자의 구분과 관련하여 실무에서는 서류의 내용만이 증거로 되는지 아니면 그 밖에 서류의 존재 또는 상태도 증거로 되는지를 기준으로 구별하고 있다. 이에 따르면 서류의 의의와 내용이 증거로 되는 것이 '증거서류'이고 그 밖의 서류의 존재 또는 상태까지도 증거로 되는 것을 '증거물인 서면'이라고 보며, 공판조서, 피의자신문조서, 검증조서 등이 당해 사건과 관련하여 작성된 것이든 아니든 간에 모두 '증거서류'이고, 위조문서, 허위고소장, 협박편지, 명예훼손수단인 인쇄물, 음란문서 등은 '증거물인 서면'에 해당한다고 보고 있다(한편, 서류를 절취한 내용의 절도죄에 있어서 장물인 그 서류, 문서를 은닉한 내용의 문서손괴죄에 있어서 은닉된 그 문서 등은 '통상의 증거물'이라 보고 있다). 이에 대하여는 서증을 서류와 증거서류로 구분할 필요가 없다고 보는 견해도 있다(주석형사소송법(4) 제280면). 한편, 미국법에서의 '설명하는 증거'는 한국의 형사소송에서는 별도의 증거의 종류가 아닌 물적 증거의 한 형태로 보고 있다. 다음으로 한국의 민사소송을 보면, 형사소송과 크게 다르지 않다고 볼 수도 있으나(그러나 형사소송과 달리 변론주의와 처분권주의를 특징으로 한다는 점을 강조하면서 민사소송법의 증거법이 형사소송의 증거법과는 다르다고 보는 견해가 지배적이라 할 수 있다) 일반적으로 인증, 물증, 서증으로 기술하지 아니하고, 본증과 반증, 직접증거와 간접증거로 나누어 증거의 종류를 설명하고 있다(주석 민사소송법(5) 제3장 증거편). 한편 민사소송법은 증거와 관련하여 증인, 서증, 검증 등으로 구분하고 있으며 여기에서 서증은 문서의 의미, 내용을 증거자료로 하는 증거방법이라고 보면서 공문서와 사문서, 처분문서와 보고문서, 원본, 정본 등으로 구별하고 있을 뿐이고 증거서류와 증거물인 서류의 구별문제는 논의하고 있지 아니하고 있다.

현출되는 증거에는 세 가지의 형태가 있다. 즉, '물적' 증거,[33] '설명적인' 증거,[34] '서류증거[35]'가 그것이다.

물적 증거는 살인사건에서 총이나 피 묻은 옷 등과 같이 분쟁과 관련된 유체물을 의미한다. 설명적인 증거는 교통사고가 발생한 교차로의 도면이나 범죄현장인 집의 층별 도면도 등과 같이 법정에 가져올 수 없는 것을 제시하는데 사용되는 증거를 말한다.[36] 서류증거는 당해 사건과 관련된 모든 서면(any writings relevant to the case)을 포함한다.

(3) 현출의 절차

증거의 현출의 절차는 다음과 같다. 변호사는 ① 법원서기로 하여금 증거에 대한 확인을 위하여 번호를 표시하도록 하여야 하고, ② 증거를 반대측 변호사에게 제시하여야 하며, ③ 증거능력이 인정되기 위한 근거를 제시하여야(laying a foundation) 하고, ④ 증거신청을 하여야 한다.

위의 절차 중 세 번째 절차가 가장 중요하다 할 것인데 이에 대하여 더 자세히 살피고자 한다. 즉, 증거능력이 인정되기 위한 근거를 제시하여야 함에 있어서는, 증거능력이 인정되기 위한 법적 선행요건들(legal prerequisites)이 존재한다는 사실을 변호사는 판사에게 충족시켜야 한다. 이러한 근거의 제시는 대개 증언에 의하여 이루어지며 증인이 한 명 이상인 경우도 많다. 근거가 인정되고 나면 증거신청을 위해 변호사는 판사에게 "저는 34번이 증거로 인정되기를 신청합니다"라고 말한다. 판사는 반대측 변호사로부터 이의를 들은 후 결정을 하게 된다.

---

33) 'real evidence.'

34) 'demonstrative evidence'를 말하는데, 이를 본서와 같이 물적 증거와 구별하는 견해도 있으나, 이를 real evidence의 한 종류로 보는 견해도 있다.

35) 'documentary evidence.'

36) 미국법에서의 이러한 증거에 대하여 한국 형사소송에서는 이를 물적 증거인 증거물 중에서 특수한 지위를 차지하는 것으로 보고 있고 이는 서증조사가 아니라 검증에 의한 증거조사를 거치면 증거가 된다고 보고 있다.

Ⅳ. 지시평결신청(피고의 판사에 대한 청구기각신청 또는 피고인의 판사에 대한 무죄평결의 신청)[37)38)]

이러한 신청은 증거의 제출된 이후 사건이 배심원들의 심리에 넘겨지기 전에 이루어지는 절차라 할 수 있다.

이는 원고측이나 검찰이 증거를 모두 제출한 후, 상대방측 변호사가 원고측이나 검찰의 불충분한 증거에 대하여 판사에게 청구기각신청 내지 무죄판결을 신청하는 경우를 말한다. 즉, 검찰이나 원고측이 충분한 증거를 제출하지 못하는 경우, 상대방측이 판사에게 청구기각신청 내지 무죄판결이 이루어지도록 배심원들을 지도해 줄 것을 요청하는 것을 말한다.

한편, 원고측이나 검찰 역시 판사에게 자신에게 유리한 판결이 내려지도록 신청을 할 수도 있으나, 이는 대부분 받아들여지지 아니하고 있다.

Ⅴ. 최종변론(closing argument)[39)]

쌍방으로부터 모든 증거가 제출되고 조사가 완료되고 나면, 민사소송에서는 원고 그리고 피고측의 순서로 최종변론이 이루어지는 반면, 형사소송에서는

37) 이를 통틀어 "motions for a directed verdict"라고 하는데 이는 '지시평결신청' 내지 '판사의 지시에 의한 평결신청'으로 번역될 수 있는데 본서에서는 전자를 사용하고 있으며, 한편 연방민사소송에서는 "motion for judgment as a matter of law"라고 하고 연방형사소송에서는 "motion for judgment of acquittal"이라고 불리기도 한다.

38) 이는 "summary judgement"와 비슷한데, summary judgement는 정식재판 이전 단계의 제도임에 반해 directed verdict는 정식재판에 회부된 후 증거조사시점에서 이루어지는 신청제도라는 점이 중요한 차이라고 할 수 있다.

39) 한국의 형사소송에서는 최종변론 내지 진술에 있어 검사, 변호인, 피고인의 순서로 이루어지고 있다. 여기에서도 피고인은 소송의 주체라기보다는 사실상 객체의 지위에 있음을 알 수 있다(즉, 만일 실질적 주체라면 검사와 대응하는 변호인의 진술만 필요할 것이기 때문이다. 다만, 이에 대하여는 직권주의의 표현이라고 볼 수는 있을 것이다). 따라서, 한국도 배심재판을 도입하고자 한다면 피고인이 최종진술부분에 대한 검토가 요구된다 할 수 있다.

대부분 검찰이 먼저 발언을 하고 나면 피고인측이 반박을 하게 되며, 이에 대하여 다시 한 번 검찰 측이 응답을 한다. 다만, 연방절차에서는 변호인이 그 검사의 변론에 반박을 가한 경우에만 검사는 두 번째의 최종변론을 행할 수 있게 되어 있으므로 검사가 처음에 상당히 간단한 변론을 행하고 변호인이 자기측의 변론을 포기해버리면, 검사는 두 번째의 변론을 행할 수 없게 되고, 결국 배심에게 충분히 뜻하는 바를 전하지 못하여 무죄로 되어버리는 수도 있을 수 있다.

한편, 민사소송에서도 원고는 피고의 최종변론을 반박하는 변론을 할 수도 있으나 이는 피고의 최종변론을 반박하는 범위 내에서 이루어져야 한다.

이러한 최종변론은 당해 사건에 있어 양측 변호사가 배심원들에게 직접적으로 사건을 논하고 그들을 설득하도록 주어진 기회라고 할 수 있다.

여기에서는 사실관계를 추론하거나 법률문제를 논할 수도 있고 증인의 신빙성을 탄핵할 수도 있다. 그러나 양측 변호사는 증거능력 없는 증거나 지나친 선입견[40]이 주어지는 의견을 진술할 수는 없다.

대부분의 경우, 사건의 중요한 쟁점을 주장하고, 이러한 각 쟁점과 현출된 증거를 연관시키며 불리하거나 상충되는 증거를 정리하고, 배심원들이 적용해야 할 법률관계와 증거관계를 연결하는 변론을 한다.

요컨대, 배심원들이 원하고 필요로 하는 것은 증거를 요약하는 것이 아니라 각 증거가 무엇을 의미하고 있는지를 안내받는 것이라고 할 수 있는데, 이러한 역할을 하는 것이 최종변론의 목적이라고 할 수 있다.

Ⅵ. 판사의 배심원에 대한 설명(jury instructions)

1. 설명의 내용

모든 증거의 현출과 조사 및 최종변론이 끝나고 나면,[41] 판사는 배심원들에게 당해 사건에 적용해야 할 법을 설명한다. 이는 때대로 "charge to the

---

40) 예컨대 "피고인은 흑인이므로 유죄이다"라는 식의 변론을 말한다.

41) 어떤 州에서는, 배심원에 대한 설명이 최종변론 전에 이루어지기도 한다.

jury"라고 불리기도 한다.

많은 주에서는 배심원에 대한 설명의 양식이 주 대법원에 의해 만들어져 있기도 하다. 그러나 모든 사건이 위와 같이 정해진 양식으로 해결되지는 아니한다 할 것이다.[42)]

또한 위 설명에는 배심원이 당해 사건을 결정하고 증거를 평가할 방법을 규정한 법이 포함되어 있기도 한다.

한편, 배심원들은 그들의 대표격인 대표배심원(foreperson)을 선출한다.

2. 증명의 기준 내지 정도

형사사건에 있어서는, 증명의 기준이 "합리적인 의심 이상의 증명(proof beyond a reasonable doubt)"이다. 따라서 배심원은 피고인이 범죄를 저질렀다는 합리적 의심 이상의 증명이 되는 경우에만 유죄로 할 수 있고, 피고인의 유죄에 대하여 합리적인 의심을 가진 경우이면 무죄로 하여야만 한다.

민사사건에 있어서는, 증명의 기준을 "증거의 우위성(preponderance of the evidence)"이라고 하며, 이는 때때로 "더 큰 비중의 증거(greater weight of the evidence)"라고도 한다. 한편, 이러한 증명의 정도보다 한층 높고 형사소송의 증명의 기준보다 낮은 증명의 기준이 바로 "명백하고 확신을 주는 증거(clear and

---

42) 여기에는 통상 배심에게 설시되어야 할 기본적 사항, 예컨대 증명책임은 검사측에 있다는 것이나, 증명은 "합리적인 의심을 넘는" 정도로 될 필요가 있다는 것, 그리고 합리적 의심에 불과하면 무죄의 평결을 해야 하고, 합리적 의심을 넘는 증명이 되었다고 생각하면 유죄로 할 것, 또 예컨대 절도죄의 사건이라면 그 범죄구성요건, 말하자면, 타인의 재물을 절취한 것, 그 재물은 법정의 가격 이상의 가치가 있는 것이었던 것 등이 적혀 있다. 이것에 더하여, 양 당사자측으로부터 특정의 사항에 대해 특히 배심에게 설시하고 싶을 때에는 그 취지의 청구를 한다. 실제상으로는 주로 변호인측으로부터 그 주장하는 항변(defense)에 대해 설시의 청구가 행하여지는 수가 많지만 검사측에서도 이 청구를 하는 수가 있다. 그리고 이러한 특별한 설시의 청구가 있었을 때에는 판사, 검사, 변호인 3자간에 협의를 행하여 설시사항을 결정하는 것이다. 이렇게 하여 판사가 최종적인 설시의 안을 작성하면 그것에 대해 양 당사자에게 이의를 낼 기회가 주어진다. 당사자는 자기편이 청구한 것이 그 안에 담겨져 있지 않을 경우에는 이의를 낸다. 그리고 이러한 청구 및 이의는 기록에 남기기 때문에 그 청구나 이의가 부당하게 배척되어 설시되어야 할 사항이 설시되지 않았다거나, 역으로 설시되지 말아야 할 사항이 설시되었을 때에는, 상소에 의해 그 점을 다툴 수 있다.

convincing evidence)"라는 기준이 있는데, 이는 부모의 권리의 박탈이나 비자발적 정신병원의 입원과 같은 심각한 결과를 가진 몇몇 민사소송에서 요구되는 기준이다.

이러한 각 소송의 증명의 기준을 숫자로 표시해 보면, 형사소송의 기준은 95% 정도이고 일반 민사소송의 기준은 51% 정도이며 특수 민사소송의 기준은 75% 내지 80% 정도로 표현될 수 있다.

판사에 의한 위와 같은 설명에도 불구하고, 배심원들이 판사에게 도움을 요청하지 아니하는 한, 법에 대한 오해 내지 착오를 직접적으로 통제할 방법은 없다. 그러나 판사는 사실관계나 법률사항을 전혀 고려하지 아니한 채 이루어진 평결에 대하여는 무죄판결을 제외한 모든 평결을 무효로 할 수 있다.

3. 증거에 대한 판사의 논평(comment)

일반적으로 미국의 판사들은 증거를 요약하지도 아니하며 이를 논평하지도 않는다.[43] 이론적으로 연방법원의 판사가 이러한 권한을 가지고 있으나 실제에 있어서는 부당한 영향력 행사일 수도 있다는 우려 때문에 이러한 행위는 거의 없다. 그 대신 판사는 양측 당사자가 제출한 당해사건에 대한 요약서를 배심원들에게 읽어 줄 수는 있다.

Ⅶ. 평의(deliberation)와 평결(verdict)

배심원 평의는 비밀리에 진행되며 모든 배심원은 독립적이기 때문에, 평의에서 어떤 일이 이루어지는지에 대한 일반적인 특징을 논하기는 쉽지 않다. 즉, 배심원은 불편부당한 입장에서 양 당사자의 주장을 들어야 하므로 이론적

43) 판사는 조사된 증거의 내용을 요약하여 그것에 대해 comment하는 권한을 가지는 것이 common law 이래의 전통이었는데, 미국에서는 배심의 독립성을 중시하여 州헌법이나 법률에서 이 요약 및 주석을 금지하고 있다. 1966년에 발표된 Chicago대학 Law School의 한 조사결과에 의하면 요약 및 주석 중 모두를 금지하는 주가 Texas주를 비롯하여 20개 주이고, 주석은 금지하고 요약만을 허용하는 주도 17개 주이다. 이에 비해, 연방 및 11개의 주에서는 법제상으로는 모두 허용되지만 실제의 공판에서 그러한 요약 내지 주석이 행해지는 비율은 그다지 높지 않다고 한다.

으로는 누구와도 당해 사건에 대해 상의하여서는 아니 되며, 관련기사를 다룬 언론매체와 만나서도 아니되는바, 만약 이러한 확실한 증거가 있는 경우[44]에는 한 당사자가 이를 제시하여 판사에게 미확정 재판종료선언(mistrial[45][46])이나 무죄평결신청(directed verdict of acquittal)을 청구할 수 있다. 당해사건의 판사가 배심에게 설명(instruction)을 하고 심리를 마치면 배심은 퇴정하여 배심원 회의실에서 심의하여 평결을 내게 된다. 만약 배심원들이 유죄나 무죄의 평결에 이르지 못하게 되면 판사는 이를 평결불능배심(hung jury)[47]이라고 선언한다.

1. 평의의 자료

최종변론이 끝나면 배심원들은 별실에 가서 평결을 내리도록 지시를 받는다. 이때 배심원 회의실에 가져갈 증거가 있으면, 당사자는 판사에게 그 취지를 신청해야 한다. 그런 신청이 없는 한, 배심원들은 평의의 장소에 설명사항서만 가져가게 된다. 여기서 평결에 대해 판사와 연락을 하는 자를 앞에서 본 바와 같이 대표배심원(foreperson)이라 하는데, 대표배심원은 주에 따라 판사에

44) 이와 관련하여, "mansfield rule"이 있다. 이는 배심원의 부정행위에 관한 증언이나 진술서는 평결을 무효화하는 데 사용할 수 없다는 원칙을 말한다. 그 결과 mistrial이 인정되기 위해서는 배심원의 증언 외의 증거가 필요하다 할 것이다.

45) "mistrial"의 의미에는 두 가지가 있다. 하나는 소송 중 발생된 중대한 실수나 심각한 부정행위 등의 이유로 인해 사건에 대한 결심 없이 판사에 의하여 종료되는 재판이 있고, 또 다른 하나는 배심원이 평결에 이르는 의결정족수에 달하는 합의에 이르지 못하거나 배심원의 질병 등으로 인해 의사정족수를 채우지 못하여 종료되는 재판이 있는바, 이들은 '미확정재판종료선언'으로 표현됨이 상당한 것으로 보인다.

46) 한국의 경우 민사소송법에서 소송종료선언제도를 두고 있는데, 이는 종국판결로써 계속 중이던 소송이 유효하게 종료되었음을 확인선언하는 제도이다. 즉, 이는 소송이 유효하게 종료되었음을 확인하는 제도라고 할 수 있는 반면, 미국법의 mistrial은 소송이 유효하게 종료된 것이 아니라 당해 사건에 대한 배심원의 평의결과의 의결정족수미달이거나 배심원이나 변호사나 검사의 치유될 수 없는 부정한 행위가 있거나 배심원의 질병 등으로 인하여 의사정족수가 미달되는 경우에 변호사나 검사의 신청에 의하여 또는 판사의 직권으로 당해 재판에 대하여 종료를 선언하는 것을 말하며 이후 다시금 새로운 배심원이 선정되어 재판이 진행될 수 있다는 점에서 근본적인 차이가 있다 할 것이다.

47) 이는 hung jury 또는 deadlocked jury라고 하는데, 평결에 필요한 의결정족수에 이르지 못하여 평결을 할 수 없는 배심을 말하는바, 이에 '평결불능배심' 내지 '의결정족수미달로 인한 평결불능배심'으로 표현함이 적절하다 할 수 있으며, 본서에서는 그 중 전자로 사용하고자 한다.

의해 지명되거나, 또는 배심원들의 호선에 의해 선임되기도 한다. 이렇게 대표 배심원이 선임된 다음에 배심이 평의에 들어간다.

그리고 지금까지는 연방 및 많은 주의 판사가 공판 중에 배심원이 기록(memo)하는 것을 금지하고 있었다. 그 이유는 문맹률이 높았던 시대에는 글자를 쓰는 일부의 배심원이 기록하여 평의의 장소에서 강한 영향력을 행사하는 것은 바람직하지 않고, 더구나 부정확하게 기록된 경우에는 배심에 의한 사실인정이 잘못될 염려가 있고, 배심원의 주의가 기록하는 데에만 쏠려 심리에서의 심증형성이라는 배심원 본래의 기능이 감소될 염려가 있는 것 등에 있었다고 한다. 그러나 그 후, 문맹률도 현저히 낮아졌고, 그러한 폐해보다 애매한 기억에만 의존해서 배심원이 평결을 내리는 편이 더 문제라고 인식하게 되어 배심원에 의한 기록을 허용하는 법원이 차츰 증가하고 있다고 한다. 그래서 오늘날에는 배심원에 의한 메모를 금지하고 있는 주는 극히 소수이고, 연방 및 대부분의 주에서는 법원의 재량에 의해 이를 허용하고 있다.[48)]

재판이 길어진 경우에 배심원이 기록을 하지 않아서 공판을 상세하게 잘 기억하지 못하는 경우에 배심원은 판사에게 재판기록을 볼 것을 요구할 수 있다. 그리고 배심원이 평결을 위해 법정에서 나갈 때 가져가고 싶은 중요 증거가 있으면, 배심원이나 당사자가 그에 대한 신청을 판사에게 할 수 있고, 이것이 판사의 재량에 의해 인정이 되면 배심원 회의실에 가져갈 수 있다.

2. 배심원의 평의

형사사건에 있어서는, 연방법원과 5개주를 제외한 모든 주가 유무죄 성립 여부와 상관없이 만장일치의 경우에만 배심원의 평결이 가능하다.

민사사건에 있어서는, 다수결 또는 2/3 이상의 찬성을 요구하고 있다.

이와 같은 만장일치 또는 다수결 등의 필요한 찬성수가 나오지 아니하는 경우를 'hung jury'인 '평결불능배심'이라고 한다. 이러한 평결불능배심의 상태가 되면 판사는 '미확정재판종료선언'을 하게 된다.

배심원이 평결에 도달되면, 이를 판사에게 알린다. 이후 법정에서 모두 참

48) 한국의 경우, 국민의 형사재판 참여에 관한 법률 제41조에서 배심원은 재판장의 허가에 의하여 필기를 할 수 있다고 규정하고 있다.

석한 후 대표배심원이 판사에게 평결결과를 전달하게 되고 판사는 이를 확인한 후 다시 대표배심원에게 돌려주며 이를 받은 대표배심원이 큰 소리로 읽게 된다.

3. 배심원에 대한 평의결과조사(polling the jury)

배심원들이 평의를 하는 동안 평의 중 제기된 문제들이나 어떤 보충설명[49]에 관한 주장을 하는 것 외에는 변호사가 할 수 있는 일은 없다. 그러나, 패소한 측(losing side)은 평의결과조사(polling the jury)를 할 수 있는 권리가 있다. 이 경우 판사는 각 배심원 개인별로 낭독된 평의결과가 당해 배심원이 동의한 것인지 여부를 답변할 것을 요구하게 된다. 가끔 조사대상이 된 배심원이 낭독된 평의결과는 자신이 동의한 적이 없다고 발설하는 경우가 있다. 이런 일이 발생되면, 평의가 더 이루어지며 배심원들의 견해차가 해소되어야만 한다. 그럼에도 견해차가 해소되지 아니하는 경우에는 불확정 재판종료선언(mistrial)이 행하여지며, 이후 새로운 배심원이 선정되며 새로운 재판(new trial)이 진행된다.

4. 평결의 형태[50]

모든 형사사건이나 대부분의 민사사건의 경우, 평결의 형태는 일반평결(general verdict)의 형식을 취하고 있다. 이를 구체적으로 살펴보면 다음과 같다. 형사사건에서의 일반평결은 배심원이 각 죄명별로 유죄인지[51] 무죄인지를 낭

---

49) supplemental instructions.

50) 여기에는 세 가지 형태가 있다. 우선, "general verdict"가 있다. 이는 '일반평결'이라고 표현될 수 있는데, 배심원이 당해 사건에 대하여 사실관계 및 법률사항 모두에 대하여 판단한 다음 그 결정의 내용을 밝히는 것을 내용으로 한다. 다음으로, "special verdict"가 있다. 이는 '쟁점평결'로 표현될 수 있으며, 당해 사건에 있어 법률의 적용은 판사가 하고 배심원은 각 쟁점에 대한 판단을 하는 것을 그 내용으로 한다. 끝으로, "general verdict with interrogatories"가 있다. 이는 '혼합평결'로 표현될 수 있으며, 'general verdict'와 'special verdict'의 절충형태로서 판사가 배심에게 'general verdict'를 요구하면서 특정쟁점에 대한 답변을 함께 제출하도록 하는 것을 내용으로 한다.

51) 유죄판결의 경우 형사사건에 있어서의 양형에 대하여 살펴보면 다음과 같다[최병문, 미국형사사법제도 연구, 영남대학교 대학원(박사학위논문), 130면 내지 131면].

양형심리는 주로 판사가 맡는 경우가 많지만 일부의 주에서는 유죄의 평결이 끝나고

독하는 형식을 취한다.[52][53] 이에 반해 민사사건에서의 일반평결의 형식은 "원

같은 배심원 앞에서 바로 양형심리가 개시되기도 한다. 이 경우에도 배심원에 의한 양형심리를 포기하고 판사에게 양형을 맡길 수 있다. 또 피고인이 죄책문제에 대해서만 배심에 의한 심리를 선택할 수 있는데, 일단 선택한 후 이를 변경하려면 검사의 동의가 필요하다. 양형의 단계에서는 이전에 조사된 것과 다른 새로운 증거가 제출될 수 있다. 다시 말하면, 증거에 대한 제한이 양형심리에서는 완화되므로, 피고인의 평판이나 前歷에 관한 증거 등도 제출된다. 때로는 피고인 자신의 증언으로 이러한 사정을 입증하려고 하기도 한다. 예컨대 지난 5년 이내에 유죄판결이나 보호관찰을 받은 적이 없다는 취지를 피고인 자신이 증언함으로써 집행유예판결의 자격이 있음을 입증하려는 것이다.

(1) 판사에 의한 양형

피고인에 대한 배심원의 유죄평결이 나면 판사는 경죄사건에서는 신속하게 가장 유사한 관행의 선고를 하게 되지만, 중죄사건에서는 선고일을 두게 되는데 그때까지 피고인은 보석으로 석방되거나, 아니면 구금되어 있다. 연방법원과 일부 주법원에서는 유죄의 평결 이후 양형 사이에 "판결 전 조사"의 청구를 판사에게 하면 법원은 선고기일을 연기하고 그 사이에 법원의 직원인 보호관찰관(probation officer)이 피고인의 인격, 가정환경 등에 대해 합리적인 평가를 하고 법원에 대해 양형에 관한 의견을 붙인 보고서를 제출하게 되는데 판사는 이를 바탕으로 하여 양형을 한다. 한편, 피고인은 이 보고서를 볼 권리가 있다. 처음에는 이러한 권리가 인정되지 않았으나 연방대법원에 의해 판결전조사 결과보고서를 볼 수 있는 권리가 피고인에게 인정되어졌다. 다만, 양형에 관한 보호관찰관의 의견부분은 개시되지 않는데 이 부분은 별개의 종이쪽지로 되어 있어 개시시에는 판사가 떼어낸다.

(2) 배심원에 의한 양형

배심원이 형을 결정하는 경우에는 판결전 조사는 행해지지 않고 공판에서 밝혀진 사유와 양형에 관한 심리에서 제출된 증거에 기하여 판단하게 된다. 이때 판사는 배심원에 대한 설명단계에서 법정형에 대해 설명한다. 예컨대 경죄는 1년 이하의 구금형 혹은 2,000달러 이하의 벌금형, 또는 그 병과에 해당하고 구금형의 하한은 1일이고 벌금의 하한은 1달러라는 등의 설명을 하고 그 범위에서 형을 결정할 수 있음을 설명한다. 또한 피고인이 보호관찰의 대상이 되는 경우에는 이러한 점도 배심원에게 알린다. 판사의 경우에는 그의 양형에 관한 경향을 알 수도 있음에 비해 배심의 경우에는 그것이 불가능하다. 말하자면, 검사가 유능하고 더구나 괜찮은 사건을 맡으면 배심을 설득하여 최고의 형을 선고할 수도 있겠지만, 때로는 검사가 사건을 과대평가하여 배심원이 피고인을 유죄로 한 경우에는 양형에서는 검사의 의견과는 크게 다른 경한 죄를 선고하는 수도 있는데 이 점이 바로 배심원에 의한 양형의 의의의 하나이다. 즉 양형에서도 배심원의 판단에 의해 사회적인 평가가 반영되는 것이다. 그러나 한편 양형에 통일성이 없는 점이 지적되기도 한다. 예컨대 백인남성이 흑인여성을 강간한 경우와 흑인남성이 백인여성을 강간한 경우를 비교하면 일반적으로 후자에게 중한 형이 나오는 경향이 있는데 그렇게 되면 법의 평등이라는 관점에서 문제가 된다. 그러나 판사에 의한 양형에서도 그가 인간이기 때문에 생기는 편견은 배심원과 마찬가지로 발생한다.

52) 한편, 배심은 일정한 경우에는 문제된 범죄사실을 축소하여 인정할 수 있다. 다시 말하

고 승소 및 손해배상금 $○○○"이든지 "원고패소"[54]의 모습을 띤다.[55]

한편, 민사소송에 있어서는, 경우에 따라 판사는 "쟁점평결(special verdict)" 또는 "혼합평결(general verdict with interrogatories)"을 사용할 수 있다.

쟁점평결은 일반평결에 필요한 쟁점에 대하여 답변을 하도록 배심원에게 요구하며 이러한 답변을 바탕으로 하여 판사는 당해 사건에 대한 결정을 하는 것을 내용으로 한다. 예컨대, 명예훼손사건에 있어, 배심원은 다음과 같은 질문을 받을 수 있다. "피고는 원고가 2007. 10. 1. A로부터 뇌물을 수수하였다고 비난한 것으로 인정되는가요?" "이러한 진술이 원고에 대하여 명예를 훼손하였다고 볼 수 있는가요?" "이러한 진술이 면책될 수 있는가요?" 등등이다. 한편, 손해배상의 배상액은 쟁점평결과 유사하게 평결된다.[56] 즉, 경제적 손해(임금손

면 양 죄가 특별관계에 있거나 흡수관계 중 "불가벌적 수반행위(lesser-included offense)"에 해당하는 경우에는, 배심원은 범죄사실을 축소하여 인정할 수 있다. 예컨대 제1급 살인죄와 제2급 살인죄의 차이는 일정한 심리적 요소의 유무에 불과하고, 전자는 후자를 당연히 포함한다고 보아 전자의 기소에 대해 후자를 인정할 수 있다는 것이다. 또한 강간죄와 폭행죄의 관계도 이와 마찬가지이다. 단, 검사 또는 변호인이 판사에게 청구하여 그 점에 관한 설명을 배심원에게 한 경우에 가능하므로 그러한 설시가 없으면 배심원은 본래의 공소사실에 대해서만 유죄·무죄의 판단을 내린다. 이 점에서 법조경합으로 보아 당연히 적용해야 하는 한국의 형법과 차이가 있게 된다.

53) 일부 주에서는 판사가 선고를 하기도 한다.

54) 이는 한국의 민사소송에서 사용하고 있는 표현으로 전환한 것이다. 즉, 미국의 민사소송에서는 "원고패소"가 아닌 "피고승소(we find for the defendant)"라고 표현하고 있다. 한편 형사소송에서는 "피고인은 유죄" 또는 "피고인은 무죄"로 표현하는 것은 한국법과 동일하다.

55) 미국의 민사사건에 있어 결석판결(default judgment)을 제외하고는, 법원은 원고의 청구액(the demand for relief in the pleadings)에 제한을 받지 아니하며 또한 증거에 기초하여 어떤 구제책(any relief)도 선고할 수 있으므로, 손해배상액(damages)이 원고의 청구금액을 초과할 수 있고 소구되지 아니한 금지명령(injunction)이 내려질 수 있다(연방민사소송규칙 제54조(c): A default judgment must not differ in kind from, or exceed in amount, what is demanded in the pleadings. Every other final judgment should grant the relief to which each party is entitled, even if the party has not demanded that relief in its pleadings). 미국 민사소송에서의 이러한 판결의 내용을 보면, 한국의 민사소송에서는 어떠한 경우에 있어서도 법원의 판결이 원고의 청구를 넘어설 수 없다는 점에서 큰 차이를 보인다 할 것이다(민사소송법 제203조의 처분권주의 조항).

56) 한편 배심원의 최초 평결액수는 몇 가지 이유로 판사에 의하여 감액될 수 있다. 불법행위사건의 경우 감액의 주된 사유는 원고의 기여과실(contributory negligence)에 의한 과실상계이다. 대부분의 주법원에서는 이러한 원고의 기여과실에 의한 감액제도를 마련하여

실, 병원비, 일실이익 등), 비경제적 손해, 정신적 손해 등에 대하여 구체적으로 평결하게 된다.

혼합평결은 배심원이 평결의 최종결론을 결정한다는 점에서는 일반평결과 같다고 할 수 있으나 이러한 최종결론은 쟁점에 대하여 올바른 근거를 가졌는지를 확인하는 질문이 있은 다음에 이루어진다는 점에서는 쟁점평결과 같은 형태를 지녔다고 할 수 있다.

Ⅷ. 재판 후 신청: 재판에 대한 불복방법

1. 평결번복판결(judgement notwithstanding the verdict: JNOV)

이는 민사소송에서 합리적인 배심원이 원고승소판결을 하기에는 법적으로 충분한 증거가 존재하지 아니한다고 판단되는 경우에만 인정될 수 있는 제도로서, 배심원의 평결을 번복하는 것을 내용으로 한다. 이러한 점에서 JNOV는 앞에서 살펴본 지시평결(directed verdict)과 같은 내용이라 할 수 있으나, 후자는 배심원의 평결이 있기 전에 판사가 배심원에게 평결을 내용을 지시하는 것인 반면 전자는 배심원에 의한 평결이 있은 후 판사가 이를 번복하고 다른 내용의 판결을 한다는 점에서 차이가 있다.

2. 새로운 재판의 신청(new trial motions)

민사사건에서, 만약 배심원의 평결이 증거의 우위성 원칙에 반대되는 경우이거나 책임이 인정되지만 평결이 지나치게 과하거나 불충분한 경우에는, 판사는 평결을 무효화할 수 있고 새로운 재판을 결정할 수 있다. 그러나 만약 평결의 금액이 다소 부적절한 경우에는, 판사는 새로운 재판을 결정하는 대신 손해배상액 감액명령(remittitur) 또는 배상액 증액결정(additur)을 할 수 있다.

시행하고 있다. 계약법사건의 경우에는 이러한 사후감액은 흔치는 않은데, 감액이 되는 경우는 대부분 당사자가 재판 이후 화해로 분쟁을 종결하면서 배심평결액을 합의로 감액하는 경우에 관한 것이다.

3. 형사사건에 있어 재판후 신청

형사사건에 있어, 피고인은 유죄평결 후 평결번복신청(JNOV)을 할 수 있다. 이러한 신청이 인정되기 위하여는, 배심원이 피고인에 대하여 유죄로 평결함에 있어 재판에 현출된 증거가 합리적 의심 이상의 증거원칙을 충족시키지 못하는 경우라 할 것이다.

한편, 검찰은 배심원의 무죄평결을 무효로 하는 신청을 할 수 없다. 이는 수정헌법 제5조의 이중위험금지의 원칙(double jeopardy)[57]에 반하기 때문이다.

4. 평결의 탄핵

앞에서 살펴본 바와 같이 배심원이 재판이나 평의 중 부적절한 행위를 한 사실이 인정되면 당해 평결을 무효화하기 위한 신청을 당사자는 할 수 있다. 예컨대, 뇌물수수나 평의 중 배심원이 변호인이나 당사자 등과 협의한 경우가 인정되는 경우에 당사자의 신청에 의하여 당해 사건의 평결이 무효로 될 수 있다. 즉 판사는 당해 사건에 대하여 '미확정 재판종료선언'(mistrial)을 하게 된다.

---

57) 이는 한국의 이중처벌금지의 원칙 내지 일사부재리원칙과 다르다. 즉, 일사부재리원칙은 유죄, 무죄판결이나 면소판결이 확정된 때에 다시금 동일사건에 대하여 재판하는 것이 허용되지 아니한다는 것으로서, 첫 번째 사건에서의 공소사실과 그 공소사실간의 동일성이 인정되는 사실 모두에 일사부재리원칙의 효력이 미치게 되어 나중에 다시금 기소되어 재판을 받게 되는 경우 두 번째 기소내용이 첫 번째 사건에서의 공소사실과 그 공소사실간의 동일성이 인정되는 사실에 해당하는 경우에는 일사부재리원칙에 의하여 면소판결의 대상이 되어 피고인은 처벌을 받지 아니한다는 원칙임에 반해, 미국법의 이중위험금지의 원칙은 판결의 확정시에 효력이 발생하는 것이 아니라 첫 번째 사건에 대하여 기소되고 배심원이 선서를 한 시점 또는 판사재판에 있어 첫 번째 증인이 선서를 한 시점에 효력이 발생되며, 피고인이 1심에서 무죄의 판결을 받은 경우 검찰은 이 원칙에 의해 상소를 할 수 없고(즉, 판결이 확정되지 아니하였다 하더라도 이 원칙이 적용된다), 1심에서 유죄판결을 받은 피고인이 항소를 하였는데 항소심 법원이 1심 법원에 현출된 증거에 의하면 유죄를 인정할 수 없다고 판단하고서 1심판결을 파기하는 경우에는 검사는 다시 기소를 할 수 없으며(다만 항소심에서 피고인이 위법수집증거에 의하여 1심에서 유죄판결을 받았다고 주장하여 항소심이 1심판결이 파기한 경우에는 피고인은 다시 재판을 받을 수 있다), 첫 번째로 기소된 범죄와 두 번째로 기소된 범죄가 중복되는 경우에는 원칙적으로 일단 어떤 기소에 대해서든지 유죄 또는 무죄판결을 받게 되면 다른 기소는 위 원칙에 의하여 무효가 된다는 점에서 양자는 차이가 있다. 그러므로 양자 중 미국법의 이중위험금지의 원칙이 한국법의 일사부재리원칙보다도 피고인의 인권보호범위가 더 넓은 것으로 사료된다.

5 陪審制度에 대한 批判과 그에 대한 改革動向

1. 서 설

대부분의 배심제도에 대한 비판은 배심제도의 비효율성과 고비용 구조, 판단자로서의 배심원의 능력문제, 민사사건의 배심재판에서의 손해배상액 문제 등과 같은 문제들에 대한 것이라 할 수 있다. 이에 이하에서는 이러한 문제를 전제로 한 개혁방안[1]에 대하여 살펴보고자 한다.

2. 개혁방안 개요

최근 들어와 미국에서 법원이나 의회 등이 새롭게 시도해 온 배심재판제도의 개혁 속도나 그 개혁의 범위는 대단히 인상적인 것이다. 미국 독립혁명으로부터 시작하여 미국배심제가 미국사법제도에 있어서 중핵적인 위치를 차지하기까지 거쳐 온 긴 역사에 비추어 볼 때 1960년대 중반 이후 최근 30여 년에 불과한 짧은 기간에 이러한 여러 가지 개혁의 노력이 집중된 것은 주목할 만한 일이다. 실로 지난 세월 동안 법원이나 의회에서는 그저 배심원이 자신의 맡은 바 소임을 충실히 수행할 것이라고 하는 막연한 기대만을 가진 채, 과연 배심원들이 어떻게 선발되어 어떤 방식으로 평결에 이르는지, 또는 배심제도의 운영이 어느 정도나 납세자에게 부담이 되는지에 관하여 거의 아무런 관심도

1) 김상준, 미국배심재판제도의 현황과 개혁동향 및 그 시사점에 관한 연구, 사법개혁과 세계의 사법제도(2004), 사법제도비교연구회; 정만희, 미국의 배심제도, 공법연구 제35집(2006.10.), 480면 내지 490면.

기울이지 아니하였다.

그러나 최근 30년에 걸쳐 연방법원과 주법원에서 동시에 추진되어 온 배심재판제도의 개혁노력에 따라 이제 상황이 일변하였다고 할 수 있다. 어떤 형태의 개혁은 특히 배심제도의 민주화라고 하는 사회적 가치관의 변화를 반영하기도 하였고, 어떤 형태의 개혁은 배심제도와 관련된 비용과 재정지출을 줄이는 쪽으로 이루어지기도 하였다. 한편으로 또 다른 개혁노력은 사건의 내용과 적용할 법률의 난해성, 복잡성에 대한 해법을 마련하고자 배심재판의 질적 수준을 높이는 데 그 노력을 경주해 오고 있기도 하다.

대부분의 경우 이러한 개혁노력은 매우 성공적이었다고 보인다. 오늘날의 배심은 지난 1960년대와 비교하여 훨씬 더 사회 구성원의 다양성을 잘 반영하고 있으며, 전반적으로 볼 때 배심제의 운영은 더욱 더 효율적, 경제적으로 이루어지고 있다고 평가할 수 있을 것이다. 그리고 관련 사회과학으로부터의 다양한 지식과 기법을 받아들여 많은 법원에서는 배심원들의 문제해결능력을 현저하게 향상시키고자 하는 개혁노력들을 현재 전개하고 있다. 그러나 이러한 의도된 목표를 달성하는 한편으로, 많은 개혁노력들은 또한 예기치 못한 부작용을 낳은 것도 사실이다.

그런데 어떤 계기로 이처럼 배심제 개혁에 대한 관심이 갑자기 최근 들어와 촉발되었는지, 그리고 배심제의 적절한 운영을 위한 대수선 작업이 필요하게 된 이유는 무엇인지, 배심제로는 미처 감당하지 못할 정도로 너무 개혁노력이 앞서 나가고 있는 것은 아닌지 등등에 관한 검토가 필요할 것이다.

3. 제도운영면에서의 개혁

이 방면에서 가장 중요한 개혁노력은 최초 배심원 소환과 구성의 방법 즉, 배심원 명부를 어떻게 마련하고 배심원 종사기간을 어떤 정도로 정하며 배심원 보수를 어느 수준에서 정하여 어떤 방식으로 지급할 것인지 등의 문제에 집중되어 전개되었다. 선발된 배심원단이 당해 사회구성원의 인구통계학적 특성을 그대로 반영하여야 한다는 목표에 관심을 기울이게 된 것은 비교적 최근의 일이다. "Jury of one's peer"라는 개념이야말로 국민 개인의 기본권을 보장하는 데 있어서 가장 핵심적인 요소라는 인식의 바탕에는 역설적으로 그러한 기본권 보장 밖에 놓인 일부 부류의 계층에 대하여는 배심제를 철저하게 관철

하기 어려울 것이라는 비관적 입장이 암묵적으로 깔려 있었던 것도 사실이다. 선거권과 마찬가지로 소수인종이나 여성들에 대하여는 보장해 줄 가치가 있는, 시민으로서의 기본적 권리가 매우 오랜 세월동안 부정되어 왔고, 같은 맥락에서 배심원으로 종사할 수 있는 기회 역시 박탈되었다.

소수인종이나 여성의 배심 참여에 대한 법률적 장애가 철폐된 이후에도 상당한 사회적, 제도적 요인들 때문에 계속적으로 이들의 배심참여의 기회에 제한이 가해져 왔다. 이른바 key-man 제도는 그런 제도적 제약요인의 한 사례이다. 이 제도하에서는 배심원명부에 오를 수 있는 사람들은 정직하고 덕망 있는 인사들로 한정되었고 이들을 선발하는 일은 지역 배심운영위원의 임무였다. 이러한 key-man 제도는 그 자체로 어떤 특별한 차별적 의도는 없다고 하더라도 배심운영위원들로서는 자신들과 개인적으로 친분이 있는 사람들 중에서 그들과 같은 외관을 가지고 유사한 행동양태를 보일 것으로 믿을 만한 사람들만을 배심원으로 선택할 개연성이 높다는 점에서 그 제도 본질에 있어서 차별적 요소가 강한 것임은 부정할 수 없는 일이다. 여성과 소수인종에 대하여는 배심원으로 종사하지 않는 것이 좋다는 식으로 은근히 종용되어 왔으며 실제로 그들에게는 배심원 종사의무를 자유롭게 포기하거나 면제될 수 있는 각종의 기회들이 주어져 왔다. 1975년 연방대법원이 이러한 배심종사 자동면제제도가 위헌이라고 선언할 때까지도 이러한 제도가 일부 주에서는 계속 유지되어 왔다.

그러나 1960년대와 1970년대에 들어와 민권운동의 활성화와 사무자동화 기술의 발진에 힘입어 예비배심원 구성과 선발에 있어서 일대 변화가 초래되었다. 이 시점에서 연방헌법 수정 제6조 및 제7조에서 규정하는 공정한 배심재판을 받을 시민의 권리와 연방헌법수정 제14조상의 법 아래에서의 평등권에 근거하여 배심원은 사회구성원의 모든 계층을 골고루 대표할 수 있는 대표성 있는 사회 전 부문에서 선발되어야 한다는 일련의 판례들이 반복적으로 나오게 되었고, 이에 대부분의 법원에서도 그에 따라 종래의 key-man 제도를 폐지하고 광범위한 인구자료를 토대로 작성된 배심원명부에서 무작위적으로 배심원을 선발하는 제도를 채택하게 되었다. 현재 전산화가 진전됨으로써 관리가 용이한 선거인등록명부가 배심원명부로 널리 쓰이게 되었으며, 이러한 변화에 따라 배심원단의 구성도 의도적인 차별적 요소가 배제되어 보다 사회적 대표성을 향상시키는 방향으로 발전하게 되었다.

1968년 연방법률인 배심원의 선발과 배심종사에 관한 법률(Jury Selection and Service Act: JSSA)과 그에 상응하는 주법률들이 제정되어 종전의 key-man 제도가 무작위 선발제도로 대체되었다. 그러나 이들 법률 그 자체에서 선거인등록명부가 사회 구성원의 대표성과 성년인구에 관한 포괄성을 가지고 있는지 여부에 대한 문제를 다루고 있지는 아니하다. 다수의 연구들을 통하여 알 수 있는 바에 의하면, 선거인등록명부는 나이가 많고 소득과 교육수준이 높은 백인들 쪽으로 과도하게 치우쳐서 구성되어 있는 점이 지적되고 있다. 또한 위 JSSA는 배심원으로 소환된 시민들이 겪고 있는 경제적 어려움, 고용의 불안정 등과 같은 제약요인에 관하여 이렇다할 배려를 하고 있지도 않다. 그러므로 이제 미국법원은 배심원으로 소환된 시민들의 개인적 고충과 경제적 어려움을 해결해야 하는 과제에 눈을 돌려야 할 필요가 있게 된 것이다.

배심재판제도가 사회구성원의 최대한의 참여를 보장하는 노력의 일환으로 여러 유형의 제도개선 노력들이 경주되고 있다. 예컨대, 종래 널리 활용되어 온 선거인등록명부의 결함을 보완하기 위하여 운전면허대장을 보충적으로 이용하기도 하고, 보다 최근에는 실업연금대장, 사회보장연금대장, 소득세납세자명부 등을 보조자료로 이용하는 주법원도 늘고 있다. 컴퓨터의 발달로 인하여 복수의 자료에서 중복된 인명을 검색하여 정리하는 일도 보다 용이하게 되었다. 여러 자료들을 종합적으로 활용하는 것이 배심구성에 있어서의 사회대표성과 포괄성의 수준을 높일 수 있을 것임은 당연할 것이지만, 개별 법원마다 그 개선의 정도는 차이가 있는 것 같다.

배심제 운영국면에서 또 다른 개혁노력으로는 배심종사기간을 줄이는 방안(예를 들어 “one day/one trial” 제도), 배심원 보수의 인상과 경비보전제도, 전문직업인이나 신체적 장애를 사유로 한 배심원 종사의무 자동면제제도의 철폐 등을 들 수 있다. 뉴욕주는 1996년 배심제도의 대개혁을 단행하여 종래 무려 100만 명에 달하던 배심원 종사의무 자동면제대상자들을 모두 배심원 명부에 올렸다.

이러한 개혁노력 결과 배심원 후보자단(jury venire)의 사회대표성을 확보할 수 있게 되었다. 다만 그렇다고 하여 최종적으로 선정된 배심원 그 자체의 대표성이 높아진 것이라고 반드시 말할 수는 없다. 종래 확립된 판례법상으로 소송당사자에게는 인구의 모든 계층을 공평하게 반영하여 선정된 배심재판을 받을 권리가 있지만, 그렇다고 하여 실제로 구성된 배심원단이 특정한 인종, 민족 또는 성별로만 편중되는 것을 반드시 금한 것은 아니었다. 그 결과 소송당사자, 변호사는 종래 전통에 따라 자신에게 주어진 무조건 기피권을 행사하여 자유롭게 여성과 소수인종을 배제시킬 수 있었다. 그러나 이러한 관행은 1986년 인종에 기초한 무조건 기피는 평등권 조항에 위배됨을 선언한 Batson v. Kentucky 사건에 관한 연방대법원 판결로 금지되었다. 이후 이러한 Batson 판결이 성차별에 기초한 무조건 기피를 금하는 것으로까지 확대되었고, 나아가 민족이나 종교적 신조에 따른 차별적 무조건 기피를 금지하게 되었다.

4. 구조적 측면에서의 개혁

제도운영면에서의 개혁이 실질적으로 배심원의 인적 구성에서의 인종적, 민족적 다양성과 양성간의 평등성을 향상시켰다고 할 수 있지만 이로 인하여 부수적인 새로운 문제들이 나타나게 되었다.

갈수록 법원은 배심재판제도의 운영과 관련하여 계속 늘어나는 경비지출의 문제에 봉착하게 되었다. 이 비용에는 인건비나 시설유지비는 물론이고 배심소환 우편비용, 배심원 보수, 주차비, 교통비 등과 같은 부대경비도 포함되었다. 그리하여 이러한 비용 중의 일부를 법원 외부에 전가시켜 법원 예산부담의 경감을 도모하기도 하였다. 고용주가 배심원 임무에 종사하는 근로자에 대한 배심원 보수를 대신 지급하도록 하는 입법적 조치를 취한 것도 그 한 예이다. 그러나 고용주에게 배심보수 부담의무를 부과하는 것만으로는 완전한 해결책이 되지 못할 것이다. 즉 자영업자나 실업자에 대한 보수지급의 문제는 여전히 법원에 남아 있는 것이고, 경제적 곤궁을 이유로 한 배심원 종사의무의 면제가 허용되는 한에 있어서는 낮은 수준에 머물고 있는 배심원 보수의 문제로 인하여 배심원의 대표성과 포괄성의 유지에 치명적인 손상을 초래할 것임은 분명하다. 그러므로, 이 문제는 현재로서도 여전히 해결해야 할 주요 과제라고 할 것이다.

비용절감조치와 관련하여 법원은 배심구조 그 자체에 대하여 두 가지의 중요한 개혁을 단행하여 우선 배심 구성인원수를 종래 전통적인 12명에서 6명까지 줄일 수 있도록 하였고, 다음으로 만장일치가 아닌 평결이라도 절대다수의 찬성을 거치기만 하면 이를 유효한 평결로 허용하였다.

연방대법원도 1970년에 이르러 형사배심의 구성이 쟁점으로 된 사건에 대하여 배심원의 수를 감축하는 것이 헌법에 위반되지 아니함을 선언하였고, 이어 1973년 민사배심에 대하여도 같은 취지의 판시를 하게 되었다. 연방대법원은 Williams사건 판결에서 "배심원이 의사결정과정에서 자신의 역할을 잘 수행할 수 있는지 여부가 배심원 구성인원수의 다과에 따라 좌우될 것은 아니라고 할 것이다. 그리고 사실인정의 주체로서 배심원의 결정에 대한 신뢰성 역시 그 구성 인원수의 다과에 따라 달라질 것으로는 보이지 아니한다."고 판시한 바 있는데 그와 같은 판단을 한 배경에는 이상에서 본 바와 같은 비용부담 억제와 관련한 실리주의적 입장도 깔려 있음을 부인하지는 못할 것이다.

이러한 판결의 영향을 받아 대부분의 연방법원과 38개에 달하는 주법원은 그 민사배심의 규모를 사전유형별로 6명에서 10명 선까지 줄이는 조치를 취하게 되었음은 앞서 배심의 현황에서 본 바와 같다. 그리고 7개 주법원은 중죄형사사건에 대하여, 33개 주법원은 경죄형사사건에 대하여 배심규모를 줄이게 되었다.

이러한 제도개선노력은 배심재판의 적정성과 신뢰성에 영향을 미치지 않는 범위 내에서 배심제로 인한 비용을 줄이고자 하는 취지였다. 그러나 재판현실에서 이러한 정책목표가 어느 정도로 달성되었는가는 여전히 분명치 않다.

비용절감의 차원에서 볼 때에는 이러한 개혁이 효과적이었다고 말할 수 있을지는 몰라도 현재까지 나와 있는 실증적 분석에 따르자면 판단결과의 질적 수준과 관련하여 6명의 배심원과 12명의 배심원 사이에 별다른 차이가 없을 것이라고 본 대법원의 논리적 전제는 그리 확고하게 지지되지 못하고 있는 것 같다. 불법행위사건에 관한 민사재판의 경우 6명의 배심원으로 구성된 배심원단은 12명으로 구성된 경우와 비교한 결과 손해배상책임의 인정여부에 관한 예견가능성 측면에서 열등한 것으로 나타났고, 한편 손해배상책임이 인정되는 경우에도 인정된 배상액의 편차가 상당히 크게 나타나는 것으로 판명되었다. 형사재판에서도 마찬가지로 그러한 수준차이가 나타난다고 한다면 특히 형사재판에서 문제로 되는 유무죄 판단의 오류가 늘어난다는 것을 뜻하게 되고 이는 매우 심각한 문제가 아닐 수 없는 것이다. 또한 배심원의 인원수를 줄이는 경우 때로는 소수의견이 집단 전체에 영향을 미칠 개연성이 높아졌다는 점에서 배심평의과정의 역관계에도 변화를 초래하게 될 것이다. 나아가 규모가 줄어든 배심제를 채택하는 경우 소수민족, 소수인종이 배심원으로 참여할 수 있는 기회를 줄임으로써 배심 대표성을 높이고자 하는 노력에 차질을 가져올 우려도 있다. 이러한 실증적 연구 터잡아 연방법원과 주법원 모두는 배심원의 규모를 줄이고자 하는 정책에 관하여 반성적 재검토작업을 벌이게 되었다.

1972년부터 1990년까지 발간된 학술지에서 6명의 배심과 12명의 배심 사이의 평결결과의 차이를 조사한 17건의 실증적 연구를 통합하여 분석한 최근의 한 연구에 의하면, 더 큰 규모의 배심원들이 작은 규모의 배심원들에 비하여 평의시간이 더 길고, 의견일치에 도달할 가능성이 낮아지는 반면, 사회적 소수자의 배심참여 가능성이 높고 보다 심도 있는 논의가 이루어져 평의과정에서 배심원들이 증거를 더 꼼꼼히 검토할 가능성이 더 높다. 즉 배심평의의 질이 더 높다는 점을 재확인하고 있다(이들 17건의 실증적 연구들을 통합한 결과, 모두 2,061개의 배심원단이 조사의 대상으로 되었고 조사 대상 인원수는 15,000명에 달하였다).

그러나 배심원의 규모를 줄이고자 하는 개혁노력에 비교해 볼 때 만장일치 평결을 완화하는 것은 그리 환영을 받지 못하였다. 왜냐하면 약 5% 정도에 불과한 hung jury 비율에 비추어 볼 때 이런 과도한 개혁조치까지는 필요하지 않다는 인식이 지배적이었기 때문이다. 다수결제도 역시 헌법에 위반되는 것은 아니라고 하더라도 중죄사건에 관한 형사재판의 경우 오리건 주와 루이지애나 주를 제외하고는 다수결제도를 채택한 주법원은 없다. 그리고 오클라호마 주는 경죄사건에 관한 형사재판에서 다수결제도를 채택하였고 34개의 주법원은 민사재판에서 만장일치제를 폐지하였다. 그러나 최근 자료에 따르면 hung jury 비율이 15%를 넘게 되었다고 하므로 장차 이러한 만장일치 평결제도도 재검토의 대상이 될 여지도 있을 것이다. 한 연구에 의하면 만장일치제 대신에 10 대 2(12명 배심원의 경우) 이상의 절대 다수결 제도를 취하는 경우 hung jury 사건을 40%까지 줄일 수 있다고 한다.

그러나 만장일치제를 폐지하자는 주장에 대하여 비판론도 만만치 않다. 배심원이 만장일치에 이르지 못하는 것은 폐지론이 지적하는 바와는 달리 한두 명의 고집 센 배심원 때문만은 아니고, 재판제도와 그 운영상의 결함에서 기인하는 면도 적지 않다는 것이다. 공소제기의 정확성, plea bargaining, 재판준비절차상의 관행 등도 hung jury 비율에 상당한 영향이 있다고 알려지고 있기 때문이다.

특히 복잡한 현대형 재판에 있어서 이러한 hung jury 비율이 높아지는 이유는 배심원들이 난해한 증거들 사이의 가치평가의 문제에 있어서의 곤란성,

절차법상의 복잡성 등에서 연유하고 있는 것이므로 반드시 만장일치제를 폐지한다고 한들 이러한 hung jury 사태를 근본적으로 해결할 수 없을 것이라는 점을 강조하고 있다.

5. 절차법적 측면에서의 개혁

hung jury 사건이 늘고 있는 것은 재판심리의 지연, 복잡한 증거와 어려운 법률이론 때문에 배심원들이 사건 실체를 잘 파악하지 못하고 있다는 점에서도 한 원인을 찾을 수 있다.

경험이 많은 판사들조차도 익숙치 못한 복잡한 증거를 이해하는 데 어려움이 있는 터에, 배심원들이 겪고 있는 고충은 이루 말할 수 없을 것이다. 이에 여러 개선책을 강구하게 되었는데 그 대책에는 서로 상반된 입장이 양립하고 있는 것 같다. 즉 한 입장은 배심원의 의사결정에 더 많은 제약을 가하고자 하는 것이고, 다른 한 입장은 배심원의 이해도를 증진시키는 기법을 개발하고자 하는 것으로 구분된다.

배심평결액에 상한선을 설정하거나 징벌적 손해배상제도가 적용되는 사건유형을 제한하는 불법행위법 개혁은 아마도 배심의 의사결정의 자유를 통제하고자 하는 전자의 입장을 반영한 것이다. 한편 법원에 의하여 배심의 의사결정의 자유를 통제하는 가장 극단적인 형태는 아예 배심원의 사실인정권을 박탈해 버리는 것이다. 또한 자주 활용되는 것은 아니지만 이보다는 조금 덜 극단적인 방법으로는 이른바 blue ribbon jury, 즉 쟁점에 관하여 특정한 전문성을 갖춘 자원봉사자들로 구성된 배심원단을 활용하는 경우도 있다.

그러나 법원이 통상 취하는 개선책들은 대체로 온건한 편이다. 법원에서 배심원의 의사결정을 통제하는 수단으로 보다 자주 활용되는 것으로는, 배심원들에게 서면으로 된 질문서를 주어 각 항목에 관하여 응답을 하게 하거나 특정한 문제에 한정한 배심평결을 요구하는 것을 들 수 있다. 이러한 질문들은 배심원들로 하여금 결론에 이르는 논리적 의사결정 과정에 대한 지침을 제공하는 역할을 하게 된다.

배심원의 의사결정 범위를 제한하는 것과 대비하여 후자의 방법은 배심원들이 복잡한 증거와 법률을 보다 더 잘 이해할 수 있도록 배심원의 능력을 고양시키는 데 그 초점이 맞추어져 있다. 이러한 기법들, 예컨대 재판과정에서 메모를 하게 하거나 배심원의 증인에 대한 질문을 허용하는 방안들은 이미 19세기 때부터 간헐적으로 시도되기도 하였으나, 보다 구체화되어 시행된 것은 최근 들어와서의 일이다. 또 배심원이 처리해야 할 사건의 난이도가 점점 더 높아지고 이에 대한 재판의 적정성을 보장해야 한다는 목소리가 커짐에 따라 이러한 기법들에 대한 새로운 관심이 더욱 집중되고 있다.

사실심 법원에 의한 절차적 개혁 기법의 활용 정도는 상급심의 심사를 통과할 수 있는 가능성이 얼마나 있는가에 따라 결정된다고 볼 수 있다. 배심원에게 심리 도중 메모를 허용하는 것은 별다른 노력과 비용을 들이지 않고서도 법원의 합당한 재량의 범위 내에서 손쉽게 시행할 수 있는 것이었다. 그러나 배심원이 직접 증인에게 질문을 하는 일이나 재판과정에서 배심원 상호간에 중간토론을 할 수 있도록 허락하는 일, 최초재판단계에서 재판장이 쟁점설명(instruction)을 하는 일 등은 상대적으로 논란의 여지가 많은 개혁방안들이다. 그러나 이러한 기법들의 유용성이 실증적 조사를 통하여 점차 알려짐에 따라 사실심 법원은 물론이고 상급법원에서도 점차 호의적인 입장에서 이러한 개혁방안을 수용하게 될 것으로 전망해 본다. 또한 정보통신기술의 발전에 따라, 복잡하고 난해한 내용의 전문적 증거들을 보다 쉽게 배심원들에게 이해시키기 위하여 법정에서 컴퓨터 그래픽, 애니메이션, 비디오프리젠테이션 등과 같은 기법들을 활용하는 빈도도 높아지고 있다.

비록 이론적으로는 다툼의 여지가 없지만, 실천에 옮기기에 가장 힘든 것이 평이한 언어로 이루어진 쟁점설명서의 활용방안이라고 생각된다. 졸렬하게 작성된 쟁점설명서(판사가 당해 사건의 심리와 증거판단에 적용할 법원칙 등을 배심원에게 구두로 낭독해 주기 위하여 작성된 설명서)야말로 배심원이 법률을 사실관계에 적용하는 데 있어서 가장 주요한 장애가 됨은 명백하다. 이 문제에 관하여 축적된 연구결과에 의하면 익숙지 못한 법률용어를 재정비하고 문법과 구문을 교정하며 문장구조를 개선함으로써 배심원의 사진에 대한 이해수준을 높일 수 있다고 한다. 그럼에도 불구하고 이해하기 쉬운 쟁점설명서를 기안하는 것은 매우 많은 노력이 따르는 일이다. 많은 사실심 법원의 판사들은 상급심에서의 심사에서 통과되지 못할 것을 우려하여 상급심의 심사를 거친 기존 쟁점설명서 패턴에서 벗어나는 것을 꺼려하고 있다. 쟁점설명서에서 나타난 법률적 오류를 지적하고 있는 상급심 판례는 많이 있지만 오늘날까지 그러한 쟁점설명서가 배심원에게 이해하기 어렵다는 이유로 원심이 파기된 사례는 없었음에 주목할 만하다.

6. 최근동향

종래 전통적인 관점에서 볼 때, 배심원에게 요구되는 이상적인 배심원상은, 수동적이면서도 단순한 관찰자로 머물러야 한다는 것이었다. 따라서 미리 사건내용에 관한 지식과 예단을 가지고 있어서는 아니 되는 것은 물론이고, 나아가 재판과정에서 일체의 질문도, 동료 배심원 사이의 중간 상의도, 심지어는 메모를 하는 것도 금지되었다. 이러한 제약은 배심원들에게 이처럼 수동적 입장을 취하게 하는 것이야말로 편견 없는 적정한 재판을 보장해 줄 것이라는 강한 믿음에 근거한 것이었다.

이에 대해 제반 실증적 분석을 통하여 축적된 연구결과에 의하면 이러한 믿음을 뒷받침해 줄 만한 근거가 없었을뿐더러, 이러한 제약이 오히려 배심원의 판단능력을 저하시키고 궁극적으로 재판의 질을 떨어뜨리는 주된 요인이 된다는 지적이 계속 제기되었다. 그에 따라 앞으로의 미국 배심의 역할은 종래 수동적인 모습에서 벗어나 능동적, 적극적으로 재판과정에 참여하는 모습으로 변모하여야 한다는 의견이 강하게 제시되어 왔다.

그러나, 당사자주의제도하에서의 판단자는 앞에서 본 바와 같이 원칙적으로 소극적이어야 한다는 점에서 배심제도의 개혁은 그 한계를 벗어나서는 아니 된다는 견해가 여전히 주류를 이루고 있다.

제4편 法曹人制度
(The Legal Profession)

1 概 要[1)]

미국에서의 법조인은 역사적으로 가장 영향력 있는 전문가집단이었다고 할 수 있다. 미국의 성립당시부터 법률가들이 정치적으로 영향력 있는 지위를 많이 차지하였다. 1789년의 미국헌법의 제정자 중 45%가 법률가였다. 또한 상원의 65%와 하원의 반 정도가 모두 법률가들이다.

오늘날 법률가에 대한 일반인의 비판적인 입장의 영향으로 법조인의 귀족적 모습들이 점차 사라지고 있다. 법조인에 대한 존경과 미움은 아마도 미국법의 성격 내지 본질과 절차에서 비롯되었다. 이미 앞에서 살펴본 바와 같이, 판례법제도에 관한 법률방법론은 매우 복잡하며, 또한 당사자주의적 절차는 소송에서 당사자에게 부담스러운 증거의 제출과 수집 등과 관련하여 능력 있는 변호사를 필요로 하고 있다. 이러한 점에서, 미국은 다른 법제도보다도 더 많은 법조인의 도움을 필요로 하게 된다.

최근 들어 미국에서도 법조인들은 다음과 같은 두 가지 요인에 의하여 많은 변화를 겪고 있다.

첫째, 법조인이라는 직업에 대한 유대감의 상실(loss of cohesion)이라는 점이다. 유대감이 강했던 시절부터 법조인이라는 개념에 광범위하게 법률가들을 포함하여 왔다. 법조인이라는 개념을 변호사시험에 합격하여 자격을 가진 모든 사람이라고 전제할 경우, 단독 개업 변호사(solo practitioners), 판사, 정부소속 법률가(검사 포함), 회사의 사내변호사(in-house counsel for corporations), 공공변호사

1) Howard Abadinsky, Law and Justice: An Introduction to the American Legal System(6th), 83면 내지 127면, 195면 내지 228면; 위 책을 번역한 법무부, 미국의 사법제도(2001), 50면 내지 182면.

(public defenders),[2] 로펌의 파트너와 소속변호사, 법학교수 등이 이에 해당하게 된다. 이러한 법조인들의 유대감의 상실 내지 공통점의 부족은 변호사 숫자의 증가라는 결과를 가져왔다. 즉, 1970년부터 1990년까지 변호사의 수는 100% 증가하였다. 또한 1970년 이후 백인 남성위주였던 법조인사회에 여성, 비백인 등의 소수인종의 비중이 상당히 증가하였다.

둘째, 일반 소송실무에 종사하는 변호사가 4분의 3 이상이 됨에 따라, 변호사들의 업무의 성격에 많은 변화가 있게 되었다. 1960년대 이후 미국의 법조인사회는 대형 로펌[3]의 시대였다고 할 수 있을 것이다. 그 결과 뛰어난 로펌의 명성과 지위로 인해 개인변호사 내지 합동법률사무소의 변호사들이 로펌의 소속변호사로 자리를 옮기게 되었다. 업무방식 역시 변호사가 의뢰인을 직접 만나고 업무를 처리하는 방식에서 의뢰인을 만나지 아니한 채 의뢰인의 업무를 처리하며 시간당 비용을 청구하는 방식으로 변화되고 있었다.

미국에서 위와 같은 법조인은 어떻게 양성되고 있고 법조인이 되기 위한 시험은 어떠한지 및 법조인의 활동 영역 등에 대하여 아래에서 살펴보고자 한다.

2) 이는 한국의 국선전담변호사제도와 비슷한 개념이며, 일반적인 국선변호인과는 다르다.

3) 이는 250명 이상의 변호사를 가진 경우를 말한다.

2 法學教育과 辯護士協會

법학교육과 변호사시험 등은 미국 역사상 사회적, 경제적, 절차적 변화와 밀접하게 연관되어 있다. 여기서는 식민지시대부터 현재까지 미국의 법학교육과 변호사시험 등에 대해서 살펴보기로 하자.[1)]

Ⅰ. 법학교육[2)]

1. 머 리 말

독립전쟁 이전의 미국에는 정식의 법학교육이 존재하지 아니하였다. 식민지 시절 초기에는 법률실무 자체가 허용되지 아니하였기 때문에 법학교육 자체를 생각조차 할 수 없었다. 그리하여 식민지 초기 미국에서의 법률가란 대부분 일반인들로 하여금 약간의 법률지식을 구비하였거나 영국에서의 경험을 가진 자들로서 법정에서 친구를 도와주는 역할을 하는 수준에 머물러 있었다. 이후 법률에 관한 조언의 필요성이 커졌음에도 불구하고 법률교육의 기회는 매우 희박하였다. 그러므로 당시 법률가로 활동하는 사람들은 다음의 세 가지 중 하나를 근거로 자신이 법률가임을 주장하였다.

1) William Burnham, Introduction to the Law and Legal System of the United States(St. Paul, Minn., West Publishing Co., 2002), 127면 내지 140면.

2) 조상혁, 미국 법학교육방법의 변천과정, 중앙법학 제7집; 육소영, 미국 로스쿨 제도의 조망, 숭실대학교 법학논총(제14집).

첫째, 영국의 법학원에서 공부를 하였다고 주장하는 경우이다. 식민지 시대에는 아주 소수의 변호사만이 영국에서 교육을 받았다. 이들 변호사들은 영국 런던에 머물면서 변호사 단체인 법학원(Inns of Court)에 다녔다. 이 법학원은 법학교육에 관한 중앙 집중적이고 특권적인 제도였으며 영국 법률가 사회로의 진입을 관장하였다. 그러나, 이러한 제도는 미국으로 유입되지는 않았다.

다음으로, 개업변호사의 도제였다고 주장하는 부류이다. 미국 역사상 가장 유명한 대법원장인 존 마셜은 정식 법학교육이나 훈련을 받은 사실도 없다. 실제로 그는 군복무중 휴가를 갔을 때 3개월이 채 안 되는 기간 동안 법학강의를 청강하였을 뿐이었다. 그러나 유명한 제퍼슨이나 헤밀튼을 포함하여 대부분의 변호사들은 저명한 변호사의 밑에서 도제수업을 받는 서기제도(clerkship)를 통해 법학교육을 받았다.

세 번째로, 독학하였다고 주장하는 이들이다. 이들은 에드워드 코크경이 저술한 "Institutes of the Laws of England"라는 책에 기술된 common law를 공부했으며, 특히 윌리엄 블랙스톤의 책은 필독서였다. 그들은 또한 법률조문을 읽고 법률자료를 복사했으며 그들의 선배들의 실무를 눈으로 관찰하였다.

이러한 분위기 하에서 초창기 law school이 탄생하였다. 몇몇 변호사들은 법학 교육이 실무보다도 더 가치가 있는 것이라는 것을 발견하였다. 최초의 law office school은 1784년 Tapping Reeve 판사에 의해 코네티컷 주 리치필드의 아담한 1층 건물에 세워졌다. 리치필드의 법학교육 및 훈련은 포괄적이고 조직적이었다. 학생들은 블랙스톤의 책을 중심으로 공부했으며 주로 상법에 관심이 있었다. 그들은 노트를 작성했으며 여러 부가적 자료를 읽고 매주 시험을 치러야 했다. 몇 년 후에는 모의법정과 토론회가 커리큘럼의 하나가 되었다. 1813년에 가장 학생수가 많았는데 모두 55명이었다. 이 학교의 성공으로 리치필드는 전국적 명성을 얻었음에도 불구하고 그 후 1833년에 문을 닫았다. 이 학교 졸업생은 총 1,000명이 넘었으나, Reeve 판사는 이 학교를 law school로 생각한 것은 아니었기 때문에 학위를 수여하지도 않았다. 다만 수학증명을 필요로 하는 학생들에게는 수학사실을 증명하는 서신을 발송하였을 뿐이었다.

2. 대학에 의한 법학교육의 제도화

Litchfield 법학교가 설립되기 5년 전인 1779년에 일부 대학들이 법학교육을 그들의 영역으로 삼고자 하였다. 이러한 최초의 시도는 1779년 토마스 제퍼슨 주지사에 의해 William and Mary 대학에 만들어졌으며 독립선언서에 서명한 조지 위드[3]가 교수로 임명되었다.

William and Mary 대학을 따라 다수의 대학들이 법학교수를 임명하였으나, 도제교육에 의한 법학교육에 비하여 실용적이지 못하다는 평가를 받는 등 법학과의 필요성에 대한 의구심이 증폭된 결과 제도화에는 실패하였다. 그러나 1850년에는 15개의 law school에 불과하였으나 1900년경에는 102개의 law school이 운영되었는데 이는 리치필드와 같은 사립법학교를 흡수하는 방식으로 부흥하였던 것이다. 이러한 원인으로는 대학만이 학위를 수여할 수 있었기 때문에 대학과의 밀접한 관계가 사립법학교의 위신을 높이는 역할을 하였다는 점과 이러한 흐름이 직업교육의 제도화라고 하는 당시 미국사회의 조류에도 부합하였다는 점을 들 수 있을 것이다.

그러나, 이처럼 법학교육이 대학으로 흡수됨으로써 법조인에 대한 위신이 높아지긴 하였으나 교육방식은 종전의 방식을 벗어나지 못하였다. 즉, 사립법학교의 방식을 그대로 따르거나 도제제도에 의한 법학교육방식이 약간 확대된 형태였다 보면 될 것이다. 이러한 교육방식은 1870년까지 계속되었다.

3. 하버드 로스쿨과 Case Method

(1) 하버드 로스쿨과 랑델

영국에 대한 충성파인 Issac Royall이 혁명기간 중에 영국으로 도망하여 그곳에서 사망하였다. 그는 그의 재산을 하버드 대학에 물리학이나 해부학교수 또는 법학교수 자리를 만드는 데 쓰도록 하는 내용의 유언장을 남겨 기부하였다. 대학교측은 법학교수 자리를 만들기로 결정했다. 대학측은 그가 남긴 토지를 확보하는 데 상당한 어려움을 겪었다. 왜냐하면 전쟁중에 도망간 사망한 충성파에 대해서도 여전히 적의가 남아 있었기 때문이었다. 게다가 당시에는 법학교육을 고등교육기관의 한 과정으로 편입하는 것에 대해서도 아직 받아들이는 분위기가 아니었다. 유럽 대륙에 있어서는 법학을 대학의 한 과정으로 받아들이는 것에 대해서 아무런 이의가 없었지만 영국이나 미국의 경우에는 그렇

3) 이에 Wythe를 미국 최초의 법학교수라고 부르게 되었다.

지 않았다. 비판가들은 법학 교육이 실제적이 되려면 그것은 학문적으로 존중할 만한 것이 못 될 것이며, 반대로 학문적으로 성취를 이룬다면 실무상으로는 별 도움이 안 될 것이라고 주장하였다. 하버드 대학은 1815년에 가서야 비로소 매사추세츠 주 대법원장인 Issac Parker를 최초의 법학교수로 임명하였다.

하버드 대학의 법학 교육은 제대로 된 교육체계가 아니었다. 독서과제물이 부과되지도 않았으며 시험도 없었다. 그럼에도 학교에서는 18개월간의 교육과정을 수료한 학생들에게 법학학사(LL.B) 학위를 수여하였다. 그 학위는 변호사 사무실에서 도제수업을 이미 마친 사람들에게도 역시 수여되었다. 한편, 블랙스톤의 주석서와 모의법정은 하버드 대학 법학 교육의 주춧돌이었다. 교수들은 교실에서 토론을 위한 케이스 준비 및 학생들의 질문에 대한 답변준비에 시간을 할애하였다. 이러한 노력에도 불구하고 이후 법학교육은 수렁에 빠졌으며 1828년에는 단지 한 명의 학생만이 남게 되었다.

1820년대 초기에 이르러 대부분의 주에서는 오직 종합대학만이 학위를 수여할 권한을 부여하였기 때문에 단과대학들은 위 특혜에 관심을 가진 사적인 law school들을 통합하였다. 예일대학은 1824년에 지방 law school을 흡수했으며 하버드대학은 1829년에 Northampton law school의 교수를 초빙하여 법학부를 재편하였다. 그리고 그 해 하버드 대학은 주 대법관인 조셉 스토리를 영입하였다. 그의 노력으로 하버드 law school 도서관은 전국에서 가장 큰 규모의 도서관을 갖추게 되었다. 1830년대에 이르러 하버드 대학은 및 명성을 회복했으며 스토리에 의해 분석되고 형태를 갖춘 각 판례스터디에 집중하였다. 하버드는 전국에서 학생들을 불러모았다. 1844년에 학생수는 163명이었는데 그 시대로서는 대단한 것이었다. 그러나, 변호사 자격취득기준이 내려감에 따라 하버드 law school의 입학기준도 내려갔으며 하버드의 다른 단과대학에 입학할 자격이 없는 학생들도 law school에 입학하였다.

이후 다른 종합대학교에도 law school이 생겨났으며 1840년까지는 종합대학교와 제휴한 9개의 law school이 생겨났다. 1850년에 이르러서는 12개 주에 15개의 law school이 생겨났다. 시민혁명 직전에 공식적 법학교육에 엄청난 진보가 이루어졌다. 콜롬비아, 뉴욕 대학, 펜실베이니아 대학 등 동부지역에 law school이 부활함으로써 1860년에는 21개의 law school이 존재하였다. 종합대학과의 제휴에도 불구하고 law school은 기본적으로 도제시스템을 좀더 효율적으로 조직화한 직업학교였다. 1870년에 이르러 31개의 law school이 존재하였으며 그 해에 크리스토퍼 콜럼버스 랑델이 하버드 법과대학의 학장이 되었다.

1826년에 태어난 랑델은 하버드 대학 law school에 다녔으나 과정을 이수하기 전에 그만두었다. 1년 반 동안의 변호사 사무실 서기직을 거쳐 그는 다시 하버드로 돌아와서 도서관 사서로 재직하였다. 3년 후인 1853년 그는 학부 학위도 받지 않은 상태에서 law school을 마치고 LL.B를 취득하였다. 그 후 16년간 그는 뉴욕에서 변호사 활동을 하였다. 송무분야에서 그다지 두각을 나타내지 못한 그는 주로 다른 변호사들에 대한 조사를 전문으로 하였다. 그 후 마침내 그는 하버드 대학의 교수로 임명되었으며 1870년에는 3명의 교수 중에서 학장으로 선출되어 1895년 은퇴시까지 학장으로 재직하였다.

하버드 law school의 법률교육은 하버드 대학과는 아무런 상관이 없었다. 학생들은 일반적으로 law school을 선택하든지 아니면 대학을 선택하였다. 대부분의 학생들은 고교 졸업 후 바로 입학하였다. 그러나 랑델의 재직기간 중 입학기준이 강화되었다. 지적 능력을 갖추고 학사학위를 취득한 사람이 어려운 입학시험을 통과한 경우에만 로스쿨에 입학할 수 있게 된 것이다. 랑델은 학생들에게 프랑스어나 라틴어에 능통할 것을 요구하였다. 다만 경우에 따라서는 다른 언어로 대체될 수 있었다. 1871년에 학위취득을 위해 필요한 교육기간이 18개월에서 2년으로 늘어났다. 1872년부터는 2학년으로 진급하기 위해서는 1학년 말에 시험을 치르도록 하였다. 1899년에 이르러서는 학업기간이 3년으로 연장되었으며 매년 말에 시험을 치르도록 하였다.

이러한 변화만큼이나 중요한 것이 미국의 법학교육에 혁명적 변화를 가지고 온 교육 방식이었다.

랑델은 케이스 방식을 하버드 법과대학의 학생들에게 도입하였다. 종래의 교과서들은 상급심법원의 판결문들로 대체되었다. 상급법원의 판결문을 읽고 분석함으로써 학생들은 사실상 다른 사건에서 유사한 이슈들을 찾아내는 방법들을 배웠으며 법률적 사고에 대한 이해를 하게 되었다. 이 새로운 방식은 학생들로 하여금 마치 실무가처럼 자료들을 이해하도록 훈련시켰다.

법을 관습의 형태로 이해한 및 영국의 법개념과는 달리 랑델은 법을 과학으로 이해하였으며 법학 교육은 문제된 사건들 속에 내재된 원칙들을 찾아내는 것이라고 생각하였다.

랑델은 법이란 법원의 판결문에 체화된 몇 개의 원칙으로 압축될 수 있는 과학이라고 주장하였다. 한편, 법학에 사색을 도입하려는 발상이나 사회학, 정치학, 심리학, 경제학 등의 고차원적인 이론들은 랑델의 세계에서는 추방되고 말았다. 그는 케이스는 법률가의 표본이며, 법학 도서관은 법률가에게 있어서 마치 물리학자의 실험실, 식물학자의 식물원과 같은 것이라고 주장하였다.

랑델은 법학교육을 과학의 덮개로 씌우려고 했지만, 그 자신은 과학교육이나 훈련을 거의 받지 못했다. 그의 과학 특히 그가 많은 유사점들을 끌어냈던 생물학에 대한 견해는 그 당시의 수준에서도 제한적이고 조잡한 것이었다. 리처드 포즈너가 지적한 바와 같이 케이스 방식의 핵심인 선례에 집착하는 것은 오히려 실수를 고치는 것을 거절하는 것으로서 과학적 탐구에 있어서는 괴이한 것이다. 그래서, 그는 법률 공부를 과학보다는 신학에 가까운 것이라고 주장하였다.

(2) Case Method

케이스 방식은 학생들에게 엄선한 판례들을 통해서 법률적 추론방법을 가르치는 것이다. 계약법에 관한 케이스북을 만드는 데 있어서 그는 거의 전적으로 시대별로 조직적 방식으로 압축되어 구성된 영국의 케이스에 의존하였다. 랑델에 의하면 영국의 common law는 귀납적 논리의 적용을 통해서 체계화된 내적으로 일관된 선례들의 집단으로 이루어져 있다. 그러나 법률적 원칙들은 일단 그 모습을 드러내기만 하면 그 후로는 이러한 원칙들을 실제 사건에 적용해 가는 연역적 방법을 따르게 된다. 전형적인 케이스 북들은 사건들을 선정하고 조직한 근거들에 대해서 명시적으로 밝히지 않는다. 대신에 학생들은 케이스 북의 질문들이나 교수들의 안내에 따라 판례를 어떻게 분해하고 그 구성부분들을 분석할지에 대해 배운다. 또한 학생들은 한 사건과 다른 사건을 연관지우는 방법을 배우게 되며, 겉보기에 양립되지 않는 두 사건이 양립되도록 이들을 조화시키는 방법을 배우게 된다. 결과적으로 서로 다른 사건들을 골라내고 이들을 조합함으로써 학생들은 이들 판례들에 나타난 법률적 원칙들을 배울 뿐만 아니라 법률적 추론의 근간이 되는 사건들을 다루는 방법을 배우는 것이다.

판례의 의미를 이해하는 것은 학생들의 몫이다. 견해를 분석하고 종합하는 유일하게 옳은 방법이라는 것은 존재하지 않는다. 케이스 방식에 있어서 중요한 것은 결과가 아니고 과정이다. 중요한 부분을 빠트리지 않기 위해서 학생들은 케이스를 여러 차례 읽어서 실제 판결들을 분석하고 토론할 수 있도록 준비를 하고 교실에 들어가야 한다. 법학교수들의 역할은 학생들로 하여금 사건의 사실관계를 섭렵하고, 결론에 도달하게 된 과정에 적용된 법률원칙이 무엇인지를 판단하고, 추론에 사용된 방식을 분석하도록 소크라테스식 질문을 던짐으로써 학생들을 인도하고 자극하는 것이다. 교수들은 학생들로 하여금 자신들의 추론을 옹호하는 데 도전하는 악마의 변호인의 역할을 하여야 하며, 학생들은 이런 소크라테스식 질문방식하에서 자신들이 누구의 입장을 변호하게 될지에 대해서 사전에 통지를 받지 않아야 한다.

소크라테스식 방식은 학생들로 하여금 변호사들이나 판사들이 사용하는 분석 기법의 독창성과 능력을 과장하는, 교수들의 일반적인 스타일로 작성된 대부분의 법률 자료들에 대해 익숙해지도록 한다. 그리고 소크라테스식 방식은 학생들에게 위 스타일에 젖어들게 하며, 비판적 도구로 사용된 논리의 힘을 통해서 법률자료의 불확실성을 헤쳐 나갈 수 있도록 훈련을 시키게 된다. 학생들은 장래의 논쟁을 위해 각 케이스에 함축된 의미들을 분석하는 것을 배우게 되며 각 케이스들에서 얻은 교훈들을 하나의 공통된 개념으로 통합하는 것을 배우게 된다. 케이스를 분석하고 통합하는 과정을 통해서 학생들은 장차 법원이 장래의 사건에서 어떤 태도를 보일 것인지를 예측하고, 판사로 하여금 어떻게 하여야 할 것인지를 설득하는 능력을 키우게되는 것이다.

Law school 교실에서는 교수들이 학생들에게 부과된 과제들에 대해서 일련의 질문을 던진다. 질문들 중에서 명확한 답변을 요구하는 경우는 많지 않으며 토론을 유도하도록 계획된 것도 아니다. 그 질문들의 본질은 질문과 이에 대한 답변을 통해서 학생들이 듣고, 편집하고 습득해야 할 정보들을 만들어내기 위하여 교실에서 쟁점들을 조직적으로 섭렵하는 것이다.

소크라테스식 방식에는 "집중 토론"이라는 것이 있다. 교수들은 학생들에게 어떤 사건의 사실관계를 요약하도록 하고, 양쪽의 주장, 사실관계에 적용될 법률, 판사의 논리, 판사의 판결문에 나타난 법의 원칙들에 대해서 요약하도록 요구한다. 그 다음에 교수는 사실관계를 약간 변형시킨 일련의 가정적 상황을 만들어 그 경우에 결과가 어떻게 달라질 것인지에 대해서 질문한다. 이러한 가정적 상황을 만드는 것은 학생들로 하여금 법의 한계와 그 판결의 범위에 대해서 탐구하도록 한다. Law school에서는 이와 같은 가정적 질문이야말로 학생들의 비판적 사고와 분석력을 기르게 하는 가장 효과적인 방법이라고 믿고 있다. 이로 인하여 학생들은 스스로 사고하는 방식을 배우게 되는 것이다.

랑델의 커리큘럼에는 법조문에 대한 토의가 빠져 있으며, 그의 케이스 북에는 설명과 주석이 없다. 그 결과 강의실에서 각 케이스들로부터 법적 원칙들이 도출될 때마다 학생들은 당황하여야 했다. 랑델이 학장으로 취임한 그 해 말에는 학생들의 수업 참여가 현저히 줄었으며 등록학생 수도 줄었다. 1872년에 인근 보스턴 대학은 랑델의 급진적 개혁에 동의하지 않는 사람을 위해 새로 law school을 만들었다.

그러나 랑델 비판자들의 기대와는 달리 1874년에는 등록숫자가 늘었으며 랑델 케이스 방식의 추종자들이 늘었다. 점차로 랑델 방식의 유효성을 인정하게 된 것이다. 법원의 판결문이라는 기본적인 출처로부터 법률을 가르치는 랑델의 방식은 교과서로 법을 가르치는 것보다 법적인 추론에 있어서 훨씬 효과적이었다. 결국 하버드 law school은 특정 주의 지방적인 관심으로부터 자유로운 국가적 law school이 되었다. 그 결과 1895년 랑델이 학장직을 물러날 무렵에는 랑델의 개혁은 전국에서 능력 있는 많은 학생들을 불러모으게 되었다. 그리하여 등록생 숫자가 치솟았으며 입학기준도 올라갔다. 1896년에 하버드의 law school은 3년간의 학업기간과 매년말의 시험을 요구하는 대학원 과정이 되었으며, 커리큘럼에도 큰 변화가 있었다. 강의는 계약법, 불법행위법, 물권법 등 직업적 훈련과 연관된 전문화된 패턴으로 나뉘어졌다.

하버드 law school은 다른 law school의 모델이 되었으며 케이스 방식은 급속도로 퍼져 나갔다. 많은 law school에서는 하버드 law school 교수와 졸업생들을 채용하여 새로운 교육방식으로 전환하였다. 1908년에 30개 이상의 law school에서 케이스 방식을 사용하였다. 하버드 대학에서 시작된 개혁은 마침내 전국적 법학교육의 정형이 되었다. 다른 학교들은 심지어 1학년의 필수과목과 2, 3학년의 선택과목까지도 하버드 law school의 과정을 따라하였다. 50년 만에 한 학교가 지적으로 사회적으로 그리고 숫자적으로 다른 모든 학교를 압도하게 된 것이다.

케이스 방식은 경제적인 면에서도 유리하였다. 한 교수가 케이스 방식으로 수업을 할 경우 150명이나 되는 학생들을 한꺼번에 교육할 수 있기 때문이다. 결과적으로 랑델은 전국의 대학 총장들에게 그들도 소수의 교수들을 채용하여 law school을 설립하면 돈을 벌 수 있다는 것을 보여 준 것이다.

케이스 방식은 법학교수라는 새로운 직업을 만들어 냈다. 1870년 이전에는 실무를 하는 변호사들이 파트타임으로 강의를 하였다. 그러나 케이스 방식으로 수업하기 위해서는 엄청난 시간과 지적인 교수가 요구되었기 때문에, 파트 타임으로 강의를 하는 사람들은 수업 준비에 필요한 시간을 마련하기 어려웠으며, 실무가들은 케이스 방식의 핵심이 되는 분석적, 귀납적 과정에 대처할 수 있는 지적인 유연성이 없었다. 그리하여 케이스 방식으로 강의하는 교수들은 실무가를 거치지 않고 학교를 졸업하고 바로 채용되었다. 주요 law school의 교수들은 미국의 법률적, 정치적 장래에 영향을 미칠 수 있는 영향력 있는 엘리트들로 구성되었다. 교수들의 영향력은 1887년에 하버드대학에서 최초로 만들어진 학생들이 편집한 law review에 의해서 커졌으며 그 후 각 대학이 앞을 다투어 이러한 잡지를 발행하였다. law review에 게재된 교수들의 논문에 있는 아이디어들이 그 후 판결과 법률문서에 많이 사용되게 되었다.

(3) 하버드 교육방법의 확산

하버드 대학의 교육 모델은 특정한 정치적, 사회적 주장을 피하였다. 즉, 그것은 정치적, 사회적 사정을 고려하지 않았다. 학생들은 자신들의 정치적인 신조와 이슈와는 상관없이 고객의 이익을 위해 봉사하도록 엄격한 교육을 받았다. 케이스 방식은 어떤 입장이라도 존중받을 만한 것으로 만들어졌다. 이로 인하여 하버드 대학이 미국이라는 회사를 위해서 봉사할 변호사들을 양성하였다는 사실이 명백해졌다.

즉, 세기가 바뀔 무렵에 몇몇 새로운 로펌들은 하버드 대학이 자신들의 사업을 위해서 가장 효과적으로 학생들을 준비시켰다는 것을 알게 되었다. 그 결과 하버드 졸업생들은 다른 law school 졸업생들보다 더 높은 급여를 받았다. 젊은 나이에 얻게 된 높은 명성은 결코 작은 것이 아니었기에, 하버드 law school로 미국 전 주에서 학생들이 몰려들게 되었다. 그 결과 다른 여러 대학들은 자신의 졸업생들이 좋은 로펌에 들어가도록 하기 위하여 하버드의 교육방법을 따르게 되었다.

그러나 law school 입학은 1960년대까지는 그다지 경쟁이 심하지 않았다. 1960년까지만 하여도 하버드 law school은 신청자의 50%를 입학시켰다. 법학교육을 지배하도록 발전된 하버드 방식에서 나온 법률학은 James Herget에 의해 다음과 같이 요약되었다.[4]

4) Herget, James E, 1990 American Jurisprudenre: 1870-1970. Houston, TX · Rice University

(i) 법이라는 것은 케이스 자체와는 구분되는 법의 원칙들로 구성된다. (ii) 이러한 원칙들은 지적인 탐구의 대상이 된다. (iii) 법은 오랜 시간을 두고 미리 계획되지 않은 방식으로 변화하며 그러한 변화는 판사들의 도움을 받게 된다. (iv) 집중적인 법적 분석만이 법을 이해하는 유일한 합리적인 방법이며 그 법을 새로운 상황에 적용 가능하도록 만든다.

4. 현재의 법학교육(Comtemporary legal education)

1880년에 시작해 1920년까지 진행된 도제교육으로부터 학문적 교육으로의 이동은 법률전문가 숫자의 엄청난 증가와 이민자들 및 그 자손들의 법조진입을 촉진하는 등 예기치 않은 결과를 가져왔다. 미국 변호사협회(ABA)에서는 이에 대응해 단지 몇몇 법과대학원만 기준에 적합하다고 선언함과 동시에 주들로 하여금 승인된 학교의 졸업을 제한하도록 설득하려는 노력을 기울였는데, 그 캠페인은 전반적으로 성공을 거두었다.[5)]

스티븐스(Robert Stevens)는 법학교육과 ABA의 법률 실무자 제한 캠페인과의 관계를 다음과 같이 요약했다. “1870년대에 와서 첫 번째 단계는 일정 기간의 법학교육과 변호사시험이 요구되기 시작했다. 두 번째 단계는 law school을 도제교육 제도의 대안으로서 승인한 것이었다. 세 번째 단계는 사무실 실무수습을 대안으로 인정하지 않고 law school 졸업을 의무화한 것이다. 네 번째 단계는 ABA가 공인한 law school 졸업생들에게만 자격을 주는 것이다.”[6)]

ABA의 법률실무자 제한 캠페인의 확대와 미 법과대학원연합회(AALS)의 영향으로 미국의 법학교육은 표준화되어 있다. 사실은 1년차 법과대학원생들은 필수과목들 대부분 또는 전부를 듣게 됨으로써 학업을 마치는 데 있어 상당히 동일한 입장에 놓여 있다. Law School의 공통된 과목은 대체로 다음과 같다.

(i) 헌법(Constitutional Law): 통치구조와 인권에 대하여 배운다.

(ii) 계약법(Contracts): 성립요건, 당사자의 권리와 의무, 계약위반 및 손해배상의 범위 등에 대하여 배운다.

Press.

5) Abel, Richard L. 1989 American Lawyers. New York: Oxford University Press.

6) Stevens, Robert, 1971 Two Cheers for 1870: The American Law School. In law in American History, Boston: Little, Brown.

(iii) 물권법(Property Law): 부동산에 대한 소유권과 기타 재산권에 대하여 배운다.
(iv) 불법행위법(Torts): 고의, 과실 등으로 인한 불법행위 해당 여부 및 위반한 경우의 손해배상의 범위에 대하여 배운다.
(v) 형법과 형사소송법(Criminal Law and Procedure): 주로 common law 범죄의 성립 및 책임에 대하여 배우며 또한 피고인의 권리와 형사절차 등에 대하여 배운다.
(vi) 민사소송법(Civil Procedure): 미국의 재판절차, 즉 재판권과 청구취지와 청구원인, 재판전 절차, 소송의 구조, 재판결과에 대한 상소절차 등에 대하여 배운다.
(vii) 법학연구 및 자료작성(Legal Research and Writing): 법률관련 주제에 관한 연구 및 작문기술을 배운다.
(viii) 법학방법론(Legal Method): 미국 사법제도와 그 절차에 대하여 배운다.

법학교육의 통일성은 변호사들이 법 자체와 그 적용을 함께 이해할 수 있도록 한다. 변호사는 일반적으로 법원이 어떤 판결을 할 수 있을지 예견할 수 있어야 하고, 법관들은 법조계의 존경을 받길 원한다면 많은 사람들이 공유하며 이해하고 있는 내용에 따라 판결을 함으로써 합리적인 법률체계에 부응할 필요가 있다. 즉, "법조계 집합체는 문제된 사건의 담당 변호사가 다른 변호사나 법관이 동일한 법률체계 안에서 알아볼 수 있는 것과 마찬가지로 핵심사항을 파악할 수 있게 한다.[7)]"

무엇보다도 1학년의 교과과정은 상급심의 의견에 대한 분석에 초점을 맞추면서 매우 많은 것을 요구한다.[8)]

먼저, 부과된 독서량은 심하게 부담스럽지 않지만, 처음 시작하는 학생은 유난히 어렵다고 느낄 것이다. 익숙하지 않은 개념 때문에 고심할 뿐만 아니라 새로운 지적 기술을 터득하는 데 어려움을 느낀다. 학생들은 변호사와 법관의 종종 불일치된 구문을 이해하여야 하고 분석적인 정확성으로 사고를 하며, 법률상으로 지엽적이거나 직접 관련이 없는 내용을 법적으로 관련된 내용들과

7) Burton, Steven L. 1905 An Introduction to Law and Legal Reasoning. Boston: Little, Brown.
8) 판례 중심 교육방법(case method)은 법학교육의 제1목적이 법의 실체적 내용을 가르치는 것이 아니라 법률가처럼 생각하도록 가르치는 데 있다.

구분해야 한다. 또한, 사용례에 따라 의미가 달라지는 수많은 라틴 및 프랑스 계통의 단어와 문구를 포함하여 새로운 어휘를 배워야 한다.

이러한 각각의 기술을 터득하는 것은 부분적으로 다른 분야의 능력에 따라 좌우된다는 사실 때문에 더욱 어렵다. 예를 들면 어떤 사람이라도 이미 읽은 문장의 간단한 의미에 대한 이해 없이는 관련된 내용과 관련되지 아니한 내용을 구분하기란 어렵다. 다시 말해 법률상 연관된 카테고리와 법률용어에 대한 부분 지식 없이 사법상 구문의 견고한 베일을 통과하는 것은 매우 어려운 일일 뿐만 아니라 어느 것도 독자적으로 배울 수는 없으며 대신에 개별사건들을 통해 다루게 되는 것이다.

짧은 기간 내에 읽어야 할 분량이 엄청나게 늘어나고, 학생들은 훈련된 소크라테스 방식으로 심오한 의미들을 추구하도록 요구받는다. 오늘날 법률강좌에 있어 전통적인 소크라테스 방식은 1학년의 경우 분석력을 높이는 데 가장 효과적인 기술로 계속 사용되고 있으나 상급학년의 경우에는 덜 지배적인 것이 되었다. 마치 소크라테스 방식과 같이 기초적인 기술을 공개한 후 학생들로 하여금 변호사와 같은 기능을 수행하면서 법률자료를 사용하도록 고안된 다양한 형태의 교수방법들이 보강되고 있다. 2~3학년 과정은 이와 달리 소크라테스식 강의가 아닌 종종 세미나 형태의 강좌들이 개설된다. 세미나 과정은 전형적인 1학년 사례분석과정에 비해 단지 3분의 1 정도 수준으로 편성될 뿐이다.

ABA가 마련한 법조인의 책임과 모의법정 및 사건해결 경험참여에 대한 강제적인 과정 외에는 대체로 모든 학교에 추가적인 교과과정을 요구하지 않는다. 직업훈련비용을 줄이라는 변호사회의 압력은 법과대학원 교과과정에 있어 사건해결 및 법률기술 훈련을 증대시키는 결과를 가져왔다.

"법학교육자들은 교과과정 운영에 있어 그러한 문제들에 대한 전통적인 배제성향을 포기하고, 법률적 견해에 관한 영구적 진리를 과학적으로 추구하는 랑델(Langdell) 방식에 흡수되도록 강요받아 왔다."[9)]

많은 학교들이 필수 교과과정의 영역을 확대해 나갔다. 버지니아 대학은 대리점과 동업, 가족, 국제법 소개, 법경제 등을 필수과목으로 하였다. 코넬대

---

9) Van Alstyne, W. Scott, Jr., Joseph R. Julin, and Lurry D. Barnett 1990 The Goals and Missions of Law Schools. New York: Peter Lang.

는 법률과정론 및 실제훈련의 두 과정을 필수과목으로 하였다. 하버드대는 법률 실무와 방법의 제 문제를, UCLA는 '사실과 고객 및 변호사' 과목(제조자 책임과 사실 조사)을, 시카고대는 법의 요소(법적 합리화와 법, 사회, 경제 및 정치적 이슈와의 관계)를 각각 필수과목으로 정하였고, 펜실베이니아대학은 노동법을 필수과목으로 하는 한편, 미국법 역사, 법경제학, 수입증권(복지, 사회안정) 또는 법철학의 4과목 중 1개를 선택하도록 하였다. 또한, 펜실베니아대학은 공공봉사를 요구조건으로 내세우고 있다. 즉, 모든 2~3학년 학생들은 졸업을 위해서는 총 70시간의 공공봉사를 해야 한다.

법과대학원들은 빈번하게 다른 분야, 즉 경영, 경제, 역사, 심리학, 사회학 교수들을 초빙해 현재 교육과정과 별개의 과정 또는 가족법, 반독점법과 형법 등 과정의 팀제 교육을 담당하도록 한다. 일부 전문가들은 이러한 모습은 법과대학원이 진정하게 자유로운 기술을 선보인 것이 아니라 학문적 전통에 대한 존경을 표시한 것으로 보고 있다. 학문보다는 직업훈련을 더욱 강조하는 경향이 계속되고 있는데 이는 대다수의 학생들이 학문적 관심보다 경력관리를 도울 수 있는 과정에 더 큰 관심이 있음을 반영한다. 그러므로 법과대학원들은 학문적으로는 실체적 진실발견에 비중을 두는 반면에 전문적인 법학직업교육에서는 변호능력을 강조하는 것이다.

학문의 방향에서 볼 수 있는 하나의 중요한 혁신은 많은 대학들이 제공하고 있는 법학과정을 다른 분야와 결합시킨 형태의 학위연결 과정이다. 예를 들면 콜롬비아대는 연결학위과정을 JD / MBA(경영학석사), JD / MS-Journalism, JD / MPA(공공행정석사), JD / MFA(미술석사), JD / MSW(사회사업) 및 JD / MS-Urban Planning으로 넓혔다. 미시간대는 JD / MBA에 덧붙여 법과 경제, 법과 현대 근동 및 북아프리카 연구, 법과 공공정책연구, 법과 천연자원, 법과 러시아 및 동유럽 연구, 법과 세계정치 등의 과목을 개설하였다.

수많은 대학들이 법학 학위와 위의 여러 분야는 물론 추가적으로 JD / Ph.D 등 박사학위와도 연결시키고 있다. 법학박사(S.J.D.) 과정이 있는 대학이 20곳이 넘고 조세분야의 LL.M.처럼 특정분야에 대한 석사학위를 제공하기도 한다.[10)]

---

10) 한국에서는 대학에서 법학의 경우 학사, 석사, 박사 등의 학위과정이 있고 이와는 별도로 사법시험에 합격한 후 2년간 사법연수원에서 교육을 받게 됨(이 경우 연수원 과정의 성격이 문제될 수 있다)에 반해, 미국의 경우 일반대학에는 한국에서와 같은 학위과정이

5. 법학교육의 계층화(stratification of legal education)

모든 법과대학원이 동일하다는 것을 의미하지는 않는다. 사실 법학교육은 극심한 계층화가 이루어져 있고, 법률전문분야의 계층화에 의해 투영되기도 하고 이에 영향을 미치기도 한다. 약 175개의 ABA 공인 법과대학원 가운데 24개 대학원 가량이 미국 내 명문대학으로 거론된다.11) 대체로 위 기준은 대학원이 실제로 최상의 교육을 제공하는지 여부와 관련이 없고(일각에서는 하버드대가 사실은 엘리트주의와 동류의식을 조장한다고 주장한다), 실제로 중요한 점은 law school 졸업생을 고용한 사업주, 특히 국가적 규모의 법률회사, 기업 그리고 투자은행에서 그들을 최고의 인재로 간주한다는 것이다. 이러한 경우, 인식이 스스로 실체를 창조한다. 대부분의 이러한 대학원들은 동등한 수준의 명문대학인 사립대학에 속해 있는데, 시카고, 콜롬비아, 듀크, 하버드, 뉴욕, 노스웨스턴, 펜실베이니아, 스탠포드, 예일이 이에 해당한다. 종교기관의 부속인 학교도 있는데, 조지타운이 이에 해당한다. 주립대학들은 또한 어느 리스트에든 명문으로 올라 있는데, 버클리, 미시간, 버지니아가 이에 해당한다.12) 명문 law school 사이에는 그 교수진이 명문 law school 출신이기 때문에 어느 정도의 동질성이 존재한다.

이러한 명문 law school에 입학하기 위해서는 학부시절의 평균학점(GPA)과

있으나 법학과 관련해서 본다면 전문과정인 로스쿨에 JD, JSD(SJD), LL.M. 등의 과정이 있으며 이들은 각각 그 기능을 달리하기 때문에 한국적 입장에서 이를 일률적으로 평가하는 것은 적절치 않다고 생각된다. 즉, JD는 한국의 사법연수원과 석박사과정이 섞여 있는 성격이고 JSD는 한국의 박사과정과 비슷하고 LLM은 사법연수원 내지 석사과정의 성격이 섞여 있다고 보면 실제와 유사하다고 할 것이다. 특히 LL.M.에 대하여는 각 로스쿨마다 성격을 달리 하기 때문에 일률적으로 정의하기가 쉽지 않다(로스쿨에 따라서는 LL.M.을 마친 학생이 JD과정에 들어가는 경우 3년 과정 중 나머지 2년만 다니면 졸업이 가능하도록 하기도 하며 LL.M.과정에서 수강한 과목을 인정하기도 한다).

11) 필자들이 유학한 University of Minnesota Law School은 약 18위권으로서 명문법과대학원으로 평가되는 로스쿨인데, 수업시간에 많은 교수들이 이를 자주 강조하곤 하였던 기억이 난다.

12) 법학교육의 계층화

1등급: 명문 법과대학원(elite law schools)

2등급: 국가적 법과대학원(national law schools)

3등급: 지역 법과대학원(regional law schools)

4등급: 지방 법과대학원(local law schools)

법과대학원 입학시험(LSAT)의 고득점이 필수적이다. 예를 들면 하버드는 매년 8,000여 명이 응시하지만 800명 가량만을 합격시키며, 예일은 5,000명 중 350명을, 스탠포드는 5,000명이 넘는 응시자 중 450명을, 콜롬비아는 6,000명이 넘는 응시자 중 900명을, 버클리는 5,000명이 넘는 응시자 중 800명을 합격시킨다. 그리고 각각의 경우에 있어 실제 등록인원은 합격자 수보다 적은데, 최고로 우수한 재원들이 여러 군데 합격하기 때문이다. 학문적 기준이 대학마다 다양하기 때문에 법과대학원들은 학부과정에서 우수한 성적을 거둔 자들을 선호한다. 하버드 법과대학원과 같이 아이비리그 출신들이 몰리는 경우 잘 알려지지 않은 소형대학 출신자는 불리하다. 그러므로, LSAT만 모든 응시자들에게 공평한 유일한 평가방법이 될 뿐이다.

위에서 설명한 계층적 체제에서 다음으로 위치한 것이 국가적인 law school로서 여기에는 주립대학이나 일부사립대학이 해당되며 이들 중 상당수는 교회와 연관되어 있다. 이러한 대학들은 대체로 전국적으로 학생들을 불러 모았다. 그리고 3등급으로 지역사회의 학생들을 주로 받아들이는 지역 법과대학원들이 있다. 계층적 체제의 가장 밑에는 학위를 부여하는 법과대학원이 아니라 주로 지역 학생들을 상대로 지역 문제를 다룰 수 있도록 교육하는 특수대학원이 있다. 이러한 대학원의 졸업생들은 단독개업변호사나 지방정부에서 많이 발견된다. 또한 ABA로부터는 공인되지 아니한 법과대학원이긴 하지만, 수학 후 변호사시험에 합격하면 법률업무를 다룰 수 있게 하는 8개의 주도 있다. 예를 들면 캘리포니아 주의 경우 변호사응시자격을 폭넓게 인정한 덕에 법과대학원들의 대대적인 성장을 가져올 수 있었다.

6. 로스쿨교육에 대한 비판

미국에서 로스쿨 졸업자의 대다수는 실무를 한다. 그러나, 많은 다른 나라들과 달리 미국의 로스쿨 졸업자들은 변호사로서의 자격을 가지기 전에 공식적인 수련기간을 가질 필요가 없다. 그 결과 로스쿨은 단지 새로운 변호사들이 그들의 법률업무를 담당하기 전에 필요한 교육만을 하고 있기 때문에, 로스쿨은 졸업생들이 실무를 위한 준비를 더 하도록 해야 하는 것이 아닌가 하는 우려를 한다.

이러한 우려는 1930년대 이후부터 꾸준히 제기되어 왔다.[13] 근래에 들어서는 1973년경 연방대법장이었던 Warren Burger가 소송에서 변호사들의 부족함에 대하여 언급한 바가 있다.[14] 그리고 1992년에 들어 미국변호사협회가 비판적인 보고서[15]의 발간을 통하여 법률교육과 법조인발전에 대하여 논하였다. 그 결과, 이후 로스쿨 교육에 대한 논쟁이 더 한층 고조되게 되었다.

(1) 로스쿨 교육과정과 소송기술

무엇보다도, 현재의 로스쿨교육은 주로 변호사로서 실제 실무를 수행하는데 필요한 다른 요소는 거의 배제한 채, 사건에 있어서의 법원칙 내지 법리를 분석하는 방법을 중심으로 한정된 면이 강하다 할 수 있다. 당사자중심주의 제도에 있어서는 변호사들은 사건을 조사하고 분석하고 사실관계 및 증거를 법정에 현출하여야 한다.

그러나, 송무수행(trial advocacy)과 관련된 과정 중, 사실관계 조사나 재판전 신청실무는 전통적인 교과목에 포함되지 아니하였다. 다만 이런 송무수행 관련 과정 중 일부만 현재 포함되어 있으며 이 역시 충분하지 못한 실정이라 할 수 있다. 게다가, 어떤 로스쿨도 이러한 과목을 필수과정으로 정하지는 아니하고 있다.

마찬가지로, 비송무변호사(non-litigating office lawyer)는 면접, 상담, 협상기술 등을 갖추어야 하며, 계약서 및 의견서 등을 적절하게 작성할 수 있어야 한다. 그러나, 이러한 기술을 가르치는 과정은 거의 없다고 할 수 있다.

이러한 비판에 대해 현재의 전통적인 로스쿨교육과정의 옹호론자들은 로스쿨은 법적 분석 이상이나 공공정책을 가르치는 것이 목적이 아니라고 반박한다. 그리고 로스쿨 졸업자들은 졸업과 동시에 그들이 실무를 하면서 기술을 배우게 될 것이라고 주장한다. 그러나 이러한 주장은 현실을 무시한 것이라 할 수 있다. 즉 많은 로스쿨 졸업자들은 실제 실무를 하면서 그들이 필요로 하는 기술을 배울 기회를 거의 가지지 못하고 있다. 다만, 현재 대형 로펌의 경우

---

13) 특히 Jerome Frank는 연방고등법원 판사로서 법현실주의적 법학교육에 대한 기여로 유명한데 특히 로스쿨 교육에 대한 비판을 많이 하였다.

14) Warren Burger, The special skills of advocacy: Are specialized training and certification of advocates essential to our system of justice? 42 Fordham L. Rev. 227,230(1973).

15) ABA, Legal education and Professional Development — An educational continuum, Report of the Task Force on Law School and Profession: Narrowing the Gap(ABA section of legal education and admissions to the bar 1992).

신입변호사를 대상으로 자체 법률교육을 하는 프로그램을 가지고 있을 뿐이고, 일반변호사의 약 70% 정도는 단독변호사업무를 하거나 5인 이하의 로펌에서 근무를 하는데 이 경우에 별도의 교육제도가 거의 없는 실정이다.

한편, 로스쿨 교육에 있어 좀더 실무적인 교육을 위한 진척의 노력이 있었으며, 그 결과 로스쿨은 실무기술에 관하여 더 많은 과정을 만들게 되었다. 그러나, 대형 로펌들은 실무에 관하여 학생들을 가르치지 못하는 전통적인 교과과정에 여전히 만족을 못하고 있다. 또한 이들은 현재의 로스쿨 교수들이 실무기술을 제대로 가르칠 능력을 갖고 있는지에 대하여도 회의를 가지고 있다.

(2) 임상교육(clinical education)

법학교육의 발전에 있어 가장 흥미로운 것이 바로 1960대 도입된 임상교육이라고 할 수 있다. 이는 원래 의과대학의 임상의학에서 아이디어를 빌려 로스쿨의 지도교수 아래에서 학생들이 법률가로서 일할 수 있도록 로스쿨에 법률사무소(law office)를 만든 것이다.

학생들은 임상교육에서 법률가가 하는 상담부터 사건의 처리와 같은 모든 일을 할 수 있다.[16] 이러한 임상교육의 의뢰인들은 주로 변호사를 선임할 능력이 부족한 가난한 자들이다. 이러한 임상교육은 학생들에게 가난한 자들에 대한 가치 있는 서비스를 공급토록 하며 학생들이 실무를 하는 방법을 배우도록 한다.

(3) 모의과정(simulation courses)

비용측면에서 더 효과적인 것이 모의과정이라 할 수 있다. 이러한 종류의 과정에서, 학생들은 의뢰인들이 부딪히는 현실적인 문제를 해결하여야 하지만, 이런 문제들은 역할연기(role-play exercise)로서 나타나는 것이다. 따라서, 학생들은 모의사건에서 모의판사와 배심원에게 증거를 현출하여야 한다. 유사한 코스가 상소심 변론, 심문, 상담, 재판전 소송기술, 중재 등을 가르치기 위해서도 개발되고 있다.

---

16) 주의 법원 규칙에 의하여 로스쿨 학생들로 하여금 하도록 하고 있다.

(4) 사례중심교육방법(problem method)

Problem method는 최근 case method의 중요한 대안으로 등장하고 있다. 이러한 problem method는 사례중심의 교육방법이라는 점, 미리 학생들에게 특정한 사례를 나누어 주어 수업준비를 하도록 한다는 점, 수업시간에 토론을 통해 사례를 해결한다는 점 등이 주요특징이라 할 수 있다.

이러한 problem method는 case method의 역할을 모두 수행함과 동시에 단순히 판례를 읽고 어떻게 결론에 도달하였는지를 추론하는 과정 이외에 법률적인 문제에 대한 해결을 스스로 하도록 하는 교육방법이라고 할 수 있다. 또한 판례법 외에 제정법에 대한 교육까지 이루어질 수 있는 장점을 가진다.

결국, case method와 달리 problem method는 사례를 읽고 그 요지를 이해하거나 추론과정을 공부하는 것을 넘어 사례에 대한 해결책을 직접 찾도록 하는 교육방법이라는 점에서 새로운 법학교육방법이라 할 수 있을 것이다.

Ⅱ. 변호사시험과 변호사협회

1. 변호사협회

식민지시대에는, 각주가 변호사들이 협회에 가입할 수 있는 자체의 자격기준들을 만들었고, 보통 상당한 기간의 수습기간을 요건으로 하였다. 당시 미국에서는 영국과 같은 solicitors와 barristers의 구분이 존재하지 않았다. 일부 주에서는 각 법원이 실무를 하기 전에 변호사자격을 부여하였고 상급법원의 허가는 하급법원의 허가보다 어려웠다. 어떤 주에서는 한 법원이 변호사자격을 인정하면 당해 주 全 법원에서 허가를 받은 것으로 간주되었다. 또 다른 주에서는 주 지사나 법원에 의한 시험을 통해 변호사 자격이 인정되었다.

그러나, 변호사들은 독립전쟁이 있은 후의 몇 년간 그리고 특히 잭슨의 민주주의시대 동안에는 극도로 인기가 없었다. 즉, 강한 민주적 감각과 법적 훈련의 독점에 대한 반대로 인해 법적 훈련의 필요성이 경시되었다. 이를 자세하게 살펴보면 다음과 같다. 19세기 동안에 법적 훈련을 받기 위해 필요로 하는 교육 및 훈련 조건들에 대한 입법적 파괴가 있었다. 1800년에 협회에 가입할 수 있는 자격에 대한 일정기간의 준비가 19개 주 중 14개 주 또는 Union

을 구성하는 조직화된 지역에서 규정되었다. 1840년에는 그것은 30개의 재판권 중 단지 11개에서만 요구되었다. 예를 들면, 뉴햄프셔, 메인, 위스콘신, 인디애나 주에서는 그 어떤 시민과 선거권자도 성격적인 결함으로 인한 문제만 없다면 법적 훈련과정에 들어갈 수 있었다. 이후에도 시민전쟁의 전날까지 39개 재판권 중 단지 9개의 재판권만이 자격기준들을 가지고 있었고, 그것들은 통상 매우 낮은 수준이었기 때문에, 우수한 변호사들은 규칙적이고 주의깊게 검토되어야 할 변호사자격증을 자유로이 요청자에게 주어서 변호사 자격을 갖게 하였다.

이와 같이 변호사 자격기준들은 19세기 동안 대부분의 주에 느슨한 상태로 남아 있었고, 주마다 전혀 통일성이 없었으며, 변호사라는 직업에 대한 정부의 통제도 약하였다. 이처럼 개방적인 변호사협회는 재능은 없을지 모르지만 야망 있는 사람들을 끌어들였다. 1850년경 미국에는 2만 명이 넘는 변호사가 있었고, 인구는 약 2,300만 명이었으므로, 인구 대 변호사 비율은 1,150대 1이었다. 그러나, 통계청에 따르면, 1880년경 5,000만 명의 인구에 64,000명 이상의 변호사가 있었고, 비율은 781대 1이었고, 1900년경에는 7,600만 명의 인구에 108,000명의 변호사, 즉 703대 1, 1910년경에는 거의 9,200만 명의 인구에 115,000명의 변호사, 즉 800대 1의 비율이었다. 일부 지역의 변호사들은 수습자의 수를 유지함으로써 새로운 개업자의 진입을 제한하는 동업조합, 즉 변호사협회를 형성하였고, 이것은 변호사 수의 증가율을 줄이는 데 기여하였다.

요컨대, 19세기 초반경 다양한 변호사협회가 존재하였지만, 이러한 협회들은 그다지 영향력을 가지지 못하였다. 왜냐하면, 그들은 변호사 개업이 허용된 사람들에 대한 실질적인 통제력을 행사하지 못하였기 때문이다.

이와 같은 과정을 거쳐, 1870년에 이르러 변호사협회는 협회 가입에 대한 자격기준을 높이는 방법으로 변호사 업무로의 진입을 제한하게 되었다. 즉, 변호사 업무에 대한 진입을 제한하려는 변호사협회의 이와 같은 시도는 하버드 로스쿨에서의 랑델의 학장취임과 법교육에서의 케이스방식의 증가와 연관되었고, 두 운동은 협력관계에 있었다. 이는 케이스방식이 변호사 업무를 광범위한 교육과 훈련을 요청했던 뚜렷하고 과학적인 분야로서 정의하는 데 기여하였기 때문이다. 이를 기초로 변호사 업무의 독점을 위한 정당화가 성립되었다.

예컨대, 뉴욕과 같은(뉴욕시의 변호사협회는 1870년에 설립되었다) 일부 도시에서는 변호사협회들이 마구 퍼지는 사법적 부패에 대항하고자 기존의 귀족변호사들의 개혁적 의도에 의해 설립이 촉진되었다. 이들 엘리트 변호사들은 그들의 가장 중요한 고객, 즉 미국이라는 회사의 이익을 제도화하고자 하였던 것이다.

1890년경에 이르러서는 거의 반 이상의 주에서 변호사 직업을 위한 어떤 준비를 요구하였고, 1890년 후에는 보다 많은 주에서 엄격한 수준의 훈련 또는 교육을 요구하기 시작하였다. 1928년경 인디애나 주를 제외한 모든 재판권에서 의무적인 변호사 시험제도를 갖추고 있었고, 수준을 향상시키기 위한 훈련 또는 교육 조건들이 있었다.

그럼에도 불구하고 1927년까지만 해도 49개의 재판권 중 32개는 law school 이전의 다른 학부교육을 요구하지 않았고, 11개는 단지 고등학교 졸업만을 요구하였다.

한편, 이와 같은 변호사협회의 가입과 관련하여, Law School 졸업자 우대를 둘러싸고 변호사협회와 법과대학 간의 갈등이 다음과 같이 발생하게 되었다.

1840년대에 버지니아 주를 시작으로 몇 개의 주에서 주요 법과대학의 졸업생들이 추가 시험을 보지 않고도 협회에 가입되는 것을 허용하였다. 1870년경 7개 주의 9개 학교에서 이러한 특권을 향유하였다. 이 특권은 법과대학이 변호사시험을 회피하기를 바라는 많은 학생들을 끌어들이는 것을 가능케 하였다. 그러나, 변호사협회의 지도부는 이 특권을 탐탁지 않게 여겼고, 지도부는 이 특혜가 직업으로의 진입에 대한 통제권을 변호사들로부터 빼앗아 법률교육가에게 주었다고 느끼게 되었다. 이후 변호사협회는 이 특혜에 반대하는 그들의 노력을 성공시켰고, 주 단위의 시험위원회(boards of examiners)는 천천히 표준이 되어갔다. 이렇게 만들어진 협회에의 허가조건들은 지금까지 다음과 같은 내용으로 각 주에 의해 규율되고 있고, 각 주에 따라 다르다.

캘리포니아를 제외한 모든 주는 학사학위 또는 적어도 3년간의 대학교육을 요구한다. 전부는 아니지만 대부분의 주는 수험생으로 하여금 공인된 law school을 졸업하고(7개 주는 선택적으로 수습제를 허용한다), 성격적 결함자가 아님을 보이고, 법적 지식과 법적 추론 기술을 테스트하는 시험에 통과할 것을 요구한다(위스콘신에서는 시험 없이 그 주의 두 개의 law school 졸업생에게 자격을 부여한다). 주마다 다르지만, 전형적인 변호사시험은 수험자로 하여금 가상의 케이스를 분석하고 그 해결책과 적용법률을 제시토록 요구한다. 시험은 2월과 7월에 치러지는데 이틀간 지속된다(예외적으로 캘리포니아에서는 3일, 텍사스는 2일 반). 첫 번째 날은 전국변호사협회시험협의회(National Conference of Bar Examiners:

NCBE)가 주관하며, 헌법, 계약법, 형법, 증거법, 물권법 및 불법행위에 관한 객관식 시험으로 200문제이며 컴퓨터에 의하여 채점된다.17)

두 번째 날은 주 법에 대한 객관식 문제와 주관식 문제 그리고 memorandum 등의 작성과 같은 실무문제 등으로 구성된다.18)

또한, 43개 주와 D.C.는 응시자들로 하여금 50개의 객관식 문제들로 구성된 MPRE 시험(Multistate Professional Responsibility Examination)의 통과를 요구하는데 이는 변호사로서의 직업적 윤리관에 관한 것이다.

이러한 시험의 표준화 경향에도 불구하고, 각 주는 그 독자적인 합격점수를 설정한다. 변호사 자격이 한 번 허가되면, 원칙적으로 그가 협회의 구성원으로 활동하는 주에서만 업무를 볼 수 있다. 다만, 많은 주가 상호협정을 체결하고 일정한 기간동안 변호사 업무를 보아왔던 상호협정을 체결한 주 출신의 변호사들에게 자격을 인정하기도 한다.

한편, 미국변호사협회(ABA)의 구상은 1878년 코네티컷 주의 변호사협회 총회에서 시작되었으며, 위 회의 기간 동안 미국변호사협회의 창설을 위한 위원회를 구성하자는 제안이 통과되었다. 코네티컷 변호사협회의 저명한 변호사들의 위원회는 그 후속책으로 그 제안을 지지하는 보고를 하였다. 이후 미국전역의 저명한 변호사들이 서명한 회보에 의하여 1879년 8월 21일의 회의 소집이 통지되었다. 장소는 광천수와 도박으로 유명한 뉴욕 주의 알바니 북쪽에 있는 휴양온천지인 사라토가 스프링스였다. 모임초청장이 41개 주, 지역, 그리고 콜롬비아 특별구로부터 뽑혀진 607명의 이름으로 배포되었지만, 단지 21개 주로부터 온 75명만이 참석하였다. 위와 같은 미국변호사협의회의 초대회장으로서 버지니아 출신의 제임스 브로드헤드(James O. Broadhead)가 선출되었다.

이후 ABA는 1년이 채 되지 아니하여 21개 주에 284명의 회원을 갖게 되었다. 1878년부터 1889년까지 ABA는 매년, 또는 격년으로 사라토가 스프링스에서 모임을 가졌다. 1902년까지 모임은 사라토가와 다른 도시들 사이에서 번갈아 개최되었다. 1909년경 ABA는 3,716명의 회원들을 보유하였다. 1924년경은 22,024명을 보유하게 되었다. 그 회원수의 증가는 지역협의회를 국가협의회와 밀접하

17) 대부분 200점 만점에 132점 이상이 합격기준이 된다.

18) 뉴욕 주의 경우 뉴욕주법에 대한 객관식 50문제, 주관식 5문제, 그리고 실무문제(MPT) 1문제 등으로 구성되어 있고, 워싱턴 D.C.의 경우 연방법에 대한 주관식 6문제와 실무문제(MPT) 2문제로 구성되어 있다.

게 연결시키는 각주 이사와 11명의 지역 이사들을 만드는 재조직의 결과였다. 1936년 ABA는 연방관리시스템을 만들었다. 즉, 지도부는 각주와 지역 변호사 협의회에 의해 선출되는 구성원으로 된 대표회의(House of Delegates)이다. ABA는 현재 375,000명 이상의 회원을 가지고 있고, 시카고에 본부를 두고 있다.

초기에 ABA는 다수결주의에 의해 위협받는 보수적 상업가치를 지지하였다. 그 결과, 협의회는 상당한 인종주의, 반유태인주의, 성차별주의를 보여주었다. 첫 40년 동안 ABA에는 여성회원이 없었다. 그러나, 1964년 협회는 유태인 회장을 선출하였고, 1994년 협회는 여성 회장을 선출하였다. 오늘날 ABA 위원회들은 법적 직업에 관한 중요한 다양한 문제들에 관하여 연구하고, 통일 주 법률, 한 주에서의 변호사가 다른 주에서 영업하는 상호주의, 해양법, 형사법 및 절차, 특허, 상표와 같은 다양한 이슈들에 관한 개혁들을 추진한다.

1900년에 ABA는 사라토가 스프링스에서 law school 대표들의 모임을 조직했다. 이 모임에서 미국로스쿨협회(Association of American Law school: AALS)가 특히 law school에서의 미국 법교육의 증진을 위해 창설되었다. AALS의 구성원이 되기 위하여는 law school이 법률연구에 대한 일정한 조건과 기간을 충족시킬 것을 요구하였다. 이러한 필요조건들을 충족시키거나 유지하지 못한 로스쿨들은 AALS에서 실격되었다.

이러한 과정에서 law school 교수들과 개업변호사들 간의 갈등이 발생하였다. 이는 교수들은 법을 사회변화의 도구로 보려고 했으나, 개업변호사들은 그것을 사회적 통제의 수단으로 보았기 때문이다. 이후 1914년에 이르러 AALS는 ABA와의 조직적 연관성이 중단되었다.

그럼에도 불구하고, law school의 공인은 ABA의 소관사항이며, 1994년 현재 ABA에 의하여 공인된 law school은 176개에 이른다.

2. 변호사시험 자격 등 기타문제[19)]

(1) 시민권과 거주요건

미국의 시민만이 변호사가 될 수 있는지 여부에 대하여 헌법적 문제가 제

19) 미국변호사의 종류는 일부 주에서 인정하는 전문영역을 표현하는 등의 경우를 제외하고는 전통적으로는 attorney at law, patent attorney, admiralty attorney(proctor in admiralty)로 구분되며 표현되고 있다(ABA Model Rule 7.4.).

기된 바가 있다. Application of Griffiths 사건에서, 법원은 미국 시민이 아니라는 이유로 변호사가 될 수 없도록 한 것은 수정헌법 제14조의 평등조항에 반하는 것이라고 판결한 바 있다.[20)]

또한 Supreme Court of New Hampshire v. Piper 사건[21)]과 Supreme Court of Virginia v. Friedman 사건[22)]에서, 연방대법원은 어떤 주의 변호사가 당해 주에 주소를 가지고 있거나 계속적으로 운영하는 사무실을 당해 주에 가지고 있어야 한다고 주장하는 것은 헌법위반이라고 판단하였다.

(2) 변호사 수 문제

미국에서의 변호사의 수는 시장에 의한 규제를 제외하고는 없다고 할 수 있다. 그 결과 1년에 약 43,000명 정도의 변호사들이 배출되고 있다.

최근 들어 이러한 변호사 수가 너무 많은 것은 아닌가 하는 논의가 되고 있다. 1970년부터 1990년까지 변호사의 수가 100%나 증가하였다. 1992년 현재 미국에는 777,119명의 변호사가 있다. 이는 인구 320명당 1명꼴로 변호사가 있다고 보면 될 것이다.

이러한 미국의 자유시장정책은 다른 나라와 현저히 대조적이라 할 수 있다. 영국의 경우, 1000명만이 매년 영국변호사학교에 입학할 수 있고, barrister (법정변호사)[23)] 전체의 수는 약 6,000명 정도에 불과하다.

최근 대통령 경쟁력 위원회(president's council on competitiveness)의 보고서에 따르면, 다른 나라에 비해 미국에 지나치게 변호사가 많다는 점이 지적되었다. 예컨대, 1991년의 조사보고서[24)]에 의하면, 미국의 경우 인구 10,000명당 28명

---

20) 413 U.S. 717 (1973).

21) 470 U.S. 274 (1985).

22) 487 U.S. 59 (1988).

23) 영국의 경우 barrister는 일반법정에서 변론을 할 수 있을 뿐만 아니라 상급법원에서도 사건을 주장 내지 항변할 수 있는 변호사(lawyer)를 의미하며, 이에 반해 solicitor는 의뢰인을 상담하고 법률서류를 준비하는 법적 조언자(legal advisor)로서 하급법정 중 일부에서만 변론이 가능하다는 점에서 양자는 다름을 알 수 있고, 영국에서 변호사라고 함은 원칙적으로 전자를 말한다. 이에 대하여 미국의 변호사와 대응되는 영국의 변호사는 solicitor이며 1990년 현재 7만명 정도 된다고 보는 견해도 있다[안경환, 영국법과 미국법의 비교연구(Ⅲ), 서울대학교 법학 제32권 3,4호(1991)].

24) Agenda for reform in America: A Report from president's council on competitiveness(1991)

의 변호사가 있는데, 독일의 경우 인구 10,000명당 11명의 변호사가, 영국의 경우 인구 10,000명당 8명의 변호사가, 일본의 경우 인구 10,000명당 1명의 변호사가 존재한다는 결과가 나왔다.[25)]

그런데, 위와 같은 비교는 법률체계(legal system)를 무시한 점이 있다.[26)] 대륙법계국가인 일본의 경우를 보면 다음과 같다. 일본에 대한 숫자는 단지 13,000명 정도의 변호사(bengoshi)를 기준으로 한 것이다. 그러나 이러한 숫자는 많은 비고시 법대졸업생(non-bengoshi law graduates)과 정부나 기업의 직원으로서 법률업무를 담당하는 자를 포함하지 아니한 것인데, 미국에서는 이러한 업무를 변호사들이 한다. 대기업인 소니의 경우 150명의 非考試 법대졸업자가 간부로 있다. 만약 이러한 숫자까지 모두 포함한다면, 일본의 경우 인구 10,000명 당 32명의 변호사가 있는 것과 같게 되기에, 미국보다도 4명이나 더 많은 결과가 나오게 된다. 마찬가지로 대륙법계인 독일의 경우, 위 숫자는 순수 변호사만이 계산된 결과이다. 이에 만일 법률 업무를 담당하는 정부에 근무하는 자를 포함하게 되면 인구 10,000명당 34명의 변호사가 있다는 결과가 도출된다.[27)]

---

25) NEW YORK TIMES(August 13, 1991) 참조.

26) 현재 한국에서는 미국, 영국, 프랑스, 독일, 일본의 변호사 숫자를 단순 비교하면서 한국의 변호사 숫자가 가장 적다는 통계를 제시하는 언론이나 학자들이 많은데 이는 이곳에서 살펴보는 바와 같이 사실과 거리가 있는 주장이라 할 수 있다. 즉, 한국의 경우 변호사, 법률업무를 담당하는 비고시 법대졸업자, 법무사 등과 같은 숫자를 모두 합하면 일본과 비슷한 결과가 나올 것으로 충분히 예상되기 때문이다(다만, 향후 구체적인 숫자를 계산할 필요가 있음은 말할 나위가 없을 것이다). 필자의 생각으로는 한국의 경우 경제력과 인구수를 고려하여 보면 영국이나 일본과 비교하여 한해 500명 내지 1,000명 정도의 변호사가 배출되면 적정할 것으로 사료된다.

27) The Mythical Kingdom of Lawyers, 78 ABA Journal 72(Sept. 1992); John Langbein, Judging Foreign Judges Badly: Nose-Counting Isn't Enough, 18 Judges' Journal(Fall 1979).

3 法曹實務[1)]

Ⅰ. 개 요

미국의 법조인은, 1990년을 기준으로 보면, 판사 2.6%, 검사 8%, 일반변호사 71.9%, 사내변호사 9.8%, 법학교수 1%, 기타 6.6.%정도로 구성되어 있다.[2)] 이러한 각 법조인의 임명방법 또는 주요활동 등에 대하여 판사, 검사, 변호사 등을 중심으로 기술하고자 한다.

Ⅱ. 판 사

1. 서 설[3)]

미국의 당사자주의적 사법제도에서, 판사는 형사 및 민사사건을 규율하는 법규를 실행하는 책임을 지는 심판이라고 할 수 있을 것이다. 이러한 책임을

1) William Burnham, Introduction to the Law and Legal System of the United States(St. Paul, Minn., West Publishing Co., 2002), 141면 내지 159면.

2) Legal Education and Professional Development－An Educational Continuum, Report of the TASK FORCE LAW SCHOOLS AND THE PROFESSION: NARROWING THE GAP(ABA Section of Legal Education and Admissions to the Bar 1992).

3) 영국의 경우 일반법원의 판사의 종류에는 2심법원 판사인 lords justice, 1심법원 판사인 high court judge, 순회판사인 circuit judge가 있으며 판사 총원은 530명이며, 미국과 달리

이행함에 있어, 판사는 그의 결정으로부터 발생하는 모든 법적 소송에 대하여 면책된다.[4]

앞에서 살펴본 바와 같이, 배심재판의 경우, 판사는 법률문제를 결정하고, 배심원은 사실문제를 결정한다. 배심재판이 아닌 경우에는 판사는 법률 및 사실 문제 모두를 결정한다. 미국에서의 판사는 보통 수년의 소송경험을 체득한 후에 법원으로 들어온다. 대륙법계의 판사와는 달리 미국의 판사는 그 직위에 취임하기 전에 아무런 공식적 훈련을 받지 아니한다. 미국의 판사는 전형적으로 비법률 분야에 대한 학식과 경험이 부족한 일반인들인 관계로 인해 환경과 통신 등과 같은 특별 전문기술 문제와 더불어 특허와 세금과 같은 기술적 문제를 다루는 특별법원의 발달을 가져왔다. 그럼에도 판사는 자주 분자 생물학과 유전학과 같은 전혀 학문적 배경을 가지지 아니한 과학적 문제를 다루어야 할 때도 있다. 이러한 어려움은 대륙법계의 판사들과 마찬가지라고 할 수 있을 것이다.

판사들의 활동은 약간의 제한을 받는데, 가장 중요한 것은 고등법원에 의한 파기 가능성으로 인한 판사직에 대한 위협이라고 할 수 있다. 또한 선거제도를 가지고 있는 주의 판사는 선거구민의 선출에서 어려움을 겪기도 한다. 대개 판사는 소수의 재판만을 주재하고, 대부분의 형사 및 민사 등 사건은 재판 없이 중재된다. 이러한 중재를 하는 판사의 역할은 재판권마다 다르지만, 중재와 조정 기술은 일반 판사들에게 재판기술보다 더 중요하다고 할 수는 없다고 할지라도 그만큼 중요하다고 할 수 있을 것이다.

2. 판사의 선출(selecting judges) 및 해임

연방법원의 판사선출과 관련하여, 연방헌법은 연방대법원의 대법관에 대하여는 대통령의 지명에 의한 선임방법을 규정하고 있으나, 다른 연방판사들의

선거로 판사가 선출되지 않고 여왕에 의하여 임명되는데, 대법원장(lords chancellor), 귀족원의 법경(law lords), 2심법원 판사(lords justice of appeal), 1심 일반법원 왕좌부 수석판사(lords chief justice), 기록장관(master of the rolls), 가사부장(president of the family division)은 수상의 조언에 따라, 그리고 1심 일반법원 판사와 순회판사는 대법원장의 조언에 따라 여왕이 임명한다. 한편, 영국 역시 미국과 마찬가지로 사법권 독립의 이유로 인하여 판사의 승진제도가 없으나, 실제로는 승진이 사실상 이루어지고 있다.

4) Mireles v. Waco, 112 S. Ct. 286 (1981), 181.

선임 방법에 대하여는 규정하지 아니하고 있다.

주 법원의 판사를 선임하는 데 사용되는 방법에는 대체로 4가지가 있는데, (i) 행정부 수반에 의한 임명, (ii) 선거, (iii) 능력본위제(merit system), (iv) 입법부에 의한 임명이 그것이다.

대부분의 주는 혼합 방식을 사용하여, 다양한 판사들이 다양한 방식으로 선임되고 있다. 예를 들어, 뉴욕 주에서는 대부분의 판사는 선거로 선출되나, 고등법원 판사는 주지사에 의하여 임명되고 있으며, 뉴욕 시 형사법원 등 일부 법원의 판사는 시장에 의하여 임명되고 있다. 또한 일리노이 주에서는 모든 판사는 선거로 선출되지만, 순회법원(circuit court)의 판사는 배석판사(associate judge)를 임명할 수 있는데, 배석판사는 선출직 동료 판사보다 보수는 적으나 같은 권한을 가지고 있고 6년이 아닌 4년의 임기를 가지고 있다.

이하에서는 우선 연방법원의 판사에 대한 선임과정 및 해임을 살펴본 다음 주 법원 판사의 선임방법 및 해임에 대하여 설명하고자 한다.[5)]

(1) 연방법원 판사

1) 대통령의 지명

연방법원의 판사들의 선임 과정은 믿을 수 없을 정도로 단순하다. 헌법은 연방상원의 동의하에 연방대법원 판사들을 지명할 수 있는 권한을 대통령에게 주고 있다. 의회는 법률로 다른 연방법원의 판사들에게 대해서도 똑같은 선임 절차에 의하여 선임되도록 하였다. 그런데, 연방판사에 대하여 어떤 헌법적이거나 법률적인 자격 요건은 없다. 즉, 법률상으로는 대통령은 상원이 동의하기만 한다면 누구든지 연방법원 판사로 임명할 수 있는 것이다.

그러나, 현실적으로는 비공식적인 자격요건이 있다. 이와 관련하여 보면, 연방판사에 대한 선임에 있어 각 대통령마다 요구하는 자격요건이 다음에서 보는 바와 같이 서로 달랐다는 사실을 알 수 있다.

즉, 일반적인 자격요건은 연방법원의 판사후보자가 변호사라는 점이다. 그리고 명문 법과대학의 졸업생이 선호되었다. 연방법원 판사 후보자는 이전에 판사로서의 경력을 가지고 있을 필요가 없지만, 대통령들은 대체로 그 후보자들이 그전에 판사로서의 경력을 가지고 있는 것을 선호하였다. 어떤 대통령들

---

5) 김용헌, 미국의 법관선발제도와 그 운영실태, 재판자료(65집) 261면 내지 359면.

은 다년간의 법조인으로서 경력, 일정한 연령, 건강 진단서 등을 자격 요건으로 요구하기도 하였다.

한편, 대부분의 대통령들이 인정하지 않으려 하겠지만, 성별, 인종, 종교, 민족, 그리고 지역성 등까지도 판사 선임시 고려를 하여 왔다. 카터(Jimmy Carter) 대통령은 연방 법원에 지적인 흑인과 여성들을 임명할 것을 공약하였고, 실제로 임명도 하였다. 카터 대통령은 많은 흑인 및 스페인계 미국인을 연방법원 판사로 임명하였고, 그 이전의 모든 대통령이 임명한 것을 합한 것보다도 많은 여성을 연방법원 판사로 임명하였다. 클린턴(Bill Clinton) 대통령도 위와 같은 카터 대통령의 정책을 이어 갔다. 첫 번째 임기 동안에 클린턴 대통령이 임명한 연방판사의 53%는 비백인 또는 여성이었다. 이는 조지 부시(George Bush) 대통령의 27%, 레이건(Ronald Reagan) 대통령의 15%보다 훨씬 많은 것이라고 할 수 있다. 그리고 당파주의가 판사 선임과정에 영향을 미친다는 것도 알 수 있는데 이 점은 대략 모든 연방 판사들의 90%가 그들을 임명하였던 대통령과 같은 정당의 소속이었다는 사실에 의해서 추론할 수 있다.

또한, 대통령은 연방 대법관 후보자들에 대하여 어떤 이데올로기를 자격조건으로 요구하기도 한다. 예를 들면, 레이건 대통령은 연방법원의 판사직에 보수적인 이데올로기를 가진 사람들만 임명하였다.

이러한 과정을 거쳐 연방법원 판사지명자가 결정되면, 연방수사국(FBI)은 그에 대한 신원조사를 하는데, 과거에는 FBI의 신원조사는 실제로 선발된 후보자에 대하여만 행해졌다. 그러나, 닉슨 행정부 이후에는 모든 중요한 후보자들에 대하여 신원조사를 하게 되었다. 신원조사의 목적은 나중에 그 후보자에 대하여 대통령이 알게 되면 난처해질 상황이 없도록 확실하게 보장하는 것이다. 만일 대통령이 연방법원 판사로 지명한 사람이 배우자를 폭행한 전력이 있거나 혹은 음주 운전의 전력이 있는 것으로 판명된다면 매우 난처하게 될 것이기 때문이다. 과거와 현재의 정치적, 사회적인 단체 가입사항 역시 조사된다. 또한 인종적으로 배타적인 조직에 가입하였는지 여부 등도 조사대상이 되고 있다.

2) 미국변호사협회의 후보자에 대한 평가

그 다음 단계는 미국변호사협회(ABA)의 후보자의 자격에 대한 평가인데 이는 공식적인 과정은 아니다. 미국변호사협회(ABA)는 연방 사법부에 대하여 감시인의 역할을 하기 위하여 연방사법위원회(the Committee on the Federal Judiciary)를 조직하였는데, 이 위원회는 각 연방고등법원의 관할 구역에 따라 선발된 변호사들로 구성되어 있다.

미국변호사협회가 연방판사의 선임에 관하여 중요한 영향력을 미치게 된 것은 제2차 세계대전 이후이다. 미국변호사협회가 설립된 직후, 미국변호사협회의 위원회는 상원사법위원회(Senate Judiciary Committee)의 위원장으로부터 판사지명에 대한 추천을 하여 달라는 의뢰를 받았다. 미국 변호사협회의 영향력의 차이는 행정부에 따라 달랐는데, 1958년에 최고조에 달하였다. 아이젠하워 대통령 시절, 법무부 장관은 미국변호사협회에 비공식 평가를 위하여 연방 판사직에 대한 모든 예상 후보 명단을 송부하기로 약속하였고, 이어서 공적 평가와 추천을 위하여 예상 피지명자의 명단을 공식적으로 제출하였다. 이러한 절차는 일반적으로 후임 행정부에 의하여 지켜져 왔다.

이러한 위원회의 각 법원에 대한 판사지명의 방법은 다음과 같다. 우선, 위원회의 위원들은 그 후보자와 가까운 수십 명의 변호사와 판사들과 비공개 인터뷰를 실시한다.[6] 또한 위원회는 후보자가 얼마나 오랫동안 변호사협회의 구성원이었는지(15년 이상), 재판 경험(특히, 지방법원 임명의 경우), 변호사협회내의 평판, 학문(특히, 항소법원 임명의 경우, 예를 들어 법률 잡지 논문의 게재 및 후보자가 이끌어 낸 항소심 결정의 내용 등) 그리고 사법적 품성(judicial temperament)으로 알려진 상당히 모호한 품성까지 검토한다. 피지명자의 이데올로기는 평가 절차에 포함되어 있지 않지만, 문자 그대로 위원회는 사법판단 능력 및 인품에 영향을 미칠 수 있는 극단적 시각까지 고려한다.

위원회는 이러한 과정을 거친 후 (i) 극히 자격 우수, (ii) 자격 우수,

---

6) 최초 단계는 15 내지 20쪽에 달하고 30개의 질문을 포함한 상세한 설문지를 제출하는 것이다. 질문 중의 하나는 후보자가 소송을 제기한 헌법에 관한 10개의 가장 중요한 사건에 대한 후보자의 판단과 평가를 묻는 것이다. 후보자는 위원회의 위원 1인으로부터 오랫동안 인터뷰를 받아야 하고, 위 위원은 보통 후보자 자신의 순회재판 관할구역 출신이다. 후보자 지역의 모든 관련 연방판사들, 주 고위 판사들, 지방 법률학교장, 변호사, 특정 일반인 등 보통 사람들과 전문가들과 인터뷰를 통하여, 위원회 위원들은 일반적으로 후보자의 자질과 인품을 잘 알게 되고, 그의 능력에 대하여 유용하고 신뢰할 수 있는 평가서를 제출하게 된다(Henry J. Abraham, 1990, "Beneficial Advice or Presumptuous Veto? The ABA's Committee on Federal Judiciary Revisited," In Judicial Selection: Merit, Ideology, and Politics, p.63).

(iii) 자격 충분, 또는 (iv) 자격 부족의 평가로 나누어 투표한다. 평가는 위원회의 다수가 후보자는 최소한으로 "자격 충분"에 해당한다고 평가하고, 소수가 "자격 부족"으로 평가한 경우, 평가는 "충분; 불충분(qualified; unqualified)"으로 한다는 점을 유의하여야 한다.

위원회의 위원장은 그 결과를 받고 전체 위원회와 법무부 장관에게 보고서를 제출하는데, 법무부 장관은 미국변호사협회가 완전한 보고서를 제출하기를 희망하는지에 대하여 결정하여야 한다.

한편, 연방대법관에 대한 선임에 있어 미국변호사협회 위원회가 임명절차에 관여하는 방식은 law school 교수, 변호사, 그리고 후보자의 논문을 검토하는 former court clerks 등으로 구성된 팀을 사용하는 것을 비롯하여 연방하급법원의 판사의 선임에 대한 관여방식과는 다르다고 할 수 있다.

대통령은 미국변호사협회의 평가를 받아들일 의무는 없으나, 그 평가는 언론 매체와 판사 임명에 관여하는 상원의원들에게 많은 무게를 부여하고 있다. 매우 극소수의 후보자들이 자격부족이라고 미국변호사협회에 의하여 공개적으로 공표되기도 하는데, 그러한 평가가 나오면 통상적으로 대통령은 그 사람을 임명하지 아니한다.

그러나, 이와 같은 판사 선임과정에서의 미국변호사협회의 역할은 공화당 상원의원의 공격을 받아오고 있다.

3) 연방 상원의 승인

위와 같은 다양한 검증과정을 거친 후에 연방 상원 사법위원회(the Senate Judiciary Committee)에 최종 승인을 위한 청문회를 거치도록 하기 위하여 지명자의 이름을 보낸다. 연방 사법 위원회에서는 법률을 제정할 때와 마찬가지의 방법으로 임명 절차를 진행한다. 즉 후보 임명을 위한 청문회가 열리며, 증인이 채택된다. 그리고 피지명자는 증언을 하도록 출석요구를 받는다. 일반적으로 청문회는 매우 평범하다. 만일 연방지방법원 판사 지명자가 그가 출생한 주의 상원의원들에 의하여 청문회가 행하여진다면, 사실 청문회는 단순한 요식행위처럼 일상적인 것에 불과할 것이다. 결국 연방지방법원 판사 지명자가 그가 출생한 주가 아닌 다른 주의 상원의원들로 구성된 청문회가 행해지는 경우에 한하여 그 청문회의 결과가 후보자에게 치명적인 것이 될 수 있는 것이다. 그러나, 연방고등법원과 연방대법관 후보자들에 대한 청문회는 훨씬 철저하게 행하여진다.

그럼에도 불구하고 어떤 심급의 연방법원 판사 지명자에 대한 청문절차인지와 관계없이 만일 판사 지명자가 논쟁의 여지가 없는 사람이라면 청문회에 나온 증인들은 후보자에 대한 칭찬을 늘어놓기만 할 것이다. 반대로 판사 지명자가 과거의 재판 전력, 공식적인 연설, 정치철학상에 어떤 문제점이 있는 사람이라면 이익 단체로부터 비판과 공격을 받을 것이다. 특히 연방대법관 선임과정에 관한 것일 때에는 이익단체로부터의 반대는 매우 강력할 수 있다.

즉, 시민단체, 여성단체, 노동단체, 낙태에 대한 찬·반 단체들은 판사 지명자에 대하여 찬성 또는 반대 증언을 하기를 원한다. 1987년에는 시민단체와 노동단체, 낙태 찬성론 단체들의 연합체가 레이건 대통령이 로버트 복(Roberk Bork)을 연방법원 판사로 임명하는 것을 철회하도록 운동하여 성공한 바 있다. 1991년에는 부시 대통령이 클라렌스 토마스(Clarence Thomas)를 지명하는 것을 거의 철회하도록 할 뻔한 적도 있다. 이익단체들이 FBI나 미국 변호사 협회에서 간과하거나 묵인한 지명자에 대한 정보를 공개하였기 때문이다.

최근에는 특히 연방대법관 선임과정에 상원 사법위원회의 역할에 대한 관심이 증가하고 있다. 앞에서 언급하였듯이 이익단체들은 비록 로버트 복(Robert Bork)이 여러 면에서 대법원 판사로서의 자격에 적합하였음에도 불구하고, 그가 지명되는 것을 막은 바 있다. 비평가들은 복(Bork)이 상원 사법위원회에서 청문절차를 거쳤던 그 이전 어떤 후보자들보다도 그의 헌법에 대한 견해에 관하여 매우 가혹하고 엄한 조사를 받았다고 주장한다. 그러나, 대법관 지명자에 대한 청문회를 연구한 보고서에 따르면 복(Bork)과 같은 사례는 유일한 것은 아니었다고 한다. 위 연구 보고서에 의하면 상원 사법위원회에서 지명자들에 대하여 하는 질문을 인격에 대한 것, 능력에 대한 것, 헌법적 철학에 대한 것으로 분류하였다. 그 연구서에 따르면 23개의 청문회 중 15개에서 지명자의 헌법에 대한 견해에 대한 질문이 75%를 초과하였고, 8개의 청문회에서는 80%를 초과하였다. 또한 위 연구서에 의하면 복(Bork)의 청문회 바로 뒤의 3개 청문회 즉 앤서니 케네디(Anthony Kennedy), 데이비드 수터(David Souter), 클라렌스 토마스(Clarence Thomas)에 대한 청문회에서도 질문의 75% 이상이 헌법에 대한 견해에 관한 것이었다. 대표적으로 폴 프로이드(Paul A.Freund)와 스테판 카터(Stephen Carter) 지명자는 역사적으로 상원 청문회에서 자신의 헌법적 견해를 계속 유지하도록 요구받은 인물이다.

모든 증언이 끝나면, 연방 사법위원회는 지명자에 대하여 지지할 것인지 또는 반대할 것인지를 표결한 후 상원 전체에 상정한다. 일단 연방 사법위원회에서 지지를 받으면, 상원 전체에서의 지지는 거의 확실하다고 할 수 있다. 상원 전체회의에서는 지명자가 특별한 문제가 있는 사람인 경우를 제외하고는 후보자에 대한 토론이 이루어지지는 않는다. 투표에서 과반수 이상의 지지를 받으면 지명자는 승인을 받게 되어 판사로서 임명되는 것이 확정된다.

4) 연방 판사 선출에 있어서 상원의원에 대한 배려

비록 FBI 조사, 미국변호사협회의 조사, 연방 사법위원회의 청문회, 그리고 상원의 승인이라는 연방 판사들에 대한 임명절차가 동일한 것일지라도, 후보자의 집단으로부터 특정인 개인을 선발하는 구체적인 과정은 연방 법원의 각 수준에 따라 다르다. 연방지방법원 판사의 선임은 주 정치인과 당해 주의 연방 상원의원에 의해서 크게 좌우된다. 연방고등법원 판사와 대법관의 선임은 대통령과 연방 정치인에 의해 영향을 받는다.

우선, 연방지방법원 수준에서는 그 선임 과정이 당해 주 연방상원의원에 의해서 크게 영향을 받는다. 연방상원의원들은 전통적으로 그들의 주 경계 안쪽에 있는 연방 공무원들을 임명하는 것을 자신들의 특권이라고 생각하여 왔다. 즉, 대통령은 소속정당의 당해 주 연방상원의원들의 승인을 얻어 그 주의 연방 공무원을 임명하여 왔다. 이 전통은 상원에 대한 배려(senatorial courtesy)라고 알려졌다. 만약 대통령이 상원의원의 승인 없이 연방법원 판사 자리에 어떤 사람을 임명하려고 한다면, 당해 주의 연방상원의원은 다른 동료 상원에게 그 지명을 거부하도록 요구할 것이다. 예전에는, 이것은 판사 지명자의 고향 주의 상원의원이 연방 사법위원회에 청색표(Blue slip)를 돌려주는 것을 거절하는 방법에 의해서 이루어졌다. 이 거절은 자동으로 판사 임명에 대한 동의를 거절하는 것을 의미하였다. 그러나, 1976년에 에드워드 케네디(Edward Kennedy) 상원의원의 지도력 하에 연방 사법위원회 위원들이 판사 지명에 대한 승인절차를 계속 진행할 것인지 또는 바로 부결할 것인지 여부를 결정하는 것에 대한 원칙을 바꾸었다. 과거에는 상원의원은 단지 판사 지명자가 상원의원에게 해롭다라고 말하기만 하면 충분한 거절의 이유가 되었다. 그러나 오늘날에는 상원의원들은 상원에 대한 배려(senatorial courtesy)를 침해하였다는 점에 대하여 실제적인 근거를 많이 제시하여야만 한다.

상원에 대한 배려(senatorial courtesy) 때문에, 실제 판사 선임 과정은 다음과 같이 이루어진다. 예컨대 공화당 소속 대통령이 재임 중이라면, 연방 법원에 공석이 있을 때, 법무장관은 판사 선임에 대하여 관심을 가진 공화당 상원의원들과 접촉한다. 만약 단지 1명의 공화당 상원의원만이 있다고 한다면, 판사후보자의 선임에 있어 그 상원의원의 역할은 결정적이다. 어떤 경우에 있어서는 상원의원은 대통령이 가지고 있는 기준에 맞는 특별한 판사 후보자를 마음에 두고 있을 수도 있다. 그러한 경우에는, 만약 그 사람이 대통령을 전적으로 반대하는 사람이 아니라면 (어떤 경우에는 비록 그 사람이 대통령에 반대하는 사람이라고 할지라도), 그 대통령은 그 상원의원이 추천하는 사람을 지명할 것이다. 상원의원들은 종종 그들의 주에서 과거 자신에 대하여 정치적인 후원을 해준 사람에 대하여 보답하기 위하여 지방판사의 자리를 추천하여 주려고 한다. 그러나 상원의원이 자격을 가진 판사 후보자를 몇 명 마음에 두고 있다고 하더라도, 어느 한 사람을 특별히 추천해서 다른 사람들로부터 소원해지는 것을 두려워할 가능성도 있다. 이런 경우에는 상원의원은 법무장관에게 후보자들의 목록을 보내어 대통령으로 하여금 선택을 하도록 하게 할 수도 있다. 이 방법은 추천되지 않은 사람들이 상원의원에 대하여 불쾌하게 생각하는 것에 대한 부담을 덜어 준다. 한편, 상원의원들은 그 자신의 고유한 추천 방법을 사용하기도 한다. 상원의원들은 판사, 변호사, 법대 교수로 구성된 위원회 또는 그와 유사한 단체에 후보자들 중 가장 적임인 사람을 추천하여 달라고 하기도 한다. 이 방법은 상원의원이 판사직 후원자들에게 불쾌감을 주는 것을 원하지 않는 경우에 사용될 수 있다. 상원의원들 중에는 대통령이 전적으로 결정을 하도록 자신은 선임 과정에서 완전히 빠져 버리는 사람도 있다. 어떤 상원의원은 대통령이 상대당의 정파로부터 지명자를 선발하려는 경우에 거부권을 행사하는 정도의 결정권만을 가지려고 한다. 이러한 경우에는 상원의원이 대통령의 선임 결정에 전적으로 의존하는 것을 막아 준다.

만약 어떤 주에 2명의 공화당 상원의원이 있으면, 2명 모두의 의견을 듣고, 상원의원들로 하여금 추천자 1명을 결정하도록 요구할 수도 있다. 그러나, 가장 가능성이 많은 것은 1명의 상원의원이 현재 공석을 채울 후보자를 결정하고, 다른 상원의원이 그 다음 공석이 생기면 그때의 후보자를 결정하는 식으로 2명의 상원의원들이 번갈아 가면서 결정하는 것이다. 만약 어떤 주에 공화당 상원의원들이 없다면, 법무장관은 그 주의 공화당 공무원들, 공화당 지도자들, 또는 미 하원의 공화당 의원들에게 조언을 구할 수도 있다. 이 경우에는 대통령이 판사의 자리를 채울 사람을 누구로 지명할 것인지를 자유롭게 선택할 수 있다. 아주 특별한 경우에는 대통령은 향후 상원에서 결정할 투표에 있어 상원의원의 지지 투표가 필요하다고 판단되면, 자신을 강력히 지지하는 반대당 상원의원과 상의하기도 할 것이다 그러나, 일반적으로 연방지방법원 판사들의 선임과정은 대통령의 소속 정당에 충실한 사람에게 자리를 주는 정치성이 강하다 할 수 있다.

다음으로, 연방고등법원의 판사선임 과정은 다음과 같은 2가지 이유 때문에 연방지방법원 수준에서보다 상원에 대한 배려(senatorial courtesy)의 압력으로부터 더 자유스럽다 할 수 있을 것이다. 첫 번째로 연방지방법원은 하나의 주안에 위치하지만, 연방고등법원은 연방지방법원과 달리 몇몇 주들로 관할이 이루어져 있다. 따라서 전통적으로 대통령이 연방고등법원 판사를 자유로이 임명해 왔고, 어떤 상원의원 개인도 이를 자신의 특권으로서 요구하지 않았다.

관례적으로 항소심 판사는 판사 모두가 어떤 동일한 주 출신이 되지 않도록 각 주 사이에서 공정하게 나뉘어 임명되었다. 예를 들면, 만약 텍사스 주 출신의 판사가 제5 연방고등법원으로부터 은퇴하면, 텍사스 출신 사람이 후보자로 거명되고, 대통령은 그가 속한 정당의 텍사스 주 상원의원들의 의견을 듣게 될 것이다. 그러나, 지방법원 수준에서와는 달리 텍사스 주 출신의 상원의원도 대통령에게 특별한 후보자를 강제할 수 있는 권한이 없다. 만일 텍사스 주 상원의원들이 상원에 대한 배려를 대통령에게 강요한다고 하더라도, 대통령은 루이지애나 주나 혹은 미시시피 주(제5 연방고등법원의 관할하에 있는 다른 주들) 출신의 후보자를 지명할 수도 있다. 그러나 대통령은 텍사스 주 출신 상원의원들의 지지를 필요로 하기 때문에 상원의원들에게 판사 지명에 대한 상당한 영향력을 보장하여 줄 수도 있을 것이다.

연방고등법원 수준에서 판사임용에 대한 상원의 영향력이 줄어드는 두 번째 이유는 연방고등법원의 판사의 역할이 연방지방법원 판사의 역할보다 더 중요하다는 인식 때문이다. 연방지방법원 판사의 영향력은 그 주 또는 그 주의 일부분에 한정된다. 만약 연방지방법원 판사가 나태하거나 무능하거나 타락하면 그 손해는 1개의 법원에 한정된다. 그러나, 연방고등법원의 판결은 그 고등법원의 관할 하에 있는 모든 연방지방법원을 위한 판례로서 영향력을 미친다. 연방고등법원의 판결 중 일부만이 연방대법원에 상고되기 때문에, 고등법원의 판결은 최종적일 때가 대부분이다. 연방 고등법원의 판결은 연방대법원에서 재심리되지 않거나 혹은 파기되지 않을 가능성이 매우 크기 때문에 그 판례들은 그 관할 하에서 판례법으로서의 역할을 한다. 따라서, 연방고등법원 판사 후보자들에 대하여는 직업적인 능력을 더욱 중시한다. 이러한 이유 때문에 연방지방법원 판사들을 임명할 때와 같이 정치적인 고려가 많이 되지는 아니한다.

마지막으로, 연방대법관을 임명하는 과정에서 상원에 대한 배려(Senatorial courtesy)는 사실상 존재하지 않는다고 보면 된다. 물론 이것이 대통령이 대법관 지명을 할 때 상원을 전적으로 무시하여도 좋다는 것을 의미하지는 않는다.

역사적으로, 대통령이 지명한 연방대법원 대법관 후보자들의 약 20%는 상원에 의해서 부결되었다. 이것은 상원의원들이 쉽게 동의해주지는 않는다는 것을 말해준다. 연방대법관들은 여러 해 동안 미국의 공공정책(public policy)에 영향을 미치는 지위에 있었기 때문에 지명자는 신중하게 선출되어야 한다. 대법관 윌리엄 더글러스(William O. Douglas)는 1939년에 프랭클린 루스벨트(Franklin D. Roosevelt) 대통령에 의하여 임명되었는데 루스벨트 대통령이 죽은 후 약 30년이 지난 1975년까지 대법관으로 일했다. 모든 대통령은 자신이 백악관을 떠난 후 오랜 기간이 지난 후에도 대법관으로 지명된 사람이 미국 헌법에 영향을 미치리라는 것을 알고 있다. 이런 이유 때문에 대통령들은 대법관 지명의 중요성을 잘 알고 있다.

5) 연방판사 선출의 정치적 성격

연방법원 판사후보자가 되기 위해서는, 조사절차를 통과하고 미국변호사협회에서 자격 충분 평가를 받는 것 이외에도 정치적 배경과 임명권자와 이데올로기에 대한 동일성이 필요하였다. 이데올로기의 동일성은 주 판사직에서는 그다지 중요하지 않지만, 연방 판사직에서는 결정적일 수 있다. 민주당 대통령은 자유주의자들을, 공화당 대통령은 보수주의자들을 지명하는 경향이 있다. 닉슨과 레이건 대통령은 연방판사직에 보수주의자, 즉 전통주의자들만을 임명하였다. 클린턴 대통령은 그의 선거운동기간 동안, 특히 낙태에 관하여 자신과 유사한 사고를 가진 판사를 임명하겠다고 주장하였다.

연방의 지방 또는 순회법원 판사 지명은 또한 지리적 균형에 근거를 둘 수 있다.[7)]

---

7) 지방법원 판사에 대하여, 상원에 지리적으로 사법절차의 균형을 이루고자 하는 압력이

다른 연방 판사직의 경우와 같이, 대법관의 지명에 있어서도 종교별, 특히 최근에는 인종별, 성별에 대해 고려하는 경향이 나타나고 있다. 나아가 지리적 고려도 중요한 역할을 하여 대통령은 국가의 모든 지역이 대법원을 대표하도록 노력한다. 대법원의 중요성 때문에, 피지명자들은, 흔치 않지만 상원의 거부가 있기 때문에 더 심도 있는 고려의 대상이 된다. 이러한 상원의 거부권 행사는 닉슨 대통령 시절 두 번 있었다.

1969년 상원은 사우스 캘리포니아 연방고등법원 판사인 클레멘트 하인스워스(Clement E. Haynsworth)에 대하여 사법 윤리의 문제(그는 자신이 7분지 1의 지분을 가진 회사 관련 사건에 참여하였다)와 노동단체 및 인권단체의 반대로 55 : 45로 거부하였다. 1970년 상원은 거의 잘 알려지지 아니한 연방 판사인 해럴드 카스웰(G.Harold Carswell)에 대하여 평범한 법률적 자질밖에 갖추지 못하였다는 이유로 51 : 45로 거부하였다. 1987년 상원은 복(Bork) 판사에 대하여 역사상 가장 큰 표차인 58 : 42로 대법관 지명을 거부하였다.

대법관의 지명의 중요성에도 불구하고, 정치가 대법관의 지명과정에 아무런 역할을 하지 않는다고 볼 수는 없을 것이다. 오히려 그 중요성이 너무 크기 때문에 정치적인 영향력이 대법관의 선임과정에 더 큰 역할을 하고 있을지도 모른다고 해석할 수도 있다. 일반적으로 말해서, 대법관 지명자들은 그들의 이데올로기, 자질, 그리고 직업적인 능력에 따라 선출된다.

위 요인들이 대통령이 특정인을 대법관으로 지명하는 데 어떠한 역할을 하는지 고찰해 보면 다음과 같다.

있다. 그래서, 상원의원은, 특히 판사직이 전통적으로 특정 의회 선거구에 속하였던 경우, 그 선거구에 판사직을 할당하여야 한다는 의무를 가질 수 있다. 유사하게, 예를 들어 어느 주의 농촌 지역과 도시지역, 동부 또는 북부와 서부 또는 남부 지역의 균형의 필요성은 특정 주 내부의 일반적 정치 역학조건을 나타내는 정치적 압력을 반영하고, 상원의원은 보통 이를 무시하거나 거부하기가 어렵다.

고등법원 수준에서만 발생할 수 있는 주 및 상원의원들 사이의 난해한 다툼은 해당 순회재판 관할의 순회법원 판사직 할당에 관한 것이다. 레이건 행정부는 해당 순회법원의 총 사건수 대비 각 주 사건수의 비율과 해당 순회재판 관할 인구에 대한 각 주의 인구비율을 감안하여 해당 순회재판 관할에서 각 주간 판사직을 할당하고자 하였다(Frend of the Constitution 1990, "Congress, the President and Judicial Selertion Lessons From the Reagan Years," pp.49-58. In Judicial Selection: Merit, Ideology, and Politics, edited by Henry J. Abraham, Eugene W. Hickok. Jr., and William Bradford Reynolds, Washington D.C.: National Legal Center for the Public Interest).

대법관을 지명할 때 대통령은 자신의 견해와 유사한 견해를 가진 사람을 지명하려고 한다. 자유주의자 혹은 보수주의자이든, 낙태 허용자이거나 또는 반대론자이든, 그리고 법 해석에 있어서 엄격한 해석을 하는 사람이거나 아니면 자유로운 해석을 내리는 사람이든 대통령으로서는 그가 만약 대법관으로 있다면 그가 내릴 판결과 동일한 판결을 내릴 사람을 지명하려고 할 것이다.

대법관 선임 과정이 정치적인 특성을 더욱 많이 가지고 있다는 것은 대통령이 그 지명자로부터 찾는 대표적인 특성이 정치적인 것이기 때문일 것이다. 대통령들은 대법관들을 선임하는 데 있어서 정치가 영향을 미친다는 것을 인정하기 싫어하겠지만 그것은 사실이라고 할 수 있다.

그러나, 지명자의 정치적인 철학이 선임과정에서 고려되어야 할 점이라면, 지명자가 대표성이 있는지 여부(representational qualities)도 고려되어야 한다. 연방대법원은 정부의 시스템에서 매우 중요한 정치적인 상징이다. 법원의 상징적인 중요성 때문에 사회의 특정 그룹이 연방대법원에 의하여 대표되는지가 중요한 역할을 한다. 그 결과 어떤 두드러진 그룹을 대표하기 위하여 연방대법관의 자리를 그 그룹을 위하여 남겨두는 전통도 있다. 예를 들면, 미국의 초기 역사에서 많은 카톨릭 교도들은 카톨릭 교도가 미국의 중요한 소수 종교집단이므로 적어도 1명의 카톨릭 교도인 대법관이 있어야 한다고 생각하였다. 대법관 로저 테니(Roger B. Taney)는 대법원의 첫 번째 카톨릭 신자인 대법관으로서 카톨릭 교도를 위한 대법관 자리를 만들어 놓았다. 윌슨(Woodrow Wilson) 대통령은 1916년에 로레인 브렌다이스(Lorraine Brandeis)를 첫 번째 유태인 대법관으로 지명하였다. 흥미로운 것은 그때 역사상 처음으로 개신교 대법원 판사가 연방 대법원의 과반수를 넘지 않았다는 것이다. 대법관인 토마스(Clarence Thomas)가 1996년에 카톨릭 신자가 됨으로써 연방 대법원에는 3명의 카톨릭교 신자와 2명의 유태인, 그리고 4명의 개신교 신자가 대법관으로 있게 되었다.

존슨(Lyndon Johnson) 대통령은 처음으로 흑인인 마셜(Thurgood Marshall)을 대법관으로 지명하였다. 1991년에 마셜(Marshall)의 후임으로 흑인인 토마스(Clarence Thomas)가 지명되었다. 레이건 대통령은 1981년에 여성인 오코너(Sandra Day O'connor)를 대법관으로 지명함으로써 처음으로 성차별의 벽을 깼다. 클린턴(Bill Clinton) 대통령은 1993년에 두 번째로 여성인 긴스버그(Ruth Bader Ginsburg)를 대법원 판사로 지명하였다. 연방대법원에 대한 감시자들은 다음으로 깨어질 중요한 장벽은 대법원에 스페인계 대법관이 지명되는 것이라고 보고 있다. 비록 대통령들이 인종, 종교, 또는 성에 관계없이 최선의 자격을 갖춘 사람을 찾는다고 주장할지라도 현실적으로는 정치적인 요소가 무시될 수 없음을 알 수 있다.

대법관 지명에 대표성(representational qualities)을 가졌는지가 어떤 영향력을 끼쳤는지는 몇 개의 예로 설명될 수 있을 것이다. 첫 번째 예로, 어떤 상황에서는 대통령은 정치적으로 자신을 도왔던 단체에 보답하기 위하여 대법관을 그 단체를 대표하는 사람으로 지명해 주려고 하였다. 존슨(Johnson) 대통령이 마셜(Thurgood Marshall)을 대법관으로 임명하였을 때, 존슨은 부분적으로는 1964년 선거에서 보여준 흑인 투표자들의 지원에 대하여 감사하는 마음을 표시하고 또한 1968년 (비록 존슨이 재선되지는 않았지만) 선거에서도 계속적인 지원을 기대하였던 것이다. 민주당 대통령 후보자들에게 중요한 또 다른 그룹은 유태인 투표자들이다. 단지 2명의 유태인들이 공화당 소속 대통령들에 의해서 대법관으로 지명되었지만, 1명 즉 레이건 대통령에 의해 지명된 긴스버그(Douglas H. Ginsburg)는 실제로 임명되지는 못하였다. 다른 모든 유태인 대법관들은 민주당 소속 대통령에 의하여 지명되었다. 이것은 유태인 투표자들이 민주당 연합을 일관되게 지지하였기 때문이다. 그러므로 유태인 대법관 포르타스(Abe Fortas)가 1969년에 연방대법원에서 사임하였을 때 닉슨 대통령은 그 후임자로 유태인을 임명하지 않았다. 그래서 유태인 몫의 대법관 자리는 1993년에 클린턴 대통령이 긴스버그(Ruth Bader Ginsburg)를 지명할 때까지 비어 있었던 것이다.

대통령이 정치적인 목적을 위하여 대법관의 지명을 이용하는 두 번째의 예로는, 중요한 정치적인 그룹으로부터 호의를 얻어내려고 하는 경우이다. 1968년 닉슨은 대통령 선거에서 이기기 위하여 이른바 남부 전략을 고안하였다. 남부 전략(Southern Strategy)은 공화당원으로 하여금 민주당의 자유주의 정책에 반대하는 남부의 보수적이고 민주당에 다소 불만이 있는 민주당 당원들에게 닉슨의 지지를 호소하자는 것이었다. 닉슨은 남부에 공화당 기지를 설립하기를 희망하였고, 그곳에서부터 1972년 실시될 재선 운동을 시작하고자 하였다.

남부 전략의 부분으로서 닉슨은 대법원에 남부지방 출신 사람을 임명하기로 약속하였다. 닉슨 대통령은 앨라배마 주 출신의 판사 휴고 블랙(Hugo Black)을 남부지방 사람으로 생각하지 않았다. 그래서 아베 포르타스(Abe Fortas) 판사가 사임하였을 때, 닉슨은 유태인 대신 남부지방 사람, 즉 클레맨트 헤인스워드(Clement Haynesworth)를 임명하기로 하였다. 상원이 헤인스워드(Haynesworth)의 임명을 거부하였을 때, 닉슨은 또 다른 남부지방사람인 해롤드 카스웰(G. Harrold Carswell)을 지명하였다. 상원이 카스웰(Carswell)의 임명도 거절하자 닉슨은 상원이 남부지방 사람들에 대해서 편견을 가지고 있다고 비난하였다. 비록 임명에는 실패하였지만, 닉슨은 원하는 목적을 달성할 수 있었다. 즉 그는 남부지방 사람들에게 대법원에 남부지방 출신 판사를 임명하려고 두 번이나 시도하였지만, 북부출신의 자유주의적인 상원의원에 의해서 그 시도가 방해되었다는 인식을 심어줄 수 있었던 것이다.

역사적으로 대통령은 자신에 대한 지지를 확고하게 하는 수단으로서 중요한 정치적인 그룹 출신의 사람을 대법관으로 임명한다는 것은 거의 확실한 것이 되었다. 선거에 대한 연구 결과, 1980년 선거에서 레이건 대통령은 남성 투표자들보다 여성 투표자들로부터의 지지율이 떨어졌다는 것이 밝혀졌다. 이것은 남녀평등헌법 수정안(the Equal Rights Amendment: ERA)에 레이건 대통령이 반대한 결과였다. 포터 스와트(Potter Stewart) 대법관이 1981년에 사표를 냈을 때, 레이건 대통령은 이를 여성 투표자들에 대한 인기 만회를 위한 절호의 기회로 삼았다. 레이건 대통령이 산드라 오코너(Sandra Day O'Comnor)를 대법관으로 지명한 것은 여성 차별주의자라는 인식을 없애는 데 도움이 되었다. 마찬가지로, 여성 투표자들 사이에 인기가 있었던 클린턴 대통령이 두 번째 여성 대법원 판사로 1993년에 루스 긴스버그(Ruth Bader Ginsburg)를 지명한 것은 선거 후 그에게 지원을 보내준 여성투표자들에 대한 감사의 표시였다.

대통령들이 마지막으로 대법관 후보자들의 자격 요건으로 고려하는 것은 직업적인 능력이다. 앞에서 보았듯이 대통령들은 그들이 대법관들로 지명한 사람이 미국변호사협회로부터 높은 평가를 받고 압도적인 상원의 지지를 받는 것을 좋아한다. 대통령은 고도의 지적 능력, 인격, 그리고 정직성을 갖춘 사람을 대법관으로 임명하려고 한다. 대중 및 상원은 대법관이 가장 우수한 능력을 가진 사람이기를 기대한다. 그렇다면 대통령은 직업적인 능력을 판단하기 위해 무엇을 고려할까? 어떤 대통령은 대법관 지명자들이 연방하급법원 혹은 유명한 주 법원에서 판사로서의 경험을 가지고 있을 것을 원한다. 그러나 판사로서의 경험만으로는 어떤 사람이 위대한 또는 훌륭한 대법관이 될 것이라는 점을 보장하지는 않는다.

정치적인 경험이 판사로서의 경험보다 더 중요한 역할을 한다는 몇 가지 예가 있다. 존 아담스(John Adams) 대통령이 대법원장 존 마셜(John Marshall)을 대법관으로 지명하였을 때 그는 국무장관이었다. 대법관으로 지명될 때, 대법관 얼 워런(Eurl Warren)은 캘리포니아의 주지사였고, 휴고 블랙(Hugo Black)은 앨라배마 주 상원의원이었고, 윌리엄 더글러스(William O. Douglas)는 증권 거래위원회의 의장이었다. 판사로서의 경력을 조금 가진 블랙(Black)을 제외하고는 어느 누구도 지명에 앞서 판사로서의 경험을 한 바가 없었다. 그럼에도 불구하고, 위에서 본 사람들은 각자의 입장에서 헌법 역사상 매우 훌륭한 족적을 남겼다. 고도의 정치적인 지위에는 정치적 경험이 있는 사람이 능력을 발휘하는 것이 역사적으로 공통적인 현상인 것처럼 보인다. 그렇다고 판사로서의 경험을 가졌던 사람이 모두 대법관으로서의 능력이 부족하였다고 말할 수는 없을 것이다. 단지 판사로서의 경험을 가졌다고 하여 반드시 위대한 판사가 된다고 보장할 수는 없다는 것을 의미할 뿐이다.

어떤 대통령들은 대법관 지명시 법조 직역에서의 유명세를 그 중요한 자격으로 생각한다. 닉슨 대통령이 루이스 파웰(Lewis Powell)을 대법관으로 지명하였을 때 그는 미국변호사협회(ABA)의 최고 책임자였다.

요컨대, 대법관 지명에 있어 사법적인 경험과 직업적 능력이 중요할지라도, 이데올로기나 대표성(representational qualifications)이 더 중시되고 있음을 알 수 있다.

6) 탄 핵(impeachment)

헌법 제3조에 의하여 임명된 판사들에 대한 유일한 파면 방법은 탄핵뿐이다. 헌법은 하원에서 다수결로 탄핵안을 상정하여 상원에서 결정하도록 탄핵절차를 규정하였다. 상원의원의 3분의 2 이상의 찬성으로 탄핵을 확정하도록 하였고, 이에 따른 제재는 판사직으로부터 강제 퇴직당하는 외에 향후 공무담임권을 박탈하는 수준을 넘어서지 못한다.

탄핵소추는 고발(charge)을 하는 것으로 형사절차의 기소와 유사하다. 단지 7명의 연방판사가 탄핵절차를 통하여 해임되었다. 1986년에 연방지방판사 한 명이 탄핵 소추되어 탄핵결의됨으로써 해임되었는데, 50년 만의 첫 사건이었고, 그 후 3명이 더 해임되었다. 또한, 범죄로 유죄확정을 받은 판사도 단지 탄핵에 의하여 해임될 뿐이다.

탄핵절차는 하원에서 시작되는데, 하원의원들은 탄핵소추의안에 투표한다.

탄핵의안은 하원의원 동료들에 의하여 선출된 하원의원들에 의하여 상원에 소추되는데, 그 하원의원들은 상원에서 검사의 역할을 수행하며, 상원은 판사와 배심으로서의 역할을 수행한다. 헌법 제1조에 따르면, "상원은 모든 탄핵을 심판하는 유일한 권한을 갖는다." 전체 상원이 관여하는 것을 피하기 위하여 이러한 탄핵안은 보통 상원지도부에서 선임한 위원회(panel)에 의하여 처리된다. 위원회는 증거를 조사하고 전체회의에 건의안을 제출한다. 헌법 제1조는 "어느 누구도 출석 의원 3분지 2의 동의 없이는 탄핵결의 되지 아니한다"라고 규정하고 있다.

1980년 의회는 사법위원회개혁등에관한법률(Judicial Councils Reform and Conduct and Disability Act)을 제정하여 13개의 연방고등법원 관할마다 사법위원회(judicial council)를 두어 연방지방법원 판사들의 개인적 활동, 정신적·육체적 상황에 대한 검토를 하도록 하고 있다. 만약 어떤 판사가 탄핵의 사유가 되는 활동을 한 것으로 위원회에 의해 인정되면, 위원회는 사법협의회(Judicial Conference)가 탄핵절차를 위하여 그 문제를 하원에 회부하도록 요청할 수 있다. 결론적으로 위원회는 위법행위를 한 판사를 공개 또는 비공개로 견책 또는 징계할 수 있다. 그러나, 그러한 징계가 부과되기 전에 판사는 사법협의회의 3명의 소위원회(panel)에 항소할 권리가 있다. 그러한 절차는 외부에 공개되지 않고, 판사는 혐의가 있다고 하여도 거의 공개 징계를 받지 아니한다.

그 동안 13명의 연방법원 판사들에 대한 탄핵이 있었다. 그 중 4명은 상원에 의해서 부결되었고 7명은 가결되었으며, 2명은 상원이 투표하기 전에 사임하였다. 상원에 의해서 탄핵된 7명은 뉴햄프셔 주의 존 피커링(John Pickering), 테네시 주의 웨스트 험프리(West H. Humphrey), 미국 상사법원의 로버트 아크볼드(Robert W. Archbald), 플로리다 주의 홀스태드 리터(Halsted L. Ritter), 네바다 주의 해리 클레이본(Harry E. Claiborne), 플로리다 주의 엘리스 헤이스팅스(Alcee L. Hastings), 그리고 미시시피 주의 월터 닉슨(Walter L. Nixon)이었다. 피커링(Plkering)은 정신이상과 만성 알코올 중독 때문에 1804년에 탄핵되었다. 험프리(Humphrey)는 남부 연방 연합(Confederacy)을 지지하였다는 이유로 1862년에 탄핵되었다. 아크볼드(Archbald)는 1913년에, 리터(Ritter)는 1936년에 임기 중의 다양한 비행들 때문에 탄핵되었다. 위 탄핵된 7명 중에서 험프리(Humphrey)와 아크볼드(Archbald)는 공무담임권이 박탈되었다. 1986년 이후로는 3명의 연방 판사들이 탄핵되었다. 네바다 주의 해리 클레이본(Claiborne)은 1984년 8월 10일에 탈

세죄로 유죄 판결을 받아 징역 2년형이 선고되었다. 그러나, 클레이본(Claiborne)은 판사직을 사임하지 않고, 연방교도소에 수감중인 동안에도 연봉 78,800달러를 계속 지급받았다. 하원은 1986년 7월 22일 만장일치로 클레이본을 탄핵 소추하기로 결정하였다. 1986년 10월 9일 상원에서는 하원에서 보내 온 4가지 사유 중 3가지 사유를 이유로 클레이본에 대하여 탄핵을 결정하였다. 남부 플로리다 지방법원의 엘스 헤이스팅스(Alcee L.Hastings) 판사는 1983년에 수뢰죄로 기소되었다가 무죄판결을 받았다. 그럼에도 불구하고, 미국 연방사법회의(Judicial Conference of the United States)는 헤이스팅스에 대하여 탄핵을 촉구하였고 하원은 1988년 8월에는 413대 3으로 탄핵소추를 결의하였다. 1989년 10월 20일에 상원은 69대 27로 헤이스팅스에 대한 탄핵을 의결하여 해임시켰다. 마지막으로 월터 닉슨(Walter L. Nixon, Jr.) 판사는 1986년 2월에 위증죄로 유죄판결을 받았다. 클레이본(Claiborne)처럼 그도 사임하는 것을 거절하였고, 수감중에도 연봉 89,500달러를 받았다. 1989년 5월에 하원은 417대 0으로 닉슨 판사를 탄핵소추하기로 의결하였고, 상원은 1989년 11월 3일에 89대 8로 탄핵을 의결하였다. 닉슨 판사의 경우에는 상원에서는 특별 위원회를 구성하여 증거를 수집하고, 이를 상원 전체에 보고한 다음 상원 전체회의에서 토론 후 투표를 하였다. 닉슨 판사는 탄핵 절차에서 특별위원회를 구성하여 증거를 소집한 것은 상원 전체가 모든 탄핵절차를 진행하여야 한다는 헌법 조항에 위반된다는 이유로 연방대법원에 제소하였지만, 연방대법원은 그와 같은 제소는 정치적인 문제로서 사법적 판단에서 제외된다는 이유로 기각하였다.[8)]

연방법원 판사에 대한 퇴직 과정은 탄핵만을 유일한 연방 법원 판사의 파면 사유로 규정한 것에 대한 문제점을 잘 설명해 준다. 우선 탄핵 과정은 번거롭다. 특히 상원의 심리과정은 더욱 번거롭다. 실제로 상원은 탄핵심리를 위하여 다른 입법상의 일을 미루어 둘 수밖에 없다. 두 번째 문제점은 판사의 다양한 위반행위에 대한 제재 방법이 단지 탄핵이라는 방법밖에 없다는 것이다. 정신 이상과 만성 알코올 중독으로 탄핵된 존 피커링(John Pickering)은 첫 번째 탄핵결의를 받은 연방법원 판사였다.

George W. English는 1926년에 하원에 의해 당파성과, 독단적이라는 점, 그리고 체제에 도전적이라는 이유로 탄핵 소추되었다. 잉글리시(English)에 대한

---

8) Nixon v. U.S. 506 U.S. 224 (1993).

탄핵에 있어서의 문제점을 살펴보면(그는 상원에 의해 탄핵의결이 되기 전에 사임하였다) 과연 당파성과 독단적이라는 점, 그리고 체제에 도전적이라는 것이 헌법이 규정하고 있는 탄핵 사유인 반역, 수뢰, 또는 다른 중대한 범죄들과 경범죄에 해당하는 것이라고 볼 수 있는가 하는 점이다. 살인죄로 탄핵의결이 되었든 당파성(Partiality)을 이유로 탄핵의결이 되었든 똑같은 탄핵 의결을 통하여 결국 똑같은 제재를 받게 되는 것이다. 즉, 그 당시 미시간 주 하원의원인 제럴드 포드(Gerald Ford)가 말했듯이 그 당시의 역사적 상황에 따라 미 하원의 다수가 탄핵 사유라고 판단하는 것은 어떤 것이든지 탄핵 사유가 될지도 모른다.[9)]

마지막으로 클레이본(Claiborne)의 경우처럼 심지어 중죄로 유죄 판결을 받은 판사라고 하더라도 그 긴 탄핵 과정이 종료될 때까지 봉급을 계속 받을 수도 있는 문제점이 있다. 이러한 문제점을 인식하여 의회는 1980년에 사법회의, 개혁, 사법행위 및 권한배제에 관한 법률(Judicial Councils and Reform and Judicial Conduct and Disability Act)을 의결하였다. 위 법률은 연방 판사들에 대한 탄원을 조사하는 절차를 규정하고 있다. 만일 그 혐의가 상당하다고 판단되면, 연방 판사들로 구성된 위원회에서 조사한다. 헌법 제3조에 근거한 연방 법원 판사들에 대하여 할 수 있는 징계 처분은 사적인 또는 공식적인 경고, 업무정지, 사직요구, 무능력선언(certification of disability)을 포함한다. 물론 파산법원 판사들과 치안 판사들(bankruptcy and magistrates)은 사법위원회에서 퇴직 명령까지 받을 수 있다.

(2) 주법원 판사의 선임방법 및 해임

1) 서

주 법원 판사들의 선임과정은 다양하다. 우선, 연방주의 때문에 각 주들은 그들의 고유한 필요에 따라서 다양한 선임 방법을 채택한다. 기본적으로는 선거, 임명, 그리고 능력에 따른 임용이라는 세 가지 방법이 있다. 어떤 주는 여러 방법을 결합하여 사용하기도 한다. 예를 들면, 하급법원 판사들은 선거에

9) 이는 탄핵제도의 본질적인 성격에서 그 근거를 찾을 수 있지 않을까 사료된다. 즉, 탄핵은 사법적 판단이라기보다는 정치적 판단이라는 점에서 중범죄인지 아닌지는 중요한 요소가 아닐 수도 있다. 다만, 이 경우 탄핵을 한 의회에 대하여는 국민들이 선거의 방법으로 판단하게 될 것이다.

의하여 선임하고, 고등법원 판사들과 대법원 판사들은 임명을 할 수도 있다. 두 번째 요소는 주 변호사협회의 영향력이다. 주 변호사들은 자신들이 판사의 선임에 대한 영향력을 발휘할 수 있다고 믿기 때문에 능력에 따른 임용을 지지하여 왔다. 세 번째 요소는 주의 정치적인 환경이다. 어떤 주에서는 판사의 지위를 선거 또는 후원자들에 의해서 결정되는 정치적인 직책으로 평가한다. 그러나, 다른 주들은 가능한 한 사법부를 정치로부터 독립되도록 노력하였다.

2) 선거에 의한 선출

미국의 반 이상의 주에서 사용하는 방법은 시민들의 일반 투표로 판사들을 임용하는 것이다. 판사 후보자들에 대한 지명은 정당 지명절차나 혹은 비당파적 절차에 의하여 결정된다. 만약 어떤 주가 정당 지명절차에 따른 선거제도를 채택하고 있다면, 판사 지원자는 다른 후보자와 마찬가지로 선거 운동을 하여 다수표를 얻으면 그 정당의 후보자로 결정된다.

선거에 의한 선임 방법은 잭슨식 민주주의(Jacksonian Democracy)라고 알려진 앤드류 잭슨(Andrew Jackson) 대통령 시대에 각 주에서 이루어진 방법이었다. 잭슨식 민주주의는 만약 어떤 공무원들을 선거에 의하여 선출하는 것이 좋은 방법이라면 판사들을 포함한 모든 공무원을 선거에 의하여 선출하는 것도 좋은 방법이라고 판단하는 것이다.

결국, 판사들은 낙태나 학교에서의 기도와 같은 정치적인 문제에 대하여 판결을 하지만, 판사가 선거에 의하여 선출되므로 사람들은 그 판결에 대하여 판사에게 책임을 지도록 할 수 있게 되는 것이다. 판사를 선거에 의하여 선출하면 판사들은 결코 사법적 폭군이 되지 않을 것이다. 판사가 자신의 기록을 관리해야 하고, 또한 투표자들에 의하여 정기적으로 심판을 받아야 한다는 사실은 그 판사가 법률을 적용할 때 지역사회의 표준과 동떨어진 판결을 하지 않도록 보장할 것이다. 이는 연방판사들이 자주 권력을 남용한다고 비난받는 것과는 달리 주 판사들이 권력을 남용하지 못하도록 할 것이다.[10]

10) 이처럼 미국의 판사들은 독립성을 가지고 있지만 그 독립성도 당해 주 시민의 기본적 성향을 무시할 수 없다는 점에서 그 한계를 지닌다고 할 수 있을 것이다. 이는 판사 역시 자신의 독단에 의하여 판결을 하기보다는 일반인의 법감정을 고려하도록 하는 기능을 한다고 할 수 있다. 이러한 점에서 한국의 경우에도 현재와 같은 순수한 임명직보다는 일부 선출직이 포함되도록 할 필요성이 있다고 할 것이다.

잭슨 대통령 시대 이전에는 대부분의 판사들은 주지사나 주 의회에서 임명하였다. 잭슨 시대에 이르러 판사들이 선거에 의하여 선출되기 시작하였다. 이러한 제도가 민주주의 목적에 부합한다고 할 수 있다. 그러나, 그들의 결정에 대하여 선거구민에게 책임을 지도록 하는 것이 정의의 목적에 부합하는지에 대한 의문을 불러일으키기도 한다. 왜냐하면, 판사의 직분은 사법적 독립에 가치를 두고, 사법적 당파와 법률적으로 무지한 선거구민과 영합하는 것을 회피할 필요성이 있기 때문이다.

주 판사는 정당 선거로 선출될 수 있는데 그러한 경우, 정당 예비선거가 있고, 후보자는 본 선거에서 민주당 또는 공화당 등으로 열거된다. 그러나, 비당파적 선거에서는 후보자는 정당 소속으로 열거되지 않는다. 비당파적 선거는 대부분 부패한 정치조직의 통제로부터 판사 선거를 분리하고자 하는 시도였으나 성공적이지 못하였다. 이론적으로 선거제도는 판사선출에 있어서 분명히 가장 민주적인 제도이고 정부의 다른 분야에서는 가장 중요한 공직자를 선출하는 방식이라 할 수 있으나, 사법 공무원의 특성상 그러한 선출과정이 논란의 대상이 되었다.

변호사로서의 법률가는 판사가 되었을 때 변호사로서의 역할에서 벗어나야 한다. 따라서, 변호사가 판사직에 대한 후보자가 되는 경우 윤리기준에 따라 정당의 문제에 대한 입장을 취하는 데 제한을 받는다.

의원 후보자는 세금에서 낙태에 이르는 일련의 논점에 대하여 입장을 자유롭게 말할 수 있으나, 판사직에 대한 후보자는 그러한 문제에 대하여 자신의 입장을 취하는 데 제한을 받는다. 직업행동규칙[11]의 위반은 공직 상실뿐만 아니라 변호사 자격 박탈까지 가져올 수 있다. 그래서, 입법부나 행정부의 공직자에 대한 선거는 매우 흥미로우나, 판사 선거는 특성적으로 단조롭다. 선거구민에게는 보통 거의 알려지지 아니한 판사 후보자의 명단이 주어지고, 공고되는 것은 보통 판사직에 대한 후보자의 자질과는 거의 관련이 없는 것(예: 민족적 배경, 인종, 종교, 그리고 당파적 선거의 경우에는 정당)이다. 실제로는 3가지 중복 변수들이 판사직에 대한 선거를 지배하는데, (i) 정당지원, (ii) 민족, 인종 및 종교, 그리고 (iii) 투표용지에서의 위치가 그것이다.

11) 각 주의 대법원이 제정하였고, 47개 주에서는 미국변호사협회의 모델 사법행동규칙(model ABA code of judicial conduct)에 따라서 제정하였다.

일부 지역에서 판사선거는 비경쟁적이어서 선거구민에게 선택의 기회를 제공하지 않는다. 본 선거에서 후보자가 판사직이든 다른 공직이든, 경쟁적 양당제도가 이루어지지 않는 선거구에서는 단독 후보인 경우가 많다. 그래서 예를 들어, 시카고에서 민주당 판사후보는 보통 본 선거에서 단독으로 출마하고, 교외나 주 남부의 농촌지역에서는 공화당 후보자에게 같은 상황이 일어나기도 한다.

뉴욕 시에서 민주당 판사직 후보자는 자주 단독으로 출마하나, 일부 교외지역이나 주 북부지역에서는 공화당 후보에게 같은 상황이 발생한다. 뉴욕 주에 관한 연구보고서에 의하면, 상급법원 판사직에 대한 연속 6번의 선거에서 87%가 단독출마 내지는 경쟁의 의미가 없는 선거였다. 야당 후보자가 투표에 등록하지 않거나 민주 및 공화당의 지도자들이 상대방 후보자를 지원하기로 사전 약정하여 선거구민의 의사에 의하지 아니하고 당선자를 정하였는데 이것은 뉴욕 시에서는 흔한 일이다. 다른 보고서는 뉴욕 시의 하급심인 민사법원(civil court) 판사 선거에 관하여 동일한 상황이 발생하였다고 발표하였다.[12] 뉴욕 타임스 사설(1986년 10월 25일자)에서 이러한 선거제도를 뉴욕시민들이 판사직에 대하여 투표할 때마다 발생하는 일종의 선거사기라고 하였다.

대부분의 주에서는, 판사가 최초에 어떻게 선출되었는지와 상관없이, 판사는 재선거에 출마하거나 일정기간 근무한 후 비당파적 신임 또는 승인투표를 받아야 한다. 예를 들어, 일리노이 주에서 순회법원(일반관할) 판사는 6년을 근무하고 대법원(항소관할)에서는 10년을 근무한 후에, 판사는 일반 선거에서 찬반 투표로 유권자의 신임을 묻는다.

미국에서 제일 방대한 사법제도를 가지고 있는 캘리포니아 주[13]에서는, 대법원(Supreme Court)과 고등법원(Courts of Appeals)의 피지명자들은 대법원장, 해당 고등법원장, 그리고 법무부 장관으로 구성된 판사임명에 관한 위원회(Commission on Judicial Appointments)의 승인을 받아야 하는데 대부분 위원회에서는 승인을 하여 준다. 피지명 판사는 다음 선거까지, 그러나 적어도 1년 이상 근무를 하고, 다음 선거에서 12년의 임기를 위하여 유권자로부터 신임투표를

12) Fund for Modern Courts 1986 The Illusion of Democracy: New York City Civil Court Elections, 1980-1985, New York: Fund for Modern Courts, Inc.

13) 캘리포니아 주에는 700명이 넘는 1심 법원(superior court) 판사, 77명의 고등법원(appellate court) 판사와 10만 명이 넘는 변호사가 있다.

받아야 한다.

1986년 두 정치 자문회사가 캘리포니아 대법원장인 로즈 버드(Rose Bird)와 두 명의 배석판사가 유죄가 확정된 살인범들에 대한 사형선고를 거부하였다는 이유로 그들의 신임을 반대하는 선거운동을 하여 성공하였다. 1934년 주 항소심 판사들에 대한 신임투표를 채택한 이래 처음으로 국민들은 대법원장과 2명의 다른 판사들을 패배시켰다. 저명한 법학자 칼르웰린(Karl Llewellyn)[14)]은 고등법원 판사는 그들의 결정에 대한 개인적 또는 정치적 보복으로부터 면제를 받아야 한다고 주장하면서 신임투표에 대하여 문제를 제기하면서 연방판사들이 평생임기를 갖는 이유를 그 주장의 근거로 제시하였다.

선거에 의한 판사 선출 방법에 반대하는 사람들은 다음과 같은 몇 가지 이유를 들고 있다. 우선, 선거는 사법권의 독립을 해친다고 주장한다. 만약 국가가 사람에 의한 지배를 받는 것이 아니라 법률에 의한 지배를 받은 것이라면, 판사들이 다음 선거에 있어서 정치적인 평가에 대한 두려움 없이 법률을 적용하도록 하여야 한다는 것이다. 또한, 판사를 선거에 복종하도록 하는 것은 판사로 하여금 합법적 또는 도덕적으로 정당한 결정보다는 인기 있는 결정을 하도록 유혹하는 것이라고 주장한다. 다음으로, 선거에 의한 선출 방법은 가장 자격 있는 사람이 판사로 선출될 것을 보증하지 않는 문제점이 있다고 주장한다. 연구에 따르면 백인, 남성, 중산층, 법조인이 선거에 유리하다고 한다. 선거에 의하면 소수 집단 출신의 자격 있는 사람이 판사로 선출되는 가능성은 적다는 결론이 도출된다. 세 번째로 지적할 수 있는 문제점은 대부분의 투표자들이 판사 후보자를 평가할 능력이 없다는 것이다. 즉, 일반 투표자는 판사후보자들의 직업적인 능력이나 사법적인 자질에 대한 평가를 할 수 있는 능력이 없다. 몇몇 사람들이 판사가 한 결정을 볼 수 있다고 하더라도 대부분의 일반 투표자는 판사가 하였던 결정을 볼 가능성이 없다. 물론, 예외적으로 논쟁의 대상이 되었던 사건에 대하여 판결을 한 판사가 그 다음 선거에서 낙선되는 경우도 있기는 하지만, 투표자들은 그 판사가 하였던 많은 좋은 판결에 대하여는 듣지 않고, 오직 그 논쟁의 대상이 된 판결에 대하여만 들은 후 투표를 할지도 모르는 문제가 발생할 수 있다. 마지막으로, 선거에 의한 판사 선출을 비판하는 사람들은 판사 후보자들로 하여금 선거 운동을 하도록 함으로써 그 과

---

14) 1960 The Common Law Tradition: Deciding Appeals, Boston Little, Brown.

정에서 사법 제도의 권위를 떨어뜨린다고 주장한다. 즉, 판사 후보자들은 나중에 법정에서 만나게 될 변호사들에게 선거운동자금을 지원해달라고 부탁하기도 하기 때문이다. 비판자들은 판사가 선거기간 동안에 5,000달러를 선거자금으로 주었던 변호사를 법정에서 다른 변호사와 마찬가지로 공평하게 대우할 것이라고 생각하는 것은 비합리적이라고 주장한다. 반대로 판사는 선거에서 경쟁상대를 지원하였던 변호사에 대해서 편견을 가질 수도 있을 것이다. 이러한 이유 때문에, 비판자들은 선거가 사법 시스템에 정치를 주입하여 사법과정의 순수성을 해칠 것이라고 주장한다.

그런데, 판사들을 선거에 의하여 선출하는 것에 대한 장단점에 관계없이, 판사들이 퇴직하거나 또는 사임하는 경우 잔여임기 동안만 재임할 판사들을 주지사가 임명하기도 한다. 그 과정은 다음과 같다. 즉 사임하거나 은퇴하려고 하는 현직 판사가 그 임기 1년 전쯤에 이를 발표하면 주지사가 잔여 임기 동안 퇴직 판사의 역할을 할 사람을 임명한다. 이렇게 선임된 판사는 현직 판사로서 재선에 있어서 유리하다 할 수 있다. 왜냐하면 대부분의 현직 판사들이 재선되기 때문에 선거에 입후보하는 도전자들을 발견하기 어렵고, 반대자도 거의 없기 때문이다. 즉, 투표자들은 자격 있는 후보자들 중에서 선택하는 것이 아니라, 단지 주지사가 미리 선임한 후보자를 선택하는 외에 별다른 방법이 없다.

3) 임 명

주 판사 선임의 두 번째 방법은 임명이다. 주 판사의 임명은 연방 판사의 임명방법과 비슷하다. 판사 후보자들은 주 상원의 동의하에 주지사에 의하여 지명되거나, 또는 주의 상원과 하원 모두의 동의로 지명된다. 주 입법부의 상원 또는 하원의 승인을 받도록 하는 것은 주지사가 자신의 친구들을 주 법원 판사로 지명하는 것을 막기 위함이다.

임명에 의한 판사 선임방법을 지지하는 사람들의 이유는 다음과 같다. 첫째, 주지사가 판사들의 자격을 기준으로 선임할 수 있도록 해준다고 주장하고 있다. 앞에서 본 바와 같이, 일반 투표자는 판사들의 자격을 평가할 만한 능력이 없는 반면, 주지사와 참모들은 그러한 평가를 하는 데 조금 더 나은 위치에 있기 때문에 주지사는 주 변호사협회 및 다른 판사들의 충고를 받아 가장 자격 있는 사람들을 판사로 임명할 수 있다는 것이다. 두 번째는, 능력 있는 사람들이 선거보다는 주지사에 의하여 임명되면 더 열심히 봉사를 하게 된다는 것이다. 이 주장은 아주 힘든 선거운동과정 때문에 능력 있는 지원자들이 판사가 되기를 포기한다는 점을 근거로 하고 있다. 세 번째는, 주지사에 의한 판사임명은 훌륭한 자격을 갖춘 소수 집단 일원 중에서 판사를 임명할 수 있도록 해 준다는 것이다. 마지막으로, 임명방법의 지지자들은 임명에 의해서 선발된 연방 법원 판사들이 우수한 능력을 가지고 있다는 것을 지적하고 있다.

주지사에 대한 판사 임명방법을 반대하는 사람들은 다음과 같은 주장을 한다. 우선, 종신제의 보장이 판사들의 독단을 증가시킬 것이라고 주장한다. 즉, 판사들을 선거에 의하여 선발한다면 판사들은 그들의 결정에 대하여 사람들에게 책임을 질 것이라고 한다. 두 번째로는, 주지사에 의한 판사임명 방법은 정실주의를 초래한다고 한다. 주지사는 자격에 관계없이 자신과 친분관계가 있는 자들에게 보답하기 위하여 판사의 지위를 줄 수도 있다는 것이다. 끝으로, 비록 연방 법원 판사들의 자질이 높은 것이 사실이라고 하더라도 그것은 임명방법이라고 하는 판사 선임방법에 따른 것은 아니라고 주장한다. 즉, 연방법원 판사는 주 판사보다 그 지위가 높고, 더 큰 명예가 있기 때문에 연방법원은 처음부터 훨씬 수준 높은 사람들이 지원하여 발생되는 결과라는 것이다.[15]

4) 능력본위 임명제

판사 선임의 세 번째 방법은 능력본위 임명제(merit selection)인데, 이는 미주리 주에서 사용하였기 때문에 미주리 플랜(Missouri Plan)이라고 불린다. 능력본위 임명제는 선거제와 임명제의 장점을 결합시켜 보려는 시도에 의하여 생겼다. 능력본위 임명제의 중요한 특징 중의 하나는 사법지명위원회를 설치하는 것이다. 사법지명위원회는 보통 변호사, 일반인, 그리고 현직 판사로 구성된다. 판사직에 공석이 있을 때, 판사를 선택하는 것은 사법지명위원회의 일이다. 판사가 되려고 하는 사람은 그들 자신의 자격증명서를 위원회에 제출하거나, 다른 사람의 추천이 필요하기도 하다. 사법지명위원회는 후보자들을 조사하여 3명의 최종적인 후보자들을 선택한다. 3명의 지원자들의 이름은 주지사에게 보내지며 주지사는 셋 중의 하나를 판사로 지명하여야 하며, 지명된 사람은 그

15) 임명제로 하고 있는 한국의 경우 이러한 주장을 주의 깊게 살펴볼 필요가 있다.

때부터 판사로서의 임기를 시작한다.

미주리 플랜의 두 번째 중요한 특징은 신임선거(retention election)이다. 지명된 판사는 적어도 1년 정도 수습 판사로 근무한 다음 일반 투표자들에 의하여 승인을 받아야 한다. 투표자들은 "○○○가 주 법원 판사로 계속 근무하여야 합니까?"라는 단순한 질문을 받으면 "예 또는 아니오"라고 투표한다. 만약 그 일반투표자들이 승인하면, 그 판사는 나머지 임기를 시작한다. 미주리 플랜하에서 판사들의 임기는 일반적으로 사법권 독립을 위하여 장기간으로 정하는데 보통 8년 내지 12년이다. 임기 만료가 되면 판사는 다시 신임선거에 나서서 투표자들에게 똑같은 질문을 물어야 한다. 만약 투표자들이 다시 한번 찬성하면, 그 판사는 재임된다. 판사는 그가 원하는 동안 그리고 사람들이 그 판사를 선거에서 신임하는 동안 계속 판사로 일할 수 있다. 만약 판사가 선거에서 지지를 받지 못하면, 그 자리는 공석이라고 선언되고, 사법지명위원회에서 판사 지명절차를 다시 시작하여야 한다.

능력본위 임명제의 지지자들은 이 방법에 대하여 열광적으로 찬성한다. 미주리 플랜(Missouri Plan)은 판사 임명제와 같이 사법적 자격을 평가할 수 있는 사람들이 판사 선임과정에서 조금 더 큰 역할을 하도록 하기 때문이다. 이 방법에 의하면 마치 선거제와 같이, 판사들은 투표자들에게 책임 있는 판결을 하게 한다. 따라서 판사가 독단적으로 판결하는 것이 불가능해진다. 동시에, 장기간의 보장된 임기는 판사에게 사법권의 독립을 일정기간 보장하게 한다. 판사는 투표자들이 다음 선거에서 그에 대하여 지지를 하지 않을 것이라는 두려움이 비교적 적은 상태에서 논쟁의 여지가 있는 사건에 대하여 판결을 할 수 있을 것이다. 특히 만약 그 판결이 판사의 임기 초기에 선고된다면 더욱 그렇다 할 수 있다. 능력본위 임명제의 지지자들은 이 방법의 결점이 매우 적을 뿐만 아니라 선거제의 장점과 임명제의 장점을 합쳤다고 주장한다.

능력본위 임명제에 대한 비판자들은 그 방법이 그 지지자들이 주장하는 것만큼 효과적인 것은 아니라고 한다. 우선, 이들은 능력본위 임명제가 변호사협회에 판사 임명에 대하여 지나치게 큰 힘을 준다고 지적한다. 사법지명위원회의 변호사인 위원들은 주변호사협회에 의하여 선발되고, 판사인 위원들 역시 변호사들로서 마찬가지이다. 비록 비변호사들이 위 위원회에 있더라도 그들은 변호사들에 비하여 그 수가 매우 적다는 문제점이 있다고 주장한다.

두 번째 문제점은 일반 시민인 위원들이 사법적 자격을 평가하는 데 불리한 지위에 있다는 것이다. 그들은 위원회에서 전문가인 변호사들의 의견에 과도하게 영향을 받을 가능성이 있는 문제점이 있다는 것이다.

세 번째 비판은 능력본위 임명제가 그 지지자들이 주장하는 것처럼 판사 선임과정에서 정치적 영향력을 배제하지는 못한다는 것이다. 즉, 정치적인 힘은 당파적 정치에서부터 주 변호사협회의 정치까지 영향력을 미친다는 것이다. 변호사협회에는 사법지명위원회에서 일할 변호사 위원을 선임하는 데 영향력을 미치려 하는 여러 분파가 있으며, 당파적 정치(partisan politics)도 또한 영향력을 미칠지 모른다는 것이다. 즉 사법지명위원회로부터 2명의 민주당원후보자와 1명의 공화당원 후보자 중 어느 하나를 선택할 것을 요구받는다면, 공화당원인 주지사는 공화당원인 후보자를 선택할 가능성이 높기 때문이다. 판사가 임기를 시작하였다고 하더라도 당파성이 강한 정치는 신임선거(retention election)에 영향을 미칠지도 모른다는 문제점이 있다고 주장한다.

마지막으로, 능력 본위 임명제에 대한 비판자들은 이 제도가 선거제나 임명제보다 더 훌륭한 능력을 가진 판사들을 만들어 낸다는 아무런 증거도 없다고 주장한다. 사법적인 자격을 평가하는 것이 주관적인 것임을 고려한다면 능력본위 임명제가 더 훌륭한 판사들을 뽑을 수 있다고 주장하기는 어렵다는 것이다.

현재는 새로운 형태의 실적제를 사용하는 경향이 있다. 1960년에 단지 4개 주가 전부 또는 일부 미주리 주 계획에 근거한 실적제를 사용하였는데, 1992년까지 절반 가량의 주가 이 제도를 사용하고 있다. 대부분의 주는 미주리 주 제도의 변형된 형태를 사용하고 있는데, 가장 현저한 특징은 변호사와 일반인으로 구성된 지명위원회에 관한 것이다. 절반 이상의 주는 판사지명 위원회를 두어 모든 법원의 후보자를 검토하도록 하고 있다. 일부 주는 각 법원 심급별로 다른 지명위원회를 가지고 있으며, 일부 주는 단지 특정 법원의 후보자만 검토하는데, 뉴욕 주는 최종심 법원, 노스캐롤라이나 주는 특정관할 법원 후보자만을 검토한다. 이러한 모든 주는 일반인이 위원회에 관여하도록 하고 있다. 한편, 코네티컷 주는 위원회가 지명자들의 명단을 주지사가 아닌 의회에 제출하며 의회가 판사를 임명하도록 하고 있다.

5) 각 선출 방식의 장단점

우선, 행정부 수반에 의한 판사의 임명방식은 고위 공직자의 손에 의한 결정이라는 점에서 상당한 책임을 부여한다. 주지사는 그의 판사임명에 대하여 평가 또는 비난을 받을 수 있기 때문에 자질을 갖춘 후보자의 임명을 하고자 할 것이다. 다른 한편으로는 주지사는 때때로 공공의 비판에도 불구하고 믿지 못할 능력과 의심스러운 배경을 가진 사람을 임명하려는 의사를 보여주기도 한다. 이러한 임명절차방식은 판사선발과정에서 일반 대중의 참여를 배제시켜 합법성을 약화시키는 문제점이 있다.

다음으로, 선거방식은 판사선임권한을 대폭 수여받은 정당지도자들로부터 지지를 받고 있다. 정당지도자들은 모든 중요한 공직자는 일반대중에 의하여 선출되는 것이 민주적이라고 주장한다. 이러한 제도에 대한 가장 강력한 지지자는 맨해튼의 민주당 책임자인 Edward Costikyan이었다. 그는 지방 또는 선거구 책임자들의 집합적 결정이 한 개인인 행정부수반에 의한 임명보다 우월하다고 주장하였다. 그는 정치지도자에 의하여 선발된 판사 후보자들은 그들의 정치활동으로 법원 사건, 특히 하급심 법원 사건의 대부분을 이루는 서민들의 문제에 관한 많은 경험을 가지고 있다고 주장한다. 그러나 판사 선출의 선거방식은 정당 지도자들의 손에 너무 많은 권한을 주고 있다는 이유로 정치학자, 변호사협회, 그리고 신문사 편집위원회로부터 거의 지지를 받지 못한다.

또한, 경쟁선거에서 판사 후보자(또는 신임투표를 받는 판사)는 선거운동자금을 모금하여야 하고, 투표자들의 장벽을 넘어 승리하여야 하기 때문에 때로 사법적 중립을 지키지 못할 수도 있는 문제점이 있다. 판사 선거운동자금을 기부하는 사람의 대부분은 변호사들이고, 그 변호사들은 자신이 선거를 도와준 판사들의 법정에서 법률업무를 할 것이기 때문이다.

마지막으로, 능력본위 임명제 방식의 미주리 제도는 기자들, 미국변호사협회, 그리고 법원이 정치와 분리되는 것을 바라는 미국사법협회 사이에서 많은 지지를 받고 있다. 미국연방지방법원 판사 마빈 아스펜(Marvin Aspen[16]))은 "능력본위 임명제 선출은 현행 선거방식으로는 판사로 선출될 가능성이 없는 다수의 유능한 법률가를 포함하는 판사 후보자들의 명단을 넓혀서 만들 수 있다."고 주장한 바 있다.

그러나 이러한 제도에서는, 선출절차가 위원회, 주지사 그리고 최종적으로

---

16) 1987 "Let's Select Judges on Their Merit, Not Their Politics," Chicago Tribune (Aug, 5): 14.

선거구민 사이에서 분산되기 때문에 선출 책임이 거의 전부 결여되어 있고, 신임투표에 대한 유권자들의 무관심이 매우 크다는 문제점이 제기된다.

6) 해 임(removal)

각 주들은 여러 가지 방법으로 판사해임 문제를 처리하여 왔다.

45개의 주들은 각 주 입법부들이 주 판사를 탄핵하도록 한다. 탄핵 절차는 약간 다르기는 하지만 대체로 연방 법원 판사에 대한 탄핵 절차와 비슷하다.

다른 해임 방법은 입법부의 제언(legislative address)이다. 탄핵과는 달리 입법부의 제언은 중범죄들과 경범죄(high crimes and misdemeanors)에 대하여 한정되지 않고, 무능력, 노쇠, 또는 당파성의 경우에도 적용된다. 문제가 있는 판사는 기소될 정도의 범죄행위를 저지르지 않아도 해임될 수 있다.

세 번째 해임 방법은 소환(recall)이다. 소환은 임기 전의 판사뿐만 아니라 다른 공무원들을 해임시키는 방법이다. 소환은 소환청원(a recall petition)을 위한 집단 서명으로부터 시작한다. 만일 어떤 판사가 해임당할 만하다고 가정하자. 소환청원에 필요한 특정한 수의 서명을 받기 위하여 시민들이 모여 소환운동을 할 것이다. 어떤 주에서는 소환청원을 위해서는 유권자의 5 내지 10%라고 하는 특정한 수 이상의 서명을 요구하기도 한다. 만약 필요한 수 이상의 서명을 받게 되면, 문제의 그 판사는 미주리 플랜(Missouri Plan)에서처럼 신임선거(retention election)를 거쳐야만 한다. 그러나, 이 경우 투표자들에게 제시된 문제는 "○○○가 법원(주 대법원 등)에서 해임돼야 합니까?"라는 것으로서 투표자들은 "예 또는 아니오"라고 대답한다. 다른 주들은 소환 선거에서 문제의 현직 판사와 새로운 판사를 후보자로 내세워 양자 택일을 하도록 하기도 한다. 이것은 투표자들이 현직판사에 대하여 불만족하는 경우 다른 사람을 선거에 의해 판사로 선출하는 것을 가능하게 한다.

네 번째로 사법행위위원회에 의한 징계처분이 있다. 앞에서 보았듯이, 판사들에 대한 비위(非違) 혐의는 하찮은 것에서부터 매우 심각한 것까지 다양하다. 판사들에 대한 어떤 혐의는 단지 그 판사가 심리하였던 사건에 대하여 패소한 것에 대하여 불만이 있는 소송 당사자들의 근거 없는 불만에 불과할 수도 있다. 그러나 어떤 불만은 징계처분을 내릴 정도로 심각한 것일 수도 있다. 그러므로 그 징계처분은 비위에 상당한 것이어야 한다. 이러한 이유 때문에 어떤 주들은 판사에 대한 혐의에 대하여 내려지는 징계처분이 과연 정당한 것인지를 조사하기 위해 사법행위위원회(Judicial conduct board / commission)를 창설하였다. 만약 판사가 비위가 있다고 확인되면 위 위원회는 판사에 대하여 징계처분을 내릴 수 있다. 위와 같은 징계처분의 내용에는 사적이거나 공식적인 경고, 비판, 정직, 또는 탄핵이나 입법부의 제언(legislative address)에 의한 퇴임 등이 있다. 주 사법행위위원회(Judicial conduct board / commission)는 판사들의 비위의 종류에 따라 그에 상응한 여러 가지 징계처분을 할 수 있는 권한이 있다.

Ⅲ. 검 사

1. 서 설

영국 common law 시대에는, 범죄를 국가에 대한 행위로 보지 아니하고 피해자에게 가한 위법행위로 보았다. Common law 법원은 계약 분쟁이나 상해사건을 재판하는 것처럼 형사사건을 재판하고자 하였다. 미국에서 검사(public prosecutor)의 기원에 대하여 논란이 있다. 일부는 보안관이 검찰관의 역할을 하던 뉴욕의 네덜란드식 방식에서 그 기원을 찾기도 하고, 일부는 직권주의제도에서 운영되던 프랑스식 검찰관에서 찾기도 하며, 일부는 영국의 왕실 변호사(king's attorney) 제도에서 그 기원을 찾기도 한다. 미국 식민지 시대의 형사사건의 소추는 주지사에 의하여 특정 카운티나 지역에 임명된 지방 검사(district attorney)의 책임이었다. 이러한 점에서 식민지 시대의 관행은 개인 변호사가 중요사건을 제외한 모든 사건을 처리하던 영국의 관행으로부터 유래되었다고 볼 수 있다. 미국 혁명이 끝날 무렵, 모든 주는 보통 선출직 카운티 공직자로서 검사 지위를 규정하는 법률을 제정하였다. 연방제도에서, 1799년의 Judiciary Act는 각 법원 관할에 대통령이 임명하는 미국연방검사에 대한 규정을 두었다. 그 때부터 검사는 형사소송에서 가장 강력한 인물이 되어, 막강한 자유재량권을 행사하고, 소추결정권이 미국 정치제도에서 가장 유일하고 제한받지 않는 권한 행사를 하는 것 중의 하나가 되었다.

2. 연방 검사

미국 연방검사(U.S. attorney)는 상원의 승인을 받아야 하기 때문에, 미국연방 검사의 임명에 미치는 상원의원의 영향력은 연방지방법원 판사의 임명에 미치는 영향력과 유사하다. 1870년 의회는 법무부 장관(attorney general)을 최고 책임자로 하는 법무부를 설치하였다. 법무부 장관은 연방 검사와 연방 검사보(assistants), 연방수사국과 마약청을 감독한다.

연방검사의 지위는 상당한 명성을 가지고 있고 대중적으로도 유명하다 할 수 있다. 연방검사의 이름은 지방 뉴스매체에서 자주 언급이 되기도 한다. 연방검사 경력은 상위공직(예, 연방판사 등)으로 이어질 수 있으며, 선거직 공무원의 발판이 될 수 있다. 비록 법무부의 일부분이지만, 연방검사는 많은 재량권을 가진다. 법무부 장관의 번복 결정에 따르는 경우를 제외하고는, 연방 검사는 어떠한 사건을 수사하고 기소할 것인지 결정할 권한을 행사한다. 연구자들에 따르면, 연방 검사의 연방지방법원 판사와의 관계는 연방 검사의 법무성과의 관계보다 실제로 훨씬 더 중요하다는 사실을 보여주고 있다. 연방검사를 임명하고 해임하는 법무부 장관의 권한은 대통령에 대한 그의 영향력에 달려 있다. 즉, 대통령이 연방검사를 임명하고, 대통령만이 해임할 수 있다. 새 대통령이 취임하면, 현직 연방검사(연방 검사보는 제외)는 임기가 만료되지 않았더라도 보통 사직서를 제출한다. 때때로, 연방 검사들이 여러 행정부에 걸쳐 근무하기도 한다.

연방 검사는 주로 법무부, 재무부 및 교통부 비롯한 내무부, 농산부, 국방부, 교육부등 여러 정부 조직의 다양한 연방 법률집행기관들로부터 소추를 위한 사건을 송부받기도 한다.

3. 송무차관

법무부 송무차관(soliciter general)은 연방대법원의 사건을 처리한다. 송무차관의 직위는 1870년 Judiciary Act에 의하여 설립되었다. 위 법률은 "법무부 장관을 보좌하기 위하여 법률지식이 있는 공무원이 있어야 한다."라고 규정한다. 차관은 대통령이 지명하고 상원이 승인한다. 법무부 공무원으로서, 5명의 부차관(deputy)과 20명의 차관보(assistant solicitor)와 함께 차관은 정부가 어떠한 사건을 대법원으로 하여금 검토하게 할 것인지를 결정하고, 대법원의 모든 사건에 대하여 미국을 대표한다. 송무차관의 주 사무실은 법무부 빌딩에 있으나, 연방대법원 빌딩에도 영구적인 사무실이 있다. 송무차관실은 정부가 패소 당사자인 모든 사건을 검토하고 항소여부를 결정한다. 송무차관이 연방대법원에 출석하면, 그는 다른 변호사에 비하여 현저하게 우월한 지위를 갖는다. 왜냐하면, 송무차관의 대리 당사자가 국가이고, 송무차관이 평판 높은 전문 지식과 독립적인 지위를 가지고 있기 때문에, 그의 주장은 보통 대법원에 대하여 특별한 무게를 가지고 있다 할 수 있다. 대법원은 보통 모든 사건의 4% 미만에 대하여 심리를 실시하지만, 송무차관에 의하여 제기된 사건에 대하여는 70% 이상에 대하여 심리를 실시하고, 송무차관실은 1935년 이래 모든 기간에 걸쳐 대다수 승소하여 왔다. 대부분 변호사가 양복 차림으로 법정에 출두하나 송무차관은 모닝코트와 줄무늬가 있는 바지를 입는다.

연방대법관들은 특히 복잡한 법률문제에 대하여 송무차관에게 도움을 요청하고, 매년 2, 30여회 송무차관실에 국가가 당사자가 아닌 사건에 대하여 의견을 개진하여 줄 것을 요청하기도 한다. 이러한 사건에서 특히, 판사들은 송무차관을 대법원의 자문기관으로 생각한다. 대법원은 소송 당사자의 승낙 없이 송무차관에게 법원의 친구로서 의견을 제출하게 하고 있다.

4. 주 검사

연방검사와 같이, 주에서의 검사(state prosecutors)[17]는 언론의 많은 관심을 받고, 대부분의 주에서 완전한 자치권을 갖는다. 몇몇 주를 제외한 모든 주에서 검사는 선거구민에게만 책임을 지는 선출직 카운티 공직자이다. 검사를 선출하는 주에서는 후보자가 당선되고자 한다면 정치조직의 지원과 선거자금이 필요하다. 검사 직책은 정치적 후원자로서 중요한 기능을 수행하며 정치적 동지는 보호하는 반면 정치적 적은 조사할 수 있다. 검사가 되는 것은 상위 공직에 대한 발판으로 여겨져 왔다. 대부분의 검사들은 상위 공직을 원하고 있고, 다수의 중요 공직자는 한때 검사였다.

검사는 어떠한 사건이 기소되고, 어떤 혐의로 기소할 것인지 결정한다. 통

---

17) 종종 district attorney, county attorney, commonwealth attorney, state's attorney라고 불린다.

상적으로 사건을 수사하는 것은 경찰에 맡겨져 있으나, 검사는 소추하지 않기로 결정할 수 있으며, 잘 알려진 사건에서 정치적으로 필요한 경우가 있을 수 있으나 법률적으로 그러한 이유를 제공할 필요도 없다. 검찰청은 소추를 거절하거나, 사건을 각하하거나, 자백을 받아들여 경미한 범죄로 기소하거나, 법이 규정한 가장 중한 범죄로 기소할 수 있다. 이러한 검사의 자유재량권한은 형사법정에서 유죄협상제도(plea bargaining)의 근거가 된다.

연방검사와 같이, 주 검사는 실제 소송사건의 대부분을 처리하는 보조자, 즉 검사보(assistants)[18]를 고용한다. 대부분의 검사보는 검찰청에서 소송경험을 얻고자 하는 최근에 law school을 졸업한 자들이다. 일반적으로 검사보(assistant prosecutor)는 3～4년 동안 일하고 그 후 개업을 하여 형사변호 업무에 종사한다. 검사보 등은 선거에 출마하기 위하여 또는 변호사개업으로 좀더 수익을 많이 얻기 위하여 전직하는 경우가 많다.

일부 재판권에서는 피의자를 기소할 결정권이 경찰에게 주어지고 검찰청은 기소가 제기된 후에 사건을 받는다. 다른 재판권에서는 검사가 기소 결정권을 시작 단계에서부터 통제하고, 검사보가 어떠한 혐의로 기소할 것인지 결정한다. 또 다른 일부 재판권에서는 중죄(felony)로 경찰이 기소할 경우 검사의 승인을 받아야 하고, 경죄(misdemeanor)로 기소할 경우에는 검사의 자문 없이도 할 수 있다.[19]

초기 단계의 사건 검토로 인해 경미한 사건이 사법체계에 과도한 업무부담을 주는 것을 막고 있다. 그러나 그러한 절차의 초기 단계에서는 사건이나 피의자에 대한 정보가 많지 않기 때문에 잘못된 결정을 초래할 수 있다. 예를 들어, 캘리포니아 주의 알라메다 카운티의 사건평가제도(case-weighting system)는 사건의 경중을 초기에 평가하도록 고안되어 있다. 중죄로 기소할 것인지의 결정은 사건이 징역형을 받을 수 있는지, 그리고 후에 그 혐의를 유지할 수 있는 실제 가능성이 있는지에 기초를 두어야 할 것이다.

검사는 수평적 방식, 수직적 방식, 그리고 위 두 가지를 혼합한 방식으로

---

18) 대부분의 주에서는 이들은 소송사건 전부를 처리한다.

19) 대부분의 주에서 시 규칙(city ordinance)으로 주 경죄 조항을 그대로 다시 규정하여 두어서, 경죄는 주 법률이나 시 규칙으로 기소될 수 있다. 지방 규칙은 일반적으로 시 변호사(city attorney)에 의하여 소추되는데, 시 변호사는 흔히 일반 회사의 자문직책을 가지고 있다.

사건을 처리한다.

(1) 수평적 소추(horizontal prosecution)

이 방식은 좀더 인구가 많은 관할구역에서 사건을 처리하는 데 많이 이용되는 방식이다. 각 검사보는 사법 절차의 각기 다른 단계를 처리하도록 되어 있다. 일부는 사건을 송부받고 검토하는 업무를 담당하고, 일부는 보석변론(bond hearing), 상당한 이유의 존재 여부에 대한 심리(probable cause hearing)와 경죄 사건을 처리하기 위하여 하급법원 업무를 담당한다. 만일 중죄 사건이 대배심이나 상급법원으로 송부되면, 위 법원 담당 검사보가 이를 처리한다. 사건이 항소되면, 항소심에 전문화된 검사보가 담당한다. 중죄 사건에서 수평적 처리 방식은 피해자 등이 각 사법 단계마다 다른 검사보를 접촉하여야 한다. 이로 인하여 피해자는 제대로 보호나 관심을 받지 못한다고 느낄 수 있고, 상호 협조측면에서 많은 비용이 들 수 있다.

(2) 수직적 소추(vertical prosecution)

이 방식은 대도시와 같이 대규모의 사건량으로 업무부담이 많지 않은 상대적으로 작은 관할에서 이용된다. 각 검사보는 일정수의 사건을 배당받고 그가 그 사건들에 대하여 전체적 책임을 진다. 검사보는 소추 결정이 있은 후 사건을 배당 받으면 사건이 종결될 때까지 위 사건을 처리하여야 한다. 피해자는 전 사법절차에서 한 명의 검사보가 담당하므로 만족을 갖게 된다. 즉, 피해자는 각 단계별로 새로운 검사와 사건을 새롭게 논의할 필요가 없다. 그러나, 이러한 방식은 인사관리면에서 비용이 많이 들 수 있다. 법정에서 주된 당사자나 관계자들이 같은 시간에, 사건에 필요한 서류와 증거물을 가지고 모이는 것은 어려운 일이다. 그래서 검사보는 자신은 재판준비가 되어 있으나, 다른 당사자나 서류들이 준비가 되지 아니하였음을 알게 되고, 사건은 다른 날짜로 연기되기도 한다. 수평적 소추 방식에서는 검사는 한 사건이 연기되면 그 다음 사건을 처리하면 되지만, 수직적 소추 방식에서는 검사는 재판 당일 전체를 낭비하게 된다.

(3) 혼합 소추(mixed prosecution)

이 방식은 수직적 방식과 수평적 방식의 장점을 절충하였다. 대부분의 전형적인 사건은 수평적 방식(비용절감 방식)으로 처리하고, 특정 사건(예, 살인, 조직범죄나 중요 상습범죄)은 수직적 방식의 대상이 된다. 이러한 혼합방식을 사용할 때 검사는 살인팀, 사기팀, 중요상습범팀 등 특별 팀을 구성하여 그러한 범죄에 대한 특별 훈련과 경험을 갖춘 검사보와 수사관을 두어 처리한다.

경찰과 마찬가지로, 검사는 법을 집행하고 국민의 이름으로 활동한다. 그러나 경찰과 달리, 검사는 추가 책임, 즉 정의(justice)라는 책임을 갖는다. 경찰관이 체포를 합법화하는 데 필요한 상당한 이유를 가지고 있으면, 중죄의 경우 체포하여야 한다. 검사는 좀더 높은 단계의 증거, 즉 합리적 의심을 넘어선 증거를 가져야 한다. 재판의 당사자로서, 검사는 무죄인 사람이나 유죄 평결을 받을 만한 충분한 증거를 갖지 못한 사람을 소추할 가능성에 유의하여야 한다. 그러한 상황에서 기소하는 것은 부당하기 때문이다. 이로 인해 검사가 자주 사건을 각하하거나, 더 이상 사건을 진행하지 않겠다는 검사의 기록상 공식적 결정인 nollo prosequi의 결정을 하게 된다.

Ⅳ. 변 호 사(defence attorneys)

1. 변호사의 계층화

(1) 개 요

법률전문직은 세 개의 계층구조를 가지고 있는 것으로 생각할 수 있다. 제1계층 변호사는 전국적 로펌의 파트너들이다. 제2계층은 정부와 기업에 소속된 변호사들이다. 그리고 제3계층은 그 밖의 다른 변호사들이다. 시민전쟁 이전에 가장 뛰어난 변호사들은 법정에서 명성을 쌓아, 종종 정계로 진출하였다. 그들은 뛰어난 소송 전문가이자 웅변가이기도 하였다. 19세기가 끝날 무렵만 하여도 대부분의 변호사들은 여전히 법정에 나갔던 반면, 월스트리트 변호사들은 사교적인 경우 외에는 판사에게 결코 말을 걸지 않았으며, 다른 변호사들보다 더 많은 돈과 명예를 누렸다.

미국변호사협회(ABA)가 창설되었을 즈음 법률전문직은, 철도 변호사와 비즈니스맨 변호사가 지배적인 형태로 나타나기 시작하면서 급속도로 변화하였으며, 비즈니스를 지지하는 미국 수정헌법 제14조의 적법절차(due process) 규정에 대한 새로운 해석 및 새로운 산업시대와 함께 조직의 회사 형태로의 필요성에 발맞추어 나아갔다. 세기가 바뀌면서 미국변호사협회는 기업변호사에 의하여 주도되었으며, 계층화의 패턴이 나타나고 현대적인 거대기업에 적응한 대형 로펌의 발달과 Cravath 시스템의 도입으로 이러한 상황은 더욱 심화되었다.[20]

(2) Cravath 시스템과 제1계층 변호사

1906년에 콜롬비아 law school을 수석으로 졸업한 Paul D. Cravath(1861~1940)는 1819년에 설립된 어느 월스트리트 로펌의 대표가 되었다. 그는 law school에서 곧바로 고용 변호사(associate lawyer)를 선발함으로써, 이른바 '나쁜 버릇(bad habit)'이 몸에 밴 경험이 있는 변호사를 피하였다. 이상적인 후보자는 대학 우등생 클럽인 Phi Betha Kappa 혹은 하버드, 예일, 콜롬비아의 law review 편집자 출신이었다. 크래버스의 로펌은 계속해서 이들 세 학교와 뉴욕대학교에서 변호사의 대부분을 선발하였다. 크래버스 시스템은 신임 변호사들에게, 아이비리그 law school에서의 공부를 기업법 세계로 이끄는 실제적인 교육으로 보충할 수 있도록 고안된 인턴십을 제공하였다. 그러므로 크래버스 기준(Cravath standard)에 맞출 수 없는 자는 로펌에 남아 있을 수 없었다. 이를 본 다른 로펌에서도 재빠르게 크래버스를 따랐다.

크래버스의 변호사는 고객에게 전적으로 헌신하고 충실할 것으로 기대되었다. 인턴 변호사들은 전문분야에 배치되기 전에 파트너들을 위하여 수년간 일반적인 업무를 한다. 그들의 능력이 향상될수록 책임이 증가하고, 10년이 되기 전에 파트너가 되느냐 하는 문제가 걸린다. 고용 변호사는 파트너가 되거나 로펌을 떠나 다른 일을 하여야 한다.

그 과정은 집중적인 지도기로 시작된다. 고용 변호사가 로펌에 들어가면 지도 고참 파트너에 의하여 특정한 일에 관한 업무가 할당된다. 첫 과제는 보통 리서치인데 이는 law school에서 부과되었던 것과 매우 유사한 작업을 요구한다. 파트너는 특정의 법률적 관점이나, 상황에 대한 memorandum을 원한다. 파트너는 자신의 문제를 요약하고, 절차에 따라 고용 변호사에게 답변의 방향을 제시한다. 물론 불가피하게 젊은 변호사가 많은 실수를 하기도 하지만, 결

---

20) Howard Abadinsky, Law and Justice, 4th ed.(Nelson-Hall Publishers, Chicago, 1997), p.117.

국 고용 변호사는 만족할 만한 memorandum을 작성하고 다음 단계의 업무로 나아갈 것이다.

일단 고용 변호사가 도제 기간을 통과하면 지도(supervision)는 협의(consultation)의 성격으로 바뀌게 된다. 이 시점부터 고용 변호사는 더욱 자율적으로 일하기 시작한다. 우선 그들은 사소한 사건을 스스로 처리하도록 권유받는다. 곧이어 이들은 덜 중요한 고객을 접촉하는 것이 허용된다. 그 다음에 그 로펌의 신입변호사 선발 활동이나 신참 변호사의 트레이닝에 참여하기도 한다. 마침내 그들은 회사에서 가장 크고 복잡한 거래와 케이스를 다루는 팀의 구성원이 된다. 이와 같은 과정을 통하여 고용 변호사는 파트너가 될 기대를 하게 되는 것이다.

200명이 넘는 변호사가 있는 대형 로펌의 성장은 제2차 세계대전 이후의 현상인데, 전에는 사적인 비즈니스였던 영역에 정부가 점점 더 개입함으로써 가능하여졌다. 즉, 복잡한 세법, 적극적인 독점금지의 실행, 반차별법, 환경에 대한 요구, 기업지배, 그리고 증권 문제 등 분야에서 대형 로펌이 성장하였다. 그 결과 전통적인 크래버스식의 후견 시스템은 현재의 경제적 현실에 밀리게 되었다.

크래버스 시스템의 전반적 훈련(general training) 대신 오늘날은 젊은 고용 변호사들이 단시일 내에 효율적으로 업무를 수행하는 데 반드시 필요한 훈련을 한다.

1960년으로 들어와서도 대부분의 거대 로펌들이 파트너 보수에 있어 평등적인 시스템을 유지하였는데, 이것은 몇 명이 되지 않는 name partner, 즉 고참 파트너를 제외하고, 로펌에서 근무 연한이 같은 동급의 고참에게 연 수입을 동일하게 분배하는 시스템이다. 오늘날 기업법의 영역은 고객을 확보하고 있는 이른바 rainmakers에 의하여 지배된다. 이들은 로펌의 질적인 명성을 떠받치고 있는 일꾼 변호사들보다 훨씬 많은 보수를 받는다. 또 하나의 크래버스 패턴, 즉 부유한 고객을 위하여 무한대의 시간과 노력을 바치며, 전적으로 이들에게 헌신적인 변호사의 유형 또한 상당히 변화되었다. 법률비용이 증가함에 따라 경비절감이 기업법률 서비스 분야의 한 특징이 된 것이다.

제1계층의 로펌은 통상적으로 여러 부서(기업, 은행, 부동산, 송무) 또는 근무조로 나누어진다. 다양한 전문가들이 의뢰인의 문제에 대하여 자신들의 업무 노력을 상호 조정한다. 이들 로펌은 일반적으로 송무와 대비되는 법률상담, 협상, 그리고 대리업무 등의 서비스를 제공한다. 이들 전국적 로펌에 있어서 일반적으로 소송업무는 실패를 의미하는 것이다. 왜냐하면 이들 로펌은 예방적인 업무를 수행하고, 그 목표는 법정의 불확실성을 회피하는 것이기 때문이다. 사실 변호사들이 하는 업무의 많은 부분은 의뢰인의 활동을 계획하는 것과 관련되어 있기 때문에 분쟁이 발생할 가능성은 별로 없으며 분쟁이 발생하는 경우에도 그 분쟁을 유리하게 해결할 수 있다.

근래에 일류 로펌은 소송이 불가피한 경우 그들의 전통적인 인력조달창구가 아닌 곳, 예컨대 정부부처로부터 종종 전문적인 소송변호사를 채용하였는데, 이러한 현상은 변화하고 있는 듯하다. 현재 로펌인 Cravath, Swaine, and Moore의 업무 중 대략 3분의 1이 소송과 관련되어 있다. 최근 미국전역에 휘몰아치는 변화의 바람, 즉 대규모 기업인수, 집단소송, 기업경영권의 매수 및 다른 복잡한 금융거래 등으로 인하여 기업 송무 변호사들은 더욱 힘 있는 지위에 있다. 사실 송무에 대한 크래버스의 명성으로 크래버스는 연방예금보험공사(FDIC)와 계약을 체결하여 위 공사가 저축과 대부에서 갑작스럽게 입은 손실을 보상받는 데 도와주기로 하였다. 지방적 차원에서도 회사에 대한 소추가 급격하게 증가하였다.

그러나 많은 일류 로펌 소속의 변호사들은 진술서를 받고 신청을 주고받는 단지 '서류상의 송무변호사'이다. 이들 대부분은, 그들보다 나이가 상당히 어리며 수입은 20분의 1밖에 되지 않는 법률구조 변호사보다 법정 경험이 일천하다. 그러한 사람들이 배심원 앞에서 사건심리를 수행하는 것은 적절하다고 할 수 없다. 그 결과 많은 로펌들은 통상적으로 회사범죄 사건을 다루어 본 경험이 있는 연방 검사들 중에서 소송변호사를 채용한다.

물론 그러한 로펌의 의뢰인들은 변호사들의 헌신에 대한 보상을 할 수 있어야 한다. 따라서 일류 로펌들은 회사를 대리하며 개인을 대리하지 않는다. 그들은 명문법과대학을 우수한 성적으로 졸업하고 파트너자리에 오르려는 강한 의욕을 가지고 있는 매우 경쟁적인 학생들을 채용한다. 전통적으로, 로펌고용 자격에는 적절한 사회적 배경, 즉 혈통(lineage)이 포함되었다. 이로 인하여 명문법과대학을 졸업하였다고 할지라도, 많은 카톨릭신자와 유태인 그리고 사실상 모든 흑인이 배제되었다. 사실 더욱 많은 유태인들이 명문법과대학에의 입학자격을 갖추게 되자 이들은 그 숫자를 인위적으로 제한하는 쿼터에 직면하게 되었다. 혈통에 의한 이러한 배제는 제2차 세계대전 이후에는 소멸되기 시작하였다. 그로 인하여 유태인 고용 변호사들이 로펌에 고용되었으며 일부는 파트너의 지위에 올랐다. 크래버스는 1959년 처음으로 유태인을 파트너로 임명하였다.

일류 회사를 대리하는 로펌 소속 파트너는 약 97%가 백인이며 압도적으로 남성이 많다. 일부 연구에 의하면 명문법과대학을 나온 흑인 졸업생이 지속적으로 차별을 받았다. 흑인이 파트너가 되는 경우 그들은 자신의 배경인 의뢰인을 확대하는 데 장애가 된다는 것을 깨닫게 된다. 즉 상당한 수임료를 지불할 수 있는 회사가, 전통적으로 유색인종을 배제하고 있는 어떤 형태의 인간관계(networking)를 요구하고 있다는 것을 알게 되었다. 1,160개의 대형 로펌의 파트너 중에서 13%가 여성인 것으로 조사되었으며 고용 변호사로 고용되는 여성의 숫자가 증가하고 있다. 그러나 만약 여성들이, 파트너가 되기 위한 과정에 있는 고용 변호사들에게 요구되는 오랜 업무 시간과 가정이나 자녀와의 사이에서 균형을 유지하려고 노력하는 경우 여성들은 계속해서 심각한 장애에 직면하게 될 것이다. 많은 여성들은 이른바 'mommy track'에 안주하거나 이를 강요받는데 로펌은 이러한 여성들에게 로펌에 남아 있도록 허용하는 대신 파트너의 자리를 주지 않는다. 1996년도 미국변호사협회(ABA)의 한 보고서는 개업 변호사 영역에서 여성 변호사에 대한 편견으로 말미암아 급여, 승진, 그리고 기회에 있어 뿌리깊은 불공평이 발생하고 있음을 밝히고 있다.

로펌의 규모와 명성 사이의 단순한 1대 1 대응관계는 존재하지 않지만 가장 명성 있는 로펌은 200명 이상의 변호사를 두고 있다. 예컨대, 크래버스는 350명이 넘는 변호사를 두고 있다. 미국 내에 있는 약 50개의 로펌은 200명 이상의 변호사를 두고 있으며 그 중 약 절반이 엘리트 변호사이다. 가장 규모가 큰 로펌은 1천명이 넘는 변호사와 법률보조원, 행정직원, 사서 등을 포함한 수백 명의 지원인력을 두고 있다. 이들 로펌의 대부분이 뉴욕에 있지만 시카고(1,600명 이상의 변호사를 두고 있는 미국 최대규모의 로펌을 포함한다), 클리브랜드(1,000명이 넘는 미국에서 두 번째로 큰 로펌이 있다), 휴스턴, 로스앤젤레스, 필라델피아, 샌프란시스코 등에도 일부 존재한다. 뉴욕의 많은 로펌들은 워싱턴 D.C. 및 로스앤젤레스에 사무소를 가지고 있다. 1990년대에 대부분의 대형 로펌의 규모가 축소되고, 많은 변호사가 해고되었다. 1990년에서 1995년 사이에 25개의 대규모 뉴욕 소재 로펌에 고용된 변호사의 수는 4%가 줄어들었다.

뉴딜 시대(1932~1941년)에는 워싱턴에 소재한 로펌의 중요성이 특히 커졌다. 정부 프로그램의 극적인 증가가 이루어지면서 정부 소속 변호사의 숫자도 이에 상응하여 증가하게 되었다. 이는 다시 워싱턴에서 의회와 행정당국에 대하여 기업의 이익을 대리하도록 하기 위한 변호사 수요의 증대로 이어졌다. 이들 로펌은 종종 이전에 정부에서 일하던 변호사들을 채용하였다.

워싱턴의 대부분의 로펌은 법률업무보다, '영향력' 행사를 위한 업무를 수행한다. 이에 따라 워싱턴에 소재한 유수한 로펌들은 빈번히 정부의 정책결정에 대한 접근이 용이한 연방의회의 전직 의원, 전직 정부부처 공무원과 백악관 직원을 파트너로 고용한다. 기업의 이익을 위하여 일하는 10여 개의 로펌에 있어서, '변호사에 의한 로비'는 매우 효과적인 것으로 입증되었다. 로펌들은 규정의 변경, 법률의 제정, 개정 또는 폐지를 원한다. 로펌들은 종종 정치활동후원회(Political Action Committees)를 통하여 의원들과 접촉하며, 일부는 그들 자신의 정치활동후원회를 결성하여 의원에게 직접 기부를 하기도 한다.

또한 연방대법원과 관련된 사안을 전문적으로 다루는 '워싱턴 변호사'도 존재한다. 그들 중에는 자신들의 광범위한 연방대법원에 관한 전문적 지식을 사적인 영역에서 활용하는 전직 송무차관(solicitor general)실 직원들이 있다. 그들 중에는 내부에서 연방대법원을 지켜본 연방 대법관의 전직 clerk들도 있다. 그들은 훌륭한 교육을 받았고 능력 있는 변호사들로서 미국의 크고 가장 좋은 로펌에서 일하며 연방 대법원에서 복잡한 소송의뢰인들을 대리한다. 그들은 수도에 인접한 거리의 도처에 사무소를 설치하고 자신들의 정책적 목표를 촉진하기 위하여 상소심을 이용하는 이익단체들에게 자문을 한다. 이들 변호사는 항소를 고려하여 사건을 하급법원에 제소한다. 이들은 의사일정(agenda)단계에서 준비서면(briefs)을 제출하며 사건의 본안에 관한 변론을 한다. 그들은 법정조언자(amici curiae)와 치밀하게 전략을 수립하며 상대적으로 경험이 적은 변호사에게 자문을 한다. 세계 각국의 주요도시에 사무소를 설치하고 국제적인 사권으로 업무를 확대하고 있는 일류 로펌의 수가 증가하고 있다. 예컨대 시카고의 Baker and Mckenzie는 32개국에 사무소를 두고 있으며 소속 변호사의 3분의 1 이하가 미국에서 활동한다. 이것은 세계에서 가장 큰 로펌이라고 할 수 있다. 약 1,000명의 변호사를 두고 있는 뉴욕의 Skadden, Arps, Slate, Meagher and Flom은 세계 각국에 사무소를 두고 있다. 약 20여 개의 로펌이 유럽연합의 수도인 브뤼셀에 사무소를 두고 있다. 이들 국제적인 로펌은 포춘지의 세계 500대 기업명단에 포함된 유수한 기업들을 대리한다. 예컨대 Skadden, Arps, Slate,

Meagher and Flom은 세계 500대 기업 중에 175개 기업과 25개 세계적 대규모 은행 중에서 18개 은행 그리고 25개의 세계적 대규모 투자회사 중에서 23개 회사를 대리한다. Exxon은 휴스턴의 Baker and Botts, 제너럴모터스는 뉴욕의 Well, Gotshal, 그리고 Manges, IBM, Texaco, CBS는 Cravath, Swaine, 그리고 Moore가 대리한다. 이들 회사 정도의 고객만이 문제가 아무리 사소해 보여도 사실상 시간과 돈에 구애받지 않고 모든 노력을 다하는 일류 기업전문 로펌을 이용할 수 있으며 이에 대하여 이들 회사는 자부심을 갖는다.

최근 일류 로펌들은 white collar crime과 같은 새로운 전문분야를 창출해 내고 있다. 역설적으로 이러한 전문분야에 고용된 사람들은 사무직 범죄의 단속필요성에 책임이 있는 연방검사들이다. 일류 로펌들은 또한 부동산, 금융, 보험, 로비, 후생, 환경자문, 그리고 경계분야 조사와 같은 비법률적인 업무를 처리하는 보조적 분야를 창출하였다. 독점금지활동, 경영권매수, 합병 등이 빈번해짐으로써 전통적인 로펌으로부터의 이탈, 즉 변호사에 의하여 운영되지만 법률적 문제에 대하여 경제적 분석을 전문으로 하는 형태가 생겨나고 있다. 1989년까지 50개 이상의 로펌들이 비즈니스에 대한 자문업무를 수행하였다. 로펌들은 과학분야가 점점 복잡해짐에 따라 자연과학적 배경을 가진 변호사를 고용하고 있으며 일부 로펌은 사내 자문인력으로서 변호사가 아닌 자연과학 분야의 박사학위 소지자를 고용하기도 한다. 대부분의 대형 로펌에는 파트너와 고용 변호사가 존재한다. 고용 변호사는 파트너를 위하여 업무를 수행한다. 사실 파트너는 주로, 봉급을 받는 고용 변호사가 일하여 청구한 액수에 따라 수입을 올리며, 따라서 고용 변호사가 많을수록 수입도 그만큼 많아진다. 로펌의 수입은 일의 양과 그들의 연공서열에 비례하여 파트너들에 의해 분배되는 것이 일반적이다. 대부분의 대형 로펌들은 파트너 1인에 대하여 둘 또는 세 명의 고용 변호사를 배치하고 있으며 고용 변호사는 자신의 급여의 세 배를 벌어들여야 한다. 3분의 1은 자신의 급여를 위한 것이며, 3분의 1은 경상운영비를 위한 것이고, 3분의 1은 법인을 위한 것이다. 대형 로펌에서 파트너(이른바 finder)가 사건의 수임계약을 체결하고 실질적인 일은 초급 고용 변호사(이른바 grinder)에게 넘기는 일이 일반적이라 할 수 있다. 경쟁이 증가하면서, 일부 로펌은 그들의 수임료를 일한 시간보다 거래의 규모나 사건의 성공여부에 근거하여 청구한다. 1992년에는 경기후퇴에도 불구하고 미국의 1백대 법무법인이 거의 140억 달러를 벌어들였다.

명문 law school 출신들을 채용하기 위한 경쟁에서 뉴욕의 로펌들은 주당 1,000달러의 급여로 3학년 학생들을 위한 여름 인턴제를 제공하고 있다. 일류 로펌에 고용 변호사로 고용되는, law school을 막 졸업한 학생의 첫 연봉은 75,000달러에서 90,000달러 사이다. 일부 로펌은 two tier 고용관행을 만들어 냈다. 때때로 스태프 변호사로 불리는, 파트너로 승진할 수 없는 2급 고용 변호사들은 비명문 법과대학 출신들 중에서 채용되며 1급 고용 변호사들보다 상당히 낮은 급여를 받는다. 이들은 대부분의 변호사들이 경멸하는 허드렛일, 예컨대 복잡한 상업적 소송사건의 서류검토와 같은, 로펌의 일상적이지만 노동집약적인 업무에 대하여 낮은 비용의 법률적 자문을 한다. 그들이 있음으로 해서 로펌은 의뢰인들에게 낮은 수임료를 청구할 수 있는 것이다. Cravath, Swane and More는 파트너가 되지 못하는 선임 고용 변호사로 하여금 평생 고용 변호사로서 로펌에 잔류할 수 있게 하는 중간단계를 설치하였다.

채용 패턴이 점차 체계화됨으로써 법률적 재능이 있는 사람들이, 제한된 의뢰인 집단에게 포괄적인 서비스를 제공하는 기업전문 로펌으로 몰리게 되었다. 사실 이들 로펌들은 일반적으로 자신들의 장래 고객들을 선별한다. 따라서 400명 이상의 변호사를 고용하고 있는 Sullivan and Cromwell과 같은 일류 로펌의 의뢰인이 되는 것은 그러한 로펌의 파트너가 되는 것보다 쉽다고 할 수 없다. 파트너들이 로펌에 새로운 의뢰인을 소개하기 위해서는 매우 세밀한 절차를 따라야 한다. 변호사들의 친척들조차도 매주 목요일에 회합하는 신규고객위원회의 승인을 받아야 한다. 물론 Sullivan and Cromwell의 의뢰인이 되기 위한 주된 기준은 재산이다. 자신들에 대하여 비난의 화살이 쏟아지는 것을 인식하고, 일류 로펌들은 통상적으로 공익을 위한 법률서비스를 제공한다. 수습기간의 일부로서 고용 변호사들은 종종, 시민의 자유에 관한 문제, 인권문제, 소비자문제, 그리고 환경문제 등과 관련된 공익단체들을 위해 봉사할 것이 요구된다. 정치적으로 혼란스러웠던 1960년대에는 훌륭한 법과대학 졸업생을 채용하기 위하여 일류 로펌들이 고용 변호사 채용 예정자들에게 근무시간에 공익적 이슈와 관련된 일을 할 수 있도록 약속하였다. 일부는 이러한 전통을 계속 유지하고 있다. 일류 로펌의 파트너들은 때때로 연방정부에 대하여 봉사를 하도록 요구된다. 이로 인하여 일시적인 재정적 손실이 발생할 수도 있으나, 연방정부와의 계약과 연방 정부의 눈에 띄는 자리에 있음으로써 얻는 이익에 의하여 충분히 상쇄되는 것이 일반적이다.

(3) 제2계층 변호사

제2계층의 범주에 속하는 가장 전형적인 경우는 연방정부에 고용된 소수의 선발된 변호사 및 대기업에 고용된 변호사이다. 비교적 적은 수의 정부 내 변호사, 예컨대 연방 판사, 연방 검사들, 법무장관(attorney general)과 같은 연방정부 공무원들, 대통령 법률특보, solicitor general 등이 제2계층에 속한다. 숫자상으로 제2계층 변호사의 대부분은 기업에 고용되어 있다.

제2차 세계대전 전에는 회사의 법률고문(general counsel)은 외부의 로펌인 경우가 대부분이었고, 상근의 회사 내 법률고문이 있는 경우에도 반복적인 사소한 일을 처리하는 직원들을 통솔하고 있는 경우가 대부분이었다. 경우에 따라, 내부의 법률고문은 이중의 업무를 하였는데, 같은 성격의 업무인 회사의 비서로서 근무하거나, 또는 인사담당 이사와 같은 좀더 거리가 먼 성격의 업무를 담당하였다. 시간이 감에 따라 규제가 확대되고 세법규정이 늘어날수록 한 사람의 외부 변호사로서는 어떤 법이나 규정이 사업에 어떻게 영향을 미치는가에 대한 문제에 답변을 줄 수 없었다. 행정부처의 규제와 특별절차에 관한 문제에 답변할 수 있는 변호사들은 회사의 가장 두려운 경쟁자들을 자신들의 고객으로 확보하고 있을 수도 있다. 많은 경우, 최고 경영자들은 그들의 라이벌에게 조언을 하는 동일한 사람들로부터 중요 결정에 대한 조언을 얻는다는 사실에 대하여 마음이 편하지 않을 수도 있다.

따라서 외부 고문으로 일류 로펌을 위촉할 뿐만 아니라 대기업들은 종종 유수한 로펌에서 선발한 월급 변호사를 사내변호사(in-house counsel)로 고용한다. 기업은 경험 있는 변호사를 선호한다. 최근 10여 년 동안 회사 내 법무부서의 규모와 중요성이 모두 증대되었으며, 일부 사내 법률진은 일류 로펌의 규모를 능가한다. 현재 어떤 곳은 소속 변호사를 훈련시키고, law school에서 신입변호사를 선발하는 데 있어 로펌들과 경쟁할 만큼 성장하였다. 1982년 창립된 미국회사변호사협회(American Corporate Counsel Association)는 8,000명 이상의 멤버를 가지고 있다. 이러한 경향은 수직통합(vertical integration)이라는 일반적 패턴과 일치하는 것이다. 즉, 이것은 기업이 생산과정에 필수적인 요소의 구매자라기보다는 이러한 추세에 의한 통제력을 가지고 고용자가 되어 가는 또 하나의 경우이다.

주요 기업의 법무팀은 고위 경영자인 법률고문(general counsel)이 이끌어 간다. 법률고문 밑에는 회사 정책으로 확립된 서열 체계를 통하여 일반적으로 배치된 법률진을 감독하는 차석 관리자(deputy administrator)가 있다. 사내 변호사들은 흩어져, 회사 내의 다른 부서에서 일을 하지만, 업무평정과 승진이라는 목적하에, 독립적인 실체인 법무팀의 자기들 상관에 대하여 직접적으로 책임을 진다. 이러한 배열은 법무팀의 자율을 확보하기 위한 것이기도 하지만, 더욱 중요한 것은 경영자의 비즈니스 관행을 적절하게 감시하여 기업의 장기적 이익을 보호하기 위해서이다. 사내 변호사들에게, 회사는 고객이며 그들이 그 회사의 간부나 이사는 아니다. 법률고문 사무실은 통상 사용자를 대리하지 않고, 그 대신 사내 변호사는 현대적인 기업활동의 일부인 수많은 법률적인 관심사와 연관을 맺고 있다. 사내변호사들은 다음과 같은 일을 한다.

첫째, 법률적으로 중요한 관련이 있는 업무에 관하여, 회사의 전략 기획을 세우는 일을 보조한다. 예컨대 이사회에 법률적 분석을 제시하고, 가능한 선택에 대한 평가를 제공한다.

둘째, 법률이나 규정에 따른 요건의 이행을 보장하기 위하여 비즈니스 활동을 감시한다. 예컨대 증권이나 인권, 고용인의 보건과 안전에 관한 규정이다.

셋째, 회사원들이 수칙을 이해하도록 계속적인 사내교육(in-service education)을 제공한다.

넷째, 회사와 일류 로펌 사이를 연결하는 기능을 한다.

기업 변호사는 비즈니스 협상이 진전됨에 따라 그 협상의 구조에 관하여 조언함으로써 예방적인 역할을 수행한다는 데 자부심을 가지고 있다. 예전에는 법률부서가 일상적인 기업법률 문제만을 처리하는 데 그 역할이 한정되고, 중요한 거래나 송무업무를 외부 변호사에게 맡겼으나, 이제는 전에 외부 변호사에게 맡겼던 일을 더 많이 담당하고 있다. 일부 사내 변호사들은 이제 회사의 송무의 전부 또는 일부를 수행하고 있다. 기업 변호사들이 일류 로펌의 파트너와 같은 명성이나 수입을 얻지는 못하지만 여건은 더 여유가 있고, 근무시간은 더 적으며, 대부분의 제3계층 변호사들이 누리는 것보다 훨씬 더 큰 명예를 누린다.

(4) 제3계층 변호사

제3계층 변호사의 명예는 제1, 제2계층의 동료들에 비하여 상당히 떨어지나 수입이 결정적인 요소가 아니다. 사실 제3계층 변호사 중 일부는 제1, 제2계층 변호사 대부분의 수입을 능가한다. 불법행위의 제왕(king of torts)으로 알려진, 미국 최고의 송무 변호사인 휴스턴의 Joseph Jamail은 매년 2천5백만 달러를 번다. 이것은 성공보수(contingency fee) 덕택이다. 불법행위사건의 판결금액이 상당한 액수이기 때문에 개인 손해배상 사건을 맡는 제3계층 변호사들은 대부분의 제1계층 변호사보다 훨씬 더 많은 수입을 올릴 수 있다. '변호사들의 모임(the Circle of Advocates)'이라는 변호사 단체가 있는데 그 멤버들은 전부가 적어도 100만 달러의 수입을 올렸다. 그러나 백만장자인 법정변호사들은 제3계층 수만 명의 변호사 가운데 아주 드문 예외이다.

제3계층 변호사들의 대부분을 차지하는 단독개업 변호사들은 훌륭한 법률교육이나 사회적인 배경이 없는 경우가 대부분인데, 이로 인하여 이들은 일류로펌의 변호사들이 가지고 있는 권력과 부와는 거리가 멀다. 단독개업 변호사들은 대형 로펌이 손쉽게 접근할 수 있는 조사나 연구 자료를 가지고 있지 못하기 때문이다. 결국 대부분의 단독개업 변호사들은 법조계의 dirty work를 맡게 된다. 큰 비즈니스 세계와의 접촉보다는 고객들의 가족, 이웃, 인종, 지역정치문제에 주력한다. 그들은 일반적으로 개인을 위해서 일하고, 일의 성격은 혐오스러운 것들이다. 이혼 사건은 감정적으로 부담을 주는, 난처한 개인 상황과 연관되어 있으며, 개인 손해배상 사건은 불쾌한 사실과 중상을 입은 원고를 상대하여야 한다. 형사 사건은 변호사로 하여금 때때로 덜 유쾌한 사람들과 교제하지 않을 수 없게 만든다. 이와 같은 부류로서, 시골 법조계가 있다. 이들 변호사들은 단독으로 혹은 5인 이하의 파트너들과 함께 일하는데 다양한 고객들을 대리한다.

특정법 분야의 명성과 변호사의 소득 사이에 강한 연관성은 없으나 고객들의 위신과는 높은 상관관계가 있다. 기업고객, 부유한 기득권층 고객을 상대로 하는 분야는 개인고객, 가난한 고객을 상대하는 분야보다 법조 내에서 더 많은 존중을 받는다. 위신이 다소 양면적 가치를 가지는 법률업무 형태도 존재한다. 예를 들면 노동자와 경영진 모두를 위한 노동법 관련 업무는 상당한 금전적인 이익을 가져다주지만 육체노동자 또는 그 대표자들과 교제하지 않을 수 없다. 마찬가지로 개인 손해배상 사건에서 피고를 대리하는 변호사들은, 피고가 통상 보험회사이기 때문에 보통 상류층 고객을 위하여 일하는 것이 되지만 그 일 자체는 불유쾌한 것일 수 있다. 어쨌든 법정 다툼을 강조하는 텔레비전 드라마가 주는 이미지와는 다르게 대부분의 변호사들은 예방적인 업무를 수행한다. 변호사들은 세금을 줄이거나 유효한 유언을 남기고 계약서를 작성하는 데 도움을 준다. 또한 변호사들은 복잡한 보험증권과 은행대출 약정을 검토한다.

개업 변호사 영역에서, 최근의 현상은 storefront law office인데 이것은 할인 법률서비스를 제공한다. 어떤 로펌은 전국적으로 백여 개의 그와 같은 사무소를 가지고 있는데 대대적인 광고를 통하여 업무가 증가하고 있다. 점포 앞 사무실은 다툼이 없는 이혼사건, 단순한 유언, 파산사건, 전체 액수가 상대적으로 적은 개인 손해배상사건과 같은 비교적 덜 복잡한 사건을 대량으로 취급하여 수입을 올린다. 이들이 통상적으로 청구하는 수임료는 이들 로펌이 소송의 전과정에 쉽게 참여할 수 없기 때문에, 적은 금액을 받고 너무 빨리 합의를 한다는 비판을 받아 왔다. 이들 로펌에는 변호사 전직률이 너무 높아, 수년에 걸쳐 다툼이 있는 이혼사건과 같은 좀더 복잡한 사건의 경우에는 서비스의 계속성에 영향을 줄 수 있다.[21]

2. 변호사의 활동형태

(1) 개 요

민사사건에서, 원고나 피고는 헌법적으로 변호인을 가질 자격이 부여되어 있지 않다. 그러나, 형사사건에서 피해자 또는 고소인(complainant)은 정부 변호인, 즉 검사에 의하여 대리되고, 피고인은 유능한 변호인에 의하여 대리될 헌법상 권리를 가지고 있다. 미국에서의 형사사법제도는 당사자주의 모델을 기초로 하고 있고, 피고인의 변호인은 당사자주의 초석의 하나이다. 이러한 사법제도의 당사자주의 범위 내에서는, 피고인의 변호사는 단 한 가지 목적을 가진다. 즉, 그는 변호인으로서 피고인의 무죄를 입증하기 위하여, 또는 이에 실패하였을 경우 형량을 감경시키기 위하여, 모든 법률적 수단을 사용하여야 한다. 유죄이냐 무죄이냐의 사법정의의 문제는 검사의 관심이고, 최소한 미국에서는, 변호인의 책임은 아니다.

프리드만에 의하면, 쿠바와 같은 전체주의 국가에서는 변호사의 책무는 자신의 의뢰인이 무죄임을 다투는 것이 아니고, 자신의 의뢰인이 유죄인지 여부를 결정하는 것이며 만일 유죄라면 가장 사회복귀에 적합한 형벌을(설사, 사형이라 할지라도) 받도록 조력할 뿐이다. 1989년 천안문 사건에 관련된 데모 피고

---

21) Howard Absdinsky, Law and Justice, 4th ed.(Nelson-Hall Publishers, Chicago, 1997), p.128.

인들을 변호한 3명의 변호사가 그들의 의뢰인들을 위하여 지나치게 열심히 변호하였다는 이유로 중국정부에 의하며 정직(停職)을 당하였다. Lon fuller는, 미국의 당사자주의 제도에서 변호사가 자신의 의뢰인이 유죄라고 생각하여 그 의뢰인에 대한 변호를 거절하는 것은 판사와 배심의 권한을 침범한 것이라고 말하였다.

미국에서는 검사만이 진실발견의 책임이 있다. 피고인의 변호인은 그와 같은 의무가 없고, 그의 역할은 무죄든지 유죄든지 피고인을 변호하는 것이다. 사실, 피고인의 변호인은 진실발견에 장애물을 만들고, 헌법 수정 제4조에 위반하여 압수된 살인 무기나 비자발적인 자백과 같은 전적으로 신빙성 있는 증거의 인용을 방해할 것이 요구된다. 프리드만은 당사자주의 제도에서 유죄나 무죄 같은 사실의 결론에 따라 행동하는 것이 변호사의 기능이 아니고, 그러한 기능은 변호인들이 자기 사건에 대해 제출하는 증거에 근거하여 판사나 배심원이 수행하게 된다고 말하였다. 즉, 피고인이 유죄이냐 아니면 무죄이냐라는 것은 변호사에게 주어진 역할과는 관계가 없다는 것이다. 어느 공공변호사(public defender)가 언급한 바에 의하면 "변호인은 무죄의 의뢰인을 변호하는 것과 같이 열심히 유죄인 의뢰인을 변호하는 것이 형사사건 변론관행의 요지이다. 변호인이 정말로 무죄라고 생각하는 의뢰인은 흔하지 않다. 사실은 그것은 상당히 드문 일이다. 공공변호사가 되는 것에 관하여 놀랄 만한 사실 중의 하나는 변호사는 기소내용과 같이 정말로 유죄인 사람들을 대표한다는 것이다."[22)]

변호받을 권리는 법에 의하여보다는 관행에 의하여 식민지 시대부터 존재하였다. 코네티컷 주에서는 1818년까지 법령에 규정에 없었음에도 불구하고 변호사를 요청하는 피고인에 대하여 변호인을 임명하는 것이 1750년 이후 관행이 되어 왔다. 1701년경에 펜실베이니아 주와 델라웨어 주에서는 모든 피고인에게 그들의 소추자와 똑같은 변호받을 권리를 주었으며, 사우스캐롤라이나 주에서는 1731년경에 같은 권리를 주었다. 대부분의 주는 독립전쟁 후 헌법에서 변호받을 권리에 관한 규정을 두었다. 미국 수정헌법 제6조는 모든 형사소추사건에서 피고인은 그들의 변론을 위하여 변호인의 조력을 받을 권리를 가지고 있다고 규정하고 있다. 1928년에 연방대법원은 궁핍한 피고인은 연방형

22) Randy I. Bellows, 1983, "Notes of a Public Defender," Paper prepared for the program on the Legal Profession, Harvard University Law School.

사소추사건에서 변호받을 권리가 있다고 판시하였고,[23] 1932년에 대법원은 주법원에서 사형을 받을 수 있는 범죄로 기소된 궁핍한 피고인은 또한 공공의 비용으로 변호받을 권리가 있다고 판시하였다.[24] 1963년에 대법원은 중죄로 기소된 모든 궁핍한 피고인은 주 비용으로 변호받을 권리가 있다고 판시하였고,[25] 1972년에 대법원은 법정형이 징역형을 포함하는 경죄로 기소된 궁핍한 피고인에게도 변호받을 권리가 있다고 그 범죄범위를 확장하여 판시하였다.[26] 이러한 판결들은 변호사를 형사사법제도의 초석으로 설정하는 근거가 되었으며 이것들은 많은 불평등 가운데서 평등권을 실행하려는 법률가들의 가치를 확인시켜 주었다. 오늘날 미국에서는 변호받을 권리를 취득하는 데에는 3가지 방법이 있는데, (i) 사선변호인 선임, (ii) 공공변호사 제도 및 (iii) 국선변호사 제도를 이용하는 것이다.

(2) 사선 형사변호사(private defense attorney)

상대적으로 적은 개인 개업변호사들이 정규적으로 형사사건을 처리하고, 그들 대부분은 단독 개업자들이거나, 4명 미만의 변호사를 가진 법률회사에서 일한다. 형사변호사의 직업적 및 개인적 생활상은 책이나 영화, 텔레비전에서 나오는 매력적인 묘사와는 일반적으로 관계가 멀다. 폴 와이스(Paul Wice)는 개인형사변호사의 생활을 상당히 암울한 것으로 묘사하고 있다.

"형사변호사는 끊임없이 고객을 유치하는 데 걱정하여야 하고 일부 재판권에서는 법원 사무원이나 경찰관, 법정 정리 등과 같은 형사사법기관에서 일하는 사람이나 다른 변호사들에게 사건 소개에 대하여 불법적인 사례금을 주어야 하기도 한다. 형사변호사는 형사 피고인이 보통 가난하고 사건이 종결되었을 때 보수지급하기를 거절할 수 있기 때문에 보수 받는 것에 대하여 걱정하기도 한다. 재판소요기간이 길고, 단순히 법정에서 대기하거나 법정까지 왕복하는 데 많은 시간이 소요된다. 개인형사변호사는 보통 오전 법정 출두에 앞서 1시간 또는 2시간 동안 사무실에 있고 오후 늦게 사무실로 돌아온다. 그는 때때로 주말에 사무실에 나와서 일하기도 하고 법정이 열리지 않는 날에도 일

---

23) Johnson v. Zerbst, 304, U.S. 358 (1928).

24) Powell v. Alabama, 287, U.S. 45 (1932).

25) Gideon v. Wainwright, 372, U.S. 335 (1963).

26) Argersinger v. Hamlin, 407 U.S. 25 (1972).

한다. 그리고 형사변호사는 수많은 날들을 법정에 있거나 복도에서 서성거리고 호출되기를 기다리며 동료변호사들과 잡담하면서 보내기도 한다. 형사사건의 개업은 육체적으로 힘들고 또한 상당한 사회적, 심리적 지출을 요구한다. 즉, 개인형사변호사는 죄의식으로 고통을 받는다. 일반 국민은 반사적으로 형사피고인과 그의 변호사를 연계시키고, 변호사가 수행하여야 하는 직업적, 헌법적 책무에 대하여 감사하지 않는다. 일반 국민은 만일 변호사가 유죄인 사람을 변호한다면 그 변호사도 그 범죄로 오염되었다고 생각할 수도 있기 때문이다.[27)]"

형사변호사는 그의 당사자가 가난하기 때문에 미리 그의 보수의 일부분으로서 선수금을 요구한다. 많은 사건에서 이 선수금은 변호사가 받을 수 있는 유일한 보수이다. 당사자가 보수로 줄 수 있는 금액은 상대적으로 낮기 때문에 형사변호사는 질보다 양으로 대신하여야 한다. 즉 그는 이익을 얻기 위해서는 많은 고객을 유치하여야만 하고, 그 보수가 고정적이고 추가적인 시간과 노력이 추가적인 보수로 이어지지 않기 때문에 어느 한 사건에 많은 시간을 소비할 수 없다. 피고인이나 피해자 또는 다른 당사자가 법정에 출두하지 않거나 중요서류가 준비되지 않는 일이 있기 때문에, 변호사가 개시되지 못할 변론을 위하여 준비하는 일도 흔하다. 특정 일자에 변론이 예정된 사건이 연기될 수 있는 가능성 때문에, 개인변호사는 보통 일정을 초과하여 정한다. 또한 사건관리가 중요하기 때문에 변호사는 법정과 법정을 급하게 왕래하며 때때로 연기를 요청하기도 한다.

연구결과에 의하면, 뉴욕 시에서는 형사사건의 43%가 형사변호사의 재판일정 때문에 최소한 한 번 이상 연기되었다고 한다.[28)] 검사는 연기를 반대할 수 있고 판사는 연기를 굳이 승인할 필요가 없기 때문에, 변호사는 이들과 좋은 관계를 유지할 필요가 있다.

(3) 공공변호사(public defender)[29)]

공공변호사는 검사의 상대방이다. 즉, 그는 정부 공무원이다. 그러나, 그는

---

27) 1978 Criminal Lawyears: An Endangered Species, Beverly Hills, CA: Sage.

28) Nancy F. Jacob, and Ellen F. Chayet, 1986, "Court Dynamics and Disposition Time: Realities of Case Delay," Paper presented at the annual meeting of the American Society of Criminology, Oct. 30. in Atlanta, GA.

29) 이는 한국의 국선전담변호사제도와 비슷한 개념이며, 일반적인 국선변호인과는 다르다.

국민을 대표하는 것이 아니라 궁핍한 피고인의 이익을 대표한다. 대부분의 검사와 달리 그는 보통 선출된 공무원이 아니고, 사법부나 카운티 위원회에서 임명된다.

공공변호사가 승소한 경우, 그 승소가 (i) 피고인은 실제로 무죄였으므로 체포되고 기소되지 않았어야 하거나, (ii) 경찰이나 검사가 그 사건을 승소할 수 있도록 적절하게 처리하는 데 실패하였다는 것을 의미할 수도 있기 때문에 정부측이 불공정하거나 무능력하다는 비난을 불러일으킬 수 있다. 형사사법제도의 전통적 견해는 모든 소송 관계자가 자신의 일을 적절하게 처리한다면 공공변호사는 사건에서 승소할 수 없다고 주장한다. 이러한 이유로 공공변호사는 일반국민들에게 자신의 승소를 보통 홍보하지 않는다.

공공변호사제도에는 주 단위와 지방의 공공변호사제도가 있다. 주 단위의 공공변호사제도에서는 법령에 의하여 주 공공변호사가 임명되고 주(州)내 각 카운티의 공공변호사제도를 발전시키고 유지시키는 책임을 갖고 있다. 이러한 제도에서는 주 공공변호사와 함께 이러한 제도의 운영에 관한 책임을 지는 운영위원회를 보통 갖고 있다. 대부분의 주 단위의 제도는 행정부에 속하나 일부 제도는 사법부에 속하기도 하고 독립된 주정부기관이나 독립된 비영리 조직으로 운영되기도 한다.

지방 공공변호사는 보통 카운티 정부에 속하고 법원의 추천을 받아 카운티 입법기관에 의하여 임명된다. 독립된 비영리조직은 뉴욕시에서 운영되고 있는데 그 곳에서는 법률구조협회(legal aid society)가 살인죄의 피고인을 제외한 모든 궁핍한 형사피고인을 대리한다. 위 협회는 저명한 변호사, 사업가 및 교육자들로 구성된 이사회에 의하여 운영되며 1876년에 뉴욕시에서 독일 이민자들을 도와주기 위한 협회로 설립되었다. 이러한 업무제한과 독일식 명칭은 그 후 곧 가난한 모든 국민을 도와주기 위하여 폐지되었다. 단지 형사사건을 처리하는 공공변호사들과는 달리 법률구조협회는 민사사건처리 부서를 가지고 있다.

공공변호사는 미국의 모든 카운티 중 35%에서만 형사변호업무를 제공하고 있는데 법률구조협회는 전국 인구의 거의 70%에 대하여 봉사하고 있다. 전국의 대규모 30개 카운티 중 40% 이상이 주로 공공변호사제도에 의하여 운영되고 있다. 검사와 마찬가지로 공공변호사의 조직도 수평적 방식 또는 수직적 방식, 위 두 제도의 혼합형으로 조직되어져 있다. 검사와 같이 공공변호사는 보조변호사들 및 조사원을 고용할 수 있다. 검사실과 마찬가지로 공공변호사는 직원들의 잦은 이직으로 어려움을 겪고 있다. 보조변호사의 지위는 상대적으로 짧은 기간 동안 많은 형사재판 경험을 얻고자 하는 변호사들에게 매력이 있다. 그러나 공공변호사는 법조사회에서 제대로 존경을 받지 못하고 참된 변호사로서 정통성을 인정받지 못하고 있다.

다른 복지제도와 마찬가지로 공공변호사는 사건 당사자로부터 항의뿐만 아니라 봉급만 받는다는 비난을 받기도 있다.

와이스(Wice)는 공공변호사를 개인형사변호사와 다음과 같이 비교하였다. 개인형사변호사는 성공적인 변호로서 명성을 쌓아감으로써 자신의 경제적 조건을 개선시킬 수 있다. 공공변호사는 사건의 결과에 관계없이 봉급을 받지만, 개인변호사는 그들이 얼마나 자신의 고객을 만족시키느냐에 따라 경제적 가치가 달라진다는 것을 알고 있다. 개인변호사는 공공변호사들이 보통 제공하지 않는 여러 가지 이점을 제공하고자 노력한다. 비록 이러한 이점들이 사건의 최종결과와 관련이 없을 수도 있지만 그들의 고객에 대하여 개인형사변호사의 위신을 높이고자 노력한다.

개인변호사의 이점 두 가지는 다음과 같다.

(i) 그들은 사건의 직접처리라고 하는 개인적인 서비스를 제공할 수 있다. 공공변호사 사무실의 많은 사건은 수평적 방식으로 처리되기 때문에 당사자들은 사법절차의 각 단계마다 다른 변호사에 의하여 대리된다. 당사자들은 자신의 변호사를 갖지 못하고 별도의 변호사 사무실로 자신의 사건을 검토하기 위하여 방문할 수 없다. 추가로 형사피고인들 중에는 자신의 변호사를 갖는 것이 자신의 위신을 세우는 것이라고 생각하는 경우도 있다. (ii) 개인변호사들은 자신의 의뢰인을 위하여 판사와 검사들에게 좀더 공격적인 조치를 기꺼이 취한다. 개인형사변호사들은 공공변호사들보다 판사들의 비난을 더 무릅쓰는 경향이 있는데 공공변호사들은 자주 오랜 시간 동안 특정판사에게 배당되어 판사와의 충돌은 공공변호사들을 아주 어렵게 만들 수 있다. 그러나 일부 학자들은 그 반대의 경우도 있을 수 있다고 하며 개인변호사들은 좀더 타협적이나 공공변호사들은 좀더 공격적이라고 한다.

그러나 공공변호사들은 이점도 가지고 있다. 대부분의 개업변호사들과는 달리 공공변호사들은 그들 자신의 법률도서실을 가지고 있고 제한적이지만 조사원을 사용할 수 있다. 추가로 공공변호사는 형사사건 전문가이고, 검사 및 판사와의 지속된 관계 때문에 공공변호사는 자주 업무우호관계를 유지하여 긍핍한 피고인에게 직접적으로 이익을 줄 수 있다.

리사 매킨타이어(Lisa McIntyre)는 이에 대하여 좀더 비판적인데, 공공변호사는 형사사법제도에 합법성을 제공하는 기능만을 하고 있고, 공공변호사의 역할은 정의보다는 사법정의가 이루어졌다는 인식을 갖게 하고 사법제도를 좀더 합법적인 것으로 만들 뿐이라고 하였다.[30]

모든 궁핍한 형사피고인들은 법률대리인을 가질 수 있는 권한이 있기 때문에 공공변호사 제도 없이는 대규모 도시지역 관할구역은 그들의 대규모 형사 사건 업무 부담량을 처리할 수 없을 것이다. 어느 연구보고서는 공공변호사와 달리 개인변호사들은 그들의 의뢰인을 위하여 좀더 유리한 양형협상을 한다고 하였다. 그래서 개인변호사를 선임할 수 없는 피고인들은 좀더 강한 처분을 받거나 양형협상에서 좀더 나쁜 조건을 갖게 될 수 있다고 하였다.[31]

(4) 국선변호사(assigned counsel)

어느 연구보고서에 의하면 주 교도소의 수감자 중 약 4분의 3과 연방교도소의 수감자 중 절반가량이 공공변호사나 국선변호사의 변호를 받았다. 미국의 카운티 중 60%가 궁핍한 형사피고인들을 위한 법적 변호를 하기 위하여 법원이 선임한 개인변호사들을 이용하고 있다. 이 카운티들은 주로 소규모 인구를 가진 농촌지역들로서 그 곳의 적은 사건량은 봉급을 주는 공공변호사제도를 도입하기에 적당하지 않기 때문이다. 그리고 공공변호사제도를 가지고 있는 카운티에서조차 많은 피고인들은 판사에 의하여 선임된 개인변호사들에 의해 변호를 받는다.

여기에는 두 가지 이유가 있는데 첫째로는 공공변호사가 사건이 많아서 그들이 사건들을 적절하게 처리할 수 없을 경우 판사들은 개인변호사를 임명함으로써 그들을 보조해 주기 위함이다. 둘째로 법원은 어느 특정 변호사나 법률회사가 공동피고인들을 대리할 수 없기 때문에 이해관계의 충돌이 있는 경우 개인변호사를 임명한다. 항상 공동피고인 사이에는 이해관계 충돌의 가능성이 있는데, 그 이유는 어느 피고인이 관용에 대한 대가로 또는 자신의 무죄를

30) 1987 The Public Defender: The Practice of Law in the shadows of Rrpute, Chicago: University of Chicago Press.

31) Dean J. Champion, 1989, "Private Counsels and Public Defenders: A Look at Weak Cases, Prior Records, and Leniency in Plea Bargaining," of Criminal Justice 17: pp.253-263.

입증하기 위하여 다른 피고인에게 불리한 증언을 할 수 있기 때문이다.

대부분의 재판권에서 개인변호사들은 그 곳 사정에 따라 임시로 판사들에 의하여 임명된다. 그러나 일부지역에서는 개인변호사의 선임은 좀더 체계적이고, 그러한 프로그램을 관리하고 그 기준을 연구하는 공무원을 두고 있다. 일부 지역에서는 개인변호사의 임명이 공공변호사나 법원의 사무직원에 의하여 이루어지는 경우도 있다. 소수지역에서는 궁핍한 형사피고인에 대한 변호를 제공하기 위하여 개인변호사나 법률회사와 계약을 체결해 둔 곳도 있다. 대부분의 재판권에서는 국선변호를 신청한 변호사들의 명단을 작성하여 개인변호사 선임의 자료로 사용하고 있다. 선임된 변호사들에 대한 보수는 그 사건에 대하여 사용한 법정 및 법정 밖의 시간에 대한 보수기준표에 의한다. 시간당 보수는 재판권에 따라 다르고 때때로 사건의 복잡성에 따라 다르다. 시간당 보수는 보통 변호사가 개인 당사자를 변호할 때 받을 수 있는 것보다는 훨씬 적으나, 그 보수는 보장되어 있다.[32]

국선 개인변호사들은 공공변호사들과 마찬가지로 당사자들의 부정적인 인식으로 인해 괴로움을 받는다. 국선변호사의 의뢰인들은 국선변호사를 존경하지도 않고 신뢰하지도 않기 때문이다.

(5) 민사사건의 법률구조(legal aid in civil cases)

형사피고인은 모든 사건에서 유능한 변호인에 의하여 변호받을 권리가 있으나, 민사분쟁 당사자나 민사소송의 피고는 그러한 헌법상의 권리가 없다. 대부분의 미국역사를 통하여 가난한 사람들은 그들의 분쟁의 시정을 위하여 법원에 의지할 수 없었으며 법과 정책 등 사법제도 발달에 참가할 수 없었다.

제1차 세계대전 무렵 러시아에서는 볼셰비키 혁명을 일으켰던 시민들의 폭동에 대한 불안감이 있었다. 산업혁명을 이끌었던 이민자들이 혁명을 일으킬 소지를 가지고 있었기 때문이다. 봉급인상, 더 나은 노동조건 및 주당 40시간

---

32) 앨라배마 주에서는 개인사건에서 변호사보수는 보통 시간당 123달러부터 시작하나, 국선변호사들은 법정 밖 업무에 대하여 시간당 20달러, 그리고 법정 내 업무에 대하여 시간당 40달러를 받는다. 뉴욕 시에서는 궁핍한 피고인의 40%가 국선변호계획(Assigned Counsel Plan)에 의하여 변호받는데 변호사들은 법정에서는 시간당 40달러, 법정 밖에서는 시간당 25달러를 받는다. 이러한 종류의 보수는 전국적으로 법원 선임의 변호사들에게 공통적이다.

노동을 요구하는 파업과 대규모 시위는 급진적 변화의 전위대로 보여졌다. 그리하여, 미국변호사협회는 미국적 가치를 이해하지 못하는 외국인들의 유입이 모든 문제의 핵심이라고 주장하였다. 이러한 외국인들을 교육시키고, 파업과 폭력이 아닌 법과 법원이 미국적 방식이라고 가르쳐 주어야 한다고 주장하였다.

(6) 법률구조협회(legal aid societies)

뉴욕의 법률구조협회는 1876년 독일계 미국인들에 의하여 그 당시 신용사기꾼들의 피해자가 되었던 자신들의 동포를 지원하기 위하여 설립되었다. 그 후 협회는 그 업무범위를 가난한 사람들에게까지 확대하여 나갔고, 다른 도시들은 뉴욕의 모델을 따랐다. 1886년 시카고에서도 매춘에 빠진 젊은 여성을 지원하기 위하여 법률구조협회가 설립되었다. 19세기 말까지 60개 도시에서 법률구조협회를 두었고 1909년에는 최초로 변호사협회가 지원하는 법률구조협회가 설립되었다. 그러나 대부분의 협회들은 일반 개인들의 기부금에 의하여 운영되었고 법률구조협회의 업무확대는 주로 Arthur von Briesen의 노력의 결과였는데 그는 시민전쟁 기간 동안 연합군으로 근무하였던 프러시아 이민자였다. 그는 기부자들에게 법률구조가 없으면 시민들의 소요가 발생하고 정치적 무질서가 일어난다고 하며, 현실적인 해결방법은 기금을 모아야 한다고 주장하였다. 사회적 소요의 불안감이 증가함에 따라 법률구조협회도 지역적으로 확대되어 갔다. 1910년에는 15개뿐이었으나 10년 후에 41개로 증가되었고 1923년에는 61개가 되었다. 1974년에 Reginald Heber Smith라는 젊은 하버드 법률학교 졸업생이 새로 설립된 보스턴 법률구조협회의 책임자가 되었다. 그는 가난한 사람을 위한 법률지원이 없는 것에 대하여 우려를 하였다. 카네기 재단의 지원을 받아 그는 미국 전역을 돌아다니면서 법률구조협회와 법원을 방문하였다. 그 결과 '정의와 가난한 사람(Justice and the Poor, 1919)'이라는 책을 남겼다. 그의 노력 때문에 전국법률구조협회(National Organization of legal Aid Organizations)가 설립되었고 미국변호사협회는 법률구조에 관한 상임위원회를 설치하였다.

법률구조협회는 그 지원 대상을 극빈자로 제한하였고, 사건들도 개인변호사들이 맡지 아니하는 작은 사건들로 제한하였다. 이는 법률구조협회들이 개인변호사들과 경쟁하지 않으려 했기 때문이다. 협회는 법률제도 개선에는 관여하지 아니하였고 항소심 사건에도 거의 변호하지 아니하였다. 그 결과 이와 같은 법률구조협회의 여러 문제점으로 인하여 법률지원회사(Legal Services Corporation)

및 공익 법률회사의 설립을 초래하였다.

(7) 연방 법률지원(federal legal service)

1965년에 존슨 대통령의 "가난과의 전쟁(war on poverty)"의 정책 일부로 의회는 재정지원국(Office of Economic Opportunity)의 이름으로 민사 및 형사사건에 있어서 빈곤층에 대한 법률지원을 위하여 자금을 설정하였다. 그러한 계획은 50년 전에 법률구조의 유발 동기가 사회불안이었던 것과 마찬가지로 도시지역의 폭동우려 때문에 실시되었다. 법률지원은 미국변호사협회 회장인 Lewis F. Powell의 지원을 받게 되었는데 그는 후에 닉슨 대통령에 의하여 연방대법원의 판사로 임명되었다. 그러나 변호사단체들은 법률지원변호사들이 지방의 개인변호사들과 경쟁하지 않기를 강력히 원하였다. 재정지원국의 법률에 따라 재정지원 변호사 사무실들이 연방자금의 지원을 받아 지방변호사단체들에 의하여 설치되었다. 사무실이 처음으로 설치되자마자 법률지원 변호사들에게 그들이 생각했던 것보다 훨씬 더 가난한 당사자들이 몰려왔다.

위와 같은 지원계획을 검토한 결과 연방정부의 자금지원은 가난한 사람들의 요구를 충족시킬 수 없다고 결론을 내리게 되어 새로운 계획을 개발하고 개별적으로 단순히 가난한 사람들의 문제를 처리하는 대신, 법률지원변호사들은 법을 이용하여 많은 수의 빈곤층에게 도움을 줄 수 있는 법률개선(law reform)을 위하여 일하고자 하였다. 법률지원변호사는 고객지원의 역할에서 법률개혁가의 역할로 바뀌고자 하였다.

법률지원소송의 결과로서 연방 대법원은 빈곤층에 대한 주정부의 조치를 감독하기 위하여 정당한 절차와 평등한 보호라는 법규정을 사용하여 형사사법과정이 아닌 빈곤문제에 초점을 두었다. 법률개혁이라는 목적은 법률지원계획에 매력을 느낀 수준이 높은 변호사들의 참여로 향상되었다. 즉 정상적으로는 회사법률사건에 종사할 것으로 생각되던 우수한 law school 졸업생들이 법을 통한 사회활동을 위하여 많은 참여를 하였다. 법률구조협회의 경우에는 그 역사를 통하여 어느 변호사도 사건을 연방 대법원에 소송을 제기한 적이 없었으나, 법률지원변호사들은 1967년부터 1972년까지 219건의 소송을 제기하였고 그 중 136건은 심리되었으며 그 가운데 73건은 승소하였다. 연방법률지원은 입법부와 행정부의 정책에 큰 영향을 미쳤다. 빈곤법(poverty law)에 대한 판례집이 출판되었고 law school은 빈곤법에 대한 강의를 시작하였다.

1973년까지 전국에 900개가 넘는 법률지원 사무실이 있었고 5,000명에 가까운 변호사를 고용하였다. 그들은 경제적 강자에 대응하여 집단소송(class-action suit)을 제기하였다. 국가 전체적인 협조는 없었지만, 그들은 연방 및 지방정부 기관들에게 복지법률이 규정한 바와 같이 빈곤층에게 복지연금을 지급하도록 하였고, 공립학교에 불법체류 외국인들의 자녀들을 받아들이게 하였으며, 공립병원에서 가난한 여성들에게 무료로 낙태수술을 제공하도록 하였고, 공무원들이 구치소의 수감조건을 개선시키도록 하게 하는 소송을 제기하였다. 법률지원 변호사들은 임금과 노동조건에 관한 주 및 연방법령을 시행하도록 하는 소송을 제기함으로써 경제계 및 농업계를 자극하였다. 농장근로자를 위한 위와 같은 조치에 추가하여, 캘리포니아 농촌법률지원협회(California Rural Legal Assistance)는 주정부에 의료지원과 다른 복지연금을 증가시키게 했다. 그 당시 주지사인 로날드 레이건은 위 협회에 대한 자금지원을 중단하고자 하였으나 성공하지 못하였다.

1974년 닉슨 대통령은 법률지원변호사들의 활동을 거세지는 정치적 압력으로부터 분리시키기 위하여 법률지원회사(Legal Services Corporation: ISC)를 창설하는 법안을 만들었다. 그러나 레이건이 대통령으로 당선되자마자, 그는 의회에 모든 예산을 삭감시키도록 요청하여 그러한 프로그램을 폐지하고자 하였다. 비록 자금지원이 25%로 삭감되고 법률지원변호사가 처리할 수 있는 사건의 종류가 상당히 제한되었지만 의회는 이 요구를 거절하였다. 1974년 법률은 대통령에 의하여 임명되는 11명의 이사회를 두는 규정을 두었고, 레이건 대통령은 이러한 프로그램을 폐지하고자 하는 지속적 노력으로 법률지원에 반대하는 사람들을 이사회의 임원으로 지명하였다. 그는 자신의 임기 중 처음 3년 동안 26명을 이사회의 임원으로 임명하였는데 모두 법률지원계획에 대한 반대자들로서 그들의 어느 누구도 공화당 다수의 상원에서 승인을 받지 못하였다. 또한 이후 부시 대통령의 시절에도 이러한 정책은 계속되었다. 미국 변호사협회의 2명의 회장은, 1986년과 1988년에 대통령에 의하여 위 법률지원회사 책임자로 임명된 사람이 회사의 목적에 대하여 적대감을 갖고 있다는 이유로, 법률지원회사의 회장에 대한 해임을 요구하였다. 이에 대해 법률지원회사의 회장인 상원의원 Jesse Helms의 전 보좌관은 변호사를 고용하여 위 회사의 비헌법성을 주장하는 보고서를 작성하게 하고 로비스트를 고용하여 위 회사의 예산을 삭감하도록 의회를 설득하게 하였다.

빈곤층에 대한 법률지원의 제공에 관한 정부의 역할에 대하여, 미국변호사협회의 자금지원 찬성입장과 정치보수주의자들과 미국 상공회의소의 반대입장 사이의 싸움은 계속되었다. 후자들은 법률지원회사를 반 경제적이고 미국의 자유로운 회사제도를 대규모 음모라고 보고 있는 정치운동의 주장자라고 비난하였다. 보수적인 잡지인 National Review의 편집장인 Maggi Gallagher는 법률지원회사를 과격한 변호사들을 위하여 3억 달러라는 돈을 쓰는 회사라고 하면서 빈곤층을 돕는다는 허울 아래 납세자들의 돈을 과격한 법률가들, 그들의 전략회의, 복지정부의 확대를 주장하고 부유층의 사회적 가치를 무시하는 집단소송을 하는 데 사용한다고 주장하였다.

빌 클린턴 대통령의 당선과 함께 법률지원(legal services)을 지지하는 위원으로 구성된 새로운 위원회가 구성되었다. 그리고 대통령 부인인 힐러리 클린턴은 카터 대통령 당시 법률지원회사 이사회의 책임자로 일하였었다. 그럼에도 불구하고 1996년에 공화당이 다수인 의회에서 위 공사의 예산을 30% 삭감하여 4억 달러에서 2억 7800만 달러로 축소하였고, 공화당 의원들은 또한 법률지원변호사들이 정책 유도 소송의 중요한 수단인 집단소송을 제기하는 것을 금지하는 입법을 하였다. 대부분 영향력이 큰 법률지원소송들이 복지관련 사건들이어서, 1996년 의회는 변호사들이 복지법률의 집행에 대하여 소송을 제기하는 것을 금지하였다.

또한 의회는 입법부와 행정부에서 고객의 이익을 대리하는 자유를 제한하였다. 그리하여 미국은 변호사는 많은 반면, 제공할 수 있는 법률지원은 부족하다는 모순이 계속되고 있다.

(8) 공공이익법(Public Interest Law)

공공이익법은 역사적으로 사법절차에서 제대로 변호받지 못하는 계층에게 법률 대리를 제공하고자 하는 노력에서 주어진 명칭이다. 시민의 권리와 자유에 관한 단체들과 함께, 공공 이익 변호사들은 사회적 경제적 불평등을 시정하기 위하여 사법제도를 이용하고자 하는 열정을 가졌다.

공공이익법의 프로그램에는 두 가지가 있다. 먼저, 정책중심사건(police-oriented cases)에 초점을 두는 프로그램으로, 이러한 판결은 많은 수의 사람들에게 영향을 미치거나 주요 법률 개선을 촉진시킨다. 시범 사건이 선정되는데, 그 이유는 시범 사건은 환경이나 인권에 관련된 사건과 같이 특정 소송을 넘어 확대될 가능성이 있기 때문이다. 이익 단체는 정책에 영향을 미치기 위하여 사전에 비판을 한다. 공공이익 법률회사는 직접적인 법률 대리를 하지 않고, 법률자문 보고서를 제출할 수 있다. 둘째로, 법률구조협회, 공공변호사 및 법률지원사무소가 제공하는 것과 같이, 직접 관련 당사자들에게만 직접적 관심사에 대하여 제대로 변호받지 못하는 계층에게 법률지원을 제공하도록 고안된 프로그램이 있다.

공공이익법의 첫 번째 프로그램은 상당히 최근에 나티난 결실이다. 역사적으로 사법부는 국가의 소외된 계층, 즉 흑인, 노동자, 아동 정신질환자, 빈곤층 등의 상황을 개선시키고자 하는 입법부의 노력을 자주 방해하였다. 정치권의 좌익인사들은 입법적인 구제방법을 주장하였으나, 우익 정치인들은 법원에서의 해결을 주장하였다. 수년 동안 입법부는 사회 내의 소외된 계층에 대한 평등권이나 정당한 절차에 대한 권리를 인정하지 않았던 활동들에 대하여 점차 침묵하였다.

Earl Warren이 대법원장으로 있을 당시, 연방 대법원은 입법에 의해 성공하지 못한 자유권의 증진을 위하여 사법부를 이용하고자 하였던 사람들에게 자극을 주었다. 정책유도를 위한 공공이익법은 이러한 관점과 시민권과 베트남 전쟁시대의 정치적 활동에 의하여 나타나게 되었다. 1960년 말과 1970년대 초의 반전운동, 시민권운동, 여성운동, 환경운동 등의 영향을 받아 공공이익활동 변호사들은 공동의 목표를 정하였는데, 그것은 정부로 하여금 국민에게 더 많은 책임을 지게 하고 소외받는 계층의 관심과 수요에 좀더 적극적이어야 하고, 시민단체의 권한을 증가시키며, 협상테이블에 참여하고, 공공정책이 일반 국민들에게 공개되어야 한다는 것이다.

공공이익활동 법률회사는 일반적으로 독립되고 면세를 받는 회사로서 재산관리이사회(board of trustees)에 의하여 운영되고, 주로 재단의 보조금이나 개인의 기부금으로 기금이 조성된다. 이러한 회사들은 보통 전통적인 법률활동과 연구, 출판, 조직 및 대중교육을 연계시킨다. 가장 잘 알려진 공공이익활동 회사 중 하나는 유색인종의 발전을 위한 전국연합회(National Association for the Advancement of Colored People: NAACP)[33]의 법률지원 교육기금(Legal Defence

---

33) 원래 NAACP는 1909년에 로비활동 및 교육활동을 목적으로 설립되었다. 위 연합회는 법률지원교육기금을 통하여 점차 소송으로 그 활동범위를 넓혀갔는데, 위 기금은 1939년에 독립기금이 되었다. 1921년까지 NAACP는 투표권, 주택, 대배심에 관한 소송에서 승소하

Educational Fund)이다. 실제로 모든 후속 공공이익 법률회사들은 위 전국연합회의 초기 모델을 일부 따르고 있다.

공공이익법률회사는 보통 특정분야의 변호활동 및 소송에 전문화되어 있다. 공공정의를 위한 법정변호사들 모임(Trial Lawyers for Public Justice)은 워싱턴에 있는 공공이익활동법률회사인데 정부와 회사의 과오에 대한 피해자를 위한 손해배상 소송을 위주로 활동한다. 위 회사는 공공이익 소송에 큰 효과를 가지고 있고 유사한 소송에 전례가 될 수 있는 사건을 받아들인다. 그러한 소송들은 일반적으로 피해자들의 고통을 경감시키고 정책을 잘못 수행한 담당자들을 처벌하기 위하여 대규모의 금전손해배상의 가능성을 가지고 있다. 그러한 사건들은 공공의 이익을 위하여 법률의 창조적 사용을 나타낼 수 있는 독특한 법률적 문제를 포함하고 있어야 한다. 이 단체는 유독성 화학물질에 노출되어 피해를 입은 사람을 위하여 많은 회사들을 상대로 한 소송과 오염된 물로부터 사람들을 보호해 주지 못한 것에 대하여 정부 공무원들을 상대로 한 소송을 제기하여 왔다. 또한 연방법률을 준수하도록 회사를 상대로 소송을 제기할 권리를 국민들에게 부여하는 연방수질보호법(Clean Water Act)을 활용하여 왔다. 이것은 오염회사들을 중한 벌금으로 처벌함으로써 수질을 개선하기 위하여 고안된 것이다. 위 단체의 활동은 개인의 기부금, 수수료 및 수많은 변호사들의 봉사활동으로 운영되어 왔다. 위 단체 변호사들은 개인 상해사건에서 보상의 규모를 제한하려는 입법부의 시도에 대하여 다퉈왔다.

워싱턴에 있는 법률과 사회정책센터(Center for Law and Social Policy)는 1969년에 4명의 변호사들에 의하여 빈곤층과 육체적 또는 정신적인 장애를 가진 사람들을 위하여 일하고자 설립되었다. 위 센터는 변호활동 외에도 로스쿨 실습을 지원하여 대략 20개의 로스쿨 학생들이 여기에서 매년 학점을 받는다. 샌프란시스코의 평등권 변호사들 모임(Equal Rights Advocates)은 여성에 대한 고용과 고용관련 차별에 대한 사건을 전문적으로 다룬다. 위 단체는 임금평등, 성희롱, 비전통적 직업의 선택 또는 임신부 차별 등에 관하여, 많은 사람들에게 영향을 줄 수 있거나 법률적 원칙의 설정에 영향력을 가지고 있는 사건들을 선정한다. 공공대리센터(Center for Public Representation)는 위스콘신 주의 매디

였고, Brown v. Board of Education의 판결로 종지부를 찍은 학교 차별의 문제에 대하여 소송을 제기한 것은 위 법률지원교육기금이었다.

슨시에 있는데, 위스콘신 대학의 로스쿨의 실습프로그램을 운영한다. 위 센터는 특히 노인층을 위한 건강치료 비용내용에 관한 문제를 전문적으로 다루었다.

1973년의 태평양법률재단(Pacific Legal Foundation)의 설립과 함께 공공이익법의 분야에서 새로운 양상이 나타났다. 즉 보수적이거나 친사업적인 목적을 가진 법률회사들이 설립되었다. 그들은 사업의 지나친 규제에 대하여 책임감을 가진 좀더 전통적인 공공이익활동법률회사를 운영하고, 위 법률회사들이 공공정책에 대하여 미칠 수 있는 영향력의 균형을 유지하고자 하였다.

워싱턴법률재단(Washington Legal Foundation)은 1976년도에 자유로운 기업 및 경제성장을 촉진하기 위하여 설립되었다. 위 재단은 국민의 생활과 시장에 대한 사법적 침입과 위험한 범죄인의 권리보장을 국민의 비용으로 추구하는 소위 공공이익 변호사들의 활동에 적극적으로 반대하였다. 위 재단은 미국시민자유연합(American Civil Liberties Union), Ralph Nader, 환경보호기금(Environmental Defense Fund)과 같은 충분한 재정을 바탕으로 반기업적이며 친범죄적인 활동을 하는 운동가들에게 대하여 성공적으로 대응하였다. 전국상공회의소 소송센터(National Chamber Litigation Center)는 1977년에 미국상공회의소(U.S. Chamber, of Commerce)의 공공정책법률회사로서 설립되었다. 위 센터는 법원과 법률기관에서 전국적 관심사에 관하여 경제계를 대표한다. 이러한 보수적인 공공이익법률회사는 회사 또는 회사의 재단으로부터 재정적인 지원을 받는다.

4 法曹倫理(legal ethics)[1]

1. 법조인에 대한 규제

지난 수십 년 동안 미국에서는 많은 수의 변호사가 배출되었다. 그 결과 법조인에 대한 윤리와 행동에 대한 관심이 증가되었다. 이러한 배경하에 법조인의 행동에 대하여는 세 가지의 규제가 있다고 할 수 있다. 사법부, 변호사협회에 의한 자율규제, 변호사에 대한 법률과오소송 등이 이에 해당한다.

(1) 사법부에 의한 규제

법조인에 대한 규제권한은 일반적으로 각 주의 대법원에 있다. 사법부는 법조인, 특히 변호사를 규제함에 있어 기본적 권한을 가지고 있기 때문에 주요 역할을 하고 있다.

사법부와 변호사와의 관계는 변호사가 법원의 공무원(officers of the court)으로서의 관계를 가진다고 할 수 있다. 법원의 직접적인 규제수단은 변호사의 부정행위에 대한 징계절차를 밟거나 법정모욕죄로 처단하는 권한이라 할 것이다. 다만, 최근에는 법정에 나오지 아니하는 대형 로펌의 변호사들의 증가로 인해 변호사에 대한 사법부의 통제권의 우월성에 대하여 의문을 품는 사람들이 많다.

---

1) William Burnham, Introduction to the Law and Legal System of the United States(St. Paul, Minn., West Publishing Co., 2002), 160면 내지 166면; James E. Moliterno, Professional Responsibility, Aspen(2003), 1면 내지 180면.

(2) 변호사협회에 의한 자율규제

ABA는 변호사에 대한 윤리기준의 결정에 있어 상당한 역할을 해왔다. 1908년 ABA는 대다수 주의 변호사협회에 의하여 채택된 변호사윤리규범(Canon of Professional Ethics)을 공포하였다. 이러한 규범은 권고적 효력을 가진 것이었으나, 일부 법원은 이를 마치 법(rule of law)으로서 강제하기 시작했다. 위 규범은 1970년까지 존속하였는데, 이후 ABA는 법조책임규범(Model Code of Professional Responsibility)을 공포하였다. 1983년에 들어 위 규범을 법조행동규범(Model Rules of Professional Conduct)으로 대체하였다. 이러한 규범에 "model"이 들어간 이유는 ABA는 사적 단체로서 일반인에 대하여는 위 규범을 강제할 권한을 가지고 있지 아니하기 때문이다. 그러나, 이러한 문제는 각 주가 위 규범을 법으로 채택한 결과 일반인에게도 적용되게 되었다.

(3) 법률과오소송(malpractice suits)에 의한 규제

변호사에 대한 소송은 매우 드물다. 이는 그 역사가 길지 않기 때문일 것이다. 이러한 소송에서 승소를 하기 위하여는 의뢰인은 변호사에게 과실이 있다는 점과 만일 변호사에게 그러한 과실이 없었다면 의뢰인은 소송에서 이길 수 있었을 것이라는 점을 입증하여야 한다.

대부분의 변호사들은 법률과오보험에 들고 있는데 이는 의사의 보험가입 비율보다는 낮은 편이다.

2. 변호사의 의무[2)]

법조행동규범은 주로 변호사와 의뢰인의 관계, 상담자로서의 변호사의 역할, 의뢰인이 아닌 자와의 거래, 로펌과 합동변호사사무실, 무료법률상담, 법조인의 정직성 등에 대하여 정하고 있다.

(1) 변호사와 의뢰인의 관계

변호사와 의뢰인의 관계는 법조실무에서 가장 중요한 측면이라 할 수 있

---

2) 이러한 의무의 주체인 변호사의 범위에 개업변호사나 로펌 변호사만 포함되는지 아니면 사내변호사도 포함되는 것인지가 문제되는데, 사안에 따라 적용여부가 결정되나 원칙적으로는 포함된다.

다. 이러한 관계에 대하여 Lord Brougham은 다음과 같이 말했다. “자신의 의무를 수행하는 변호사는 이 세상에서 단 한 명만을 알고 있는데, 그 사람이 바로 그의 의뢰인이다.”[3)]

이러한 변호사와 의뢰인의 관계에 대하여 범조행위규범은 다음과 같이 규정하고 있다.

1) 가능한 수임의무(duty of competent representation)

변호사는 선임한 사건에 있어서 요구되는 법적 지식, 기술, 필요한 준비사항 등에 대하여 충분히 처리할 수 있는 능력을 가지고 있어야 한다. 그 결과 만약 당해 사건을 처리하는 데 있어 법률지식이나 경험이 부족한 경우에는 선임을 거절해야 하거나, 그러한 지식과 경험을 가지고 있는 변호사와 공동으로 수임(representation)하여야 한다.

2) 협의할 의무(duty to consult)

변호사는 선임의 목적에 관한 의뢰인의 결정에 따를 의무가 있고, 또한 선임의 목적이 수행될 방법에 관하여 의뢰인과 협의할 의무도 있다. 변호사는 소송기술 등에 관하여 의뢰인에게 구속력 있는 결정을 할 수 있는 권한을 가지고 있으나 의뢰인의 중요한 법적 권한에 대하여는 일방적인 결정을 할 수 없다. 여기에는 화해를 할 것인지 여부, 형사사건에서 의뢰인이 증인이 될 것인지 여부 또는 유죄협상을 할 것인지 여부 및 배심원재판을 포기할 것인지 여부 등등이 해당한다.

3) 성실의무(duty of diligence)

변호사는 수임한 당해 사건에 있어서 합리적으로 성실하면서도 신속한 처리를 해야 한다. 따라서 변호사는 불합리한 기일연기 등은 피하여야 한다.

4) 적정한 수임료 청구의무(duty to charge reasonable fees)

수임료(fee)에 대하여는 선임 후 적정한 시점 안에 의뢰인과 서면으로 작성하여야 한다. 한편, 성공보수(contingent fee)는 가사사건과 형사사건에서는 금지되어 있다.

3) Trial of Queen Caroline 8 (J. Nightingale ed. 1821).

5) **충실의무**(duty of loyalty)**와 이익충돌회피의무**(conflicts of interest)

변호사는 의뢰인의 이익과 충돌되는 개인적인 이익을 가진 때에는 의뢰인으로부터 수임을 하여서는 아니 된다. 또한, 변호사와 의뢰인의 관계가 종료된 후라고 하더라도 변호사는 만일 새로운 의뢰인과 관련된 이전의 의뢰인에 대한 비밀정보를 알고 있는 경우라면 이전의 의뢰인의 이익과 상반되는 이익을 가진 새로운 의뢰인과 사건에 대한 수임을 하여서는 아니 된다.

6) **비밀보장의무**(duty of confidentiality)

변호사는 의뢰인에 대하여 비밀보장의무를 진다. 일반적으로 변호사는 의뢰인과 협의 후 의뢰인이 동의한 경우가 아니라면 의뢰인의 수임과 관련된 어떠한 정보를 공개할 수 없다.

이러한 비밀보장의무에 대하여 두 가지 예외가 있다. 그 하나는 만일 변호사가 자신의 의뢰인이 살인죄나 중상해죄를 범할 것 같다는 믿음을 가지는 경우 변호사는 관계기관에 이를 알려야 한다. 나머지 하나는 변호사는 자신의 의뢰인과의 소송이 발생할 경우 주장을 입증하거나 공격을 방어하기 위하여 필요한 경우 의뢰인의 비밀을 밝힐 수 있다. 나아가 일정한 경우에는 정직의 의무(duty of candor)에 의하여 비밀보장의무가 유지되기 어려울 수도 있는데 이러한 의무는 법원에서의 의무준수여부의 문제라고 할 수 있다.

한편, 비밀보장의무 또는 충실의무와 관련하여 문제가 많이 되고 있는 경우가 사내변호사(in-house counsel)의 경우라고 할 수 있다.[4] 사내변호사는 회사의 직원으로서 그들의 고용인에 대하여 충실의무를 지켜야 함과 동시에 변호사로서의 일을 하는 경우에는 법조인 윤리규정(rules of professional responsibility)을 지켜야 하는 것이다.[5] 그 결과 때때로 회사는 당해 사건의 처리를 거절하는 사

---

4) 사내변호사가 비밀유지의무를 지켜야 하는 경우에는 다음과 같은 조건이 우선 충족되어야 한다. 즉 (i) 회사의 비밀로 취급되는 정보일 것과 (ii) 당해 변호사가 회사에 조언이나 상담을 하기 위하여 이루어진 내용일 것이 그것이다. 이러한 요건이 충족되면 attorney-client privilege에 포함되어 변호사는 비밀유지의무를 부담하여야 한다. 이와 관련된 연방대법원 판결로는 Upjohn Co. v. U.S. 449 U.S. 383 (1981)이 있다.

5) 최근 한국에서는 김 모 변호사가 어느 대기업에서 사내변호사로 있을 때 있었던 일을 폭로하여 사회적 문제가 된 바 있다. 특히 대한변협에서는 김 모 변호사에 대하여 비밀준수위반의 이유로 징계책임을 거론한 적이 있으며, 이에 대하여 법조인들 사이에서는 갑론을박하기도 하였는데, 그 중 일부의 변호사는 "사내변호사는 회사에 고용된 직원이지

내변호사를 해고하기도 한다. 이에 대하여 최근에는 사내변호사가 부당해고에 따른 손해배상청구를 하여 손해배상을 받은 경우도 있다.[6)]

(2) 사법기관에 대한 변호사의 의무

1) 법원에 대한 정직의 의무(duty of candor to the court)

변호사는 의뢰인의 이익을 위하여 법원에 주장 및 증거를 현출하는 것과 관련하여 책임을 져야 한다. 법원의 공무원으로서 이러한 공적인 기능을 수행함에 있어 변호사는 자신의 의뢰인에 대한 의무와 충돌될 수 있는 公衆과 법원에 대하여 의무를 진다. 변호사의 법원에 대한 책임은 정직의 의무를 포함한다. 만일 변호사가 자신의 의뢰인이 위증죄를 범하려는 것을 발견하는 경우에는 딜레마에 빠지게 된다. 즉, 자신의 의뢰인과의 비밀유지의무와 법원에 위증임을 공개해야 할 의무 사이에서 고민에 빠지는 것이다. 이에 대하여 법조행동규범은 변호사의 정직의 의무를 우선시하고 있다.

그러나 일부에서는 이러한 정직의무 우선의 원칙은 당사자주의제도를 훼손하는 것이라고 비판을 한다. 이에 대하여 연방대법원은 이러한 변호인에게 부여된 위증죄 고발행위가 수정헌법 제6조의 변호인의 조력을 받을 권리(right to counsel)에 위배되지 아니한다고 판결하였다.

2) 무의미한 소송금지의무(duty of refrain from asserting frivolous[7)] claims)

법조행동규범은 변호사가 절차를 항변하거나 쟁점을 주장함에 있어 그러한 항변이나 주장이 법적인 근거가 없는 무의미한 것인 경우에는 금지하도록 하고 있다.

(3) 기타 의무

1) 로펌 移職시의 문제

변호사가 로펌을 떠날 때, 훔친 고객("stolen" clients)에 관한 분쟁이 종종 발

의뢰인과 변호사라는 수임관계가 존재할 수 없어 처음부터 의뢰인을 보호하기 위한 변호사의 비밀준수의무는 성립될 수 없다."는 취지의 의견을 제시하기도 하였는데, 이러한 의견은 사내변호사의 지위를 제대로 파악하지 못한 의견이라 할 수 있다.

6) Mourad v. Automobile Club Ins. Assoc., 465 N.W. 2d 395 (Mich. App. 1991).

7) 이는 "법적 근거 없는"의 의미를 가진다.

생한다. 이 경우 의뢰인들은 누가 그들을 대리할지에 대한 결정권을 가진다. 그러나, 로펌은 오랜 기간 거래해 온 의뢰인에 대하여 독점적 태도를 취하게 되며 만일 그들을 잃게 되면 로펌에 상당한 경제적 타격을 받을 수도 있다. 이러한 문제를 해결하는 방법 중 하나로 경업금지계약(non-compete agreements)을 체결하는 것이다. 그러나, 법조행동규범은 이러한 계약이 퇴직금(retirement benefits)을 받는 것을 조건으로 하는 경우를 제외하고서는 변호사에게는 적용할 수 없도록 금지하고 있다. 법원 역시 이러한 계약이 공공정책(public policy)에 반한다는 이유로 무효로 판결하였다.[8)]

그러나, 로펌의 구성원변호사(a partner)는 다른 구성원변호사들에게 신의성실의무를 지므로, 로펌 의뢰인을 유인하는 것은 이러한 의무위반이 될 수 있다.[9)]

2) 고객 유인 등

법조행동규범은 변호사가 이전에 아무런 관계도 맺지 아니한 사람에 대하여 직접 또는 전화로 유인하기 위해 접촉하는 것을 금지하고 있다. 이러한 제한은 변호사에 의한 사기, 협박, 부당한 유인 등으로부터 약한 개인을 보호하기 위한 것이다.

또한 위 규범은 다른 변호사가 변호사로서의 정직성 또는 신뢰성에 관한 심각한 문제를 일으키는 경우에는 윤리의무위반의 보고를 하도록 하는 의무를 변호사에게 부과하고 있다.

---

8) Cohen v. Lord, Day & Lord, 550 N.E.2d 410 (N.Y. 1989).

9) Dowd & Dowd v. Gleason, 693 N.E. 2d 358 (III. 1998). 한편, 이 경우에도 경업금지계약은 유효하지 않다고 판결하였다.

제5편 美國의 法院組織과 裁判權

1 總 說

미국에서 사법조직을 말하는 것은 오해를 불러일으킬 수 있다. 왜냐하면, 미국 내에는 사실상 1개의 연방법원조직과 50개의 각 주 법원조직으로 구성된 51개의 사법조직이 있기 때문이다.

주 법의 문제(questions of state law)와 관련하여서는, 각 주제도가 분리된 종국적 조직이라 할 수 있다. 즉, 각 주의 사법조직은 州법이 무엇인지를 판단하는 최종적 수단으로서의 자신의 주 법원을 가지고 있다. 다만, 연방법에 대한 문제에 대하여만 연방 사법조직의 최종심인 연방대법원이 마지막 수단으로서 기능을 한다.

2 美國司法組織의 歷史的 背景

미국에서 연방법원과 주법원이라는 2원적인 조직이 탄생한 것은 미국독립 직후인 1787년의 필라델피아 헌법회의에서부터였고, 이 제도는 미국의 제1회 의회에서 제정된 1789년의 Judiciary Act에 의해서 확립되었다.

이를 자세히 보면 다음과 같다. 우리나라와는 달리 미국연방법원 중 헌법에 근거를 둔 법원은 연방대법원뿐이다. 즉, 미국연방헌법 제3조 제1항은 “미국의 사법권은 연방대법원에 귀속되며 그 하급법원은 연방의회가 이를 설치할 수도 있다.”라는 취지로 규정한 것이다. 이러한 모호한 규정이 나오게 된 것은 미국헌법의 기초자들이 연방하급법원의 존재 필요성과 그 범위에 대하여 의견의 일치를 보지 못하였기 때문이다. 어떤 사람들은 하급법원조직은 주법원으로 충분하므로 주법원으로 하여금 연방문제사건이나 기타사건에 대한 재판권을 부여하도록 하자고 하였고, 또 다른 사람들은 해사(海事)사건에 대해서만 연방하급법원에게 재판권을 부여하자고 주장하였다.

이러한 논의결과로 위와 같은 타협책적인 헌법규정이 나와 연방하급법원의 설치를 나중의 사정에 따라 의회로 하여금 결정하도록 한 것이다. 그런데 1789년에 위에서 본 Judiciary Act가 제정됨으로써 이러한 논의에 종지부를 찍었다. 이 법률에 따라 연방대법원은 주법원의 판결을 심사할 수 있게 되었으며, 무엇보다도 연방하급법원조직이 만들어짐으로써 주법원과의 2원적인 조직이 탄생한 것이다.

한편 주법원은 1789년 이전부터 존재하여 왔는바, 주법원은 새로 생긴 연방법원에게 그들의 권리를 넘겨주지 않으려고 다투어 왔고, 이러한 노력은 1세기가 넘도록 계속되었다. 예컨대 1789년 당시의 법 제25조는 연방대법원이 주

대법원의 판결을 심사할 수 있도록 규정하면서도 심사범위를 '연방문제'에 관한 것으로 한정하였고, 또 연방문제에 관한 사건도 그 제1심은 주법원에서 재판을 하도록 하였는데, 1875년에 이르러서야 그 제1심 재판권이 연방법원으로 넘어가게 되었다.

뿐만 아니라 1789년과 1860년 사이에 몇몇 주의 대법원은 연방대법원이 그들의 판결을 심사할 수 있는 권리를 인정하지 않으려고 몇 가지 시도를 하기도 했다. 또 8개 주의 의회는 같은 취지의 법률을 통과시키기도 하였다.

그러나 시민전쟁을 거치면서 두 법원 사이의 관계는 정착되어 갔고, 현재는 연방법원과 주법원 간의 재판권과 상호존중상태가 많이 확립된 상황이다. 양 법원 사이의 상호존중적인 모습은 뒤에 나오는 abstention doctrine이나 anti-injunction statute에서 엿볼 수 있으며, 이를 관통하는 정신을 comity정신이라고 한다.

3 1審法院(Trial Court)과 上訴審法院(Appellate Court)의 特徵과 關係[1)]

미국 내 모든 법원조직은 두 가지 기본적인 법원형태를 가지고 있다. 바로 1심법원(Trial Courts)[2)]과 상소심법원(Appellate Courts)이 그것이다.

Ⅰ. 1심법원(Trial Courts)

1심법원의 판사는 다른 판사들 없이 혼자 법정에 좌정한다. 판사는 사건의 유형과 당사자의 신청에 따라 배심재판과 비배심재판인 판사재판을 하게 된다. 1심법원의 주요 업무는 당해 법원에 신청된 모든 분쟁에 대하여 첫 번째로 사건을 결정하는 일이라 할 것이다. 이는 당사자들에 의하여 주장되고 현출된 증거와 변론을 듣고서 사실관계를 결정한 후 이렇게 인정된 사실관계에 대하여 법률을 적용하는 것이다. 이러한 절차에 있어서는, 사실관계의 판단자인 배심원이나 판사는 증언의 모순을 해결하고 증인의 신뢰성에 대한 판단을 하여야 하고 현출된 모든 증거에 대한 증명력과 신빙성을 결정하여야 한다. 이러한 점은 상소심에서는 사건의 사실관계에 대하여는 다시금 다툴 수가 없기 때문에 매우 중요한 기능이라 할 수 있다.

재판은 판사의 활동 내지 업무 중 일부에 해당할 뿐이다. 무엇보다도 재

1) William Burnham, Introduction to the Law and Legal System of the United States(St. Paul, Minn., West Publishing Co., 2002), 167면 내지 177면.

2) 1심법원을 이렇게 표현한 것은 아마도 재판의 기본은 1심이며, 특별한 사정이 없는 한 1심에서 종료된다는 의미에서 비롯된 것이 아닌가 사료된다. 예컨대, 뉴욕 주의 경우 1심법원을 “supreme court”라고 하는 것 역시 위 의미로 받아들일 수 있을 것이다.

판전 신청이 심리되어지고 결정되어져야 한다. 1심법원의 대부분의 시간은 이러한 행위로 이루어지며 판사는 배심원의 도움 없이 혼자 수행한다. 대부분의 법원에서 일주일에 하루 내지 이틀은 신청날짜("motion days")로 채워진다. 또한, 판사는 민사사건에 있어 재판전 회의(pre-trial conferences)를 주재한다. 이러한 회의에 있어 판사는 사건을 해결하기 위해 당사자들을 설득하기 위하여 노력하며, 만일 당사자들이 사건 해결에 합의를 하지 아니하는 경우에는 정식재판을 위한 사실관계와 법률관계의 쟁점을 정리한다. 형사사건에 있어서는, 대부분의 시간이 형사피고인의 기소인부절차(arraignments)[3]와 예비심문(preliminary hearing)[4]에 사용된다. 또한 판사는 법률자료를 찾거나 신청사건을 결정하기 위한 결정서 작성을 위해서도 많은 시간을 보내고 있다. 그 외 행정업무도 판사가 한다.

판사는 법복(robe)을 입는데, 영국에서와 같은 가발(wig)은 쓰지 아니한다.

1심법정에서는 모든 사건이 다루어지는 관계로 인해 신청사건 처리일 또는 형사사건의 예비심문일의 대도시의 1심법원의 모습은 당사자들, 변호사들, 경찰관들, 동행 증인의 출입 또는 진술 등으로 인해 그야말로 아수라장 그 자체라 할 수 있다.

1심법원이 주법원조직이나 연방법원조직 중 그 수가 제일 많다. 판사수를 보면 일리노이주에 760명의 판사가 있는 반면 델라웨어주에는 15명의 판사가 있을 뿐이다.

Ⅱ. 상소심법원(Appellate Courts)[5]: 고등법원과 대법원

1심법원 위에는 보통 두 개의 상급심인 고등법원[6]과 대법원[7]이 있다. 고

3) 이는 기소된 이후 정식재판 전에 피고인을 법정에 소환하여 혐의사실을 제시하고 이를 인정할 것인지를 확인하는 절차이다. 여기서 판사는 유죄를 인정할 것인지 여부 등을 물어 보게 된다.

4) 여기에서는 피의자가 체포된 뒤 검사의 기소 이전에 행해지는 절차가 이루어지며, 체포의 정당한 사유가 있는지 여부를 주로 다룬다.

5) 미국의 상소심은 특히 항소심인 고등법원은 법률심인 사후심의 성격을 가지고 있으나, 한국의 항소심은 견해의 대립이 있긴 하지만 판례는 사실심과 법률심이 섞인 속심으로 보고 있다는 점에서 양국의 항소심은 그 성격에 상당한 차이를 보인다. 특히 이러한 항소심의 구조의 차이로부터 새로운 증거를 제시할 수 있는지와 관련하여 미국의 항소심에는 불가하나 한국의 항소심에서는 가능하다는 결론이 도출된다.

등법원은 흔히 "Court of Appeals"로 불리기도 한다. 대법원의 판사는 "Justice"로 불리며, 이에 반해 1심법원과 고등법원의 판사는 "Judge"로 불린다. 이러한 상소심에는 배심원이나 비법률가가 없다. 사건에 대한 심리와 판결을 함에 있어, 고등법원은 3명의 판사로, 대법원은 5, 7, 9명의 판사로 구성된다.

이러한 두 단계의 상소심구조는 연방법원과 12개의 주법원에만 존재한다. 대부분의 사건에 있어서는, 1심법원에서 고등법원으로의 항소권(an appeal as of right)이 인정됨에 반해 대법원으로의 상고권은 대법원의 재량사항(discretionary)이다. 다만, 일정한 사건에 있어서는 상고권이 인정되는 경우가 있는데, 사형이 선고된 경우가 이에 해당한다.

일반적으로 항소심인 고등법원은 1심법원의 과오를 바로잡는 일을 하는 반면, 최고법원인 대법원은 법의 발전을 감독하는 더 폭 넓은 역할을 하기 때문에 법적 쟁점이 분명하게 될 필요가 있는 사건이나 일반적 의미를 뒤집는 일부 쟁점이 제시된 사건에 대하여만 결정을 하게 된다. 이와 같은 대법원의 역할은 재량적 심사제도(discretionary review)에 의하여 유지되며, 그 결과 일부의 사건만 선택적으로 대법원에서 심리를 하게 된다.

한편, 고등법원의 경우 일반적으로 당해 항소사건을 처리하는 3명의 판사로 된 재판부(panel) 외에도 판사들이 더 있다. 고등법원 내에 이러한 여러 재판부의 존재로 인해 고등법원의 재판부에 여러 견해가 존재하게 하는 결과를 야기시킨다. 이와 같은 고등법원의 재판부간 견해대립에 대한 해결책으로 여러 가지 방법이 제시되고 있는 실정이다.[8)]

그 중 하나는, 연방고등법원과 많은 주 고등법원에서 사용하는 방법인데, 견해대립을 해결하기 위하여 모든 판사를 심리에 참여시키는 방법[9)]이다. 그 결과 예컨대 연방고등 제9법원(U. S. Court of Appeals of the Nine Circuit)의 경우 en banc에 참여하는 판사수가 28명에 이른다.[10)]

---

6) Intermediate appellate court.

7) Supreme Court.

8) 한국의 고등법원은 각 고등법원별 견해가 다른 경우도 많으며, 같은 고등법원 내에서도 재판부별 견해가 다른 경우가 상당히 많다. 이러한 문제는 한국의 항소심의 구조문제도 일부 관련되어 있기는 하나 순수한 법리판단에서도 발생하고 있는바, 국민의 사법불신을 해소하고 혼동을 줄일 수 있다는 점에서 미국의 예를 참조할 필요는 있다고 보여진다.

9) 이를 "en banc"이라고 한다.

10) 최근 입법적 개정에 의하여 en banc에는 14명의 판사만이 참여하도록 하고 있다.

또 다른 하나는, 쟁점에 대하여 결정한 첫 번째 재판부의 견해에 대하여 일단 법원 전체에 대한 기속력을 부여하지만, 이후 같은 쟁점의 사건을 처리하게 되는 두 번째 재판부에서 단지 첫 번째 재판부가 같은 견해를 취하도록 요구하기 때문에 첫 번째 재판부의 결정을 따르고 있다는 점을 쟁점으로 고려하는 것이 허용되도록 하는 방법이다. 이 같은 두 번째 재판부의 견해표명에 의하여 고등법원에서는 당해 쟁점을 해결할 특별재판부(special enlarged panel)를 구성할지 여부를 결정하기 위한 조사가 이루어진다. 만약 고등법원 판사들이 특별재판부를 구성하는 것을 거절하는 경우이거나 특별재판부가 구성되고 당해 쟁점에 대하여 결정이 이루어지고 난 후에는 주 대법원에 대한 상소가 가능하다.

최고법원인 대법원의 경우에는 항소심인 고등법원의 재판부간 견해대립과 같은 문제가 발생하지 아니한다. 대법원의 모든 판사들이 각 사건 심리에 참가를 하기 때문이다. 즉, 대법원은 항상 en banc 심리를 한다고 할 수 있다.[11)]

Ⅲ. 상소심의 심사범위

1심법원의 판결에 대한 상소심의 심리범위는 다음의 두 요소에 의하여 결정된다. 첫째, 심사되는 쟁점이 법률적 쟁점인가 아니면 사실관계의 쟁점인지 여부와 둘째, 만일 사실관계의 쟁점인 경우 사실관계 판단자가 판사인지 배심원인지 여부가 그것이다.

상소심법원은 법적 쟁점(즉, 법률문제)에 대해서는 다시금(de novo) 심사할 수 있고 파기(reverse)할 수 있으나(즉, 아무런 제한이 없음을 알 수 있다), 1심판결의 사실관계의 판단에 대한 심사는 제한적이라 할 수 있다.

이에 이하에서는 사실관계에 대한 상소심의 심사에 대하여 살펴보고자 한다.

---

11) 한국의 경우에는 대법원의 경우에도 각 부별로 재판이 이루어지기 때문에 가끔은 부별 견해대립이 있는 경우도 많이 나타나고 있다. 다만 판례를 변경하는 경우에는 전원합의체 즉 en banc 심리가 열리기는 하나, 경우에 따라서는 전원합의체가 운영되지 아니하는 경우도 발견된다.

(1) 사실관계에 대한 심사

사실관계에 대한 심사가 제한적인 이유는 이미 앞에서 살펴본 바와 같이 당사자중심주의제도가 그 주요한 이유라고 할 수 있다. 즉, 직접적인 구두증거[12]가 간접적인 서면증거[13]보다 우월하다는 믿음에서 1심법원의 사실관계에 대한 판단이 존중되는 것이다. 이를 좀더 구체적으로 살펴보면, 비록 1심의 전 재판을 기록한 기록이 상소심법원에서도 유효하지만, 이러한 1심 재판에서의 서면기록[14]이 실제로 증인을 목격하고 그의 증언을 통하여 더 정확하게 사실관계를 알 수 있는 판단자의 우월적 지위를 대체할 수는 없다.

(2) 판사재판과 배심원재판의 심사기준

판사재판의 경우, 인정된 사실관계에 명백한 과오("clearly erroneous")가 있는 때에만 파기된다.[15] 이를 '명백한 과오 기준(clear error test)'이라고 한다.[16] 이에 반해 배심원재판의 경우, 배심원평결에 대한 심사는 더 제한적이다. 즉, 배심원재판에서 인정된 사실관계는 사실관계를 뒷받침하는 어떠한 실질적인 증거가 전혀 없는 경우에 한하여 파기될 수 있다.[17] 이를 '실질적인 증거 기준(substantial evidence test)'이라고 한다.[18]

한편, 상소심법원이 1심법원이 저지른 과오를 결정하는 심사기준을 적용한다 하더라도 반드시 1심법원의 판결이 파기되는 것은 아니다. 즉, 상소심법원은 당사자들의 권리에 실질적인 영향을 미치지 아니하는 하자나 과오에 대하여는 파기를 할 수 없다. 이를 무해과오의 원칙(Harmless Error)이라 한다.[19] 그 결과 상소심 법원은 과오가 있는지 여부를 결정한 다음, 그러한 과오가 손해를 끼치는지 여부를 결정하여야 하는 것이다.

---

12) immediate oral evidence.

13) mediate written evidence.

14) 이를 "cold paper record"라고 한다.

15) Hersch v. U.S., 719 F.2d 873(6th Cir 1983); Easley v. Cromartie, 532 U.S. 234(2001).

16) F.R.C.R 52(a).

17) 이러한 배심원재판에 대한 심사기준을 판사재판에 대한 심사기준과 같은 의미로 보고 있다. 흔히 판사재판에 대한 심사기준을 Aderson기준이라고 하는데 이 기준이 배심원재판에 대한 심사에도 적용된다고 보는 것이다[Yeazell, civil procedure(5ed.), 792면 내지 793면].

18) Anderson v. City of Bessemer City, 470 U.S. 564(1985).

19) 28 U.S.C. §2111.

(3) 1심법원의 재량행위에 대한 심사

1심법원이 재량행위로 결정한 판결이 상당히 많이 있다. 종종 법원이 따라야 할 가이드라인이 있긴 하지만, 합리적인 판사들은 주어진 사실관계에 따라 그 적용을 달리한다. 그러한 사건에 있어 1심법원의 결정은 재량남용("abuse of discretion")이 인정되는 경우에만 항소심에서 파기된다. 이 경우의 쟁점은 판사의 재량이 당해 사건의 상황에서 합리적인 선택이었다고 볼 수 있는지 여부라고 할 수 있다.

(4) 민사사건과 형사사건

위에서 본 사실관계의 쟁점에 대한 상소심법원의 심리범위 내지 기준은 증명의 기준이 쟁점에 미치는 범위 이외에는 민사사건과 형사사건 모두 적용된다. 따라서, 민사사건에 대한 배심원재판은 배심원이 인정한 사실관계에 대한 증거가 증거의 우위성 원칙에 의하여 법률적으로 불충분한 경우에 한하여 파기되어질 수 있다. 형사사건에 있어서의 배심원의 유죄평결은 유죄사실을 인정하기 위한 합리적인 의심 이상의 증거가 법률적으로 불충분하다는 내용의 기록이 제시되는 경우에만 파기된다.

Ⅳ. 상소심 법원의 절차

항소심에서 제기된 법률적 쟁점은 원칙적으로 당사자 사이에 준비서면 또는 변호인의견서(written briefs)의 교환으로 다투어진다. 다만, 일부 제한된 구두변론도 인정될 수 있다. 이러한 구두변론은 당해 사건에 관한 최근의 법리를 언급하거나 당해 사건에 대한 주요쟁점을 부각시키거나 재판부로부터의 질문에 답변하는 역할을 한다.

상소심법원은 누가 이겼는지를 표현하고 또한 그 이유를 적시한 판결이나 결정을 함으로써 당해사건을 재판한다. 판결에 대한 법원의 견해에는 이미 앞에서 살펴본 바와 같이 찬성의견 외에도 반대의견 또는 별개의견이 있을 수 있다.

한편, 상소심의 판결방식은 다음과 같다. 우선 1심법원의 판결을 확정(affirm)하는 것이다. 다음으로 파기자판(reverse)이 있는데, 이는 피상소인이 이기는 경우를 말한다. 끝으로 파기환송(vacate & remand)이 있는데, 이는 1심판결을 취소하고 당해 사건에 대한 심리를 더 하도록 1심법원으로 돌려보내는 것이다.

Ⅴ. 상소심 법원의 심사대상

(1) 최종판결의 원칙(the final judgment rule)

상소는 원칙적으로 최종판결에 대하여만 가능하며 중간판결에 대하여는 상소를 할 수 없다. 이를 최종판결의 원칙이라고 한다. 이는 사건이 끝나는 시점에 상소를 하도록 하는 것이 더 효과적이라는 데 그 목적이 있다.

(2) 중간판결에 대한 상소(interlocutory appeals)

중간판결에 대한 상소도 종종 허용되는데, 이는 재량사항이라 할 수 있다. 이는 1심법원과 항소심법원이 중간판결 내지 결정에서 제기된 쟁점이 공통되고 최종판결을 기다리지 아니하는 것이 효과적이라고 인정를 하는 경우에만 인정된다.

예컨대, 1심법원의 판사가 재판권이 없음을 이유로 한 당해사건에 대한 기각신청(motion to dismiss)을 기각한 경우에는, 재판권의 존부는 항소심에도 공통되며 만약 재판권이 없다면 당해재판이 이 단계에서 종료될 수 있기 때문에 효율적이라는 점에서, 1심법원의 중간결정에 대한 항소가 인정될 수 있다.

(3) 직무이행 내지 금지명령(mandamus)

이런 형태의 소송은 항소라기보다는 1심법원 판사에 대한 이의제기로서 신청된 원래의 소송(original action)으로 간주되기 때문에 최종판결의 원칙에서 벗어나 있다.

이는 예외적 명령으로서 재판권의 포기 내지 남용 등과 같이 1심법원 판사에 의한 특정 사항에 대한 명백한 불법 조치가 가해지는 경우에만 고려된다.

4 聯邦法院과 州法院의 構造[1)]

Ⅰ. 주 법원의 구조(state court structure)

1. 주 일반법원(trial court of general jurisdiction)

모든 주의 주 법원조직의 기본적인 구성은 일반적 재판권을 가지고 있는 1심법원인 "trial court"[2)]라고 할 수 있다. 이 법원은 주요 민사사건과 felonies[3)]

1) 이를 살펴보기 위한 전제사실은 재판권(jurisdiction)과 관할(venue)의 개념구별이라고 할 수 있다. 즉, 한국의 경우 재판권에서 문제되는 것은 형사재판권 중 일반법원에 의한 재판권과 군사법원에 의한 군인에 대한 군사재판권으로 대별되고 있을 뿐이라고 할 수 있는 반면, 미국의 경우 형사사건이건 민사사건이건 간에 각 주는 하나의 국가에 해당하기 때문에 각 주의 법원은 독자적인 재판권을 가지고 있으며 그 결과 원칙적으로는 다른 주에서 받은 재판결과가 당해 주에 영향을 미치지 못한다는 점에서 한국의 1심법원인 지방법원 사이의 관할권과 미국의 각 주의 재판권은 그 기본개념을 달리한다 할 것이다. 따라서 이러한 본질적 차이에 대한 고려 없이 일부에서는 관할이라는 개념으로 미국의 법원의 재판권을 기술하고 있는데 이는 자칫 오해를 불러일으킬 수 있으므로 주의가 필요하다고 할 것이다.

2) 한국의 경우 이는 1심법원 중 지방법원의 개념이라 할 수 있으며, 미국에서는 1심법원 중 일반적 재판권을 행사하는 기본법원이라는 점에서 이를 "일반법원"으로 표현할 수 있을 것이다.

3) 일반적으로 미국의 형법에 있어서는 범죄를 크게 'felony'와 'misdemeanor'로 구분한다. 전자는 사형이나 1년 이상의 구금에 처해질 수 있는 범죄를 말하고, 후자는 벌금형이나 1년 이항의 구금에 처해질 수 있는 범죄를 말한다. 따라서 전자는 '중범죄'로, 후자는 '경범죄'로 구분하여 불릴 수 있을 것이다.

라고 불리는 일반형사사건에 대하여 재판권을 가지고 있다. 이 법원은 다양하게 불리고 있는데, 일부 주에서는 "District Court"라고 부르고 있긴 하나, "Superior Court" 또는 "Circuit Court"가 가장 흔한 명칭이다. 한편, 뉴욕 주에서는 "Supreme Court"라고 부르고 있다.[4] 이러한 1심법원이 관할하는 지역적 구역은 일반적으로 주(state)의 county[5]로 불리는 '광역시'의 경계선과 일치한다.

대부분의 주에서는, 제한된 재판권을 행사하는 일반법원(trial court)인 "Superior Court" 또는 "Circuit Court" 아래에 법원이 있다. 이들 법원은 일반적으로 "Municipal Court" 또는 "Justice Court"로 불리며, 일정액수 이하의 민사사건[6]과 'misdemeanor(경범죄)'라는 형사사건에 대한 재판권을 가지고 있다. 이러한 법원의 판결에 대한 상소는 주 고등법원이 아니라 일반법원(trial court)인 "Superior Court" 또는 "Circuit Court"로 간다. 이와 같은 사건에 있어서 "Superior Court" 또는 "Circuit Court"는 1심법원(trial court)으로서가 아니라 1명의 판사로 구성된 항소심 법원(a single-judge appellate court)으로서 역할을 하게 된다.

또한, "Municipal Court" 또는 "Justice Court"와 같은 수준의 법원이거나 이보다 낮은 수준의 법원이 있다. 이들 법원은 "Justice of the Peace" 또는 "Small Claim Court"로 불린다. 이들 법원은 $300, $500, $1,000 정도의 민사분쟁에 대한 재판권을 행사한다. 이들 법원의 판사는 변호사의 자격을 가지지 아니하고 법률교육도 받지 아니한 경우도 있다. 이들 법원에서의 절차는 공식적이지 아

---

4) 뉴욕 주에서는 1심법원을 "Supreme Court"로 부르고, 2심 법원을 "Appellate Division"으로 3심 법원을 "Court of Appeals"로 부르고 있다.

5) 일반적으로 한국에서는 county를 시군구 중 "郡"으로 번역하고 있으나, 본서는 이와 견해를 달리한다. 즉, 미국에서는 주마다 차이가 있기는 하지만 뉴욕과 같은 대도시를 제외하고는 일반적으로 county는 몇 개의 city를 묶은 지역이라 할 수 있는데(미국의 행정체계는 state, county, city로 되어 있다), 그 크기 특히 인구에 있어서는 일부의 경우를 제외하고는 대부분 city가 한국의 洞 정도의 크기이고 county가 한국의 市 정도로 볼 수 있을 것이다. 따라서 몇 개의 city를 묶어 county라고 한다는 점을 염두에 두면 이를 郡으로 표현하기보다는 그대로 county로 표현하는 것이 적절한 것으로 사료되고 굳이 우리말로 표현한다면 "광역시" 정도로 표현하면 적당할 것으로 생각된다. 이와 관련하여, 임채호, 미국 지방정부 개관, 지방행정(해외지방자치, 2003년 2월호)을 참조하면 도움이 될 것으로 사료되며, 여기에서도 주정부 아래에 county, municipality, town으로 구분되어 있고 county에 대하여 본서와 같은 취지로 서술되어 있음을 알 수 있다.

6) 캘리포니아 주의 경우 $25,000 이하의 민사사건에 대하여 재판권을 가진다.

니하며 보통 판결에 대한 상소가 인정되지 아니한다. 그러나 대부분의 주에서는 당사자들이 원하는 경우 이들 법원으로부터 일반법원으로의 이송(removal)을 요청할 수 있도록 하고 있으며, 일부 주에서는 이송을 금지하면서 패소한 자에게 새로운 재판(trial de novo)을 신청할 권리를 부여하기도 한다.

2. 주 특별법원(trial courts with specialized jurisdiction)

각 주는 특정 형태의 분쟁에 대하여만 결정권을 가지는 1심법원을 가지고 있다. 여기에는 유언검증법원(probate 또는 surrogate's courts),[7] 청소년법원(juvenile courts),[8] 특별청구법원(court of claims)[9] 등이 해당한다. 일부 주에서는 이러한 법원들을 일반법원인 "Superior Court" 또는 "Circuit Court"와 같은 수준으로 보기도 하며, 다른 주에서는 이들 법원을 "Superior Court" 또는 "Circuit Court"의 하급법원으로 보고 "Superior Court" 또는 "Circuit Court"가 항소심 역할을 하도록 하기도 한다.

3. 주 상소법원

이들은 앞서 살펴본 바와 같다. 다만, 다시 한 번 강조하자면, 주의 상소심은 州法(state law)의 적용과 의미에 대한 최종적인 판단자라 할 수 있다. 이에 반해 연방대법원(U.S. Supreme Court)은 주 법원의 판결에 대하여 심사권을 가지고 있으나 이는 연방법(federal law)에 대하여만 행사가 가능할 뿐이라고 할 수 있다.

Ⅱ. 연방법원의 구조(the federal court system)

1. 연방하급법원

연방하급법원에 대한 설명은 헌법 제3장과 법원조직법[10](1789)에서 비롯된

---

7) 이는 유언장의 진위여부, 상속재산의 분배 등에 대한 사건을 관할한다.

8) 18세 미만의 청소년사건에 대한 사건을 관할한다.

9) 이는 주를 상대로 한 손해배상청구소송사건을 담당한다.

다.

우선, 연방법원조직을 이해하는 데 있어 헌법에서 규정하고 있는 의미를 정확히 이해하는 것이 필요하다 할 것이다. 이러한 헌법이 가지는 의미는 Marbury v. Madison 사건 판결에서 의회의 법률이 헌법을 벗어난 경우에는 위헌일 수 있다는 판결이 내려졌고, 그 결과 법률에 대한 헌법의 의의가 무엇인지가 최초로 인정되어졌다. 즉, 위 사건에서 연방대법원은 헌법에서 부여하는 이상의 재판권을 규정한 법률이 무효임을 판결하였던 것이다.

다음으로, 연방법원의 조직법은 1789년의 최초의 법원조직법, 1891년의 Evarts Act, 1925년의 이른바 "Judges' Bill" 등의 법률에 의하여 오늘날의 연방법원의 형태가 갖추어지게 되었다.

이러한 바탕 위에, 다음에서 보는 바와 같이 연방하급법원인 일반법원과 특별법원을 이해하면 될 것이다.

연방하급법원을 논함에 앞서 우선 간단히 구조를 정리하여 보면, 연방하급법원은 크게 둘로 나뉜다. 헌법 제3장에서 규율하는 법원과 제1장에서 규율하는 법원이 그것이다. 헌법 제3장에서 규율하는 법원은 고유한 의미의 사법부 법원이라고 할 수 있고, 이에 반해 제1장에서 규율하는 법원은 의회에 의하여 창설되는 입법법원이라고 할 수 있을 것이다.

아래에서는, 헌법 제3장에서 규정하고 있는 사법부 법원인 연방지방법원과 연방고등법원, 입법법원[11]인 연방특별법원에 대하여 살피고자 한다.

(1) 연방지방법원(U.S. district courts)

연방법원은 연방법에 대한 청구사항과 당사자가 다른 주인 경우의 주법에 대한 청구사항에 대한 재판권을 가지고 있다. 이러한 연방법원의 재판권은 미국 전체에 미친다.

그런데, 이러한 연방법원과 주법원을 비교해 보면, 연방법원의 청구사건은

10) Judiciary Act of 1789.

11) 사실 엄밀히 말하자면 연방지방법원이나 연방고등법원 역시 연방의회의 법률에 의하여 인정된 법원이라는 점에서 입법법원이라고도 할 수 있으므로, 연방지방법원과 연방고등법원을 "헌법 제3장 법원"으로, 연방특별법원은 "헌법 제1장 법원"으로 표현하는 것이 더 정확하다 할 수 있다. 다만, 일반적으로 후자만을 '입법법원'이라고 표현하므로 본서도 이를 위와 같은 의미에서 사용한다.

1997년의 경우 전체 272,027건이었으며, 이에 반해 같은 해의 각 주 사건은 모두 약 9,000만 건에 이른다. 판사수를 보면 연방법원의 판사 중 연방지방법원은 646명이고 연방고등법원은 179명임에 반해, 주 법원의 판사는 28,560명에 달한다.

연방지방법원은 미국에 94개가 있다. 이러한 연방지방법원은 인구수에 따라 그 수가 달라지는데, 예컨대 뉴욕의 경우 4개의 지방법원이 있으나 몬태나주의 경우 1개의 지방법원만 있다.

연방법에 대한 청구가 주법에 대한 청구만큼 많지는 않지만 연방법에 대한 청구가 제기되면 이들은 종종 매우 중요한 지위를 가진다. 이러한 연방법에 대한 청구는 주로 연방헌법에 관련된 사건이거나 연방의회가 연방법률에 의하여 규율하도록 한 매우 중요한 문제가 결부된 사건들이기 때문이다.

연방지방법원의 판사에 대하여는, 위에서 본 바와 같이 연방지방법원에서 판사들에 의하여 처리되는 사건의 중요성과 그에 비해 적은 판사 수, 그리고 종신직으로서 대통령에 의하여 임명된다는 점 등에 의하여 주 지방법원판사보다 우월한 평가를 받고 있다.

한편, 1968년 연방지방법원을 돕는 연방지방법원 지원판사제도를 도입하였다. 이러한 연방지원판사(U.S. magistrate judge)는 민사사건이나 형사사건에 있어 재판전 절차진행이나 경범죄사건에 대한 재판을 담당하도록 하고 있다.[12)]

(2) 연방고등법원(federal courts of appeals)

미국 전체에서 연방고등법원은 13개에 달한다.[13)] 연방고등법원은 연방지방법원의 최종 판결에 대하여 재판권을 가지고 있으며, 또한 국가노동관련위원회(National Labor Relations Board)와 보건복지부(Department of Health and Human Services) 등과 같은 행정기관의 행정심판에 대하여 재판권을 가지고 있다.

이러한 연방고등법원은 기본적으로 지역적으로 조직된 것은 아니다. 그 결과 이름도 "circuit court"라고도 불린다.

한편, 연방고등법원은 94개 연방지방법원으로부터 연방정부를 상대로 하는

12) 연방민사소송규칙 제72조, 제73조.

13) 여기에는 50개주에 대한 제1순회고등법원부터 제11순회고등법원까지(11개), D.C.에 대한 순회고등법원, 연방순회고등법원(federal circuit) 등이 있는바, 이들을 모두 합하면 모두 13개가 된다.

특허소송이나 특정 손해배상청구소송의 항소사건을 담당하며, 또한 연방청구법원(Claim Court)[14]과 국제무역법원(Court of International Trade)으로부터의 항소심의 역할을 한다.

각 연방고등법원은 서로 다른 결론을 내릴 수 있으며, 어느 한 연방고등법원의 판결은 다른 고등법원에 대하여 단지 설득적 선례의 효과(persuasive precedential effect)만을 가질 뿐이다.

그 결과 연방법에 대한 판단이 각 고등법원마다 다를 수가 있다. 그러나 이러한 문제는 다음에서 살펴보는 연방대법원에서 정리된다 할 수 있다.

(3) 연방특별법원

연방법원 중에는 특정한 재판권을 가지고 있는 법원도 있다. 이러한 법원은 헌법 제3장의 고유한 의미의 사법부인 법원[15]이 아니라 헌법 제1장에 의하여 창설된 입법법원[16]이라는 점이 가장 큰 특징이라 할 수 있다.

여기에는 연방청구법원(U.S. Claim Court), 연방조세법원(Tax Court), 국제무역법원(Court of International Court), 연방파산법원(bankruptcy court), 워싱턴 D.C. 지방법원과 항소법원 등이 있다.

또한, 연방정보감시법원(Foreign Intelligence Surveillance Court), 연방고등군사법원(U.S. Court of Appeals for the Armed Forces),[17][18] 연방고등퇴역군인법원(Court of

14) 일부에서는 이를 '연방상사법원'이라고 표현하기도 하나, 이를 '연방청구법원'으로 표현하는 것이 더 적절하다 생각된다.

15) 이를 "Article Ⅲ court"라고 한다.

16) 이를 "Article Ⅰ court" 또는 "legislative court"라고 한다.

17) 한국에서는 유일하게 군사법원이 일반법원의 특별법원이라고 할 수 있고, 이 경우의 심급은 보통군사법원－고등군사법원－대법원으로 이어진 3심제가 일반법원의 3심제와 동일하게 이루어지는데, 이는 다음에서 자세하게 살펴보는 미국에서의 군사법체계와는 그 성격이 본질적으로 다르다 할 것이다. 즉, 미국의 경우 군사법원은 사법부에 속하는 법원이 아닌 입법부가 창설한 조직으로서 원칙적으로 연방대법원에 대한 상소권이 인정되지 아니하고 군사법원이 최종심이라고 할 수 있음에 반해 한국에서는 군사법원이 사법부의 일부이며 최종심이 원칙적으로 대법원이라는 점에서 본질적으로 다름을 알 수 있다. 그러나 한국의 경우 하위법인 법률(법원조직법, 군사법원법 등)에서는 군사법원을 일반법원과 마찬가지로 사법부의 일환으로 보지 아니하고 조직이나 인적 구성이나 그 운영면에서 미국과 마찬가지로 사실상 행정부의 일환으로 보고 있는데, 이는 미국과 달리 군사법원이 가지는 사법부의 본질적 성격을 침해하는 것으로서 위헌적 성격을 가진다고 아니 할 수 없다 할 것이다.

18) 미국의 군사법원제도에 대하여 보면 다음과 같다.
1. 군사법원(court-martial)
(1) 인적 구성
military judge; court member; trial counsel; defense counsel(civilian counsel or military counsel); court reporter; the accused; convening authority
(2) summary court-martial
① 구 성
한 명의 현역장교로 구성되며(이 경우 법률가일 필요 없음), 판사인 장교는 수사관, 검사, 변호인 역할까지 한다.
② 특 징
피고인이 동의한 경우에만 절차가 진행되며, 만약 부동의하는 경우에는 special or general court-martial에 의해 진행된다.
③ 대상 범죄
minor offenses
④ 인적 적용범위(20조)
enlisted servicemembers(장교, 각 군 사관후보생 등이 제외됨)
⑤ 형 벌
한 달 이하의 노동하의 구금; 한 달 급여의 2/3 이하의 몰수; 45일 이하의 구금 없는 노동; 2달 이하의 견책 내지 근신(restriction)
⑥ 관할관
중대장급
(3) special court-martial
① 구 성(16조):
— jury trial의 경우: 1명의 군판사와 juror인 3명 이상의 일반장교
— bench trial의 경우: 1명의 군판사
※ court-martial의 경우 jury는 court members라는 표현이 사용된다.
② 검사와 변호인이 선정된다.
③ 인적 적용범죄
any servicemember
④ 대상범죄
중요하지 아니한 범죄
⑤ 형 벌
1년 이하의 구금; 3달 이하의 구금 없는 노동; 월 2/3 이하의 급여 몰수; 1년 이하의 급여 몰수; 징계성 전역(bad-conduct discharge)[한계: 사형, 형사책임성 전역(dishonorable discharge), 군사법원 형벌로서 불명예 제대(dismissal: 장교 등에 대한 형벌)]
⑥ 관할관
여단장급
(4) general court-martial

① 구성(16조):

— jury trial의 경우: 1명의 군판사와 juror인 5명 이상의 일반장교

※ 이 경우 판사는 재판장(presiding)이 된다.

※ 단 사형선고가 될 수 있는 사건에서는 배심원이 12인 이상이어야 한다. (그러나 이것이 물리적으로 불가능한 경우에는 5명 이상이면 된다.)

— bench trial의 경우: 1명의 군판사

② 형벌(최대)

사형 등

③ 특 징

special court-martial과는 달리 general court-martial에 회부되기 전에 재판 전 조사가 이루어져야 하고 범죄혐의에 대한 최종결정에 대한 법적 의견이 법무참모에 의하여 관할관에게 제시되어야 한다.

④ 관할관

대통령, 국방장관 등; 사단장, 함대사령관

(5) 관할관: convening authority

① 군사법원에 회부하는 관할관이 법원의 결정을 승인하기 전까지는 유죄사실 및 형의 선고는 효력을 발생하지 아니한다.

② 재판 뒤 자동적으로 기록이 관할관에게 10일 내에 제출된다(단 summary의 경우에는 7일 내).

③ 관할관은 무죄판결을 파기할 수는 없으나, 유죄판결에 대하여는 전부 불승인, 감경, 일정부분에 대한 불승인 등의 재량권을 가진다(이에 반해 가중은 불가하다).

④ 유죄판결의 승인시 관할관은 증거를 평가하여야 하고 증인의 신빙성에 대하여 검토한 후 합리적인 의심의 여지없는 경우에만 유죄임을 승인해야 한다.

⑤ 1심재판과 항소절차 중간 단계인 승인심사는 피고인에게 매우 유리하며 감경이 일반적으로 이루어지고 있다.

⑥ 관할관이 사건에 대하여 편견(bias)을 가지고 있는 경우에는 승인심사를 위해 기록을 상급 관할관에게 이송해야 한다.

(6) 법무실장(STAFF JUDGE ADVOCATE)

① 관할관이 승인시 법무실장의 서면 의견을 반드시 구해야 한다.

② 유죄관련사건에 대하여는 법무실장의 심사가 서면으로 이루어져야 되며 구체적 내용이나 판단을 포함해야 한다.

③ 법무실장의 심사내용은 변호인에게 제출되어져야 한다.

④ 관할관이 법무실장과 다른 의견을 가진 경우에는 그 이유를 진술해야 하며 이는 법무감에게 보내진다.

(7) 법무감(THE JAG)

① 법무실장의 심사와 상관없이 관할관은 법무감에게 기록 전부와 의견 등을 제출해야 한다.

② 만약 관할관의 조치나 1심 군사법원에 법적인 문제점을 가지고 있는 경우에는 법무감은 유죄사실이나 선고형을 변경하거나 무효로 할 수 있다.

— 이 경우 법무감은 원칙적으로 증거부족이 아니한 재심리를 명해야 하며, 재심리를 명하지 아니하는 경우에는 공소취소 결정을 해야 한다.
— 법무감이 관할관에게 재심리를 명령하였으나 관할관이 재심리가 의미가 없다고 판단하는 경우에는 공소취소 결정을 할 수 있다.

③ 형사항소법원은 법무감에 의해 조치된 모든 사건에 대하여 심리할 수 있다(그러나, 이 경우 형사항소법원은 예외적으로 법률문제에 대하여만 심리를 할 수 있다).

2. 각 군 형사항소법원(CCA: Courts of Criminal Appeals)

(1) 인적 구성
appellate military judge; appellate government counsel; appellate defense counsel (civilian counsel or military appellate counsel)

(2) "courts of military review"나 "service court of criminal appeals"으로 명칭된다.

(3) 4개(공군/육군/해양경찰/해군 및 해병대)의 형사항소법원이 존재한다.

(4) 이 법원은 3명 이상의 판사(appellate military judge)로 된 한 개 또는 그 이상의 panel로 구성된다.
— 각 군 법무감은 각 군 형사항소법원의 멤버(고위직 현역법무관이나 군판사 경력을 가진 예비역 법무관)를 임명할 수 있다.
— 임기와 관련해서 보면, 판사는 임기 등이 정해지지 아니하였지만 법무감의 신뢰에 의하여 직을 수행하므로 법무감이 사실상 임기를 정한다고 할 수 있다.

(5) 관　할
— 사형선고 사건
— 해임사건(dismissal; dishonorable or bad-conduct discharge)
— 1년 이상의 징역

(6) 이 법원은 사후심이 아닌 속심의 성격을 가진다, 즉, 사실관계에 대한 심리가능하다.

(7) 사후조치
— 원칙적으로 증거부족이 아닌 한 재심을 위한 파기환송(rehearing)이며, 파기환송이 아닌 경우에는 공소기각 선고를 해야 한다(the charges be dismissed).
— 법무감은 관할관에 대하여 형사항소법원의 결정에 따라 조치를 취할 것을 지시할 수 있으며, 만약 관할관이 법원의 재심리 명령을 받았으나 재심리가 의미가 없다고 판단하는 경우에는 공소취소 결정을 할 수 있다.

3. 국방부 고등군사법원 또는 연방고등군사법원(USCAAF: US court of appeals for armed forces)

(1) 인적 구성
judge(여기서는 senior judge라고 함); appellate government counsel; appellate defense counsel(civilian counsel or military appellate counsel)

(2) 이는 US court of appeals for armed services 또는 court of military appeals(CMA)로도 부른다.

(3) 구　성
대통령이 임명하는 5명의 민간인 판사이고 임기는 15년이다.

Veterans Appeals)도 연방특별법원에 해당한다.

이러한 연방특별법원의 판사들 중 연방무역법원(Court of International Court)과 연방정보감시법원(Foreign Intelligence Surveillance Court)의 판사들[19]을 제외하고는 "Article Ⅰ judges" 또는 "Administrative adjudicators"[20]라고 불린다. 이들 판사들은 헌법 제3장의 판사들과 달리 종신직이 아니다.[21]

---

(4) 이 법원은 국방부에 소속된다.

(5) 관　할

— 사형 선고시 자동 항소

— 법무감이 명령하여 형사항소법원에서 심리된 사건(다만, 이 경우 법무감이 제기한 쟁점에 대하여 심리가 이루어짐)

— 하급심에 판결에 대해 피고인이 상소한 경우

(6) 심리(67조 c항)

— 속심이 아니므로 사실관계에 대한 심리 불가하다.

— 즉 사후심으로 법적 문제점에 대하여만 심리 가능하다.

(7) 선고(67조 d항)

— 원칙적으로 증거부족이 아닌 한 재심을 위한 파기환송(rehearing)이며, 파기환송이 아닌 경우에는 공소기각 선고를 해야 한다(the charges be dismissed).

(8) 사후조치

— 국방부 고등군사법원은 법무감에게 이 법원의 결정에 따라 심리를 더 하도록 하기 위하여 형사항소법원에 기록을 환송하도록 지시할 수 있다.

— 법무감은 관할관에게 이 결정대로 조치하도록 지시하여야 한다.

— 만약 관할관이 법원의 재심리 명령을 받았으나 재심리가 의미가 없다고 판단하는 경우(impracticable)에는 공소취소 결정을 할 수 있다.

4. 연방 대법원(US SUPREME COURT)

(1) 1984년 이전의 경우 피고인이 연방대법원에 심리를 받기 위하여는 연방 일반법원에서의 부수적, 이차적 심사의 절차 내에서만 가능하였다.

(2) 1984년 이후 피고인과 정부측은 연방 고등군사법원의 사건에 있어 사건이송명령(writ of certiorari)의 형식으로 연방대법원에 상소할 수 있다.

(3) 요컨대 연방대법원의 軍사건에 대한 심리여부는 대법원의 자유재량이라 할 수 있다.

19) 즉, 이들 법원 역시 특별법원이긴 하나, 이들 법원의 판사는 행정관료가 아닌 사법부 판사라고 할 수 있다.

20) 이는 "행정심판관"의 의미를 가지고 있다.

21) 이들 판사들에게 종신직(for lifetime)을 의회가 부여할 수 없도록 한 이유는 사법부의 의회로부터의 독립을 위함에 있다 할 것이다. 즉, 만일 의회가 원하는 대로 입법법원의 판사들에게 종신직을 부여할 수 있도록 하게 되면 헌법 제3장의 판사의 종신직보장이 형해화될 수 있고 그 결과 의회로부터의 독립을 하도록 한 헌법입안자의 의도를 침해하기 때문이다.

(4) 연방지방법원과 연방특별법원의 관계

이들에 대하여는 여러 이론이 있으나, 다음에서 보는 주요이론을 중심으로 양자의 관계를 살펴보고자 한다.

우선, 公的 權利(public rights)와 私的 權利(private rights)의 구별에 의한 관계 설명이다. 이는 헌법 제3장의 판사는 사적 권리에 대한 분쟁의 심판을 위해 필요하다고 보는 것이다. 사적 권리 사건이라 함은 불법행위, 계약, 물권 등과 같이 私人간의 소송을 말한다. 또한 여기에는 형사사건이 포함된다. 이러한 사적 권리는 행정관료에 의하여 처리될 수 없는 사법업무("judicial business")의 핵심으로 간주되며 이는 처음부터 헌법 제3장의 판사(ArticleⅢ judge)나 주법원(state court)에 의하여 심판받아야 한다고 본다.[22] 이에 반해 공적 권리는 의회에 의하여 인정된 권리가 존재하는 경우 이러한 개인과 정부 간의 분쟁에서 발생되는 문제이다. 공적 권리에는 사회보장금, 퇴역군인연금, 구호대상자용 식량카드(food stamps), 허가권 등과 같은 공적 이익(public benefits and privileges)이 모두 포함된다. 의회는 헌법적으로 이러한 공적 권리에 대한 결정 내지 판결을 헌법 제1장 판사(Article Ⅰ adjudicators)에게 부여할 수 있다.

그런데 이러한 공적·사적 권리 구별론에 의하여서는 왜 헌법 제3장 판사에게 연방판사에 대하여 의회의 영향으로부터의 보호방법으로서의 종신직[23]을 부여하는지를 설명하지 못하는 문제가 제기된다. 또한 공적 권리와 사적 권리의 명확한 구별이 쉽지 아니하다는 비판이 제기된다.

다음으로, 사법부 법원(ArticleⅢ court)의 보조자로서의 행정심판관(Article Ⅰ agency adjudicators)[24]이론(Agencies as adjuncts to courts)이 있다. 이 이론에 따르면, 행정심판관도 당해 사건을 결정하는 사법부 법원을 돕는다는 측면에서 많은 사적 권리를 심판할 수 있게 된다. 즉, 최종결정은 사법부 법원이 하며 행정심판관은 그 전제로 심판을 한다는 것이다.

---

22) 임기 14년의 기간을 가진 파산법원 판사가 私的 權利를 심판할 수 있도록 한 법률은 헌법 제3장에 위배된다고 판시하였다[Northern Pipeline Co. v. Marathon Pipeline Co., 458 U.S. 50(1982)].

23) 판사의 임기를 종신직으로 한 것은 연방판사들이 의회의 영향으로부터 벗어나도록 하도록 하기 위한 보호방법이라 할 수 있다. 한편, 한국의 경우 일반적으로 판사의 임기를 10년으로 하며 연임할 수 있도록 하고 있는데, 이러한 임기제의 이유로 법관의 보수화를 막기 위한 것이라고 설명하고 있다(김철수, 헌법학개론, 1357면 내지 1358면).

24) "Article Ⅰ judge"를 "Article Ⅰ agency adjudicator"로 표현하기도 한다.

그러나 이러한 보조자로서의 행정심판관론은 현실과 부합하지 아니한 측면이 많다. 대다수의 ArticleⅠ 법원에 있어서도 ArticleⅢ court의 승인이나 절차진행 없이도 그 결정이 최종적이며 선고시 기속력을 가진다는 점에서 위 이론은 적절하지 아니한 면이 있다.

마지막으로, 기능적 접근방법이 있다. 연방대법원은 위 두 이론의 각 문제점 때문에 기능적 접근방법을 취하고 있다. 이는 ArticleⅢ court는 헌법에서 규정하고 있는 기능의 역할을 하도록 하는 것으로 보며, ArticleⅠ법원이 담당하는 것이 적절한지 여부는 ArticleⅠ 판사가 심판을 하도록 함으로써 얻게 되는 효율성과 전문성의 측면에서의 의회의 이익과 사건에 대한 의회의 영향력의 위험성 사이의 비교를 통하여 판단한다는 것이다.[25)]

이에 대하여는 헌법 제3장이 판사에게 부여한 권한을 무시한다는 비판이 제기된다.

생각건대, 양자의 관계는 위 이론을 모두 종합하여 그 관계를 살펴본다면 충분히 이해가 될 것으로 사료되며, 특히 첫 번째 이론이 가장 명쾌한 것으로 보인다.

2. 연방대법원(The U.S. Supreme Court)

(1) 개　요

연방대법원은 연방법원의 한 조직이면서 여러 기능을 가지고 있다. 연방대법원은 상소심으로의 기능으로서 연방고등법원에 대한 항소사건에 관한 재판권과 연방법(federal issues)과 관련된 주 법원의 재판에 대한 상소심으로서의 재판권을 가지고 있다.[26)] 또한 연방대법원은 단심의 재판권(original jurisdiction)을 가지고 있는데, 이는 상소심으로서의 연방대법원의 재판권과 분리하여 살펴보

25) Thomas v. Union Carbide Agricultural Products Co., 473 U.S. 568(1985).

26) 미국의 경우 순수한 법률심이며 이에 더하여 연방대법원에서 허가하는 경우에만 상고가 인정되는 것이 원칙이라고 할 수 있음에 반해, 한국의 경우 민사사건에 있어서는 원판결의 당부를 법률적인 측면에서만 심사하는 순수한 법률심이라고 보는 것이 일반적이고(송상현, 민사소송법, 645면), 형사사건에 있어서는 원칙적으로는 법률심이지만 예외적인 경우(예외적으로 사실오인과 양형부당도 상고이유가 되며 상고심에서도 파기자판이 가능하다는 점에서)에는 사실심의 성격도 일부 가지고 있는 것으로 보고 있다(이재상, 형사소송법, 제680면 내지 681면)는 점에서 비교된다 할 수 있을 것이다.

기로 한다.

이러한 연방대법원은 연방헌법에 의하여 명확하게 창설된 유일한 법원이다. 그러나 연방대법원의 구성과 재판권은 의회에 의하여 결정된다. 1868년 이후부터 연방대법원은 총 9명의 대법관으로 구성되어졌다. 즉, 8명의 대법관(associate justice)과 1명의 대법원장(chief justice)으로 구성되어 있다. 연방대법원은 워싱턴 D.C.에 위치해 있으며 모든 사건은 EN BANC형태로 심리된다. 즉, 모든 사건에 대하여 9명의 대법관이 참여하고 최종결정을 한다.[27]

(2) 상고의 방법

연방대법원이 상소심으로 심사하는 경우는 다음의 경우이라고 할 수 있다.[28][29]

---

27) 한국의 경우 다음의 법원조직법 제7조에서도 알 수 있는 바와 같이, 예외적인 경우에만 미국의 EN BANC인 전원합의체로 재판을 하고 있는바, 효율성측면과 순수한 법률심인지 여부는 별론으로 하고 대법원의 본질적 존재이유의 관점에서 이 문제는 재론의 여지가 있다고 보여진다. 참고로 미국의 변호사시험문제 중에는 현실적 이유로 인해 대법원이 部를 정해 몇 명만이 참여하는 재판이 가능한지에 대한 문제에서 불가능하다는 결론을 내리고 있다.

법원조직법 제7조

① 대법원의 심판권은 대법관전원의 3분의 2 이상의 합의체에서 이를 행하며 대법원장이 재판장이 된다. 다만, 대법관 3인 이상으로 구성된 부에서 먼저 사건을 심리하여 의견이 일치한 때에 한하여 다음의 경우를 제외하고 그 부에서 재판할 수 있다.

1. 명령 또는 규칙이 헌법에 위반함을 인정하는 경우
2. 명령 또는 규칙이 법률에 위반함을 인정하는 경우
3. 종전에 대법원에서 판시한 헌법・법률・명령 또는 규칙의 해석적용에 관한 의견을 변경할 필요가 있음을 인정하는 경우
4. 삭제 <88.8.5.>
5. 부에서 재판함이 적당하지 아니함을 인정하는 경우

② 대법원장은 필요하다고 인정하는 경우에 특정한 부로 하여금 행정・조세・노동・군사・특허 등 사건을 전담하여 심판하게 할 수 있다.

28) 28 U.S.C. §1251, 1253, 1254, 1257 참조.

29) 1992년에서 1993년 사이에 연방대법원에는 6,336건이 접수되어 226건이 심리대상으로 결정되었다. 그 중에서 119건에 대하여 판결문(full opinion)을 작성하였는데, 연방고등법원으로부터 민사사건이 77건, 형사사건이 11건, 구속영장관련사건 10건이 있었고, 주 대법원으로부터는 4건의 민사사건, 9건의 형사사건이 있었으며, 연방지방법원에서 연방대법원에 대한 직접상고사건은 한 건도 없었으며, 다른 항목에서 살펴볼 단심의 재판권 사건은 3건이 있었다(107 Harv.L.Rev. 77, 387-476).

우선, 1심법원에서 직접 대법원으로 상고를 하는 경우(direct appeal)이다. 이는 연방지방법원의 3명의 판사에 의하여 결정되고 의회의 법률에 의하여 요구되는 민사절차에 있어 사전 내지 사후 중지명령(interlocutory[30] or permanent[31] injunction)을 인용하거나 기각하는 사건에 대하여는 어떤 당사자도 상소할 수 있도록 한 것이다. 이를 권리로서 상소를 하는 경우인 권리상고(an appeal as a matter of right)라고도 한다.

이러한 3명 판사로 구성된 법원(three-judge court)이 1903년 이래로 일부 인정되어 오고 있다. Expediting Act 관련 일부 사건, Interstate Commerce Commission의 명령에 대한 사건, 주 법의 효력정지를 구하는 사건, 연방법률의 효력정지를 구하는 사건 등에서 인정된 것인데, 이 중 Expediting Act 관련사건과 Interstate Commerce Commission 명령사건에 대하여는, 의회에서 1974년과 1976년경 직접상고사건에서 사실상 제외시켰다.

한편, 1937년의 법원조직법의 일부로서 인정된 것으로서 연방정부의 공무원이 당사자인 경우의 민사사건에서도 직접상고가 인정되었으나, 이는 1988년 폐지되어 현재는 인정되지 아니하는 상고제도라 할 것이다.[32]

다음으로, 연방고등법원의 판결에 대한 상고가 인정되는 경우이다. 이는 크게 다음과 같이 두 가지로 나뉜다.

1) 연방대법원이 연방고등법원 사건에 있어서의 양 당사자의 상고신청에 대하여 허가(writ of certiorari)를 하는 경우이다. 즉, 민사사건이나 형사사건에 있어, 양 당사자 누구든지 판결이 선고되기 前後를 불문하고 상고신청서를 제출할 수 있고 이 상고신청서에 대하여 연방대법원이 허가장(writ of certiorari[33])을 발부하는 경우이다.[34]

---

30) 이는 재판전이나 재판도중에 회복불가능한 손해의 발생을 방지하기 위하여 내려지는 중지명령으로서, 'preliminary injunction'이라고도 한다.

31) 이는 본안심리 후 내려지는 중지명령이며 영구적일 필요가 없다는 점에서 영구적 중지명령보다는 사후 중지명령으로 표현하는 것이 더 적절하다 보이며, 이를 'final injunction'이라고도 한다.

32) 28 U.S.C. §1252 참조, 다만 일부 한국의 책에서는 이를 현재도 인정되는 제도로 설명하기도 하지만 폐지되었다는 사실을 간과하고 기술한 것으로 사료된다.

33) 이를 "사건이송명령"이라고도 부르기도 하고 "절차재심명령"이라고 부르기도 하며, 경우에 따라서는 '상고허가'로도 표현하는바, 본서에서는 위 세 가지 표현 중 첫 번째와 세 번째가 적절하다는 점에서 이를 주로 사용한다.

이 경우 연방대법원은 소송대상물, 당사자의 시민권 존부, 분쟁대상금액 등에 상관없이 연방고등법원에 허가장을 발부할 수 있다.

2) 연방고등법원의 판단요청서(certification)에 의하여 상고가 인정될 수 있다.[35] 이는 당사자에게 상고권이 인정되는 것이 아니라 연방고등법원에 인정되는 권한이라는 점에 특색이 있으며, 연방고등법원은 어느 때든지 민사사건이나 형사사건에 있어 연방대법원의 판단(instruction)이 요구되는 법적 문제에 대하여 요청할 수 있다. 이 경우의 요청서는 법률문제에 한정되어야 하고 그 문제는 명확하고 한정되어져야 한다. 만일 법적 쟁점이 광범위하여 사실상 사건 전체가 상고되는 효과를 가져오는 경우에는 연방대법원은 요청서를 기각할 수 있다. 한편, 이 경우 연방대법원은 연방고등법원의 판단요청에 대한 결정을 하기 위하여 기록 전체를 송부하도록 요구할 수 있다.

그 결과, 비록 법률은 연방대법원으로 하여금 연방고등법원이 요청한 법적 쟁점에 대한 판단요청에 대하여 의무적으로 심리를 하도록 하고 있으나, 연방대법원은 여러 근거를 이유로 하여 위 요청서가 부적절하다고 판단할 수 있으므로, 결과적으로 위의 요청서에 의한 상고권 역시 사실상 연방대법원의 재량행위의 대상에 해당한다고 볼 수 있다.[36]

끝으로, 연방대법원이 주 최고법원 사건에 있어서의 양 당사자의 상고신청에 대하여 허가(writ of certiorari)를 하는 경우이다.[37] 즉, 주 최고법원에서 선고된 최종판결에서 (i) 연방법률이나 조약의 유효성이 쟁점으로 된 경우, (ii) 주 법률의 유효성이 연방헌법, 조약, 연방법률에 저촉되어 쟁점으로 된 경우, (iii) 권리 등이 연방헌법, 조약, 연방법률 등에 터잡아 주장된 경우 연방대법원은 이러한 상고신청에 대하여 허가여부를 결정하게 된다.

(3) 상고허가절차(certiorari procedure)

허가여부를 결정하는 회의가 매주 열리며 "rule of four"[38]에 따라 허가여부가 결정된다. 연방대법원은 하급심의 잘못을 시정하는 역할이라기보다는 법률제

34) 28 U.S.C. §1254(1).
35) 28 U.S.C. §1254(2).
36) National Labor Relation Bd. v. White Swan Co., 313 U.S. 23 (1941).
37) 28 U.S.C. §1257.
38) 상고신청이 허가받기 위하여는 4명의 대법관의 동의가 필요하다는 의미이다.

도와 법에 대한 이해관계의 조정과 관심이 더 넓어지도록 하는 역할을 하는 것이라고 할 수 있다. 따라서, 연방대법원 규칙에서는 상고허가는 (i) 연방고등법원이나 주 대법원이 연방법 관련쟁점에 대하여 다른 연방고등법원이나 다른 주 대법원과 상충되는 판결하였을 때, (ii) 주 고등법원 또는 연방고등법원이 연방대법원에서 결정한 바가 없으나 결정해야 하는 중요한 연방법 관련쟁점을 결정한 때, (iii) 주 고등법원 또는 연방고등법원이 연방대법원의 관련결정과 상충되는 방법으로 중요한 연방법 관련쟁점을 결정한 때에만 인정되도록 하고 있다.[39]

일반적으로 상고허가신청을 약 6,000건 정도 받는데, 단지 약 130건인 2% 정도만 허가를 받고 있는 실정이다.[40]

(4) 단심적 재판권(original jurisdiction)

연방대법원은 단심의 재판권을 행사할 수 있는바, 이는 다시 전속적 재판권을 가지는지 여부로 나뉜다.

1) 전속적 재판권을 가지는 경우[41]

연방대법원은 두 개 이상의 주 사이의 모든 분쟁에 대하여 단심의 전속적 재판권(original and exclusive jurisdiction)을 가진다. 이러한 사건은 주로 강줄기의 변화로 인한 영토분쟁이 대부분을 차지하였으며, 최근에는 Ellis Island에 대한 몫을 놓고 뉴욕 주와 뉴저지 주가 분쟁한 바 있다.[42]

2) 전속적 재판권을 가지지 아니하는 경우[43]

연방대법원은 다음의 경우에 단심의 비전속적 재판권을 가진다.[44]

(i) 대사 공사, 영사 등이 당사자인 모든 사건

(ii) 연방과 주 사이의 모든 분쟁

---

39) 연방대법원 규칙 제10조.

40) 1996년의 경우 6,695건의 상고신청을 받고서 158건의 허가를 해준 바 있다.

41) 28 U.S.C. §1251(a).

42) New Jersey v. New York, 533 U.S. 1 (2001).

43) 28 U.S.C.A. §1251(b).

44) 이는 연방대법원이 전속적 재판권을 가지지 아니하여 연방지방법원(district court)에 재판권을 위임할 수 있다는 의미이다.

(iii) 한 주가 다른 주의 시민이나 외국인을 상대로 한 모든 소송

【참고】 영국의 법원조직

영국의 법원조직에 대하여 요약하면 다음과 같다[이주영, 재판자료 제66집(법원행정처), 제5면 내지 102면 참조].

1. **1심법원**
 (1) 민사법원
 - county court
 - magistrate's court
 - high court of justice[왕좌부(queen's bench division): 계약과 불법행위사건, 해사사건, 공식심판원(official referee's business) 사건 / 형평법부(chancery division): 형평법사건, 회사사건, 파산사건, 특허사건 / 가사부(family division): 가사사건]
 (2) 형사법원
 - county court / magistrate's court
 - 일반형사법원(crown court): 기소사건 / 검시관법원(cornoer's court) / 치안판사법원(magistrate's court)
 ※ magistrate's court: 사법부에 속하지 아니하고 내무부에 속하는 법원이나 판사는 대법원장이 임명함.
 ※ high court of justice: 이는 민사사건의 경우 1심의 기능을 하며 형사사건의 경우 약식사건에 대하여만 2심기능을 하는 특징을 가지고, 특히 court of appeals과의 구별이 필요하며 후자가 원칙적으로 2심법원의 기능을 가짐.

2. **2심법원**: 영국에 하나뿐이며, master of the rolls(기록장관)이 항소법원장이며 민사항소사건에 관여하고 왕좌부 수석판사와 27명의 항소법관이 재판에 관여하며, 경우에 따라서는 1심법원인 high court of justice의 가사부 부장과 형평부 부부장이 관여하기도 한다.
 (1) 민사법원:
 - court of appeals civil division

(2) 형사법원

- high court queen's bench division: 1심 약식기소사건
- court of appeals criminal division: 1심 정식기소사건

3. 3심법원

- house of lords(귀족원): 스코틀랜드의 형사사건 이외의 영국의 최고법원이며 11명의 law lords(법경)가 있으며 상고허가제도가 특징임.
- judicial committee of the privy council(추밀원사법위원회): 영국보호령, 일부 영연방국가 등 영국의 일반법원의 재판권이 미치지 아니하는 지역으로부터의 상고사건, 의사의 윤리관련사건, 교회사건에 대한 재판권을 가지는 왕에 대한 자문기관

※ 영국의 대법원장(lord chancellor)

사법, 행정, 입법의 기능이 결합되어 있음. 사법부의 장으로서 사법권을 행사하고(1심법원의 장이며, 2심법원의 장이자 구성원이며, 형평법부의 장임. 또한 1심일반법원 판사와 순회판사의 임명에 책임을 짐), 내각의 구성원(법률문제에 대한 내각의 수석고문임)으로서 행정의 기능을 가지고 다른 정부각료들과 같이 정부행위에 대한 연대책임을 지며, 의회인 상원의 의장임. 한편, 임기는 항상 정치적으로 좌우됨(다만, 2005년 헌법개혁법으로 인해 lord chief justice가 사법부의 장이고 사법행정은 법무장관인 lord chancellor가 맡는 2중구조가 되었음).

4. 기 타

- 행정심판소(administrative tribunals): 20세기 들어 각 분야별로 대법원장의 행정책임하에 60여 종의 행정심판소가 있음.
- 군법회의: court-martial(1심) → court-martial appeal court(2심) → house of lords(3심)

5 聯邦法院과 州法院의 裁判權[1)]

Ⅰ. 대물적 재판권(subject matter jurisdiction)

대물적 재판권이라 함은 특정 사건에 대하여 재판을 할 수 있는 법원의 권한을 의미한다. 이러한 대물적 재판권은 다음에서 살펴보는 대인적 재판권(personal jurisdiction) 내지 토지 재판권(territorial jurisdiction)과 구별된다. 즉, 대물적

1) 한국의 경우, 재판권이란 재판에 의하여 법적 쟁송을 처리하는 국가권력이고, 관할은 재판권의 존재를 전제로 하여 어느 법원이 심판할 것인가의 문제로서, 재판권 흠결의 경우에는 각하로 관할흠결의 경우에는 이송으로 처리된다고 하면서, “관할”을 영어로 “jurisdiction”이라고 표현하고 있으며(송상현, 민사소송법, 제74면 내지 제75면), 토지관할은 법원의 측면에서 본 것이고 재판적은 당사자와 소송물의 측면에서 본 것으로서 양자는 동일하다고 보기도 한다(송상현, 같은 책, 83면). 한편, 한국에 있는 일부 미국법 관련 서적에서도 이를 ‘관할' 내지 ‘재판관할권’이라는 개념을 사용하고 있다. 그런데, 미국법을 보면, “jurisdiction”은 “venue”와 구별되어져야 한다고 하면서, jurisdiction은 당해 사건에 대하여 심리하고 처리할 수 있는 법원의 권한에 관한 것으로서 특히 연방조직에 있어서는 州와 州間, 주와 연방법원 사이의 사법권 분배에 관한 헌법적 차원의 문제임에 반해, “venue”는 사건 처리에 대한 효율성 증진과 당사자와 증인에게 최적의 편리함을 제공하기 위한 입법적 고안이라고 하거나(Jack H. Friedenthal, civil procedure, p.10) jurisdiction과 venue의 가장 큰 차이는 venue는 부적절한 경우라도 당사자가 동의할 수 있음에 반해 jurisdiction은 법률의 규정이 없는 한 당사자의 동의의 대상이 아니라는 점이라고 보고 있는바, 그렇다면 jurisdiction은 “재판권”으로 venue는 “관할” 또는 “裁判籍”의 의미로 보는 것이 적절하다 할 수 있고 또한 미국의 주는 한국의 지방자치단체와 달리 하나의 국가라는 점을 고려한다면 더 쉽게 알 수 있을 것으로 사료된다. 따라서, 본서는 jurisdiction을 “재판권”으로 표현하고 있다.

재판권은 사건 형태(case type)에 기초한 법원의 권한을 제한하는 의미인 데 반해, 대인적 재판권은 지역적 위치(geographic location)를 근거로 하여 사람에 대한 법원의 권한을 제한한다는 점에서 구별된다 할 것이다.

당해 사건에서 대물적 재판권이 결여된 경우, 이는 포기 대상이 되지 못한다. 즉, 피고는 어느 때이든지 대물적 재판권의 흠결을 주장할 수 있으며, 재판이 선고된 뒤에도 마찬가지로 주장이 가능하다. 특히 당사자의 주장과 상관없이 법원은 직권으로 대물적 재판권의 존재여부를 판단할 수 있다.

1. 주법원의 대물적 재판권(state court subject matter jurisdiction)

이미 살펴본 바와 같이, 주의 권한은 연방헌법에 앞서 본래적으로 모든 주권을 가지고 있으며, 다만, 동의를 통하여 연방헌법에서 포기하는 권한만을 잃는다는 사실을 알고 있다. 이와 마찬가지로, 주 법원은 연방법에 의하여 제한되지 아니하는 한 모든 분쟁에 대하여 일반적이고 무제한의 대물적 재판권(general and unlimited subject matter jurisdiction)을 가지고 있다. 그 결과, 주법원은 모든 사건에 대하여 일반적인 재판권을 가지고 있음을 알 수 있다.

한편, 때로는 연방사건에 대하여 병존적 재판권(concurrent jurisdiction)이 발생하기도 한다. 이 경우 일반적으로 특허사건이나 antitrust 사건 등과 같은 연방법원에 전속적 재판권이 있는 경우를 제외하고서는 연방법원과 함께 주법원은 연방사건에 대한 심리를 할 수 있는 재판권을 가지고 있다. 다만, 이 경우 피고는 연방법원으로 당해 사건에 대한 이송(removal)을 신청할 수 있다.

2. 연방지방법원의 대물적 재판권(federal district court subject matter jurisdiction)

주법원의 대물적 재판권과 달리, 연방법원은 연방헌법과 법률에 의하여 인정되는 제한적 재판권(limited jurisdiction)의 법원이라 할 수 있다. 즉, 당해 사건이 연방사건이라면, 소송당사자는 법원이 대물적 재판권을 가지고 있는지를 확인하여야 한다. 이러한 연방법원이 대물적 재판권을 가지는 경우는 다음과 같이 분류될 수 있다.

(1) 다른 주 시민간 소송에 대한 재판권(diversity of citizenship jurisdiction)

연방법원은, 주 법원에서 발생될 수 있는 지역적 편견(local bias)으로부터 다른 주 당사자를 보호하기 위하여, 비록 분쟁대상이 연방법 관련사항이 아니라 하더라도, 다른 주의 시민들간의 분쟁에 대하여 연방헌법과 법률에 의하여 대물적 재판권을 가지고 있다.[2] 이러한 다른 주간 시민들간의 소송에 대한 재판권을 가지기 위하여는 (i) 다른 주 시민이라는 점(diversity of citizenship)과 (ii) 최소한의 분쟁대상 금액 충족(a minimum amount in controversy)이라는 두 가지 요건이 충족되어져야 한다.

1) 다른 주 시민 요건(diversity among the parties)

모든 원고들은 모든 피고들과 다른 주의 시민이어야 한다. 이를 "complete diversity"[3]라고 한다. 만약 한 명의 피고와 한 명의 원고가 같은 주의 시민인 경우에는 위 요건이 충족되지 아니하게 되는 것이다.[4] 한편, 이 요건은 같은 원고측이나 피고측 당사자들 사이에서는 요구되지 아니한다.

이러한 complete diversity에 대한 예외가 있다. Statutory Interpleader[5][6]는 각 당사자측 사이에 모두 다른 시민이 아닌 둘 이상의 다른 시민이면 diversity jurisdiction이 가능하며,[7] 이를 "minimal diversity"[8]라고 한다.

---

2) 28 U.S.C. §1332.

3) "완전한 다른 주 시민소송"으로 표현될 수 있다.

4) 예컨대, A, B, C가 X, Y, Z를 상대로 소송을 제기하였다고 하자. 여기서 A, B는 뉴욕 주 시민이고 X, Y는 미네소타 주 시민이며 C와 Z는 몬태나 주 시민인 경우, 이 사건은 diversity jurisdiction을 근거로 한 연방법원에 소송을 제기할 수 없다. 왜냐하면 C와 Z가 같은 주의 시민이므로 complete diversity요건을 충족하지 못하였기 때문이다.

5) 28 U.S.C.A. §1335.

6) 한편, 이와 달리 연방민사소송규칙에서도 제22조에 interpleader제도를 두고 있는데, 여기에서는 원고측과 피고측 사이에 complete diversity를 요구하는바, 이를 rule 22 interpleader라고 한다.

7) 미네소타 주 보험회사인 A는 X(미네소타 주 시민), Y(미네소타 주 시민), Z(위스콘신 주 시민)로부터 보험금을 지급하라는 요구를 받게 되자, 이 경우 A는 X, Y, Z를 상대로 하여 statutory interpleader 소송을 연방법원에 제기할 수 있다. 왜냐하면 A와 Z가 다른 주 시민이기 때문에 diversity jurisdiction을 충족하고 있기 때문이다. 이처럼 interpleader는 "의무자의 권리자 확인을 위한 공동소송"이라고 볼 수 있다. 즉, A가 B와 C 양측으로부터 각각 손해배상금이나 보험금 지급의 요구를 받은 경우, 어떤 당사자가 진정한 권리자인지를 확정하기 어려운 경우 A가 B와 C를 공동 피고로 하여 소송을 제기할 수 있도록 하는

또한, 원고와 피고 사이가 미국시민과 다른 국가의 국민인 외국인인 경우에도 연방법원에 소송제기가 가능한데, 이를 "alienage jurisdiction"이라고 한다. 그런데, 1988년에 U.S.C. §1332(a)가 개정되어 미국에 지속적으로 거주하는 외국인을 미국 시민으로 간주하게 되었는바, 그 결과 같은 주에 거주하는 미국시민과 지속적으로 거주하는 외국인은 alienage jurisdiction에 근거하여 연방법원에 소송을 제기할 수 없도록 하였다.[9)]

위와 같은 다른 주 시민 요건은 소 제기 시점에(when action is commenced) 존재하여야 한다. 따라서, 소 제기 이전이나 이후에 같은 주의 시민이 되었다 하더라도 아무런 문제가 되지 아니한다.

자연인에 대한 주의 시민인지 여부의 결정은 영구적 거주지인지(permanent home) 여부에 달려 있다 할 것이다. 즉, 이는 주소지(domicile)와 같은 개념이라 할 수 있다. 한편, 주 시민성은 (i) 현실적 존재와 (ii) 그 곳에 머물고자 하는 의도에 의해서도 인정될 수 있다. 대부분의 사건에서, 당사자의 시민성 존부는 법원에 의하여 결정되는데 경우에 따라서는 배심원이 결정하기도 한다.

회사의 시민성은 연방법률에 의해 정해진다. 즉, 회사는 회사가 설립된 주(every state of its incorporation)와 주요 사업장소인 주(the state of the principal place of business) 모두 시민성이 인정된다.

조합의 시민성에 대하여 살펴보면, 이는 회사와 같지 아니하고 구성원 개개인의 시민성을 기준으로 판단하게 된다.

Class action의 경우 대표자(named members)의 시민성을 기준으로 diversity jurisdiction 여부를 판단하게 된다.

미국에 거주하지 아니하는 미국시민(nonresident united states)의 경우 이들은 미국의 어느 주의 시민도 아니고 외국인도 아니다.

제도라 할 수 있다. 그리고 이 경우 A는 B나 C 둘 중 한 명만 다른 주 시민인 경우에는 연방법원에 diversity jurisdiction을 근거로 하여 소송을 제기할 수 있도록 하였고, 또한 송달범위를 미국 전역으로 하여 대인적 재판권(personal jurisdiction)의 제한을 두고 있지 아니하는 특징을 가지고 있다.

8) 이는 "최소한의 다른 주 시민간 소송"으로 표현될 수 있다.

9) Saadeh v. Farouki, 107 F.3d 52(D.C. Cir. 1997).

2) 소송금액(jurisdictional amount): $75,000 이상

diversity jurisdiction에 근거하여 연방법원에 제기된 소송은 소송금액을 충족시켜야 한다. 이러한 분쟁대상의 금액은 이자와 비용을 제외하고서 $75,000 이상이어야 한다. 이 금액은 원고의 소장을 기준으로 하여 결정된다. 즉, 피고가 원고의 청구금액이 최소 소송금액을 충족하지 못하였다는 내용의 법적 확실성을 제시하지 아니하는 한, 원고에 의하여 주장된 금액은 결정적 작용을 하게 되는데, 이를 "legal certainty test"라고 한다.

이러한 소송금액은 하나의 청구에 의해서만 판단되는지가 문제된다. 다음에서 보는 바와 같이 반드시 그럴 필요는 없다 할 것이다. 즉, 이 경우에는 병합된 청구금액이 기준이 된다.

(i) 한 명의 원고가 한 명의 피고를 상대로 한 원고의 모든 청구금액(비록, 각 청구가 관련이 없다 하더라도)

(ii) 한 명의 원고가 여러 명의 피고를 상대로 한 청구금액[다만, 이 경우의 모든 피고는 공동책임(joint liability)이 있어야 한다.]

(iii) 여러 명의 원고가 한 명의 피고를 상대로 한 청구금액[다만, 원고들이 당해 청구에서 공통되거나 분리되지 아니하는 소유권(a common or undivided interest)[10]을 가져야 한다.]

한편, 반소(counterclaim)가 있는 경우의 소송금액에 대한 판단에 대하여 살펴보면 다음과 같다.

원칙적으로, 피고의 반소는 원고의 청구금액와 합산되지 아니하므로, 원고의 청구금액이 $75,000 이상이 아니면 반소가 $75,000 이상이라고 하더라도 diversity jurisdiction을 근거로 하여 연방법원에 청구할 수 없다.

다음으로, 반소에는 필요적 반소(compulsory counterclaim)[11]와 임의적 반소(permissive counterclaim)[12]가 있는데, 필요적 반소의 경우에는 원고의 청구가

---

10) 한국의 '공유'나 '합유'와 같이 볼 수 있을 것이다.

11) 이는 원고의 청구와 그 기초사실이 동일한 계약이나 사고에 대하여 제기하는 반소(arising out of the same transaction or occurrence)를 말하는데, 특징적인 것은 한국법의 경우 반소는 필요적이지 아니하고 단지 소송경제적 이유에 의하여 별소의 제기를 할 수 있음에도 계속 중인 소송절차를 이용하여 제기할 수 있는 청구형태임에 반해, 미국법에서 필요적 반소는 피고가 원칙적으로 반소를 제기하여야 하고 나중에 별소를 제기할 수는 없다는 점에 본질적 차이가 있다.

12) 이는 원고의 청구와 관련 없는 계약 내지 거래로부터 제기된 반소(arising out of an

diversity jurisdiction을 충족하고 있는 경우 반소에 대하여는 청구금액이 $75,000 이상이 되지 아니한다 하더라도 반소를 연방법원에 제기할 수 있으나, 임의적 반소의 경우에는 원고의 청구금액이 $75,000 이상이라고 하더라도 반소 자체가 $75,000 이상이어야 연방법원에 반소청구를 할 수 있다.

3) Diversity jurisdiction의 예외

역사적인 이유로 인해, 비록 diversity jurisdiction이 충족된다 하더라도, 연방법원은 가사문제(domestic relations)와 상속소송(probate action)에 대하여는 재판권을 행사하지 아니하고 있다.

(2) 연방문제에 대한 재판권(federal question jurisdiction)

헌법 제3장 제조는 연방헌법, 연방법률, 조약 등에 근거하여 제기된("arising under") 사건에 대하여 연방법원이 재판권을 가진다고 규정하고 있다.[13] 그런데 연방법에 근거하여 제기된 사건이 무엇인지를 명확하게 말하기는 쉽지 않다고 할 수 있다.

이에 대하여는 만일 원고가 연방법에 실질적으로 근거를 둔 권리나 이익을 주장한다면 당해 사건이 연방법에 근거하여 제기된 것으로 일반적으로 보고 있으며, 여기서의 연방법에는 연방헌법, 연방법률, 조약, 연방행정규칙 등이 해당된다.

이러한 연방문제는 무엇보다 원고의 소장에서 청구의 원인(cause of action)의 한 부분으로 잘 표현되어져야 한다. 이를 "잘 주장된 소장의 원칙(well-pleaded complaint rule)"이라고 한다.

따라서 때로는 소장에서 어떠한 주장이 적절한지 여부와 연방요소가 원고의 사건에 필수적인지 여부에 대한 결정이 필요하다 할 것이다. 이와 관련하여, 피고의 답변서는 연방문제인지 여부에 대하여 영향을 미치지 못한다. 마찬가지로, 피고의 반소에 의하여 주장된 원고의 청구가 연방문제에 대한 것이 아니라는 주장에 대하여 주의를 기울일 필요가 없다.[14]

또한, 원고가 소장에서 피고의 항변을 예상하고서[15] 연방문제를 표현한

---

unrelated transaction)를 말하는데, 한국법의 반소와 같이 나중에 별소로도 제기할 수 있다.

13) 28 U.S.C. §1331에서도 규정하고 있다.

14) Homes Group, Inc v. Vornado Air Circulation System, Inc., 535 U.S. 826 (2002).

경우에는 연방문제가 있다고 인정되지 아니한다.

이와 같이 연방문제에 대한 재판권을 연방법원에 인정하는 이유는 연방법원이 연방법에 대하여 주법원보다도 더 일관적이고 더 공감되는 해석을 할 것이라는 믿음 때문이었던 것이다.16) 그런데, 주법원도, 당사자가 주법원에서 재판 받기를 원하면, 모든 연방문제와 관련된 사건에 대한 병존적 재판권(concurrent jurisdiction)을 가지고 있다.

그러나, 다음의 경우에는 연방법원이 연방문제에 대하여 전속적인 재판권(exclusive jurisdiction)을 가지고 있다.

---

15) 이를 "anticipation of a defense"라고 한다. 이 문제에 대한 대표적인 사건은 1908년에 나온 Louisville & Nashville Railroad v. Mottley 211 U.S. 149 (1908) 사건으로서, Mottley는 철도회사가 그에게 종신무료승차권을 주기로 하는 계약을 맺었다고 주장하면서 그 계약에 기한 위 승차권청구소송을 연방법원에 제기하였다. 그는 소장에서, "철도회사는 연방법이 무료승차권의 교부를 금하고 있다고 주장하지만 이 법은 자기에게 적용되지 않을 뿐 아니라 그 법 자체가 헌법위반이다"라고 주장하였다. 이에 대하여 연방대법원은 이 사건이 연방문제에 대한 재판권에 속하지 않는다고 판시하면서, 그 이유로서 연방법률과 관련된 원고의 주장이 계약위반임을 기초로 한 원고의 청구에 필수적이지 아니하고 오히려 이러한 원고의 주장은 단지 철도회사가 주장하거나 증명할 것으로 예상되는 항변을 기재한 것에 불과하기 때문이라고 판시하였다.

16) 이와 관련하여, 연방문제에 대한 재판권의 연혁에 대하여 다음과 같이 자세하게 기술하기도 한다.

"원래 연방법원과 주법원의 관계에 대한 전통적인 관념은 상호대체성과 동등성이 있다. 즉 주법원도 연방법원만큼이나 연방법을 잘 적용하리라는 믿음이 지배하였던 것이다. 그러나 시민전쟁 이후 이러한 생각에 변화가 발생되기 시작하였다. 즉, 연방의회는 연방에 의해 만들어진 법이나 제도가 주에 의해서는 의도된 만큼 보호되지 않으리라는 점과 주정부의 관리들이 종종 이에 대해서 적대감을 갖는다고 믿게 되었는데, 그러던 중 발발한 시민전쟁은 이러한 생각에 불을 당겨 1875년부터 연방문제에 관한 사건은 연방법원이 재판권을 갖게끔 하도록 하였던 것이다. 또한 이러한 제도변화의 저변에는 연방법원 판사들이 연방법에 대해서는 전문가들이며, 연방법원이 연방문제를 다룸으로써 연방법에 관한 통일적인 법해석이 가능하다는 점, 주법원 판사들도 연방법원 판사들과 같이 연방헌법을 충실히 지킬 것을 서약하나 그들이 연방법원 판사들과 같은 노력과 생각을 가지고 연방법을 해석하리라고는 믿기 어려운 점, 연방법원 판사들은 선거에 의해서 선출되는 주법원 판사들과는 달리 종신제의 보호를 받기 때문에 독립성이 보장된다는 점 등이 고려되었던 것이다. 물론 이에 대해서는 어떻게 주법원이 연방법에 정통하지 않고 이에 대해 비호의적인 입장을 가졌다고 단정할 수 있느냐는 반론이 제기될 수 있으나, 적어도 연방문제는 연방법원에 맡기는 것이 주법원에 맡기는 것보다는 연방법 보호나 기타문제해결에 도움이 된다고 보아 이를 연방법원의 재판권으로 한 것이었다."(Yeazell, civil procedure, 213면 내지 217면).

(i) 해사사건, (ii) 파산사건, (iii) 특허사건, (iv) 유가증권관련 청구사건, (v) 연방형사사건, (vi) 독점금지 소송 등이 이에 해당한다.

(3) 부대소송[17)]적 재판권 또는 보충적 재판권(supplement jurisdiction)

보충적 재판권은 원래 판례법에 의하여 만들어졌고 이후 법률에 의하여 수용된 재판권의 형태라고 할 수 있다.

보충적 재판권은 원래 독립적으로 소송이 제기되는 경우 대물적 재판권을 가지지 아니하여 연방지방법원의 재판권 내에 포함되지 아니하는 사건까지 연방적 재판권(federal jurisdiction)을 미치게 하는 것이라 할 것이다.

보충적 재판권은 United Mine Workers v. Gibbs, 383 U.S. 715 (1966) 사건이 leading case라고 할 수 있고, 이는 이후 28 U.S.C. §1367에 규정되어졌다. 이 법률에 규정되기 전에는 보충적 재판권(supplemental jurisdiction)은 pendent jurisdiction과 ancillary jurisdiction의 형태를 띠고 있었다.

다음에서는 위 두 가지의 재판권에 대하여 각각 살펴보기로 한다.

1) 원고가 아닌 당사자에 의하여(a party other than the plaintiff) 주장된 청구에 대하여 인정되는 연방적 재판권: 종속적 재판권(ancillary jurisdiction)

다른 청구가 연방문제에 대한 재판권(federal question jurisdiction)이나 다른 주 시민간 소송(diversity jurisdiction)에 해당하지 아니하는 경우에도, 이러한 다른 청구가 연방법원의 재판권이 인정되는 계속중에 있는 기본 소송(underlying suit)과 함께 재판을 받게 되는 경우가 있다. 이를 "ancillary jurisdiction"이라고 한다.

즉, (i) 만일 기본소송과 다른 청구가 같은 계약이나 사건에 터잡고 있고 (arising from the same transaction or occurrence), (ii) 원고가 아닌 당사자에 의하여 주장되는 경우라면, 법원은 ancillary jurisdiction 원칙에 따라서 다른 청구를 받

---

17) 한국의 경우, 민사소송에는 부대항소와 부대상고가 있는데 이들은 상소권이 없는 피상소인이 상소인의 상소에 의하여 개시된 소송절차에 부대하여 원판결에 대한 불복을 신청하여 상소심의 심판범위를 자기에게 유리하게 확장하는 피상소인의 신청을 말하며, 형사소송에서는 피고인에게 피고사건의 범죄행위로 인하여 발생한 손해의 배상을 명하는 절차인 배상명령을 부대소송이라고 하는바, 이와 같이 한국법에서의 민사소송과 형사소송에서 말하는 부대소송은 미국법의 부대소송적 재판권과는 그 개념을 달리한다. 다만, "supplemental"의 개념과 관련하여 "附帶" 또는 "보충"의 개념이 가장 적합하기에 이를 부대소송적 또는 보충적 재판권이라고 부르기로 한다.

아들일 수 있다.

여기에는 compulsory counterclaim(필요적 반소), third-party practice-impleader (피고의 제3자 상대 면책소송), cross-claim(피고간 소송), compulsory intervention(필요적 소송참가), necessary parties(필요적 공동소송)가 해당한다.

2) 원고에 의한 비연방청구사건(nonfederal claims)에 대하여 인정되는 연방적 재판권: 추가적 재판권(pendent jurisdiction)

이는 충분한 연방적 재판권에 해당되는 연방사건을 청구한 원고가 같은 피고(same defendant)를 상대로 하여 연방적 재판권에 해당되지 아니하는 같은 사건(same event)에서 발생된 관련청구(related claim)를 병합시킬 수 있는 경우를 말한다. 즉, 추가적 재판권은 같은 사실관계에 기초하여[18] 발생된 연방문제관련 사건에 대하여 인정되는 재판권을 말한다.

예컨대, 원고가 피고에 대하여 연방노동법위반과 州불법행위법 위반을 이유로 연방법원에 청구하는 경우 연방법청구와 주법청구가 같은 피고에 의하여 발생된 같은 결과물이라는 점에서, 비록 원고가 연방법 위반을 입증하지 못한 재판 후 결정한다 하더라도, 연방법원은 원고의 주법청구에 대하여 판결할 수 있다 할 수 있다.[19]

3) 보충적 재판권 규정

1990년에 들어, 의회는 위 두 가지 재판권을 supplemental jurisdiction이라고 하여 법률로 제정하였다.

위 법에 의하면, 민사사건에 대하여 연방적 재판권을 가지는 연방법원은 헌법 제3장에 따라 같은 사건 또는 분쟁을 이루는 연방적 재판권이 있는 사건과 관련된 다른 모든 청구에 대하여 보충적 재판권을 가진다.[20] 이를 자세히 살펴보면 다음과 같다.

연방문제에 대한 사건에 있어, (ⅰ) 연방문제에 대한 쟁점이 연방적 재판권에 해당하여야 하고, (ⅱ) 연방청구와 非연방청구가 같은 사실관계로부터 비롯되어야 하며, (ⅲ) 이러한 연방청구와 非연방청구가 하나의 절차에서 재판이

18) "arising from the same nucleus of operative fact."

19) United Mine Workers v. Gibbs, 383 U.S. 715 (1966).

20) 28 U.S.C. §1367(a).

이루어지는 경우, 보충적 재판권이 인정될 수 있다.

다른 주 시민간 소송사건(diversity cases)의 경우, complete diversity가 아닌 minimal diversity만 되어도 가능하며 이는 원고가 아닌 당사자에 대해서만 인정된다.[21)]

한편, 이러한 보충적 재판권에 대한 인정여부는 법원의 재량사항이라 할 것이다. 즉, (i) 보충되는 청구가 주법에 대하여 복잡하거나 특이한 쟁점을 제기하는 경우, (ii) 보충되는 청구가 연방적 재판권이 있는 원래의 청구보다도 더 중요한 경우, (iii) 원래의 청구가 모두 기각된 경우, (iv) 기각하는 것이 상당한 특별한 사정이 있는 경우에는 보충적 재판권 행사를 거절할 수 있다.

3. 이 송(Removal)[22)]

이송은 원고가 주법원에 소송을 제기한 경우 피고에게 주법원으로부터 연방법원으로 사건의 이전을 요청할 수 있도록 하는 제도이다. 즉, 재판권관련 법률은 원고에게 연방법원 재판권과 주법원 재판권이 모두 인정되는 경우 원고에게 연방법원에 제소할 것인지 여부에 대한 선택권을 부여하고 있으며, 이에 대해 피고는 이송을 통해 연방법원에서 재판을 받을 수 있도록 한 것이다. 다시 말하자면, 대물적 재판권이 주법원과 연방법원에 모두 인정될 수 있는 경우, 최초의 법원선택은 원고에 의하여 이루어지지만, 피고 역시 이송절차를 통해서 연방법원을 선택할 수 있는 것이다. 이 경우 이송되는 연방법원은 소송이 계속중인 주법원이 있는 연방법원이다.[23)]

우선, 연방문제와 관련하여 보면, 원고가 주법원에 제출한 소장이 연방문제를 포함하고 있는 경우에는 피고는 이송을 신청할 수 있다. 이 경우 앞서 본 well-pleaded complaint rule이 적용된다. 또한 이 경우에는 다음의 diversity jurisdiction과 달리 피고의 주소지는 아무런 상관이 없다.[24)]

다음으로, diversity cases에 대하여 보면, 원고가 diversity jurisdiction에 근거하여 원래 연방법원에 제소할 수 있었던 경우, 피고는 역시 이 사건을 연방법

---

21) 28 U.S.C. §1367(b).

22) 28 U.S.C. §1441.

23) "the district and division embracing the place where such action is pending."

24) 28 U.S.C. §1441(b).

원으로의 이송을 신청할 수 있다. 이 경우 complete diversity 요건이 충족되어져야 한다.

그런데, 만약 피고가 소제기된 주의 시민인 경우에는 이송이 인정되지 아니한다.[25] 이는 앞에서 본 바와 같이, diversity jurisdiction이 지역적 편견을 없애기 위한 보호장치로서 만들어진 것이기 때문에 같은 주의 시민들간의 소송에서는 굳이 연방법원으로의 이송을 인정할 필요가 없기 때문이다. 또한 소송금액 역시 충족되어져야 한다.

또한 one year rule이 diversity jurisdiction에는 적용되어, 사건이 주법원에서 1년 이상 진행된 경우에는 이송될 수 없다 할 것이다.[26]

한편, 분리되고 독립된 연방적 재판권이 있는 청구[27]가 비연방적 청구와 함께 제소되어 있는 경우, 피고는 연방청구부분과 비연방청구부분 모두를 연방법원으로 이송을 신청할 수 있다. 여기서의 연방청구는 1990년 이전에는 diversity 사건도 포함하였으나 위 시점 이후로 법을 개정하여 연방문제(federal question)만이 이에 해당하는 것으로 제한하였다.[28]

이송은 앞에서 본 바와 같이 피고에게만 인정되며 다수의 피고가 있는 경우에는 모든 피고가 원칙적으로 함께 이송신청을 하여야 한다. 이 경우 피고는 원칙적으로 송달받은 후 30일 이내에 이송을 신청하여야 한다.

이송신청이 이루어지고 송달되면 그 즉시 이송이 된 것으로 간주된다. 이후 당해 주 법원은 당해 사건에 대한 재판을 할 수 없게 된다.

한편, 연방법원이 전속적 재판권을 가지는 사건에 있어 주법원에 소송이 제기되어 대물적 재판권의 흠결이 생겼다 하더라도 피고는 연방법원에 이송을 신청할 수 있다. 예컨대, 독점금지법 위반 사건을 원고가 주법원에 제소한 경우 피고는 이를 연방법원으로 이송을 신청할 수 있는 것이다.

끝으로, 부적절한 이송이 이루어지면 이는 어떻게 되는가. 이 경우 원고는 이송된 당해 사건을 다시금 주법원으로의 환송(Remand)을 명하는 신청을 할 수 있다. 이는 대물적 재판권의 경우에는 언제든지 가능하지만 그 외의 이송하자에 대하여는 이송 후 30일 이내에 신청하여야 한다. 연방법원은 연방재판권이

25) 28 U.S.C. §1441(b).

26) 28 U.S.C. §1446(b).

27) "separate and independent federal claim."

28) 28 U.S.C. §1441(c).

없는 것으로 밝혀지면 주법원으로 이송된 당해 사건을 환송하여야 한다. 만일 연방법원이 이송시점에 재판권 흠결이 있었음에도 실수로 환송을 하지 아니하였고 재판 전에 하자가 치유된 경우[29]에는, 환송을 하지 아니하였다 하여 연방판결이 무효로 되지 아니한다.[30] 또한 환송명령에 대한 상소는 일반적으로 허용되지 아니한다.

Ⅱ. 지역적 재판권(territorial jurisdiction) 또는 대인적 재판권 (personal jurisdiction)[31]

1. 개 요

대인적 재판권은 personal jurisdiction이라고도 하고 territorial jurisdiction[32]이라고 하기도 한다. 이는 사건을 심리하고 판결을 강제할 수 있는 권한을 말한다. 즉, 특정 피고나 특정 재산에 대하여 권한을 행사할 수 있는 대물적 재판권을 가진 법원의 권한을 말한다고 할 수 있다.

이러한 지역적 재판권은 보통 소송이 제기된 주의 영역과 관련된 피고의 관련성에 바탕을 두고 있다.

지역적 재판권에 대한 제한은 주 법에 의한 제한과 연방헌법에 의한 제한으로 나뉜다. 우선, 주법에 의한 제한을 살펴보면, 주법에서 당해 법원이 당사자에 대하여 재판권을 행사하도록 하고 있는지 여부를 검토하여야 한다. 다음

29) the defect is cured before final judgment is entered.

30) Caterpillar, Inc. v. Lewis, 519 U.S. 61 (1996).

31) 미국 민사소송법 중 가장 복잡하고 체계가 다양한 부분이 바로 personal jurisdiction이라고 할 수 있는데, 이는 보는 관점에 따라 그 기술방법이 달라질 수 있기 때문인 것으로 보인다. 이와 함께 문제되는 것이 venue인데 이 venue의 위치에 대하여 일부는 subject matter jurisdiction으로 일부는 personal jurisdiction으로 기술하고 있다(본서는 venue를 personal jurisdiction에서 기술하고 있는데 이에 대하여는 해당부분에서 그 이유를 설명하고 있으니 참고하면 될 것이다). 이처럼 personal jurisdiction에 대하여는 기술하기가 쉽지 아니한데 본서의 경우 이해의 편의를 위해 연대기적으로 기술을 하고자 한다. 다만, 이에 대하여는 보는 관점에 따라 이론이 제기될 수 있으나 이는 미국에서도 발생되고 있는 현상임을 밝혀둔다.

32) Restatement second of judgments 55(1982)에서 사용되었다.

으로, 이러한 재판권이 주법에 의하여 인정된다 하더라도, 연방헌법의 제한 내에 있어야 한다. 즉, 피고는 공정하고 합리적인 재판권의 행사가 이루어질 수 있는 재판정이 있는 주(forum state)와 연관(contacts)이 있어야 한다. 또한 피고는 적절한 소송고지를 받아야 하며 심리의 기회가 주어져야만 한다.

2. 지역적 재판권의 종류

(1) 대인적 재판권(in personam jurisdiction)

이는 재판적(forum)이 특정 피고에 대한 권한을 가지는 경우 인정된다. 이러한 사건에 있어 법원은 피고에 대하여 손해배상판결을 할 수 있으며, 이러한 판결은 피고에 대하여 개인적 의무를 창설하며, 모든 다른 주에 대하여도 같은 효력이 인정된다.[33)]

(2) 토지 재판권(in rem jurisdiction)

이는 법원이 특정 재산과 관련된 모든 사람들의 권리를 심판할 수 있는 권한이 있을 때 인정된다. 특히 이러한 재산은 부동산(real property)이 주 대상이라 할 수 있다. 이러한 재판권은 당해 재산이 위치해 있는 장소에 제한된다. 이는 재산몰수(forfeiture of property to the state), 토지수용(condemnation) 등에 대한 소송과 관련하여 인정된다.

즉, 이러한 재판권에 의하여, 원고는 청구대상인 피고 재산의 소유권과 같은 이익에 대한 만족을 얻기 위하기 피고의 재산을 압류할 수 있는 것이다.

(3) 준토지 재판권(quasi in rem jurisdiction) 또는 압류적 재판권(attachment jurisdiction)

이는 법원이 특정 개인이 특정 재산을 소유하였는지 여부를 법원의 통제하에 결정을 할 권한을 가졌을 때 인정된다. 이는 in rem jurisdiction과 달리 재산과 관련된 모든 사람의 권리를 법원이 결정할 수 없다. 이에 대한 예로는 특정 토지에 대한 계약의 이행(specific performance)을 위한 소송을 들 수 있다.

한편, 재판적에 있는 피고의 재산의 존재에 기초한 소유권 이외의 분쟁을

---

33) 이를 “full faith and credit”라고 한다.

법원은 심판할 수 있다. 즉, 피고에 대하여는 지역적 재판권은 없으나 피고에 속하는 재산에 대하여는 재판권을 가지는 경우를 말한다. 이러한 재산은 원고에 의하여 압류될 수 있으며 원고가 승소를 하는 경우 이를 통해 만족할 수도 있다.

즉, 이러한 재판권에 의하여, 원고는 원고가 피고에 대하여 가지고 있었던 이전의 개인적 청구(prior personal claim)를 만족시키기 위하여 피고의 재산을 압류할 수 있는 것이다.

3. 전통적인 기준

Pennoyer v. Neff 사건은 지역적 재판권에 관한 가장 중요한 첫 번째 사건이라 할 수 있다. 위 Pennoyer 사건이 common law 법리의 기본이 되었기 때문이다. 또한, Pennoyer 사건으로 인하여 지역적 재판권에 대한 요건이 헌법화되었다. 연방대법원은 Pennoyer 사건에서 헌법 규정인 수정헌법 제14조의 due process 조항과 제4장의 full faith and credit 조항이 사람이나 재산에 대한 법원의 재판권행사를 제한한다고 판시하였다.

이와 같이 지역적 재판권의 기원이 된 Pennoyer v. Neff[34] 사건에 대하여 보면 다음과 같다.

우선, 위 사건의 사실관계를 보면, 연방대법원에 이르기까지 세 번의 절차가 진행되었다.

첫 번째 절차는 대인적 재판권(personam jurisdiction)에 대한 것이었다. 변호사인 Mitchell이 오리건 주 법원에 Neff를 상대로 하여 변호사비용청구소송을 제기하였다. Neff는 오리건 주의 시민이 아니며 또한 오리건 주에 거주하지도 아니하여 송달도 받지 못한 상태에서, 소송에 출석하지 아니하였다. 송달절차(service of process)는 지방 신문에 공고되는 형식으로 이루어졌다.[35] Neff는 소장에 대하여 답변하지 아니하였고 그 결과 궐석재판이 이루어졌으며 원고인 Mitchell이 승소하였다.

두 번째 절차는 준대물적 재판권(quasi in rem jurisdiction)에 대한 것이었다.

---

34) 95 U.S. 714 (1877).

35) 한국의 민사소송법에서는 공시송달이 이와 유사하지만, 그 방법이 '신문'이 아닌 '법원게시장'이라는 점에서 차이가 있다.

Mitchell이 승소판결을 받긴 하였으나 Neff로부터 확정금액을 받지 못하였다. 이에 Mitchell은 Neff로부터 금원을 받기 위하여 오리건 주 집행관(sheriff)으로 하여금 오리건 주에 있는 Neff의 재산을 매매하도록 하는 집행장(a writ of execution)을 발부받았다. 그에 따라 Pennoyer가 집행관으로부터 Neff의 위 재산을 매입함으로써 소유권을 취득하게 되었다.

세 번째 절차는 대물적 재판권(in rem jurisdiction)에 대한 것이었다. Neff(P)는 Pennoyer(D)를 상대로 자신이 위 재산에 대한 정당한 소유자라고 주장하면서 diversity jurisdiction에 근거하여 연방법원에 제소하였다. 연방지방법원 및 고등법원은 준대물적 재판권에 기초하여 진행된 절차에 있어서의 진술조서(affidavit)에 하자가 있었다고 판시하면서 원고(Neff) 승소판결을 하였다. 이에 Pennoyer(D)가 연방대법원에 상소를 하게 되었다.

위 사건에 대한 쟁점은 첫 사건인 Mitchell v. Neff 절차에서 오리건 주 법원이 Neff에 대하여 유효한 지역적 재판권(personal jurisdiction)을 가지고 있는지 여부라 할 것이다.

이에 대하여 연방대법원은 (ⅰ) 지역적 재판권에 대한 common law 법리는 두 가지 요건을 요구하고 있는데, 하나는 거주자이든 비거주자이든 모든 피고들은 직접적으로(personally) 송달을 받아야 하며, 다른 하나는 비거주자인 피고는 송달이 이루어진 때에 裁判籍 내에 현실적으로 있어야 한다고 하면서,[36] 이 사건에서 피고인 Neff는 직접적으로 송달받은 바 없고 또한 송달이 이루어진 시점에 현실적으로 오리건 주에 있지 아니하였으며, (ⅱ) 또한 주법원의 준대물적 재판권의 행사는 재산에 대한 압류가 이루어진 상태에서 발생되어야 함[37]에도 불구하고, 이 사건에서는 Neff의 재산에 대한 압류가 이루어진 바가 없으므로 이 역시 무효라고 판시하면서, 원심을 유지하는 판결을 하였다.

요컨대, 연방대법원은 피고가 주 내에서 송달을 받은 경우에는 당해 제소된 주의 법원이 재판권을 행사할 수 있다고 본 것이다.

이러한 지역적 재판권의 판단기준에 대한 위 사건의 기준인 주 내의 송달이 가능한 피고에(defendant who was served within the state) 대하여만 재판권이 인

36) 이는 "모든 주는 당해 주 내의 사람이나 재산에 대하여 전속적 내지 배타적인 재판권과 주권을 가진다."는 원칙에서 비롯된 것이라 할 수 있다.

37) 압류(seizure or attachment) 등은 대물적(in rem) 또는 준대물적(quasi in rem) 재판권의 전제요건이라 할 수 있다.

정된다고 판결한 이후, 연방대법원은 다음의 현대적 판단기준이 제시되기 전까지 송달과 관계없이(regardless of where defendant was served) 피고의 동의(consent)나 주 내에 주소(domicile)를 가지고 있는 피고에 대해서까지 재판권을 인정하였다.

요컨대, 지역적 재판권에 대한 전통적 기준은 현재지(presence), 주소(residence), 동의(consent) 등의 존재라고 할 수 있는데, 이러한 전통적 기준은 다음의 International Shoe 판결에 의하여 변경되게 된다.

4. 지역적(territorial) 또는 대인적 재판권(personal jurisdiction)의 현대적 양상

(1) 대인적 재판권 판단기준의 재정립

현대에 들어 다음에서 살펴보는 바와 같이 지역적 재판권의 기준이 "Pennoyer's border test"에서 "fairness test"로 그 기준이 변경되고 있다. 즉, 수정헌법 제14조의 due process조항에 근거하여 "fair play and substantial justice"가 지역적 재판권의 존부를 판단하는 기준이 되고 있는 것이다.

위 fairness test는 "minimum contacts"와 "reasonableness 혹은 fairness test"라는 요소를 내용으로 하고 있다.

이러한 fairness test는 International Shoe Co. v. Washington, 326 U.S. 310 (1945) 사건에서 확립되었다.

International Shoe사건의 사실관계는 다음과 같다.

워싱턴 주(P)가 International Shoe 회사(D)를 상대로 미지급된 기부금 청구소송을 제기하였는데, 피고 International Shoe 회사는 델라웨어 주에서 설립되었으며 미주리 주에 본사가 있는 신발 등의 제조와 판매를 하는 회사였다. 이러한 International Shoe 회사는 워싱턴 주에 사무실을 두지 아니하였고, 단지 약 12명의 판매원을 주문을 유치하기 위하여 고용했으나, 이들에게는 계약체결권이나 물건 구매권한이 전혀 없었다. 위 판매원은 단지 주문서를 미주리 주의 회사 사무실로 보냈으며, 회사는 워싱턴 주 밖에서 매수인에게 주문물건을 보냈다.

이에 대하여 워싱턴 주의 대법원은 피고 회사의 워싱턴 주 내에서의 일상적이고 조직적인(the regular and systematic) 주문 유치는 사업을 한 것("doing business")으로 보기에 충분하므로, 피고는 워싱턴 주 법원에서 재판을 받을 수 있다고 판시하면서 원고 승소 판결을 하였다. 이에 대해 International Shoe 회사는 워싱턴 주에 현재("presence")하지 아니한다는 점을 주장하면서 연방대법원에 상소하였다.

이 사건에서는 수정헌법 제14조에 의하여 워싱턴 주 법원이 피고의 주 내 활동에 기초하여 피고에 대한 지역적 재판권을 행사하는 것이 허용되는지가 쟁점이라 할 수 있다.

이에 대하여 연방대법원은 (ⅰ) 수정헌법 제14조의 due process에 의하면, 법원은 피고와 재판적(forum) 사이에 최소한의 접촉("minimum contacts")이 있는 경우에만 지역적 재판권을 행사할 수 있는데, 이 사건의 경우 피고는 systematic and continuous하게 사업을 하였다는 점에서 minimum contacts가 인정되고, 그 결과 피고가 워싱턴 주에서 "doing business"를 하고 있었다고 볼 수 있으므로 워싱턴 주에 현재하였다(present)고 할 수 있고, (ⅱ) 따라서, 워싱턴 주 법원의 피고에 대한 지역적 재판권행사는 공정(fair)하기 때문에, 공정한 집행과 실질적 정의의 관념("fair play and substantial justice")을 침해한다고 볼 수 없다는 취지로 판시하면서, 원고 승소판결을 확정하였다.

위 International Shoe 사건을 통해 지역적 재판권의 판단기준이 "Pennoyer's border test"에서 "fairness test"로 그 기준이 변경되었음을 알 수 있다. 즉, 기존의 "presence"와 "consent"라는 기준과는 전혀 다른 "minimum contacts"와 "fairness"라는 기준으로 지역적 또는 대인적 재판권의 존부를 판단한 것이다.

이러한 기준 중 "minimum contacts"의 판단요소는 이후 여러 판례를 통해 "purposeful availment"와 "foreseeability"로 구체화되어졌으며, "reasonableness"의 판단요소로는 relatedness of claim contact, convenience, forum state's interest 등이 판례를 통해 제시되어졌다.

한편, International Shoe 사건은 회사에 대한 지역적 재판권에 대한 새로운 기준 제시하는 역할을 하였으나 개인에 대한 지역적 재판권에 관한 적용가능성 여부는 논의하지 아니하였으며, 또한 대물적 재판권(in rem jurisdiction)에 대하여도 아무런 언급이 없었으나, 이는 다음에서 보는 바와 같이 Shaffer 판결을 통해 그 기준이 재정립되어졌다.

(2) 관련성 또는 접촉성 판단요소 Ⅰ: 목적적 활동(purposeful availment)

앞에서 살펴본 바와 같이, International Shoe 판결은 "minimum contacts"가 구체적으로 어떤 경우에 충족되는지에 대하여 제시하지 아니한 아쉬움을 남겼다고 할 수 있다.

이와 관련하여 International Shoe 판결에서 말하는 "minimum contacts"에서 말하는 "quality and nature"가 구체화되는 판결이 등장하게 되었는데, 그 판결이 바로 Hanson v. Denckla, 357 U.S. 235 (1958) 판결이다.

이 사건의 사실관계는, A가 델라웨어 주에서 신탁계약을 체결한 후 몇 년 뒤 플로리다 주로 이사를 하였고 이후 그 곳에서 사망하였는데, A의 가족 중 한 명이 델라웨어 주에서 체결된 신탁계약의 유효성에 대하여 이의를 제기하면서 플로리다 주 법원에 소송을 제기한 사건이다.

여기서의 문제는 플로리다 주 법원이 델라웨어 주 신탁회사에 대하여 재판권을 가지는지 여부이다.

연방대법원은 델라웨어의 신탁회사가 플로리다 주와 어떠한 목적적 접촉이 없었기 때문에 minimal contacts가 있었다고 볼 수 없다는 점에서 플로리다 주 법원이 델라웨어 주 신탁회사에 대하여 재판권을 행사하는 것은 헌법적으로 유효하지 아니하다고 판시하면서, 플로리다 주 법원은 재판권이 없다고 판결하였다.

특히 위 판결은 International Shoe 판결에서 말하는 "minimum contacts"는 피고의 행위 내지 영업의 성질이나 본질에 따라 변할 수 있으나, 피고가 제소된 주 내에서 목적적으로 영업의 이익을 향유하는 행위를 필수적으로 요한다고 판시함으로써 위 "minimum contacts"의 기준을 제시하였다는 점에서 그 의의를 가진다 할 것이다.

즉, 위 판결은 "minimum contacts"의 존부를 판단하는 기준으로 "purposeful availment"를 제시하였다는 점에서 중요성을 가졌다 할 수 있다.

이러한 목적적 활동기준에 관한 판례들을 살펴보면 다음과 같다.

우선, Burger King Corp. v. Rudzewicz, 471 U.S. 462 (1985) 판결이 있는데, 이는 피고의 행위에 목적적 활동이 있음을 확인한 판결이다.

이 사건의 사실관계는 다음과 같다.

버거킹(P)은 플로리다 회사이고 패스트푸드 프랜차이즈 회사이며, Rudzewicz (D)는 미시간 주 시민이고 미시간 주에서 버커킹 점을 운영하고 있었다. P는 각 프랜차이즈 점포들을 교육하며 상세하게 그들의 운영방법을 규제하였고, 각 지역 사무실은 그들 지역의 각 프랜차이즈 점포를 감독하였다. D의 프랜차이즈 계약은 각 지역 사무실과 협상을 하였으나 계약체결은 버커킹 본사와 하였다. 계약체결 직후 프랜차이즈가 쇠퇴하기 시작하였다. D가 비용을 P에게 지급하지 아니하자 P는 diversity와 trademark jurisdiction에 근거하여 플로리다 주에 있는 연방지방법원에 계약위반소송을 제기하였다. 이에 대해 D는 지역적 재판권이 없다는 항변을 하였으나 1심에서는 받아들여지지 아니하였고 2심에서 받아들여지자 P가 연방대법원에 상고를 한 사건이다.

이 사건의 쟁점은 미시간 주 시민인 D에 대하여 플로리다 주 연방법원이 지역적 재판권을 행사할 권한이 있는지 여부라 할 수 있다.

연방대법원은 피고가 제소된 주와 목적적으로 최소한의 관련성을 가져야 한다고 하면서, 피고가 원고와 체결한 계약은 플로리다 주의 목적적 이익 내지 이용의 결과라고 보고서 플로리다 주 연방법원이 재판권을 가진다고 판결하였다.

또한 연방대법원은 이 사건에서 피고의 목적적 활동이나 이익이라는 기준 이외에 공정성기준(fairness)을 적극적으로 제시하였다는 점에서 중요한 의의를 가진다 할 것이다. 즉, 피고가 목적적 활동이나 이익을 제소된 주와 관련을 가졌다 하더라도 공정성 측면에서도 due process를 침해하는 결과가 야기되어서는 아니 된다 할 것인데, 결국 minimal contacts 여부는 purposeful availment와 fairness의 비교하여 정해진다고 볼 수 있을 것이며, 이는 case by case에 의하여 결정된다 할 수 있다.

다음으로, Hanson v. Denckla, 357 U.S. 235 (1958) 판결이 있는데, 이 판결의 사실관계와 판결요지에 대하여는 앞에서 살펴본 바 있는데, 이 판결에서는 피고가 제소된 주에서의 목적적 활동이 없었기 때문에 재판권을 행사할 수 없다고 보았다.

또한, World-Wide Volkswagen Corp. v. Woodson, 444 U.S. 286 (1980) 판결이 있다.

이 사건의 사실관계는 다음과 같다.

Harry와 kay Robinson(P)는 뉴욕 주에 있는 폭스바겐 판매회사인 Seaway로부터 아우디 승용차를 구입하였다. 이듬해에 P는 뉴욕 주에서 애리조나 주로 이사를 하게 되었는데, 오클라호마 주를 지나가던 중 다른 차가 P 운전의 위 아우디 승용차를 뒤에서 추돌하였고 그로 인해 P의 가족이 심각한 화상을 입게 되었다.

Robinson가족은 판매회사인 Seaway, Audi(자동차 생산업자), Volkswagen(수입

업자), World-Wide Volkswagen Co(지역 판매업자) 등을 피고(D)로 하여 제조물책임소송을 오클라마호 주의 주 법원에 제기하였다. 피고들이 오클라마호 주 법원은 지역적 재판권이 없다고 주장하였으나, 1심 법원은 재판권을 피고들에 대하여 행사할 수 있다고 판결하였다.

이에 대하여 피고들 중 Seaway, World-Wide Volkswagen Co은 다시 오클라마호 주 대법원에 1심판사인 Woodson이 그들에 대하여 재판권을 행사할 수 없도록 금지하는 신청을 하였으나. 위 대법원은 비록 이 사건 이외에는 피고들에 의하여 판매된 자동차가 오클라마호 주에 들어왔다는 증거는 없으나 자동차는 움직이는 것이고 그 결과 피고들은 자동차가 오클라마호 주에서도 사용되어질 수 있다는 것을 합리적으로 예견할 수 있기 때문에 1심법원의 판단이 적법하다고 결정하면서 신청을 기각하였다.

위 피고들이 다시 연방대법원에 상소를 하였다.

이 사건의 쟁점은 오클라마호 주 법원이 뉴욕에 위치하고 있고 뉴욕에서 판매한 자동차가 오클라마호 주에서 사고가 발생한 경우 위 비거주자인 뉴욕의 자동차 판매자와 뉴욕, 뉴저지, 코네티컷 주에 대한 지역 판매회사에 대하여[38] 대인적 재판권을 행사할 수 있는지 여부라 할 수 있다.

연방대법원은 피고에 대하여 대인적 재판권을 행사하기 위하여는 피고가 제소된 주에 목적적으로 이익이 있는 활동(purposeful availment)을 하는 경우이어야 한다고 하면서, 이 사건의 경우 피고들은 오클라마호 주와 아무런 관련성이 없으므로 오클라마호 주에서 목적적 활동을 한 것으로 볼 수 없으며, 또한 예견가능성(foreseeability)이 있어야 하는데 이러한 예견가능성이란 단순히 생산품이 제소된 주에서 발견될 수 있다는 가능성의 의미가 아니라 피고의 행위와 제소된 주와의 관련성에 의하여 피고가 그 곳 법원에 소환될 것이 합리적으로 기대되어지는 경우[39]를 말한다 할 것인바, 이 사건의 경우 피고들이 오클라마호 주 법원에 소환되어지는 것이 합리적으로 기대될 만한 사실관계가 인정되지 아니하며, 마지막으로 피고에 대하여 재판권을 행사하기 위하여는 피고가 제소된 주의 소비자들에 의하여 자동차가 구입될 수 있다는 기대가 있는 거래의 흐름(the stream of commerce)에 의하여 상품을 배달하여야 하는데, 이 사건의 경

38) 이들은 오클라호마 주에서 어떠한 영업행위를 한 적이 없었다.

39) "The defendant should reasonably anticipate being haled into court there."

우 상품인 아우디 승용차는 오클라마호 주에서 판매되지 아니하였으므로 이에 해당하지 아니한다 할 것이므로, 이상의 이유로 인해 오클라마호 주 법원은 재판권을 피고들에 대하여 행사할 수 없다고 결정하였다.

위 판결은 피고의 제소된 주 내에서의 목적적 활동이 없기 때문에 재판권을 행사할 수 없다는 판례로 볼 수 있다.

나아가, "purposeful availment"의 존부와 관련하여 문제되는 것이 "stream of commerce" 사건이라 할 수 있다.

이에 대하여는 위에서 본 World-Wide Volkswagen Corp. v. Woodson, 444 U.S. 286 (1980) 판결이 있고 또한 지금 살펴볼 Asahi Metal Industry Co. v. Superior Court, 480 U.S. 102 (1987) 판결이 있다.

이 사건의 사실관계는 다음과 같다.

캘리포니아의 고속도로에서 오토바이를 운전하다가 트랙터와 충돌하는 교통사고로 Gary Zurcher는 심각한 상해를 입었고 그의 부인은 사망하였다. 이후 Zurcher는 캘리포니아 주법원에 제조물책임소송을 제기하였는데, 그는 이 사고가 타이어, 튜브, 봉함제(sealant)의 하자로 인해 발생하였다고 주장하였다. 특히 위 Zurcher는 튜브 생산자인 Cheng Shin을 피고로 하여 제소하였다. 이에 Cheng Shin은 튜브 밸브의 부속품 생산자인 Asahi로부터 책임면제를 받기 위하여 impleader(피고의 제3자 상대 면책소송)를 제기했다. 이후 Zurcher와 Cheng Shin 사이에는 모두 화해로 종결되었고 Cheng Shin(P)이 Asahi(D)를 상대로 한 면책소송(indemnity action)만 남게 되었다. 이에 대해 Asahi는 캘리포니아 법원에 Asahi는 일본기업이고 타이어 밸브를 일본에서 생산하며 이를 Cheng Shin을 비롯한 여러 타이어 생산업자들에게 매매한다고 주장하면서 위 법원이 재판권을 행사할 수 없다는 항변을 제기하였다. 한편 Cheng Shin은 대만기업으로서 밸브를 이용한 튜브를 만들고 이를 캘리포니아를 포함한 전 세계에 수출하고 있었다.

캘리포니아 법원은 Asahi는 국제적으로 사업을 하고 있으며 그들의 생산품에 있어서의 하자에 대하여 책임을 지는 것이 불합리적이라고 볼 수 없다고 하면서 피고 Asahi의 신청을 기각하였다.

이에 Asahi(D)는 연방대법원에 상소를 하였다.

이 사건의 쟁점은 상품의 생산, 판매, 배달 등 거래의 흐름(in the stream of commerce)에 의하여 당해 상품이 제소된 주(forum state)에 존재할 수 있다는 단순한 인식(the mere awareness)이 제소된 주와 피고 사이에 대인적 재판권을 인정할 정도의 minimum contacts이 있다고 볼 수 있는지 여부 및 reasonableness 혹은 fairness를 충족하고 있는지 여부라고 할 것이다.

연방대법원은, 우선, 거래의 흐름(in the stream of commerce)에 대한 재판권의 존부의 판단과 관련하여, 하급법원 중 일부에서는 거래의 흐름에 피고의 행위가 관련되기만 하면 due process에 위배되지 아니하는 minimum contact가 있다고 보기도 하고, 또 다른 일부는 이 정도로는 부족하고 추가적인 행위가 있는 경우 목적적인 행위가 있는 것으로 보아 due process를 충족한다고 보기도 하는데, 피고와 제소된 주 사이에는 실질적인 관련성("substantial connection")이 있는 경우에만 minimum contacts가 있다고 볼 수 있고 단순히 거래의 흐름에 관련만 되어서는 목적적 활동이라 할 수 없으며 피고의 추가적인 행위[40]가 제소된 주에 있는 경우에 인정된다고 판단한 후, 이 사건의 경우 피고 Asahi의 행위는 목적적 활동으로 보기 어려워 캘리포니아 주법원의 재판권 행사는 due process를 침해하는 것으로 보았고, 다음으로, due process 조항은 또한 다음에서 살펴보는 World-Wide Volkswagen이 제시한 fairness 요건을 충족하여야 한다고 보면서 피고에 대한 지나친 부담, 원고와 제소된 주의 이익이 거의 없는 점 등에 의하면 캘리포니아 주의 피고에 대한 재판권의 행사는 unreasonable and unfair하다고 판단하고서, 이 사건 캘리포니아 주 법원의 피고 Asahi에 대한 재판권 행사가 due process에 위배되어 적법하지 아니하다고 판결하였다.

한편, 지역적 재판권의 판단기준으로서의 "contacts"의 의미와 그 내용을 중심으로 하여 재판권의 존부를 판단하는 지금까지의 관점과 달리 "contacts의 범위"의 관점에서 지역적 재판권의 존부를 판단할 수도 있다.[41] 이러한 관점에서 나온 것이 바로 "specific jurisdiction"과 "general jurisdiction"이 있다.

우선, 특정한 재판권(specific jurisdiction)은 다음에서 살펴보는 일반적 재판권(general jurisdiction)과 대비되는 재판권으로서, 이는 피고의 주와의 관련성에 기초한 청구에 한하여[42] 재판권을 행사할 수 있는 경우라고 할 수 있다.

---

40) 여기에는, 제소된 州의 시장을 위한 상품 디자인을 한 경우, 제소된 주에서의 광고행위, 제소된 주에서 소비자들에게 정기적인 안내를 하기 위한 방법의 강구, 제소된 주에서 판매사원으로서 활동할 직원을 통한 상품의 판매 등을 제시하였다.

41) 그 결과 재판권 관련 서적 중 specific jurisdiction이나 general jurisdiction에 대하여 전혀 언급하지 아니하고 지역적 재판권을 설명하는 책들도 많이 있음을 발견할 수 있다.

Specific jurisdiction 역시 International Shoe 기준인 “minimum contacts”인 “quality and nature of the contacts with the state”가 어떠한 경우인지를 보여주는 판례들이라고 보면 될 것이다.

즉, contacts의 정도는 일반적으로 (i) 실질적 또는 일반적 접촉(substantial 또는 pervasive), (ii) 지속적이지만 제한된 접촉(continuous but limited), (iii) 계약 등과 같이 하나의 관련행위(single act), (iv) 일시적 접촉(casual 또는 isolated), (v) 아무런 접촉이 없는 경우(no contacts)로 구분될 수 있는데, 이 중 substantial 또는 pervasive contacts는 general jurisdiction에 해당되며, continuous but limited와 single act contacts는 specific jurisdiction에 해당된다 할 수 있다. 이에 반해 일시적 접촉(casual 또는 isolated) 또는 아무런 접촉이 없는 경우(no contacts)에는 specific jurisdiction에 해당되지 아니하여 제소된 주에 재판권이 인정되기 어렵다.

위 접촉의 정도 중 specific jurisdiction과 관련하여 다음의 연방대법원의 여러 판례를 통해서 구체적으로 살펴보고자 한다.

첫 번째 판례는 McGee v. International Life Insurance Co., 355 U.S. 220 (1957) 판결인데, 이는 피고의 주와의 관련성을 원고의 청구와 관련된 계약이 있는 경우에는 specific jurisdiction이 인정된다고 보았다. 즉, 이 판결은 “single act contact”에 대한 접촉의 범위에 해당되는 경우로서의 specific jurisdiction의 예로 보면 될 것이다.

위 판결의 사실관계는, 캘리포니아 주에 사는 A가 텍사스에 사무실이 있는 보험회사(D)에게 우편으로(by mail) 보험계약을 하고 나서 사망시까지 계속해서 우편으로(by mail) 보험료를 납입하여 오다가 자살을 하였다. 이에 유족이 보험회사에게 보험금지급을 요청하였으나 보험회사는 자살의 경우 보험금지급 대상에서 배제된다고 하면서 지급을 거절하였다. 한편 보험회사는 캘리포니아 주에 어떠한 사무실이나 직원을 두고 있지 아니하였다.

이에 보험금 수익자인 유족(P)이 보험회사(D)를 상대로 하여 캘리포니아 주 법원에 소송을 제기하였다.

이 사건의 쟁점은 International Shoe 법리에 비추어 볼 때 캘리포니아 주 법원이 보험회사에 대하여 지역적 재판권을 행사할 수 있는지 여부라 할 것

42) “Only for claims related to the jurisdictional contact with the state.”

이다.

연방대법원은 원고의 소제기가 당해 주와 실질적인 관련성이 있는 계약에 기초를 두는 경우[43]에는 due process의 목적을 충분히 만족시킨다고 보면서 이 사건의 경우 계약의 성립과정, 보험료지급방법 등에 비추어 보면 캘리포니아 주 법원이 피고에 대하여 재판권을 행사하는 것이 적법하다고 판단하였다.

두 번째 판례는 continuous but limited contact의 범위에 해당되는 판례로서 앞에서 살펴본 Burger King Corp. v. Rudzewicz, 471 U.S. 462 (1985) 판결을 들 수 있다.

이 판결에서는 피고가 제소된 주에서 계속적 사업 관계("ongoing business")를 유지하였기 때문에 제소된 주의 재판권에 기속된다고 보았는데, 이러한 "ongoing business"는 continuous but limited activity라고 볼 수 있다는 점에서 specific jurisdiction에 해당됨을 알 수 있다.

다음으로, general jurisdiction(혹은 general in personam jurisdiction)에 대하여 살펴보고자 한다.

이는 피고가 제소된 주와 아무런 관련 없는 사건에 대하여도 재판권이 인정되는 경우라고 할 수 있다. 이러한 재판권은 피고가 당해 주에서 실질적이고 계속적인 활동을 하여 어떤 청구에 대하여도 재판을 받는 것이 적절한 경우에 존재한다.

대부분은 회사의 경우 설립장소(the state of incorporation) 또는 주된 사업장소(the principal place of business)가 이에 해당되며 개인의 경우에는 주소지(domicile)가 이에 해당한다 할 수 있으나, 연방대법원은 이러한 재판권은 회사의 경우에만 인정될 수 있는 재판권이라고 보고 있다.[44]

일반적 지역적 재판권이 인정된 판례로는 Helicopteros Nacionales de Colombia v. Hall, 466 U.S. 408,414 (1984), Perkins v. Benguet Consolidated Mining Co., 342 U.S. 437 (1952) 판결 등이 있다.

이러한 전제하에 위에서 살펴본 International Shoe 기준을 general jurisdiction과 관련하여 살펴보면, International Shoe 기준은 general jurisdiction에

43) "Suit was based on a contract which had substantial connection with that state."

44) Burnham v. Superior Court of California, 495 U.S. 604, 610 (1990).

해당되지 아니하는 경우에 그 중요성이 부각된다고 할 수 있다. 즉, 만일 위 International Shoe 사건에서 원고가 피고를 상대로 델라웨어 주나 미주리 주에 소송을 제기하는 경우 이는 general jurisdiction에 의하여 적법한 소송제기가 될 수 있음을 알 수 있는 반면, 위 사건은 피고의 접촉과 원고가 청구한 장소와의 관계에 대하여 문제가 발생하는 경우로서 위 International Shoe 기준이 적용될 필요성이 제기되어짐을 알 수 있다. 그러나 general jurisdiction 역시 위의 접촉의 정도 중 하나라는 점에서 International Shoe 기준의 적용대상이라 할 수 있다.

(3) 관련성 또는 접촉성 판단요소 II: 예측가능성(foreseeability)

International Shoe 법리의 "minimum contacts" 요건은 앞서 살펴본 'purposeful availment'뿐만 아니라 피고의 활동이 제소된 주에서 소송을 당할 수도 있을 것이라는 예측가능성(foreseeability)을 요구한다.

즉, 피고는 제소된 주에서의 자신의 행위가 그 곳에서 재판을 받을 수도 있을 것이라는 것을 알거나 합리적으로 예측하여야 한다.

이와 관련하여, Keenton v. Hustler Magazine, 465 U.S. 770 (1984) 판결이 이를 잘 드러내고 있다 할 수 있다. 즉, 미국전역을 대상으로 하는 잡지(A national magazine)는 당해 잡지가 구독되는 모든 주에 있어 명예훼손의 혐의에 대하여 재판권이 인정되어질 수 있고, 그에 따라 이 잡지의 발간자는 이 잡지가 구독되는 모든 주에 명예훼손이 발생되며 각 주의 법원에서 재판을 받을 수도 있을 것이라는 사실을 합리적으로 예견할(reasonably anticipate) 수 있다고 판시하여 재판권을 인정한 바 있다.

또한, 앞에서 살펴본 World-Wide Volkswagen Corp. v. Woodson, 444 U.S. 286 (1980) 판결에서도 예측가능성의 의미를 이미 명확히 제시하였다.

(4) 합리성 또는 공정성(reasonableness or fairness) 판단 기준

International Shoe 판결은 제소된 주와 피고와의 관련성을 요구할 뿐만 아니라 재판권의 행사가 "fair play and substantial justice"를 침해해서는 아니 된다고 판결한 바 있다.

위 판결이 나온 이후 다음에서 보는 판례들을 통하여 fairness의 구체적 기준이 제시되고 있다.

우선, World-Wide Volkswagen Corp. v. Woodson, 444 U.S. 286 (1980) 판결에서는, (ⅰ) 피고의 부담, (ⅱ) 제소된 주의 이익, (ⅲ) 원고의 이익, (ⅳ) 州간 사법제도의 이익 등을 합리성을 판단하는 기준으로 제시하였다.

다음으로, 앞에서 이미 살펴본 바 있는 Burger King v. Redzewicz 판결, McGee v. International Insurance Co. 판결, Asahi Metal Industry Co. v. Superior Court 등의 판결 역시 지역적 재판권을 행사하기 위하여는 contacts요건 외에 fairness요건을 필요로 한다고 판시한 바 있으며, 그 기준은 위 World-Wide Volkswagen Corp. v. Woodson 판결의 기준들이 적용되었다.

(5) 대물적 재판권(in rem jurisdiction)의 흡수

앞서 본 바와 같이 International Shoe 사건은 in rem jurisdiction에 대하여 아무런 기준을 제시하지 아니하였으나, 다음에서 보는 Shaffer v. Heitner[45] 사건이 이에 대한 기준을 제시하였다.

위 사건의 사실관계는 다음과 같다.

원고 Heitner(P)는 델라웨어의 비거주자로서 그레이하운드 회사(델라웨어 주에서 설립되었고 애리조나 주에서 주된 사무소가 있는 회사이다)의 28명의 전현직 임직원(D)을 상대로 하여 주주대표소송(shareholder's derivative suit)을 델라웨어 주법원에 제기하였는데, 위 원고는 그레이하운드 회사의 주식을 소유하고 있었다. 원고는 동시에 델라웨어 주에 거주하고 있지 아니한 각 피고들의 델라웨어 주에 있는 재산(주식 등)에 대하여 가압류명령신청(motion for an order of sequestration)[46]을 하였는데, 이는 델라웨어 주법이 델라웨어 법원이 주 내에 위

45) 433 U.S. 186 (1977).

46) ATTACHMENT, GARNISHMENT, SEQUESTRATION의 관계

위 관계를 설명하기 전에 위 각 제도는 모두 "provisional remedies"라고 하는데 이는 잠정구제, 임시구제, 假구제, 보전절차 등으로 표현될 수 있을 것이다[여기에는 attachment(압류), civil arrest(민사적 구금), preliminary injunctions 또는 interlocutory injunction이나 temporary injunction(가처분), temporary receivers(공탁), notice of pendency(예고등기) 등이 있다]. Attachment는 원고의 신청에 의하여 법원이 공무원(대부분 sheriff임)으로 하여금 피고의 재산(특히, 부동산)에 대하여 압류(seize)하도록 하는 절차를 말하는데 이는 피고에 대한 재판권을 미치게 하기 위하여 사용되거나 또는 원고가 판결에 의하여 만족되어질 재산을 피고가 처분하는 것을 막거나 손상하는 것을 막기 위한 목적으로 사용된다. 이에 반해 garnishment는 위 attachment와 본질적으로 다르지 아니한데 다만 그 대상이 무형물(intangibles, 예컨대 지적재산권 등)이라는 데 특징이 있을 뿐이며, sequestration 역시

치한 재산의 압류를 통해 준대물적 재판권을 행사할 수 있다는 조항을 근거를 한 것이었다. 위 신청은 신청 당일에 받아들여졌다. 그 결과 피고들 중 19명의 그레이하운드 주식 82,000주에 대하여 가압류가 이루어졌으며 또한 처분금지가 처분명령(stop transfer order)도 함께 내려졌다. 한편, 피고들의 불법행위는 오리건 주에서 발생되었다.

이에 대하여 피고들은 위 가압류명령에 대하여 델라웨어 주에는 그 압류 권한이 없고, due process 절차에 위배되었고, 또한 International Shoe 법리에 의하면 자신들은 델라웨어 주 법원이 재판권을 행사할 정도의 충분한 접촉을 가지고 있지 아니하다고 항변을 하였다.

델라웨어 주 법원은 피고의 항변을 모두 기각하면서 델라웨어 주는 대인적 재판권(personam jurisdiction)이 아닌 준대물적 재판권(quasi in rem jurisdiction)을 행사한 것이므로 대물적 재판권의 경우 International Shoe 법리를 충족할 필요가 없다는 요지로 판결하였다.

이에 대하여 피고들은 연방대법원에 상소를 하였다.

위 사건의 쟁점은 International Shoe 법리인 fairness and substantial justice가 대물적(in rem) 또는 준대물적 재판권(quasi in rem jurisdiction)에도 적용되는 여부라고 할 수 있다.

연방대법원은 이 사건에 대하여 다음과 같이 판시하였다.

이 사건의 이전의 경우, 대물적 재판권(in rem jurisdiction)에 있어서는 재판권의 기초가 사물(재산)에 대한 사람의 이익에 대하여 재판권을 행사하는 것을 정당화하는 데 충분하였음에 반해, 즉, 피고와 재판적이 있는 주와의 관련(contacts)이 아니라 재판적이 있는 주에 현재하는 재산에 대한 가압류에 기초하였다고 할 수 있으나, 대인적 재판권(personam jurisdiction)에 있어서는 피고에 대한 재판권의 행사가 due process 조항에 부합하는지 여부를 International Shoe 법리에서 제시된 최소한의 관련성(minimum contacts)이 있는지에 의하여 결정되어져 왔다.

그러나 대물적(in rem) 재판권에 있어 위와 같은 전통적인 재판권 존부기준

---

attachment와 같은 배경을 가지고 있으며 현재는 일부 주의 법률에만 남아 있다. 한편, FRCP 제64조에 의하면 Seizure of person or property에 의하여 위 attachment 등을 함께 설명하고 있는데 이는 위에서 살핀 바와 같이 위 제도들이 본질적으로는 같은 의미를 가지기 때문인 것으로 보인다.

을 따르게 되면 피고에게 본질적으로 불공정하다(unfair)는 점에서 헌법적 가치인 due process 조항이 침해받을 수 있기 때문에, 대물적 재판권에 있어서도 International Shoe 법리가 적용되어져야 한다 할 것이다.

이 사건에 있어 델라웨어 주는 이 사건 소송의 대상도 아니고 소송원인이 되지도 않는 단지 그레이하운드 회사의 주식과의 관련성이 있을 뿐이며, 델라웨어 주와 피고와의 최소한 관련성이 없다는 점에서, 델라웨어 주법원의 피고들에 대한 재판권의 주장은 due process에 위배되므로, 델라웨어 주 대법원의 판결은 파기되어져야 한다고 판결하였다.

결국 이 사건에서 연방대법원은 Pennoyer 사건과 Harris 사건[47]에서 제시된 대물적 재판권의 기준으로 삼은 재산의 존재(presence of property) 대신 International Shoe 법리에서 제시된 최소한의 관련성기준이 대인적(personam) 재판권뿐만 아니라 대물적(in rem) 또는 준대물적(quasi in rem) 재판권에도 적용되어져야 한다는 점을 명확히 함으로써, 대물적 재판권의 존부기준도 International Shoe 법리에 흡수되었음을 알 수 있다.

5. 지역적 또는 대인적 재판권에 대한 법률적 근거와 제한

(1) 개 요

지금까지 살펴본 바와 같이, 수정헌법 제14조의 due process 조항은 주 법원이 피고에 대하여 지역적 재판권을 행사하는 권한에 대한 기초적인 제한을 부과하고 있음을 알 수 있다.

이러한 due process 조항에 의하여, 각 주들은 피고가 제소된 주와 관련성을 가지는 경우에만 재판권을 행사할 수 있는 것이다. 이러한 관련성에는, 주소(domicile), 현재성(in state presence), 주 내의 계속적이고 실질적인 사업활동(continuous and substantial business within the state), 당해 주 소송에 대한 동의(consent), 기타 최소한의 접촉성(minimum contacts) 등이 있는 경우에 인정되었다.[48]

47) Harris v. Balk, 198 U.S. 215 (1905).

48) 대다수의 주는 당해 주 법원이 지역적 재판권을 행사할 수 있는 법률에 다음의 사항을 포함하여 규정하고 있다. i) 피고가 제소된 주에 주소가 있는 경우, ii) 피고가 제소된 주에 현재하고 있고 송달을 직접 받은 경우, iii) 피고가 재판권에 동의한 경우, iv) 피고

그 결과 만일 피고가 제소된 주 내에서 위에서 본 관련성에 해당되지 아니하는 경우에는 당해 주 법원은 원고의 청구에 대하여 재판을 할 수 없게 된다.

그런데, 당해 법원이 지역적 재판권을 피고에 대하여 행사하는 것이 헌법적으로 가능하다 하더라도, 당해 법원은 여전히 피고를 소환할 권한이 없다. 이는 due process 조항은 주 법원에 대하여 어떤 재판권을 부여하는 것이 아니라 단지 재판권을 행사할 수 있는 외부적 범위(outer bounds)를 정하는 역할을 하기 때문이다.

즉, 당해 주 법원이 지역적 재판권을 행사하기 위한 근거는 due process 조항이 아니라 당해 주 입법부가 법률을 통하여 정하는 경우에 가능하며, 위 due process는 이러한 주 입법부에 의한 주법원의 재판권 행사를 헌법적 차원에서 제한하는 역할을 하는 것이라고 할 것이다. 다시 말하면, 주법원의 지역적 재판권의 행사를 위한 근거는 당해 주 법률이고, 행사에 대한 제한 근거가 헌법규정인 due process 조항이라고 보면 될 것이다.[49]

따라서, 모든 지역적 재판권에 대한 쟁점은 두 단계의 분석이 필요하다 할 수 있는데, 그 첫 번째는 당해 법원은 사건에 대하여 지역적 재판권을 행사하도록 하는 내용의 주 법률이 있는지 여부를 확인해야 하며, 다음으로 그러한 법률적 근거가 존재한다면 due process 조항에 의한 합헌성 여부를 확인해야 한다.

주 입법부는 당해 주법원이 지역적 재판권을 행사함에 있어서 헌법적 제한까지 인정하거나 혹은 헌법적 제한보다 좁게 인정할 수도 있다. 전자의 입법례가 캘리포니아를 비롯한 일부 주의 입법례이며, 대부분의 주에서는 후자의 입법례를 채택하고 있다.

의 행위가 long arm statute에 해당하는 경우 등을 규정하고 있으며, 그 중 가장 문제되는 것이 네 번째의 재판권 행사근거 규정이라 할 수 있고 여기서는 주로 이에 대하여 살펴보고자 한다.

49) 이러한 사정에 의하여 지역적 재판권을 설명함에 있어 법률적 근거 내지 제한을 먼저 기술하고 헌법적 제한을 기술하는 것이 논리적으로 타당하다 할 것이나, 헌법적 제한의 비중이 더 중요하다는 점 및 법률적 근거 역시 헌법적 제한에서 함께 논의된다는 점 등을 고려하여 본서에서는 헌법적 제한을 먼저 기술하였다. 다만, 미국 로스쿨이나 변호사 시험에서의 답안 작성에 있어서는 법률적 근거 내지 제한부터 기술함이 타당할 것으로 보인다.

(2) 무제한 재판권 확장[50] 법률(unlimited long arm statutes)

위에서 본 캘리포니아 주를 비롯한 일부 주들은 헌법적으로 지역적 재판권을 행사할 수 있는 어떤 사람이나 사물에 대하여도 당해 주법원이 재판권을 행사할 수 있도록 하는 확장 법률(long arm statutes)을 가지고 있다.

즉, 이러한 주에서는 주의 지역적 재판권 행사범위가 헌법적 제한인 due process 조항에 위배되지 아니하는 한 인정된다 할 수 있다.

(3) 제한적 재판권 확장 법률(limited or specific long arm statutes)

대부분의 주에서는 당해 주법원이 특정사항에 대하여 지역적 재판권을 행사할 수 있도록 하는 제한적 재판권 확장 법률을 가지고 있다.

역사적으로 이러한 제한적 재판권 확장법률은 International Shoe 판결의 반응이자 결과라고 할 수 있다. International Shoe 판결과 이후 판결들이 비거주자(nonresident)에 대하여 일정한 관련성이 있는 경우에는 지역적 재판권을 행사할 수 있는 헌법적인 근거를 확립하자, 많은 주들은 당해 주법원이 그와 같은 관련성이 있는 사건에 대하여 재판권을 행사할 수 있도록 하는 법률을 제정하게 되었다.

위 형태의 입법을 가지고 있는 주들은 일반적으로 (i) 주 내에서 불법적인 행위를 한 경우, (ii) 주 내의 거래행위, (iii) 주 내에 재산을 소유하는 경우 등의 관련성으로부터 발생된 사건에 대하여 지역적 재판권을 행사할 수 있다고 규정하고 있다.

---

50) "Long arm statute"의 의미를 재판권의 '제한'으로 볼지 아니면 '확장'으로 볼지는 관점에 따라 달라질 수 있을 것이다. 즉, 지역적 재판권의 행사에 대한 헌법적 제한 이외에 법률적 제한이라고 볼 수도 있고 이와 달리 법률적 근거의 확장이라고 볼 수도 있다. 이는 International Shoe 판결 이후 만들어진 각 주의 재판권에 관한 규정인 long arm statute는 Pennoyer 판결에서와 같은 전통적인 재판권 행사의 기준의 관점에서 보면 확장된 재판권 행사의 근거라고 볼 수 있으나, 위 International Shoe 판결에 따른 due process 조항에 의한 제한보다 더 제한된다는 의미로 보게 되면 재판권의 제한으로 볼 수 있을 것이다. 이러한 양면을 가진 위 "long arm statute"을 이해하는 데 있어 본서에서는 각 주의 독립성을 고려하여 재판권의 "제한"보다는 "확장"으로 보는 것이 더 적절할 것으로 생각되어 이렇게 표현하였다.

6. 송 달(notice)[51]

지역적 재판권에 대한 행사함에 있어서는, 수정헌법 제14조의 due process 조항이 지금까지 살펴본 International Shoe 요건인 minimum contact 요건과 fairness 요건 이외에 피고에게 송달될 수 있는 합리적인 방법[52]을 요구하고 있다.

Dusenbery v. United States, 534 U.S. 161(2002) 판결과 Mullane v. Central Hanover Bank & Trust Co., 339 U.S. 306(1950) 판결은 수정헌법 제14조의 due process 조항이 송달은 모든 상황하에서 소송의 이해관계자에게 알리는 데 합리적으로 적합해야 하며, 또한 관련당사자가 이의를 제기할 수 있는 기회를 부여받는 것이 요구된다고 판시함으로써, 현재의 적절한 송달에 대한 헌법적 원칙을 확립하였다.[53]

(1) 전통적인 송달방법(service of process)

전통적인 송달방법에는 피고에 대한 직접적인 전달방법, 피고의 주소지나 사업장에 있는 책임 있는 자에 대한 전달방법, 송달대리인에 의한 전달방법, 등기우편방법 등이 있는데, 이들은 모두 due process 조항을 충족한다.

(2) 송달대리인이 선임된 경우

만일 대리인이 계약에 의하여 선임된 경우, 원고가 자신의 이익을 위하여 대리인을 선임한 경우 혹은 대리인이 법에 의하여 선임된 경우, 이러한 대리인의 피고에 대한 송달불이행이 발생하면 피고의 진술기회권이 박탈되기 때문에 법원의 재판권 행사가 금지된다.

그러나 만일 대리인을 피고가 선임한 경우에는 송달불이행이 발생하여도

---

51) 이는 "소송고지"로 표현함이 적절하다 할 수 있으나, 한국법에서 소송고지는 송달과 완전히 분리된 절차로서 '소송계속 중 당사자가 소송참가를 할 이해관계 있는 제3자에게 일정한 방식에 따라 소송계속의 사실을 통지하는 것'을 말한다는 점에서, 송달로 표현하기로 하였다. 다만 미국법에서는 service of process가 송달에 근접하는 표현이 아닌가 사료된다.

52) "Easonable method be used to notify the defendant of a pending lawsuit."

53) 그 결과 이 판결 이전의 송달에 대한 기본 판례인 Pennoyer v. Neff 판결의 송달 원칙(사람의 경우 직접적인 송달, 사물에 대하여는 지방신문에서의 공시송달)을 획기적으로 변화시켰다는 평가를 받고 있다.

재판권 행사에 지장이 없다 할 것이다.

(3) 다수 당사자(multiple parties) 혹은 부지 당사자(unknown parties)에 대한 송달

Mullane v. Central Hanover Bank & Trust Co., 339 U.S. 306 (1950) 판결에서, 연방대법원은 다수당사자에 대한 송달의 경우 헌법은 송달비용으로 인해 직접 송달(personal service)을 요하는 것은 아니지만, 모든 당사자는 가능한 실질적인 최선의 방법(best practical means)에 의하여 송달을 받아야 한다고 하면서, 알고 있는 다수 당사자에 대하여는 일반 우편(ordinary mail)에 의한 송달을, 부지의 다수 당사자들에 대하여는 공시송달(publication)에 의한다면 합리적인 송달이라고 판결하였다.

7. 裁判籍 내지 관할(venue)

(1) 개 념

Venue에 대하여는 한국에서뿐만 아니라 미국에서도 논란의 대상이 되고 있다. 이는 무엇보다 venue를 personal jurisdiction과 비교하여야 할지 아니면 subject-matter jurisdiction과 비교하여야 할지에 대하여 법조인들마다 차이가 있기 때문이다. 그리고 한국에서는 jurisdiction을 재판권이 아닌 관할의 의미로 사용하는 분들이 많이 있는데, 이는 미국법에 있어서 적절하지 아니한 것으로 사료된다. 즉, 한국에서는 대개 국가권력은 삼권으로 분립되고 그 중에서 사법권은 법관으로 구성된 법원에 속하며 이러한 사법권은 재판권과 사법행정권을 그 내용으로 하는데 재판권은 재판에 의하여 법적 쟁송을 처리하는 국가권력을 가리킨다고 보고 있으며, 재판권에는 민사재판권, 형사재판권, 헌법재판권으로 나뉜다고 보고 있다.[54)]

그런데 현실적으로 한국에서 위와 같은 재판권의 분류가 기능을 하고 있는지는 의문이 든다. 왜냐하면, 예컨대 민사사건의 경우 특별한 고민 없이 원고가 서울중앙지방법원에 소장을 내면 될 것이고, 형사사건의 경우에는 검사가 마찬가지로 서울중앙지방법원에 공소장을 제출하면 될 것이고 헌법사건의 경

---

54) 송상현, 민사소송법, 47면.

우(헌법소원의 경우) 헌법재판소에 신청서를 내면 될 것이기 때문이다. 즉, 민사사건의 경우 피고의 주소지 등이 서울이 아닌 지방인 경우 관할의 문제는 발생하지만 그렇다고 하여 재판권 문제는 발생하지 아니하며, 형사사건의 경우에도 피고인이나 증인 등이 지방에 있고 그 곳에서 조사를 받아 그 곳 지방법원에 공소장을 제출하여야 하지만 그 곳 지방검찰청의 검사가 서울중앙지방법원에 공소장을 제출하였다고 하여 재판권이 없는 법원에 제출하였다고 하지는 않을 것이기 때문이다. 즉, 이러한 경우 문제가 되면 이송 등의 방법으로 얼마든지 풀릴 수 있는 문제라고 할 수 있다.

이에 반해, 현재 한국법에서 실질적이며 법률적으로 재판권이 구분되어 있고 작동하고 있는 경우가 있는데, 형사재판권 중 일반재판권과 군사재판권이 그에 해당한다 할 수 있다. 현행 한국의 형사소송법 및 군사법원법에 의하면 형사사건의 경우 피의자나 피고인이 일반인인 경우에는 원칙적으로 일반법원에서 재판을 받게 되지만 군인 등의 신분을 가지는 경우에는 군사법원에서 재판을 받도록 하고 있는데, 이 경우의 구분의 기준은 관할의 유무가 아닌 재판권의 유무라고 할 것이다. 즉, 군인의 신분을 가진 자가 교통사고의 피의자가 되든지, 절도사건의 피의자가 되든지, 살인사건의 피의자가 되든지, 군무이탈의 피의자가가 되든 간에 군인이라는 사유에 의하여 일반법원은 재판권이 없으며, 군사법원이 이들에 대하여 재판권을 행사할 수 있게 되는 것이다.

이처럼 한국법에서 현실적으로 작동하는 유일한 일반형사재판권과 군사재판권의 관계와 마찬가지로 미국법에서 각 주는 독립적인 재판권을 가지고 있으며 이는 다른 주의 법원과의 관계 및 연방법원과의 관계에서 표출되고 있다. 이는 이 책의 처음에서 기술하고 있는 미국헌법에서 알 수 있는 바와 같이 미국은 51개의 국가와 헌법이 존재하다고 보면 쉽게 이해가 될 것이다.

이와 같은 jurisdiction은 헌법에서 그 근거를 찾을 수 있으나, venue는 법률에서 근거를 찾을 수 있다.

요컨대, venue는 재판장소(place of trial)를 의미한다고 보면 된다. 통상 이러한 venue는 personal jurisdiction과 subject-matter jurisdiction이 정해지고 난 후 결정된다. 이러한 venue는 민사사건에 있어서는 소송당사자를 위한 편리성의 문제라고 보면 되고 형사사건에서는 헌법적 차원의 피고인의 이익을 위한 것이라고 보면 된다. 여기에서는 주로 민사사건의 venue를 중심으로 살펴보고자 한다.

(2) Venue와 personal jurisdiction의 비교

양자는 모두 재판을 위한 적절한 장소와 관련되어 있다는 점, 피고의 이익을 위한 것이라는 점, 또한 포기할 수 있다는 점 등에서는 차이가 없다.

그러나, 첫 기일에 그 부존재의 항변을 하지 아니한 경우 personal jurisdiction의 경우 이후에도 항변할 수 있으나, venue의 경우에는 항변할 수 없다. 또한, 일반적으로 jurisdiction의 흠결은 법원의 이송(transfer)에 의하여도 치유될 수 없으나, venue의 경우에는 적절한 venue의 법원에 이송을 하면 치유된다. 주 법원에서 연방법원으로 이송(removal[55])될 때 personal jurisdiction의 요건이 충족되어져야 하지만 venue의 경우에는 그럴 필요가 없다.

요컨대, 재판권(jurisdiction)은 재판을 위한 적절한 州(proper state)를 정하는 것인 반면, 관할 내지 재판적(venue)은 재판을 위하여 주 내에서(within the state) 적절한 재판지역(proper judicial district)을 정하는 것이라고 할 수 있다.

(3) 연방관할규칙(federal venue rule)[56]

연방법원의 일반관할(general venue)은 28 U.S.C.[57] §1391에 규정되어 있다. 특별 관할(special venue)은 다른 조항이나 다른 법률에서 규정하고 있다. 일반관할은 네 가지의 형태로 규정되어 있다. 즉, (i) 다른 주 시민간 소송에서의 재판적, (ii) 연방문제소송에서의 재판적, (iii) 회사에 대한 재판적, (iv) 외국인에 대한 재판적 등이 그것이다.

---

55) transfer와 removal의 차이
양자는 이송이라는 점에서는 같은 의미라고 할 수 있으나, 전자는 venue가 부적절하거나 불편한 경우에 적절한 venue로 이전하는 것임에 반해, 후자는 대물적 재판권(subject-matter jurisdiction)을 이전하는 경우를 말한다는 점에서 차이가 있다. 즉, transfer는 venue 또는 personal jurisdiction에 대한 이송의 의미로서, removal은 subject-matter jurisdiction에 대한 이송의 의미로 사용되고 있는 것이다.

56) 여기에서는 주로 민사사건에서의 venue를 살펴보고자 한다. 한편, 형사사건에서의 venue는 피고인의 이익을 위한 것으로서 원칙적으로 범죄를 저지른 곳이 venue가 된다(criminal rule 18).

57) 이는 앞에서도 자주 인용된 법률인데, 연방법원조직 및 절차법(Judiciary and Judicial Procedure)을 말한다.

1) 다른 주 시민간 소송의 재판적(diversity venue): 28 U.S.C. §1391(a)

(i) 모든 피고들이 같은 주에 거주하는 경우에는 한 명의 피고라도(any defendant) 거주하는 모든 재판지역

(ii) 청구가 발생한 사건의 실질적 일부인 재판지역이나 소송에 관련된 재산의 일부분이 위치하고 있는 재판지역

(iii) 소송이 제기될 수 있는 지역이 달리 없는 경우에는 소송이 제기된 시점에 한 명의 피고라도 기속되는 지역적 또는 대인적 재판권이 인정되는 모든 재판지역

2) 연방문제소송의 재판적(federal question venue): 28 U.S.C. §1391(b)

(i) 모든 피고들이 같은 주에 거주하는 경우에는 한 명의 피고라도 거주하는 모든 재판지역

(ii) 청구가 발생한 사건의 실질적 일부인 재판지역이나 소송에 관련된 재산의 일부분이 위치하고 있는 재판지역

(iii) 소송이 제기될 수 있는 지역이 달리 없는 경우에는 소송이 제기된 시점에 한 명의 피고라도 있는 모든 재판지역

3) 회사에 대한 재판적: 28 U.S.C. §1391(c)

(i) 소송이 시작된 시점에 대인적 재판권이 인정되는 모든 재판지역에 회사가 거주하는 것으로 간주된다.

(ii) 만일 주가 한 개 이상의 재판지역을 가지고 있는 경우이고 당해 재판지역이 독립된 주로서 간주되는 경우에는, 대인적 재판권이 인정되기에 충분한 회사의 관련성이 있는 주 내의 어떤 재판지역에서도 회사가 존재하는 것으로 간주된다. 만일 그러한 재판지역이 존재하지 않는다면, 가장 중요한 관련성을 가지는 재판지역에 회사가 존재하는 것으로 간주된다.

4) 외국인에 대한 재판적: 28 U.S.C. §1391(d)

외국인은 미국 내 어떤 지역에서도 제소될 수 있다.

(4) 주 관할 원칙(state venue rules)

주 사법제도는 그들 자신의 관할원칙을 가지고 있다. 즉, 위에서 살펴본

연방관할규칙은 아무런 상관이 없다. 이러한 주 법원에서의 관할은 여러 가지 요소가 고려되어 결정된다. 그 중 중요한 결정요소로 피고의 거주지(defendant's residence)를 들 수 있다.

(5) 이송(transfer)과 불편한 재판적 법리(forum non conveniens)

1) 불편한 재판적 법리(forum non conveniens)

불편한 재판적 법리에 의하면, 당해 사건에 대하여 재판권을 가지고 있는 법원은 만일 당해 소송이 다른 재판권에서 재판을 받는 것이 더 적절한 것으로 판단되면 당해 재판권의 행사를 거절할 수 있다. 즉, 재판권과 재판적이 적절하다 하더라도 재판적이 지나치게 불편한 경우에는 법원은 재판권 행사를 거절할 수 있는 것이다.

이러한 불편한 재판적 법리는 당사자의 편리함(특히 피고의 편리함)과 州의 이익을 그 근거로 하고 있다.

불편한 재판적 법리를 판단함에 있어 법원은 다음의 사항을 고려한다.[58]

(i) 원고가 주 거주자인지 여부

(ii) 증인과 가장 중요한 증거는 어떤 재판적에 있는지 여부

(iii) 당해 사건을 규율할 주법(state law)에 익숙한 재판적이 어떤 것인지 여부

불편한 재판적 원칙이 인정되기 위하여는 피고가 불편함을 근거로 한 기각신청을 해야만 하는데, 이 경우 피고는 원고가 선택한 재판적이 엄청난 불편함(grossly inconvenient)을 가진 장소라는 점을 반드시 입증해야 한다,

불편한 재판적 법리는 재판적 내지 관할이 불편한 경우 당해 소송을 기각(dismissal)하는 것을 내용으로 한다. 이 원칙은 대개 사건을 한 주에서 다른 주로 이전할 수 없는 주 법원에서 사용된다.[59]

그런데 이러한 불편한 재판적 원칙이 연방법원의 사건인 경우에는 위에서 본 내용과 달리하게 된다. 즉, 연방법원의 불편한 재판적 원칙(federal forum non

58) 이에 대하여는 사적 요소와 공적 요소로 구별하여 논하기도 한다[Pipe Aircraft v. Reyno, 454 U.S. 235 (1981)].

59) 다만, 예외적으로 당해 주에서 다음에서 설명하는 연방법과 같은 규정을 가지고 있는 경우에는 주 법원에서의 불편한 재판적 원칙은 더 편리한 재판적이 주 내에(within the state) 있으면 이송(transfer)이 가능하다 할 것이다.

conveniens)은 28 U.S.C. §1404에 규정되었는데, 이에 의하면 재판적이 불편하다 하더라도 적절한 재판적을 가지고 있는 연방사건을 기각(dismissal)할 수 없게 되었다. 즉, 위 규정에 의하면 다른 연방법원으로의 이송(transfer)이 적절한 조치이며 만일 이송하지 않는다면 당해사건은 원래의 재판적에 남아 있게 되는 것이다. 다만, 편리한 재판적이 주 재판적(state forum)이거나 다른 나라의 재판적(forum in another country)인 경우라면 기각(dismissal)이 적절한 조치가 된다 할 수 있다.

2) 이 송(transfer)

이는 크게 세 가지로 구분하여 설명할 수 있는데, 우선, 적절하지만 불편한 재판적의 경우, 다음으로, 부적절한 재판적인 경우, 끝으로, 적절한 재판적이지만 부적절한 재판권의 경우 등으로 나누어 살펴보고자 한다.

(ⅰ) 적절하지만 불편한 재판적의 경우(proper but inconvenient venue)

이는 앞에서 살펴본 불편한 재판적 원칙과 관련된 것으로서, 기존의 원칙과 다른 내용이 다음과 같이 연방법률인 28 U.S.C. §1404에 규정되었다.

즉, 주 법원에서는 불편한 재판적 원칙의 적용에 의하여 원칙적으로 주 법원은 당해 소송을 기각하여야 하고 원고는 적절한 재판적에 새로운 소송을 제기하여야 한다는 사실을 앞에서 알 수 있었다. 이에 반해 연방법원의 경우 불편한 재판적 원리를 근거로 하여 당해 사건을 기각할 수 없으며 대신 다른 연방법원으로 이송(transfer)하여야 한다.

이 경우 이송받는 재판적은 적절한 재판적과 재판권을 가지고 있어야 한다. 한편 이송하는 재판적에서 포기된 대인적 재판권은 이송받는 재판적에서 사용될 수 없으며, 이송하는 법원(transferor court)의 법이 이송받는 재판적(transferee forum)에 적용된다.

(ⅱ) 부적절한 재판적인 경우(improper venue)

재판적이 부적절한 경우 피고는 연방민사소송규칙 §12(b)(3) 또는 28 U.S.C. §1406(a)에 따라 당해 소송에 대한 기각신청(move to dismiss)을 할 수 있다.

또한 피고는 28 U.S.C. §1406(a)에 의거하여 이송(transfer)신청을 할 수 있는데, 이 경우 이송받는 재판적(transferee forum)은 당해 사건이 이송하는 재판적(transferor forum)에 제소된 시점부터 적절한 재판적이고 지역적 재판권(personal jurisdiction)과 대물적 재판권(subject-matter jurisdiction)을 모두 가지고 있어야 한다.

(iii) 적절한 재판적이지만 부적절한 재판권의 경우(proper venue but improper jurisdiction)

이 경우에는 28 U.S.C. §1631에 의하여 적절한 재판적이면서 대인적 재판권을 가지고 있는 법원으로 당해 소송이 이전되도록 하고 있다. 이 경우에는 이송되는 법원의 법이 적용된다.

한편, 이와 관련하여 이송을 지지한다고 판결한 하급심 판결[60]이 있다.

(iv) 재판적과 재판권이 모두 부적절한 경우와 관련하여, 위 법률은 아무런 언급을 하고 있지 아니하고 있지만, 연방대법원은 이 경우에도 이전을 지지한 판결[61]을 한 바 있다. 이 경우 적용되는 법률은 이송받는 법원의 법이라고 할 것이다.[62]

8. 주법원과 연방법원의 지역적 재판권 비교

(1) 주법원(state courts)에서의 대인적 재판권

이에 대하여는 지금까지 살펴본 내용이 모두 적용될 수 있을 것이다. 이를 요약하면 다음과 같다.

대인적 재판권은 기본적으로 지역의 개념에 바탕을 두고 있으며, 이는 국가나 주는 그 영역 안에 있는 사람과 재산에 대해서만 재판을 할 수 있는 권한을 가지고 있다는 점이 전제된 것이라 할 것이다. 법원의 재판권에 대한 지역적 한계의 개념은 종종 다른 국가와 관련되지만 미국에서는 각 주간에도 같은 개념이 적용된다.

엄격하게 지역적 개념하에서 보면, 대인적 재판권은 Pennoyer 판결에서 만들어진 (i) 분쟁에서 피고나 재산이 소송이 제기된 주에 실제적으로 존재하고 있어야 함과 동시에 (ii) 피고가 적절하게 주 내에서 송달받거나 재산이 주 당국에 의하여 적절하게 압류되어지는 경우에만 인정된다 할 수 있다.

그러나, 이후 연방대법원은 International Shoe Co. v. Washington, 326 U.S. 310,316 (1945) 사건에서, 대인적 재판권에 대하여 minimum contacts와 fairness

60) Aguacate Consolidated Mines v. Deeprock, 566 F.2d 523 (5th Cir. 1978).

61) Goldlawr, Inc. v. Heiman, 369 U.S. 463 (1962).

62) Wisland v. Admiral Beverage Corp., 119 F.3d 733 (8th Cir. 1997).

관점에서 판단하였다. 즉, 연방대법원은 피고와 주와의 관계(the defendant's connection with the state)의 관점과 피고에 대한 주 법원의 재판권의 행사의 공정성(the fairness)의 관점에서 위 기준을 만들었던 것이다.

이러한 International Shoe 판결 이후 많은 판례들이 대인적 또는 지역적 재판권의 행사기준을 만들어왔다.

(2) 연방법원의 대인적 재판권

주 법원과 달리, 연방법원의 지역은 미국 전역이라고 할 것이다. 그 결과 연방법원은 미국 전역에 걸쳐 대인적 재판권을 행사할 수 있을 것으로 생각될 수 있다. 그러나 의회와 연방대법원은 diversity cases와 federal question cases를 구별하여 재판권 행사를 인정하고 있다.

1) diversity 사건의 경우

연방민사소송규칙에 의하면, 연방법원은 연방법원이 위치하고 있는 주의 주법원이 행사할 수 있는 대인적 재판권 이상의 권한을 행사할 수 없도록 하고 있다.[63] 따라서, 연방법원의 사건 중 diversity 사건에 대한 대인적 재판권은 위에서 살펴본 주 법원의 대인적 재판권이 그대로 적용됨을 알 수 있다.

2) federal question 사건

연방법과 관련하여 발생되는 사건의 경우, 연방민사소송규칙에 따르면 연방법원은 한정되지 아니하고 헌법과 법률에 일치하는 어떤 방법이면 대인적 재판권을 행사할 수 있도록 규정하고 있다.[64] 즉, 비록 피고가 어떤 주에서도 대인적 재판권에 기속되지 아니한다 하더라도 연방법원은 재판권을 행사할 수 있는 것이다.

이와 관련하여 연방대법원의 판례는 없으나, 연방고등법원의 판결[65]이 있는데, 여기에서 연방고등법원은 미국 전역에 대한 지역적 접촉을 분석하면서 International Shoe 기준을 적용한 결과, 한 주가 아닌 미국의 모든 주에 대한 피고의 접촉을 평가하였다. 그 결과 연방법 관련사건을 처리하는 연방법원은

63) FRCP 4(k)(1).

64) FRCP 4(k)(2).

65) ISI International, Inc. v. Borden Ladner Gervais LLP, 256 F. 3d 548 (7th Cir. 2001).

미국에 거주하는 모든 피고와 미국에 최소한의 접촉이 있는 외국인인 피고에 대하여 대인적 재판권을 가진다 할 것이다.

결국 연방문제사건의 경우에도 기본적으로는 International Shoe 기준이 적용되며 이 요건을 충족하면 재판권을 행사할 수 있다고 보면 된다.

6 聯邦法院과 州法院에 적용되는 法

Ⅰ. 연방법원에서 적용되는 법

1. Erie 원칙과 diversity jurisdiction에서 적용되는 법

지금까지 살펴본 재판권과 관할이 인정된 다음에 문제되는 것이 법원이 어떤 법을 적용해야 하는가 하는 문제이다.

이에 대하여 다음의 Swift 판결과 Erie 판결이 대표적인 판례라고 할 수 있다.

즉, 다른 주 시민간 소송에서 연방법원은 실체법上 제소된 주의 실체법(substantive law of the state)을 적용해야 하고, 절차법上 연방절차법(federal procedural law)을 적용한다. 이러한 법적용의 계기가 된 판결이 바로 Erie Railroad v. Tompkins, 304 U.S. 64 (1938) 판결이다. 이 판결이 있기 전까지는 Swift v. Tyson, 41 U.S. 1 (1841) 판결이 이에 대한 기본적 법리로 작용하였는데, 이 판결 내용은 당해 주 판례(이 사건에서는 뉴욕주 판례)는 diversity 사건에 있어 연방법원을 구속하지 못한다는 것이며[즉, 연방법원은 주의 제정법(state statutory law)은 따라야 하지만 주의 보통법(state common law)은 따르지 아니한다], 이 판결이 Erie 법리가 나오기 전까지 diversity 관련사건의 적용법리에 대한 기준으로 그 기능을 하였던 것이다.

이러한 판결이 나오게 된 배경은 1789년의 연방법원조직법 제34조(현재의 28 U.S.C. §1652)에 있는 "The laws of the several states"에 대한 해석문제에서 비롯되었다.

Swift 판결에서는 여기의 state "laws"에는 일반적인 주 보통법(state general common law)이 포함되지 아니한다고 해석하였다. 그 결과 연방법원은 연방법원의 일반적인 보통법(federal general common law)을 따를 수 있었고 또한 따랐던 것이다.

그런데, Swift 판결에 의한다 하더라도 연방법원은 주 법률(statutes)과 지방 보통법(local common law)[1]에는 기속되었다.

이러한 Swift 판결 이후 나온 Erie 판결은 적용법에 있어 많은 변화를 초래하였다.

한편, 위 Erie사건에 대한 사실관계는 다음과 같다.

Tompkins(P)은 펜실베이니아 시민인데, 뉴욕에 주소지를 가진 Erie Railroad (D)를 상대로 하여 diversity jurisdiction을 근거로 뉴욕의 연방지방법원에 손해배상청구소송을 제기하였다. 이 사건의 경위는 원고가 펜실베이니아 주에서 피고 소유의 지나가던 기차의 무엇인가에 부딪혀서 오른팔을 심하게 다치게 된 사건이다.

이에 원고는 위 사건을 뉴욕에 있는 연방지방법원에 제소를 하였는데, 이는 펜실베이니아법에 의하면 원고는 불법침입자(trespasser)이고 그 경우 피고는 오로지 중과실(wanton negligence)[2]이 있는 경우에만 책임을 지도록 하고 있다. 이에 반해 연방의 일반법은 단지 일반과실(ordinary negligence)이 있으면 철도회사가 책임을 지도록 하고 있었다. 연방법원 판사는 연방 일반법에 의하여 평결하도록 배심원에게 설시하였고 그 결과 원고가 승소하게 되었다. 그 후 피고가 항소하였으나 기각되었다. 다시 피고는 연방대법원에 상고를 하였다.

이에 대하여 연방대법원은, (ⅰ) 위 1789년의 연방법원조직법 제34조(현재의 28 U.S.C. §1652)에 있는 "The laws"에는 주의 법률(statutes)이나 주 지역적 보통법(state local common law)뿐만 아니라 주 일반적 보통법(state general common law)도 포함된다고 보는 것이 상당하고, (ⅱ) Swift 판결에 의하면, diversity 소송이 원래 주 법원의 차별을 방지하기 위함인데, 오히려 비시민(noncitizen)과 시민

---

1) 예컨대, 주 내의 부동산의 권리에 관한 주 common law를 말한다.

2) 미국법의 불법행위법에서의 과실은 크게 일반과실과 중과실로 나뉜다. 전자는 negligence, ordinary negligence, simple negligence, inadvertent negligence 등으로 표현되며, 후자는 gross negligence, reckless negligence, wanton negligence, willful negligence 등으로 표현된다.

(citizen)간의 중대한 차별적 결과가 발생되며[즉, 비시민에 의하여 그들에게 가장 유리한 재판적을 위한 재판적 구입현상(forum-shopping)이 초래된다], (iii) 연방헌법이나 법률에서 규율하는 사항을 제외하고는 원칙적으로 일반사건에 적용되는 법은 주 법(state law)인데, 즉, 연방헌법은 연방법원에 주 헌법이나 주 법률에 우선하는 일반적인 연방보통법(federal general common law)을 만들 권한을 부여하지 아니하였고, 또한 연방의회 역시 불법행위나 상거래에 있어 주에 적용할 보통법을 선언할 권한을 가지고 있지 아니한다 할 것이므로, diversity 사건에서 연방법원은 연방법원이 위치한 주법원에 의하여 적용되어질 법을 따라야 한다고 판결하였다.

이와 같이, Erie 판결에 의하여 diversity jurisdiction 사건의 경우 연방법원은 당해 주의 실체법을 적용하여야 함에 반해 연방법원은 diversity 사건에서 연방절차법을 적용하여야 한다는 법리가 만들어졌다.

이러한 판례가 만들어진 이후, 실체법과 절차법의 구별과 관련하여 이를 보충하거나 구체화하는 판결[예컨대, Hanna v. Plumer, 380 U.S. 460 (1965) 판결 등]이 있었는데, 이러한 판례를 모두 감안하여 연방법원에서 적용되어져야 하는 법이 어떤 것인지에 대하여 이하에서 이를 구체적으로 살펴보고자 한다.

2. 당해 논점에 대한 연방법이 존재하는가?

연방법률이 적용되는지를 결정하는 데 있어, 당해 논점에 대한 연방법이 존재하는지를 확인해야 한다. 만일 연방법이 있는 경우에는 당해 연방법이 적용된다.

이와 관련된 판례를 보면, 연방대법원은 Hanna v. Plumer, 380 U.S. 460 (1965) 판결에서, 연방민사소송규칙 §4(d)(1)은 대체송달을 인정하고 있는데 당해 재판적의 주 법이 이러한 송달을 인정하지 아니하는 경우, 법원은 위 연방규칙을 적용할 수 있다고 판시하였다.

3. 만일 당해 논점에 대한 연방법(federal law)이 존재하지 아니하는 경우, 당해 쟁점이 실체적인가 아니면 절차적인가?

당해 논점에 대한 연방법이 없는 경우, 연방법원 판사는 당해 쟁점에 대하여 주법(state law)의 적용을 거부할 수 있는가? 이는 당해 쟁점에 대한 법이 실체법인지 아니면 절차법인지 여부에 달려 있다. 만약 실체적인 문제라면 연방법원 판사는 diversity 사건에서 주법을 따라야 하고, 그렇지 않고 절차적인 문제라면 연방법원 판사는 당해 주법을 따르지 않아도 된다 할 것이다.

(1) 당해 쟁점의 성격이 실체적인지 절차적인지 여부가 명확히 확립되어 있는 경우

연방대법원은 그 성격이 실체법에 해당되는 것으로서, (i) statute of limitations(제척기간 내지 소멸시효 또는 공소시효)[3]와 rules for tolling statutes of limitations(시효중단 또는 기소중지),[4] (ii) 법 선택의 문제(choice of law rules),[5] (iii) 청구요건 내지 항변사항, (iv) 입증책임(burden of proof)에 관한 문제[6] 등을 인정한 바 있다.

(2) 당해 쟁점의 성격이 실체적인지 절차적인지 여부가 불명확한 경우

이 경우 연방대법원은 같은 쟁점에 대하여 다른 기준을 적용함으로써 통일된 기준을 가지고 있지 아니하고 있다.

현재까지 제시된 판단기준을 보면 다음과 같다.

첫 번째 기준은 결과발생기준설(outcome determination test)이다. 연방대법원은 Guaranty Trust Co. v. York, 326 U.S. 99 (1945) 판결에서 만약 당해 쟁점이 실체적으로 사건의 결과에 영향을 미친다면 당해 쟁점은 실체적이라고 판단하였다.

두 번째 기준은 이익비교설(interest balancing approach)이다. 연방대법원은 Byrd v. Blue Ridge Electrical Cooperative, Inc., 365 U.S. 525 (1958) 판결에서, 당해 법의 적용에 있어 연방법원과 주법원의 이익 중 더 큰 이익을 가진 쪽이

---

3) 이는 민사사건에서는 청구원인이 발생된 때(예컨대, 손해가 발생한 때 또는 발견된 때)를 기초로 하여 제소기간을 정한 법을 말하며, 형사소송에서는 범죄가 발생한 때를 기초로 하여 당해 범죄에 대한 공소제기기간을 정한 법을 말한다. 즉, 한국법의 관점에서 보면, 민법의 소멸시효 내지 제소기간을 의미하고 형사소송에서는 공소시효를 의미한다고 볼 수 있을 것이다.

4) Guaranty Trust Co. v. York, 326 U.S. 99 (1945).

5) Klaxon v. Stentor Electric Manufacturing Co., 313 U.S. 487 (1941).

6) Palmer v. Hoffman, 318 U.S. 109 (1945).

어디인지를 비교하여 판단하여야 한다고 판결하였다.

세 번째 기준은 불공정한 차별 회피설(forum shopping deterrence[7]) and avoiding inequitable administration of the laws)이다. 연방대법원은 Hanna v. Plumer, 380 U.S. 460 (1965) 판결에서, 연방법원이 당해 쟁점에 대하여 주법을 따르지 아니하여 사건들이 연방법원에 몰려드는 원인이 된다면, 즉 소송을 어디에 하느냐에 따라 차이가 발생한다면, 연방법원 판사는 당해 쟁점에 대하여 주법을 따라야 한다고 판결하면서 'forum shopping'과 '불공정한 법 적용'의 "회피"라는 두 가지 목적으로 고려하여야 한다고 언급하였다.

4. 실체적 성격과 절차적 성격 모두를 가지는 법

경우에 따라서는 주의 법률이나 규칙이 실체적 성격과 절차적 성격을 모두 가지기도 하는데, 연방사법조직의 필수적 요소인 경우(예컨대, 배심원, 판사, 항소심 등의 측면)에는 연방법이 적용된다고 보았다. 즉, 연방법의 우위성 원칙(supremacy of federal law)이 적용된다 할 수 있다.

연방대법원에서는 Gasperini v. Center for Humanities, Inc., 518 U.S. 415 (1996) 판결에서 다음과 같이 판시하였다.

주의 새로운 불법행위법(state tort reform law)이 새로운 재판(new trial)을 인정하는 기준을 완화하는 경우에는 연방법보다 더 쉽게 새로운 재판을 인정할 수 있게 되며, 주 고등법원은 새로운 재판을 하여야 하는지에 대한 결정을 하

7) "Forum shopping"이란 당해 사건에 있어 가장 유리한 재판권이나 법원을 골라 원고가 제소하거나 피고가 이송하는 것을 말하는데, 이를 표현하는 데 있어 "유리한 재판적 선택"이 적절하지만 경우에 따라서는 그대로 "forum shopping"로 사용하는 것이 이해하는 데 적절할 수도 있으므로 본서에서는 병용하여 사용하기로 한다(위 "forum shopping"을 '법정지탐색'으로 칭하기도 한다).

원래 헌법입안자들은 연방법원을 서로 다른 주의 시민들 간의 분쟁에 있어 더 중립적인 재판적을 제공하는 주 법원에 대한 대안으로서 만들었던 것이지 연방법원이 제소된 분쟁을 결정함에 있어 다른 법을 적용하도록 의도하였던 것은 아니었다. 따라서 당사자는 주법을 적용하는 주법원과 연방법을 적용하는 연방법원에 터잡아 그들의 사건에 있어 더 나은 결과를 얻기 위하여 주법원과 연방법원 간에 forum shopping을 해서는 아니 되는 것이었다. 이러한 헌법의 기본 원리를 구현한 것이 바로 Erie 판결이라고 할 수 있다. 즉, 연방법원은 주의 제정법뿐만 아니라 보통법도 따르도록 한 것이다. 이 판결 이전까지는 forum shopping이 많이 유행하였었다.

게 된다. 이러한 주법하에서의 diversity 사건의 경우 새로운 재판의 인정기준은 실체적인 성격이라 할 수 있고 그 결과 연방법원은 새로운 재판을 인정하는 기준으로 주법을 따라야 한다. 그러나 주 고등법원이 새로운 재판을 하여야 하는지에 대해 결정을 하는 것은 절차적 성격이라 할 수 있으므로, 연방지방법원은 주 고등법원이 아닌 주법의 기준을 사용하여 새로운 재판을 결정하여야 하는지를 결정하여야 한다.

5. 주 법에 대한 해석

연방법원은 주의 최고법원인 대법원에 의하여 적용되어지는 주의 실체법을 적용하여야 한다. 만일 주법원이 연방법원의 판결에 앞서 당해 쟁점에 대하여 판결한 바가 없거나 당해 쟁점에 대한 판결이 너무 오래되었거나 현재의 다른 재판권의 판결들과 다른 경우에는 연방법원은 당해 사건에 대한 판결을 함에 있어 다른 재판권의 법을 고려할 수 있다.[8] 그러나 당해 쟁점에 대한 연방법원의 중점은 만일 당해 쟁점이 주의 최고법원에 계류되었다면 주 최고법원이 판결할 것을 결정하는 일이라고 할 것이다.

(1) 연방지방법원의 판결에 대한 새로운 심사

연방대법원은 항소심에 있어 연방고등법원은 연방지방법원의 주법에 대한 결정을 새롭게 심사하여야 한다고 판결하였다.[9]

(2) 이후의 주법원의 판결

당해 쟁점에 대하여 연방법원이 결정을 한 이후 주 최고법원이 판결을 하는 경우, 연방지방법원의 결정은 주 최고법원의 새로운 결정에 맞추어 당해 쟁점에 대하여 결정하여야 한다.[10]

---

8) Lehman Bros v. Schein, 416 U.S. 386 (1974).

9) Salve Regina College v. Russell, 499 U.S. 225 (1991).

10) Thomas v. American Home Products, Inc., 519 U.S. 913 (1996).

Ⅱ. 연방사건의 경우 주법원에서 적용되는 법

연방사건이 주법원에 청구된 경우 어떤 법이 적용될까.

이 문제는 원칙적으로 앞에서 본 바와 반대로 생각하면 된다. 즉, “reverse-Erie” 법리를 적용하면 될 것이다. 이에 의하면 주 법원은 자신의 절차법을 적용하고 실체법은 연방법을 적용하게 된다.

그러나 연방법 우위의 원칙에 의하여 주의 절차법이 연방청구를 부당하게 간섭하는 경우 당해 사건에 대하여 주의 절차법이 적용되지 않을 수도 있다.

이에 관한 연방대법원 판결로는 Brown v. Western Railway of Alabama, 338 U.S. 294 (1949) 판결, Felder v. Casey, 498 U.S. 131 (1988) 판결 등이 있다.

7 聯邦法院과 州法院의 동시소송

1. 개　　요

연방법원과 주법원에 동일한 소송이 제기된 경우, 병존적 또는 양립적 재판권(concurrent jurisdiction)이 의하여 연방법원과 주 법원 사이의 잠재적 갈등이 야기될 수 있다. 이러한 문제는 연방주의와 관련된 문제라고 할 수 있다.

이와 같이 이중소송이 제기되는 경우 발생될 수 있는 재판권 갈등에 대하여 다음에서 살펴보기로 한다.

2. 먼저 선고한 판결에 의한 해결

"Full faith and credit" 조항[1]에 의하여 연방법원과 주법원은 서로 존중하여야 한다. 동시소송이 있는 경우 첫 번째 판결이 당해 사건에 있어 결과를 좌우하며, 쟁점에 대하여 어떤 법원의 판결이 우세할지 여부는 어떤 법원이 먼

1) 이는 "상호존중조항"이라고 표현될 수 있으며, 다음과 같이 두 가지 기능을 가지고 있다. 즉, 이 조항은 각 주가 독립된 국가적 성격을 띠고 있는 미국의 각 주에 대한 보충적 기능을 수행하는 조항이라 할 수 있다. 다시 말해, 각 주의 판결 등이 다른 주에서 그 효력이 인정되지 아니한다면 연방주의가 무너질 수 있고 또한 상호불신이나 소송낭비가 발생될 수 있기 때문이다. 이러한 조항은 무엇보다도 판결에 강제력을 부여하는 기능을 한다. 즉, 각 주는 다른 주법원에서 내려진 판결에 대하여 강제하도록 하고 있다. 이러한 기능이 원활해지도록 하는 uniform enforcement of foreign judgments act가 제정되었으며 이를 채택하고 있는 주가 39개 주에 이르고 있다. 다음으로는, 위 조항은 기판력 효과를 가지고 있다.

저 재판을 마치는지에 의하여 결정된다.

그러나, 주법원이나 연방법원에 관해 제기되는 문제는 판결이 먼저 선고되는 것을 막을 수도 있다는 점일 것이다. 이것은 주법원과 연방법원이 당사자들로 하여금 다른 법원에서 소송을 하지 못하도록 하는 권한을 가졌는지에 대한 문제를 제기한다.

3. 다른 법원에 대한 소송금지(injunctions)

우선, 주법원은, 연방법 우선의 원칙에 의하여, 당해 주에 위치한 부동산에 대한 주법원의 재판권을 보호하는 경우 외에는 연방소송을 금지할 수 없다.[2)]

다음으로, 연방법원은, 1789년 이래로 법률(28 U.S.C. §2283)에 의하여 주법원의 계속 중인(pending) 소송을 금지하는 것이 인정되지 아니한다.

다만, 연방법률에 의하여 표현되어 있거나[3)](예컨대 interpleader 규정의 경우)

---

2) Donovan v. Dallas, 377 U.S. 408 (1964).

3) 이 예외와 관련하여 가장 논란이 되고 있는 것은 어떠한 경우가 '명시적으로' 허용한 경우인가 하는 문제이다. 즉, (ⅰ) 연방법이 위 개정법률을 직접적으로 언급해야 하는가, 아니면 (ⅱ) 연방법이 '주법원 절차에 관한 명령을 허용한다'라고 규정해야 하는지, 또는 (ⅲ) 단지 '다른 절차는 중지되어야 한다'라고만 되어 있는 것으로 충분한지 여부 등이 쟁점이라 할 수 있다. 이에 대해 연방대법원은 Amalgamated Clothing Workers v. Richmond Bros Co., 348 U.S. 511 (1955) 판결에서 세 번째인 (ⅲ)방법을 채택하였다. 그리고 그 후 이러한 규정의 확대해석 경향은 계속되었다. 예컨대 Studebaker Corp. v. Gittlin 판결을 보면 다음과 같다. 이 판결의 사안은, Gittlin이 주법에 근거한 위 회사의 주주명부검사청구를 주법원에 제기하자 위 회사는 이 청구가 연방법인 S.E.C.에 어긋난다고 하여 연방법원에 주법원의 절차에 대한 injunction을 청구한 것이었는바, 이에 대하여 연방법원은 'S.E.C.가 증권거래위원회에게 위 법에 어긋나는 행위의 중지명령을 내릴 수 있도록 규정하고 있다'는 이유로 위 회사의 청구를 인용한 것이다. 그러나 이 판결의 해석은 다소 의제적인 측면이 있다. 왜냐하면 위 법이 중지명령을 허용한 것은 위 법에 어긋나는 '행위'에 대한 것이지 '법원절차'가 아니었으며, 그 중지명령의 주체도 위 '위원회'로 한정되었음에도 이를 '법원'으로 확대해석한 것이기 때문이다. 또 다른 예로는 1972년의 Mitchum v. Foster 판결을 들 수 있다. 이 사건의 사안을 보면, 플로리다 주의 주법원에 의해 어느 서점이 공공질서를 해친다고 폐쇄명령이 내려지자 서점주인은 연방법원에 위 명령이 연방헌법상의 표현의 자유의 침해라고 주장하면서 연방법인 민권법(the Civil Rights Act)을 근거로 위 명령에 대한 injunction을 청구한 것인데, 이에 대해 연방대법원은 민권법의 규정에 따르면 "연방헌법상의 민권을 침해받은 자는 법이나 형평소송을 통

연방법원의 재판권의 도움에 필요한 경우[4] 또는 연방법원의 판결을 보호하거나 발효시키기 위한 경우[5]에는 금지하는 것이 가능하다. 그 결과 연방법원과 주법원 사이에 재판권의 충돌이 발생하는 경우, 연방법원은 주법원의 소송을 금지할 수 있는 실질적인 권한을 가지고 있는 것이다. 그러나, 위와 같은 세 가지 예외사항에 있어서의 연방법원의 주법원에 대한 소송금지권한의 행사에 대하여 불개입의 여러 원칙들이 발전하고 있다.

한편, 주법원의 형사소송절차가 아직 시작되지 아니한 경우, 즉 임박한 주 형사기소절차는 명백하고 임박하여 회복불가능한 손해를 방지할 필요성이 있는 경우와 항소심에서의 구제가 불충분한 경우에 한하여 중지될 수 있다. 다만, 이러한 중지는 표현의 자유 또는 집회의 자유 등이 주 형사절차에 의하여 위협을 받아야 하고 이러한 기소가 악의(bad faith)가 있거나 괴롭힐 목적이 있는 경우라는 사실이 입증된 경우 이외에는 거의 인정되지 아니한다.

해서 침해자에게 그 구제를 청구할 수 있다"라고 되어 있다는 것을 근거로 이를 인용하였다. 이 사건에서 문제된 것은 위 민권법의 명문규정에 중지명령 등에 대한 명시적 표현이 없음에도 불구하고 이를 명문규정으로 인정하였다는 점인데, 연방대법원은 입법연혁과 취지를 함께 해석하여야 한다고 하면서 이를 긍정적으로 보았던 것이다.

4) 이는 사건이 이미 연방법원에 이송된 경우나 연방법원에서 사건을 먼저 심리하기 시작하였는데 주법원에서 동시에 이를 심리하는 경우에 연방법원의 재판권을 보호하기 위하여 주법원의 절차에 대한 간섭을 허용한 원칙이다. 그런데 사건이 이송된 경우는 명문상 간섭이 허용되어 있기도 하고 post-removal injunction으로 해결이 가능하기 때문에, 존재의의가 큰 것은 후자이다. 그러나 후자의 경우는 모든 사건에 대해 위 명령이 허용되는 것은 아니고, 대물적 재판권소송에 대해서만 허용된다. 이것은 대물적 재판권소송의 경우에는 대상물건이 존재하기 때문에 재판권보호의 필요성이 크다는 것을 이유로 하고 있는 것이다[Klein v. Burke Con. Co. 260 U.S. 226 (1922)]. 따라서 대인적 재판권소송에서는 연방법원과 주법원에서 동시에 소송이 진행될 때에는 먼저 나오는 판결이 기판력을 가지게 되어 우선적 효력을 발휘한다. 다만. 최근에 들어 보험사건에서 대인적 재판권소송임에도 불구하고 주법원에 대한 간섭을 허용하는 판결이 나오고 있지만 위와 같은 원칙을 명시적으로 폐기하지는 아니하였다 할 수 있다.

5) 이는 이미 그 사건에 대해 연방법원이 판결하였음에도 다시 주법원에 사건이 제기된 경우에 주법원의 절차에 대한 명령을 인정한 것이다. 이는 연방법원판결의 최종성과 합법적 권위의 보호를 위해 인정된 것이라고 할 수 있다.

4. 연방법원의 불개입(abstention)의 원칙

(1) 개 요

이 원칙은 연방법원이 주법원과의 불필요한 충돌이나 마찰을 피하기 위하여 주법의 해석이나 주의 내부적인 행정영역에 관한 사항에 대해서는 주법원으로 하여금 스스로 판단하게 하고 연방법원의 판단을 자제하는 것을 내용으로 한다.

이는 입법으로 규정됨으로써 시작된 것이 아니라, 불필요하게 주법원을 간섭하는 것을 원하지 않는 연방법원의 전통적인 태도에서 유래된 것이다. 또한 주 법이나 주 행정의 내부문제에 대해서 연방법원이 판단할 경우 오류가 생길 가능성이 높은 점도 이 원칙의 생성원인이 되었다.

그러나 1960년대 중반에 이르러서는 연방대법원이 이 원칙의 적용범위를 줄여서 이미 소송이 지나치게 지체되었거나 이 원칙의 적용에 따라 지체될 우려가 있을 때거나, 주법원이 이미 그 사항에 대하여 판단을 내린 바 있다든가, 주법이 명확하여 그에 대한 주법원의 판단을 기다릴 필요가 없다든가, 중대한 인권문제가 개입되어 있다든가, 주법상의 문제의 개재 정도가 경미하다든가 하는 때에는 이 원칙을 적용하지 않았다.

결국 이는 연방주의의 한 모습이라고 할 수 있다.

한편, 연방법원의 자제는 연방 재판권의 포기(abdication)가 아니라 단지 재판권행사의 정지(postponement)라는 점을 주의할 필요가 있다.[6] 즉, 자제가 적절한 경우의 사건에 있어, 연방법원은 통상적으로 연방사건을 기각(dismiss)하기보다는 정지(stay)하여야 한다.

그러나 이 원칙이 이념적으로는 위와 같이 이상적일지 모르나 현실적으로는 소송의 지체라는 결정적인 단점이 따른다.

다음에서는 이 원칙에 관한 자제기준에 대하여 살펴보고자 한다.

(2) "Pullman" 기준

이 기준은 연방소송이 주법이 위헌이라고 이의제기하였으나 관련된 주법의 쟁점이 불명확한 경우 적용된다.

---

6) England v. Louisiana Board of Medical Examiners, 375 U.S. 411 (1964).

이러한 불명확한 주법의 쟁점들은 일반적으로 두 가지 형태인데, 그 중 하나는 이의제기된 주법이 주법원에 의하여 합헌이라고 해석되는 경우이며, 다른 하나는 주법의 문제로서 당해 법이 유효하지 아니하다고 주장될 수 있는 경우이다. 주법의 판단은 주법에 근거하고 있는 원고에게 승리를 가져다 주며, 그 결과 연방법원의 헌법적 이의에 대한 판단을 불필요하게 만든다. 이러한 자제의 형태는 주법원에 소송계속이 되지 않는 경우에도 적용된다. 따라서 원고들은 이러한 판단을 얻기 위하여 주법원에 다른 소송을 제기하여야 하며, 이후에 원고들이 당해 쟁점에 대한 판단에서 패소하게 되면 원고들은 연방헌법청구를 주장하기 위해 연방법원으로 되돌아 갈 수 있다.

이러한 부분적 자제의 형태를 Pullman 형태의 자제기준이라고 한다. 즉, 이것은 Railroad Commission of Texas v. Pullman Co., 312 U.S. 496 (1941) 판결에서 만들어진 기준이다.

이 사건에서 연방대법원은 '주법의 규정이 모호하므로 그에 대해 주법원이 해석을 내릴 때까지 연방법원은 그 해석을 유보하는 것이 상당하다'고 판결하였다.

이 판례는 연방법원 불개입 원칙에 관한 가장 중요한 사건이다. 즉, Pullman 기준은 주법원에 주법에 기초한 원고의 문제를 우선적으로 다루는 기회를 부여한다는 점에서, 위 기준은 주법원과 연방법원 사이의 조화를 촉진한다는 평가받고 있다.

그러나, 이러한 판례의 정신을 그대로 따를 경우 너무 많은 시간이 소요되므로, 이후 다음과 같은 여러 가지 예외가 설정되었다.

첫째, 주법에 대한 쟁점이 발생하는 경우 당연히 연방법원 불개입원칙이 적용되는 것은 아니며, 이는 당해 연방법원의 재량사항이고 특히 특별한 사정이 존재하는 경우 주법원에서 재판을 할 수 있는데 이는 case-to-case로 결정된다.[7]

둘째, Pullman 요건이 충족되더라도 지나친 지연으로 인하여 권리자의 헌법상 권리가 침해될 우려가 있으면 예외로 한다.[8]

---

7) Baggett v. Bullitt, 377 U.S. 360 (1964): "The abstention doctrine is not an automatic rule applied whenever a federal court is faced with a doubtful issue of state law; it rather involves discretionary exercise of court's equity powers."

8) Zwickler v. Koofa, 389 U.S. 241 (1967).

셋째, 연방법원은 주법의 쟁점이 발생할 때마다 반드시 불개입원칙을 적용할 필요는 없으며, 불개입원칙은 주법의 쟁점이 불명확한 경우에만 적용될 뿐이다.[9]

(3) "Younger" 기준

연방법원은 일반적으로 계속중인 주의 형사절차(pending state criminal proceedings)를 금지할 수 없다는 원칙이 Younger v. Harris, 401 U.S. 37 (1971) 판결에 의하여 확립되었다. 다만, 악의가 있거나 괴롭힐 목적의 기소라는 사실이 입증되는 경우에는 연방법원은 주 법원의 형사소송절차를 중지할 수 있다.

이 경우의 소송계속 중이라는 의미는 연방법원이 본안절차를 시작하기 전인 경우에는 주법원의 절차는 소송계속 중에 있다는 것을 말한다. 그러므로 피의자로서의 입건은 무관하다 할 수 있다.

또한 연방법원은 주의 행정소송절차나 민사소송절차가 중요한 주의 이익과 관련되고 소송계속 중인 경우에는 위 절차를 중지하는 것을 자제해야 할 것이다.[10]

(4) Colorado River 기준

같은 쟁점에 대하여 주법원과 연방법원에 동시소송이 계속 중이고 Younger 기준이나 Pullman 기준이 적용되지 아니하는 경우, Colorado River 기준이 적용될 수 있다.

이는 Colorado River Water Conservation District v. U.S., 424 U.S. 800 (1976) 판결에서 성립된 기준으로서, 연방대법원은 이 판결에서, 연방재판권의 행사의 자제는 예외(exception)에 불과하지 법리(rule)가 아니며, (ⅰ) 권리보호이익이 없는(be mooted)[11] 연방헌법적 쟁점이 제시된 사건 또는 주법원의 주법에

---

9) Reetz v. Bozanich. 397 U.S. 82 (1970): "Abstention is not necessary whenever federal court is faced with question of local law; the rule should be applied only where the issue of state law is uncertain."

10) Judice v. Vail, 430 U.S. 327 (1977); Pennzoil Co. v. Texaco, Inc., 481 U.S. 1(1987).

11) Mootness와 Tipeness의 관계

Mootness는 연방법원이 당해 사건에 대한 심사를 하는 모든 단계에 있어 당해 사건이 실제로 다툼의 상태에 있을 것을 요구하는 것인 데 반해(a real, live controversy), ripeness는 원고가 손해를 입었거나 입을 위험에 처해 있지 아니하면 연방법원이 당해 사건에 대

대한 적절한 판단에 의하여 여러 가지 형태로 나타나는 연방헌법적 쟁점이 제시된 사건의 경우,[12] (ii) 소송중인 사건에서의 결과를 초월하는 중요한 공익적 취지를 가진 정책문제를 내포하는 어려운 주법의 쟁점이 제시된 경우,[13] (iii) 주법이 유효하거나 악의나 괴롭힐 목적이 없음에도 불구하고 연방재판권이 주 형사절차를 금지할 목적으로 행사되는 경우[14]에 한하여 연방재판권의 자제라는 예외가 인정되며, 또한 극히 예외적인 상황하에서만 인정될 수 있는 합리적인 사법정책(wise judicial administration)적 고려에 의하여 연방법원의 재판권이 기각될 수 있다고 판시하였다.

하여 심리를 할 수 없게 되는 것을 말하는바, 양자는 모두 분쟁가능성이 없다는 점에서는 동일한 측면을 가지고 있으나, mootness는 사건이 해결된 이후의 현상에 대한 것이고 ripeness는 사건이 발생하기 전의 현상에 대한 것이라는 점에서 양자는 차이가 있다. 이러한 양자를 한국법의 관점에서 바라보면, mootness는 "권리보호이익의 부존재"를, ripeness는 "권리침해의 현재성 내지 직접성의 부존재"를 뜻한다고 보면 이해가 쉽게 될 것이다.

12) Railroad Commission of Texas v. Pullman Co., 312 U.S. 496 (1941).

13) Louisiana Power & Light Co. v. City of Thibodaux, 360 U.S. 25 (1959).

14) Younger v. Harris, 401 U.S. 37 (1971).

제6편 | 맺 음 말

지금까지 살펴본 내용을 종합하여 보면, 헌법입안자들이 미국이라는 새로운 나라를 어떻게 구성하고 운영할 것인가에 대하여 많은 고민을 한 끝에 연방헌법을 제정하였음을 알 수 있다.[1] 그리고 1789년에 제정된 위 연방헌법상의 통치구조는 지금까지 변화 없이 유지되어 오고 있다.

그런데, 이와 같이 미국의 경우 200년 이상 통치구조부분에 대한 본질적인 변화 없이 유지되어온 배경은 무엇일까.

연방헌법을 제정할 당시의 헌법입안자들은 대통령의 권한을 너무 강하게 하면 국민의 자유를 위협할 것이고 너무 약하게 하면 정부로서의 기능을 수행하는 데 어려움이 발생할 것이므로, 이에 대하여 균형을 어떻게 이룰 것인가에 대하여 많은 논의를 하였다. 그 결과 대통령의 권한에 대하여는 윤곽만을 만들기로 하여 연방헌법 제2장이 만들어진 것이다. 이를 자세히 보면, 많은 영역이 불명확하게 되어 있음을 발견할 수 있다. 이는 미국의 대통령제가 이론적 결과물이 아닌 현실적인 운용과정에서 만들어지는 것을 예정하고 있었음을 의미한다 할 수 있다. 이에 대통령직을 맡게 된 자가 어떻게 하느냐에 따라 그 권한이 사실상 결정된다고 할 수 있으며, 이 경우 권한의 남용이 있을 수 있기에 의회에 의한 견제를 받도록 연방헌법에서 자세히 규정하였던 것이다. 즉, 대통령의 권한은 당해 대통령직을 수행하는 자의 능력과 직무의 결과에 따라 좌우될 수 있도록 헌법에서 자세하게 규정하지 아니하고 있음에 반해, 이러한 대통령의 직무수행의 남용의 결과의 발생을 방지하기 위하여 의회에 여러 가지 견제권한을 헌법에서 자세하게 규정하여 부여하고 있는 것이다. 그 결과 연방헌법규정만을 보고서 대통령의 권한을 정의하거나 규정하는 것은 그 실체를 정확히 파악하기 어렵다 할 수 있는데, 이러한 점이 미국대통령의 권한에 대한 특징이라 할 수 있다.[2]

1) 이는 대한민국이 건국시에 논의된 부분이기도 하다. 그 결과 의원내각제로 할지 대통령중심제로 할지 논의되다 결국 대통령제를 채택하였으나 얼마 있지 아니하여 의원내각제로 변경되고 다시 대통령제로 변경되는 등 통치구조에 있어 많은 변화가 있었고, 2007년에도 한국헌법의 통치구조 특히 대통령부분을 개정하고자 하는 논의가 있었다.

2) 이에 수많은 나라들이 미국의 대통령제를 채택하였으나 이들 국가들이 독재로 흐르거나 정국혼란 등으로 이어진 것은, i) 미국의 대통령제가 헌법규정에 의한 권한 행사가 아닌 현실적인 직무수행으로 지금도 계속적으로 만들어지고 있다는 점, ii) 대통령의 권한행사에 대하여 견제할 수 있도록 만들어진 의회의 구체적 권한, iii) 연방주의에 따른 주정부와의 관계, iv) 판례가 기본적 *法源*으로 인정되는 common law 법체계라는 점 및 그 결과

이처럼 연방헌법에서는 대통령에 대한 견제를 의회가 하도록 규정하였으나 이후 연방대법원은 판례를 통하여 입법부뿐만 아니라 사법부 또한 대통령을 견제할 수 있다고 함으로써 결과적으로 오늘날과 같이 3권이 견제와 균형의 관계를 가지게 되었다.

결국, 미국헌법에 흐르는 중요한 가치는 견제와 균형을 내용으로 하는 권력분립의 원리라고 할 수 있는데, 이는 앞에서 본 바와 같이 대통령에 대한 입법부와 사법부에 의한 견제와 균형을 예산안편성부분, 군 통수권부분, 의회조사권 등에서 이를 확인할 수 있다. 즉, (1) 예산안과 관련하여 보면, 예산안은 법률과 같은 성격을 가졌기에 연방의회에서 편성하고 심의, 결정한 후 대통령에게 보내는 것으로, 일반 법률안의 입법과정과 동일하다 할 수 있으며,[3] 그 결과 대통령과 행정부의 권한행사는 의회의 예산통제권에 의하여 실질적으로 견제되어지고 있는 것이다. (2) 미국헌법에서 가장 논란이 많이 되는 부분이 군지휘권 내지 사용권이라 할 수 있는데, 이는 지금까지도 문제가 되고 있다. 즉, 연방헌법 제2장 제2조는 대통령이 육해군의 총사령관이라고 규정하고 있을 뿐임에 반해 제1장 제8조에는 의회가 전쟁선포권(선전포고권), 육군의 모집·유지권한, 해군창설·유지권한 등을 가지고 있으며, 군관련 예산권을 가지고 있다고 규정하고 있다. 이와 같이 헌법규정으로만 본다면 의회가 실질적인 군통수권을 가진다고 볼 수도 있으나, 지난 약 200년간 대통령은 의회의 사전 승인 없이 외국에 대해 군사력을 사용한 경우가 상당히 많았다. 특히 방어적 전쟁수행권은 지금까지 폭넓게 인정되어 오고 있다. 따라서 군 사용권에 대하여도 대통령과 의회 사이에 견제와 균형의 원리가 적용되고 있음을 알 수 있다.

사법부에 의한 행정부와 입법부에 대한 실질적 견제가 이루어지는 점(즉, 법의 지배가 실질적으로 이루어진다는 점) 등을 고려하지 아니한 채 헌법규정에 의하여 대통령 권한을 부여하거나 정의하였기 때문이라 할 수 있다.

3) 이에 반해 한국의 경우 예산안을 법률과 성격이 다른 것으로 보고 그 편성권을 행정부에 부여하고 있고 국회는 심의, 확정기능만을 부여하고 있다. 그런데 의회가 행정부를 견제하는 중요한 수단으로는 입법권 등 이외에 예산권이 그 기능을 수행할 수 있는데, 이에 대한 실질적 부분인 그 편성권(이는 입법에 있어서의 법률안제출권과 같은 의미를 가지고 있다)을 행정부만이 가지도록 한다면 한국의 경우에는 예산권을 입법부가 아닌 행정부가 가지고 있다고 볼 수 있을 것이다. 그 결과 행정부의 집행에 대한 실질적인 견제가 이루지기 어렵고 예산낭비적 행정행위를 통제하는 데 그 한계를 가지게 된다고 할 것이다.

(3) 연방헌법에 명시된 것은 아니지만 연방대법원에 의하여 인정된 의회조사권과 탄핵소추 및 심판권과 해임권에 의하여 권력분립의 원리가 적용되고 있다.

또한, 이러한 견제와 균형의 원리는 연방정부와 주정부의 관계에서도 적용되고 있는데, 이를 보면, 연방정부와 주정부가 각각 주권을 가진다는 점과 어느 일방이 타방에게 일방적으로 관여할 수 없도록 헌법에 규정되어 있다는 점에서 이를 확인할 수 있다. 구체적으로 살펴보면, 일반 행정사항에 대하여는 주정부가 권한을 가지고 있고 이에 대한 연방정부의 견제는 주간 통상조항에 기초하여 이루어지고 있는 것이다. 경우에 따라서는 지나친 연방정부의 관여에 대하여 연방대법원이 이를 견제하고 있음을 알 수 있다.

한편, 미국에서의 법(law)이라고 하는 경우 여기에는 의회에 의한 제정법이나 위임에 의한 행정부의 행정규칙뿐만 아니라 법원의 판결에 의한 판례법도 해당되는바, 여기에서 법원의 판례에 의한 의회의 법률이나 행정부의 행정규칙에 대하여 권력분립의 작용이 이루어지고 있음을 알 수 있다. 즉, 의회의 입법이나 행정부의 행정규칙이 헌법에 위배된다고 판단되는 경우 이를 무효로 할 수 있다는 점에서 법원에 의한 실질적 견제가 이루어지는 것이다.

이처럼 판례법의 법원성은 단순히 사건에 대한 기준일 뿐만 아니라 권력분립의 기능으로 작용하고 있음을 발견할 수 있다.

또한 법원간에도 권력분립의 기능이 작용하고 있음을 발견할 수 있다. 우선, 연방법원과 주법원간의 재판권의 분리는 연방정부와 주정부의 연방주의와 마찬가지로 권력분립적 현상으로 나타난다. 특히 연방법원과 주법원에 동일한 소송이 동시에 계류 중인 경우 이를 어떻게 처리할 것인가는 연방주의 또는 권력분립적 기능의 예가 됨을 알 수 있다. 또한 연방검찰과 주검찰의 관계도 마찬가지라고 할 수 있다. 다음으로, 재판 자체와 관련하여 보면, 판사의 판결권에 대한 권력분립적 기능으로 배심제도를 들 수 있다. 그 결과 당사자가 원하는 경우에는 판사재판이 아닌 배심재판을 허용함으로써 판결권의 민주주의화가 실현되도록 한 것이라고 볼 수 있을 뿐만 아니라 판사와 시민간의 판결권에 대한 견제와 균형의 원리가 작동하게 되는 것이다. 또한 민사사건에서는 당사자간의 합의 등과 같은 분쟁대체수단과 discovery를 통한 실질적 분쟁해결에 의하여 판사가 아닌 당사자간에 분쟁해결이 이루어짐으로써 판사에 대한 소송당사자의 견제와 균형의 원리가 이루어지며, 형사사건에서는 plea bargaining에 의하여 검사와 피고인간의 합의에 의해 사건해결이 이루어지도록 함으로써 판사에 대한 권력분립의 원칙이 적용되고 있음을 알 수 있다. 그리고 판사에 대하여도 그 선발에 있어 한국과 같이 임명직만이 있는 것이 아니라 선거를 통한 선출을 비롯한 여러 가지 방법을 통하여 선출하고 있음을 알 수 있는데, 이 역시 민주주의 또는 권력분립의 원리[4)]가 적용되고 있다고 할 수 있다. 이는 검사에게도 마찬가지라고 할 것이다.

이와 같이 본서에서는 미국법의 기본원리인 견제와 균형을 내용으로 하는 권력분립의 원칙[5)]이 연방정부 기관 상호간, 연방정부와 주정부 상호간, 연방법원과 주법원 상호간, 사법부 내의 판사와 검사를 포함한 당사자 상호간에 어떻게 구체적으로 실현되는지를 살펴보았다.

요컨대, 미국헌법과 *法源*, 그리고 사법제도는 인간에 대한 불신과 이에 대한 견제를 어떻게 할 것인지에 관해 극명하게 보여주고 있다. 즉, 통치구조나 재판 등에 있어 그 제도가 중요하다 할 수 있으나 결국 이를 운용하는 것은 제도 자체가 아니라 사람이라는 점에서 이들을 선출하는 등 다양한 방법으로 민주주의 또는 권력분립 원리의 작용이 이루어지도록 함으로써 각 기관 및 제도간의 견제와 균형이 이루어지도록 하고 있는 것이다.[6)]

끝으로, 각 개별법들에 대하여는 본서의 후속편에서 다루고자 한다.

---

4) 민주주의와 권력분립의 원리간의 관계가 문제되는데, 이에 대하여 권력분립의 원리는 자유주의적 원리라고 보아 민주주의와 대칭되는 원리라고 보는 견해도 있으나, 민주주의는 권력분립의 원리와 상호불가분의 관계에 있다 할 것이다. 우선, 민주주의는 임명직이 아닌 시민의 의견에 따른 담당자나 지도자를 선출하여 상급자(예컨대, 대통령이나 장관 또는 주지사)와 선출된 자 사이의 수직적 지시관계가 아닌 독립적이면서 협력적 관계를 구축하게 하여 권력의 독점을 방지한다는 점에서, 즉 권력분립의 방법으로서 그 의의를 가진다고 할 수 있으며, 다음으로, 민주주의가 제대로 실현되기 위하여는 시민들에 의하여 선출된 자가 독재자나 왕권에 의한 권력집중 또는 절대권력을 가지지 아니하도록 하기 위해서는 권력을 분산시켜야 할 필요성이 있다는 점에서 권력분립의 원리는 민주주의를 실현하는 방법으로서 의미를 가진다고 할 수 있다. 따라서, 민주주의와 권력분립의 원리는 독립적이며 대립적 개념이 아닌 상호의존적 개념이라 할 것이다.

5) 연방주의는 권력분립의 원칙이 연방정부와 주정부에 반영되는 원리라고 할 수 있다는 점에서 권력분립의 원리에 포함된다고 볼 수 있을 것이다.

6) 이를 정치학적 관점에서 평가하기도 한다[한병진, 미국 헌정질서, 법치, 민주주의의 삼위일체: 애커만의 이중 민주주의론을 중심으로, 대한정치학회보(14집 3호), 19면 내지 36면; 박성우, 민주주의와 헌정주의의 갈등과 조화: 미국헌법 해석에 있어서 원본주의 논쟁의 의미와 역할, 한국정치학회보(40집 3호)].

부 록

U.S. Constitution

TITLE 28 U.S.C.

MARBURY v. MADISON 판결

HOFFMAN v. JONES 판결

U.S. Constitution

We the People of the United States, in Order to form a more perfect Union, establish Justice, insure domestic Tranquility, provide for the common defence, promote the general Welfare, and secure the Blessings of Liberty to ourselves and our Posterity, do ordain and establish this Constitution for the United States of America.

Article I.

Section 1.

All legislative Powers herein granted shall be vested in a Congress of the United States, which shall consist of a Senate and House of Representatives.

Section 2.

The House of Representatives shall be composed of Members chosen every second Year by the People of the several States, and the Electors in each State shall have the Qualifications requisite for Electors of the most numerous Branch of the State Legislature.

No Person shall be a Representative who shall not have attained to the Age of twenty five Years, and been seven Years a Citizen of the United States, and who shall not, when elected, be an Inhabitant of that State in which he shall be chosen.

Representatives and direct Taxes shall be apportioned among the several States which may be included within this Union, according to their respective Numbers, which shall be determined by adding to the whole Number of free Persons, including those bound to Service for a Term of Years, and excluding Indians not taxed, three fifths of all other Persons. The actual Enumeration shall be made within three Years after the first Meeting of the Congress of the United States, and within every subsequent Term of ten Years, in such Manner as they shall by Law direct. The Number of Representatives shall not exceed one for every thirty Thousand, but each State shall have at Least one

Representative; and until such enumeration shall be made, the State of New Hampshire shall be entitled to chuse three, Massachusetts eight, Rhode-Island and Providence Plantations one, Connecticut five, New-York six, New Jersey four, Pennsylvania eight, Delaware one, Maryland six, Virginia ten, North Carolina five, South Carolina five, and Georgia three.

When vacancies happen in the Representation from any State, the Executive Authority thereof shall issue Writs of Election to fill such Vacancies.

The House of Representatives shall chuse their Speaker and other Officers; and shall have the sole Power of Impeachment.

Section 3.

The Senate of the United States shall be composed of two Senators from each State, chosen by the Legislature thereof for six Years; and each Senator shall have one Vote.

Immediately after they shall be assembled in Consequence of the first Election, they shall be divided as equally as may be into three Classes. The Seats of the Senators of the first Class shall be vacated at the Expiration of the second Year, of the second Class at the Expiration of the fourth Year, and of the third Class at the Expiration of the sixth Year, so that one third may be chosen every second Year; and if Vacancies happen by Resignation, or otherwise, during the Recess of the Legislature of any State, the Executive thereof may make temporary Appointments until the next Meeting of the Legislature, which shall then fill such Vacancies.

No Person shall be a Senator who shall not have attained to the Age of thirty Years, and been nine Years a Citizen of the United States, and who shall not, when elected, be an Inhabitant of that State for which he shall be chosen.

The Vice President of the United States shall be President of the Senate, but shall have no Vote, unless they be equally divided.

The Senate shall chuse their other Officers, and also a President pro tempore, in the Absence of the Vice President, or when he shall exercise the Office of President of the United States.

The Senate shall have the sole Power to try all Impeachments. When sitting for that Purpose, they shall be on Oath or Affirmation. When the President of the United States is tried, the Chief Justice shall preside: And no Person shall be convicted without the Concurrence of two thirds of the Members present.

Judgment in Cases of Impeachment shall not extend further than to removal from Office, and disqualification to hold and enjoy any Office of honor, Trust or Profit under the United States: but the Party convicted shall nevertheless be liable and subject to Indictment, Trial, Judgment and Punishment, according to Law.

Section 4.

The Times, Places and Manner of holding Elections for Senators and Representatives, shall be prescribed in each State by the Legislature thereof; but the Congress may at any time by Law make or alter such Regulations, except as to the Places of chusing Senators.

The Congress shall assemble at least once in every Year, and such Meeting shall be on the first Monday in December, unless they shall by Law appoint a different Day.

Section 5.

Each House shall be the Judge of the Elections, Returns and Qualifications of its own Members, and a Majority of each shall constitute a Quorum to do Business; but a smaller Number may adjourn from day to day, and may be authorized to compel the Attendance of absent Members, in such Manner, and under such Penalties as each House may provide.

Each House may determine the Rules of its Proceedings, punish its Members for disorderly Behaviour, and, with the Concurrence of two thirds, expel a Member.

Each House shall keep a Journal of its Proceedings, and from time to time publish the same, excepting such Parts as may in their Judgment require Secrecy; and the Yeas and Nays of the Members of either House on any question shall, at the Desire of one fifth of those Present, be entered on the Journal.

Neither House, during the Session of Congress, shall, without the Consent of the other, adjourn for more than three days, nor to any other Place than that in which the two Houses shall be sitting.

Section 6.

The Senators and Representatives shall receive a Compensation for their Services, to be ascertained by Law, and paid out of the Treasury of the United

States. They shall in all Cases, except Treason, Felony and Breach of the Peace, be privileged from Arrest during their Attendance at the Session of their respective Houses, and in going to and returning from the same; and for any Speech or Debate in either House, they shall not be questioned in any other Place.

No Senator or Representative shall, during the Time for which he was elected, be appointed to any civil Office under the Authority of the United States, which shall have been created, or the Emoluments whereof shall have been encreased during such time; and no Person holding any Office under the United States, shall be a Member of either House during his Continuance in Office.

Section 7.

All Bills for raising Revenue shall originate in the House of Representatives; but the Senate may propose or concur with Amendments as on other Bills.

Every Bill which shall have passed the House of Representatives and the Senate, shall, before it become a Law, be presented to the President of the United States: If he approve he shall sign it, but if not he shall return it, with his Objections to that House in which it shall have originated, who shall enter the Objections at large on their Journal, and proceed to reconsider it. If after such Reconsideration two thirds of that House shall agree to pass the Bill, it shall be sent, together with the Objections, to the other House, by which it shall likewise be reconsidered, and if approved by two thirds of that House, it shall become a Law. But in all such Cases the Votes of both Houses shall be determined by yeas and Nays, and the Names of the Persons voting for and against the Bill shall be entered on the Journal of each House respectively. If any Bill shall not be returned by the President within ten Days (Sundays excepted) after it shall have been presented to him, the Same shall be a Law, in like Manner as if he had signed it, unless the Congress by their Adjournment prevent its Return, in which Case it shall not be a Law.

Every Order, Resolution, or Vote to which the Concurrence of the Senate and House of Representatives may be necessary (except on a question of Adjournment) shall be presented to the President of the United States; and before the Same shall take Effect, shall be approved by him, or being disapproved by him, shall be repassed by two thirds of the Senate and House of Representatives, according to the Rules and Limitations prescribed in the Case of a Bill.

Section 8.

The Congress shall have Power To lay and collect Taxes, Duties, Imposts and Excises, to pay the Debts and provide for the common Defence and general Welfare of the United States; but all Duties, Imposts and Excises shall be uniform throughout the United States;

To borrow Money on the credit of the United States;

To regulate Commerce with foreign Nations, and among the several States, and with the Indian Tribes;

To establish an uniform Rule of Naturalization, and uniform Laws on the subject of Bankruptcies throughout the United States;

To coin Money, regulate the Value thereof, and of foreign Coin, and fix the Standard of Weights and Measures;

To provide for the Punishment of counterfeiting the Securities and current Coin of the United States;

To establish Post Offices and post Roads;

To promote the Progress of Science and useful Arts, by securing for limited Times to Authors and Inventors the exclusive Right to their respective Writings and Discoveries;

To constitute Tribunals inferior to the supreme Court;

To define and punish Piracies and Felonies committed on the high Seas, and Offences against the Law of Nations;

To declare War, grant Letters of Marque and Reprisal, and make Rules concerning Captures on Land and Water;

To raise and support Armies, but no Appropriation of Money to that Use shall be for a longer Term than two Years;

To provide and maintain a Navy;

To make Rules for the Government and Regulation of the land and naval Forces;

To provide for calling forth the Militia to execute the Laws of the Union, suppress Insurrections and repel Invasions;

To provide for organizing, arming, and disciplining, the Militia, and for governing such Part of them as may be employed in the Service of the United States, reserving to the States respectively, the Appointment of the Officers, and the Authority of training the Militia according to the discipline prescribed by

Congress;

To exercise exclusive Legislation in all Cases whatsoever, over such District (not exceeding ten Miles square) as may, by Cession of particular States, and the Acceptance of Congress, become the Seat of the Government of the United States, and to exercise like Authority over all Places purchased by the Consent of the Legislature of the State in which the Same shall be, for the Erection of Forts, Magazines, Arsenals, dock-Yards, and other needful Buildings; — And

To make all Laws which shall be necessary and proper for carrying into Execution the foregoing Powers, and all other Powers vested by this Constitution in the Government of the United States, or in any Department or Officer thereof.

Section 9.

The Migration or Importation of such Persons as any of the States now existing shall think proper to admit, shall not be prohibited by the Congress prior to the Year one thousand eight hundred and eight, but a Tax or duty may be imposed on such Importation, not exceeding ten dollars for each Person.

The Privilege of the Writ of Habeas Corpus shall not be suspended, unless when in Cases of Rebellion or Invasion the public Safety may require it.

No Bill of Attainder or ex post facto Law shall be passed.

No Capitation, or other direct, Tax shall be laid, unless in Proportion to the Census or enumeration herein before directed to be taken.

No Tax or Duty shall be laid on Articles exported from any State.

No Preference shall be given by any Regulation of Commerce or Revenue to the Ports of one State over those of another; nor shall Vessels bound to, or from, one State, be obliged to enter, clear, or pay Duties in another.

No Money shall be drawn from the Treasury, but in Consequence of Appropriations made by Law; and a regular Statement and Account of the Receipts and Expenditures of all public Money shall be published from time to time.

No Title of Nobility shall be granted by the United States: And no Person holding any Office of Profit or Trust under them, shall, without the Consent of the Congress, accept of any present, Emolument, Office, or Title, of any kind whatever, from any King, Prince, or foreign State.

Section 10.

No State shall enter into any Treaty, Alliance, or Confederation; grant Letters of Marque and Reprisal; coin Money; emit Bills of Credit; make any Thing but gold and silver Coin a Tender in Payment of Debts; pass any Bill of Attainder, ex post facto Law, or Law impairing the Obligation of Contracts, or grant any Title of Nobility.

No State shall, without the Consent of the Congress, lay any Imposts or Duties on Imports or Exports, except what may be absolutely necessary for executing it's inspection Laws: and the net Produce of all Duties and Imposts, laid by any State on Imports or Exports, shall be for the Use of the Treasury of the United States; and all such Laws shall be subject to the Revision and Controul of the Congress.

No State shall, without the Consent of Congress, lay any Duty of Tonnage, keep Troops, or Ships of War in time of Peace, enter into any Agreement or Compact with another State, or with a foreign Power, or engage in War, unless actually invaded, or in such imminent Danger as will not admit of delay.

Article II.

Section 1.

The executive Power shall be vested in a President of the United States of America. He shall hold his Office during the Term of four Years, and, together with the Vice President, chosen for the same Term, be elected, as follows:

Each State shall appoint, in such Manner as the Legislature thereof may direct, a Number of Electors, equal to the whole Number of Senators and Representatives to which the State may be entitled in the Congress: but no Senator or Representative, or Person holding an Office of Trust or Profit under the United States, shall be appointed an Elector.

The Electors shall meet in their respective States, and vote by Ballot for two Persons, of whom one at least shall not be an Inhabitant of the same State with themselves. And they shall make a List of all the Persons voted for, and of the Number of Votes for each; which List they shall sign and certify, and transmit sealed to the Seat of the Government of the United States, directed to the President of the Senate. The President of the Senate shall, in the Presence of the Senate and House of Representatives, open all the Certificates, and the Votes shall then be counted. The Person having the greatest Number of Votes shall be the President, if such Number be a Majority of the whole Number of Electors appointed; and if there be more than one who have such Majority, and have an equal Number of Votes, then the House of Representatives shall immediately chuse by Ballot one of them for President; and if no Person have a Majority, then from the five highest on the List the said House shall in like Manner chuse the President. But in chusing the President, the Votes shall be taken by States, the Representation from each State having one Vote; A quorum for this purpose shall consist of a Member or Members from two thirds of the States, and a Majority of all the States shall be necessary to a Choice. In every Case, after the Choice of the President, the Person having the greatest Number of Votes of the Electors shall be the Vice President. But if there should remain two or more who have equal Votes, the Senate shall chuse from them by Ballot the Vice President.

The Congress may determine the Time of chusing the Electors, and the Day on which they shall give their Votes; which Day shall be the same throughout the United States.

No Person except a natural born Citizen, or a Citizen of the United States, at the time of the Adoption of this Constitution, shall be eligible to the Office of President; neither shall any Person be eligible to that Office who shall not have attained to the Age of thirty five Years, and been fourteen Years a Resident within the United States.

In Case of the Removal of the President from Office, or of his Death, Resignation, or Inability to discharge the Powers and Duties of the said Office, the Same shall devolve on the Vice President, and the Congress may by Law provide for the Case of Removal, Death, Resignation or Inability, both of the President and Vice President, declaring what Officer shall then act as President, and such Officer shall act accordingly, until the Disability be removed, or a President shall be elected.

The President shall, at stated Times, receive for his Services, a Compensation, which shall neither be increased nor diminished during the Period for which he shall have been elected, and he shall not receive within that Period any other Emolument from the United States, or any of them.

Before he enter on the Execution of his Office, he shall take the following Oath or Affirmation: — "I do solemnly swear (or affirm) that I will faithfully execute the Office of President of the United States, and will to the best of my Ability, preserve, protect and defend the Constitution of the United States."

Section 2.

The President shall be Commander in Chief of the Army and Navy of the United States, and of the Militia of the several States, when called into the actual Service of the United States; he may require the Opinion, in writing, of the principal Officer in each of the executive Departments, upon any Subject relating to the Duties of their respective Offices, and he shall have Power to grant Reprieves and Pardons for Offences against the United States, except in Cases of Impeachment.

He shall have Power, by and with the Advice and Consent of the Senate, to make Treaties, provided two thirds of the Senators present concur; and he shall nominate, and by and with the Advice and Consent of the Senate, shall appoint Ambassadors, other public Ministers and Consuls, Judges of the supreme Court, and all other Officers of the United States, whose Appointments are not herein otherwise provided for, and which shall be established by Law: but the Congress may by Law vest the Appointment of such inferior Officers, as they think proper, in the President alone, in the Courts of Law, or in the Heads of Departments.

The President shall have Power to fill up all Vacancies that may happen during the Recess of the Senate, by granting Commissions which shall expire at the End of their next Session.

Section 3.

He shall from time to time give to the Congress Information of the State of the Union, and recommend to their Consideration such Measures as he shall judge necessary and expedient; he may, on extraordinary Occasions, convene both Houses, or either of them, and in Case of Disagreement between them, with Respect to the Time of Adjournment, he may adjourn them to such Time as he shall think proper; he shall receive Ambassadors and other public Ministers; he shall take Care that the Laws be faithfully executed, and shall Commission all the Officers of the United States.

Section 4.

The President, Vice President and all civil Officers of the United States, shall be removed from Office on Impeachment for, and Conviction of, Treason, Bribery, or other high Crimes and Misdemeanors.

Article III.

Section 1.

The judicial Power of the United States shall be vested in one supreme Court, and in such inferior Courts as the Congress may from time to time ordain and establish. The Judges, both of the supreme and inferior Courts, shall hold their Offices during good Behaviour, and shall, at stated Times, receive for their Services a Compensation, which shall not be diminished during their Continuance in Office.

Section 2.

The judicial Power shall extend to all Cases, in Law and Equity, arising under this Constitution, the Laws of the United States, and Treaties made, or which shall be made, under their Authority; — to all Cases affecting Ambassadors, other public Ministers and Consuls; — to all Cases of admiralty and maritime Jurisdiction; — to Controversies to which the United States shall be a Party; — to Controversies between two or more States; — between a State and Citizens of another State; — between Citizens of different States; — between Citizens of the same State claiming Lands under Grants of different States, and between a State, or the Citizens thereof, and foreign States, Citizens or Subjects.

In all Cases affecting Ambassadors, other public Ministers and Consuls, and those in which a State shall be Party, the supreme Court shall have original Jurisdiction. In all the other Cases before mentioned, the supreme Court shall have appellate Jurisdiction, both as to Law and Fact, with such Exceptions, and under such Regulations as the Congress shall make.

The Trial of all Crimes, except in Cases of Impeachment, shall be by Jury; and such Trial shall be held in the State where the said Crimes shall have been committed; but when not committed within any State, the Trial shall be at such Place or Places as the Congress may by Law have directed.

Section 3.

Treason against the United States, shall consist only in levying War against them, or in adhering to their Enemies, giving them Aid and Comfort. No Person shall be convicted of Treason unless on the Testimony of two Witnesses to the same overt Act, or on Confession in open Court.

The Congress shall have Power to declare the Punishment of Treason, but no Attainder of Treason shall work Corruption of Blood, or Forfeiture except during the Life of the Person attainted.

Article IV.

Section 1.

Full Faith and Credit shall be given in each State to the public Acts, Records, and judicial Proceedings of every other State. And the Congress may by general Laws prescribe the Manner in which such Acts, Records and Proceedings shall be proved, and the Effect thereof.

Section 2.

The Citizens of each State shall be entitled to all Privileges and Immunities of Citizens in the several States.

A Person charged in any State with Treason, Felony, or other Crime, who shall flee from Justice, and be found in another State, shall on Demand of the executive Authority of the State from which he fled, be delivered up, to be removed to the State having Jurisdiction of the Crime.

No Person held to Service or Labour in one State, under the Laws thereof, escaping into another, shall, in Consequence of any Law or Regulation therein, be discharged from such Service or Labour, but shall be delivered up on Claim of the Party to whom such Service or Labour may be due.

Section 3.

New States may be admitted by the Congress into this Union; but no new State shall be formed or erected within the Jurisdiction of any other State; nor any State be formed by the Junction of two or more States, or Parts of States, without the Consent of the Legislatures of the States concerned as well as of the Congress.

The Congress shall have Power to dispose of and make all needful Rules and Regulations respecting the Territory or other Property belonging to the United States; and nothing in this Constitution shall be so construed as to Prejudice any Claims of the United States, or of any particular State.

Section 4.

The United States shall guarantee to every State in this Union a Republican Form of Government, and shall protect each of them against Invasion; and on

Application of the Legislature, or of the Executive (when the Legislature cannot be convened), against domestic Violence.

Article V.

The Congress, whenever two thirds of both Houses shall deem it necessary, shall propose Amendments to this Constitution, or, on the Application of the Legislatures of two thirds of the several States, shall call a Convention for proposing Amendments, which, in either Case, shall be valid to all Intents and Purposes, as Part of this Constitution, when ratified by the Legislatures of three fourths of the several States, or by Conventions in three fourths thereof, as the one or the other Mode of Ratification may be proposed by the Congress; Provided that no Amendment which may be made prior to the Year One thousand eight hundred and eight shall in any Manner affect the first and fourth Clauses in the Ninth Section of the first Article; and that no State, without its Consent, shall be deprived of its equal Suffrage in the Senate.

Article VI.

All Debts contracted and Engagements entered into, before the Adoption of this Constitution, shall be as valid against the United States under this Constitution, as under the Confederation.

This Constitution, and the Laws of the United States which shall be made in Pursuance thereof; and all Treaties made, or which shall be made, under the Authority of the United States, shall be the supreme Law of the Land; and the Judges in every State shall be bound thereby, any Thing in the Constitution or Laws of any State to the Contrary notwithstanding.

The Senators and Representatives before mentioned, and the Members of the several State Legislatures, and all executive and judicial Officers, both of the United States and of the several States, shall be bound by Oath or Affirmation, to support this Constitution; but no religious Test shall ever be required as a Qualification to any Office or public Trust under the United States.

Article VII.

The Ratification of the Conventions of nine States, shall be sufficient for the

Establishment of this Constitution between the States so ratifying the Same.

Done in Convention by the Unanimous Consent of the States present the Seventeenth Day of September in the Year of our Lord one thousand seven hundred and Eighty seven and of the Independence of the United States of America the Twelfth In witness whereof We have hereunto subscribed our Names.

ARTICLES in addition to, and Amendment of the Constitution of the United States of America, proposed by Congress, and ratified by the Legislatures of the several States, pursuant to the fifth Article of the original Constitution.

Note: The following text is a transcription of the first ten amendments to the Constitution in their original form. These amendments were ratified December 15, 1791, and form what is known as the "Bill of Rights."

Amendment I

Congress shall make no law respecting an establishment of religion, or prohibiting the free exercise thereof; or abridging the freedom of speech, or of the press; or the right of the people peaceably to assemble, and to petition the Government for a redress of grievances.

Amendment II

A well regulated Militia, being necessary to the security of a free State, the right of the people to keep and bear Arms, shall not be infringed.

Amendment III

No Soldier shall, in time of peace be quartered in any house, without the consent of the Owner, nor in time of war, but in a manner to be prescribed by law.

Amendment IV

The right of the people to be secure in their persons, houses, papers, and effects, against unreasonable searches and seizures, shall not be violated, and no Warrants shall issue, but upon probable cause, supported by Oath or affirmation, and particularly describing the place to be searched, and the persons or things to be seized.

Amendment V

No person shall be held to answer for a capital, or otherwise infamous crime, unless on a presentment or indictment of a Grand Jury, except in cases arising in the land or naval forces, or in the Militia, when in actual service in time of War or public danger; nor shall any person be subject for the same offence to be twice put in jeopardy of life or limb; nor shall be compelled in any criminal case to be a witness against himself, nor be deprived of life, liberty, or property, without due process of law; nor shall private property be taken for public use, without just compensation.

Amendment VI

In all criminal prosecutions, the accused shall enjoy the right to a speedy and public trial, by an impartial jury of the State and district wherein the crime shall have been committed, which district shall have been previously ascertained by law, and to be informed of the nature and cause of the accusation; to be confronted with the witnesses against him; to have compulsory process for obtaining witnesses in his favor, and to have the Assistance of Counsel for his defence.

Amendment VII

In Suits at common law, where the value in controversy shall exceed twenty dollars, the right of trial by jury shall be preserved, and no fact tried by a jury, shall be otherwise re-examined in any Court of the United States, than according to the rules of the common law.

Amendment VIII

Excessive bail shall not be required, nor excessive fines imposed, nor cruel and unusual punishments inflicted.

Amendment IX

The enumeration in the Constitution, of certain rights, shall not be construed to deny or disparage others retained by the people.

Amendment X

The powers not delegated to the United States by the Constitution, nor prohibited by it to the States, are reserved to the States respectively, or to the people.

The Constitution: Amendments 11-27

Constitutional Amendments 1-10 make up what is known as The Bill of Rights.

Amendments 11-27 are listed below.

AMENDMENT XI

Passed by Congress March 4, 1794. Ratified February 7, 1795.

Note: Article III, section 2, of the Constitution was modified by mendment 11.

The Judicial power of the United States shall not be construed to extend to any suit in law or equity, commenced or prosecuted against one of the United States by Citizens of another State, or by Citizens or Subjects of any Foreign State.

AMENDMENT XII

Passed by Congress December 9, 1803. Ratified June 15, 1804.

Note: A portion of Article II, section 1 of the Constitution was superseded by the 12th amendment.

The Electors shall meet in their respective states and vote by ballot for President and Vice-President, one of whom, at least, shall not be an inhabitant of the same state with themselves; they shall name in their ballots the person voted for as President, and in distinct ballots the person voted for as Vice-President, and they shall make distinct lists of all persons voted for as President, and of all persons voted for as Vice-President, and of the number of votes for each, which lists they shall sign and certify, and transmit sealed to the seat of the government of the United States, directed to the President of the Senate; — the President of the Senate shall, in the presence of the Senate and House of Representatives, open all the certificates and the votes shall then be counted; — The person having the greatest number of votes for President, shall be the President, if such number be a majority of the whole number of Electors appointed; and if no person have such majority, then from the persons having the highest numbers not exceeding three on the list of those voted for as President, the House of Representatives shall choose immediately, by ballot, the President. But in choosing the President, the votes shall be taken by states, the representation from each state having one vote; a quorum for this purpose shall consist of a member or members from two-thirds of the states, and a majority of all the states shall be necessary to a choice. [And if the House of Representatives shall not choose a President whenever the right of choice shall devolve upon them, before the fourth day of March next following, then the Vice-President shall act as President, as in case of the death or other constitutional disability of the President. —]* The person having the greatest number of votes as Vice-President, shall be the Vice-President, if such number be a majority of the whole number of Electors appointed, and if no person have a majority, then from the two highest numbers on the list, the Senate shall choose the Vice-President; a quorum for the purpose shall consist of two-thirds of the whole number of Senators, and a majority of the whole number shall be necessary to a choice. But no person constitutionally ineligible to the office of President shall be eligible to that of Vice-President of the United States.

**Superseded by section 3 of the 20th amendment.*

AMENDMENT XIII

Passed by Congress January 31, 1865. Ratified December 6, 1865.

Note: A portion of Article IV, section 2, of the Constitution was superseded by the 13th amendment.

Section 1.

Neither slavery nor involuntary servitude, except as a punishment for crime whereof the party shall have been duly convicted, shall exist within the United

States, or any place subject to their jurisdiction.

Section 2.

Congress shall have power to enforce this article by appropriate legislation.

AMENDMENT XIV

Passed by Congress June 13, 1866. Ratified July 9, 1868.

Note: Article I, section 2, of the Constitution was modified by section 2 of the 14th amendment.

Section 1.

All persons born or naturalized in the United States, and subject to the jurisdiction thereof, are citizens of the United States and of the State wherein they reside. No State shall make or enforce any law which shall abridge the privileges or immunities of citizens of the United States; nor shall any State deprive any person of life, liberty, or property, without due process of law; nor deny to any person within its jurisdiction the equal protection of the laws.

Section 2.

Representatives shall be apportioned among the several States according to their respective numbers, counting the whole number of persons in each State, excluding Indians not taxed. But when the right to vote at any election for the choice of electors for President and Vice-President of the United States, Representatives in Congress, the Executive and Judicial officers of a State, or the members of the Legislature thereof, is denied to any of the male inhabitants of such State, being twenty-one years of age,* and citizens of the United States, or in any way abridged, except for participation in rebellion, or other crime, the basis of representation therein shall be reduced in the proportion which the number of such male citizens shall bear to the whole number of male citizens twenty-one years of age in such State.

Section 3.

No person shall be a Senator or Representative in Congress, or elector of President and Vice-President, or hold any office, civil or military, under the United States, or under any State, who, having previously taken an oath, as a member of Congress, or as an officer of the United States, or as a member of any State legislature, or as an executive or judicial officer of any State, to support the Constitution of the United States, shall have engaged in insurrection or rebellion against the same, or given aid or comfort to the enemies thereof. But Congress may by a vote of two-thirds of each House, remove such disability.

Section 4.

The validity of the public debt of the United States, authorized by law, including debts incurred for payment of pensions and bounties for services in suppressing insurrection or rebellion, shall not be questioned. But neither the United States nor any State shall assume or pay any debt or obligation incurred in aid of insurrection or rebellion against the United States, or any claim for the loss or emancipation of any slave; but all such debts, obligations and claims shall be held illegal and void.

Section 5.

The Congress shall have the power to enforce, by appropriate legislation, the provisions of this article.

* *Changed by section 1 of the 26th amendment.*

AMENDMENT XV

Passed by Congress February 26, 1869. Ratified February 3, 1870.

Section 1.

The right of citizens of the United States to vote shall not be denied or abridged by the United States or by any State on account of race, color, or previous condition of servitude.

Section 2.

The Congress shall have the power to enforce this article by appropriate legislation.

AMENDMENT XVI

Passed by Congress July 2, 1909. Ratified February 3, 1913.

Note: Article I, section 9, of the Constitution was modified by amendment 16.

The Congress shall have power to lay and collect taxes on incomes, from whatever source derived, without apportionment among the several States, and without regard to any census or enumeration.

AMENDMENT XVII

Passed by Congress May 13, 1912. Ratified April 8, 1913.

Note: Article I, section 3, of the Constitution was modified by the 17th amendment.

The Senate of the United States shall be composed of two Senators from each State, elected by the people thereof, for six years; and each Senator shall have one vote. The electors in each State shall have the qualifications requisite for electors of the most numerous branch of the State legislatures.

When vacancies happen in the representation of any State in the Senate, the executive authority of such State shall issue writs of election to fill such vacancies: Provided, That the legislature of any State may empower the executive thereof to make temporary appointments until the people fill the vacancies by election as the legislature may direct.

This amendment shall not be so construed as to affect the election or term of any Senator chosen before it becomes valid as part of the Constitution.

AMENDMENT XVIII

Passed by Congress December 18, 1917. Ratified January 16, 1919. Repealed by amendment 21.

Section 1.

After one year from the ratification of this article the manufacture, sale, or transportation of intoxicating liquors within, the importation thereof into, or the exportation thereof from the United States and all territory subject to the jurisdiction thereof for beverage purposes is hereby prohibited.

Section 2.

The Congress and the several States shall have concurrent power to enforce this article by appropriate legislation.

Section 3.

This article shall be inoperative unless it shall have been ratified as an amendment to the Constitution by the legislatures of the several States, as provided in the Constitution, within seven years from the date of the submission hereof to the States by the Congress.

AMENDMENT XIX

Passed by Congress June 4, 1919. Ratified August 18, 1920.

The right of citizens of the United States to vote shall not be denied or abridged by the United States or by any State on account of sex.

Congress shall have power to enforce this article by appropriate legislation.

AMENDMENT XX

Passed by Congress March 2, 1932. Ratified January 23, 1933.

Note: Article I, section 4, of the Constitution was modified by section 2 of this amendment. In addition, a portion of the 12th amendment was superseded by section 3.

Section 1.

The terms of the President and the Vice President shall end at noon on the 20th day of January, and the terms of Senators and Representatives at noon on the 3d day of January, of the years in which such terms would have ended if this article had not been ratified; and the terms of their successors shall then begin.

Section 2.

The Congress shall assemble at least once in every year, and such meeting shall begin at noon on the 3d day of January, unless they shall by law appoint a different day.

Section 3.

If, at the time fixed for the beginning of the term of the President, the President elect shall have died, the Vice President elect shall become President. If a President shall not have been chosen before the time fixed for the beginning of his term, or if the President elect shall have failed to qualify, then the Vice President elect shall act as President until a President shall have qualified; and the Congress may by law provide for the case wherein neither a President elect nor a Vice President shall have qualified, declaring who shall then act as President, or the manner in which one who is to act shall be selected, and such person shall act accordingly until a President or Vice President shall have qualified.

Section 4.

The Congress may by law provide for the case of the death of any of the persons from whom the House of Representatives may choose a President whenever the right of choice shall have devolved upon them, and for the case of the death of any of the persons from whom the Senate may choose a Vice President whenever the right of choice shall have devolved upon them.

Section 5.

Sections 1 and 2 shall take effect on the 15th day of October following the ratification of this article.

Section 6.

This article shall be inoperative unless it shall have been ratified as an amendment to the Constitution by the legislatures of three-fourths of the several States within seven years from the date of its submission.

AMENDMENT XXI

Passed by Congress February 20, 1933. Ratified December 5, 1933.

Section 1.

The eighteenth article of amendment to the Constitution of the United States is hereby repealed.

Section 2.

The transportation or importation into any State, Territory, or Possession of the United States for delivery or use therein of intoxicating liquors, in violation of the laws thereof, is hereby prohibited.

Section 3.

This article shall be inoperative unless it shall have been ratified as an amendment to the Constitution by conventions in the several States, as provided in the Constitution, within seven years from the date of the submission hereof to the States by the Congress.

AMENDMENT XXII

Passed by Congress March 21, 1947. Ratified February 27, 1951.

Section 1.

No person shall be elected to the office of the President more than twice, and no person who has held the office of President, or acted as President, for more than two years of a term to which some other person was elected President shall be elected to the office of President more than once. But this Article shall not apply to any person holding the office of President when this Article was proposed by Congress, and shall not prevent any person who may be holding the office of President, or acting as President, during the term within which this Article becomes operative from holding the office of President or acting as President during the remainder of such term.

Section 2.

This article shall be inoperative unless it shall have been ratified as an amendment to the Constitution by the legislatures of three-fourths of the several States within seven years from the date of its submission to the States by the Congress.

AMENDMENT XXIII

Passed by Congress June 16, 1960. Ratified March 29, 1961.

Section 1.

The District constituting the seat of Government of the United States shall appoint in such manner as Congress may direct:

A number of electors of President and Vice President equal to the whole number of Senators and Representatives in Congress to which the District would be entitled if it were a State, but in no event more than the least populous State; they shall be in addition to those appointed by the States, but they shall be considered, for the purposes of the election of President and Vice President, to be electors appointed by a State; and they shall meet in the District and perform such duties as provided by the twelfth article of amendment.

Section 2.

The Congress shall have power to enforce this article by appropriate legislation.

AMENDMENT XXIV

Passed by Congress August 27, 1962. Ratified January 23, 1964.

Section 1.

The right of citizens of the United States to vote in any primary or other election for President or Vice President, for electors for President or Vice President, or for Senator or Representative in Congress, shall not be denied or abridged by the United States or any State by reason of failure to pay poll tax or other tax.

Section 2.

The Congress shall have power to enforce this article by appropriate legislation.

AMENDMENT XXV

Passed by Congress July 6, 1965. Ratified February 10, 1967.

Note: Article II, section 1, of the Constitution was affected by the 25th amendment.

Section 1.

In case of the removal of the President from office or of his death or resignation, the Vice President shall become President.

Section 2.

Whenever there is a vacancy in the office of the Vice President, the President shall nominate a Vice President who shall take office upon confirmation by a majority vote of both Houses of Congress.

Section 3.

Whenever the President transmits to the President pro tempore of the Senate and the Speaker of the House of Representatives his written declaration that he is unable to discharge the powers and duties of his office, and until he transmits to them a written declaration to the contrary, such powers and duties shall be discharged by the Vice President as Acting President.

Section 4.

Whenever the Vice President and a majority of either the principal officers of the executive departments or of such other body as Congress may by law provide, transmit to the President pro tempore of the Senate and the Speaker of the House of Representatives their written declaration that the President is unable to discharge the powers and duties of his office, the Vice President shall immediately assume the powers and duties of the office as Acting President.

Thereafter, when the President transmits to the President pro tempore of the Senate and the Speaker of the House of Representatives his written declaration that no inability exists, he shall resume the powers and duties of his office unless the Vice President and a majority of either the principal officers of the executive department or of such other body as Congress may by law provide, transmit within four days to the President pro tempore of the Senate and the Speaker of the House of Representatives their written declaration that the President is unable to discharge the powers and duties of his office. Thereupon Congress shall decide the issue, assembling within forty-eight hours for that purpose if not in session. If the Congress, within twenty-one days after receipt of the latter written declaration, or, if Congress is not in session, within twenty-one days after Congress is required to assemble, determines by two-thirds vote of both Houses that the President is unable to discharge the powers and duties of his office, the Vice President shall continue to discharge the same as Acting President; otherwise, the President shall resume the powers and duties of his office.

AMENDMENT XXVI

Passed by Congress March 23, 1971. Ratified July 1, 1971.

Note: Amendment 14, section 2, of the Constitution was modified by section 1 of the 26th amendment.

Section 1.

The right of citizens of the United States, who are eighteen years of age or older, to vote shall not be denied or abridged by the United States or by any State on account of age.

Section 2.

The Congress shall have power to enforce this article by appropriate legislation.

AMENDMENT XXVII

Originally proposed Sept. 25, 1789. Ratified May 7, 1992.

No law, varying the compensation for the services of the Senators and Representatives, shall take effect, until an election of representatives shall have intervened.

TITLE 28 U.S.C.
JUDICIARY AND JUDICIAL PROCEDURE

PART I – ORGANIZATION OF COURTS

CHAPTER 1 – SUPREME COURT

Sec. 1. Number of justices; quorum

The Supreme Court of the United States shall consist of a Chief Justice of the United States and eight associate justices, any six of whom shall constitute a quorum.

Sec. 2. Terms of court

The Supreme Court shall hold at the seat of government a term of court commencing on the first Monday in October of each year and may hold such adjourned or special terms as may be necessary.

Sec. 3. Vacancy in office of Chief Justice; disability

Whenever the Chief Justice is unable to perform the duties of his office or the office is vacant, his powers and duties shall devolve upon the associate justice next in precedence who is able to act, until such disability is removed or another Chief Justice is appointed and duly qualified.

Sec. 4. Precedence of associate justices

Associate justices shall have precedence according to the seniority of their commissions. Justices whose commissions bear the same date shall have precedence according to seniority in age.

Sec. 5. Salaries of justices

The Chief Justice and each associate justice shall each receive a salary at annual rates determined under section 225 of the Federal Salary Act of 1967 (2 U.S.C. 351-361), as adjusted by section 461 of this title.

CHAPTER 3 – COURTS OF APPEALS

Sec. 41. Number and composition of circuits

The thirteen judicial circuits of the United States are constituted as follows:

Circuits	Composition
District of Columbia	District of Columbia.
First	Maine, Massachusetts, New Hampshire, Puerto Rico, Rhode Island.
Second	Connecticut, New York, Vermont.
Third	Delaware, New Jersey, Pennsylvania, Virgin Islands.
Fourth	Maryland, North Carolina, South Carolina, Virginia, West Virginia.
Fifth	District of the Canal Zone, Louisiana, Mississippi, Texas.
Sixth	Kentucky, Michigan, Ohio, Tennessee.
Seventh	Illinois, Indiana, Wisconsin.
Eighth	Arkansas, Iowa, Minnesota, Missouri, Nebraska, North Dakota, South Dakota.
Ninth	Alaska, Arizona, California, Idaho, Montana, Nevada, Oregon, Washington, Guam, Hawaii.
Tenth	Colorado, Kansas, New Mexico, Oklahoma, Utah, Wyoming.
Eleventh	Alabama, Florida, Georgia.
Federal	All Federal judicial districts.

Sec. 43. Creation and composition of courts

(a) There shall be in each circuit a court of appeals, which shall be a court of record, known as the United States Court of Appeals for the circuit.

(b) Each court of appeals shall consist of the circuit judges of the circuit in regular active service. The circuit justice and justices or judges designated or assigned shall be competent to sit as judges of the court.

Sec. 44. Appointment, tenure, residence and salary of circuit judges

(a) The President shall appoint, by and with the advice and consent of the Senate, circuit judges for the several circuits as follows:

Circuits	Number of Judges
District of Columbia	12
First	6
Second	13
Third	14
Fourth	15
Fifth	17
Sixth	16
Seventh	11
Eighth	11
Ninth	28
Tenth	12
Eleventh	12
Federal	12.

(b) Circuit judges shall hold office during good behavior.

(c) Except in the District of Columbia, each circuit judge shall be a resident of the circuit for which appointed at the time of his appointment and thereafter while in active service. While in active service, each circuit judge of the Federal judicial circuit appointed after the effective date of the Federal Courts Improvement Act of 1982, and the chief judge of the Federal judicial circuit, whenever appointed, shall reside within fifty miles of the District of Columbia. In each circuit (other than the Federal judicial circuit) there shall be at least one circuit judge in regular active service appointed from the residents of each state in that circuit.

(d) Each circuit judge shall receive a salary at an annual rate determined under section 225 of the Federal Salary Act of 1967 (2 U.S.C. 351-361), as adjusted by section 461 of this title.

Sec. 45. Chief judges; precedence of judges

(a)(1) The chief judge of the circuit shall be the circuit judge in regular active service who is senior in commission of those judges who —

(A) are sixty-four years of age or under;

(B) have served for one year or more as a circuit judge; and

(C) have not served previously as chief judge.

(2)(A) In any case in which no circuit judge meets the qualifications of paragraph (1), the youngest circuit judge in regular active service who is sixty-five years of age or over and who has served as circuit judge for one year or more shall act as the chief judge.

(B) In any case under subparagraph (A) in which there is no circuit judge in regular active service who has served as a circuit judge for one year or more, the circuit judge in regular active service who is senior in commission and who has not served previously as chief judge shall act as the chief judge.

(3)(A) Except as provided in subparagraph (C), the chief judge of the circuit appointed under paragraph (1) shall serve for a term of seven years and shall serve after expiration of such term until another judge is eligible under paragraph (1) to serve as chief judge of the circuit.

(B) Except as provided in subparagraph (C), a circuit judge acting as chief judge under subparagraph (A) or (B) of paragraph (2) shall serve until a judge has been appointed who meets the qualifications under paragraph (1).

(C) No circuit judge may serve or act as chief judge of the circuit after attaining the age of seventy years unless no other circuit judge is qualified to serve as chief judge of the circuit under paragraph (1) or is qualified to act as chief judge under paragraph (2).

(b) The chief judge shall have precedence and preside at any session of the court which he attends. Other circuit judges of the court in regular active service shall have precedence and preside according to the seniority of their commissions. Judges whose commissions bear the same date shall have precedence according to seniority in age. The circuit justice, however, shall have precedence over all the circuit judges and shall preside at any session which he attends.

(c) If the chief judge desires to be relieved of his duties as chief judge while retaining his active status as circuit judge, he may so certify to the Chief Justice of the United States, and thereafter the chief judge of the circuit shall be such other circuit judge who is qualified to serve or act as chief judge under subsection (a).

(d) If a chief judge is temporarily unable to perform his duties as such, they shall be performed by the circuit judge in active service, present in the circuit and able and qualified to act, who is next in precedence.

Sec. 46. Assignment of judges; panels; hearings; quorum

(a) Circuit judges shall sit on the court and its panels in such order and at such times as the court directs.

(b) In each circuit the court may authorize the hearing and determination of cases and controversies by separate panels, each consisting of three judges, at least a majority of whom shall be judges of that court, unless such judges cannot sit because recused or disqualified, or unless the chief judge of that court certifies that there is an emergency including, but not limited to, the unavailability of a judge of the court because of illness. Such panels shall sit at the times and places and hear the cases and controversies assigned as the court directs. The United States Court of Appeals for the Federal Circuit shall determine by rule a procedure for the rotation of judges from panel to panel to ensure that all of the judges sit on a representative cross section of the cases heard and, notwithstanding the first sentence of this subsection, may determine by rule the number of judges, not less than three, who constitute a panel.

(c) Cases and controversies shall be heard and determined by a court or panel of not more than three judges (except that the United States Court of Appeals for the Federal Circuit may sit in panels of more than three judges if its rules so provide), unless a hearing or rehearing before the court in banc is ordered by a majority of the circuit judges of the circuit who are in regular active service. A court in banc shall consist of all circuit judges in regular active service, or such number of judges as may be prescribed in accordance with section 6 of Public Law 95-486 (92 Stat. 1633), except that any senior circuit judge of the circuit shall be eligible (1) to participate, at his election and upon designation and assignment pursuant to section 294(c) of this title and the rules of the circuit, as a member of an in banc court reviewing a decision of a panel of which such judge was a member, or (2) to continue to participate in the decision of a case or controversy that was heard or reheard by the court in banc at a time when such judge was in regular active service.

(d) A majority of the number of judges authorized to constitute a court or panel thereof, as provided in paragraph (c), shall constitute a quorum.

Sec. 47. Disqualification of trial judge to hear appeal

No judge shall hear or determine an appeal from the decision of a case or issue tried by him.

Sec. 48. Terms of court

(a) The courts of appeals shall hold regular sessions at the places listed below, and at such other places within the respective circuit as each court may designate by rule.

Circuits	Places
District of Columbia	Washington.
First	Boston.
Second	New York.
Third	Philadelphia.
Fourth	Richmond, Asheville.
Fifth	New Orleans, Fort Worth, Jackson.
Sixth	Cincinnati.
Seventh	Chicago.
Eighth	St. Louis, Kansas City, Omaha, St. Paul.2
Ninth	San Francisco, Los Angeles, Portland, Seattle.
Tenth	Denver, Wichita, Oklahoma City.
Eleventh	Atlanta, Jacksonville, Montgomery.
Federal	District of Columbia, and in any other place listed above as the court by rule directs.

(b) Each court of appeals may hold special sessions at any place within its circuit as the nature of the business may require, and upon such notice as the court orders. The court may transact any business at a special session which it might transact at a regular session.

(c) Any court of appeals may pretermit any regular session of court at any place for insufficient business or other good cause.

(d) The times and places of the sessions of the Court of Appeals for the Federal Circuit shall be prescribed with a view to securing reasonable opportunity to citizens to appear before the court with as little inconvenience and expense to citizens as is practicable.

CHAPTER 5 – DISTRICT COURTS

Sec. 132. Creation and composition of district courts

(a) There shall be in each judicial district a district court which shall be a court of record known as the United States District Court for the district.

(b) Each district court shall consist of the district judge or judges for the district in regular active service. Justices or judges designated or assigned shall be competent to sit as judges of the court.

(c) Except as otherwise provided by law, or rule or order of court, the judicial power of a district court with respect to any action, suit or proceeding may be exercised by a single judge, who may preside alone and hold a regular or special session of court at the same time other sessions are held by other judges.

Sec. 133. Appointment and number of district judges

(a) The President shall appoint, by and with the advice and consent of the Senate, district judges for the several judicial districts, as follows:

Districts	Judges
Alabama:	
Northern	7
Middle	3
Southern	3
Alaska	3
Arizona	12
Arkansas:	
Eastern	5
Western	3
California:	
Northern	14
Eastern	6
Central	27
Southern	13
Colorado	7
Connecticut	8
Delaware	4
District of Columbia	15
Florida:	
Northern	4
Middle	15
Southern	17
Georgia:	

Northern 11
Middle 4
Southern 3
Hawaii 3
Idaho 2
Illinois:
Northern 22
Central 4
Southern 4
Indiana:
Northern 5
Southern 5
Iowa:
Northern 2
Southern 3
Kansas 5
Kentucky:
Eastern 5
Western 4
Eastern and Western 1
Louisiana:
Eastern 12
Middle 3
Western 7
Maine 3
Maryland 10
Massachusetts 13
Michigan:
Eastern 15
Western 4
Minnesota 7
Mississippi:
Northern 3
Southern 6
Missouri:
Eastern 6

Western 5
Eastern and Western 2
Montana 3
Nebraska 3
Nevada 7
New Hampshire 3
New Jersey 17
New Mexico 6
New York:
Northern 5
Southern 28
Eastern 15
Western 4
North Carolina:
Eastern 4
Middle 4
Western 4
North Dakota 2
Ohio:
Northern 11
Southern 8
Oklahoma:
Northern 3
Eastern 1
Western 6
Northern, Eastern, and Western 1
Oregon 6
Pennsylvania:
Eastern 22
Middle 6
Western 10
Puerto Rico 7
Rhode Island 3
South Carolina 10
South Dakota 3
Tennessee:

Eastern 5
Middle 4
Western 5
Texas:
Northern 12
Southern 19
Eastern 7
Western 13
Utah 5
Vermont 2
Virginia:
Eastern 11
Western 4
Washington:
Eastern 4
Western 7
West Virginia:
Northern 3
Southern 5
Wisconsin:
Eastern 5
Western 2
Wyoming .... 3.

(b)(1) In any case in which a judge of the United States (other than a senior judge) assumes the duties of a full-time office of Federal judicial administration, the President shall appoint, by and with the advice and consent of the Senate, an additional judge for the court on which such judge serves. If the judge who assumes the duties of such full-time office leaves that office and resumes the duties as an active judge of the court, then the President shall not appoint a judge to fill the first vacancy which occurs thereafter in that court.

(2) For purposes of paragraph (1), the term "office of Federal judicial administration" means a position as Director of the Federal Judicial Center, Director of the Administrative Office of the United States Courts, or administrative assistant to the Chief Justice.

Sec. 136. Chief judges; precedence of district judges

(a)(1) In any district having more than one district judge, the chief judge of the district shall be the district judge in regular active service who is senior in commission of those judges who —

(A) are sixty-four years of age or under;

(B) have served for one year or more as a district judge; and

(C) have not served previously as chief judge.

(2)(A) In any case in which no district judge meets the qualifications of paragraph (1), the youngest district judge in regular active service who is sixty-five years of age or over and who has served as district judge for one year or more shall act as the chief judge.

(B) In any case under subparagraph (A) in which there is no district judge in regular active service who has served as a district judge for one year or more, the district judge in regular active service who is senior in commission and who has not served previously as chief judge shall act as the chief judge.

(3)(A) Except as provided in subparagraph (C), the chief judge of the district appointed under paragraph (1) shall serve for a term of seven years and shall serve after expiration of such term until another judge is eligible under paragraph (1) to serve as chief judge of the district.

(B) Except as provided in subparagraph (C), a district judge acting as chief judge under subparagraph (A) or (B) of paragraph (2) shall serve until a judge has been appointed who meets the qualifications under paragraph (1).

(C) No district judge may serve or act as chief judge of the district after attaining the age of seventy years unless no other district judge is qualified to serve as chief judge of the district under paragraph (1) or is qualified to act as chief judge under paragraph (2).

(b) The chief judge shall have precedence and preside at any session which he attends.

Other district judges shall have precedence and preside according to the seniority of their commissions. Judges whose commissions bear the same date shall have precedence according to seniority in age.

(c) A judge whose commission extends over more than one district shall be junior to all district judges except in the district in which he resided at the time he entered upon the duties of his office.

(d) If the chief judge desires to be relieved of his duties as chief judge while retaining his active status as district judge, he may so certify to the Chief

Justice of the United States, and thereafter, the chief judge of the district shall be such other district judge who is qualified to serve or act as chief judge under subsection (a).

(e) If a chief judge is temporarily unable to perform his duties as such, they shall be performed by the district judge in active service, present in the district and able and qualified to act, who is next in precedence.

Sec. 137. Division of business among district judges

The business of a court having more than one judge shall be divided among the judges as provided by the rules and orders of the court.

The chief judge of the district court shall be responsible for the observance of such rules and orders, and shall divide the business and assign the cases so far as such rules and orders do not otherwise prescribe.

If the district judges in any district are unable to agree upon the adoption of rules or orders for that purpose the judicial council of the circuit shall make the necessary orders.

Sec. 143. Vacant judgeship as affecting proceedings

When the office of a district judge becomes vacant, all pending process, pleadings and proceedings shall, when necessary, be continued by the clerk until a judge is appointed or designated to hold such court.

Sec. 144. Bias or prejudice of judge

Whenever a party to any proceeding in a district court makes and files a timely and sufficient affidavit that the judge before whom the matter is pending has a personal bias or prejudice either against him or in favor of any adverse party, such judge shall proceed no further therein, but another judge shall be assigned to hear such proceeding.

The affidavit shall state the facts and the reasons for the belief that bias or prejudice exists, and shall be filed not less than ten days before the beginning of the term at which the proceeding is to be heard, or good cause shall be shown for failure to file it within such time. A party may file only one such affidavit in any case. It shall be accompanied by a certificate of counsel of record stating that it is made in good faith.

CHAPTER 15 – CONFERENCES AND COUNCILS OF JUDGES

Sec. 331. Judicial Conference of the United States

The Chief Justice of the United States shall summon annually the chief judge of each judicial circuit, the chief judge of the Court of International Trade, and a district judge from each judicial circuit to a conference at such time and place in the United States as he may designate. He shall preside at such conference which shall be known as the Judicial Conference of the United States. Special sessions of the Conference may be called by the Chief Justice at such times and places as he may designate.

The district judge to be summoned from each judicial circuit shall be chosen by the circuit and district judges of the circuit and shall serve as a member of the Judicial Conference of the United States for a term of not less than 3 successive years nor more than 5 successive years, as established by majority vote of all circuit and district judges of the circuit. A district judge serving as a member of the Judicial Conference may be either a judge in regular active service or a judge retired from regular active service under section 371(b) of this title.

If the chief judge of any circuit, the chief judge of the Court of International Trade, or the district judge chosen by the judges of the circuit is unable to attend, the Chief Justice may summon any other circuit or district judge from such circuit or any other judge of the Court of International Trade, as the case may be. Every judge summoned shall attend and, unless excused by the Chief Justice, shall remain throughout the sessions of the conference and advise as to the needs of his circuit or court and as to any matters in respect of which the administration of justice in the courts of the United States may be improved.

The Conference shall make a comprehensive survey of the condition of business in the courts of the United States and prepare plans for assignment of judges to or from circuits or districts where necessary.

It shall also submit suggestions and recommendations to the various courts to promote uniformity of management procedures and the expeditious conduct of court business. The Conference is authorized to exercise the authority provided in chapter 16 of this title as the Conference, or through a standing committee. If the Conference elects to establish a standing committee, it shall be appointed by the Chief Justice and all petitions for review shall be reviewed by that committee. The Conference or the standing committee may hold hearings, take sworn testimony, issue subpoenas and subpoenas duces tecum, and make necessary and appropriate orders in the exercise of its authority.

Subpoenas and subpoenas duces tecum shall be issued by the clerk of the Supreme Court or by the clerk of any court of appeals, at the direction of the Chief Justice or his designee and under the seal of the court, and shall be served in the manner provided in rule 45(c) of the Federal Rules of Civil Procedure for subpoenas and subpoenas duces tecum issued on behalf of the United States or an officer or any agency thereof. The Conference may also prescribe and modify rules for the exercise of the authority provided in chapter 16 of this title. All judicial officers and employees of the United States shall promptly carry into effect all orders of the Judicial Conference or the standing committee established pursuant to this section.

The Conference shall also carry on a continuous study of the operation and effect of the general rules of practice and procedure now or hereafter in use as prescribed by the Supreme Court for the other courts of the United States pursuant to law. Such changes in and additions to those rules as the Conference may deem desirable to promote simplicity in procedure, fairness in administration, the just determination of litigation, and the elimination of unjustifiable expense and delay shall be recommended by the Conference from time to time to the Supreme Court for its consideration and adoption, modification or rejection, in accordance with law.

The Judicial Conference shall review rules prescribed under section 2071 of this title by the courts, other than the Supreme Court and the district courts, for consistency with Federal law. The Judicial Conference may modify or abrogate any such rule so reviewed found inconsistent in the course of such a review.

The Attorney General shall, upon request of the Chief Justice, report to such Conference on matters relating to the business of the several courts of the United States, with particular reference to cases to which the United States is a party.

The Chief Justice shall submit to Congress an annual report of the proceedings of the Judicial Conference and its recommendations for legislation.

CHAPTER 17 — RESIGNATION AND RETIREMENT OF JUSTICES AND JUDGES

Sec. 372. Retirement for disability; substitute judge on failure to retire

(a) Any justice or judge of the United States appointed to hold office during good behavior who becomes permanently disabled from performing his duties may retire from regular active service, and the President shall, by and with the advice and consent of the Senate, appoint a successor.

Any justice or judge of the United States desiring to retire under this section shall certify to the President his disability in writing.

Whenever an associate justice of the Supreme Court, a chief judge of a circuit or the chief judge of the Court of International Trade, desires to retire under this section, he shall furnish to the President a certificate of disability signed by the Chief Justice of the United States.

A circuit or district judge, desiring to retire under this section, shall furnish to the President a certificate of disability signed by the chief judge of his circuit.

A judge of the Court of International Trade desiring to retire under this section, shall furnish to the President a certificate of disability signed by the chief judge of his court.

Each justice or judge retiring under this section after serving ten years continuously or otherwise shall, during the remainder of his lifetime, receive the salary of the office. A justice or judge retiring under this section who has served less than ten years in all shall, during the remainder of his lifetime, receive one-half the salary of the office.

(b) Whenever any judge of the United States appointed to hold office during good behavior who is eligible to retire under this section does not do so and a certificate of his disability signed by a majority of the members of the Judicial Council of his circuit in the case of a circuit or district judge, or by the Chief Justice of the United States in the case of the Chief Judge of the Court of International Trade, or by the chief judge of his court in the case of a judge of the Court of International Trade, is presented to the President and the President finds that such judge is unable to discharge efficiently all the duties of his office by reason of permanent mental or physical disability and that the appointment of an additional judge is necessary for the efficient dispatch of business, the President may make such appointment by and with the advice and consent of the Senate. Whenever any such additional judge is appointed, the vacancy subsequently caused by the death, resignation, or retirement of the disabled judge shall not be filled. Any judge whose disability causes the appointment of an additional judge shall, for purpose of precedence, service as chief judge, or temporary performance of the duties of that office, be treated as junior in commission to the other judges of the circuit, district, or court.

CHAPTER 21 — GENERAL PROVISIONS APPLICABLE TO COURTS AND JUDGES

Sec. 454. Practice of law by justices and judges

Any justice or judge appointed under the authority of the United States who engages in the practice of law is guilty of a high misdemeanor.

Sec. 455. Disqualification of justice, judge, or magistrate judge

(a) Any justice, judge, or magistrate judge of the United States shall disqualify himself in any proceeding in which his impartiality might reasonably be questioned.

(b) He shall also disqualify himself in the following circumstances:

(1) Where he has a personal bias or prejudice concerning a party, or personal knowledge of disputed evidentiary facts concerning the proceeding;

(2) Where in private practice he served as lawyer in the matter in controversy, or a lawyer with whom he previously practiced law served during such association as a lawyer concerning the matter, or the judge or such lawyer has been a material witness concerning it;

(3) Where he has served in governmental employment and in such capacity participated as counsel, adviser or material witness concerning the proceeding or expressed an opinion concerning the merits of the particular case in controversy;

(4) He knows that he, individually or as a fiduciary, or his spouse or minor child residing in his household, has a financial interest in the subject matter in controversy or in a party to the proceeding, or any other interest that could be substantially affected by the outcome of the proceeding;

(5) He or his spouse, or a person within the third degree of relationship to either of them, or the spouse of such a person:

(i) Is a party to the proceeding, or an officer, director, or trustee of a party;

(ii) Is acting as a lawyer in the proceeding;

(iii) Is known by the judge to have an interest that could be substantially affected by the outcome of the proceeding;

(iv) Is to the judge's knowledge likely to be a material witness in the proceeding.

(c) A judge should inform himself about his personal and fiduciary financial interests, and make a reasonable effort to inform himself about the personal financial interests of his spouse and minor children residing in his household.

(d) For the purposes of this section the following words or phrases shall have the meaning indicated:

(1) "proceeding" includes pretrial, trial, appellate review, or other stages of litigation;

(2) the degree of relationship is calculated according to the civil law system;

(3) "fiduciary" includes such relationships as executor, administrator, trustee, and guardian;

(4) "financial interest" means ownership of a legal or equitable interest, however small, or a relationship as director, adviser, or other active participant in the affairs of a party, except that:

(i) Ownership in a mutual or common investment fund that holds securities is not a "financial interest" in such securities unless the judge participates in the management of the fund;

(ii) An office in an educational, religious, charitable, fraternal, or civic organization is not a "financial interest" in securities held by the organization;

(iii) The proprietary interest of a policyholder in a mutual insurance company, of a depositor in a mutual savings association, or a similar proprietary interest, is a "financial interest" in the organization only if the outcome of the proceeding could substantially affect the value of the interest;

(iv) Ownership of government securities is a "financial interest" in the issuer only if the outcome of the proceeding could substantially affect the value of the securities.

(e) No justice, judge, or magistrate judge shall accept from the parties to the proceeding a waiver of any ground for disqualification enumerated in subsection (b). Where the ground for disqualification arises only under subsection (a), waiver may be accepted provided it is preceded by a full disclosure on the record of the basis for disqualification.

(f) Notwithstanding the preceding provisions of this section, if any justice, judge, magistrate judge, or bankruptcy judge to whom a matter has been assigned would be disqualified, after substantial judicial time has been devoted to the matter, because of the appearance or discovery, after the matter was assigned to him or her, that he or she individually or as a fiduciary, or his or her spouse or minor child residing in his or her household, has a financial interest in a party (other than an interest that could be substantially affected by the outcome), disqualification is not required if the justice, judge, magistrate judge, bankruptcy judge, spouse or minor child, as the case may be, divests himself or herself of the interest that provides the grounds for the disqualification.

CHAPTER 23 — CIVIL JUSTICE EXPENSE AND DELAY REDUCTION PLANS

Sec. 471. Requirement for a district court civil justice expense and delay reduction plan

There shall be implemented by each United States district court, in accordance with this chapter, a civil justice expense and delay reduction plan. The plan may be a plan developed by such district court or a model plan developed by the Judicial Conference of the United States. The purposes of each plan are to facilitate deliberate adjudication of civil cases on the merits, monitor discovery, improve litigation management, and ensure just, speedy, and inexpensive resolutions of civil disputes.

Sec. 473. Content of civil justice expense and delay reduction plans

(a) In formulating the provisions of its civil justice expense and delay reduction plan, each United States district court, in consultation with an advisory group appointed under section 478 of this title, shall consider and may include the following principles and guidelines of litigation management and cost and delay reduction:

(1) systematic, differential treatment of civil cases that tailors the level of individualized and case specific management to such criteria as case complexity, the amount of time reasonably needed to prepare the case for trial, and the judicial and other resources required and available for the preparation and disposition of the case;

(2) early and ongoing control of the pretrial process through involvement of a judicial officer In —

(A) assessing and planning the progress of a case;

(B) setting early, firm trial dates, such that the trial is scheduled to occur within eighteen months after the filing of the complaint, unless a judicial officer certifies that —

(i) the demands of the case and its complexity make such a trial date incompatible with serving the ends of justice;

or

(ii) the trial cannot reasonably be held within such time because of the complexity of the case or the number or complexity of pending criminal cases;

(C) controlling the extent of discovery and the time for completion of discovery, and ensuring compliance with appropriate requested discovery in a timely fashion; and

(D) setting, at the earliest practicable time, deadlines for filing motions and a time framework for their disposition;

(3) for all cases that the court or an individual judicial officer determines are complex and any other appropriate cases, careful and deliberate monitoring through a discovery-case management conference or a series of such conferences at which the presiding judicial officer —

(A) explores the parties' receptivity to, and the propriety of, settlement or proceeding with the litigation;

(B) identifies or formulates the principal issues in contention and, in appropriate cases, provides for the staged resolution or bifurcation of issues for trial consistent with Rule 42(b) of the Federal Rules of Civil Procedure;

(C) prepares a discovery schedule and plan consistent with any presumptive time limits that a district court may set for the completion of discovery and with any procedures a district court may develop to —

(i) identify and limit the volume of discovery available to avoid unnecessary or unduly burdensome or expensive discovery; and

(ii) phase discovery into two or more stages; and

(D) sets, at the earliest practicable time, deadlines for filing motions and a time framework for their disposition;

(4) encouragement of cost-effective discovery through voluntary exchange of information among litigants and their attorneys and through the use of cooperative discovery devices;

(5) conservation of judicial resources by prohibiting the consideration of discovery motions unless accompanied by a certification that the moving party has made a reasonable and good faith effort to reach agreement with opposing counsel on the matters set forth in the motion; and

(6) authorization to refer appropriate cases to alternative dispute

resolution programs that —

(A) have been designated for use in a district court; or

(B) the court may make available, including mediation, minitrial, and summary jury trial.

(b) In formulating the provisions of its civil justice expense and delay reduction plan, each United States district court, in consultation with an advisory group appointed under section 478 of this title, shall consider and may include the following litigation management and cost and delay reduction techniques:

(1) a requirement that counsel for each party to a case jointly present a discovery-case management plan for the case at the initial pretrial conference, or explain the reasons for their failure to do so;

(2) a requirement that each party be represented at each pretrial conference by an attorney who has the authority to bind that party regarding all matters previously identified by the court for discussion at the conference and all reasonably related matters;

(3) a requirement that all requests for extensions of deadlines for completion of discovery or for postponement of the trial be signed by the attorney and the party making the request;

(4) a neutral evaluation program for the presentation of the legal and factual basis of a case to a neutral court representative selected by the court at a nonbinding conference conducted early in the litigation;

(5) a requirement that, upon notice by the court, representatives of the parties with authority to bind them in settlement discussions be present or available by telephone during any settlement conference; and

(6) such other features as the district court considers appropriate after considering the recommendations of the advisory group referred to in section 472(a) of this title.

(c) Nothing in a civil justice expense and delay reduction plan relating to the settlement authority provisions of this section shall alter or conflict with the authority of the Attorney General to conduct litigation on behalf of the United States, or any delegation of the Attorney General.

PART III – COURT OFFICERS AND EMPLOYEES

CHAPTER 43 – UNITED STATES MAGISTRATE JUDGES

Sec. 631. Appointment and tenure

(a) The judges of each United States district court and the district courts of the Virgin Islands, Guam, and the Northern Mariana Islands shall appoint United States magistrate judges in such numbers and to serve at such locations within the judicial districts as the Judicial Conference may determine under this chapter. In the case of a magistrate judge appointed by the district court of the Virgin Islands, Guam, or the Northern Mariana Islands, this chapter shall apply as though the court appointing such a magistrate judge were a United States district court. Where there is more than one judge of a district court, the appointment, whether an original appointment or a reappointment, shall be by the concurrence of a majority of all the judges of such district court, and when there is no such concurrence, then by the chief judge. Where the conference deems it desirable, a magistrate judge may be designated to serve in one or more districts adjoining the district for which he is appointed. Such a designation shall be made by the concurrence of a majority of the judges of each of the district courts involved and shall specify the duties to be performed by the magistrate judge in the adjoining district or districts.

(b) No individual may be appointed or reappointed to serve as a magistrate judge under this chapter unless:

(1) He has been for at least five years a member in good standing of the bar of the highest court of a State, the District of Columbia, the Commonwealth of Puerto Rico, the Territory of Guam, the Commonwealth of the Northern Mariana Islands, or the Virgin Islands of the United States, except that an individual who does not meet the bar membership requirements of this paragraph may be appointed and serve as a part-time magistrate judge if the appointing court or courts and the conference find that no qualified individual who is a member of the bar is available to serve at a specific location;

(2) He is determined by the appointing district court or courts to be competent to perform the duties of the office;

(3) In the case of an individual appointed to serve in a national park,

he resides within the exterior boundaries of that park, or at some place reasonably adjacent thereto;

(4) He is not related by blood or marriage to a judge of the appointing court or courts at the time of his initial appointment; and

(5) He is selected pursuant to standards and procedures promulgated by the Judicial Conference of the United States. Such standards and procedures shall contain provision for public notice of all vacancies in magistrate judge positions and for the establishment by the district courts of merit selection panels, composed of residents of the individual judicial districts, to assist the courts in identifying and recommending persons who are best qualified to fill such positions.

(c) A magistrate judge may hold no other civil or military office or employment under the United States: Provided, however, That, with the approval of the conference, a part-time referee in bankruptcy or a clerk or deputy clerk of a court of the United States may be appointed and serve as a part-time United States magistrate judge, but the conference shall fix the aggregate amount of compensation to be received for performing the duties of part-time magistrate judge and part-time referee in bankruptcy, clerk or deputy clerk: And provided further, That retired officers and retired enlisted personnel of the Regular and Reserve components of the Army, Navy, Air Force, Marine Corps, and Coast Guard, members of the Reserve components of the Army, Navy, Air Force, Marine Corps, and Coast Guard, and members of the Army National Guard of the United States, the Air National Guard of the United States, and the Naval Militia and of the National Guard of a State, territory, or the District of Columbia, except the National Guard disbursing officers who are on a full-time salary basis, may be appointed and serve as United States magistrate judges.

(d) Except as otherwise provided in sections 375 and 636(h) of this title, no individual may serve under this chapter after having attained the age of seventy years: Provided, however, That upon a majority vote of all the judges of the appointing court or courts, which is taken upon the magistrate judge's attaining age seventy and upon each subsequent anniversary thereof, a magistrate judge who has attained the age of seventy years may continue to serve and may be reappointed under this chapter.

(e) The appointment of any individual as a full-time magistrate judge shall be for a term of eight years, and the appointment of any individuals as a part-time magistrate judge shall be for a term of four years, except that the term of a full-time or part-time magistrate judge appointed under subsection (k) shall expire upon —

(1) the expiration of the absent magistrate judge's term,

(2) the reinstatement of the absent magistrate judge in regular service in office as a magistrate judge,

(3) the failure of the absent magistrate judge to make timely application under subsection (j) of this section for reinstatement in regular service in office as a magistrate judge after discharge or release from military service,

(4) the death or resignation of the absent magistrate judge, or

(5) the removal from office of the absent magistrate judge pursuant to subsection (i) of this section,

whichever may first occur.

(f) Upon the expiration of his term, a magistrate judge may, by a majority vote of the judges of the appointing district court or courts and with the approval of the judicial council of the circuit, continue to perform the duties of his office until his successor is appointed, or for 180 days after the date of the expiration of the magistrate judge's term, whichever is earlier.

(g) Each individual appointed as a magistrate judge under this section shall take the oath or affirmation prescribed by section 453 of this title before performing the duties of his office.

(h) Each appointment made by a judge or judges of a district court shall be entered of record in such court, and notice of such appointment shall be given at once by the clerk of that court to the Director.

(i) Removal of a magistrate judge during the term for which he is appointed shall be only for incompetency, misconduct, neglect of duty, or physical or mental disability, but a magistrate judge's office shall be terminated if the conference determines that the services performed by his office are no longer needed. Removal shall be by the judges of the district court for the judicial district in which the magistrate judge serves; where there is more than one judge of a district court, removal shall not occur unless a majority of all the judges of such court concur in the order of removal; and when there is a tie vote of the judges of the district court on the question of the removal or retention in office of a magistrate judge, then removal shall be only by a concurrence of a majority of all the judges of the council. In the case of a magistrate judge appointed under the third sentence of subsection (a) of this section, removal shall not occur unless a majority of all the judges of the appointing district courts concur in the order of removal; and where there is a tie vote on the question of the removal or retention in office of a magistrate judge, then removal shall be only by a concurrence of a majority of all the judges of the council or councils. Before any order or removal shall be entered, a full specification of the charges shall be furnished to the magistrate judge, and he shall be accorded by the judge or judges of the removing court, courts, council, or councils an opportunity to be heard on the charges.

(j) Upon the grant by the appropriate district court or courts of a leave of absence to a magistrate judge entitled to such relief under chapter 43 of title 38, such court or courts may proceed to appoint, in the manner specified in subsection (a) of this section, another magistrate judge, qualified for appointment and service under subsections (b), (c), and (d) of this section, who shall serve for the period specified in subsection (e) of this section.

(k) A United States magistrate judge appointed under this chapter shall be exempt from the provisions of subchapter I of chapter 63 of title 5.

Sec. 632. Character of service

(a) Full-time United States magistrate judges may not engage in the practice of law, and may not engage in any other business, occupation, or employment inconsistent with the expeditious, proper, and impartial performance of their duties as judicial officers.

(b) Part-time United States magistrate judges shall render such service as judicial officers as is required by law. While so serving they may engage in the practice of law, but may not serve as counsel in any criminal action in any court of the United States, nor act in any capacity that is, under such regulations as the conference may establish, inconsistent with the proper discharge of their office. Within such restrictions, they may engage in any other business, occupation, or employment which is not inconsistent with the expeditious, proper, and impartial performance of their duties as judicial officers.

Sec. 636. Jurisdiction, powers, and temporary assignment

(a) Each United States magistrate judge serving under this chapter shall have within the territorial jurisdiction prescribed by his appointment —

(1) all powers and duties conferred or imposed upon United States commissioners by law or by the Rules of Criminal Procedure for the United

States District Courts;

(2) the power to administer oaths and affirmations, issue orders pursuant to section 3142 of title 18 concerning release or detention of persons pending trial, and take acknowledgements, affidavits, and depositions;

(3) the power to conduct trials under section 3401, title 18, United States Code, in conformity with and subject to the limitations of that section;

(4) the power to enter a sentence for a petty offense; and

(5) the power to enter a sentence for a class A misdemeanor in a case in which the parties have consented.

(b)(1) Notwithstanding any provision of law to the contrary —

(A) a judge may designate a magistrate judge to hear and determine any pretrial matter pending before the court, except a motion for injunctive relief, for judgment on the pleadings, for summary judgment, to dismiss or quash an indictment or information made by the defendant, to suppress evidence in a criminal case, to dismiss or to permit maintenance of a class action, to dismiss for failure to state a claim upon which relief can be granted, and to involuntarily dismiss an action. A judge of the court may reconsider any pretrial matter under this subparagraph (A) where it has been shown that the magistrate judge's order is clearly erroneous or contrary to law.

(B) a judge may also designate a magistrate judge to conduct hearings, including evidentiary hearings, and to submit to a judge of the court proposed findings of fact and recommendations for the disposition, by a judge of the court, of any motion excepted in subparagraph (A), of applications for posttrial relief made by individuals convicted of criminal offenses and of prisoner petitions challenging conditions of confinement.

(C) the magistrate judge shall file his proposed findings and recommendations under subparagraph (B) with the court and a copy shall forthwith be mailed to all parties.

Within ten days after being served with a copy, any party may serve and file written objections to such proposed findings and recommendations as provided by rules of court. A judge of the court shall make a de novo determination of those portions of the report or specified proposed findings or recommendations to which objection is made. A judge of the court may accept, reject, or modify, in whole or in part, the findings or recommendations made by the magistrate judge. The judge may also receive further evidence or recommit the matter to the magistrate judge with instructions.

(2) A judge may designate a magistrate judge to serve as a special master pursuant to the applicable provisions of this title and the Federal Rules of Civil Procedure for the United States district courts. A judge may designate a magistrate judge to serve as a special master in any civil case, upon consent of the parties, without regard to the provisions of rule 53(b) of the Federal Rules of Civil Procedure for the United States district courts.

(3) A magistrate judge may be assigned such additional duties as are not inconsistent with the Constitution and laws of the United States.

(4) Each district court shall establish rules pursuant to which the magistrate judges shall discharge their duties.

(c) Notwithstanding any provision of law to the contrary —

(1) Upon the consent of the parties, a full-time United States magistrate judge or a part-time United States magistrate judge who serves as a full-time judicial officer may conduct any or all proceedings in a jury or nonjury civil matter and order the entry of judgment in the case, when specially designated to exercise such jurisdiction by the district court or courts he serves. Upon the consent of the parties, pursuant to their specific written request, any other part-time magistrate judge may exercise such jurisdiction, if such magistrate judge meets the bar membership requirements set forth in section 631(b)(1) and the chief judge of the district court certifies that a full-time magistrate judge is not reasonably available in accordance with guidelines established by the judicial council of the circuit. When there is more than one judge of a district court, designation under this paragraph shall be by the concurrence of a majority of all the judges of such district court, and when there is no such concurrence, then by the chief judge.

(2) If a magistrate judge is designated to exercise civil jurisdiction under paragraph (1) of this subsection, the clerk of court shall, at the time the action is filed, notify the parties of the availability of a magistrate judge to exercise such jurisdiction. The decision of the parties shall be communicated to the clerk of court. Thereafter, either the district court judge or the magistrate judge may again advise the parties of the availability of the magistrate judge, but in so doing, shall also advise the parties that they are free to withhold consent without adverse substantive consequences. Rules of court for the reference of civil matters to magistrate judges shall include procedures to protect the voluntariness of the parties' consent.

(3) Upon entry of judgment in any case referred under paragraph (1) of

this subsection, an aggrieved party may appeal directly to the appropriate United States court of appeals from the judgment of the magistrate judge in the same manner as an appeal from any other judgment of a district court. The consent of the parties allows a magistrate judge designated to exercise civil jurisdiction under paragraph (1) of this subsection to direct the entry of a judgment of the district court in accordance with the Federal Rules of Civil Procedure. Nothing in this paragraph shall be construed as a limitation of any party's right to seek review by the Supreme Court of the United States.

(4) The court may, for good cause shown on its own motion, or under extraordinary circumstances shown by any party, vacate a reference of a civil matter to a magistrate judge under this subsection.

(5) The magistrate judge shall, subject to guidelines of the Judicial Conference, determine whether the record taken pursuant to this section shall be taken by electronic sound recording, by a court reporter, or by other means.

(d) The practice and procedure for the trial of cases before officers serving under this chapter shall conform to rules promulgated by the Supreme Court pursuant to section 2072 of this title.

(e) Contempt Authority. —

(1) In general. — A United States magistrate judge serving under this chapter shall have within the territorial jurisdiction prescribed by the appointment of such magistrate judge the power to exercise contempt authority as set forth in this subsection.

(2) Summary criminal contempt authority. — A magistrate judge shall have the power to punish summarily by fine or imprisonment, or both, such contempt of the authority of such magistrate judge constituting misbehavior of any person in the magistrate judge's presence so as to obstruct the administration of justice. The order of contempt shall be issued under the Federal Rules of Criminal Procedure.

(3) Additional criminal contempt authority in civil consent and misdemeanor cases. — In any case in which a United States magistrate judge presides with the consent of the parties under subsection (c) of this section, and in any misdemeanor case proceeding before a magistrate judge under section 3401 of title 18, the magistrate judge shall have the power to punish, by fine or imprisonment, or both, criminal contempt constituting disobedience or resistance to the magistrate judge's lawful writ, process, order, rule, decree, or command.

Disposition of such contempt shall be conducted upon notice and hearing under the Federal Rules of Criminal Procedure.

(4) Civil contempt authority in civil consent and misdemeanor cases. — In any case in which a United States magistrate judge presides with the consent of the parties under subsection (c) of this section, and in any misdemeanor case proceeding before a magistrate judge under section 3401 of title 18, the magistrate judge may exercise the civil contempt authority of the district court. This paragraph shall not be construed to limit the authority of a magistrate judge to order sanctions under any other statute, the Federal Rules of Civil Procedure, or the Federal Rules of Criminal Procedure.

(5) Criminal contempt penalties. — The sentence imposed by a magistrate judge for any criminal contempt provided for in paragraphs (2) and (3) shall not exceed the penalties for a Class C misdemeanor as set forth in sections 3581(b)(8) and 3571(b)(6) of title 18.

(6) Certification of other contempts to the district court. —

Upon the commission of any such act —

(A) in any case in which a United States magistrate judge presides with the consent of the parties under subsection (c) of this section, or in any misdemeanor case proceeding before a magistrate judge under section 3401 of title 18, that may, in the opinion of the magistrate judge, constitute a serious criminal contempt punishable by penalties exceeding those set forth in paragraph (5) of this subsection, or

(B) in any other case or proceeding under subsection (a) or (b) of this section, or any other statute, where —

(i) the act committed in the magistrate judge's presence may, in the opinion of the magistrate judge, constitute a serious criminal contempt punishable by penalties exceeding those set forth in paragraph (5) of this subsection,

(ii) the act that constitutes a criminal contempt occurs outside the presence of the magistrate judge, or

(iii) the act constitutes a civil contempt,

the magistrate judge shall forthwith certify the facts to a district judge and may serve or cause to be served, upon any person whose behavior is brought into question under this paragraph, an order requiring such person to appear before a district judge upon a day certain to show cause why that person should not be adjudged in contempt by reason of the facts so certified. The district judge shall thereupon hear the evidence as to the act or conduct complained of and, if it is such as to warrant punishment, punish such person in the same manner and to the same extent as for a contempt committed before a district judge.

(7) Appeals of magistrate judge contempt orders. — The appeal of an order of contempt under this subsection shall be made to the court of appeals in cases proceeding under subsection (c) of this section. The appeal of any other order of contempt issued under this section shall be made to the district court.

(f) In an emergency and upon the concurrence of the chief judges of the districts involved, a United States magistrate judge may be temporarily assigned to perform any of the duties specified in subsection (a), (b), or (c) of this section in a judicial district other than the judicial district for which he has been appointed. No magistrate judge shall perform any of such duties in a district to which he has been temporarily assigned until an order has been issued by the chief judge of such district specifying (1) the emergency by reason of which he has been transferred, (2) the duration of his assignment, and (3) the duties which he is authorized to perform. A magistrate judge so assigned shall not be entitled to additional compensation but shall be reimbursed for actual and necessary expenses incurred in the performance of his duties in accordance with section 635.

(g) A United States magistrate judge may perform the verification function required by section 4107 of title 18, United States Code. A magistrate judge may be assigned by a judge of any United States district court to perform the verification required by section 4108 and the appointment of counsel authorized by section 4109 of title 18, United States Code, and may perform such functions beyond the territorial limits of the United States. A magistrate judge assigned such functions shall have no authority to perform any other function within the territory of a foreign country.

(h) A United States magistrate judge who has retired may, upon the consent of the chief judge of the district involved, be recalled to serve as a magistrate judge in any judicial district by the judicial council of the circuit within which such district is located. Upon recall, a magistrate judge may receive a salary for such service in accordance with regulations promulgated by the Judicial Conference, subject to the restrictions on the payment of an annuity set forth in section 377 of this title or in subchapter III of chapter 83, and chapter 84, of title 5 which are applicable to such magistrate judge.

The requirements set forth in subsections (a), (b)(3), and (d) of section 631, and paragraph (1) of subsection (b) of such section to the extent such paragraph requires membership of the bar of the location in which an individual is to serve as a magistrate judge, shall not apply to the recall of a retired magistrate judge under this subsection or section 375 of this title. Any other requirement set forth in section 631(b) shall apply to the recall of a retired magistrate judge under this subsection or section 375 of this title unless such retired magistrate judge met such requirement upon appointment or reappointment as a magistrate judge under section 631.

CHAPTER 44 – ALTERNATIVE DISPUTE RESOLUTION

Sec. 651. Authorization of alternative dispute resolution

(a) Definition. – For purposes of this chapter, an alternative dispute resolution process includes any process or procedure, other than an adjudication by a presiding judge, in which a neutral third party participates to assist in the resolution of issues in controversy, through processes such as early neutral evaluation, mediation, minitrial, and arbitration as provided in sections 654 through 658.

(b) Authority. – Each United States district court shall authorize, by local rule adopted under section 2071(a), the use of alternative dispute resolution processes in all civil actions, including adversary proceedings in bankruptcy, in accordance with this chapter, except that the use of arbitration may be authorized only as provided in section 654. Each United States district court shall devise and implement its own alternative dispute resolution program, by local rule adopted under section 2071(a), to encourage and promote the use of alternative dispute resolution in its district.

(c) Existing Alternative Dispute Resolution Programs. – In those courts where an alternative dispute resolution program is in place on the date of the enactment of the Alternative Dispute Resolution Act of 1998, the court shall examine the effectiveness of that program and adopt such improvements to the program as are consistent with the provisions and purposes of this chapter.

(d) Administration of Alternative Dispute Resolution Programs. – Each United States district court shall designate an employee, or a judicial officer, who is knowledgeable in alternative dispute resolution practices and processes to implement, administer, oversee, and evaluate the court's alternative dispute resolution program. Such person may also be responsible for recruiting, screening, and training attorneys to serve as neutrals and arbitrators in the court's alternative dispute resolution program.

Sec. 652. Jurisdiction

(a) Consideration of Alternative Dispute Resolution in Appropriate Cases. — Notwithstanding any provision of law to the contrary and except as provided in subsections (b) and (c), each district court shall, by local rule adopted under section 2071(a), require that litigants in all civil cases consider the use of an alternative dispute resolution process at an appropriate stage in the litigation. Each district court shall provide litigants in all civil cases with at least one alternative dispute resolution process, including, but not limited to, mediation, early neutral evaluation, minitrial, and arbitration as authorized in sections 654 through 658. Any district court that elects to require the use of alternative dispute resolution in certain cases may do so only with respect to mediation, early neutral evaluation, and, if the parties consent, arbitration.

(b) Actions Exempted From Consideration of Alternative Dispute Resolution. — Each district court may exempt from the requirements of this section specific cases or categories of cases in which use of alternative dispute resolution would not be appropriate. In defining these exemptions, each district court shall consult with members of the bar, including the United States Attorney for that district.

(c) Authority of the Attorney General. — Nothing in this section shall alter or conflict with the authority of the Attorney General to conduct litigation on behalf of the United States, with the authority of any Federal agency authorized to conduct litigation in the United States courts, or with any delegation of litigation authority by the Attorney General.

(d) Confidentiality Provisions. — Until such time as rules are adopted under chapter 131 of this title providing for the confidentiality of alternative dispute resolution processes under this chapter, each district court shall, by local rule adopted under section 2071(a), provide for the confidentiality of the alternative dispute resolution processes and to prohibit disclosure of confidential dispute resolution communications.

Sec. 653. Neutrals

(a) Panel of Neutrals. — Each district court that authorizes the use of alternative dispute resolution processes shall adopt appropriate processes for making neutrals available for use by the parties for each category of process offered. Each district court shall promulgate its own procedures and criteria for the selection of neutrals on its panels.

(b) Qualifications and Training. — Each person serving as a neutral in an alternative dispute resolution process should be qualified and trained to serve as a neutral in the appropriate alternative dispute resolution process. For this purpose, the district court may use, among others, magistrate judges who have been trained to serve as neutrals in alternative dispute resolution processes, professional neutrals from the private sector, and persons who have been trained to serve as neutrals in alternative dispute resolution processes. Until such time as rules are adopted under chapter 131 of this title relating to the disqualification of neutrals, each district court shall issue rules under section 2071(a) relating to the disqualification of neutrals (including, where appropriate, disqualification under section 455 of this title, other applicable law, and professional responsibility standards).

Sec. 654. Arbitration

(a) Referral of Actions to Arbitration. — Notwithstanding any provision of law to the contrary and except as provided in subsections (a), (b), and (c) of section 652 and subsection (d) of this section, a district court may allow the referral to arbitration of any civil action (including any adversary proceeding in bankruptcy) pending before it when the parties consent, except that referral to arbitration may not be made where —

(1) the action is based on an alleged violation of a right secured by the Constitution of the United States;

(2) jurisdiction is based in whole or in part on section 1343 of this title; or

(3) the relief sought consists of money damages in an amount greater than $150,000.

(b) Safeguards in Consent Cases. — Until such time as rules are adopted under chapter 131 of this title relating to procedures described in this subsection, the district court shall, by local rule adopted under section 2071(a), establish procedures to ensure that any civil action in which arbitration by consent is allowed under subsection (a) —

(1) consent to arbitration is freely and knowingly obtained; and

(2) no party or attorney is prejudiced for refusing to participate in

arbitration.

(c) Presumptions. — For purposes of subsection (a)(3), a district court may presume damages are not in excess of $150,000 unless counsel certifies that damages exceed such amount.

(d) Existing Programs. — Nothing in this chapter is deemed to affect any program in which arbitration is conducted pursuant to section ₩1₩ title IX of the Judicial Improvements and Access to Justice Act (Public Law 100-702), as amended by section 1 of Public Law 105-53.

Sec. 655. Arbitrators

(a) Powers of Arbitrators. — An arbitrator to whom an action is referred under section 654 shall have the power, within the judicial district of the district court which referred the action to arbitration —

(1) to conduct arbitration hearings;

(2) to administer oaths and affirmations; and

(3) to make awards.

(b) Standards for Certification. — Each district court that authorizes arbitration shall establish standards for the certification of arbitrators and shall certify arbitrators to perform services in accordance with such standards and this chapter. The standards shall include provisions requiring that any arbitrator —

(1) shall take the oath or affirmation described in section 453; and

(2) shall be subject to the disqualification rules under section 455.

(c) Immunity. — All individuals serving as arbitrators in an alternative dispute resolution program under this chapter are performing quasi-judicial functions and are entitled to the immunities and protections that the law accords to persons serving in such capacity.

Sec. 656. Subpoenas

Rule 45 of the Federal Rules of Civil Procedure (relating to subpoenas) applies to subpoenas for the attendance of witnesses and the production of documentary evidence at an arbitration hearing under this chapter.

Sec. 657. Arbitration award and judgment

(a) Filing and Effect of Arbitration Award. — An arbitration award made by an arbitrator under this chapter, along with proof of service of such award on the other party by the prevailing party or by the plaintiff, shall be filed promptly after the arbitration hearing is concluded with the clerk of the district court that referred the case to arbitration. Such award shall be entered as the judgment of the court after the time has expired for requesting a trial de novo. The judgment so entered shall be subject to the same provisions of law and shall have the same force and effect as a judgment of the court in a civil action, except that the judgment shall not be subject to review in any other court by appeal or otherwise.

(b) Sealing of Arbitration Award. — The district court shall provide, by local rule adopted under section 2071(a), that the contents of any arbitration award made under this chapter shall not be made known to any judge who might be assigned to the case until the district court has entered final judgment in the action or the action has otherwise terminated.

(c) Trial de Novo of Arbitration Awards. —

(1) Time for filing demand. — Within 30 days after the filing of an arbitration award with a district court under subsection (a), any party may file a written demand for a trial de novo in the district court.

(2) Action restored to court docket. — Upon a demand for a trial de novo, the action shall be restored to the docket of the court and treated for all purposes as if it had not been referred to arbitration.

(3) Exclusion of evidence of arbitration. — The court shall not admit at the trial de novo any evidence that there has been an arbitration proceeding, the nature or amount of any award, or any other matter concerning the conduct of the arbitration proceeding, unless —

(A) the evidence would otherwise be admissible in the court under the Federal Rules of Evidence; or

(B) the parties have otherwise stipulated.

PART IV — JURISDICTION AND VENUE

CHAPTER 81 — SUPREME COURT

Sec. 1251. Original jurisdiction

(a) The Supreme Court shall have original and exclusive jurisdiction of all controversies between two or more States.

(b) The Supreme Court shall have original but not exclusive jurisdiction of:

(1) All actions or proceedings to which ambassadors, other public ministers, consuls, or vice consuls of foreign states are parties;

(2) All controversies between the United States and a State;

(3) All actions or proceedings by a State against the citizens of another State or against aliens.

Sec. 1253. Direct appeals from decisions of three-judge courts

Except as otherwise provided by law, any party may appeal to the Supreme Court from an order granting or denying, after notice and hearing, an interlocutory or permanent injunction in any civil action, suit or proceeding required by any Act of Congress to be heard and determined by a district court of three judges.

Sec. 1254. Courts of appeals; certiorari; certified questions

Cases in the courts of appeals may be reviewed by the Supreme Court by the following methods:

(1) By writ of certiorari granted upon the petition of any party to any civil or criminal case, before or after rendition of judgment or decree;

(2) By certification at any time by a court of appeals of any question of law in any civil or criminal case as to which instructions are desired, and upon such certification the Supreme Court may give binding instructions or require the entire record to be sent up for decision of the entire matter in controversy.

Sec. 1257. State courts; certiorari

(a) Final judgments or decrees rendered by the highest court of a State in which a decision could be had, may be reviewed by the Supreme Court by writ of certiorari where the validity of a treaty or statute of the United States is drawn in question or where the validity of a statute of any State is drawn in question on the ground of its being repugnant to the Constitution, treaties, or laws of the United States, or where any title, right, privilege, or immunity is specially set up or claimed under the Constitution or the treaties or statutes of, or any commission held or authority exercised under, the United States.

(b) For the purposes of this section, the term "highest court of a State" includes the District of Columbia Court of Appeals.

Sec. 1258. Supreme Court of Puerto Rico; certiorari

Final judgments or decrees rendered by the Supreme Court of the Commonwealth of Puerto Rico may be reviewed by the Supreme Court by writ of certiorari where the validity of a treaty or statute of the United States is drawn in question or where the validity of a statute of the Commonwealth of Puerto Rico is drawn in question on the ground of its being repugnant to the Constitution, treaties, or laws of the United States, or where any title, right, privilege, or immunity is specially set up or claimed under the Constitution or the treaties or statutes of, or any commission held or authority exercised under, the United States.

CHAPTER 83 – COURTS OF APPEALS

Sec. 1291. Final decisions of district courts

The courts of appeals (other than the United States Court of Appeals for the Federal Circuit) shall have jurisdiction of appeals from all final decisions of the district courts of the United States, the United States District Court for the District of the Canal Zone, the District Court of Guam, and the District Court of the Virgin Islands, except where a direct review may be had in the Supreme Court. The jurisdiction of the United States Court of Appeals for the Federal Circuit shall be limited to the jurisdiction described in sections 1292(c) and (d) and 1295 of this title.

Sec. 1292. Interlocutory decisions

(a) Except as provided in subsections (c) and (d) of this section, the courts of appeals shall have jurisdiction of appeals from:

(1) Interlocutory orders of the district courts of the United States, the United States District Court for the District of the Canal Zone, the District Court of Guam, and the District Court of the Virgin Islands, or of the judges thereof, granting, continuing, modifying, refusing or dissolving injunctions, or refusing to dissolve or modify injunctions, except where a direct review may be had in the Supreme Court;

(2) Interlocutory orders appointing receivers, or refusing orders to wind up receiverships or to take steps to accomplish the purposes thereof, such as directing sales or other disposals of property;

(3) Interlocutory decrees of such district courts or the judges thereof

determining the rights and liabilities of the parties to admiralty cases in which appeals from final decrees are allowed.

(b) When a district judge, in making in a civil action an order not otherwise appealable under this section, shall be of the opinion that such order involves a controlling question of law as to which there is substantial ground for difference of opinion and that an immediate appeal from the order may materially advance the ultimate termination of the litigation, he shall so state in writing in such order. The Court of Appeals which would have jurisdiction of an appeal of such action may thereupon, in its discretion, permit an appeal to be taken from such order, if application is made to it within ten days after the entry of the order: Provided, however, That application for an appeal hereunder shall not stay proceedings in the district court unless the district judge or the Court of Appeals or a judge thereof shall so order.

(c) The United States Court of Appeals for the Federal Circuit shall have exclusive jurisdiction —

(1) of an appeal from an interlocutory order or decree described in subsection (a) or (b) of this section in any case over which the court would have jurisdiction of an appeal under section 1295 of this title; and

(2) of an appeal from a judgment in a civil action for patent infringement which would otherwise be appealable to the United States Court of Appeals for the Federal Circuit and is final except for an accounting.

(d)(1) When the chief judge of the Court of International Trade issues an order under the provisions of section 256(b) of this title, or when any judge of the Court of International Trade, in issuing any other interlocutory order, includes in the order a statement that a controlling question of law is involved with respect to which there is a substantial ground for difference of opinion and that an immediate appeal from that order may materially advance the ultimate termination of the litigation, the United States Court of Appeals for the Federal Circuit may, in its discretion, permit an appeal to be taken from such order, if application is made to that Court within ten days after the entry of such order.

(2) When the chief judge of the United States Court of Federal Claims issues an order under section 798(b) of this title, or when any judge of the United States Court of Federal Claims, in issuing an interlocutory order, includes in the order a statement that a controlling question of law is involved with respect to which there is a substantial ground for difference of opinion and that

an immediate appeal from that order may materially advance the ultimate termination of the litigation, the United States Court of Appeals for the Federal Circuit may, in its discretion, permit an appeal to be taken from such order, if application is made to that Court within ten days after the entry of such order.

(3) Neither the application for nor the granting of an appeal under this subsection shall stay proceedings in the Court of International Trade or in the Court of Federal Claims, as the case may be, unless a stay is ordered by a judge of the Court of International Trade or of the Court of Federal Claims or by the United States Court of Appeals for the Federal Circuit or a judge of that court.

(4)(A) The United States Court of Appeals for the Federal Circuit shall have exclusive jurisdiction of an appeal from an interlocutory order of a district court of the United States, the District Court of Guam, the District Court of the Virgin Islands, or the District Court for the Northern Mariana Islands, granting or denying, in whole or in part, a motion to transfer an action to the United States Court of Federal Claims under section 1631 of this title.

(B) When a motion to transfer an action to the Court of Federal Claims is filed in a district court, no further proceedings shall be taken in the district court until 60 days after the court has ruled upon the motion. If an appeal is taken from the district court's grant or denial of the motion, proceedings shall be further stayed until the appeal has been decided by the Court of Appeals for the Federal Circuit. The stay of proceedings in the district court shall not bar the granting of preliminary or injunctive relief, where appropriate and where expedition is reasonably necessary. However, during the period in which proceedings are stayed as provided in this subparagraph, no transfer to the Court of Federal Claims pursuant to the motion shall be carried out.

(e) The Supreme Court may prescribe rules, in accordance with section 2072 of this title, to provide for an appeal of an interlocutory decision to the courts of appeals that is not otherwise provided for under subsection (a), (b), (c), or (d).

Sec. 1294. Circuits in which decisions reviewable

Except as provided in sections 1292(c), 1292(d), and 1295 of this title, appeals from reviewable decisions of the district and territorial courts shall be taken to the courts of appeals as follows:

(1) From a district court of the United States to the court of appeals for the circuit embracing the district;

(2) From the United States District Court for the District of the Canal Zone, to the Court of Appeals for the Fifth Circuit;

(3) From the District Court of the Virgin Islands, to the Court of Appeals for the Third Circuit;

(4) From the District Court of Guam, to the Court of Appeals for the Ninth Circuit.

Sec. 1295. Jurisdiction of the United States Court of Appeals for the Federal Circuit

(a) The United States Court of Appeals for the Federal Circuit shall have exclusive jurisdiction —

(1) of an appeal from a final decision of a district court of the United States, the United States District Court for the District of the Canal Zone, the District Court of Guam, the District Court of the Virgin Islands, or the District Court for the Northern Mariana Islands, if the jurisdiction of that court was based, in whole or in part, on section 1338 of this title, except that a case involving a claim arising under any Act of Congress relating to copyrights, exclusive rights in mask works, or trademarks and no other claims under section 1338(a) shall be governed by sections 1291, 1292, and 1294 of this title;

(2) of an appeal from a final decision of a district court of the United States, the United States District Court for the District of the Canal Zone, the District Court of Guam, the District Court of the Virgin Islands, or the District Court for the Northern Mariana Islands, if the jurisdiction of that court was based, in whole or in part, on section 1346 of this title, except that jurisdiction of an appeal in a case brought in a district court under section 1346(a)(1), 1346(b), 1346(e), or 1346(f) of this title or under section 1346(a)(2) when the claim is founded upon an Act of Congress or a regulation of an executive department providing for internal revenue shall be governed by sections 1291, 1292, and 1294 of this title;

(3) of an appeal from a final decision of the United States Court of Federal Claims;

(4) of an appeal from a decision of —

(A) the Board of Patent Appeals and Interferences of the United States Patent and Trademark Office with respect to patent applications and interferences, at the instance of an applicant for a patent or any party to a patent interference, and any such appeal shall waive the right of such applicant or party to proceed under section 145 or 146 of title 35;

(B) the Under Secretary of Commerce for Intellectual Property and Director of the United States Patent and Trademark Office or the Trademark Trial and Appeal Board with respect to applications for registration of marks and other proceedings as provided in section 21 of the Trademark Act of 1946 (15 U.S.C. 1071); or

(C) a district court to which a case was directed pursuant to section 145, 146, or 154(b) of title 35;

(5) of an appeal from a final decision of the United States Court of International Trade;

(6) to review the final determinations of the United States International Trade Commission relating to unfair practices in import trade, made under section 337 of the Tariff Act of 1930 (19 U.S.C. 1337);

(7) to review, by appeal on questions of law only, findings of the Secretary of Commerce under U.S. note 6 to subchapter X of chapter 98 of the Harmonized Tariff Schedule of the United States (relating to importation of instruments or apparatus);

(8) of an appeal under section 71 of the Plant Variety Protection Act (7 U.S.C. 2461);

(9) of an appeal from a final order or final decision of the Merit Systems Protection Board, pursuant to sections 7703(b)(1) and 7703(d) of title 5;

(10) of an appeal from a final decision of an agency board of contract appeals pursuant to section 8(g)(1) of the Contract Disputes Act of 1978 (41 U.S.C. 607(g)(1));

(11) of an appeal under section 211 of the Economic Stabilization Act of 1970;

(12) of an appeal under section 5 of the Emergency Petroleum Allocation Act of 1973;

(13) of an appeal under section 506(c) of the Natural Gas Policy Act of 1978; and

(14) of an appeal under section 523 of the Energy Policy and Conservation Act.

(b) The head of any executive department or agency may, with the approval of the Attorney General, refer to the Court of Appeals for the Federal

Circuit for judicial review any final decision rendered by a board of contract appeals pursuant to the terms of any contract with the United States awarded by that department or agency which the head of such department or agency has concluded is not entitled to finality pursuant to the review standards specified in section 10(b) of the Contract Disputes Act of 1978 (41 U.S.C. 609(b)). The head of each executive department or agency shall make any referral under this section within one hundred and twenty days after the receipt of a copy of the final appeal decision.

(c) The Court of Appeals for the Federal Circuit shall review the matter referred in accordance with the standards specified in section 10(b) of the Contract Disputes Act of 1978. The court shall proceed with judicial review on the administrative record made before the board of contract appeals on matters so referred as in other cases pending in such court, shall determine the issue of finality of the appeal decision, and shall, if appropriate, render judgment thereon, or remand the matter to any administrative or executive body or official with such direction as it may deem proper and just.

Sec. 1296. Review of certain agency actions

(a) Jurisdiction. — Subject to the provisions of chapter 179, the United States Court of Appeals for the Federal Circuit shall have jurisdiction over a petition for review of a final decision under chapter 5 of title 3 of —

(1) an appropriate agency (as determined under section 454 of title 3);

(2) the Federal Labor Relations Authority made under part D of subchapter II of chapter 5 of title 3, notwithstanding section 7123 of title 5; or

(3) the Secretary of Labor or the Occupational Safety and Health Review Commission, made under part C of subchapter II of chapter 5 of title 3.

(b) Filing of Petition. — Any petition for review under this section must be filed within 30 days after the date the petitioner receives notice of the final decision.

CHAPTER 85 — DISTRICT COURTS; JURISDICTION

Sec. 1331. Federal question

The district courts shall have original jurisdiction of all civil actions arising under the Constitution, laws, or treaties of the United States.

Sec. 1332. Diversity of citizenship; amount in controversy; costs

(a) The district courts shall have original jurisdiction of all civil actions where the matter in controversy exceeds the sum or value of $75,000, exclusive of interest and costs, and is between —

(1) citizens of different States;

(2) citizens of a State and citizens or subjects of a foreign state;

(3) citizens of different States and in which citizens or subjects of a foreign state are additional parties; and

(4) a foreign state, defined in section 1603(a) of this title, as plaintiff and citizens of a State or of different States.

For the purposes of this section, section 1335, and section 1441, an alien admitted to the United States for permanent residence shall be deemed a citizen of the State in which such alien is domiciled.

(b) Except when express provision therefor is otherwise made in a statute of the United States, where the plaintiff who files the case originally in the Federal courts is finally adjudged to be entitled to recover less than the sum or value of $75,000, computed without regard to any setoff or counterclaim to which the defendant may be adjudged to be entitled, and exclusive of interest and costs, the district court may deny costs to the plaintiff and, in addition, may impose costs on the plaintiff.

(c) For the purposes of this section and section 1441 of this title —

(1) a corporation shall be deemed to be a citizen of any State by which it has been incorporated and of the State where it has its principal place of business, except that in any direct action against the insurer of a policy or contract of liability insurance, whether incorporated or unincorporated, to which action the insured is not joined as a party-defendant, such insurer shall be deemed a citizen of the State of which the insured is a citizen, as well as of any State by which the insurer has been incorporated and of the State where it has its principal place of business; and

(2) the legal representative of the estate of a decedent shall be deemed to be a citizen only of the same State as the decedent, and the legal representative of an infant or incompetent shall be deemed to be a citizen only of the same State as the infant or incompetent.

(d) The word "States", as used in this section, includes the Territories, the District of Columbia, and the Commonwealth of Puerto Rico.

Sec. 1333. Admiralty, maritime and prize cases

The district courts shall have original jurisdiction, exclusive of the courts of the States, of:

(1) Any civil case of admiralty or maritime jurisdiction, saving to suitors in all cases all other remedies to which they are otherwise entitled.

(2) Any prize brought into the United States and all proceedings for the condemnation of property taken as prize.

Sec. 1334. Bankruptcy cases and proceedings

(a) Except as provided in subsection (b) of this section, the district courts shall have original and exclusive jurisdiction of all cases under title 11.

(b) Notwithstanding any Act of Congress that confers exclusive jurisdiction on a court or courts other than the district courts, the district courts shall have original but not exclusive jurisdiction of all civil proceedings arising under title 11, or arising in or related to cases under title 11.

(c)(1) Nothing in this section prevents a district court in the interest of justice, or in the interest of comity with State courts or respect for State law, from abstaining from hearing a particular proceeding arising under title 11 or arising in or related to a case under title 11.

(2) Upon timely motion of a party in a proceeding based upon a State law claim or State law cause of action, related to a case under title 11 but not arising under title 11 or arising in a case under title 11, with respect to which an action could not have been commenced in a court of the United States absent jurisdiction under this section, the district court shall abstain from hearing such proceeding if an action is commenced, and can be timely adjudicated, in a State forum of appropriate jurisdiction.

(d) Any decision to abstain or not to abstain made under this subsection ₩1₩ (other than a decision not to abstain in a proceeding described in subsection (c)(2)) is not reviewable by appeal or otherwise by the court of appeals under section 158(d), 1291, or 1292 of this title or by the Supreme Court of the United States under section 1254 of this title. This subsection shall not be construed to limit the applicability of the stay provided for by section 362 of title 11, United States Code, as such section applies to an action affecting the property of the estate in bankruptcy.

(e) The district court in which a case under title 11 is commenced or is pending shall have exclusive jurisdiction of all of the property, wherever located, of the debtor as of the commencement of such case, and of property of the estate.

Sec. 1335. Interpleader

(a) The district courts shall have original jurisdiction of any civil action of interpleader or in the nature of interpleader filed by any person, firm, or corporation, association, or society having in his or its custody or possession money or property of the value of $500 or more, or having issued a note, bond, certificate, policy of insurance, or other instrument of value or amount of $500 or more, or providing for the delivery or payment or the loan of money or property of such amount or value, or being under any obligation written or unwritten to the amount of $500 or more, if

(1) Two or more adverse claimants, of diverse citizenship as defined in section 1332 of this title, are claiming or may claim to be entitled to such money or property, or to any one or more of the benefits arising by virtue of any note, bond, certificate, policy or other instrument, or arising by virtue of any such obligation; and if (2) the plaintiff has deposited such money or property or has paid the amount of or the loan or other value of such instrument or the amount due under such obligation into the registry of the court, there to abide the judgment of the court, or has given bond payable to the clerk of the court in such amount and with such surety as the court or judge may deem proper, conditioned upon the compliance by the plaintiff with the future order or judgment of the court with respect to the subject matter of the controversy.

(b) Such an action may be entertained although the titles or claims of the conflicting claimants do not have a common origin, or are not identical, but are adverse to and independent of one another.

Sec. 1337. Commerce and antitrust regulations; amount in controversy, costs

(a) The district courts shall have original jurisdiction of any civil action or proceeding arising under any Act of Congress regulating commerce or protecting trade and commerce against restraints and monopolies: Provided, however, That the district courts shall have original jurisdiction of an action brought under section 11706 or 14706 of title 49, only if the matter in controversy for each receipt or bill of lading exceeds $10,000, exclusive of interest and costs.

(b) Except when express provision therefor is otherwise made in a statute of the United States, where a plaintiff who files the case under section 11706 or 14706 of title 49, originally in the Federal courts is finally adjudged to be entitled to recover less than the sum or value of $10,000, computed without regard to any setoff or counterclaim to which the defendant may be adjudged to be entitled, and exclusive of any interest and costs, the district court may deny costs to the plaintiff and, in addition, may impose costs on the plaintiff.

(c) The district courts shall not have jurisdiction under this section of any matter within the exclusive jurisdiction of the Court of International Trade under chapter 95 of this title.

Sec. 1338. Patents, plant variety protection, copyrights, mask works, designs, trademarks, and unfair competition

(a) The district courts shall have original jurisdiction of any civil action arising under any Act of Congress relating to patents, plant variety protection, copyrights and trademarks. Such jurisdiction shall be exclusive of the courts of the states in patent, plant variety protection and copyright cases.

(b) The district courts shall have original jurisdiction of any civil action asserting a claim of unfair competition when joined with a substantial and related claim under the copyright, patent, plant variety protection or trademark laws.

(c) Subsections (a) and (b) apply to exclusive rights in mask works under chapter 9 of title 17, and to exclusive rights in designs under chapter 13 of title 17, to the same extent as such subsections apply to copyrights.

Sec. 1339. Postal matters

The district courts shall have original jurisdiction of any civil action arising under any Act of Congress relating to the postal service.

Sec. 1340. Internal revenue; customs duties

The district courts shall have original jurisdiction of any civil action arising under any Act of Congress providing for internal revenue, or revenue from imports or tonnage except matters within the jurisdiction of the Court of International Trade.

Sec. 1341. Taxes by States

The district courts shall not enjoin, suspend or restrain the assessment, levy or collection of any tax under State law where a plain, speedy and efficient remedy may be had in the courts of such State.

Sec. 1342. Rate orders of State agencies

The district courts shall not enjoin, suspend or restrain the operation of, or compliance with, any order affecting rates chargeable by a public utility and made by a State administrative agency or a rate-making body of a State political subdivision, where:

(1) Jurisdiction is based solely on diversity of citizenship or repugnance of the order to the Federal Constitution; and,

(2) The order does not interfere with interstate commerce; and,

(3) The order has been made after reasonable notice and hearing; and,

(4) A plain, speedy and efficient remedy may be had in the courts of such State.

Sec. 1343. Civil rights and elective franchise

(a) The district courts shall have original jurisdiction of any civil action authorized by law to be commenced by any person:

(1) To recover damages for injury to his person or property, or because of the deprivation of any right or privilege of a citizen of the United States, by any act done in furtherance of any conspiracy mentioned in section 1985 of Title 42;

(2) To recover damages from any person who fails to prevent or to aid in preventing any wrongs mentioned in section 1985 of Title 42 which he had knowledge were about to occur and power to prevent;

(3) To redress the deprivation, under color of any State law, statute, ordinance, regulation, custom or usage, of any right, privilege or immunity secured by the Constitution of the United States or by any Act of Congress providing for equal rights of citizens or of all persons within the jurisdiction of the United States;

(4) To recover damages or to secure equitable or other relief under any Act of Congress providing for the protection of civil rights, including the right to vote.

(b) For purposes of this section —

(1) the District of Columbia shall be considered to be a State; and

(2) any Act of Congress applicable exclusively to the District of Columbia

shall be considered to be a statute of the District of Columbia.

Sec. 1344. Election disputes

The district courts shall have original jurisdiction of any civil action to recover possession of any office, except that of elector of President or Vice President, United States Senator, Representative in or delegate to Congress, or member of a state legislature, authorized by law to be commenced, where in it appears that the sole question touching the title to office arises out of denial of the right to vote, to any citizen offering to vote, on account of race, color or previous condition of servitude.

The jurisdiction under this section shall extend only so far as to determine the rights of the parties to office by reason of the denial of the right, guaranteed by the Constitution of the United States and secured by any law, to enforce the right of citizens of the United States to vote in all the States.

Sec. 1345. United States as plaintiff

Except as otherwise provided by Act of Congress, the district courts shall have original jurisdiction of all civil actions, suits or proceedings commenced by the United States, or by any agency or officer thereof expressly authorized to sue by Act of Congress.

Sec. 1346. United States as defendant

(a) The district courts shall have original jurisdiction, concurrent with the United States Court of Federal Claims, of:

(1) Any civil action against the United States for the recovery of any internal-revenue tax alleged to have been erroneously or illegally assessed or collected, or any penalty claimed to have been collected without authority or any sum alleged to have been excessive or in any manner wrongfully collected under the internal-revenue laws;

(2) Any other civil action or claim against the United States, not exceeding $10,000 in amount, founded either upon the Constitution, or any Act of Congress, or any regulation of an executive department, or upon any express or implied contract with the United States, or for liquidated or unliquidated damages in cases not sounding in tort, except that the district courts shall not have jurisdiction of any civil action or claim against the United States founded upon any express or implied contract with the United States or for liquidated or

unliquidated damages in cases not sounding in tort which are subject to sections 8(g)(1) and 10(a)(1) of the Contract Disputes Act of 1978. For the purpose of this paragraph, an express or implied contract with the Army and Air Force Exchange Service, Navy Exchanges, Marine Corps Exchanges, Coast Guard Exchanges, or Exchange Councils of the National Aeronautics and Space Administration shall be considered an express or implied contract with the United States.

(b)(1) Subject to the provisions of chapter 171 of this title, the district courts, together with the United States District Court for the District of the Canal Zone and the District Court of the Virgin Islands, shall have exclusive jurisdiction of civil actions on claims against the United States, for money damages, accruing on and after January 1, 1945, for injury or loss of property, or personal injury or death caused by the negligent or wrongful act or omission of any employee of the Government while acting within the scope of his office or employment, under circumstances where the United States, if a private person, would be liable to the claimant in accordance with the law of the place where the act or omission occurred.

(2) No person convicted of a felony who is incarcerated while awaiting sentencing or while serving a sentence may bring a civil action against the United States or an agency, officer, or employee of the Government, for mental or emotional injury suffered while in custody without a prior showing of physical injury.

(c) The jurisdiction conferred by this section includes jurisdiction of any set-off, counterclaim, or other claim or demand whatever on the part of the United States against any plaintiff commencing an action under this section.

(d) The district courts shall not have jurisdiction under this section of any civil action or claim for a pension.

(e) The district courts shall have original jurisdiction of any civil action against the United States provided in section 6226, 6228(a), 7426, or 7428 (in the case of the United States district court for the District of Columbia) or section 7429 of the Internal Revenue Code of 1986.

(f) The district courts shall have exclusive original jurisdiction of civil actions under section 2409a to quiet title to an estate or interest in real property in which an interest is claimed by the United States.

(g) Subject to the provisions of chapter 179, the district courts of the United States shall have exclusive jurisdiction over any civil action commenced under section 453(2) of title 3, by a covered employee under chapter 5 of such title.

Sec. 1355. Fine, penalty or forfeiture

(a) The district courts shall have original jurisdiction, exclusive of the courts of the States, of any action or proceeding for the recovery or enforcement of any fine, penalty, or forfeiture, pecuniary or otherwise, incurred under any Act of Congress, except matters within the jurisdiction of the Court of International Trade under section 1582 of this title.

(b)(1) A forfeiture action or proceeding may be brought in —

(A) the district court for the district in which any of the acts or omissions giving rise to the forfeiture occurred, or

(B) any other district where venue for the forfeiture action or proceeding is specifically provided for in section 1395 of this title or any other statute.

(2) Whenever property subject to forfeiture under the laws of the United States is located in a foreign country, or has been detained or seized pursuant to legal process or competent authority of a foreign government, an action or proceeding for forfeiture may be brought as provided in paragraph (1), or in the United States District court for the District of Columbia.

(c) In any case in which a final order disposing of property in a civil forfeiture action or proceeding is appealed, removal of the property by the prevailing party shall not deprive the court of jurisdiction. Upon motion of the appealing party, the district court or the court of appeals shall issue any order necessary to preserve the right of the appealing party to the full value of the property at issue, including a stay of the judgment of the district court pending appeal or requiring the prevailing party to post an appeal bond.

(d) Any court with jurisdiction over a forfeiture action pursuant to subsection (b) may issue and cause to be served in any other district such process as may be required to bring before the court the property that is the subject of the forfeiture action.

Sec. 1359. Parties collusively joined or made

A district court shall not have jurisdiction of a civil action in which any party, by assignment or otherwise, has been improperly or collusively made or joined to invoke the jurisdiction of such court.

Sec. 1361. Action to compel an officer of the United States to perform his duty

The district courts shall have original jurisdiction of any action in the nature of mandamus to compel an officer or employee of the United States or any agency thereof to perform a duty owed to the plaintiff.

Sec. 1362. Indian tribes

The district courts shall have original jurisdiction of all civil actions, brought by any Indian tribe or band with a governing body duly recognized by the Secretary of the Interior, wherein the matter in controversy arises under the Constitution, laws, or treaties of the United States.

Sec. 1364. Direct actions against insurers of members of diplomatic missions and their families

(a) The district courts shall have original and exclusive jurisdiction, without regard to the amount in controversy, of any civil action commenced by any person against an insurer who by contract has insured an individual, who is, or was at the time of the tortious act or omission, a member of a mission (within the meaning of section 2(3) of the Diplomatic Relations Act (22 U.S.C. 254a(3))) or a member of the family of such a member of a mission, or an individual described in section 19 of the Convention on Privileges and Immunities of the United Nations of February 13, 1946, against liability for personal injury, death, or damage to property.

(b) Any direct action brought against an insurer under subsection (a) shall be tried without a jury, but shall not be subject to the defense that the insured is immune from suit, that the insured is an indispensable party, or in the absence of fraud or collusion, that the insured has violated a term of the contract, unless the contract was cancelled before the claim arose.

Sec. 1367. Supplemental jurisdiction

(a) Except as provided in subsections (b) and (c) or as expressly provided otherwise by Federal statute, in any civil action of which the district courts have original jurisdiction, the district courts shall have supplemental jurisdiction over all other claims that are so related to claims in the action within such original jurisdiction that they form part of the same case or controversy under Article III of the United States Constitution. Such supplemental jurisdiction shall include claims that involve the joinder or intervention of additional parties.

(b) In any civil action of which the district courts have original jurisdiction founded solely on section 1332 of this title, the district courts shall not have supplemental jurisdiction under subsection (a) over claims by plaintiffs against persons made parties under Rule 14, 19, 20, or 24 of the Federal Rules of Civil Procedure, or over claims by persons proposed to be joined as plaintiffs under Rule 19 of such rules, or seeking to intervene as plaintiffs under Rule 24 of such rules, when exercising supplemental jurisdiction over such claims would be inconsistent with the jurisdictional requirements of section 1332.

(c) The district courts may decline to exercise supplemental jurisdiction over a claim under subsection (a) if —

(1) the claim raises a novel or complex issue of State law,

(2) the claim substantially predominates over the claim or claims over which the district court has original jurisdiction,

(3) the district court has dismissed all claims over which it has original jurisdiction, or

(4) in exceptional circumstances, there are other compelling reasons for declining jurisdiction.

(d) The period of limitations for any claim asserted under subsection (a), and for any other claim in the same action that is voluntarily dismissed at the same time as or after the dismissal of the claim under subsection (a), shall be tolled while the claim is pending and for a period of 30 days after it is dismissed unless State law provides for a longer tolling period.

(e) As used in this section, the term "State" includes the District of Columbia, the Commonwealth of Puerto Rico, and any territory or possession of the United States.

CHAPTER 87 — DISTRICT COURTS; VENUE

Sec. 1391. Venue generally

(a) A civil action wherein jurisdiction is founded only on diversity of citizenship may, except as otherwise provided by law, be brought only in (1) a judicial district where any defendant resides, if all defendants reside in the same State, (2) a judicial district in which a substantial part of the events or omissions giving rise to the claim occurred, or a substantial part of property that is the subject of the action is situated, or (3) a judicial district in which any defendant is subject to personal jurisdiction at the time the action is commenced, if there is no district in which the action may otherwise be brought.

(b) A civil action wherein jurisdiction is not founded solely on diversity of citizenship may, except as otherwise provided by law, be brought only in (1) a judicial district where any defendant resides, if all defendants reside in the same State, (2) a judicial district in which a substantial part of the events or omissions giving rise to the claim occurred, or a substantial part of property that is the subject of the action is situated, or (3) a judicial district in which any defendant may be found, if there is no district in which the action may otherwise be brought.

(c) For purposes of venue under this chapter, a defendant that is a corporation shall be deemed to reside in any judicial district in which it is subject to personal jurisdiction at the time the action is commenced. In a State which has more than one judicial district and in which a defendant that is a corporation is subject to personal jurisdiction at the time an action is commenced, such corporation shall be deemed to reside in any district in that State within which its contacts would be sufficient to subject it to personal jurisdiction if that district were a separate State, and, if there is no such district, the corporation shall be deemed to reside in the district within which it has the most significant contacts.

(d) An alien may be sued in any district.

(e) A civil action in which a defendant is an officer or employee of the United States or any agency thereof acting in his official capacity or under color of legal authority, or an agency of the United States, or the United States, may, except as otherwise provided by law, be brought in any judicial district in which (1) a defendant in the action resides, (2) a substantial part of the events or omissions giving rise to the claim occurred, or a substantial part of property that is the subject of the action is situated, or (3) the plaintiff resides if no real property is involved in the action. Additional persons may be joined as parties to any such action in accordance with the Federal Rules of Civil Procedure and with such other venue requirements as would be applicable if the United States or one of its officers, employees, or agencies were not a party.

The summons and complaint in such an action shall be served as provided by the Federal Rules of Civil Procedure except that the delivery of the summons and complaint to the officer or agency as required by the rules may be made by certified mail beyond the territorial limits of the district in which the action is brought.

(f) A civil action against a foreign state as defined in section 1603(a) of this title may be brought —

(1) in any judicial district in which a substantial part of the events or omissions giving rise to the claim occurred, or a substantial part of property that is the subject of the action is situated;

(2) in any judicial district in which the vessel or cargo of a foreign state is situated, if the claim is asserted under section 1605(b) of this title;

(3) in any judicial district in which the agency or instrumentality is licensed to do business or is doing business, if the action is brought against an agency or instrumentality of a foreign state as defined in section 1603(b) of this title; or

(4) in the United States District Court for the District of Columbia if the action is brought against a foreign state or political subdivision thereof.

(g) A civil action in which jurisdiction of the district court is based upon section 1369 of this title may be brought in any district in which any defendant resides or in which a substantial part of the accident giving rise to the action took place.

Sec. 1392. Defendants or property in different districts in same State

Any civil action, of a local nature, involving property located in different districts in the same State, may be brought in any of such districts.

Sec. 1395. Fine, penalty or forfeiture

(a) A civil proceeding for the recovery of a pecuniary fine, penalty or forfeiture may be prosecuted in the district where it accrues or the defendant is found.

(b) A civil proceeding for the forfeiture of property may be prosecuted in any district where such property is found.

(c) A civil proceeding for the forfeiture of property seized outside any judicial district may be prosecuted in any district into which the property is brought.

(d) A proceeding in admiralty for the enforcement of fines, penalties and forfeitures against a vessel may be brought in any district in which the vessel is arrested.

(e) Any proceeding for the forfeiture of a vessel or cargo entering a port of entry closed by the President in pursuance of law, or of goods and chattels coming from a State or section declared by proclamation of the President to be in insurrection, or of any vessel or vehicle conveying persons or property to or from such State or section or belonging in whole or in part to a resident thereof, may be prosecuted in any district into which the property is taken and in which the proceeding is instituted.

Sec. 1396. Internal revenue taxes

Any civil action for the collection of internal revenue taxes may be brought in the district where the liability for such tax accrues, in the district of the taxpayer's residence, or in the district where the return was filed.

Sec. 1397. Interpleader

Any civil action of interpleader or in the nature of interpleader under section 1335 of this title may be brought in the judicial district in which one or more of the claimants reside.

Sec. 1401. Stockholder's derivative action

Any civil action by a stockholder on behalf of his corporation may be prosecuted in any judicial district where the corporation might have sued the same defendants.

Sec. 1402. United States as defendant

(a) Any civil action in a district court against the United States under subsection (a) of section 1346 of this title may be prosecuted only:

(1) Except as provided in paragraph (2), in the judicial district where the plaintiff resides;

(2) In the case of a civil action by a corporation under paragraph (1) of subsection (a) of section 1346, in the judicial district in which is located the principal place of business or principal office or agency of the corporation; or if it has no principal place of business or principal office or agency in any judicial district (A) in the judicial district in which is located the office to which was made the return of the tax in respect of which the claim is made, or (B) if no return was made, in the judicial district in which lies the District of Columbia. Notwithstanding the foregoing provisions of this paragraph a district

court, for the convenience of the parties and witnesses, in the interest of justice, may transfer any such action to any other district or division.

(b) Any civil action on a tort claim against the United States under subsection (b) of section 1346 of this title may be prosecuted only in the judicial district where the plaintiff resides or wherein the act or omission complained of occurred.

(c) Any civil action against the United States under subsection (e) of section 1346 of this title may be prosecuted only in the judicial district where the property is situated at the time of levy, or if no levy is made, in the judicial district in which the event occurred which gave rise to the cause of action.

(d) Any civil action under section 2409a to quiet title to an estate or interest in real property in which an interest is claimed by the United States shall be brought in the district court of the district where the property is located or, if located in different districts, in any of such districts.

Sec. 1404. Change of venue

(a) For the convenience of parties and witnesses, in the interest of justice, a district court may transfer any civil action to any other district or division where it might have been brought.

(b) Upon motion, consent or stipulation of all parties, any action, suit or proceeding of a civil nature or any motion or hearing thereof, may be transferred, in the discretion of the court, from the division in which pending to any other division in the same district. Transfer of proceedings in rem brought by or on behalf of the United States may be transferred under this section without the consent of the United States where all other parties request transfer.

(c) A district court may order any civil action to be tried at any place within the division in which it is pending.

(d) As used in this section, the term "district court" includes the District Court of Guam, the District Court for the Northern Mariana Islands, and the District Court of the Virgin Islands, and the term "district" includes the territorial jurisdiction of each such court.

Sec. 1406. Cure or waiver of defects

(a) The district court of a district in which is filed a case laying venue in the wrong division or district shall dismiss, or if it be in the interest of justice, transfer such case to any district or division in which it could have been brought.

(b) Nothing in this chapter shall impair the jurisdiction of a district court of any matter involving a party who does not interpose timely and sufficient objection to the venue.

(c) As used in this section, the term "district court" includes the District Court of Guam, the District Court for the Northern Mariana Islands, and the District Court of the Virgin Islands, and the term "district" includes the territorial jurisdiction of each such court.

Sec. 1407. Multidistrict litigation

(a) When civil actions involving one or more common questions of fact are pending in different districts, such actions may be transferred to any district for coordinated or consolidated pretrial proceedings. Such transfers shall be made by the judicial panel on multidistrict litigation authorized by this section upon its determination that transfers for such proceedings will be for the convenience of parties and witnesses and will promote the just and efficient conduct of such actions. Each action so transferred shall be remanded by the panel at or before the conclusion of such pretrial proceedings to the district from which it was transferred unless it shall have been previously terminated: Provided, however, that the panel may separate any claim, cross-claim, counter-claim, or third-party claim and remand any of such claims before the remainder of the action is remanded.

(b) Such coordinated or consolidated pretrial proceedings shall be conducted by a judge or judges to whom such actions are assigned by the judicial panel on multidistrict litigation. For this purpose, upon request of the panel, a circuit judge or a district judge may be designated and assigned temporarily for service in the transferee district by the Chief Justice of the United States or the chief judge of the circuit, as may be required, in accordance with the provisions of chapter 13 of this title. With the consent of the transferee district court, such actions may be assigned by the panel to a judge or judges of such district. The judge or judges to whom such actions are assigned, the members of the judicial panel on multidistrict litigation, and other circuit and district judges designated when needed by the panel may exercise the powers of a district judge in any district for the purpose of conducting pretrial depositions in such coordinated or consolidated pretrial proceedings.

(c) Proceedings for the transfer of an action under this section may be initiated by —

(i) the judicial panel on multidistrict litigation upon its own initiative, or

(ii) motion filed with the panel by a party in any action in which transfer for coordinated or consolidated pretrial proceedings under this section may be appropriate. A copy of such motion shall be filed in the district court in which the moving party's action is pending.

The panel shall give notice to the parties in all actions in which transfers for coordinated or consolidated pretrial proceedings are contemplated, and such notice shall specify the time and place of any hearing to determine whether such transfer shall be made. Orders of the panel to set a hearing and other orders of the panel issued prior to the order either directing or denying transfer shall be filed in the office of the clerk of the district court in which a transfer hearing is to be or has been held. The panel's order of transfer shall be based upon a record of such hearing at which material evidence may be offered by any party to an action pending in any district that would be affected by the proceedings under this section, and shall be supported by findings of fact and conclusions of law based upon such record. Orders of transfer and such other orders as the panel may make thereafter shall be filed in the office of the clerk of the district court of the transferee district and shall be effective when thus filed. The clerk of the transferee district court shall forthwith transmit a certified copy of the panel's order to transfer to the clerk of the district court from which the action is being transferred. An order denying transfer shall be filed in each district wherein there is a case pending in which the motion for transfer has been made.

(d) The judicial panel on multidistrict litigation shall consist of seven circuit and district judges designated from time to time by the Chief Justice of the United States, no two of whom shall be from the same circuit. The concurrence of four members shall be necessary to any action by the panel.

(e) No proceedings for review of any order of the panel may be permitted except by extraordinary writ pursuant to the provisions of title 28, section 1651, United States Code. Petitions for an extraordinary writ to review an order of the panel to set a transfer hearing and other orders of the panel issued prior to the order either directing or denying transfer shall be filed only in the court of appeals having jurisdiction over the district in which a hearing is to be or has been held. Petitions for an extraordinary writ to review an order to transfer or orders subsequent to transfer shall be filed only in the court of appeals having jurisdiction over the transferee district. There shall be no appeal or review of an order of the panel denying a motion to transfer for consolidated or coordinated proceedings.

(f) The panel may prescribe rules for the conduct of its business not inconsistent with Acts of Congress and the Federal Rules of Civil Procedure.

(g) Nothing in this section shall apply to any action in which the United States is a complainant arising under the antitrust laws. "Antitrust laws" as used herein include those acts referred to in the Act of October 15, 1914, as amended (38 Stat. 730; 15 U.S.C. 12), and also include the Act of June 19, 1936 (49 Stat. 1526; 15 U.S.C. 13, 13a, and 13b) and the Act of September 26, 1914, as added March 21, 1938 (52 Stat. 116, 117; 15 U.S.C. 56); but shall not include section 4A of the Act of October 15, 1914, as added July 7, 1955 (69 Stat. 282; 15 U.S.C. 15a).

(h) Notwithstanding the provisions of section 1404 or subsection (f) of this section, the judicial panel on multidistrict litigation may consolidate and transfer with or without the consent of the parties, for both pretrial purposes and for trial, any action brought under section 4C of the Clayton Act.

CHAPTER 89 – DISTRICT COURTS; REMOVAL OF CASES FROM STATE COURTS

Sec. 1441. Actions removable generally

(a) Except as otherwise expressly provided by Act of Congress, any civil action brought in a State court of which the district courts of the United States have original jurisdiction, may be removed by the defendant or the defendants, to the district court of the United States for the district and division embracing the place where such action is pending. For purposes of removal under this chapter, the citizenship of defendants sued under fictitious names shall be disregarded.

(b) Any civil action of which the district courts have original jurisdiction founded on a claim or right arising under the Constitution, treaties or laws of the United States shall be removable without regard to the citizenship or residence of the parties. Any other such action shall be removable only if none of the parties in interest properly joined and served as defendants is a citizen of the State in which such action is brought.

(c) Whenever a separate and independent claim or cause of action within the jurisdiction conferred by section 1331 of this title is joined with one or more otherwise non-removable claims or causes of action, the entire case may be removed and the district court may determine all issues therein, or, in its discretion, may remand all matters in which State law predominates.

(d) Any civil action brought in a State court against a foreign state as defined in section 1603(a) of this title may be removed by the foreign state to the district court of the United States for the district and division embracing the place where such action is pending. Upon removal the action shall be tried by the court without jury. Where removal is based upon this subsection, the time limitations of section 1446(b) of this chapter may be enlarged at any time for cause shown.

(e)(1) Notwithstanding the provisions of subsection (b) of this section, a defendant in a civil action in a State court may remove the action to the district court of the United States for the district and division embracing the place where the action is pending if —

(A) the action could have been brought in a United States district court under section 1369 of this title; or

(B) the defendant is a party to an action which is or could have been brought, in whole or in part, under section 1369 in a United States district court and arises from the same accident as the action in State court, even if the action to be removed could not have been brought in a district court as an original matter.

The removal of an action under this subsection shall be made in accordance with section 1446 of this title, except that a notice of removal may also be filed before trial of the action in State court within 30 days after the date on which the defendant first becomes a party to an action under section 1369 in a United States district court that arises from the same accident as the action in State court, or at a later time with leave of the district court.

(2) Whenever an action is removed under this subsection and the district court to which it is removed or transferred under section 1407(j) has made a liability determination requiring further proceedings as to damages, the district court shall remand the action to the State court from which it had been removed for the determination of damages, unless the court finds that, for the convenience of parties and witnesses and in the interest of justice, the action

should be retained for the determination of damages.

(3) Any remand under paragraph (2) shall not be effective until 60 days after the district court has issued an order determining liability and has certified its intention to remand the removed action for the determination of damages. An appeal with respect to the liability determination of the district court may be taken during that 60-day period to the court of appeals with appellate jurisdiction over the district court. In the event a party files such an appeal, the remand shall not be effective until the appeal has been finally disposed of. Once the remand has become effective, the liability determination shall not be subject to further review by appeal or otherwise.

(4) Any decision under this subsection concerning remand for the determination of damages shall not be reviewable by appeal or otherwise.

(5) An action removed under this subsection shall be deemed to be an action under section 1369 and an action in which jurisdiction is based on section 1369 of this title for purposes of this section and sections 1407, 1697, and 1785 of this title.

(6) Nothing in this subsection shall restrict the authority of the district court to transfer or dismiss an action on the ground of inconvenient forum.

(f) The court to which a civil action is removed under this section is not precluded from hearing and determining any claim in such civil action because the State court from which such civil action is removed did not have jurisdiction over that claim.

Sec. 1442. Federal officers or agencies sued or prosecuted

(a) A civil action or criminal prosecution commenced in a State court against any of the following may be removed by them to the district court of the United States for the district and division embracing the place wherein it is pending:

(1) The United States or any agency thereof or any officer (or any person acting under that officer) of the United States or of any agency thereof, sued in an official or individual capacity for any act under color of such office or on account of any right, title or authority claimed under any Act of Congress for the apprehension or punishment of criminals or the collection of the revenue.

(2) A property holder whose title is derived from any such officer, where such action or prosecution affects the validity of any law of the United States.

(3) Any officer of the courts of the United States, for any act under color of office or in the performance of his duties;

(4) Any officer of either House of Congress, for any act in the discharge of his official duty under an order of such House.

(b) A personal action commenced in any State court by an alien against any citizen of a State who is, or at the time the alleged action accrued was, a civil officer of the United States and is a nonresident of such State, wherein jurisdiction is obtained by the State court by personal service of process, may be removed by the defendant to the district court of the United States for the district and division in which the defendant was served with process.

Sec. 1442a. Members of armed forces sued or prosecuted

A civil or criminal prosecution in a court of a State of the United States against a member of the armed forces of the United States on account of an act done under color of his office or status, or in respect to which he claims any right, title, or authority under a law of the United States respecting the armed forces thereof, or under the law of war, may at any time before the trial or final hearing thereof be removed for trial into the district court of the United States for the district where it is pending in the manner prescribed by law, and it shall thereupon be entered on the docket of the district court, which shall proceed as if the cause had been originally commenced therein and shall have full power to hear and determine the cause.

Sec. 1443. Civil rights cases

Any of the following civil actions or criminal prosecutions, commenced in a State court may be removed by the defendant to the district court of the United States for the district and division embracing the place wherein it is pending:

(1) Against any person who is denied or cannot enforce in the courts of such State a right under any law providing for the equal civil rights of citizens of the United States, or of all persons within the jurisdiction thereof;

(2) For any act under color of authority derived from any law providing for equal rights, or for refusing to do any act on the ground that it would be inconsistent with such law.

Sec. 1445. Nonremovable actions

(a) A civil action in any State court against a railroad or its receivers or trustees, arising under sections 1-4 and 5-10 of the Act of April 22, 1908 (45 U.S.C. 51-54, 55-60), may not be removed to any district court of the United States.

(b) A civil action in any State court against a carrier or its receivers or trustees to recover damages for delay, loss, or injury of shipments, arising under section 11706 or 14706 of title 49, may not be removed to any district court of the United States unless the matter in controversy exceeds $10,000, exclusive of interest and costs.

(c) A civil action in any State court arising under the workmen's compensation laws of such State may not be removed to any district court of the United States.

(d) A civil action in any State court arising under section 40302 of the Violence Against Women Act of 1994 may not be removed to any district court of the United States.

Sec. 1446. Procedure for removal

(a) A defendant or defendants desiring to remove any civil action or criminal prosecution from a State court shall file in the district court of the United States for the district and division within which such action is pending a notice of removal signed pursuant to Rule 11 of the Federal Rules of Civil Procedure and containing a short and plain statement of the grounds for removal, together with a copy of all process, pleadings, and orders served upon such defendant or defendants in such action.

(b) The notice of removal of a civil action or proceeding shall be filed within thirty days after the receipt by the defendant, through service or otherwise, of a copy of the initial pleading setting forth the claim for relief upon which such action or proceeding is based, or within thirty days after the service of summons upon the defendant if such initial pleading has then been filed in court and is not required to be served on the defendant, whichever period is shorter.

If the case stated by the initial pleading is not removable, a notice of removal may be filed within thirty days after receipt by the defendant, through service or otherwise, of a copy of an amended pleading, motion, order or other paper from which it may first be ascertained that the case is one which is or has become removable, except that a case may not be removed on the basis of jurisdiction conferred by section 1332 of this title more than 1 year after commencement of the action.

(c)(1) A notice of removal of a criminal prosecution shall be filed not later than thirty days after the arraignment in the State court, or at any time before trial, whichever is earlier, except that for good cause shown the United States district court may enter an order granting the defendant or defendants leave to file the notice at a later time.

(2) A notice of removal of a criminal prosecution shall include all grounds for such removal. A failure to state grounds which exist at the time of the filing of the notice shall constitute a waiver of such grounds, and a second notice may be filed only on grounds not existing at the time of the original notice. For good cause shown, the United States district court may grant relief from the limitations of this paragraph.

(3) The filing of a notice of removal of a criminal prosecution shall not prevent the State court in which such prosecution is pending from proceeding further, except that a judgment of conviction shall not be entered unless the prosecution is first remanded.

(4) The United States district court in which such notice is filed shall examine the notice promptly. If it clearly appears on the face of the notice and any exhibits annexed thereto that removal should not be permitted, the court shall make an order for summary remand.

(5) If the United States district court does not order the summary remand of such prosecution, it shall order an evidentiary hearing to be held promptly and after such hearing shall make such disposition of the prosecution as justice shall require. If the United States district court determines that removal shall be permitted, it shall so notify the State court in which prosecution is pending, which shall proceed no further.

(d) Promptly after the filing of such notice of removal of a civil action the defendant or defendants shall give written notice thereof to all adverse parties and shall file a copy of the notice with the clerk of such State court, which shall effect the removal and the State court shall proceed no further unless and until the case is remanded.

Sec. 1447. Procedure after removal generally

(a) In any case removed from a State court, the district court may issue all necessary orders and process to bring before it all proper parties whether served by process issued by the State court or otherwise.

(b) It may require the removing party to file with its clerk copies of all records and proceedings in such State court or may cause the same to be brought before it by writ of certiorari issued to such State court.

(c) A motion to remand the case on the basis of any defect other than lack of subject matter jurisdiction must be made within 30 days after the filing of the notice of removal under section 1446(a). If at any time before final judgment it appears that the district court lacks subject matter jurisdiction, the case shall be remanded. An order remanding the case may require payment of just costs and any actual expenses, including attorney fees, incurred as a result of the removal. A certified copy of the order of remand shall be mailed by the clerk to the clerk of the State court. The State court may thereupon proceed with such case.

(d) An order remanding a case to the State court from which it was removed is not reviewable on appeal or otherwise, except that an order remanding a case to the State court from which it was removed pursuant to section 1443 of this title shall be reviewable by appeal or otherwise.

(e) If after removal the plaintiff seeks to join additional defendants whose joinder would destroy subject matter jurisdiction, the court may deny joinder, or permit joinder and remand the action to the State court.

Sec. 1448. Process after removal

In all cases removed from any State court to any district court of the United States in which any one or more of the defendants has not been served with process or in which the service has not been perfected prior to removal, or in which process served proves to be defective, such process or service may be completed or new process issued in the same manner as in cases originally filed in such district court.

This section shall not deprive any defendant upon whom process is served after removal of his right to move to remand the case.

Sec. 1451. Definitions

For purposes of this chapter —

(1) The term "State court" includes the Superior Court of the District of Columbia.

(2) The term "State" includes the District of Columbia.

Sec. 1452. Removal of claims related to bankruptcy cases

(a) A party may remove any claim or cause of action in a civil action other than a proceeding before the United States Tax Court or a civil action by a governmental unit to enforce such governmental unit's police or regulatory power, to the district court for the district where such civil action is pending, if such district court has jurisdiction of such claim or cause of action under section 1334 of this title.

(b) The court to which such claim or cause of action is removed may remand such claim or cause of action on any equitable ground. An order entered under this subsection remanding a claim or cause of action, or a decision to not remand, is not reviewable by appeal or otherwise by the court of appeals under section 158(d), 1291, or 1292 of this title or by the Supreme Court of the United States under section 1254 of this title.

CHAPTER 99 — GENERAL PROVISIONS

Sec. 1631. Transfer to cure want of jurisdiction

Whenever a civil action is filed in a court as defined in section 610 of this title or an appeal, including a petition for review of administrative action, is noticed for or filed with such a court and that court finds that there is a want of jurisdiction, the court shall, if it is in the interest of justice, transfer such action or appeal to any other such court in which the action or appeal could have been brought at the time it was filed or noticed, and the action or appeal shall proceed as if it had been filed in or noticed for the court to which it is transferred on the date upon which it was actually filed in or noticed for the court from which it is transferred.

PART V — PROCEDURE

CHAPTER 111 — GENERAL PROVISIONS

Sec. 1651. Writs

(a) The Supreme Court and all courts established by Act of Congress may issue all writs necessary or appropriate in aid of their respective jurisdictions and agreeable to the usages and principles of law.

(b) An alternative writ or rule nisi may be issued by a justice or judge of a court which has jurisdiction.

Sec. 1652. State laws as rules of decision

The laws of the several states, except where the Constitution or treaties of the United States or Acts of Congress otherwise require or provide, shall be regarded as rules of decision in civil actions in the courts of the United States, in cases where they apply.

Sec. 1654. Appearance personally or by counsel

In all courts of the United States the parties may plead and conduct their own cases personally or by counsel as, by the rules of such courts, respectively, are permitted to manage and conduct causes therein.

Sec. 1658. Time limitations on the commencement of civil actions arising under Acts of Congress

(a) Except as otherwise provided by law, a civil action arising under an Act of Congress enacted after the date of the enactment of this section may not be commenced later than 4 years after the cause of action accrues.

(b) Notwithstanding subsection (a), a private right of action that involves a claim of fraud, deceit, manipulation, or contrivance in contravention of a regulatory requirement concerning the securities laws, as defined in section 3(a)(47) of the Securities Exchange Act of 1934 (15 U.S.C. 78c(a)(47)), may be brought not later than the earlier of —

(1) 2 years after the discovery of the facts constituting the violation; or

(2) 5 years after such violation.

CHAPTER 113 — PROCESS

Sec. 1693. Place of arrest in civil action

Except as otherwise provided by Act of Congress, no person shall be arrested in one district for trial in another in any civil action in a district court.

Sec. 1694. Patent infringement action

In a patent infringement action commenced in a district where the defendant is not a resident but has a regular and established place of business, service of process, summons or subpoena upon such defendant may be made upon his agent or agents conducting such business.

Sec. 1695. Stockholder's derivative action

Process in a stockholder's action in behalf of his corporation may be served upon such corporation in any district where it is organized or licensed to do business or is doing business.

Sec. 1696. Service in foreign and international litigation

(a) The district court of the district in which a person resides or is found may order service upon him of any document issued in connection with a proceeding in a foreign or international tribunal. The order may be made pursuant to a letter rogatory issued, or request made, by a foreign or international tribunal or upon application of any interested person and shall direct the manner of service. Service pursuant to this subsection does not, of itself, require the recognition or enforcement in the United States of a judgment, decree, or order rendered by a foreign or international tribunal.

(b) This section does not preclude service of such a document without an order of court.

CHAPTER 115 – EVIDENCE; DOCUMENTARY

Sec. 1738. State and Territorial statutes and judicial proceedings; full faith and credit

The Acts of the legislature of any State, Territory, or Possession of the United States, or copies thereof, shall be authenticated by affixing the seal of such State, Territory or Possession thereto.

The records and judicial proceedings of any court of any such State, Territory or Possession, or copies thereof, shall be proved or admitted in other courts within the United States and its Territories and Possessions by the attestation of the clerk and seal of the court annexed, if a seal exists, together with a certificate of a judge of the court that the said attestation is in proper form.

Such Acts, records and judicial proceedings or copies thereof, so authenticated, shall have the same full faith and credit in every court within the United States and its Territories and Possessions as they have by law or usage in the courts of such State, Territory or Possession from which they are taken.

Sec. 1738A. Full faith and credit given to child custody determinations

(a) The appropriate authorities of every State shall enforce according to its terms, and shall not modify except as provided in subsections (f), (g), and (h) of this section, any custody determination or visitation determination made consistently with the provisions of this section by a court of another State.

(b) As used in this section, the term —

(1) "child" means a person under the age of eighteen;

(2) "contestant" means a person, including a parent or grandparent, who claims a right to custody or visitation of a child;

(3) "custody determination" means a judgment, decree, or other order of a court providing for the custody of a child, and includes permanent and temporary orders, and initial orders and modifications;

(4) "home State" means the State in which, immediately preceding the time involved, the child lived with his parents, a parent, or a person acting as parent, for at least six consecutive months, and in the case of a child less than six months old, the State in which the child lived from birth with any of such persons. Periods of temporary absence of any of such persons are counted as part of the six-month or other period;

(5) "modification" and "modify" refer to a custody or visitation determination which modifies, replaces, supersedes, or otherwise is made subsequent to, a prior custody or visitation determination concerning the same child, whether made by the same court or not;

(6) "person acting as a parent" means a person, other than a parent, who has physical custody of a child and who has either been awarded custody by a court or claims a right to custody;

(7) "physical custody" means actual possession and control of a child;

(8) "State" means a State of the United States, the District of Columbia, the Commonwealth of Puerto Rico, or a territory or possession of the United States; and

(9) "visitation determination" means a judgment, decree, or other order of a court providing for the visitation of a child and includes permanent and

temporary orders and initial orders and modifications.

(c) A child custody or visitation determination made by a court of a State is consistent with the provisions of this section only if —

(1) such court has jurisdiction under the law of such State; and

(2) one of the following conditions is met:

(A) such State (i) is the home State of the child on the date of the commencement of the proceeding, or (ii) had been the child's home State within six months before the date of the commencement of the proceeding and the child is absent from such State because of his removal or retention by a contestant or for other reasons, and a contestant continues to live in such State;

(B)(i) it appears that no other State would have jurisdiction under subparagraph (A), and (ii) it is in the best interest of the child that a court of such State assume jurisdiction because (I) the child and his parents, or the child and at least one contestant, have a significant connection with such State other than mere physical presence in such State, and (II) there is available in such State substantial evidence concerning the child's present or future care, protection, training, and personal relationships;

(C) the child is physically present in such State and (i) the child has been abandoned, or (ii) it is necessary in an emergency to protect the child because the child, a sibling, or parent of the child has been subjected to or threatened with mistreatment or abuse;

(D)(i) it appears that no other State would have jurisdiction under subparagraph (A), (B), (C), or (E), or another State has declined to exercise jurisdiction on the ground that the State whose jurisdiction is in issue is the more appropriate forum to determine the custody or visitation of the child, and (ii) it is in the best interest of the child that such court assume jurisdiction; or

(E) the court has continuing jurisdiction pursuant to subsection (d) of this section.

(d) The jurisdiction of a court of a State which has made a child custody or visitation determination consistently with the provisions of this section continues as long as the requirement of subsection (c)(1) of this section continues to be met and such State remains the residence of the child or of any contestant.

(e) Before a child custody or visitation determination is made, reasonable notice and opportunity to be heard shall be given to the contestants, any parent whose parental rights have not been previously terminated and any person who has physical custody of a child.

(f) A court of a State may modify a determination of the custody of the same child made by a court of another State, if —

(1) it has jurisdiction to make such a child custody determination; and

(2) the court of the other State no longer has jurisdiction, or it has declined to exercise such jurisdiction to modify such determination.

(g) A court of a State shall not exercise jurisdiction in any proceeding for a custody or visitation determination commenced during the pendency of a proceeding in a court of another State where such court of that other State is exercising jurisdiction consistently with the provisions of this section to make a custody or visitation determination.

(h) A court of a State may not modify a visitation determination made by a court of another State unless the court of the other State no longer has jurisdiction to modify such determination or has declined to exercise jurisdiction to modify such determination.

Sec. 1738B. Full faith and credit for child support orders

(a) General Rule. — The appropriate authorities of each State —

(1) shall enforce according to its terms a child support order made consistently with this section by a court of another State; and

(2) shall not seek or make a modification of such an order except in accordance with subsections (e), (f), and (i).

(b) Definitions. — In this section:

"child" means —

(A) a person under 18 years of age; and

(B) a person 18 or more years of age with respect to whom a child support order has been issued pursuant to the laws of a State.

"child's State" means the State in which a child resides.

"child's home State" means the State in which a child lived with a parent or a person acting as parent for at least 6 consecutive months immediately preceding the time of filing of a petition or comparable pleading for support and, if a child is less than 6 months old, the State in which the child lived from birth with any of them. A period of temporary absence of any of them is counted as part of the 6-month period.

"child support" means a payment of money, continuing support, or arrearages or the provision of a benefit (including payment of health insurance, child care, and educational expenses) for the support of a child.

"child support order" —

(A) means a judgment, decree, or order of a court requiring the payment of child support in periodic amounts or in a lump sum; and

(B) includes —

(i) a permanent or temporary order; and

(ii) an initial order or a modification of an order.

"contestant" means —

(A) a person (including a parent) who —

(i) claims a right to receive child support;

(ii) is a party to a proceeding that may result in the issuance of a child support order; or

(iii) is under a child support order; and

(B) a State or political subdivision of a State to which the right to obtain child support has been assigned.

"court" means a court or administrative agency of a State that is authorized by State law to establish the amount of child support payable by a contestant or make a modification of a child support order.

"modification" means a change in a child support order that affects the amount, scope, or duration of the order and modifies, replaces, supersedes, or otherwise is made subsequent to the child support order.

"State" means a State of the United States, the District of Columbia, the Commonwealth of Puerto Rico, the territories and possessions of the United States, and Indian country (as defined in section 1151 of title 18).

(c) Requirements of Child Support Orders. — A child support order made by a court of a State is made consistently with this section if —

(1) a court that makes the order, pursuant to the laws of the State in which the court is located and subsections (e), (f), and (g) —

(A) has subject matter jurisdiction to hear the matter and enter such an order; and

(B) has personal jurisdiction over the contestants; and

(2) reasonable notice and opportunity to be heard is given to the contestants.

(d) Continuing Jurisdiction. — A court of a State that has made a child support order consistently with this section has continuing, exclusive jurisdiction over the order if the State is the child's State or the residence of any individual contestant unless the court of another State, acting in accordance with subsections (e) and (f), has made a modification of the order.

(e) Authority To Modify Orders. — A court of a State may modify a child support order issued by a court of another State if —

(1) the court has jurisdiction to make such a child support order pursuant to subsection (i); and

(2)(A) the court of the other State no longer has continuing, exclusive jurisdiction of the child support order because that State no longer is the child's State or the residence of any individual contestant; or

(B) each individual contestant has filed written consent with the State of continuing, exclusive jurisdiction for a court of another State to modify the order and assume continuing, exclusive jurisdiction over the order.

(f) Recognition of Child Support Orders. — If 1 or more child support orders have been issued with regard to an obligor and a child, a court shall apply the following rules in determining which order to recognize for purposes of continuing, exclusive jurisdiction and enforcement:

(1) If only 1 court has issued a child support order, the order of that court must be recognized.

(2) If 2 or more courts have issued child support orders for the same obligor and child, and only 1 of the courts would have continuing, exclusive jurisdiction under this section, the order of that court must be recognized.

(3) If 2 or more courts have issued child support orders for the same obligor and child, and more than 1 of the courts would have continuing, exclusive jurisdiction under this section, an order issued by a court in the current home State of the child must be recognized, but if an order has not been issued in the current home State of the child, the order most recently issued must be recognized.

(4) If 2 or more courts have issued child support orders for the same obligor and child, and none of the courts would have continuing, exclusive jurisdiction under this section, a court having jurisdiction over the parties shall issue a child support order, which must be recognized.

(5) The court that has issued an order recognized under this subsection is the court having continuing, exclusive jurisdiction under subsection (d).

(g) Enforcement of Modified Orders. — A court of a State that no longer has continuing, exclusive jurisdiction of a child support order may enforce the order with respect to nonmodifiable obligations and unsatisfied obligations that accrued before the date on which a modification of the order is made under subsections (e) and (f).

(h) Choice of Law. —

(1) In general. — In a proceeding to establish, modify, or enforce a child support order, the forum State's law shall apply except as provided in paragraphs (2) and (3).

(2) Law of state of issuance of order. — In interpreting a child support order including the duration of current payments and other obligations of support, a court shall apply the law of the State of the court that issued the order.

(3) Period of limitation. — In an action to enforce arrears under a child support order, a court shall apply the statute of limitation of the forum State or the State of the court that issued the order, whichever statute provides the longer period of limitation.

(i) Registration for Modification. — If there is no individual contestant or child residing in the issuing State, the party or support enforcement agency seeking to modify, or to modify and enforce, a child support order issued in another State shall register that order in a State with jurisdiction over the nonmovant for the purpose of modification.

Sec. 1739. State and Territorial nonjudicial records; full faith and credit

All nonjudicial records or books kept in any public office of any State, Territory, or Possession of the United States, or copies thereof, shall be proved or admitted in any court or office in any other State, Territory, or Possession by the attestation of the custodian of such records or books, and the seal of his office annexed, if there be a seal, together with a certificate of a judge of a court of record of the county, parish, or district in which such office may be kept, or of the Governor, or secretary of state, the chancellor or keeper of the great seal, of the State, Territory, or Possession that the said attestation is in due form and by the proper officers.

If the certificate is given by a judge, it shall be further authenticated by the clerk or prothonotary of the court, who shall certify, under his hand and the seal of his office, that such judge is duly commissioned and qualified; or, if given by such Governor, secretary, chancellor, or keeper of the great seal, it shall be under the great seal of the State, Territory, or Possession in which it is made.

Such records or books, or copies thereof, so authenticated, shall have the same full faith and credit in every court and office within the United States and its Territories and Possessions as they have by law or usage in the courts or offices of the State, Territory, or Possession from which they are taken.

CHAPTER 119 – EVIDENCE; WITNESSES

Sec. 1821. Per diem and mileage generally; subsistence

(a)(1) Except as otherwise provided by law, a witness in attendance at any court of the United States, or before a United States Magistrate Judge, or before any person authorized to take his deposition pursuant to any rule or order of a court of the United States, shall be paid the fees and allowances provided by this section.

(2) As used in this section, the term "court of the United States" includes, in addition to the courts listed in section 451 of this title, any court created by Act of Congress in a territory which is invested with any jurisdiction of a district court of the United States.

(b) A witness shall be paid an attendance fee of $40 per day for each day's attendance. A witness shall also be paid the attendance fee for the time necessarily occupied in going to and returning from the place of attendance at the beginning and end of such attendance or at any time during such attendance.

(c)(1) A witness who travels by common carrier shall be paid for the actual expenses of travel on the basis of the means of transportation reasonably utilized and the distance necessarily traveled to and from such witness's residence by the shortest practical route in going to and returning from the place of attendance. Such a witness shall utilize a common carrier at the most economical rate reasonably available. A receipt or other evidence of actual cost shall be furnished.

(2) A travel allowance equal to the mileage allowance which the Administrator of General Services has prescribed, pursuant to section 5704 of title 5, for official travel of employees of the Federal Government shall be paid to each witness who travels by privately owned vehicle. Computation of mileage under this paragraph shall be made on the basis of a uniformed table of distances adopted by the Administrator of General Services.

(3) Toll charges for toll roads, bridges, tunnels, and ferries, taxicab fares between places of lodging and carrier terminals, and parking fees (upon

presentation of a valid parking receipt), shall be paid in full to a witness incurring such expenses.

(4) All normal travel expenses within and outside the judicial district shall be taxable as costs pursuant to section 1920 of this title.

(d)(1) A subsistence allowance shall be paid to a witness when an overnight stay is required at the place of attendance because such place is so far removed from the residence of such witness as to prohibit return thereto from day to day.

(2) A subsistence allowance for a witness shall be paid in an amount not to exceed the maximum per diem allowance prescribed by the Administrator of General Services, pursuant to section 5702(a) of title 5, for official travel in the area of attendance by employees of the Federal Government.

(3) A subsistence allowance for a witness attending in an area designated by the Administrator of General Services as a high-cost area shall be paid in an amount not to exceed the maximum actual subsistence allowance prescribed by the Administrator, pursuant to section 5702(c)(B) of title 5, for official travel in such area by employees of the Federal Government.

(4) When a witness is detained pursuant to section 3144 of title 18 for want of security for his appearance, he shall be entitled for each day of detention when not in attendance at court, in addition to his subsistence, to the daily attendance fee provided by subsection (b) of this section.

(e) An alien who has been paroled into the United States for prosecution, pursuant to section 212(d)(5) of the Immigration and Nationality Act (8 U.S.C. 1182(d)(5)), or an alien who either has admitted belonging to a class of aliens who are deportable or has been determined pursuant to section 240 of such Act (8 U.S.C. 1252(b)) to be deportable, shall be ineligible to receive the fees or allowances provided by this section.

(f) Any witness who is incarcerated at the time that his or her testimony is given (except for a witness to whom the provisions of section 3144 of title 18 apply) may not receive fees or allowances under this section, regardless of whether such a witness is incarcerated at the time he or she makes a claim for fees or allowances under this section.

Sec. 1824. Mileage fees under summons as both witness and juror

No constructive or double mileage fees shall be allowed by reason of any person being summoned both as a witness and a juror.

Sec. 1825. Payment of fees

(a) In any case in which the United States or an officer or agency of the United States is a party, the United States marshal for the district shall pay all fees of witnesses on the certificate of the United States attorney or assistant United States attorney, and in the proceedings before a United States magistrate judge, on the certificate of such magistrate judge, except that any fees of defense witnesses, other than experts, appearing pursuant to subpoenas issued upon approval of the court, shall be paid by the United States marshal for the district —

(1) on the certificate of a Federal public defender or assistant Federal public defender, in a criminal case in which the defendant is represented by such Federal public defender or assistant Federal public defender, and

(2) on the certificate of the clerk of the court upon the affidavit of such witnesses' attendance given by other counsel appointed pursuant to section 3006A of title 18, in a criminal case in which a defendant is represented by such other counsel.

(b) In proceedings in forma pauperis for a writ of habeas corpus, and in proceedings in forma pauperis under section 2255 of this title, the United States marshal for the district shall pay, on the certificate of the district judge, all fees of witnesses for the party authorized to proceed in forma pauperis, except that any fees of witnesses for such party, other than experts, appearing pursuant to subpoenas issued upon approval of the court, shall be paid by the United States marshal for the district —

(1) on the certificate of a Federal public defender or assistant Federal public defender, in any such proceedings in which a party is represented by such Federal public defender or assistant Federal public defender, and

(2) on the certificate of the clerk of the court upon the affidavit of such witnesses' attendance given by other counsel appointed pursuant to section 3006A of title 18, in any such proceedings in which a party is represented by such other counsel.

(c) Fees and mileage need not be tendered to a witness upon service of a subpoena issued on behalf of the United States or an officer or agency of the United States, upon service of a subpoena issued on behalf of a defendant represented by a Federal public defender, assistant Federal public defender, or other attorney appointed pursuant to section 3006A of title 18, or upon service of a subpoena issued on behalf of a party authorized to proceed in forma pauperis, if the payment of such fees and mileage is to be made by the United States marshal under this section.

Sec. 1826. Recalcitrant witnesses

(a) Whenever a witness in any proceeding before or ancillary to any court or grand jury of the United States refuses without just cause shown to comply with an order of the court to testify or provide other information, including any book, paper, document, record, recording or other material, the court, upon such refusal, or when such refusal is duly brought to its attention, may summarily order his confinement at a suitable place until such time as the witness is willing to give such testimony or provide such information. No period of such confinement shall exceed the life of —

(1) the court proceeding, or

(2) the term of the grand jury, including extensions,

before which such refusal to comply with the court order occurred, but in no event shall such confinement exceed eighteen months.

(b) No person confined pursuant to subsection (a) of this section shall be admitted to bail pending the determination of an appeal taken by him from the order for his confinement if it appears that the appeal is frivolous or taken for delay. Any appeal from an order of confinement under this section shall be disposed of as soon as practicable, but not later than thirty days from the filing of such appeal.

(c) Whoever escapes or attempts to escape from the custody of any facility or from any place in which or to which he is confined pursuant to this section or section 4243 of title 18, or whoever rescues or attempts to rescue or instigates, aids, or assists the escape or attempt to escape of such a person, shall be subject to imprisonment for not more than three years, or a fine of not more than $10,000, or both.

CHAPTER 121 — JURIES; TRIAL BY JURY

Sec. 1861. Declaration of policy

It is the policy of the United States that all litigants in Federal courts entitled to trial by jury shall have the right to grand and petit juries selected at random from a fair cross section of the community in the district or division wherein the court convenes. It is further the policy of the United States that all citizens shall have the opportunity to be considered for service on grand and petit juries in the district courts of the United States, and shall have an obligation to serve as jurors when summoned for that purpose.

Sec. 1862. Discrimination prohibited

No citizen shall be excluded from service as a grand or petit juror in the district courts of the United States or in the Court of International Trade on account of race, color, religion, sex, national origin, or economic status.

Sec. 1863. Plan for random jury selection

(a) Each United States district court shall devise and place into operation a written plan for random selection of grand and petit jurors that shall be designed to achieve the objectives of sections 1861 and 1862 of this title, and that shall otherwise comply with the provisions of this title. The plan shall be placed into operation after approval by a reviewing panel consisting of the members of the judicial council of the circuit and either the chief judge of the district whose plan is being reviewed or such other active district judge of that district as the chief judge of the district may designate. The panel shall examine the plan to ascertain that it complies with the provisions of this title. If the reviewing panel finds that the plan does not comply, the panel shall state the particulars in which the plan fails to comply and direct the district court to present within a reasonable time an alternative plan remedying the defect or defects. Separate plans may be adopted for each division or combination of divisions within a judicial district. The district court may modify a plan at any time and it shall modify the plan when so directed by the reviewing panel. The district court shall promptly notify the panel, the Administrative Office of the United States Courts, and the Attorney General of the United States, of the initial adoption and future modifications of the plan by filing copies therewith. Modifications of the plan made at the instance of the district court shall become effective after approval by the panel. Each district court shall submit a report on the jury selection process within its jurisdiction to the Administrative Office of the United States Courts in such form and at such times as the Judicial Conference of the United States may specify. The Judicial Conference of the United States may, from time to time, adopt rules and regulations governing the provisions and the operation of the plans formulated under this title.

(b) Among other things, such plan shall —

(1) either establish a jury commission, or authorize the clerk of the court, to manage the jury selection process. If the plan establishes a jury commission, the district court shall appoint one citizen to serve with the clerk of the court as the jury commission:

Provided, however, That the plan for the District of Columbia may establish a jury commission consisting of three citizens. The citizen jury commissioner shall not belong to the same political party as the clerk serving with him. The clerk or the jury commission, as the case may be, shall act under the supervision and control of the chief judge of the district court or such other judge of the district court as the plan may provide. Each jury commissioner shall, during his tenure in office, reside in the judicial district or division for which he is appointed. Each citizen jury commissioner shall receive compensation to be fixed by the district court plan at a rate not to exceed $50 per day for each day necessarily employed in the performance of his duties, plus reimbursement for travel, subsistence, and other necessary expenses incurred by him in the performance of such duties. The Judicial Conference of the United States may establish standards for allowance of travel, subsistence, and other necessary expenses incurred by jury commissioners.

(2) specify whether the names of prospective jurors shall be selected from the voter registration lists or the lists of actual voters of the political subdivisions within the district or division. The plan shall prescribe some other source or sources of names in addition to voter lists where necessary to foster the policy and protect the rights secured by sections 1861 and 1862 of this title. The plan for the District of Columbia may require the names of prospective jurors to be selected from the city directory rather than from voter lists. The plans for the districts of Puerto Rico and the Canal Zone may prescribe some other source or sources of names of prospective jurors in lieu of voter lists, the use of which shall be consistent with the policies declared and rights secured by sections 1861 and 1862 of this title. The plan for the district of Massachusetts may require the names of prospective jurors to be selected from the resident list provided for in chapter 234A, Massachusetts General Laws, or comparable authority, rather than from voter lists.

(3) specify detailed procedures to be followed by the jury commission or clerk in selecting names from the sources specified in paragraph (2) of this

subsection. These procedures shall be designed to ensure the random selection of a fair cross section of the persons residing in the community in the district or division wherein the court convenes. They shall ensure that names of persons residing in each of the counties, parishes, or similar political subdivisions within the judicial district or division are placed in a master jury wheel; and shall ensure that each county, parish, or similar political subdivision within the district or division is substantially proportionally represented in the master jury wheel for that judicial district, division, or combination of divisions. For the purposes of determining proportional representation in the master jury wheel, either the number of actual voters at the last general election in each county, parish, or similar political subdivision, or the number of registered voters if registration of voters is uniformly required throughout the district or division, may be used.

(4) provide for a master jury wheel (or a device similar in purpose and function) into which the names of those randomly selected shall be placed. The plan shall fix a minimum number of names to be placed initially in the master jury wheel, which shall be at least one-half of 1 per centum of the total number of persons on the lists used as a source of names for the district or division; but if this number of names is believed to be cumbersome and unnecessary, the plan may fix a smaller number of names to be placed in the master wheel, but in no event less than one thousand. The chief judge of the district court, or such other district court judge as the plan may provide, may order additional names to be placed in the master jury wheel from time to time as necessary. The plan shall provide for periodic emptying and refilling of the master jury wheel at specified times, the interval for which shall not exceed four years.

(5)(A) except as provided in subparagraph (B), specify those groups of persons or occupational classes whose members shall, on individual request therefor, be excused from jury service. Such groups or classes shall be excused only if the district court finds, and the plan states, that jury service by such class or group would entail undue hardship or extreme inconvenience to the members thereof, and excuse of members thereof would not be inconsistent with sections 1861 and 1862 of this title.

(B) specify that volunteer safety personnel, upon individual request, shall be excused from jury service. For purposes of this subparagraph, the term "volunteer safety personnel" means individuals serving a public agency (as defined in section 1203(6) of title I of the Omnibus Crime Control and Safe Streets Act of 1968) in an official capacity, without compensation, as firefighters or members of a rescue squad or ambulance crew.

(6) specify that the following persons are barred from jury service on the ground that they are exempt: (A) members in active service in the Armed Forces of the United States; (B) members of the fire or police departments of any State, the District of Columbia, any territory or possession of the United States, or any subdivision of a State, the District of Columbia, or such territory or possession; (C) public officers in the executive, legislative, or judicial branches of the Government of the United States, or of any State, the District of Columbia, any territory or possession of the United States, or any subdivision of a State, the District of Columbia, or such territory or possession, who are actively engaged in the performance of official duties.

(7) fix the time when the names drawn from the qualified jury wheel shall be disclosed to parties and to the public. If the plan permits these names to be made public, it may nevertheless permit the chief judge of the district court, or such other district court judge as the plan may provide, to keep these names confidential in any case where the interests of justice so require.

(8) specify the procedures to be followed by the clerk or jury commission in assigning persons whose names have been drawn from the qualified jury wheel to grand and petit jury panels.

(c) The initial plan shall be devised by each district court and transmitted to the reviewing panel specified in subsection (a) of this section within one hundred and twenty days of the date of enactment of the Jury Selection and Service Act of 1968. The panel shall approve or direct the modification of each plan so submitted within sixty days thereafter. Each plan or modification made at the direction of the panel shall become effective after approval at such time thereafter as the panel directs, in no event to exceed ninety days from the date of approval. Modifications made at the instance of the district court under subsection (a) of this section shall be effective at such time thereafter as the panel directs, in no event to exceed ninety days from the date of modification.

(d) State, local, and Federal officials having custody, possession, or control of voter registration lists, lists of actual voters, or other appropriate records shall make such lists and records available to the jury commission or clerks for inspection, reproduction, and copying at all reasonable times as the commission or clerk may deem necessary and proper for the performance of duties under this title. The district courts shall have jurisdiction upon application by the Attorney General of the United States to compel compliance with this subsection by appropriate process.

Sec. 1864. Drawing of names from the master jury wheel; completion of juror qualification form

(a) From time to time as directed by the district court, the clerk or a district judge shall publicly draw at random from the master jury wheel the names of as many persons as may be required for jury service. The clerk or jury commission may, upon order of the court, prepare an alphabetical list of the names drawn from the master jury wheel. Any list so prepared shall not be disclosed to any person except pursuant to the district court plan or pursuant to section 1867 or 1868 of this title. The clerk or jury commission shall mail to every person whose name is drawn from the master wheel a juror qualification form accompanied by instructions to fill out and return the form, duly signed and sworn, to the clerk or jury commission by mail within ten days. If the person is unable to fill out the form, another shall do it for him, and shall indicate that he has done so and the reason therefor. In any case in which it appears that there is an omission, ambiguity, or error in a form, the clerk or jury commission shall return the form with instructions to the person to make such additions or corrections as may be necessary and to return the form to the clerk or jury commission within ten days. Any person who fails to return a completed juror qualification form as instructed may be summoned by the clerk or jury commission forthwith to appear before the clerk or jury commission to fill out a juror qualification form. A person summoned to appear because of failure to return a juror qualification form as instructed who personally appears and executes a juror qualification form before the clerk or jury commission may, at the discretion of the district court, except where his prior failure to execute and mail such form was willful, be entitled to receive for such appearance the same fees and travel allowances paid to jurors under section 1871 of this title. At the time of his appearance for jury service, any person may be required to fill out another juror qualification form in the presence of the jury commission or the clerk or the court, at which time, in such cases as it appears warranted, the person may be questioned, but only with regard to his responses to questions contained on the form. Any information thus acquired by the clerk or jury commission may be noted on the juror qualification form and transmitted to the chief judge or such district court judge as the plan may provide.

(b) Any person summoned pursuant to subsection (a) of this section who fails to appear as directed shall be ordered by the district court forthwith to appear and show cause for his failure to comply with the summons. Any person who fails to appear pursuant to such order or who fails to show good cause for noncompliance with the summons may be fined not more than $100 or imprisoned not more than three days, or both. Any person who willfully misrepresents a material fact on a juror qualification form for the purpose of avoiding or securing service as a juror may be fined not more than $100 or imprisoned not more than three days, or both.

Sec. 1865. Qualifications for jury service

(a) The chief judge of the district court, or such other district court judge as the plan may provide, on his initiative or upon recommendation of the clerk or jury commission, or the clerk under supervision of the court if the court's jury selection plan so authorizes, shall determine solely on the basis of information provided on the juror qualification form and other competent evidence whether a person is unqualified for, or exempt, or to be excused from jury service. The clerk shall enter such determination in the space provided on the juror qualification form and in any alphabetical list of names drawn from the master jury wheel. If a person did not appear in response to a summons, such fact shall be noted on said list.

(b) In making such determination the chief judge of the district court, or such other district court judge as the plan may provide, or the clerk if the court's jury selection plan so provides, shall deem any person qualified to serve on grand and petit juries in the district court unless he —

(1) is not a citizen of the United States eighteen years old who has resided for a period of one year within the judicial district;

(2) is unable to read, write, and understand the English language with a degree of proficiency sufficient to fill out satisfactorily the juror qualification form;

(3) is unable to speak the English language;

(4) is incapable, by reason of mental or physical infirmity, to render satisfactory jury service; or

(5) has a charge pending against him for the commission of, or has

been convicted in a State or Federal court of record of, a crime punishable by imprisonment for more than one year and his civil rights have not been restored.

Sec. 1866. Selection and summoning of jury panels

(a) The jury commission, or in the absence thereof the clerk, shall maintain a qualified jury wheel and shall place in such wheel names of all persons drawn from the master jury wheel who are determined to be qualified as jurors and not exempt or excused pursuant to the district court plan. From time to time, the jury commission or the clerk shall publicly draw at random from the qualified jury wheel such number of names of persons as may be required for assignment to grand and petit jury panels. The jury commission or the clerk shall prepare a separate list of names of persons assigned to each grand and petit jury panel.

(b) When the court orders a grand or petit jury to be drawn, the clerk or jury commission or their duly designated deputies shall issue summonses for the required number of jurors.

Each person drawn for jury service may be served personally, or by registered, certified, or first-class mail addressed to such person at his usual residence or business address.

If such service is made personally, the summons shall be delivered by the clerk or the jury commission or their duly designated deputies to the marshal who shall make such service.

If such service is made by mail, the summons may be served by the marshal or by the clerk, the jury commission or their duly designated deputies, who shall make affidavit of service and shall attach thereto any receipt from the addressee for a registered or certified summons.

(c) Except as provided in section 1865 of this title or in any jury selection plan provision adopted pursuant to paragraph (5) or (6) of section 1863(b) of this title, no person or class of persons shall be disqualified, excluded, excused, or exempt from service as jurors: Provided, That any person summoned for jury service may be (1) excused by the court, or by the clerk under supervision of the court if the court's jury selection plan so authorizes, upon a showing of undue hardship or extreme inconvenience, for such period as the court deems necessary, at the conclusion of which such person either shall be summoned again for jury service under subsections (b) and (c) of this section or, if the court's jury selection plan so provides, the name of such person shall be reinserted into the qualified jury wheel for selection pursuant to subsection (a) of this section, or (2) excluded by the court on the ground that such person may be unable to render impartial jury service or that his service as a juror would be likely to disrupt the proceedings, or (3) excluded upon peremptory challenge as provided by law, or (4) excluded pursuant to the procedure specified by law upon a challenge by any party for good cause shown, or (5) excluded upon determination by the court that his service as a juror would be likely to threaten the secrecy of the proceedings, or otherwise adversely affect the integrity of jury deliberations. No person shall be excluded under clause (5) of this subsection unless the judge, in open court, determines that such is warranted and that exclusion of the person will not be inconsistent with sections 1861 and 1862 of this title. The number of persons excluded under clause (5) of this subsection shall not exceed one per centum of the number of persons who return executed jury qualification forms during the period, specified in the plan, between two consecutive fillings of the master jury wheel. The names of persons excluded under clause (5) of this subsection, together with detailed explanations for the exclusions, shall be forwarded immediately to the judicial council of the circuit, which shall have the power to make any appropriate order, prospective or retroactive, to redress any misapplication of clause (5) of this subsection, but otherwise exclusions effectuated under such clause shall not be subject to challenge under the provisions of this title. Any person excluded from a particular jury under clause (2), (3), or (4) of this subsection shall be eligible to sit on another jury if the basis for his initial exclusion would not be relevant to his ability to serve on such other jury.

(d) Whenever a person is disqualified, excused, exempt, or excluded from jury service, the jury commission or clerk shall note in the space provided on his juror qualification form or on the juror's card drawn from the qualified jury wheel the specific reason therefor.

(e) In any two-year period, no person shall be required to (1) serve or attend court for prospective service as a petit juror for a total of more than thirty days, except when necessary to complete service in a particular case, or (2) serve on more than one grand jury, or (3) serve as both a grand and petit juror.

(f) When there is an unanticipated shortage of available petit jurors drawn from the qualified jury wheel, the court may require the marshal to summon a sufficient number of petit jurors selected at random from the voter registration lists, lists of actual voters, or other lists specified in the plan, in a manner ordered by the court consistent with sections 1861 and 1862 of this title.

(g) Any person summoned for jury service who fails to appear as directed shall be ordered by the district court to appear forthwith and show cause for his failure to comply with the summons. Any person who fails to show good cause for noncompliance with a summons may be fined not more than $100 or imprisoned not more than three days, or both.

Sec. 1867. Challenging compliance with selection procedures

(a) In criminal cases, before the voir dire examination begins, or within seven days after the defendant discovered or could have discovered, by the exercise of diligence, the grounds therefor, whichever is earlier, the defendant may move to dismiss the indictment or stay the proceedings against him on the ground of substantial failure to comply with the provisions of this title in selecting the grand or petit jury.

(b) In criminal cases, before the voir dire examination begins, or within seven days after the Attorney General of the United States discovered or could have discovered, by the exercise of diligence, the grounds therefor, whichever is earlier, the Attorney General may move to dismiss the indictment or stay the proceedings on the ground of substantial failure to comply with the provisions of this title in selecting the grand or petit jury.

(c) In civil cases, before the voir dire examination begins, or within seven days after the party discovered or could have discovered, by the exercise of diligence, the grounds therefor, whichever is earlier, any party may move to stay the proceedings on the ground of substantial failure to comply with the provisions of this title in selecting the petit jury.

(d) Upon motion filed under subsection (a), (b), or (c) of this section, containing a sworn statement of facts which, if true, would constitute a substantial failure to comply with the provisions of this title, the moving party shall be entitled to present in support of such motion the testimony of the jury commission or clerk, if available, any relevant records and papers not public or otherwise available used by the jury commissioner or clerk, and any other relevant evidence. If the court determines that there has been a substantial failure to comply with the provisions of this title in selecting the grand jury, the court shall stay the proceedings pending the selection of a grand jury in conformity with this title or dismiss the indictment, whichever is appropriate. If the court determines that there has been a substantial failure to comply with the provisions of this title in selecting the petit jury, the court shall stay the proceedings pending the selection of a petit jury in conformity with this title.

(e) The procedures prescribed by this section shall be the exclusive means by which a person accused of a Federal crime, the Attorney General of the United States or a party in a civil case may challenge any jury on the ground that such jury was not selected in conformity with the provisions of this title. Nothing in this section shall preclude any person or the United States from pursuing any other remedy, civil or criminal, which may be available for the vindication or enforcement of any law prohibiting discrimination on account of race, color, religion, sex, national origin or economic status in the selection of persons for service on grand or petit juries.

(f) The contents of records or papers used by the jury commission or clerk in connection with the jury selection process shall not be disclosed, except pursuant to the district court plan or as may be necessary in the preparation or presentation of a motion under subsection (a), (b), or (c) of this section, until after the master jury wheel has been emptied and refilled pursuant to section 1863(b)(4) of this title and all persons selected to serve as jurors before the master wheel was emptied have completed such service. The parties in a case shall be allowed to inspect, reproduce, and copy such records or papers at all reasonable times during the preparation and pendency of such a motion. Any person who discloses the contents of any record or paper in violation of this subsection may be fined not more than $1,000 or imprisoned not more than one year, or both.

Sec. 1868. Maintenance and inspection of records

After the master jury wheel is emptied and refilled pursuant to section 1863(b)(4) of this title, and after all persons selected to serve as jurors before the master wheel was emptied have completed such service, all records and papers compiled and maintained by the jury commission or clerk before the master wheel was emptied shall be preserved in the custody of the clerk for four years or for such longer period as may be ordered by a court, and shall be available for public inspection for the purpose of determining the validity of the selection of any jury.

Sec. 1869. Definitions

For purposes of this chapter —

(a) "clerk" and "clerk of the court" shall mean the clerk of the district court of the United States, any authorized deputy clerk, and any other person authorized by the court to assist the clerk in the performance of functions under this chapter;

(b) "chief judge" shall mean the chief judge of any district court of the United States;

(c) "voter registration lists" shall mean the official records maintained by State or local election officials of persons registered to vote in either the most recent State or the most recent Federal general election, or, in the case of a State or political subdivision thereof that does not require registration as a prerequisite to voting, other official lists of persons qualified to vote in such election. The term shall also include the list of eligible voters maintained by any Federal examiner pursuant to the Voting Rights Act of 1965 where the names on such list have not been included on the official registration lists or other official lists maintained by the appropriate State or local officials. With respect to the districts of Guam and the Virgin Islands, "voter registration lists" shall mean the official records maintained by territorial election officials of persons registered to vote in the most recent territorial general election;

(d) "lists of actual voters" shall mean the official lists of persons actually voting in either the most recent State or the most recent Federal general election;

(e) "division" shall mean: (1) one or more statutory divisions of a judicial district; or (2) in statutory divisions that contain more than one place of holding court, or in judicial districts where there are no statutory divisions, such counties, parishes, or similar political subdivisions surrounding the places where court is held as the district court plan shall determine: Provided, That each county, parish, or similar political subdivision shall be included in some such division;

(f) "district court of the United States", "district court", and "court" shall mean any district court established by chapter 5 of this title, and any court which is created by Act of Congress in a territory and is invested with any jurisdiction of a district court established by chapter 5 of this title;

(g) "jury wheel" shall include any device or system similar in purpose or function, such as a properly programed electronic data processing system or device;

(h) "juror qualification form" shall mean a form prescribed by the Administrative Office of the United States Courts and approved by the Judicial Conference of the United States, which shall elicit the name, address, age, race, occupation, education, length of residence within the judicial district, distance from residence to place of holding court, prior jury service, and citizenship of a potential juror, and whether he should be excused or exempted from jury service, has any physical or mental infirmity impairing his capacity to serve as juror, is able to read, write, speak, and understand the English language, has pending against him any charge for the commission of a State or Federal criminal offense punishable by imprisonment for more than one year, or has been convicted in any State or Federal court of record of a crime punishable by imprisonment for more than one year and has not had his civil rights restored. The form shall request, but not require, any other information not inconsistent with the provisions of this title and required by the district court plan in the interests of the sound administration of justice. The form shall also elicit the sworn statement that his responses are true to the best of his knowledge. Notarization shall not be required. The form shall contain words clearly informing the person that the furnishing of any information with respect to his religion, national origin, or economic status is not a prerequisite to his qualification for jury service, that such information need not be furnished if the person finds it objectionable to do so, and that information concerning race is required solely to enforce nondiscrimination in jury selection and has no bearing on an individual's qualification for jury service.

(i) "public officer" shall mean a person who is either elected to public office or who is directly appointed by a person elected to public office;

(j) "undue hardship or extreme inconvenience", as a basis for excuse from immediate jury service under section 1866(c)(1) of this chapter, shall mean great distance, either in miles or traveltime, from the place of holding court, grave illness in the family or any other emergency which outweighs in immediacy and urgency the obligation to serve as a juror when summoned, or any other factor which the court determines to constitute an undue hardship or to create an extreme inconvenience to the juror; and in addition, in situations where it is anticipated that a trial or grand jury proceeding may require more than thirty days of service, the court may consider, as a further basis for temporary excuse, severe economic hardship to an employer which would result from the absence of a key employee during the period of such service;

(k) "publicly draw", as referred to in sections 1864 and 1866 of this chapter, shall mean a drawing which is conducted within the district after reasonable public notice and which is open to the public at large under the supervision of the clerk or jury commission, except that when a drawing is made by means of electronic data processing, "publicly draw" shall mean a drawing which is conducted at a data processing center located in or out of the district, after reasonable public notice given in the district for which juror names are being drawn, and which is open to the public at large under such supervision of the clerk or jury commission as the Judicial Conference of the United States shall by regulation require; and

(l) "jury summons" shall mean a summons issued by a clerk of court, jury commission, or their duly designated deputies, containing either a preprinted or stamped seal of court, and containing the name of the issuing clerk imprinted in preprinted, type, or facsimile manner on the summons or the envelopes transmitting the summons.

Sec. 1870. Challenges

In civil cases, each party shall be entitled to three peremptory challenges. Several defendants or several plaintiffs may be considered as a single party for the purposes of making challenges, or the court may allow additional peremptory challenges and permit them to be exercised separately or jointly.

All challenges for cause or favor, whether to the array or panel or to individual jurors, shall be determined by the court.

Sec. 1871. Fees

(a) Grand and petit jurors in district courts appearing pursuant to this chapter shall be paid the fees and allowances provided by this section. The requisite fees and allowances shall be disbursed on the certificate of the clerk of court in accordance with the procedure established by the Director of the Administrative Office of the United States Courts. Attendance fees for extended service under subsection (b) of this section shall be certified by the clerk only upon the order of a district judge.

(b)(1) A juror shall be paid an attendance fee of $40 per day for actual attendance at the place of trial or hearing. A juror shall also be paid the attendance fee for the time necessarily occupied in going to and returning from such place at the beginning and end of such service or at any time during such service.

(2) A petit juror required to attend more than thirty days in hearing one case may be paid, in the discretion of the trial judge, an additional fee, not exceeding $10 more than the attendance fee, for each day in excess of thirty days on which he is required to hear such case.

(3) A grand juror required to attend more than forty-five days of actual service may be paid, in the discretion of the district judge in charge of the particular grand jury, an additional fee, not exceeding $10 more than the attendance fee, for each day in excess of forty-five days of actual service.

(4) A grand or petit juror required to attend more than ten days of actual service may be paid, in the discretion of the judge, the appropriate fees at the end of the first ten days and at the end of every ten days of service thereafter.

(5) Certification of additional attendance fees may be ordered by the judge to be made effective commencing on the first day of extended service, without reference to the date of such certification.

(c)(1) A travel allowance not to exceed the maximum rate per mile that the Director of the Administrative Office of the United States Courts has prescribed pursuant to section 604(a)(7) of this title for payment to supporting court personnel in travel status using privately owned automobiles shall be paid to each juror, regardless of the mode of transportation actually employed. The prescribed rate shall be paid for the distance necessarily traveled to and from a juror's residence by the shortest practical route in going to and returning from the place of service. Actual mileage in full at the prescribed rate is payable at the beginning and at the end of a juror's term of service.

(2) The Director shall promulgate rules regulating interim travel allowances to jurors. Distances traveled to and from court should coincide with the shortest practical route.

(3) Toll charges for toll roads, bridges, tunnels, and ferries shall be paid in full to the juror incurring such charges. In the discretion of the court, reasonable parking fees may be paid to the juror incurring such fees upon presentation of a valid parking receipt. Parking fees shall not be included in any tabulation of mileage cost allowances.

(4) Any juror who travels to district court pursuant to summons in an area outside of the contiguous forty-eight States of the United States shall be paid the travel expenses provided under this section, or actual reasonable

transportation expenses subject to the discretion of the district judge or clerk of court as circumstances indicate, exercising due regard for the mode of transportation, the availability of alternative modes, and the shortest practical route between residence and court.

(5) A grand juror who travels to district court pursuant to a summons may be paid the travel expenses provided under this section or, under guidelines established by the Judicial Conference, the actual reasonable costs of travel by aircraft when travel by other means is not feasible and when certified by the chief judge of the district court in which the grand juror serves.

(d)(1) A subsistence allowance covering meals and lodging of jurors shall be established from time to time by the Director of the Administrative Office of the United States Courts pursuant to section 604(a)(7) of this title, except that such allowance shall not exceed the allowance for supporting court personnel in travel status in the same geographical area. Claims for such allowance shall not require itemization.

(2) A subsistence allowance shall be paid to a juror when an overnight stay is required at the place of holding court, and for the time necessarily spent in traveling to and from the place of attendance if an overnight stay is required.

(3) A subsistence allowance for jurors serving in district courts outside of the contiguous forty-eight States of the United States shall be allowed at a rate not to exceed that per diem allowance which is paid to supporting court personnel in travel status in those areas where the Director of the Administrative Office of the United States Courts has prescribed an increased per diem fee pursuant to section 604(a)(7) of this title.

(e) During any period in which a jury is ordered to be kept together and not to separate, the actual cost of subsistence shall be paid upon the order of the court in lieu of the subsistence allowances payable under subsection (d) of this section. Such allowance for the jurors ordered to be kept separate or sequestered shall include the cost of meals, lodging, and other expenditures ordered in the discretion of the court for their convenience and comfort.

(f) A juror who must necessarily use public transportation in traveling to and from court, the full cost of which is not met by the transportation expenses allowable under subsection (c) of this section on account of the short distance traveled in miles, may be paid, in the discretion of the court, the actual reasonable expense of such public transportation, pursuant to the methods of payment provided by this section. Jurors who are required to remain at the court beyond the normal business closing hour for deliberation or for any other reason may be transported to their homes, or to temporary lodgings where such lodgings are ordered by the court, in a manner directed by the clerk and paid from funds authorized under this section.

(g) The Director of the Administrative Office of the United States Courts shall promulgate such regulations as may be necessary to carry out his authority under this section.

Sec. 1872. Issues of fact in Supreme Court

In all original actions at law in the Supreme Court against citizens of the United States, issues of fact shall be tried by a jury.

Sec. 1873. Admiralty and maritime cases

In any case of admiralty and maritime jurisdiction relating to any matter of contract or tort arising upon or concerning any vessel of twenty tons or upward, enrolled and licensed for the coasting trade, and employed in the business of commerce and navigation between places in different states upon the lakes and navigable waters connecting said lakes, the trial of all issues of fact shall be by jury if either party demands it.

Sec. 1875. Protection of jurors' employment

(a) No employer shall discharge, threaten to discharge, intimidate, or coerce any permanent employee by reason of such employee's jury service, or the attendance or scheduled attendance in connection with such service, in any court of the United States.

(b) Any employer who violates the provisions of this section —

(1) shall be liable for damages for any loss of wages or other benefits suffered by an employee by reason of such violation;

(2) may be enjoined from further violations of this section and ordered to provide other appropriate relief, including but not limited to the reinstatement of any employee discharged by reason of his jury service; and

(3) shall be subject to a civil penalty of not more than $1,000 for each violation as to each employee.

(c) Any individual who is reinstated to a position of employment in accordance with the provisions of this section shall be considered as having been on furlough or leave of absence during his period of jury service, shall be reinstated to his position of employment without loss of seniority, and shall be entitled to participate in insurance or other benefits offered by the employer pursuant to established rules and practices relating to employees on furlough or leave of absence in effect with the employer at the time such individual entered upon jury service.

(d)(1) An individual claiming that his employer has violated the provisions of this section may make application to the district court for the district in which such employer maintains a place of business and the court shall, upon finding probable merit in such claim, appoint counsel to represent such individual in any action in the district court necessary to the resolution of such claim. Such counsel shall be compensated and necessary expenses repaid to the extent provided by section 3006A of title 18, United States Code.

(2) In any action or proceeding under this section, the court may award a prevailing employee who brings such action by retained counsel a reasonable attorney's fee as part of the costs. The court may tax a defendant employer, as costs payable to the court, the attorney fees and expenses incurred on behalf of a prevailing employee, where such costs were expended by the court pursuant to paragraph (1) of this subsection. The court may award a prevailing employer a reasonable attorney's fee as part of the costs only if the court finds that the action is frivolous, vexatious, or brought in bad faith.

CHAPTER 123 – FEES AND COSTS

Sec. 1914. District court; filing and miscellaneous fees; rules of court

(a) The clerk of each district court shall require the parties instituting any civil action, suit or proceeding in such court, whether by original process, removal or otherwise, to pay a filing fee of $250, except that on application for a writ of habeas corpus the filing fee shall be $5.

(b) The clerk shall collect from the parties such additional fees only as are prescribed by the Judicial Conference of the United States.

(c) Each district court by rule or standing order may require advance payment of fees.

Sec. 1915. Proceedings in forma pauperis

(a)(1) Subject to subsection (b), any court of the United States may authorize the commencement, prosecution or defense of any suit, action or proceeding, civil or criminal, or appeal therein, without prepayment of fees or security therefor, by a person who submits an affidavit that includes a statement of all assets such prisoner possesses that the person is unable to pay such fees or give security therefor. Such affidavit shall state the nature of the action, defense or appeal and affiant's belief that the person is entitled to redress.

(2) A prisoner seeking to bring a civil action or appeal a judgment in a civil action or proceeding without prepayment of fees or security therefor, in addition to filing the affidavit filed under paragraph (1), shall submit a certified copy of the trust fund account statement (or institutional equivalent) for the prisoner for the 6-month period immediately preceding the filing of the complaint or notice of appeal, obtained from the appropriate official of each prison at which the prisoner is or was confined.

(3) An appeal may not be taken in forma pauperis if the trial court certifies in writing that it is not taken in good faith.

(b)(1) Notwithstanding subsection (a), if a prisoner brings a civil action or files an appeal in forma pauperis, the prisoner shall be required to pay the full amount of a filing fee. The court shall assess and, when funds exist, collect, as a partial payment of any court fees required by law, an initial partial filing fee of 20 percent of the greater of —

(A) the average monthly deposits to the prisoner's account; or

(B) the average monthly balance in the prisoner's account for the 6-month period immediately preceding the filing of the complaint or notice of appeal.

(2) After payment of the initial partial filing fee, the prisoner shall be required to make monthly payments of 20 percent of the preceding month's income credited to the prisoner's account. The agency having custody of the prisoner shall forward payments from the prisoner's account to the clerk of the court each time the amount in the account exceeds $10 until the filing fees are paid.

(3) In no event shall the filing fee collected exceed the amount of fees permitted by statute for the commencement of a civil action or an appeal of a civil action or criminal judgment.

(4) In no event shall a prisoner be prohibited from bringing a civil action or appealing a civil or criminal judgment for the reason that the prisoner has no assets and no means by which to pay the initial partial filing fee.

(c) Upon the filing of an affidavit in accordance with subsections (a) and (b) and the prepayment of any partial filing fee as may be required under subsection (b), the court may direct payment by the United States of the expenses of (1) printing the record on appeal in any civil or criminal case, if such printing is required by the appellate court; (2) preparing a transcript of proceedings before a United States magistrate judge in any civil or criminal case, if such transcript is required by the district court, in the case of proceedings conducted under section 636(b) of this title or under section 3401(b) of title 18, United States Code; and (3) printing the record on appeal if such printing is required by the appellate court, in the case of proceedings conducted pursuant to section 636(c) of this title. Such expenses shall be paid when authorized by the Director of the Administrative Office of the United States Courts.

(d) The officers of the court shall issue and serve all process, and perform all duties in such cases. Witnesses shall attend as in other cases, and the same remedies shall be available as are provided for by law in other cases.

(e)(1) The court may request an attorney to represent any person unable to afford counsel.

(2) Notwithstanding any filing fee, or any portion thereof, that may have been paid, the court shall dismiss the case at any time if the court determines that —

(A) the allegation of poverty is untrue; or

(B) the action or appeal —

(i) is frivolous or malicious;

(ii) fails to state a claim on which relief may be granted; or

(iii) seeks monetary relief against a defendant who is immune from such relief.

(f)(1) Judgment may be rendered for costs at the conclusion of the suit or action as in other proceedings, but the United States shall not be liable for any of the costs thus incurred. If the United States has paid the cost of a stenographic transcript or printed record for the prevailing party, the same shall be taxed in favor of the United States.

(2)(A) If the judgment against a prisoner includes the payment of costs under this subsection, the prisoner shall be required to pay the full amount of the costs ordered.

(B) The prisoner shall be required to make payments for costs under this subsection in the same manner as is provided for filing fees under subsection (a)(2).

(C) In no event shall the costs collected exceed the amount of the costs ordered by the court.

(g) In no event shall a prisoner bring a civil action or appeal a judgment in a civil action or proceeding under this section if the prisoner has, on 3 or more prior occasions, while incarcerated or detained in any facility, brought an action or appeal in a court of the United States that was dismissed on the grounds that it is frivolous, malicious, or fails to state a claim upon which relief may be granted, unless the prisoner is under imminent danger of serious physical injury.

(h) As used in this section, the term "prisoner" means any person incarcerated or detained in any facility who is accused of, convicted of, sentenced for, or adjudicated delinquent for, violations of criminal law or the terms and conditions of parole, probation, pretrial release, or diversionary program.

Sec. 1919. Dismissal for lack of jurisdiction

Whenever any action or suit is dismissed in any district court, the Court of International Trade, or the Court of Federal Claims for want of jurisdiction, such court may order the payment of just costs.

Sec. 1920. Taxation of costs

A judge or clerk of any court of the United States may tax as costs the following:

(1) Fees of the clerk and marshal;

(2) Fees of the court reporter for all or any part of the stenographic transcript necessarily obtained for use in the case;

(3) Fees and disbursements for printing and witnesses;

(4) Fees for exemplification and copies of papers necessarily obtained for use in the case;

(5) Docket fees under section 1923 of this title;

(6) Compensation of court appointed experts, compensation of interpreters, and salaries, fees, expenses, and costs of special interpretation services under section 1828 of this title.

A bill of costs shall be filed in the case and, upon allowance, included in the judgment or decree.

Sec. 1923. Docket fees and costs of briefs

(a) Attorney's and proctor's docket fees in courts of the United States may be taxed as costs as follows:

$20 on trial or final hearing (including a default judgment whether entered by the court or by the clerk) in civil, criminal, or admiralty cases, except that in cases of admiralty and maritime jurisdiction where the libellant recovers less than $50 the proctor's docket fee shall be $10;

$20 in admiralty appeals involving not over $1,000;

$50 in admiralty appeals involving not over $5,000;

$100 in admiralty appeals involving more than $5,000;

$5 on discontinuance of a civil action;

$5 on motion for judgment and other proceedings on recognizances;

$2.50 for each deposition admitted in evidence.

(b) The docket fees of United States attorneys and United States trustees shall be paid to the clerk of court and by him paid into the Treasury.

(c) In admiralty appeals the court may allow as costs for printing the briefs of the successful party not more than:

$25 where the amount involved is not over $1,000;

$50 where the amount involved is not over $5,000;

$75 where the amount involved is over $5,000.

Sec. 1927. Counsel's liability for excessive costs

Any attorney or other person admitted to conduct cases in any court of the United States or any Territory thereof who so multiplies the proceedings in any case unreasonably and vexatiously may be required by the court to satisfy personally the excess costs, expenses, and attorneys' fees reasonably incurred because of such conduct.

Sec. 1929. Extraordinary expenses not expressly authorized

Where the ministerial officers of the United States incur extraordinary expense in executing Acts of Congress, the payment of which is not specifically provided for, the Attorney General may allow the payment thereof.

CHAPTER 125 – PENDING ACTIONS AND JUDGMENTS

Sec. 1961. Interest

(a) Interest shall be allowed on any money judgment in a civil case recovered in a district court. Execution therefor may be levied by the marshal, in any case where, by the law of the State in which such court is held, execution may be levied for interest on judgments recovered in the courts of the State. Such interest shall be calculated from the date of the entry of the judgment, at a rate equal to the weekly average 1-year constant maturity Treasury yield, as published by the Board of Governors of the Federal Reserve System, for the calendar week preceding. The date of the judgment. The Director of the Administrative Office of the United States Courts shall distribute notice of that rate and any changes in it to all Federal judges.

(b) Interest shall be computed daily to the date of payment except as provided in section 2516(b) of this title and section 1304(b) of title 31, and shall be compounded annually.

(c)(1) This section shall not apply in any judgment of any court with respect to any internal revenue tax case. Interest shall be allowed in such cases at the underpayment rate or overpayment rate (whichever is appropriate) established under section 6621 of the Internal Revenue Code of 1986.

(2) Except as otherwise provided in paragraph (1) of this subsection, interest shall be allowed on all final judgments against the United States in the United States Court of Appeals for the Federal circuit, at the rate provided in subsection (a) and as provided in subsection (b).

(3) Interest shall be allowed, computed, and paid on judgments of the United States Court of Federal Claims only as provided in paragraph (1) of this subsection or in any other provision of law.

(4) This section shall not be construed to affect the interest on any judgment of any court not specified in this section.

Sec. 1963. Registration of judgments for enforcement in other districts

A judgment in an action for the recovery of money or property entered in any court of appeals, district court, bankruptcy court, or in the Court of International Trade may be registered by filing a certified copy of the judgment in any other district or, with respect to the Court of International Trade, in any judicial district, when the judgment has become final by appeal or expiration of the time for appeal or when ordered by the court that entered the judgment for good cause shown. Such a judgment entered in favor of the United States may be so registered any time after judgment is entered. A judgment so registered shall have the same effect as a judgment of the district court of the district where registered and may be enforced in like manner.

A certified copy of the satisfaction of any judgment in whole or in part may be registered in like manner in any district in which the judgment is a lien.

The procedure prescribed under this section is in addition to other procedures provided by law for the enforcement of judgments.

Sec. 1964. Constructive notice of pending actions

Where the law of a State requires a notice of an action concerning real property pending in a court of the State to be registered, recorded, docketed, or indexed in a particular manner, or in a certain office or county or parish in order to give constructive notice of the action as it relates to the real property, and such law authorizes a notice of an action concerning real property pending in a United States district court to be registered, recorded, docketed, or indexed in the same manner, or in the same place, those requirements of the State law must be complied with in order to give constructive notice of such an action pending in a United States district court as it relates to real property in such State.

CHAPTER 131 – RULES OF COURTS

Sec. 2071. Rule-making power generally

(a) The Supreme Court and all courts established by Act of Congress may from time to time prescribe rules for the conduct of their business. Such rules shall be consistent with Acts of Congress and rules of practice and procedure prescribed under section 2072 of this title.

(b) Any rule prescribed by a court, other than the Supreme Court, under subsection (a) shall be prescribed only after giving appropriate public notice and an opportunity for comment. Such rule shall take effect upon the date specified by the prescribing court and shall have such effect on pending proceedings as the prescribing court may order.

(c)(1) A rule of a district court prescribed under subsection (a) shall remain in effect unless modified or abrogated by the judicial council of the relevant circuit.

(2) Any other rule prescribed by a court other than the Supreme Court under subsection (a) shall remain in effect unless modified or abrogated by the Judicial Conference.

(d) Copies of rules prescribed under subsection (a) by a district court shall be furnished to the judicial council, and copies of all rules prescribed by a court other than the Supreme Court under subsection (a) shall be furnished to the Director of the Administrative Office of the United States Courts and made available to the public.

(e) If the prescribing court determines that there is an immediate need for a rule, such court may proceed under this section without public notice and opportunity for comment, but such court shall promptly thereafter afford such notice and opportunity for comment.

(f) No rule may be prescribed by a district court other than under this section.

Sec. 2072. Rules of procedure and evidence; power to prescribe

(a) The Supreme Court shall have the power to prescribe general rules of practice and procedure and rules of evidence for cases in the United States district courts (including proceedings before magistrate judges thereof) and courts of appeals.

(b) Such rules shall not abridge, enlarge or modify any substantive right. All laws in conflict with such rules shall be of no further force or effect after such rules have taken effect.

(c) Such rules may define when a ruling of a district court is final for the purposes of appeal under section 1291 of this title.

Sec. 2073. Rules of procedure and evidence; method of prescribing

(a)(1) The Judicial Conference shall prescribe and publish the procedures for the consideration of proposed rules under this section.

(2) The Judicial Conference may authorize the appointment of committees to assist the Conference by recommending rules to be prescribed under sections 2072 and 2075 of this title. Each such committee shall consist of members of the bench and the professional bar, and trial and appellate judges.

(b) The Judicial Conference shall authorize the appointment of a standing committee on rules of practice, procedure, and evidence under subsection (a) of this section. Such standing committee shall review each recommendation of any other committees so appointed and recommend to the Judicial Conference rules of practice, procedure, and evidence and such changes in rules proposed by a committee appointed under subsection (a)(2) of this section as may be necessary to maintain consistency and otherwise promote the interest of justice.

(c)(1) Each meeting for the transaction of business under this chapter by any committee appointed under this section shall be open to the public, except when the committee so meeting, in open session and with a majority present, determines that it is in the public interest that all or part of the remainder of the meeting on that day shall be closed to the public, and states the reason for so closing the meeting. Minutes of each meeting for the transaction of business under this chapter shall be maintained by the committee and made available to the public, except that any portion of such minutes, relating to a closed meeting and made available to the public, may contain such deletions as may be necessary to avoid frustrating the purposes of closing the meeting.

(2) Any meeting for the transaction of business under this chapter, by a committee appointed under this section, shall be preceded by sufficient notice to enable all interested persons to attend.

(d) In making a recommendation under this section or under section 2072 or 2075, the body making that recommendation shall provide a proposed rule, an explanatory note on the rule, and a written report explaining the body's action, including any minority or other separate views.

(e) Failure to comply with this section does not invalidate a rule prescribed under section 2072 or 2075 of this title.

Sec. 2074. Rules of procedure and evidence; submission to Congress; effective date

(a) The Supreme Court shall transmit to the Congress not later than May 1 of the year in which a rule prescribed under section 2072 is to become effective a copy of the proposed rule. Such rule shall take effect no earlier than December 1 of the year in which such rule is so transmitted unless otherwise provided by law. The Supreme Court may fix the extent such rule shall apply to proceedings then pending, except that the Supreme Court shall not require the application of such rule to further proceedings then pending to the extent that, in the opinion of the court in which such proceedings are pending, the application of such rule in such proceedings would not be feasible or would work injustice, in which event the former rule applies.

(b) Any such rule creating, abolishing, or modifying an evidentiary privilege shall have no force or effect unless approved by Act of Congress.

Sec. 2077. Publication of rules; advisory committees

(a) The rules for the conduct of the business of each court of appeals, including the operating procedures of such court, shall be published. Each court of appeals shall print or cause to be printed necessary copies of the rules. The Judicial Conference shall prescribe the fees for sales of copies under section 1913 of this title, but the Judicial Conference may provide for free distribution of copies to members of the bar of each court and to other interested persons.

(b) Each court, except the Supreme Court, that is authorized to prescribe rules of the conduct of such court's business under section 2071 of this title shall appoint an advisory committee for the study of the rules of practice and internal operating procedures of such court and, in the case of an advisory committee appointed by a court of appeals, of the rules of the judicial council of the circuit. The advisory committee shall make recommendations to the court concerning such rules and procedures. Members of the committee shall serve without compensation, but the Director may pay travel and transportation expenses in accordance with section 5703 of title 5.

CHAPTER 133 – REVIEW – MISCELLANEOUS PROVISIONS

Sec. 2101. Supreme Court; time for appeal or certiorari; docketing; stay

(a) A direct appeal to the Supreme Court from any decision under section 1253 of this title, holding unconstitutional in whole or in part, any Act of Congress, shall be taken within thirty days after the entry of the interlocutory or final order, judgment or decree. The record shall be made up and the case docketed within sixty days from the time such appeal is taken under rules prescribed by the Supreme Court.

(b) Any other direct appeal to the Supreme Court which is authorized by law, from a decision of a district court in any civil action, suit or proceeding, shall be taken within thirty days from the judgment, order or decree, appealed from, if interlocutory, and within sixty days if final.

(c) Any other appeal or any writ of certiorari intended to bring any judgment or decree in a civil action, suit or proceeding before the Supreme Court for review shall be taken or applied for within ninety days after the entry of such judgment or decree. A justice of the Supreme Court, for good cause shown, may extend the time for applying for a writ of certiorari for a period not exceeding sixty days.

(d) The time for appeal or application for a writ of certiorari to review the judgment of a State court in a criminal case shall be as prescribed by rules of the Supreme Court.

(e) An application to the Supreme Court for a writ of certiorari to review a case before judgment has been rendered in the court of appeals may be made at any time before judgment.

(f) In any case in which the final judgment or decree of any court is subject to review by the Supreme Court on writ of certiorari, the execution and enforcement of such judgment or decree may be stayed for a reasonable time to enable the party aggrieved to obtain a writ of certiorari from the Supreme Court. The stay may be granted by a judge of the court rendering the judgment or decree or by a justice of the Supreme Court, and may be conditioned on the giving of security, approved by such judge or justice, that if the aggrieved party fails to make application for such writ within the period allotted therefor, or fails to obtain an order granting his application, or fails to make his plea good in the Supreme Court, he shall answer for all damages and costs which the other party may sustain by reason of the stay.

(g) The time for application for a writ of certiorari to review a decision of the United States Court of Appeals for the Armed Forces shall be as prescribed by rules of the Supreme Court.

Sec. 2102. Priority of criminal case on appeal from State court

Criminal cases on review from State courts shall have priority, on the docket of the Supreme Court, over all cases except cases to which the United States is a party and such other cases as the court may decide to be of public importance.

Sec. 2104. Reviews of State court decisions

A review by the Supreme Court of a judgment or decree of a State court shall be conducted in the same manner and under the same regulations, and shall have the same effect, as if the judgment or decree reviewed had been rendered in a court of the United States.

Sec. 2105. Scope of review; abatement

There shall be no reversal in the Supreme Court or a court of appeals for error in ruling upon matters in abatement which do not involve jurisdiction.

Sec. 2106. Determination

The Supreme Court or any other court of appellate jurisdiction may affirm, modify, vacate, set aside or reverse any judgment, decree, or order of a court lawfully brought before it for review, and may remand the cause and direct the entry of such appropriate judgment, decree, or order, or require such further proceedings to be had as may be just under the circumstances.

Sec. 2107. Time for appeal to court of appeals

(a) Except as otherwise provided in this section, no appeal shall bring any judgment, order or decree in an action, suit or proceeding of a civil nature before a court of appeals for review unless notice of appeal is filed, within thirty days after the entry of such judgment, order or decree.

(b) In any such action, suit or proceeding in which the United States or an officer or agency thereof is a party, the time as to all parties shall be sixty days from such entry.

(c) The district court may, upon motion filed not later than 30 days after the expiration of the time otherwise set for bringing appeal, extend the time for appeal upon a showing of excusable neglect or good cause. In addition, if the district court finds —

(1) that a party entitled to notice of the entry of a judgment or order did not receive such notice from the clerk or any party within 21 days of its entry, and

(2) that no party would be prejudiced,

the district court may, upon motion filed within 180 days after entry of the judgment or order or within 7 days after receipt of such notice, whichever is earlier, reopen the time for appeal for a period of 14 days from the date of entry of the order reopening the time for appeal.

(d) This section shall not apply to bankruptcy matters or other proceedings under Title 11.

Sec. 2108. Proof of amount in controversy

Where the power of any court of appeals to review a case depends upon the amount or value in controversy, such amount or value, if not otherwise satisfactorily disclosed upon the record, may be shown and ascertained by the oath of a party to the case or by other competent evidence.

Sec. 2109. Quorum of Supreme Court justices absent

If a case brought to the Supreme Court by direct appeal from a district court cannot be heard and determined because of the absence of a quorum of qualified justices, the Chief Justice of the United States may order it remitted to the court of appeals for the circuit including the district in which the case arose, to be heard and determined by that court either sitting in banc or specially constituted and composed of the three circuit judges senior in commission who are able to sit, as such order may direct. The decision of such court shall be final and conclusive. In the event of the disqualification or disability of one or more of such circuit judges, such court shall be filled as provided in chapter 15 of this title.

In any other case brought to the Supreme Court for review, which cannot be heard and determined because of the absence of a quorum of qualified justices, if a majority of the qualified justices shall be of opinion that the case cannot be heard and determined at the next ensuing term, the court shall enter its order affirming the judgment of the court from which the case was brought for review with the same effect as upon affirmance by an equally divided court.

Sec. 2111. Harmless error

On the hearing of any appeal or writ of certiorari in any case, the court shall give judgment after an examination of the record without regard to errors or defects which do not affect the substantial rights of the parties.

Sec. 2113. Definition

For purposes of this chapter, the terms "State court", "State courts", and "highest court of a State" include the District of Columbia Court of Appeals.

PART VI – PARTICULAR PROCEEDINGS

CHAPTER 151 – DECLARATORY JUDGMENTS

Sec. 2201. Creation of remedy

(a) In a case of actual controversy within its jurisdiction, except with respect to Federal taxes other than actions brought under section 7428 of the Internal Revenue Code of 1986, a proceeding under section 505 or 1146 of title 11, or in any civil action involving an antidumping or countervailing duty proceeding regarding a class or kind of merchandise of a free trade area country (as defined in section 516A(f)(10) of the Tariff Act of 1930), as determined by the administering authority, any court of the United States, upon the filing of an appropriate pleading, may declare the rights and other legal relations of any interested party seeking such declaration, whether or not further relief is or could be sought. Any such declaration shall have the force and effect of a final judgment or decree and shall be reviewable as such.

(b) For limitations on actions brought with respect to drug patents see section 505 or 512 of the Federal Food, Drug, and Cosmetic Act.

Sec. 2202. Further relief

Further necessary or proper relief based on a declaratory judgment or decree may be granted, after reasonable notice and hearing, against any adverse party whose rights have been determined by such judgment.

CHAPTER 155 – INJUNCTIONS; THREE-JUDGE COURTS

Sec. 2283. Stay of State court proceedings

A court of the United States may not grant an injunction to stay proceedings in a State court except as expressly authorized by Act of Congress, or where necessary in aid of its jurisdiction, or to protect or effectuate its judgments.

Sec. 2284. Three-judge court; when required; composition; procedure

(a) A district court of three judges shall be convened when otherwise required by Act of Congress, or when an action is filed challenging the constitutionality of the apportionment of congressional districts or the apportionment of any statewide legislative body.

(b) In any action required to be heard and determined by a district court of three judges under subsection (a) of this section, the composition and procedure of the court shall be as follows:

(1) Upon the filing of a request for three judges, the judge to whom the request is presented shall, unless he determines that three judges are not required, immediately notify the chief judge of the circuit, who shall designate two other judges, at least one of whom shall be a circuit judge. The judges so designated, and the judge to whom the request was presented, shall serve as members of the court to hear and determine the action or proceeding.

(2) If the action is against a State, or officer or agency thereof, at least five days' notice of hearing of the action shall be given by registered or certified mail to the Governor and attorney general of the State.

(3) A single judge may conduct all proceedings except the trial, and enter all orders permitted by the rules of civil procedure except as provided in this subsection. He may grant a temporary restraining order on a specific finding, based on evidence submitted, that specified irreparable damage will result if the order is not granted, which order, unless previously revoked by the district judge, shall remain in force only until the hearing and determination by the district court of three judges of an application for a preliminary injunction. A single judge shall not appoint a master, or order a reference, or hear and determine any application for a preliminary or permanent injunction or motion to vacate such an injunction, or enter judgment on the merits. Any action of a single judge may be reviewed by the full court at any time before final judgment.

CHAPTER 159 – INTERPLEADER

Sec. 2361. Process and procedure

In any civil action of interpleader or in the nature of interpleader under section 1335 of this title, a district court may issue its process for all claimants and enter its order restraining them from instituting or prosecuting any proceeding in any State or United States court affecting the property, instrument or obligation involved in the interpleader action until further order of the court. Such process and order shall be returnable at such time as the court or judge thereof directs, and shall be addressed to and served by the United States marshals for the respective districts where the claimants reside or may be found.

Such district court shall hear and determine the case, and may discharge the plaintiff from further liability, make the injunction permanent, and make all appropriate orders to enforce its judgment.

Sec. 2402. Jury trial in actions against United States

Subject to chapter 179 of this title, any action against the United States under section 1346 shall be tried by the court without a jury, except that any action against the United States under section 1346(a)(1) shall, at the request of either party to such action, be tried by the court with a jury.

Sec. 2403. Intervention by United States or a State; constitutional question

(a) In any action, suit or proceeding in a court of the United States to which the United States or any agency, officer or employee thereof is not a party, wherein the constitutionality of any Act of Congress affecting the public interest is drawn in question, the court shall certify such fact to the Attorney General, and shall permit the United States to intervene for presentation of evidence, if evidence is otherwise admissible in the case, and for argument on the question of constitutionality. The United States shall, subject to the applicable provisions of law, have all the rights of a party and be subject to all liabilities of a party as to court costs to the extent necessary for a proper presentation of the facts and law relating to the question of constitutionality.

(b) In any action, suit, or proceeding in a court of the United States to which a State or any agency, officer, or employee thereof is not a party, wherein the constitutionality of any statute of that State affecting the public interest is drawn in question, the court shall certify such fact to the attorney general of the State, and shall permit the State to intervene for presentation of evidence, if evidence is otherwise admissible in the case, and for argument on the question of constitutionality. The State shall, subject to the applicable provisions of law, have all the rights of a party and be subject to all liabilities of a party as to court costs to the extent necessary for a proper presentation of the facts and law relating to the question of constitutionality.

Sec. 2412. Costs and fees

(a)(1) Except as otherwise specifically provided by statute, a judgment for costs, as enumerated in section 1920 of this title, but not including the fees and expenses of attorneys, may be awarded to the prevailing party in any civil action brought by or against the United States or any agency or any official of the United States acting in his or her official capacity in any court having jurisdiction of such action. A judgment for costs when taxed against the United States shall, in an amount established by statute, court rule, or order, be limited to reimbursing in whole or in part the prevailing party for the costs incurred by such party in the litigation.

(2) A judgment for costs, when awarded in favor of the United States in an action brought by the United States, may include an amount equal to the filing fee prescribed under section 1914(a) of this title. The preceding sentence shall not be construed as requiring the United States to pay any filing fee.

(b) Unless expressly prohibited by statute, a court may award reasonable fees and expenses of attorneys, in addition to the costs which may be awarded pursuant to subsection (a), to the prevailing party in any civil action brought by or against the United States or any agency or any official of the United States acting in his or her official capacity in any court having jurisdiction of such action. The United States shall be liable for such fees and expenses to the same extent that any other party would be liable under the common law or under the terms of any statute which specifically provides for such an award.

(c)(1) Any judgment against the United States or any agency and any official of the United States acting in his or her official capacity for costs pursuant to subsection (a) shall be paid as provided in sections 2414 and 2517 of this title and shall be in addition to any relief provided in the judgment.

(2) Any judgment against the United States or any agency and any official of the United States acting in his or her official capacity for fees and expenses of attorneys pursuant to subsection (b) shall be paid as provided in sections 2414 and 2517 of this title, except that if the basis for the award is a finding that the United States acted in bad faith, then the award shall be paid by any agency found to have acted in bad faith and shall be in addition to any relief provided in the judgment.

(d)(1)(A) Except as otherwise specifically provided by statute, a court shall award to a prevailing party other than the United States fees and other expenses, in addition to any costs awarded pursuant to subsection (a), incurred by that party in any civil action (other than cases sounding in tort), including proceedings for judicial review of agency action, brought by or against the

United States in any court having jurisdiction of that action, unless the court finds that the position of the United States was substantially justified or that special circumstances make an award unjust.

(B) A party seeking an award of fees and other expenses shall, within thirty days of final judgment in the action, submit to the court an application for fees and other expenses which shows that the party is a prevailing party and is eligible to receive an award under this subsection, and the amount sought, including an itemized statement from any attorney or expert witness representing or appearing in behalf of the party stating the actual time expended and the rate at which fees and other expenses were computed. The party shall also allege that the position of the United States was not substantially justified. Whether or not the position of the United States was substantially justified shall be determined on the basis of the record (including the record with respect to the action or failure to act by the agency upon which the civil action is based) which is made in the civil action for which fees and other expenses are sought.

(C) The court, in its discretion, may reduce the amount to be awarded pursuant to this subsection, or deny an award, to the extent that the prevailing party during the course of the proceedings engaged in conduct which unduly and unreasonably protracted the final resolution of the matter in controversy.

(D) If, in a civil action brought by the United States or a proceeding for judicial review of an adversary adjudication described in section 504(a)(4) of title 5, the demand by the United States is substantially in excess of the judgment finally obtained by the United States and is unreasonable when compared with such judgment, under the facts and circumstances of the case, the court shall award to the party the fees and other expenses related to defending against the excessive demand, unless the party has committed a willful violation of law or otherwise acted in bad faith, or special circumstances make an award unjust. Fees and expenses awarded under this subparagraph shall be paid only as a consequence of appropriations provided in advance.

(2) For the purposes of this subsection —

(A) "fees and other expenses" includes the reasonable expenses of expert witnesses, the reasonable cost of any study, analysis, engineering report, test, or project which is found by the court to be necessary for the preparation of the party's case, and reasonable attorney fees (The amount of fees awarded under this subsection shall be based upon prevailing market rates for the kind and quality of the services furnished, except that (i) no expert witness shall be compensated at a rate in excess of the highest rate of compensation for expert witnesses paid by the United States; and (ii) attorney fees shall not be awarded in excess of $125 per hour unless the court determines that an increase in the cost of living or a special factor, such as the limited availability of qualified attorneys for the proceedings involved, justifies a higher fee.);

(B) "party" means (i) an individual whose net worth did not exceed $2,000,000 at the time the civil action was filed, or (ii) any owner of an unincorporated business, or any partnership, corporation, association, unit of local government, or organization, the net worth of which did not exceed $7,000,000 at the time the civil action was filed, and which had not more than 500 employees at the time the civil action was filed; except that an organization described in section 501(c)(3) of the Internal Revenue Code of 1986 (26 U.S.C. 501(c)(3)) exempt from taxation under section 501(a) of such Code, or a cooperative association as defined in section 15(a) of the Agricultural Marketing Act (12 U.S.C. 1141j(a)), may be a party regardless of the net worth of such organization or cooperative association or for purposes of subsection (d)(1)(D), a small entity as defined in section 601 of title 5;

(C) "United States" includes any agency and any official of the United States acting in his or her official capacity;

(D) "position of the United States" means, in addition to the position taken by the United States in the civil action, the action or failure to act by the agency upon which the civil action is based; except that fees and expenses may not be awarded to a party for any portion of the litigation in which the party has unreasonably protracted the proceedings;

(E) "civil action brought by or against the United States" includes an appeal by a party, other than the United States, from a decision of a contracting officer rendered pursuant to a disputes clause in a contract with the Government or pursuant to the Contract Disputes Act of 1978;

(F) "court" includes the United States Court of Federal Claims and the United States Court of Appeals for Veterans Claims;

(G) "final judgment" means a judgment that is final and not appealable, and includes an order of settlement;

(H) "prevailing party", in the case of eminent domain proceedings, means a party who obtains a final judgment (other than by settlement), exclusive of interest, the amount of which is at least as close to the highest valuation of the property involved that is attested to at trial on behalf of the property owner as it is to the highest valuation of the property involved that is attested to at trial on behalf of the Government; and

(I) "demand" means the express demand of the United States which led to the adversary adjudication, but shall not include a recitation of the maximum statutory penalty (i) in the complaint, or (ii) elsewhere when accompanied by an express demand for a lesser amount.

(3) In awarding fees and other expenses under this subsection to a prevailing party in any action for judicial review of an adversary adjudication, as defined in subsection (b)(1)(C) of section 504 of title 5, United States Code, or an adversary adjudication subject to the Contract Disputes Act of 1978, the court shall include in that award fees and other expenses to the same extent authorized in subsection (a) of such section, unless the court finds that during such adversary adjudication the position of the United States was substantially justified, or that special circumstances make an award unjust.

(4) Fees and other expenses awarded under this subsection to a party shall be paid by any agency over which the party prevails from any funds made available to the agency by appropriation or otherwise.

(e) The provisions of this section shall not apply to any costs, fees, and other expenses in connection with any proceeding to which section 7430 of the Internal Revenue Code of 1986 applies (determined without regard to subsections (b) and (f) of such section). Nothing in the preceding sentence shall prevent the awarding under subsection (a) of section 2412 of title 28, United States Code, of costs enumerated in section 1920 of such title (as in effect on October 1, 1981).

(f) If the United States appeals an award of costs or fees and other expenses made against the United States under this section and the award is affirmed in whole or in part, interest shall be paid on the amount of the award as affirmed. Such interest shall be computed at the rate determined under section 1961(a) of this title, and shall run from the date of the award through the day before the date of the mandate of affirmance.

MARBURY v. MADISON 판결

Supreme Court of the United States

William MARBURY
v.
James MADISON, Secretary of State of the United States.

Feb. 1803.

MARSHALL.

The supreme court of the U. States has not power to issue a mandamus to a secretary of state of the U. States, it being an exercise of original jurisdiction not warranted by the constitution. Congress have not power to give original jurisdiction to the supreme court in other cases than those described in the constitution. An act of congress repugnant to the constitution cannot become a law. The courts of the U. States are bound to take notice of the constitution. A commission is not necessary to the appointment of an officer by the executive-Semb. A commission is only evidence of an appointment.

Delivery is not necessary to the validity of letters patent. The President cannot authorize a secretary of state to omit the performance of those duties which are enjoined by law.

A justice of peace in the district of Columbia is not removable at the will of the President. When a commission for an officer not holding his office at the will of the President, is by him signed and transmitted to the secretary of state to be sealed and recorded, it is irrevocable; the appointment is complete. A mandamus is the proper remedy to compel a secretary of state to deliver a commission to which the party is entitled.

At the last term, viz. December term, 1801, William Marbury, Dennis

Ramsay, Robert Townsend Hooe, and William Harper, by their counsel, Charles Lee, esq. late attorney general of the United States, severally moved the court for a rule to James Madison, secretary of state of the United States, to shew cause why a mandamus should not issue commanding him to cause to be delivered to them respectively their several commissions as justices of the peace in the district of Columbia. This motion was supported by affidavits of the following facts; that notice of this motion had been given to Mr. Madison; that Mr. Adams, the late president of the United States, nominated the applicants to the senate for their advice and consent to be appointed justices of the peace of the district of Columbia; that the senate advised and consented to the appointments; that commissions in due form were signed by the said president appointing them justices, &c. and that the seal of the United States was in due form affixed to the said commissions by the secretary of state; that the applicants have requested Mr. Madison to deliver them their said commissions, who has not complied with that request; and that their said commissions are withheld from them; that the applicants have made application to Mr. Madison as secretary of state of the United States at his office, for information whether the commissions were signed and sealed as aforesaid; that explicit and satisfactory information has not been given in answer to that inquiry, either by the secretary of state or any officer in the department of state; that application has been made to the secretary of the Senate for a certificate of the nomination of the applicants, and of the advice and consent of the senate, who has declined giving such a certificate; whereupon a rule was laid to shew cause on the 4th day of this term. This rule having been duly served,

Mr. Lee, in support of the rule, observed that it was important to know on what ground a justice of peace in the district of Columbia holds his office, and what proceedings are necessary to constitute an appointment to an office not held at the will of the president. However notorious the facts are, upon the suggestion of which this rule has been laid, yet the applicants have been much embarrassed in obtaining evidence of them. Reasonable information has been denied at the office of the department of state. Although a respectful memorial has been made to the senate praying them to suffer their secretary to give extracts from their executive journals respecting the nomination of the applicants to the senate, and of their advice and consent to the appointments, yet their request has been denied, and their petition rejected. They have therefore been compelled to summon witnesses to attend in court, whose voluntary affidavits they could not obtain. Mr. Lee here read the affidavit of Dennis Ramsay, and the printed journals of the senate of 31 January, 1803, respecting the refusal of the senate to suffer their secretary to give the information requested. He then called Jacob Wagner and Daniel Brent, who had been summoned to attend the court, and who had, as it is understood, declined giving a voluntary affidavit. They objected to being sworn, alleging that they were clerks in the department of state and not bound to disclose any facts relating to the business or transactions in the office.

Mr. Lee observed, that to shew the propriety of examining these witnesses, he would make a few remarks on the nature of the office of secretary of state. His duties are of two kinds, and he exercises his functions in two distinct capacities; as a public ministerial officer of the United States, and as agent of the President. In the first his duty is to the United States or its citizens; in the other his duty is to the President; in the one he is an independent, and an accountable officer; in the other he is dependent upon the President, is his agent, and accountable to him alone. In the former capacity he is compellable by mandamus to do his duty; in the latter he is not. This distinction is clearly pointed out by the two acts of congress upon this subject. The first was passed 27th July, 1789, vol.1. p.359, entitled "an act for establishing an executive department, to be denominated the department of foreign affairs." The first section ascertains the duties of the secretary so far as he is considered as a mere executive agent. It is in these words, "Be it enacted, &c. that there shall be an executive department, to be denominated the department of foreign affairs, and that there shall be a principal officer therein, to be called the secretary of the department of foreign affairs, who shall perform and execute such duties as shall from time to time be enjoined on, or intrusted to him by the President of the United States, agreeable to the constitution, relative to correspondencies, commissions* or instructions to or with public ministers or consuls from the United States; or to negotiations with public ministers from foreign states or princes, or to memorials or other applications from foreign public ministers, or other foreigners, or to such other matters respecting foreign affairs as the President of the United States shall assign to the said department; and furthermore, that the said principal officer shall conduct the business of the said department in such manner as the President of the United States shall from time to time order or instruct."

The second section provides for the appointment of a chief clerk; the third section prescribes the oath to be taken which is simply, "well and faithfully to execute the trust committed to him;" and the fourth and last section gives him the custody of the books and papers of the department of foreign affairs under the old congress. Respecting the powers given and the duties imposed by this act, no mandamus will lie. The secretary is responsible only to the President. The other act of congress respecting this department was passed at the same session on the 15th September 1789, vol.1, p.41, c.14, and is entitled "An act to provide for the safe keeping of the acts, records, and seal of the United States, and for other purposes." The first section changes the name of the department and of the secretary, calling the one the department and the other the secretary of state. The second section assigns new duties to the secretary, in the performance of which it is evident, from their nature, he cannot be lawfully controlled by the president, and for the non-performance of which he is not more responsible to the president than to any other citizen of the United States. It provides that he shall receive from the president all bills, orders, resolutions and votes of the senate and house of representatives, which shall have been approved and signed by him; and shall cause them to be published, and printed copies to be delivered to the senators and representatives and to the executives of the several states; and makes it his duty carefully to preserve the originals; and to cause them to be recorded in books to be provided for that purpose. The third section provides a seal of the United States. The fourth makes it his duty to keep the said seal, and to make out and record, and to affix the seal of the United States to all civil commissions, after they shall have been signed by the President. The fifth section provides for a seal of office, and that all copies of records and papers in his office, authenticated under that seal, shall be as good evidence as the originals. The sixth section establishes fees for copies, &c. The seventh and last section gives him the custody of the papers of the office of the secretary of the old congress. Most of the duties assigned by this act are of a public nature, and the secretary is bound to perform them, without the control of any person. The President has no right to prevent him from receiving the bills, orders, resolutions and votes of the legislature, or from publishing and distributing them, or from preserving or recording them. While the secretary remains in office the President cannot take from his custody the seal of the United States, nor prevent him from recording, and affixing the seal to civil commissions of such officers as hold not their offices at the will of the President, after he has signed them and delivered them to the secretary for that purpose. By other laws he is to make out and record in his office patents for useful discoveries, and patents of lands granted under the authority of the United States. In the performance of all these duties he is a public ministerial officer of the United States. And the duties being enjoined upon him by law, he is, in executing them, uncontrollable by the President; and if he neglects or refuses to perform them, he may be compelled by mandamus, in the same manner as other persons holding offices under the authority of the United States. The President is no party to this case. The secretary is called upon to perform a duty over which the President has no control, and in regard to which he has no dispensing power, and for the neglect of which he is in no manner responsible. The secretary alone is the person to whom they are entrusted, and he alone is answerable for their due performance. The secretary of state, therefore, being in the same situation, as to these duties, as every other ministerial officer of the United States, and equally liable to be compelled to perform them, is also bound by the same rules of evidence. These duties are not of a confidential nature, but are of a public kind, and his clerks can have no exclusive privileges. There are undoubtedly facts, which may come to their knowledge by means of their connection with the secretary of state, respecting which they cannot be bound to answer. Such are the facts concerning foreign correspondencies, and confidential communications between the head of the department and the President. This, however, can be no objection to their being sworn, but may be a ground of objection to any particular question. Suppose I claim title to land under a patent from the United States. I demand a copy of it from the secretary of state. He refuses. Surely he may be compelled by mandamus to give it. But in order to obtain a mandamus, I must shew that the patent is recorded in his office. My case would be hard indeed if I could not call upon the clerks in the office to give evidence of that fact. Again, suppose a private act of congress had passed for my benefit. It becomes necessary for me to have the use of that act in a court of law. I apply for a copy. I am refused. Shall I not be permitted, on a motion for a mandamus, to call upon the clerks in the office to prove that such an act is among the rolls of the office, or that it is duly recorded? Surely it cannot be contended that although the laws are to be recorded, yet no access is to be had to the records, and no benefit to result therefrom.

The court ordered the witnesses to be sworn and their answers taken in writing, but informed them that when the questions were asked they might state their objections to answering each particular question, if they had any.

Mr. Wagner being examined upon interrogatories, testified, that at this distance of time he could not recollect whether he had seen any commission in the office, constituting the applicants, or either of them justices of the peace. That Mr. Marbury and Mr. Ramsay called on the secretary of state respecting their commissions. That the secretary referred them to him; he took them into another room and mentioned to them, that two of the commissions had been signed, but the other had not. That he did not know that fact of his own knowledge, but by the information of others. Mr. Wagner declined answering the question "who gave him that information;" and the court decided that he was not bound to answer it, because it was not pertinent to this cause. He further testified that some of the commissions of the justices, but he believed not all, were recorded. He did not know whether the commissions of the applicants were recorded, as he had not had recourse to the book for more than twelve months past.

Mr. Daniel Brent testified, that he did not remember certainly the names of any of the persons in the commissions of justices of the peace signed by Mr. Adams; but believed, and was almost certain, that Mr. Marbury's and col. Hooe's commissions were made out, and that Mr. Ramsay's was not; that he made out the list of names by which the clerk who filled up the commissions was guided; he believed that the name of Mr. Ramsay was pretermitted by mistake, but to the best of his knowledge it contained the names of the other two; he believed none of the commissions for justices of the peace signed by Mr. Adams, were recorded. After the commissions for justices of the peace were made out, he carried them to Mr. Adams for his signature. After being signed he carried them back to the secretary's office, where the seal of the United States was affixed to them. That commissions are not usually delivered out of the office before they are recorded; but sometimes they are, and a note of them only is taken, and they are recorded afterwards. He believed none of those commissions of justices were ever sent out, or delivered to the persons for whom they were intended; he did not know what became of them, nor did he know that they are now in the office of the secretary of state.

Mr. Lincoln, attorney general, having been summoned, and now called, objected to answering. He requested that the questions might be put in writing, and that he might afterwards have time to determine whether he would answer.

On the one hand he respected the jurisdiction of this court, and on the other he felt himself bound to maintain the rights of the executive. He was acting as secretary of state at the time when this transaction happened. He was of opinion, and his opinion was supported by that of others whom he highly respected, that he was not bound, and ought not to answer, as to any facts which came officially to his knowledge while acting as secretary of state.

The questions being written were then read and handed to him. He repeated the ideas he had before suggested, and said his objections were of two kinds.

He did not think himself bound to disclose his official transactions while acting as secretary of state; and

2d. He ought not to be compelled to answer any thing which might tend to criminate himself.

Mr. Lee, in reply, repeated the substance of the observations he had before made in answer to the objection of Mr. Wagner and Mr. Brent. He stated that the duties of a secretary of state were two-fold. In discharging one part of those duties he acted as a public ministerial officer of the United States, totally independent of the President, and that as to any facts which came officially to his knowledge, while acting in this capacity, he was as much bound to answer as a marshal, a collector, or any other ministerial officer. But that in the discharge of the other part of his duties, he did not act as a public ministerial officer, but in the capacity of an agent of the President, bound to obey his orders, and accountable to him for his conduct. And that as to any facts which came officially to his knowledge in the discharge of this part of his duties, he was not bound to answer. He agreed that Mr. Lincoln was not bound to disclose any thing which might tend to criminate himself.

Mr. Lincoln thought it was going a great way to say that every secretary of state should at all times be liable to be called upon to appear as a witness in a court of justice, and testify to facts which came to his knowledge officially. He felt himself delicately situated between his duty to this court, and the duty he conceived he owed to an executive department; and hoped the court would give him time to consider of the subject.

The court said, that if Mr. Lincoln wished time to consider what answers he should make, they would give him time; but they had no doubt he ought to answer. There was nothing confidential required to be disclosed. If there had been he was not obliged to answer it; and if he thought that any thing was communicated to him in confidence he was not bound to disclose it; nor was he obliged to state any thing which would criminate himself; but that the fact whether such commissions had been in the office or not, could not be a confidential fact; it *145is a fact which all the world have a right to know. If he thought any of the questions improper, he might state his objections.

Mr. Lincoln then prayed time till the next day to consider of his answers under this opinion of the court.

The court granted it and postponed further consideration of the cause till the next day.

At the opening of the court on the next morning, Mr. Lincoln said he had no objection to answering the questions proposed, excepting the last which he did not think himself obliged to answer fully. The question was, what had been done with the commissions. He had no hesitation in saying that he did not know that they ever came to the possession of Mr. Madison, nor did he know that they were in the office when Mr. Madison took possession of it. He prayed the opinion of the court whether he was obliged to disclose what had been done with the commissions.

The court were of opinion that he was not bound to say what had become of them; if they never came to the possession of Mr. Madison, it was immaterial to the present cause, what had been done with them by others.

To the other questions he answered that he had seen commissions of justices of the peace of the district of Columbia, signed by Mr. Adams, and sealed with the seal of the United States. He did not recollect whether any of them constituted Mr. Marbury, col. Hooe, or col. Ramsay, justices of the peace; there were when he went into the office several commissions for justices of peace of the district made out; but he was furnished with a list of names to be put into a general commission, which was done, and was considered as superseding the particular commissions; and the individuals whose names were contained in this general commission were informed of their being thus appointed. He did not know that any one of the commissions was ever sent to the person for whom it was made out, and did not believe that any one had been sent.

Mr. Lee then read the affidavit of James Marshall, who had been also summoned as a witness. It stated that on the 4th of March 1801, having been informed by some person from Alexandria that there was reason to apprehend riotous proceedings in that town on that night, he was induced to return immediately home, and to call at the office of the secretary of state, for the commissions of the justices of the peace; that as many as 12, as he believed, commissions of justices for that county were delivered to him for which he gave a receipt, which he left in the office. That finding he could not conveniently carry the whole, he returned several of them, and struck a pen through the names of those, in the receipt, which he returned. Among the commissions so returned, according to the best of his knowledge and belief, was one for colonel Hooe, and one for William Harper.

Mr. Lee then observed, that having proved the existence of the commissions, he should confine such further remarks as he had to make in support of the rule to three questions;

1st. Whether the supreme court can award the writ of mandamus in any case.

2d. Whether it will lie to a secretary of state in any case whatever.

3d. Whether in the present case the court may award a mandamus to James Madison, secretary of state.

The argument upon the 1st question is derived not only from the principles and practice of that country, from whence we derive many of the principles of our political institutions, but from the constitution and laws of the United States.

This is the supreme court, and by reason of its supremacy must have the superintendance of the inferior tribunals and officers, whether judicial or ministerial. In this respect there is no difference between a judicial and a ministerial officer. From this principle alone the court of king's bench in England derives the power of issuing the writs of mandamus and prohibition. 3. Inst. 70, 71. Shall it be said that the court of king's bench has this power in consequence of its being the supreme court of judicature, and shall we deny it to this court which the constitution makes the supreme court? It is a beneficial, and a necessary power; and it can never be applied where there is another adequate, specific, legal remedy.

The second section of the third article of the constitution gives this court appellate jurisdiction in all cases in law and equity arising under the constitution and laws of the United States (except the cases in which it has original jurisdiction) with such exceptions, and under such regulations as congress shall make. The term "appellate jurisdiction" is to be taken in its largest sense, and implies in its nature the right of superintending the inferior tribunals.

Proceedings in nature of appeals are of various kinds, according to the subject matter. 3 Bl. com. 402. It is a settled and invariable principle, that every right, when withheld, must have a remedy, and every injury its proper redress. 3 Bl. com. 109. There are some injuries which can only be redressed by a writ of mandamus, and others by a writ of prohibition. There must then be a jurisdiction some where competent to issue that kind of process. Where are we to look for it but in that court which the constitution and laws have made supreme, and to which they have given appellate jurisdiction? Blackstone, vol.3, p.110, says that a writ of mandamus is "a command issuing in the king's name from the court of king's bench, and directed to any person, corporation or inferior court, requiring them to do some particular thing therein specified, which appertains to their office and duty, and which the court has previously determined, or at least supposes, to be consonant to right and justice. It is a writ of a most extensively remedial nature, and issues in all cases where the party has a right to have any thing done, and has no other specific means of compelling its performance."

In the Federalist, vol.2, p.239, it is said, that the word "appellate" is not to be taken in its technical sense, as used in reference to appeals in the course of the civil law, but in its broadest sense, in which it denotes nothing more than the power of one tribunal to review the proceedings of another, either as to law or fact, or both. The writ of mandamus is in the nature of an appeal as to fact as well as law. It is competent for congress to prescribe the forms of process by which the supreme court shall exercise its appellate jurisdiction, and they may well declare a mandamus to be one. But the power does not depend upon implication alone. It has been recognized by legislative provision as well as in judicial decisions in this court.

Congress, by a law passed at the very first session after the adoption of the constitution, vol.1, p.58, sec.13, have expressly given the supreme court the power of issuing writs of mandamus. The words are, "The supreme court shall also have appellate jurisdiction from the circuit courts, and courts of the several states, in the cases herein after specially provided for; and shall have power to issue writs of prohibition to the district courts, when proceeding as courts of admiralty and maritime jurisdiction; and writs of mandamus, in cases warranted by the principles and usages of law, to any courts appointed, or persons holding office, under the authority of the United States."

Congress is not restrained from conferring original jurisdiction in other cases than those mentioned in the constitution. 2 Dal. Rep. 298.

This court has entertained jurisdiction on a mandamus in one case, and on a prohibition in another. In the case of the United States v. judge Lawrence, 3. Dal. Rep. 42, a mandamus was moved for by the attorney general at the instance of the French minister, to compel judge Lawrence to issue a warrant against captain Barre, commander of the French ship of war Le Perdrix, grounded on an article of the consular convention with France. In this case the power of the court to issue writs of mandamus, was taken for granted in the arguments of counsel on both sides, and seems to have been so considered by the court. The mandamus was refused, because the case in which it was required, was not a proper one to support the motion. In the case of the United States v. judge Peters a writ of prohibition was granted, 3. Dal. Rep. 121, 129. This was the celebrated case of the French corvette the Cassius, which afterwards became a subject of diplomatic controversy between the two nations. On the 5th Feb. 1794, a motion was made to the supreme court in behalf of one John Chandler, a citizen of Connecticut, for a mandamus to the secretary at war, commanding him to place Chandler on the invalid pension list. After argument, the court refused the mandamus, because the two acts of congress respecting invalids, did not support the case on which the applicant grounded his motion. The case of the United States v. Hopkins, at February term, 1794, was a motion for a mandamus to Hopkins, loan officer for the district of Virginia, to command him to admit a person to subscribe to the United States loan. Upon argument the mandamus was refused because the applicant had not sufficiently established his title. In none of these cases, nor in any other, was the power of this court to issue a mandamus ever denied. Hence it appears there has been a legislative construction of the constitution upon this point, and a judicial practice under it, for the whole time since the formation of the government.

2d. The second point is, can a mandamus go to a secretary of state in any case? It certainly cannot in all cases; nor to the President in any case. It may not be proper to mention this position; but I am compelled to do it. An idea has gone forth, that a mandamus to a secretary of state is equivalent to a mandamus to the President of the United States. I declare it to be my opinion, grounded on a comprehensive view of the subject, that the President is not amenable to any court of judicature for the exercise of his high functions, but is responsible only in the mode pointed out in the constitution. The secretary of state acts, as before observed, in two capacities. As the agent of the President, he is not liable to a mandamus; but as a recorder of the laws of the United States; as keeper of the great seal, as recorder of deeds of land, of letters patent, and of commissions, &c. he is a ministerial officer of the people of the United States. As such he has duties assigned him by law, in the execution of which he is independent of all control, but that of the laws. It is true he is a high officer, but he is not above law. It is not consistent with the policy of our political institutions, or the manners of the citizens of the United States, that any ministerial officer having public duties to perform, should be above the compulsion of law in the exercise of those duties. As a ministerial officer he is compellable to do his duty, and if he refuses, is liable to indictment. A prosecution of this kind might be the means of punishing the officer, but a specific civil remedy to the injured party can only be obtained by a writ of mandamus. If a mandamus can be awarded by this court in any case, it may issue to a secretary of state; for the act of congress expressly gives the power to award it, "in cases warranted by the principles and usages of law, to any person holding offices under the authority of the United States."

Many cases may be supposed, in which a secretary of state ought to be compelled to perform his duty specifically. By the 5th and 6th sections of the act of congress, vol.1, p.43, copies under seal of the office of the department of state are made evidence in courts of law, and fees are given for making them out. The intention of the law must have been, that every person needing a copy should be entitled to it. Suppose the secretary refuses to give a copy, ought he not to be compelled? Suppose I am entitled to a patent for lands purchased of the United States; it is made out and signed by the President who gives a warrant to the secretary to affix the great seal to the patent; he refuses to do it; shall I not have a mandamus to compel him? Suppose the seal is affixed, but the secretary refuses to record it; shall he not be compelled? Suppose it recorded, and he refuses to deliver it; shall I have no remedy?

In this respect there is no difference between a patent for lands, and the commission of a judicial officer. The duty of the secretary is precisely the same.

Judge Patterson inquired of Mr. Lee whether he understood it to be the duty of the secretary to deliver a commission, unless ordered so to do by the President.

Mr. Lee replied, that after the President has signed a commission for an office not held at his will, and it comes to the secretary to be sealed, the President has done with it, and nothing remains, but that the secretary perform those ministerial acts which the law imposes upon him. It immediately becomes his duty to seal, record, and deliver it on demand. In such a case the appointment becomes complete by the signing and sealing; and the secretary does wrong if he withholds the commission.

3d. The third point is, whether in the present case a writ of mandamus ought to be awarded to James Madison, secretary of state.

The justices of the peace in the district of Columbia are judicial officers, and hold their office for five years. The office is established by the act of Congress passed the 27th of Feb. 1801, entitled "An act concerning the district of Columbia," ch.86, sec.11 and 14; page 271, 273. They are authorized to hold courts and have cognizance of personal demands of the value of 20 dollars. The act of May 3d, 1802, ch.52, sec.4, considers them as judicial officers, and provides the mode in which execution shall issue upon their judgments. They hold their offices independent of the will of the President. The appointment of such an officer is complete when the President has nominated him to the senate, and the senate have advised and consented, and the President has signed the commission and delivered it to the secretary to be sealed. The President has then done with it; it becomes irrevocable. An appointment of a judge once completed, is made forever. He holds under the constitution. The requisites to be performed by the secretary are ministerial, ascertained by law, and he has no discretion, but must perform them; there is no dispensing power. In contemplation of law they are as if done.

These justices exercise part of the judicial power of the United States. They ought therefore to be independent. Mr. Lee begged leave again to refer to the Federalist, vol.2, Nos.78 and 79, as containing a correct view of this subject. They contained observations and ideas which he wished might be generally read and understood. They contained the principles upon which this branch of our constitution was constructed. It is important to the citizens of this district that the justices should be independent; almost all the authority immediately exercised over them is that of the justices. They wish to know whether the justices of this district are to hold their commissions at the will of a secretary of state. This cause may seem trivial at first view, but it is important in principle. It is for this reason that this court is now troubled with it. The emoluments or the dignity of the office, are no objects with the applicants. They conceive themselves to be duly appointed justices of the peace, and they believe it to be their duty to maintain the rights of their office, and not to suffer them to be violated by the hand of power. The citizens of this district have their fears excited by every stretch of power by a person so high in office as the secretary of state.

It only remains now to consider whether a mandamus to compel the delivery of a commission by a public ministerial officer, is one of "the cases warranted by the principles and usages of law."

It is the general principle of law that a mandamus lies, if there be no other adequate, specific, legal remedy; 3 Burrow, 1067, King v. Barker, and al. This seems to be the result of a view of all the cases on the subject.

The case of Rex.v. Borough of Midhurst, 1. Wils. 283, was a mandamus to compel the presentment of certain conveyances to purchasers of burgage tenements, whereby they would be entitled to vote for members of parliament. In the case of Rex v. Dr. Hay, 1. W.Bl.Rep. 640, a mandamus issued to admit one to administer an estate.

A mandamus gives no right, but only puts the party in a way to try his right. Sid. 286.

It lies to compel a ministerial act which concerns the public. 1. Wilson, 283, 1. Bl.Rep. 640-although there be a more tedious remedy, Str. 1082, 4 Bur. 2188, 2 Bur. 1045; So if there be a legal right, and a remedy in equity, 3. Term. Rep. 652. A mandamus lies to obtain admission into a trading company. Rex v. Turkey Company, 2 Bur. 1000. Carthew 448. 5 Mod. 402; So it lies to put the corporate seal to an instrument. 4. Term.Rep. 699; to commissioners of the excise to grant a permit, 2 Term. Rep. 381; to admit to an office, 3 Term. Rep. 575; to deliver papers which concern the public, 2 Sid. 31. A mandamus will sometimes lie in a doubtful case, 1 Levinz 123, to be further considered on the return, 2 Levinz, 14. 1 Sidersin, 169.

It lies to be admitted a member of a church, 3. Bur. 1265, 1043.

The process is as ancient as the time of Ed.2d. 1 Levinz 23.

The first writ of mandamus is not peremptory, it only commands the officer to do the thing or shew cause why he should not do it. If the cause returned be sufficient, there is an end of the proceeding, if not, a peremptory mandamus is then awarded.

It is said to be a writ of discretion. But the discretion of a court always means a found, legal discretion, not an arbitrary will. If the applicant makes out a proper case, the court are bound to grant it. They can refuse justice to no man.

On a subsequent day, and before the court had given an opinion, Mr. Lee read the affidavit of Hazen Kimball, who had been a clerk in the office of the Secretary of State, and had been to a distant part of the United States, but whose return was not known to the applicant till after the argument of the case.

It stated that on the third of March, 1801, he was a clerk in the department of state. That there were in the office, on that day, commissions made out and signed by the president, appointing William Marbury a justice of peace for the county of Washington; and Robert T. Hooe a justice of the peace for the county of Alexandria, in the district of Columbia.

Afterwards, on the 24th of February the following opinion of the court was delivered by the chief justice.

Opinion of the court.

At the last term on the affidavits then read and filed with the clerk, a rule was granted in this case, requiring the secretary of state to shew cause why a mandamus should not issue, directing him to deliver to William Marbury his commission as a justice of the peace for the county of Washington, in the district of Columbia.

No cause has been shewn, and the present motion is for a mandamus. The peculiar delicacy of this case, the novelty of some of its circumstances, and the real difficulty attending the points which occur in it, require a complete exposition of the principles, on which the opinion to be given by the court, is founded.

These principles have been, on the side of the applicant, very ably argued at the bar. In rendering the opinion of the court, there will be some departure in form, though not in substance, from the points stated in that argument.

In the order in which the court has viewed this subject, the following questions have been considered and decided.

1st. Has the applicant a right to the commission he demands?

2dly. If he has a right, and that right has been violated, do the laws of his country afford him a remedy?

3dly. If they do afford him a remedy, is it a mandamus issuing from this court?

The first object of inquiry is,

1st. Has the applicant a right to the commission he demands?

His right originates in an act of congress passed in February 1801, concerning the district of Columbia.

After dividing the district into two counties, the 11th section of this law, enacts, "that there shall be appointed in and for each of the said counties, such number of discreet persons to be justices of the peace as the president of the United States shall, from time to time, think expedient, to continue in office for five years.

It appears, from the affidavits, that in compliance with this law, a commission for William Marbury as a justice of peace for the county of Washington, was signed by John Adams, then president of the United States; after which the seal of the United States was affixed to it; but the commission has never reached the person for whom it was made out.

In order to determine whether he is entitled to this commission, it becomes necessary to enquire whether he has been appointed to the office. For if he has been appointed, the law continues him in office for five years, and he is entitled to the possession of those evidences of office, which, being completed, became his property.

The 2d section of the 2d article of the constitution, declares, that, "the president shall nominate, and, by and with the advice and consent of the senate, shall appoint ambassadors, other public ministers and consuls, and all other officers of the United States, whose appointments are not otherwise provided for."

The third section declares, that "he shall commission all the officers of the United States."

An act of congress directs the secretary of state to keep the seal of the United States, "to make out and record, and affix the said seal to all civil commissions to officers of the United States, to be appointed by the President, by and with the consent of the senate, or by the President alone; provided that the said seal shall not be affixed to any commission before the same shall have been signed by the President of the United States."

These are the clauses of the constitution and laws of the United States, which affect this part of the case. They seem to contemplate three distinct operations:

1st. The nomination. This is the sole act of the President, and is completely voluntary.

2d. The appointment. This is also the act of the President, and is also a voluntary act, though it can only be performed by and with the advice and consent of the senate.

3d. The commission. To grant a commission to a person appointed, might perhaps be deemed a duty enjoined by the constitution. "He shall," says that instrument, "commission all the officers of the United States."

The acts of appointing to office, and commissioning the person appointed, can scarcely be considered as one and the same; since the power to perform them is given in two separate and distinct sections of the constitution. The distinction between the appointment and the commission will be rendered more apparent, by adverting to that provision in the second section of the second article of the constitution, which authorizes congress "to vest, by law, the appointment of such inferior officers, as they think proper, in the President alone, in the courts of law, or in the heads of departments;" thus contemplating cases where the law may direct the President to commission an officer appointed by the courts, or by the heads of departments. In such a case, to issue a commission would be apparently a duty distinct from the appointment, the performance of which, perhaps, could not legally be refused.

Although that clause of the constitution which requires the President to commission all the officers of the United States, may never have been applied to officers appointed otherwise than by himself, yet it would be difficult to deny the legislative power to apply it to such cases. Of consequence the constitutional distinction between the appointment to an office and the commission of an officer, who has been appointed, remains the same as if in practice the President had commissioned officers appointed by an authority other than his own.

It follows too, from the existence of this distinction, that, if an appointment was to be evidenced by any public act, other than the commission, the performance of such public act would create the officer; and if he was not removable at the will of the President, would either give him a right to his commission, or enable him to perform the duties without it.

These observations are premised solely for the purpose of rendering more intelligible those which apply more directly to the particular case under consideration.

This is an appointment made by the President, by and with the advice and consent of the senate, and is evidenced by no act but the commission itself. In such a case therefore the commission and the appointment seem inseparable; it being almost impossible to shew an appointment otherwise than by proving the existence of a commission; still the commission is not necessarily the appointment; though conclusive evidence of it.

But at what stage does it amount to this conclusive evidence?

The answer to this question seems an obvious one. The appointment being the sole act of the President, must be completely evidenced, when it is shewn that he has done everything to be performed by him.

Should the commission, instead of being evidence of an appointment, even be considered as constituting the appointment itself; still it would be made when the last act to be done by the President was performed, or, at furthest, when the commission was complete.

The last act to be done by the President, is the signature of the commission. He has then acted on the advice and consent of the senate to his own nomination. The time for deliberation has then passed. He has decided. His judgment, on the advice and consent of the senate concurring with his nomination, has been made, and the officer is appointed. This appointment is evidenced by an open, unequivocal act; and being the last act required from the person making it, necessarily excludes the idea of its being, so far as respects the appointment, an inchoate and incomplete transaction.

Some point of time must be taken when the power of the executive over an officer, not removable at his will, must cease. That point of time must be when the constitutional power of appointment has been exercised. And this power has been exercised when the last act, required from the person possessing the power, has been performed. This last act is the signature of the commission. This idea seems to have prevailed with the legislature, when the act passed, converting the department of foreign affairs into the department of state. By that act it is enacted, that the secretary of state shall keep the seal of the United States, "and shall make out and record, and shall affix the said seal to all civil commissions to officers of the United States, to be appointed by the President:" "Provided that the said seal shall not be affixed to any commission, before the same shall have been signed by the President of the United States; nor to any other instrument or act, without the special warrant of the President therefore."

The signature is a warrant for affixing the great seal to the commission;

and the great seal is only to be affixed to an instrument which is complete. It attests, by an act supposed to be of public notoriety, the verity of the Presidential signature.

It is never to be affixed till the commission is signed, because the signature, which gives force and effect to the commission, is conclusive evidence that the appointment is made.

The commission being signed, the subsequent duty of the secretary of state is prescribed by law, and not to be guided by the will of the President. He is to affix the seal of the United States to the commission, and is to record it.

This is not a proceeding which may be varied, if the judgment of the executive shall suggest one more eligible; but is a precise course accurately marked out by law, and is to be strictly pursued. It is the duty of the secretary of state to conform to the law, and in this he is an officer of the United States, bound to obey the laws. He acts, in this respect, as has been very properly stated at the bar, under the authority of law, and not by the instructions of the President. It is a ministerial act which the law enjoins on a particular officer for a particular purpose.

If it should be supposed, that the solemnity of affixing the seal, is necessary not only to the validity of the commission, but even to the completion of an appointment, still when the seal is affixed the appointment is made, and the commission is valid. No other solemnity is required by law; no other act is to be performed on the part of government. All that the executive can do to invest the person with his office, is done; and unless the appointment be then made, the executive cannot make one without the co-operation of others.

After searching anxiously for the principles on which a contrary opinion may be supported, none have been found which appear of sufficient force to maintain the opposite doctrine.

Such as the imagination of the court could suggest, have been very deliberately examined, and after allowing them all the weight which it appears possible to give them, they do not shake the opinion which has been formed.

In considering this question, it has been conjectured that the commission may have been assimilated to a deed, to the validity of which, delivery is essential.

This idea is founded on the supposition that the commission is not merely evidence of an appointment, but is itself the actual appointment; a supposition by no means unquestionable. But for the purpose of examining this objection fairly, let it be conceded, that the principle, claimed for its support, is established.

The appointment being, under the constitution, to be made by the President personally, the delivery of the deed of appointment, if necessary to its completion, must be made by the President also. It is not necessary that the livery should be made personally to the grantee of the office: It never is so made. The law would seem to contemplate that it should be made to the secretary of state, since it directs the secretary to affix the seal to the commission after it shall have been signed by the President. If then the act of livery be necessary to give validity to the commission, it has been delivered when executed and given to the secretary for the purpose of being sealed, recorded, and transmitted to the party.

But in all cases of letters patent, certain solemnities are required by law, which solemnities are the evidences of the validity of the instrument. A formal delivery to the person is not among them. In cases of commissions, the sign manual of the President, and the seal of the United States, are those solemnities. This objection therefore does not touch the case.

It has also occurred as possible, and barely possible, that the transmission of the commission, and the acceptance thereof, might be deemed necessary to complete the right of the plaintiff.

The transmission of the commission, is a practice directed by convenience, but not by law. It cannot therefore be necessary to constitute the appointment which must precede it, and which is the mere act of the President. If the executive required that every person appointed to an office, should himself take means to procure his commission, the appointment would not be the less valid on that account. The appointment is the sole act of the President; the transmission of the commission is the sole act of the officer to whom that duty is assigned, and may be accelerated or retarded by circumstances which can have no influence on the appointment. A commission is transmitted to a person already appointed; not to a person to be appointed or not, as the letter enclosing the commission should happen to get into the post-office and reach him in safety, or to miscarry.

It may have some tendency to elucidate this point, to enquire, whether the possession of the original commission be indispensably necessary to authorize a person, appointed to any office, to perform the duties of that office. If it was necessary, then a loss of the commission would lose the office. Not only negligence, but accident or fraud, fire or theft, might deprive an individual of his office. In such a case, I presume it could not be doubted, but that a copy from the record of the office of the secretary of state, would be, to every intent and purpose, equal to the original. The act of congress has expressly made it so. To give that copy validity, it would not be necessary to prove that the original had been transmitted and afterwards lost. The copy would be complete evidence that the original had existed, and that the appointment had been made, but, not that the original had been transmitted. If indeed it should appear that *161the original had been mislaid in the office of state, that circumstance would not affect the operation of the copy. When all the requisites have been performed which authorize a recording officer to record any instrument whatever, and the order for that purpose has been given, the instrument is, in law, considered as recorded, although the manual labour of inserting it in a book kept for that purpose may not have been performed.

In the case of commissions, the law orders the secretary of state to record them. When therefore they are signed and sealed, the order for their being recorded is given; and whether inserted in the book or not, they are in law recorded.

A copy of this record is declared equal to the original, and the fees, to be paid by a person requiring a copy, are ascertained by law. Can a keeper of a public record, erase therefrom a commission which has been recorded? Or can he refuse a copy thereof to a person demanding it on the terms prescribed by law?

Such a copy would, equally with the original, authorize the justice of peace to proceed in the performance of his duty, because it would, equally with the original, attest his appointment.

If the transmission of a commission be not considered as necessary to give validity to an appointment; still less is its acceptance. The appointment is the sole act of the President; the acceptance is the sole act of the officer, and is, in plain common sense, posterior to the appointment. As he may resign, so may he refuse to accept: but neither the one, nor the other, is capable of rendering the appointment a non-entity.

That this is the understanding of the government, is apparent from the whole tenor of its conduct.

A commission bears date, and the salary of the officer commences from his appointment; not from the transmission or acceptance of his commission. When a person, appointed to any office, refuses to accept that office, the successor is nominated in the place of the person who *162has declined to accept, and not in the place of the person who had been previously in office, and had created the original vacancy.

It is therefore decidedly the opinion of the court, that when a commission has been signed by the President, the appointment is made; and that the commission is complete, when the seal of the United States has been affixed to it by the secretary of state.

Where an officer is removable at the will of the executive, the circumstance which completes his appointment is of no concern; because the act is at any time revocable; and the commission may be arrested, if still in the office. But when the officer is not removable at the will of the executive, the appointment is not revocable, and cannot be annulled. It has conferred legal rights which cannot be resumed.

The discretion of the executive is to be exercised until the appointment has been made. But having once made the appointment, his power over the office is terminated in all cases, where, by law, the officer is not removable by him. The right to the office is then in the person appointed, and he has the absolute, unconditional, power of accepting or rejecting it.

Mr. Marbury, then, since his commission was signed by the President, and sealed by the secretary of state, was appointed; and as the law creating the office, gave the officer a right to hold for five years, independent of the executive, the appointment was not revocable; but vested in the officer legal rights, which are protected by the laws of this country.

To withhold his commission, therefore, is an act deemed by the court not warranted by law, but violative of a vested legal right.

This brings us to the second inquiry; which is,

2dly. If he has a right, and that right has been violated, do the laws of this country afford him a remedy?

The very essence of civil liberty certainly consists in the right of every individual to claim the protection of the laws, whenever he receives an injury. One of the first duties of government is to afford that protection. In Great Britain the king himself is sued in the respectful form of a petition, and he never fails to comply with the judgment of his court.

In the 3d vol. of his commentaries, p.23, Blackstone states two cases in which a remedy is afforded by mere operation of law.

"In all other cases," he says, "it is a general and indisputable rule, that where there is a legal right, there is also a legal remedy by suit or action at law, whenever that right is invaded."

And afterwards, p.109, of the same vol. he says, "I am next to consider such injuries as are cognizable by the courts of the common law. And herein I shall for the present only remark, that all possible injuries whatsoever, that did not fall within the exclusive cognizance of either the ecclesiastical, military, or maritime tribunals, are for that very reason, within the cognizance of the common law courts of justice; for it is a settled and invariable principle in the laws of England, that every right, when withheld, must have a remedy, and every injury its proper redress."

The government of the United States has been emphatically termed a government of laws, and not of men. It will certainly cease to deserve this high appellation, if the laws furnish no remedy for the violation of a vested legal right.

If this obloquy is to be cast on the jurisprudence of our country, it must arise from the peculiar character of the case.

It behoves us then to enquire whether there be in its composition any ingredient which shall exempt it from legal investigation, or exclude the injured party from legal redress. In pursuing this inquiry the first question which presents itself, is, whether this can be arranged with that class of cases which come under the description of damnum absque injuria -a loss without an injury.

This description of cases never has been considered, and it is believed never can be considered, as comprehending offices of trust, of honor or of profit. The office of justice of peace in the district of Columbia is such an office; it is therefore worthy of the attention and guardianship of the laws. It has received that attention and guardianship. It has been created by special act of congress, and has been secured, so far as the laws can give security to the person appointed to fill it, for five years. It is not then on account of the worthlessness of the thing pursued, that the injured party can be alleged to be without remedy.

Is it in the nature of the transaction? Is the act of delivering or withholding a commission to be considered as a mere political act, belonging to the executive department alone, for the performance of which, entire confidence is placed by our constitution in the supreme executive; and for any misconduct respecting which, the injured individual has no remedy.

That there may be such cases is not to be questioned; but that every act of duty, to be performed in any of the great departments of government, constitutes such a case, is not to be admitted.

By the act concerning invalids, passed in June, 1794, vol.3. p.112, the secretary at war is ordered to place on the pension list, all persons whose names are contained in a report previously made by him to congress. If he should refuse to do so, would the wounded veteran be without remedy? Is it to be contended that where the law in precise terms, directs the performance of an act, in which an individual is interested, the law is incapable of securing obedience to its mandate? Is it on account of the character of the person against whom the complaint is made? Is it to be contended that the heads of departments are not amenable to the laws of their country?

Whatever the practice on particular occasions may be, the theory of this principle will certainly never be maintained. No act of the legislature confers so extraordinary a privilege, nor can it derive countenance from the doctrines of the common law. After stating that personal injury from the king to a subject is presumed to be impossible, Blackstone, vol.3. p.255, says, "but injuries to the rights of property can scarcely be committed by the crown without the intervention of its officers; for whom, the law, in matters of right, entertains no respect or delicacy; but furnishes various methods of detecting the errors and misconduct of those agents, by whom the king has been deceived and induced to do a temporary injustice."

By the act passed in 1796, authorizing the sale of the lands above the mouth of Kentucky river (vol.3d. p.299) the purchaser, on paying his purchase money, becomes completely entitled to the property purchased; and on producing to the secretary of state, the receipt of the treasurer upon a certificate required by the law, the president of the United States is authorized to grant him a patent. It is further enacted that all patents shall be countersigned by the secretary of state, and recorded in his office. If the secretary of state should choose to withhold this patent; or the patent being lost, should refuse a copy of it; can it be imagined that the law furnishes to the injured person no remedy?

It is not believed that any person whatever would attempt to maintain such a proposition.

It follows then that the question, whether the legality of an act of the head of a department be examinable in a court of justice or not, must always depend on the nature of that act.

If some acts be examinable, and others not, there must be some rule of law to guide the court in the exercise of its jurisdiction.

In some instances there may be difficulty in applying the rule to particular cases; but there cannot, it is believed, be much difficulty in laying down the rule.

By the constitution of the United States, the President is invested with certain important political powers, in the exercise of which he is to use his own discretion, and is accountable only to his country in his political character, and to his own conscience. To aid him in the performance of these duties, he is authorized to appoint certain officers, who act by his authority and in conformity with his orders.

In such cases, their acts are his acts; and whatever opinion may be entertained of the manner in which executive discretion may be used, still there exists, and can exist, no power to control that discretion. The subjects are political. They respect the nation, not individual rights, and being entrusted to the executive, the decision of the executive is conclusive. The application of this remark will be perceived by adverting to the act of congress for establishing the department of foreign affairs. This officer, as his duties were prescribed by that act, is to conform precisely to the will of the President. He is the mere organ by whom that will is communicated. The acts of such an officer, as an officer, can never be examinable by the courts.

But when the legislature proceeds to impose on that officer other duties; when he is directed peremptorily to perform certain acts; when the rights of individuals are dependent on the performance of those acts; he is so far the officer of the law; is amenable to the laws for his conduct; and cannot at his discretion sport away the vested rights of others.

The conclusion from this reasoning is, that where the heads of departments are the political or confidential agents of the executive, merely to execute the will of the President, or rather to act in cases in which the executive possesses a constitutional or legal discretion, nothing can be more perfectly clear than that their acts are only politically examinable. But where a specific duty is assigned by law, and individual rights depend upon the performance of that duty, it seems equally clear that the individual who considers himself injured, has a right to resort to the laws of his country for a remedy.

If this be the rule, let us enquire how it applies to the case under the consideration of the court.

The power of nominating to the senate, and the power of appointing the person nominated, are political powers, to be exercised by the President according to his own discretion. When he has made an appointment, he has exercised his whole power, and his discretion has been completely applied to the case. If, by law, the officer be removable at the will of the President, then a new appointment may be immediately made, and the rights of the officer are terminated. But as a fact which has existed cannot be made never to have existed, the appointment cannot be annihilated; and consequently if the officer is by law not removable at the will of the President; the rights he has acquired are protected by the law, and are not resumable by the President. They cannot be extinguished by executive authority, and he has the privilege of asserting them in like manner as if they had been derived from any other source.

The question whether a right has vested or not, is, in its nature, judicial, and must be tried by the judicial authority. If, for example, Mr. Marbury had taken the oaths of a magistrate, and proceeded to act as one; in consequence of which a suit had been instituted against him, in which his defense had depended on his being a magistrate; the validity of his appointment must have been determined by judicial authority.

So, if he conceives that, by virtue of his appointment, he has a legal right, either to the commission which has been made out for him, or to a copy of that commission, it is equally a question examinable in a court, and the decision of the court upon it must depend on the opinion entertained of his appointment.

That question has been discussed, and the opinion is, that the latest point of time which can be taken as that at which the appointment was complete, and evidenced, was when, after the signature of the president, the seal of the United States was affixed to the commission.

It is then the opinion of the court,

1st. That by signing the commission of Mr. Marbury, the president of the United States appointed him a justice of peace, for the county of Washington in the district of Columbia; and that the seal of the United States, affixed thereto by the secretary of state, is conclusive testimony of the verity of the signature, and of the completion of the appointment; and that the appointment conferred on him a legal right to the office for the space of five years.

2dly. That, having this legal title to the office, he has a consequent right to the commission; a refusal to deliver which, is a plain violation of that right, for which the laws of his country afford him a remedy.

It remains to be inquired whether,

3dly. He is entitled to the remedy for which he applies. This depends on,

1st. The nature of the writ applied for, and,

2dly. The power of this court.

1st. The nature of the writ.

Blackstone, in the 3d volume of his commentaries, page 110, defines a mandamus to be, "a command issuing in the king's name from the court of king's bench, and directed to any person, corporation, or inferior court of judicature within the king's dominions, requiring them to do some particular thing therein specified, which appertains to their office and duty, and which the court of king's bench has previously determined, or at least supposes, to be consonant to right and justice."

Lord Mansfield, in 3d Burrows 1266, in the case of the King v. Baker, et al. states with much precision and explicitness the cases in which this writ may be used.

"Whenever," says that very able judge, "there is a right to execute an office, perform a service, or exercise a franchise (more especially if it be in a matter of public concern, or attended with profit) and a person is kept out of possession, or dispossessed of such right, and has no other specific legal remedy, this court ought to assist by mandamus, upon reasons of justice, as the writ expresses, and upon reasons of public policy, to preserve peace, order and good government." In the same case he says, "this writ ought to be used upon all occasions where the law has established no specific remedy, and where in justice and good government there ought to be one."

In addition to the authorities now particularly cited, many others were relied on at the bar, which show how far the practice has conformed to the general doctrines that have been just quoted.

This writ, if awarded, would be directed to an officer of government, and its mandate to him would be, to use the words of Blackstone, "to do a particular thing therein specified, which appertains to his office and duty and which the court has previously determined, or at least supposes, to be consonant to right and justice." Or, in the words of Lord Mansfield, the applicant, in this case, has a right to execute an office of public concern, and is kept out of possession of that right.

These circumstances certainly concur in this case.

Still, to render the mandamus a proper remedy, the officer to whom it is to be directed, must be one to whom, on legal principles, such writ may be directed; and the person applying for it must be without any other specific and legal remedy.

1st. With respect to the officer to whom it would be directed. The intimate political relation, subsisting between the president of the United States and the heads of departments, necessarily renders any legal investigation of the acts of one of those high officers peculiarly irksome, as well as delicate; and excites some hesitation with respect to the propriety of entering into such investigation. Impressions are often received without much reflection or examination, and it is not wonderful that in such a case as this, the assertion, by an individual, of his legal claims in a court of justice; to which claims it is the duty of that court to attend; should at first view be considered by some, as an attempt to intrude into the cabinet, and to intermeddle with the prerogatives of the executive.

It is scarcely necessary for the court to disclaim all pretensions to such a jurisdiction. An extravagance, so absurd and excessive, could not have been entertained for a moment. The province of the court is, solely, to decide on the rights of individuals, not to enquire how the executive, or executive officers, perform duties in which they have a discretion. Questions, in their nature political, or which are, by the constitution and laws, submitted to the executive, can never be made in this court.

But, if this be not such a question; if so far from being an intrusion into the secrets of the cabinet, it respects a paper, which, according to law, is upon record, and to a copy of which the law gives a right, on the payment of ten cents; if it be no intermeddling with a subject, over which the executive can be considered as having exercised any control; what is there in the exalted station of the officer, which shall bar a citizen from asserting, in a court of justice, his legal rights, or shall forbid a court to listen to the claim; or to issue a mandamus, directing the performance of a duty, not depending on executive discretion, but on particular acts of congress and the general principles of law?

If one of the heads of departments commits any illegal act, under color of his office, by which an individual sustains an injury, it cannot be pretended that his office alone exempts him from being sued in the ordinary mode of proceeding, and being compelled to obey the judgment of the law. How then can his office exempt him from this particular mode of deciding on the legality of his conduct, if the case be such a case as would, were any other individual the party complained of, authorize the process?

It is not by the office of the person to whom the writ is directed, but the nature of the thing to be done that the propriety or impropriety of issuing a mandamus, is to be determined. Where the head of a department acts in a case, in which executive discretion is to be exercised; in which he is the mere organ of executive will; it is again repeated, that any application to a court to control, in any respect, his conduct, would be rejected without hesitation.

But where he is the head of a good department is directed by law to do a certain act affecting the absolute rights of individuals, in the performance of which he is not placed under the particular direction of the President, and the performance of which, the President cannot lawfully forbid, and therefore is never presumed to have forbidden; as for example, to record a commission, or a patent for land, which has received all the legal solemnities; or to give a copy of such record; in such cases, it is not perceived on what ground the courts of the country are further excused from the duty of giving judgment, that right be done to an injured individual, than if the same services were to be performed by a person not the head of a department.

This opinion seems not now, for the first time, to be taken up in this country.

It must be well recollected that in 1792, an act passed, directing the secretary at war to place on the pension list such disabled officers and soldiers as should be reported to him, by the circuit courts, which act, so far as the duty was imposed on the courts, was deemed unconstitutional; but some of the judges, thinking that the law might be executed by them in the character of commissioners, proceeded to act and to report in that character.

This law being deemed unconstitutional at the circuits, was repealed, and a different system was established; but the question whether those persons, who had been reported by the judges, as commissioners, were entitled, in consequence of that report, to be placed on the pension list, was a legal question, properly determinable in the courts, although the act of placing such persons on the list was to be performed by the head of a department.

That this question might be properly settled, congress passed an act in February, 1793, making it the duty of the secretary of war, in conjunction with the attorney general, to take such measures, as might be necessary to obtain an adjudication of the supreme court of the United States on the validity of any such rights, claimed under the act aforesaid.

After the passage of this act, a mandamus was moved for, to be directed to the secretary at war, commanding him to place on the pension list, a person stating himself to be on the report of the judges.

There is, therefore, much reason to believe, that this mode of trying the legal right of the complainant, was deemed by the head of a department, and by the highest law officer of the United States, the most proper which could be selected for the purpose.

When the subject was brought before the court the decision was, not that a mandamus would not lie to the head of a department, directing him to perform an act, enjoined by law, in the performance of which an individual had a vested interest; but that a mandamus ought not to issue in that case-the decision necessarily to be made if the report of the commissioners did not confer on the applicant a legal right.

The judgment in that case, is understood to have decided the merits of all claims of that description; and the persons on the report of the commissioners found it necessary to pursue the mode prescribed by the law subsequent to that which had been deemed unconstitutional, in order to place themselves on the pension list.

The doctrine, therefore, now advanced, is by no means a novel one.

It is true that the mandamus, now moved for, is not for the performance of an act expressly enjoined by statute.

It is to deliver a commission; on which subject the acts of Congress are silent. This difference is not considered as affecting the case. It has already been stated that the applicant has, to that commission, a vested legal right, of which the executive cannot deprive him. He has been appointed to an office, from which he is not removable, at the will of the executive; and being so appointed, he has a right to the commission which the secretary has received from the president for his use. The act of congress does not indeed order the secretary of state to send it to him, but it is placed in his hands for the person entitled to it; and cannot be more lawfully withheld by him, than by any other person.

It was at first doubted whether the action of detinue was not a specific legal remedy for the commission which has been withheld from Mr. Marbury; in which case a mandamus would be improper. But this doubt has yielded to the consideration that the judgment in detinue is for the thing itself, or its value. The value of a public office not to be sold, is incapable of being ascertained; and the applicant has a right to the office itself, or to nothing. He will obtain the office by obtaining the commission, or a copy of it from the record.

This, then, is a plain case for a mandamus, either to deliver the commission, or a copy of it from the record; and it only remains to be inquired,

Whether it can issue from this court.

The act to establish the judicial courts of the United States authorizes the supreme court "to issue writs of mandamus, in cases warranted by the principles and usages of law, to any courts appointed, or persons holding office, under the authority of the United States."

The secretary of state, being a person holding an office under the authority of the United States, is precisely within the letter of the description; and if this court is not authorized to issue a writ of mandamus to such an officer, it must be because the law is unconstitutional, and therefore absolutely incapable of conferring the authority, and assigning the duties which its words purport to confer and assign.

The constitution vests the whole judicial power of the United States in one supreme court, and such inferior courts as congress shall, from time to time, ordain and establish. This power is expressly extended to all cases arising under the laws of the United States; and consequently, in some form, may be exercised over the present case; because the right claimed is given by a law of the United States.

In the distribution of this power it is declared that "the supreme court shall have original jurisdiction in all cases affecting ambassadors, other public ministers and consuls, and those in which a state shall be a party. In all other cases, the supreme court shall have appellate jurisdiction."

It has been insisted, at the bar, that as the original grant of jurisdiction, to the supreme and inferior courts, is general, and the clause, assigning original jurisdiction to the supreme court, contains no negative or restrictive words; the power remains to the legislature, to assign original jurisdiction to that court in other cases than those specified in the article which has been recited; provided those cases belong to the judicial power of the United States.

If it had been intended to leave it in the discretion of the legislature to apportion the judicial power between the supreme and inferior courts according to the will of that body, it would certainly have been useless to have proceeded further than to have defined the judicial power, and the tribunals in which it should be vested. The subsequent part of the section is mere surplusage, is entirely without meaning, if such is to be the construction. If congress remains at liberty to give this court appellate jurisdiction, where the constitution has declared their jurisdiction shall be original; and original jurisdiction where the constitution has declared it shall be appellate; the distribution of jurisdiction, made in the constitution, is form without substance.

Affirmative words are often, in their operation, negative of other objects than those affirmed; and in this case, a negative or exclusive sense must be given to them or they have no operation at all.

It cannot be presumed that any clause in the constitution is intended to be without effect; and therefore such a construction is inadmissible, unless the words require it.

If the solicitude of the convention, respecting our peace with foreign powers, induced a provision that the supreme court should take original jurisdiction in cases which might be supposed to affect them; yet the clause would have proceeded no further than to provide for such cases, if no further restriction on the powers of congress had been intended. That they should have appellate jurisdiction in all other cases, with such exceptions as congress might make, is no restriction; unless the words be deemed exclusive of original jurisdiction.

When an instrument organizing fundamentally a judicial system, divides it into one supreme, and so many inferior courts as the legislature may ordain and establish; then enumerates its powers, and proceeds so far to distribute them, as to define the jurisdiction of the supreme court by declaring the cases in which it shall take original jurisdiction, and that in others it shall take appellate jurisdiction; the plain import of the words seems to be, that in one class of cases its jurisdiction is original, and not appellate; in the other it is appellate, and not original. If any other construction would render the clause inoperative, that is an additional reason for rejecting such other construction, and for adhering to their obvious meaning.

To enable this court then to issue a mandamus, it must be shewn to be an exercise of appellate jurisdiction, or to be necessary to enable them to exercise appellate jurisdiction.

It has been stated at the bar that the appellate jurisdiction may be exercised in a variety of forms, and that if it be the will of the legislature that a mandamus should be used for that purpose, that will must be obeyed. This is true, yet the jurisdiction must be appellate, not original.

It is the essential criterion of appellate jurisdiction, that it revises and corrects the proceedings in a cause already instituted, and does not create that cause. Although, therefore, a mandamus may be directed to courts, yet to issue such a writ to an officer for the delivery of a paper, is in effect the same as to sustain an original action for that paper, and therefore seems not to belong to appellate, but to original jurisdiction. Neither is it necessary in such a case as this, to enable the court to exercise its appellate jurisdiction.

The authority, therefore, given to the supreme court, by the act establishing the judicial courts of the United States, to issue writs of mandamus to public officers, appears not to be warranted by the constitution; and it becomes necessary to enquire whether a jurisdiction, so conferred, can be exercised.

The question, whether an act, repugnant to the constitution, can become the law of the land, is a question deeply interesting to the United States; but, happily, not of an intricacy proportioned to its interest. It seems only necessary to recognize certain principles, supposed to have been long and well established, to decide it.

That the people have an original right to establish, for their future government, such principles as, in their opinion, shall most conduce to their own happiness, is the basis, on which the whole American fabric has been erected. The exercise of this original right is a very great exertion; nor can it, nor ought it to be frequently repeated. The principles, therefore, so established, are deemed fundamental. And as the authority, from which they proceed, is supreme, and can seldom act, they are designed to be permanent.

This original and supreme will organizes the government, and assigns, to different departments, their respective powers. It may either stop here; or establish certain limits not to be transcended by those departments.

The government of the United States is of the latter description. The powers of the legislature are defined, and limited; and that those limits may not be mistaken, or forgotten, the constitution is written. To what purpose are powers limited, and to what purpose is that limitation committed to writing, if these limits may, at any time, be passed by those intended to be restrained? The distinction, between a government with limited and unlimited powers, is abolished, if those limits do not confine the persons on whom they are imposed, and if acts prohibited and acts allowed, are of equal obligation. It is a proposition too plain to be contested, that the constitution controls any legislative act repugnant to it; or, that the legislature may alter the constitution by an ordinary act.

Between these alternatives there is no middle ground. The constitution is either a superior, paramount law, unchangeable by ordinary means, or it is on a level with ordinary legislative acts, and like other acts, is alterable when the legislature shall please to alter it.

If the former part of the alternative be true, then a legislative act contrary to the constitution is not law: if the latter part be true, then written constitutions are absurd attempts, on the part of the people, to limit a power, in its own nature illimitable.

Certainly all those who have framed written constitutions contemplate them as forming the fundamental and paramount law of the nation, and consequently the theory of every such government must be, that an act of the legislature, repugnant to the constitution, is void.

This theory is essentially attached to a written constitution, and is consequently to be considered, by this court, as one of the fundamental principles of our society. It is not therefore to be lost sight of in the further consideration of this subject.

If an act of the legislature, repugnant to the constitution, is void, does it, notwithstanding its invalidity, bind the courts, and oblige them to give it effect? Or, in other words, though it be not law, does it constitute a rule as operative as if it was a law? This would be to overthrow in fact what was established in theory; and would seem, at first view, an absurdity too gross to be insisted on. It shall, however, receive a more attentive consideration.

It is emphatically the province and duty of the judicial department to say what the law is. Those who apply the rule to particular cases, must of necessity expound and interpret that rule. If two laws conflict with each other, the courts must decide on the operation of each.

So if a law be in opposition to the constitution; if both the law and the constitution apply to a particular case, so that the court must either decide that case conformably to the law, disregarding the constitution; or conformably to the constitution, disregarding the law; the court must determine which of these conflicting rules governs the case. This is of the very essence of judicial duty.

If then the courts are to regard the constitution; and the constitution is superior to any ordinary act of the legislature; the constitution, and not such ordinary act, must govern the case to which they both apply.

Those then who controvert the principle that the constitution is to be considered, in court, as a paramount law, are reduced to the necessity of maintaining that courts must close their eyes on the constitution, and see only the law.

This doctrine would subvert the very foundation of all written constitutions. It would declare that an act, which, according to the principles and theory of our government, is entirely void; is yet, in practice, completely obligatory. It would declare, that if the legislature shall do what is expressly forbidden, such act, notwithstanding the express prohibition, is in reality effectual. It would be giving to the legislature a practical and real omnipotence, with the same breath which professes to restrict their powers within narrow limits. It is prescribing limits, and declaring that those limits may be passed as pleasure.

That it thus reduces to nothing what we have deemed the greatest improvement on political institutions-a written constitution-would of itself be sufficient, in America, where written constitutions have been viewed with so much reverence, for rejecting the construction. But the peculiar expressions of the constitution of the United States furnish additional arguments in favour of its rejection.

The judicial power of the United States is extended to all cases arising under the constitution.

Could it be the intention of those who gave this power, to say that, in using it, the constitution should not be looked into? That a case arising under the constitution should be decided without examining the instrument under which it arises?

This is too extravagant to be maintained.

In some cases then, the constitution must be looked into by the judges. And if they can open it at all, what part of it are they forbidden to read, or to obey?

There are many other parts of the constitution which serve to illustrate this subject.

It is declared that "no tax or duty shall be laid on articles exported from any state." Suppose a duty on the export of cotton, of tobacco, or of flour; and a suit instituted to recover it. Ought judgment to be rendered in such a case? ought the judges to close their eyes on the constitution, and only see the law.

The constitution declares that "no bill of attainder or ex post facto law shall be passed."

If, however, such a bill should be passed and a person should be prosecuted under it; must the court condemn to death those victims whom the constitution endeavors to preserve?

"No person," says the constitution, "shall be convicted of treason unless on the testimony of two witnesses to the same overt act, or on confession in open court."

Here the language of the constitution is addressed especially to the courts. It prescribes, directly for them, a rule of evidence not to be departed from. If the legislature should change that rule, and declare one witness, or a confession out of court, sufficient for conviction, must the constitutional principle yield to the legislative act?

From these, and many other selections which might be made, it is apparent, that the framers of the constitution contemplated that instrument, as a rule for the government of courts, as well as of the legislature.

Why otherwise does it direct the judges to take an oath to support it? This oath certainly applies, in an especial manner, to their conduct in their official character. How immoral to impose it on them, if they were to be used as the instruments, and the knowing instruments, for violating what they swear to support?

The oath of office, too, imposed by the legislature, is completely demonstrative of the legislative opinion on this subject. It is in these words, "I do solemnly swear that I will administer justice without respect to persons, and do equal right to the poor and to the rich; and that I will faithfully and impartially discharge all the duties incumbent on me as according to the best of my abilities and understanding, agreeably to the constitution, and laws of the United States."

Why does a judge swear to discharge his duties agreeably to the constitution of the United States, if that constitution forms no rule for his government? if it is closed upon him, and cannot be inspected by him?

If such be the real state of things, this is worse than solemn mockery. To prescribe, or to take this oath, becomes equally a crime.

It is also not entirely unworthy of observation, that in declaring what shall be the supreme law of the land, the constitution itself is first mentioned; and not the laws of the United States generally, but those only which shall be made in pursuance of the constitution, have that rank.

Thus, the particular phraseology of the constitution of the United States confirms and strengthens the principle, supposed to be essential to all written constitutions, that a law repugnant to the constitution is void; and that courts, as well as other departments, are bound by that instrument.

The rule must be discharged.

HOFFMAN v. JONES 판결

Supreme Court of Florida.

Philip Francis HOFFMAN, Jr., and Pav-A-Way Corporation, a Florida corporation, Petitioners,

v.

Hazel J. JONES, as Administratrix of the Estate of William Harrison Jones, Jr., Deceased, Respondent.

No. 43443.

July 10, 1973.

Widow brought wrongful death suits both in her individual capacity and as administratrix of deceased husband's estate. The Circuit Court, Brevard County, William G. Akridge, J., denied plaintiff's requested instruction predicated on comparative negligence, and rendered judgment for defendants, and plaintiff appealed. The District Court of Appeal, 272 So.2d 529, reversed and certified decision on question of whether contributory negligence rule should be replaced with principles of comparative negligence. On writ of certiorari, the Supreme Court, Adkins, J., adopted comparative negligence rule and delineated time when such rule is to be applied at trial and appellate levels.

Remanded.

Roberts, J., dissented and filed opinion.

ADKINS, Justice.

This cause is here on petition for writ of certiorari supported by certificate of the District Court of Appeal, Fourth District, that its decision (Jones v. Hoffman, 272 So.2d 529) is one which involves a question of great public interest. See Fla.Const., art. V, s 3(b)(3), F.S.A.

The question certified by the District Court of Appeal is:

'Whether or not the Court should replace the contributory negligence rule with the principles of comparative negligence?'

[1] The District Court of Appeal answered the certified question in the affirmative and reversed the trial court in the case Sub judice for following the precedent set down by this Court in Louisville and Nashville Railroad Co. v. Yniestra, 21 Fla. 700 (1886). This early case specifically held the contributory negligence rule to be the law of Florida, and it has uniformly been followed by the courts of the State ever since. The District Court of Appeal attempted, therefore, to overrule all precedent of this Court in the area of contributory negligence and to establish comparative negligence as the proper test. In so doing, the District Court has exceeded its authority.

In a dissenting opinion, Judge Owen stated well the position of the District Courts of Appeal when in disagreement with controlling precedent set down by this Court:

'(I) fand when such a change is to be wrought by the judiciary, it should be at the hands of the Supreme Court rather than the District Court of Appeal. … The majority decision would appear to flatly overrule a multitude of prior decisions of our Supreme Court, a prerogative which we do not enjoy.' Jones v. Hoffman, 272 So.2d 529, p.534.

The other District Courts of Appeal have recognized the relationship between their authority and that of this Court. Griffin v. State, 202 So.2d 602 (Fla.App.1st, 1967); Roberts v. State, 199 So.2d 340 (Fla.App.2d, 1967); and United States v. State, 179 So.2d 890 (Fla.App.3d, 1965). To allow a District Court of Appeal to overrule controlling precedent of this Court would be to create chaos and uncertainty in the judicial forum, particularly at the trial level. Ever since the District Court rendered its opinion there has been great confusion and much delay in the trial courts of the District Court of Appeal, Fourth District, while the attorneys and judges alike have been awaiting our decision in this case.

[2] We point out that the mere certification to this Court by a District Court of Appeal that its decision involves a question of great public interest does not vest this Court with jurisdiction. If neither party involved petitioned here for a writ of certiorari, we would not have jurisdiction to answer the question certified or to review the District Court's action.

[3] This is not to say that the District Courts of Appeal are powerless to seek change; they are free to certify questions of great public interest to this Court for consideration, and even to state their reasons for advocating change. They are, however, bound to follow the case law set forth by this Court.

[4] Prior to answering the question certified, we must also consider our own power and authority to replace the rule of contributory negligence with that of comparative negligence. It has been suggested that such a change in the common law of Florida is properly within the province only of the Legislature, and not of the courts. We cannot agree.

The rule that contributory negligence is an absolute bar to recovery was-as most tort law-a judicial creation, and it was specifically judicially adopted in Florida in Louisville and Nashville Railroad Co. v. Yniestra, Supra. Most scholars attribute the origin of this rule to the English case of Butterfield v. Forrester, 11 East 60, 103 Eng.Rep. 926 (K.B.1809), although as much as thirty years later-in Raisin v. Mitchell, 9 Car. & P. 613, 173 Eng.Rep. 979 (C.P.1839)-contributory negligence was held not to be a complete bar to recovery. Maloney, From Contributory to Comparative Negligence: A Needed Law Reform, 11 U.Fla.L.Rev. 135, 141-142 (1958). Although 'contributory negligence' itself had been mentioned in some earlier cases, our research reveals that prior to 1809 (as well as for a time after that date) there was no clear-cut, common law rule that contributory negligence was a complete defense to an action based on negligence. Most probably, the common law was the same in this regard as English maritime law and the civil law-i.e., damages were apportioned when both plaintiff and defendant were at fault. See Maloney, Supra, page 152. Many authorities declare that early references to 'contributory negligence' did not concern contributory negligence as we are familiar with it-i.e., lack of due care by the plaintiff which contributes to his injuries-but that it originally meant a plaintiff's own negligent act which was the effective, Direct cause of the accident in which he was injured. E.G., Turk, Comparative Negligence on the March, 28 Chi-Kent L.Rev. 189, p.196 (1950).

Prior to Butterfield v. Forrester, Supra, there was no clear-cut pronouncement of the contributory negligence rule, so it must be said that 'judicial thinking' culminated in the implicit pronouncement of the contributory negligence rule in the 1809 decision of Butterfield v. Forrester, Supra. In view of the fact that prior to Butterfield contributory negligence was a matter of judicial thought rather than judicial pronouncement, it cannot be said that the common law was 'clear and free from doubt,' so as to make it a part of the statute law of this State by virtue of Fla.Stat., s 2.01, F.S.A.

As we stated in Duval v. Thomas, 114 So.2d 791, 795 (Fla.1959), it is 'only when the common law is plain that we must observe it.' We also said in this case,

'(W)hen grave doubt exists of a true common law doctrine … we may, as was written in Ripley v. Ewell, supra, (61 So.2d 420), exercise a 'broad discretion' taking 'into account the changes in our social and economic customs and present day conceptions of right and justice.

[5] Even if it be said that the present bar of contributory negligence is a part of our common law by virtue of prior judicial decision, it is also true from Duval that this Court may change the rule where great social upheaval dictates. It has been modified in many instances by judicial decision, such as those establishing the doctrines of 'last clear chance,' 'appreciable degree' and others. See Negligence: Application of the Last Clear Chance Doctrine by Kenneth M. Myers, 8 Fla.Law.Rev. 336 (1955). In a large measure the rule has been transfigured from any 'statutory creation' by virtue of our adoption of the common law (if such it were) into decisional law by virtue of various court refinements. We have in the past, with hesitation, modified the common law in justified instances, and this is as it should be. Randolph v. Randolph, 146 Fla. 491, 1 So.2d 480 (1941), modified the common law doctrine that gave a father the superior right to the custody of a child; Banfield v. Addington, 104 Fla. 661, 140 So. 893 (1932), removed the common law exemption of a married woman from causes of action based on contract or mixed contracts in tort.

In Waller v. First Savings & Trust Co., 103 Fla. 1025, 138 So. 780 (1931), this Court refused to follow the common law principle that an action for personal injuries was abated upon the death of the tort-feasor, the Court saying:

'This court has expressly recognized the principle that in specific instances certain rules which were admittedly a part of the old English common law did not become a part of the Florida common law, because contrary to our customs, institutions, or intendments of our statutes on other subjects.' (p.784)

This Court receded from the common law and held, in Hargrove v. Town of Cocoa Beach, 96 So.2d 130 (Fla.1957), that a municipal corporation may be held liable for the torts of police officers under the doctrine of Respondeat superior, saying:

'Tracing the rule to its ultimate progeniotr we are led to the English case of Russel v. Men of Devon, 2 T.R. 667, 100 Eng.Rep.R. 359 (1788).

'Assuming that the immunity rule had its inception in the Men of Devon case, and most legal historians agree that it did, it should be noted that this case was decided in 1788, ' some twelve years after our Declaration of Independence. Be that as it may, our own feeling is that The courts should be alive to the demands of justice. We can see no necessity for insisting on legislative action in a matter which the courts themselves originated.' (Emphasis supplied) (p.132)

'It may be argued that any change in this rule should come from the Legislature. No recitation of authority is needed to indicate that this Court has not been backward in overturning unsound precedent in the area of tort law. Legislative action could, of course, be taken, but we abdicate our own function, in a field peculiarly nonstatutory, when we refuse to reconsider an old and unsatisfactory court-made rule.' (Emphasis supplied) 247 So.2d 40, p.43.

All rules of the common law are designed for application to new conditions and circumstances as they may be developed by enlightened commercial and business intercourse and are intended to be vitalized by practical application in advanced society. One of the most pressing social problems facing us today is the automobile accident problem, for the bulk of tort litigation involves the dangerous instrumentality known as the automobile. Our society must be concerned with accident prevention and compensation of victims of accidents. The Legislature of Florida has made great progress in legislation geared for accident prevention. The prevention of accidents, of course, is much more satisfying than the compensation of victims, but we must recognize the problem of determining a method of securing just and adequate compensation of accident victims who have a good cause of action.

The contemporary conditions must be met with contemporary standards which are realistic and better calculated to obtain justice among all of the parties involved, based upon the circumstances applying between them at the time in question. The rule of contributory negligence as a complete bar to recovery was imported into the law by judges. Whatever may have been the historical justification for it, today it is almost universally regarded as unjust and inequitable to vest an entire accidental loss on one of the parties whose negligent conduct combined with the negligence of the other party to produce the loss. If fault is to remain the test of liability, then the doctrine of comparative negligence which involves apportionment of the loss among those whose fault contributed to the occurrence is more consistent with liability based on a fault premise.

We are, therefore, of the opinion that we do have the power and authority to reexamine the position we have taken in regard to contributory negligence and to alter the rule we have adopted previously in light of current 'social and economic customs' and modern 'conceptions of right and justice.'

Use of the terms 'contributory negligence' and 'comparative negligence' is slightly confusing. The two theories now commonly known by these terms both recognize that negligence of a plaintiff may play a part in causing his injuries and that the damages he is allowed to recover should, therefore, be diminished to some extent. The 'contributory negligence' theory, of course, Completely bars recovery, while the 'comparative negligence' theory is that a plaintiff is prevented from recovering only that proportion of his damages for which he is responsible.

The demise of the absolute-bar theory of contributory negligence has been urged by many American scholars in the law of torts. It has been abolished in almost every common law nation in the world, including England-its country of origin-and every one of the Canadian Provinces. Some form of comparative negligence now exists in Austria, France, Germany, Portugal, Switzerland, Italy, China, Japan, Persia, Poland, Russia, Siam and Turkey. Maloney, Supra, page 154.

Also, our research reveals that sixteen states have so far adopted some form of the comparative negligence doctrine.

One reason for the abandonment of the contributory negligence theory is that the initial justification for establishing the complete defense is no longer valid. It is generally accepted that, historically, contributory negligence was adopted 'to protect the essential growth of industries, particularly transportation.' Institute of Judicial Administration, Comparative Negligence-1954 Supplement, at page 2. Modern economic and social customs, however, favor the individual, not industry.

We find that none of the justifications for denying any recovery to a plaintiff, who has contributed to his own injuries to any extent, has any validity in this age.

Perhaps the best argument in favor of the movement from contributory to comparative negligence is that the latter is simply a more equitable system of determining liability and a more socially desirable method of loss distribution.

The injustice which occurs when a plaintiff suffers severe injuries as the result of an accident for which he is only slightly responsible, and is thereby denied any damages, is readily apparent. The rule of contributory negligence is a harsh one which either places the burden of a loss for which two are responsible upon only one party or relegates to Lady Luck the determination of the damages for which each of two negligent parties will be liable. When the negligence of more than one person contributes to the occurrence of an accident, each should pay the proportion of the total damages he has caused the other party.

In an effort to ameliorate the harshness of contributory negligence, other doctrines have evolved in tort law such as 'gross, willful, and wanton' negligence, 'last clear chance' and the application of absolute liability in certain instances. Those who defend the doctrine of contributory negligence argue that the rule is also not as harsh in its practical effect as it is in theory. This is so, they say, because juries tend to disregard the instructions given by the trial judge in an effort to afford some measure of rough justice to the injured party. We agree with Dean Maloney that,

'(T)here is something basically wrong with a rule of law that is so contrary to the settled convictions of the lay community that laymen will almost always refuse to enforce it, even when solemnly told to do so by a judge whose instructions they have sworn to follow.

'(T)he disrespect for law engendered by putting our citizens in a position in which they feel it is necessary to deliberately violate the law is not something to be lightly brushed aside; and it comes ill from the mouths of lawyers, who as officers of the courts have sworn to uphold the law, to defend the present system by arguing that it works because jurors can be trusted to disregard that very law.' 11 U.Fla.L.Rev. 135, pp.151-152 (1958).

In Connolly v. Steakley, 197 So.2d 524, 537 (Fla.1967), Mr. Justice O'Connell referred to contributory negligence as a 'primitive device for achieving justice as between parties who are both at fault.' Even Mr. Chief Justice McWhorter, in authoring the decision which specifically held the contributory negligence doctrine to be the law of this State, referred to it as 'unjust and inequitable.' Louisville and Nashville Railroad Co. v. Yniestra, Supra, 21 Fla. p.738.

Eighty-seven years after that decision, we find ourselves still laboring under a rule of law that has long been recognized as inequitable. The Legislature did enact a statute in 1887 which applied the principle of comparative negligence to railroad accidents. We held the statute unconstitutional under the due process and equal protection clauses of the Federal and State constitutions because it was of limited scope and not of General application. Georgia Southern & Florida Railway Co. v. Seven-Up Bottling Co., 175 So.2d 39 (Fla.1965). Our Legislature again addressed the problem in 1943, when a comparative negligence statute of general application was passed by both houses. This bill was vetoed by the Governor and the Legislature would not override the veto. Senate Journal, Regular Session, 1943, pp.716-717. One man thus prevented this State from now operating under a much more equitable system of recovery for negligent personal injuries and property damage. Since that 'defeat,' the Legislature has done little to discard the harsh and inequitable contributory negligence rule, perhaps because it considers the problem to be a judicial one.

Since we definitely consider the problem to be a judicial one, we feel the time has come for this Court to join what seems to be a trend toward almost universal adoption of comparative negligence. A primary function of a court is to see that legal conflicts are equitably resolved. In the field of tort law, the most equitable result that can ever be reached by a court is the equation of liability with fault. Comparative negligence does this more completely than contributory negligence, and we would be shirking our duty if we did not adopt the better doctrine.

[6] Therefore, we now hold that a plaintiff in an action based on negligence will no longer be denied any recovery because of his contributory negligence.

If it appears from the evidence that both plaintiff and defendant were guilty of negligence which was, in some degree, a legal cause of the injury to the plaintiff, this does not defeat the plaintiff's recovery entirely. The jury in assessing damages would in that event award to the plaintiff such damages as in the jury's judgment the negligence of the defendant caused to the plaintiff. In other words, the jury should apportion the negligence of the plaintiff and the negligence of the defendant; then, in reaching the amount due the plaintiff, the jury should give the plaintiff only such an amount proportioned with his negligence and the negligence of the defendant. See Florida Cent. & P.R. Co. v. Foxworth, 41 Fla. 1, 25 So. 338,79 Am.St.Rep. 149 (1899).

[7][8] This rule should not be construed so as to entitle a person to recover

for damage in a case where the proof shows that the defendant could not by the exercise of due care have prevented the injury, or where the defendant's negligence was not a legal cause of the damage. Stated differently, there can be no apportionment of negligence where the negligence of the defendant is not directly a legal cause of the result complained of by the plaintiff. A plaintiff is barred from recovering damages for loss or injury caused by the negligence of another only when the plaintiff's negligence is the sole legal cause of the damage, or the negligence of the plaintiff and some person or persons other than the defendant or defendants was the sole legal cause of the damage.

[9] If plaintiff and defendant are both at fault, the former may recover, but the amount of his recovery may be only such proportion of the entire damages plaintiff sustained as the defendant's negligence bears to the combined negligence of both the plaintiff and the defendant. For example, where it is found that the plaintiff's negligence is at least equal to that of the defendant, the amount awarded to the plaintiff should be reduced by one-half from what it otherwise would have been.

[10] The doctrine of last clear chance would, of course, no longer have any application in these cases. See Martin v. Sussman, 82 So.2d 597 (Fla.1955).

We decline herein to dissect and discuss all the possible variations of comparative negligence which have been adopted in other jurisdictions. Countless law review commentaries and treatises can be found which have covered almost every conceivable mutation of the basic doctrine. Suffice it to say that we consider the 'pure form' of comparative negligence-as we have phrased it above-to be the most equitable method of allocating damages in negligence actions.

[11] In the usual situation where the negligence of the plaintiff is at issue, as well as that of the defendant, there will undoubtedly be a counterclaim filed. The cross-plaintiff (just as plaintiff in the main suit) guilty of some degree of negligence would be entitled to a verdict awarding him such damages as in the jury's judgment were proportionate with his negligence and the negligence of cross-defendant. This could result in two verdicts-one for plaintiff and one for cross-plaintiff. In such event the Court should enter one judgment in favor of the party receiving the larger verdict, the amount of which should be the difference between the two verdicts. This is in keeping with the long recognized principles of 'set off' in contract litigation. The Court's primary responsibility is to enter a judgment which reflects the true intent of the jury,

as expressed in its verdict or verdicts.

In rare cases the net result of two such claims will be that the party more responsible for an accident will recover more than the party less responsible. On the surface, this might seem inequitable. However, using an extreme example, let us assume that a plaintiff is 80 per cent responsible for an automobile accident and suffers $20,000 in damages, and that the defendant-20 per cent responsible-fortunately suffers no damages. The liability of the defendant in such a case should not depend upon what damages he Suffered, but upon what damages he Caused. If a jury found that this defendant had been negligent and that his negligence, in relation to that of the plaintiff, was 20 per cent responsible for causing the accident then he should pay 20 per cent of the total damages, regardless of the fact that he has been fortunate enough to not be damaged personally.

Petitioners in this cause, and various amicus curiae who have fled briefs, have raised many points which they claim we must consider in adopting comparative negligence, such as the effects of such a change on the concept of 'assumption of risk,' and no 'contribution' between joint tortfeasors. We decline to consider all those issues, however, for two reasons. One reason is that we already have a body of case law in this State dealing with comparative negligence, under our earlier railroad statute. Much of this case law will be applicable under the comparative negligence rule we are now adopting generally.

[12] The other reason is that it is not the proper function of this Court to decide unripe issues, without the benefit of adequate briefing, not involving an actual controversy, and unrelated to a specific factual situation.

We are fully confident that the trial court judges of this State can adequately handle any problems created by our change to a comparative negligence rule as these problems arise. The answers to many of the problems will be obvious in light of the purposes for which we adopt the rule stated above:

(1) To allow a jury to apportion fault as it sees fit between negligent parties whose negligence was part of the legal and proximate cause of any loss or injury; and

(2) To apportion the total damages resulting from the loss or injury according to the proportionate fault of each party.

[13] In accomplishing these purposes, the trial court is authorized to require

special verdicts to be returned by the jury and to enter such judgment or judgments as may truly reflect the intent of the jury as expressed in any verdict or verdicts which may be returned.

[14] We recognize the thousands of pending negligence cases affected by this decision. In fact, the prospect of a general upheaval in pending tort litigation has always been a deterring influence in considering the adoption of a comparative negligence rule. See Annotation, The Doctrine of Comparative Negligence, 32 ALR 3d 463, p.487. We feel the trial judges of this State are capable of applying this comparative negligence rule without our setting guidelines in anticipation of expected problems. The problems are more appropriately resolved at the trial level in a practical manner instead of a theoretical solution at the appellate level. The trial judges are granted broad discretion in adopting such procedure as may accomplish the objectives and purposes expressed in this opinion.

Determining the time when the comparative negligence rule shall be applied at the trial level presents another problem. The confusion created by the premature adoption of the comparative negligence rule by the District Court of Appeal is further exemplified by the fact that some trial judges, relying on the decision, have applied the rule in the trial of many cases. Other trial judges have conducted their trials in accordance with the law of contributory negligence.

[15] We hold that a District Court of Appeal does not have the authority to overrule a decision of the Supreme Court of Florida. In the event of a conflict between the decision of a District Court of Appeal and this Court, the decision of this Court shall prevail until overruled by a subsequent decision of this Court.

[16] Under the circumstances, we hold that this opinion shall be applied as follows:

1. As to those cases in which the comparative negligence rule has been applied, this opinion shall be applicable.

2. As to those cases already commenced, but in which trial has not yet begun, this opinion shall be applicable.

3. As to those cases in which trial has already begun or in which verdict or judgment has already been rendered, this opinion shall not be applicable, unless the applicability of the comparative negligence rule was appropriately and properly raised during some stage of the litigation.

4. As to those cases on appeal in which the applicability of the comparative negligence rule has been properly and appropriately made a question of appellate review, this opinion shall be applicable.

5. This opinion shall be applicable to all cases commenced after the decision becomes final.

The certified question having now been answered in full, this cause is remanded to the District Court of Appeal, Fourth District, to be further remanded to the Circuit Court for a new trial.

In order to finalize the determination of the question in this case as expeditiously as possible, this decision is made effective immediately and a petition for rehearing will not be allowed.

It is so ordered.

CARLTON, C.J., and ERVIN, BOYD, McCAIN and DEKLE, JJ., concur.

ROBERTS, J., dissents with opinion.

ROBERTS, Justice (dissenting).

I must respectfully dissent from the majority opinion in this cause. My primary concern is whether this Court is empowered to reject and replace the established doctrine of contributory negligence by judicial decree.

The sovereign powers of this State are divided into three coordinate branches of government-legislative, judicial and executive-by the Constitution of Florida, Article II, Section 3. Our Constitution specifically prohibits a person belonging to one of such branches from exercising any powers 'appertaining to either of the other branches unless expressly provided herein.' This Court has been diligent in preserving and maintaining the doctrine of separation of powers, which doctrine was imbedded in both the state and federal constitutions at the threshhold of constitutional democracy in this country, and under which doctrine the judiciary has no power to make statutory law. State ex rel. Hanbury v. Tunnicliffe, 98 Fla. 731, 124 So. 279 (1929), Carlton v. Matthews, 103 Fla. 301, 137 So. 815 (1931), State v. Herndon, 158 Fla. 115, 27 So.2d 833 (1946), Hancock v. Board of Public Instruction of Charlotte County, 158 So.2d 519 (Fla.1963), Holley v. Adams, 238 So.2d 401 (Fla.1970), State v. Barquet, 262 So.2d 431 (Fla.1972).

In the case of Ponder v. Graham, 4 Fla. 23, 25 (1851), this Court emphatically stated,

'The fundamental principle of every free and good government is, that these several co-ordinate departments forever remain separate and distinct. No maxim in political science is more fully recognized than this. Its necessity was recognized by the framers of our government, as one two invaluable to be surrendered, and too sacred to be tampered with. Every other political principle is subordinate to it-for it is this which gives to our system energy, vitality and stability. Montesquieu says there can be no liberty, where the judicial are not separated from the legislative powers. 1 Spirit of Laws, page 181. Mr. Madison says these departments should remain forever separate and distinct, and that there is no political truth of greater intrinsic value, and which is stamped with the authority or more enlightened patrons of liberty. Federalist, 270.'

Applying this well established doctrine, we held that the matter of changing statutory law is not one to be indulged by the Court, but is a legislative function. Kennedy v. City of Daytona Beach, 132 Fla. 675, 182 So. 228 (1938). Therein, this Court also reaffirmed the principle that the common law, if not abrogated by statute or constitutional provision, is in full force and effect in this state. See also Bryan v. Landis, 106 Fla. 19, 142 So. 650 (1932), Wilson v. Renfroe, 91 So.2d 857 (Fla.1957), Brooks v. City of West Miami, 246 So.2d 115 (Fla.App.1971).

It is the statutory law of this state that,

'The common and statute laws of England which are of a general and not a local nature, with the exception hereinafter mentioned, down to the fourth day of July, 1776, are declared to be of force in this state; provided, the said statutes and common law be not inconsistent with the constitution and laws of the United States and the acts of the legislature of this state.' Florida Statutes, Section 2.01, F.S.A.

The doctrine of contributory negligence was a part of the common law of England prior to July 4, 1776, and therefore, is part of the common law of this state pursuant to Florida Statutes, Section 2.01, F.S.A., and is secure from the desires of this Court to supplant it by the doctrine of comparative negligence, provided that it is not inconsistent with the Constitution and laws of the United States and the Constitution and acts of the Legislature of this state. Ripley v. Ewell, 61 So.2d 420 (Fla.1952), Duval v. Thomas, 114 So.2d 791 (Fla.1959). Furthermore, we have held that courts are bound by the rule of state decisis to follow common law as it has been judicially declared in previously adjudicated cases. Layne v. Tribune Co., 108 Fla. 177, 146 So. 234 (1933).

The question presently before this Court is whether this Court should replace the doctrine of contributory negligence with the concept of comparative negligence. Sub judice, by applying the doctrine of contributory negligence, the trial court correctly followed the precedent set down by this Court in Louisville and Nashville Railroad Co. v. Yniestra, 21 Fla. 700 (1886), and its progeny. This Court in Yniestra recognized and described contributory negligence as 'the law as it unquestionably stands,' 21 Fla. 700, p.737. We said, 'If Mr. Yniestra was himself negligent, and that negligence was the proximate cause of his death, the Law calls that contributory negligence, and the plaintiff could not recover.'

Although the case of Butterfield v. Forrester, 11 East 60, 103 Eng.Rep. 926 (K.B.1809), is recognized as a leading case in the area of contributory negligence, such case was not the first pronouncement of the common law doctrine of contributory negligence. Lord Ellenborough wrote in Butterfield v. Forrester, supra,

'One person being in fault will not dispense with another's using ordinary care for himself. Two things must concur to support this action, an obstruction in the road by the fault of the defendant, and no want of ordinary care to avoid it on the part of the plaintiff.' 11 East 60, 61.

The brief opinions of Bayley, J. and Lord Ellenborough in Forrester were merely a restatement of the concept of common law contributory negligence. If this case was the origin of common law contributory negligence, then clearly it would not have been adopted as part of the statutory law of this state through Florida Statutes, Section 2.01, F.S.A., because that decision was rendered subsequent to July 4, 1776.

I note with much interest the comment by Wex S. Malone in, 'The Formative Era of Contributory Negligence,' 41 Illinois Law Review, 151, to the following effect:

'The concise opinions of Bayley and Lord Ellenborough in Butterfield v. Forrester (1809) afford no indication that either of those judges felt at the time that he was charting new paths for law.'

Contributory negligence was adopted much earlier as a part of the common law. In Bayly v. Merrell, Cro.Jac. 386, 79 Eng.Rep. 331 (1606), the Court explicated,

'(I)f he doubted of the weight thereof, he might have weighed it; and was not bound to give credence to another's speech; And being his own negligence, he is without remedy.' (Emphasis supplied) Cro.Jac. 386, p.387, 79 Eng.Rep. 331.

Charles Beach in 1882 traced the doctrine of contributory negligence back to its origin in his treatise on contributory negligence, wherein he set out,

'Our Anglo-American law of Negligence, including, as of course, that of Contributory Negligence, has come down to us, in ordinary generation, from the civil law of imperial Rome. It is a part of that great debt which the common law owes to the classical and the scholastic jurisprudence.' Beach on Contributory Negligence, s 1, p.1 (1882). See also: Beach on Contributory Negligence, 2d Ed., s 1, p.1 (1892), and Beach on Contributory Negligence, 3d Ed., Crawford, s 1, p.1 (1899).

Although he expressed a personal view of dislike for the operation of the principle of contributory negligence, Chief Justice McWhorter recognized in Louisville and Nashville Railroad Co. v. Yniestra, supra, the inability of this Court to change the common law rule of contributory negligence when he applied the existing law required to the facts of the case before him. He observed,

'The law, in cases at least where human life is concerned, certainly needs Legislative revision.' (Emphasis supplied) 21 Fla. 700, p.738.

By virtue of Florida Statutes, Section 2.01, contributory negligence is in force and said doctrine can be modified or replaced only by legislation to the contrary. Interposition of judicial power to make a legislative change in a statute which the Legislature on numerous occasions has refused to do is a clear invasion of the legislative.

Co-Operative Sanitary Baking Co. v. Shields, 71 Fla. 110, 70 So. 934 (1916), involved a personal injury suit wherein plaintiff sought to recover damages for injuries sustained through the alleged negligence of defendant. Therein, this Court stated, inter alia, that at common law a plaintiff could not recover for injuries to himself caused by the negligence of another if he in any appreciable way contributed to the proximate cause of injury, upon the theory that there is no apportionment of the results of mutual negligence. See also German-American Lumber Co. v. Hannah, 60 Fla. 76, 53 So. 516,30 L.R.A.(N.S.) 882. In the Shields case, this Court explicitly recited,

'The only modification of this common-law principle which the Legislature of this state has seen fit to make is in regard to injuries occasioned by railroad companies. See sections 3148, 3149, and 3150 of the General Statutes. If this common-law principle is to be still further modified, it must be done by the Legislature, as it is beyond the power and province of the courts. We would also refer to Coronet Phosphate Co. v. Jackson, 65 Fla. 170, 61 So. 318, and Wauchula Manufacturing & Timber Co. v. Jackson, 70 Fla. 596, 70 So. 599, decided here at the last term, wherein we followed the principles enunciated in German-American Lumber Co. v. Hannah, supra. If the evidence adduced in the instant case established the fact that the plaintiff's own negligence contributed to the proximate cause of the injuries which he received, then he cannot recover, even though it is also established by the evidence that the defendant was likewise guilty of negligence, whether by acts of commission or omission, which contributed to or formed a part of the proximate cause of the injury. In order to determine this point a careful examination of the evidence is requisite.' (Emphasis supplied) supra, 70 So. at p.936.

In fine, the primary question is not whether or not the law of contributory negligence should be changed, but rather, who should do the changing. Contributory negligence was recognized in the common law as far back as A.D. 1606 and made a part of the statute law of this State in A.D. 1829, and thus far not changed by statute. If such a fundamental change is to be made in the law, then such modification should be made by the legislature where proposed change will be considered by legislative committees in public hearing where the general public may have an opportunity to be heard and should not be made by judicial fiat. Such an excursion into the field of legislative jurisdiction weakens the concept of separation of powers and our tripartite system of government.

For the foregoing reasons, I respectully dissent.

《판례색인》

《사항색인》

〈ㄹ〉

〈ㅅ〉

〈ㅇ〉

〈ㅈ〉

〈ㅎ〉

【저자소개】

장 영 진

경남 진주고 졸업
고려대학교 법과대학 법학과 졸업
고려대학교 법무대학원 졸업(의료법 전공)
고려대학교 법과대학 법학과 박사과정(국제법 전공)
University of Minnesota Law School 졸업
군법무관
변호사(한국/미국 New York주)
현재 국방부 고등검찰부장 재직
The Comparative Study Between American Contracts Law and Korean Civil Law in Remedies(학위논문), 의료과오에 대한 민사책임에 관한 연구(학위논문), 잠수사망사고연구(공저), 항소심에서의 폭행죄와 폭행치상죄에 대한 실무적 연구, 분할세제의 체계와 법적 문제 연구, EU 회원국간 판결의 승인 및 집행문제 연구, 강제수사와 임의수사의 구별 연구 등

하 혜 경

서울 진선여고 졸업
이화여자대학교 법과대학 법학과 졸업
이화여자대학교 법과대학 법학과 박사과정(상법 전공)
University of Minnesota Law School 졸업
현재 미국변호사(Washington D.C.)
The Study on Judicial Review on Constitution in U.S.(학위논문), 미국 파산법상 자동중지 제도 연구, 미국 계약법에서의 parole evidence rule 연구, 미국 모범회사법 연구 등

미국법강의

2008년 11월 25일 초판 인쇄
2008년 12월 1일 초판 발행

저 자 장영진 · 하혜경
발행인 이 방 원
발행처 세창출판사
서울 서대문구 냉천동 182 냉천빌딩 4층
전화 723 - 8660 팩스 720 - 4579
E-mail: sc1992@empal.com
Homepage: www.sechangpub.co.kr
신고번호 제300-1990-63호

정가 35,000원

ISBN 978-89-8411-260-5 93360